献给我的学生们、老师们，也献给我所有的当事人，
是他们让我对心理学与法律有了更深刻的理解。

——尹莱恩·卡塞尔

献给我亲爱的姐妹：安·伯恩斯坦·哈里斯。

——道格拉斯·A. 伯恩斯坦

中国政法大学犯罪与刑事司法心理学交叉学科建设项目
中国政法大学应用心理学重点学科建设项目

（第二版）

犯罪行为与心理

CRIMINAL BEHAVIOR

著　者／[美]伊莱恩·卡塞尔　道格拉斯·A.伯恩斯坦
Elaine Cassel　　　Douglas A.Bernstein

主　译／马　皑　户雅琦

译　者／（排名不分先后）

　　　　马　皑　户雅琦　李　婕　王晓楠　张　坤

　　　　何　川　赵茜茜　孙浚淞　李咨含

编　校／张　坤

中国政法大学出版社

2015·北京

犯罪行为与心理（第二版）

Criminal Behavior, Second Edition
by Elaine Cassel and Douglas A. Bernstein

Copyright© 2007 by Lawrence Erlbaum Associates, Inc.
All Rights Reserved

版权登记号：图字 01 - 2015 - 6143 号

译 者 序

　　这是一本全景式的犯罪心理学专著，我愿意用"流连忘返"、"不虚此行"来形容全体翻译者畅游其间的感悟，也相信读者能够通过本书探赜索隐、钩深致远，探寻人为什么犯罪、什么人容易犯罪等犯罪心理学的奥秘。

　　《犯罪行为与心理》是由在美国费尔法克斯勋爵社区学院（米德尔敦）任教的伊莱恩·卡塞尔（Elaine Cassel）律师与美国南佛罗里达大学临床心理学教授道格拉斯·A.伯恩斯坦（Douglas A. Bernstein）共同撰写的，律师与教授的组合实现了实践与理论、法学与心理学的完美结合，而之所以"完美"，是因为我们都认识到对犯罪的清晰解读根本不可能是某一单独学科能够担负的重任，走认识论与方法论的整合之路已经成为学界的共识。只有融合不同视角，集合各路方法，选择多级层面，才有可能走出"瞎子摸象"的误区。心理学的微观切入，法学、经济学、政治学的中观解释，人类学、生物学、社会学的宏观探究都在本书中得到了体现。

　　与以往的犯罪心理学专著不同，本书并未局限在传统犯罪心理学研究的社会、生物、心理的三角平台上，独树一帜地梳理了美国刑事司法制度在惩罚、预防、干预乃至引发犯罪中的作用。作者并没有秉持法律万能的理念，而是采用"第三人"立场，纵横相交地介绍与分析了在与犯罪交锋的过程中，美国社会庞大的刑事法律体系是怎样逐步发展起来的，以及它在犯罪中的正负效果。在"青少年司法制度"一章中，作者将心理学所具有的价值渗入到青少年司法制度不断完善与发展的过程中，似乎没有详尽的心理学解释，但又体现了心理学在发展中的作用。

　　大数据时代的到来，提升了公众通过数据认识规律、预测事态发展的科学水平，也成为学术研究趋势，本书在这方面的实践颇具典范。

　　第一，引用了大量的统计数据对犯罪的历史与现实状况进行了描述。其中不仅有联邦调查局（FBI）主持的涉及16 000个市、县、州的UCR数据，还有不同类型犯罪在每个州的全年发案数、每月发案频率等反映地域与季节差别的数据。这种建立在生态学基础上的大数据介绍，能够使读者宏观感受，引发思考。

　　第二，案例介绍数量之多在犯罪心理学专著中比较少见。全书中的个案有133个，以案件为引子结合原理解释原因，提升了本书的可读性和微观探秘的价值。

　　除了犯罪个体原因的生物学、心理学分析，典型犯罪类型的特点分析等横向研究外，本书创新性地使用了纵向的犯罪发展心理学的视角，设立了"童年早期到青春期的犯罪行为发展"、"从青春期到成年期的犯罪行为发展"两章，详细介绍了人生不同阶段所具有的个人特点与环境特点在犯罪心理形成中的影响。

这还是一本反映美国社会犯罪与社会不平等的白皮书，是家庭、学校责任缺失可能引起哪些不良后果的指导手册，也是全社会在和犯罪盾与矛的博弈中能够做些什么的产品说明书。正如作者在前言中期望的那样，开卷有益，你将获得以下答案：

（1）导致犯罪的生理、遗传、发展、家庭、社会、教育、文化、政治和经济因素有哪些？

（2）为什么有些人能够自我克制抵制犯罪，而有些人却不能？

（3）为什么有些人权衡风险，放弃冒险，然而有些人却铤而走险？

（4）解决争端，有人靠杀人，也有人靠调解，他们的动机分别是什么？很多罪犯受自我利益、竞争、权力驱使，而这些正是西方社会鼓励人们追求的。然而大多数人不越雷池，不会做出被社会唾弃的行为。

（5）罪犯和社会上其他人有什么不同？

（6）罪犯之间有何相同和不同？

（7）连环杀手和谋杀配偶的罪犯仅仅是程度上的区别么？

（8）持械抢劫犯和商店扒手有何不同？

我决定翻译本书源于三个想法：

第一，借鉴。通过其他国家走过的路和有关犯罪的研究成果审视自身。那些困扰美国社会并成为犯罪缘起的贫富差距问题、城市化问题、社会不平等问题、家庭结构与情感互动问题、青春期问题、未成年人帮伙问题、留守儿童问题、精神病态问题等，今天也历史性地在困扰着我们。除了未雨绸缪、早为之所，我们别无选择。

第二，搭建平台。训练研究生的学业水平，特别是磨砺他们忍耐寂寞、精益求精的意志，培养对学术和学者的敬畏。感谢林振林博士（中国人民大学理学院社会心理学专业博士）对本书的推荐，他博览群书、追求卓越的习惯为师门全体树立了榜样。翻译过程十分痛苦，这是本书学科多样性带来的机遇与挑战。经过眠思梦想的推敲，推倒重来的反复，大家努力完成了这项工作。本书翻译工作的分配情况如下：

马皑（中国政法大学犯罪心理学教授）：前言、第一章；

张坤（北京市人民检察院第一分院）：第二章、第三章；

赵茜茜（中国政法大学社会学院犯罪心理学专业硕士生）：第四章、第五章；

户雅琦（中国政法大学刑事司法学院犯罪心理学方向博士生）：第六章、第十三章、术语表；

王晓楠（中国政法大学刑事司法学院犯罪心理学方向博士生）：第七章、第八章；

孙浚淞（中国政法大学社会学院犯罪心理学专业硕士生）：第九章、第十章；

何川（中国航空技术国际工程有限公司）：第十一、十二章；

李婕（中国政法大学刑事司法学院犯罪心理学方向博士生）：第十四章；

李咨含（中国政法大学社会学院犯罪心理学专业硕士生）：术语表与参考文献的校对、编辑。

全书由马皑、户雅琦、张坤负责最后统稿。

　　第三，为我国的犯罪心理学发展提供更多的思想、方法、技术。这是我的角色职责和学术与学科使命。

　　一本好书可以引发思考、共鸣、顿悟，也可以帮助你解决问题。我们与其在犯罪面前惊慌失措，不如自我检讨、早筑篱笆，防患于未然。

马　皑

2015 年 9 月

前　言

　　此书出版时，密西西比州一个陪审团宣判 80 岁的前 3K 党成员埃德加·罗伊·基伦（Edgar Roy Killen）过失杀人罪成立，他的行为曾导致三名民权运动者的死亡。41 年前，三位被害人在调查一起黑人教堂焚毁事件并协助当地黑人注册选举时失踪。虽然检察官原本期待的就是谋杀罪名成立，但此次审判依旧值得关注，因为这标志着州法院第一次因此类罪行对一个人作出审判。三名被害人被打得遍体鳞伤，埋葬在土坝下的尸体直到 20 世纪 60 年代才被发现。当时，密西西比州的种族歧视现象甚嚣尘上，黑人被检察官起诉的可能性要比白人大得多。

　　我们不禁要问，究竟是什么原因导致基伦和他的 3K 党同伙对这些被害的年轻人恨之入骨并痛下杀手，犯下如此骇人听闻，在我们今天被称为仇恨犯罪的罪行？你即将阅读的这本书会讨论这种犯罪的根源，以及其他犯罪类型的起源。

　　犯罪（Crime）始终是大众非常感兴趣的话题，如今依旧如此。只要哪天晚上打开电视，关注有多少与犯罪有关的电视剧、纪录片和电影就知道了。心理学、社会学、法律专业的学生对犯罪的很多方面颇有兴趣，就不用说学习犯罪学和刑事司法的学生了。本书主要面向的是研究犯罪行为学科的学生，当然，对于有意了解犯罪行为的生物、社会和心理根源的读者，我们也希望本书能有所帮助。

　　我们试图回答如下问题：

　　（1）导致犯罪的生理、遗传、发展、家庭、社会、教育、文化、政治和经济因素有哪些？

　　（2）为什么有些人能够自我克制抵制犯罪，而有些人却不能？

　　（3）为什么有些人权衡风险，放弃冒险，然而有些人却铤而走险？

　　（4）解决争端，有人靠杀人，也有人靠调解，他们的动机分别是什么？很多罪犯受自我利益、竞争、权力驱使，这些正是西方社会鼓励人们追求的。然而大多数人不越雷池，不会做出社会唾弃的行为。

　　（5）罪犯和社会上其他人有什么不同？

　　（6）罪犯之间有何相同和不同？

　　（7）连环杀手和谋杀配偶的罪犯仅仅是程度上的区别么？

　　（8）持械抢劫犯和商店扒手有何不同？

答案错综复杂，但是研究结果能给我们一些答案，以及很多的线索。

结构

本书从五个角度探讨犯罪的起源、特征和后果，它们是：

（1）犯罪和少年司法制度；

（2）犯罪的生物、心理、社会和环境根源；

（3）犯罪的本质；

（4）犯罪的受害者；

（5）犯罪的惩罚。

本书认为犯罪行为是一个发展的病理过程，起源于童年，扎根于青年，往往活跃于成 xii 年。这个主题在本书中反复出现。我们认为这种看待犯罪的发展性视角与心理学家埃里克 森（Erik Erikson，1957）的观点不谋而合——每个人善良和邪恶的倾向都是天生的；这种 倾向在童年时发展为可能性。但直到他青年末期才会成为确定性，当然没有成年时期的巩 固也很难成型。

因此，我们认为犯罪现象是一个发展的过程，发生在特定的社会、政治和个体环境中。 此外，我们还将探讨精神疾病、刑事和少年司法制度、刑罚方式、受害者权利运动如何影 响犯罪行为，以及犯罪行为给罪犯、受害者个人和整个社会带来的影响。我们尽量涵盖最 新的犯罪数据，以及关于犯罪和暴力的起源和相关行为的最新研究。你会发现，虽然近几 年对犯罪起源的跨学科研究突飞猛涨，但很少有学者关注如何"对付"犯罪和罪犯。美国 的当权者似乎已经黔驴技穷，退回了将未成年罪犯和成年罪犯一视同仁的时代。很多州降 低了判断罪犯是否成年的年龄；美国是当之无愧的世界上因禁罪犯最多的文明国家，而且 是唯一一个实行极刑——死刑的西方国家。美国式路径的支持者们指出，数据显示暴力犯 罪正在减少，但这是相对于20世纪七八十年代惊人的犯罪率而言的，当时强效可卡因、贫 穷和暴力黑帮让暴力犯罪飙升，导致一些美国大城市深深地被犯罪所困扰。

你在本书中会读到，我们对犯罪的根源和导致各种犯罪行为模式的途径已经很了解， 但对如何预防犯罪却所知甚少。20世纪的我们在应对犯罪方面做得并不好，本书将概述经 研究最有可能在21世纪有效应对犯罪的项目。这些项目大多致力于尽早干预高风险犯罪人 群的生活，不给犯罪之源以滋生机会。但项目是否会得到广泛应用，最终结果如何都不得 而知。时间会给我们答案，但我们希望通过本书，读者可以意识到早年经验对犯罪的重要 影响，并激发读者思考——无论你是家长、老师、决策者、执法人员、狱警、选民或仅仅 是一个心存忧虑的市民——作为个人如何行动起来，帮助解决犯罪的难题。

本书特点

本版"关键术语"列在每章节最后。这些术语和相关定义在书末的"术语表"中也能 找到。每个章节都有一个"总结"，后附有"复习问题"的列表，巩固本章强调的重要 概念。

每一章结束都有一个"相关链接"栏目，这是和本章内容相关的一系列网站地址。每 一个"相关链接"部分的第一个链接是本书网址，我们会经常更新，添加与犯罪行为相关 的最新研究结果、案例结果和时事动态。

致谢

感谢组稿编辑黛博拉·里格特（Debra Riegert）鼓励并支持我们修改书稿再次出版。非常感谢图文编辑丽莎·奥乔亚（Lisa Ochoa），她负责文中图表和表格的制作，并调整了数千条参考文献的格式。我们还要感谢莎拉·莱特（Sarah Wright）和出版社的其他同事，没有他们专业的付出，就没有本书的再版。

目　录

第一章 何为犯罪?

佛罗里达州一名 12 岁的男孩用电视节目中学会的摔跤招式杀害了一名 9 岁的女孩；19 人劫持四架飞机，作为飞行炸弹，冲击了五角大楼并炸毁世贸中心，约 3000 人遇难；科学家西奥多·卡钦斯基（Theodore Kaczynski）是一名才华横溢的哈佛高材生（后来人们称他为"大学炸弹客"），他通过邮包寄送炸药致人死伤；一名男子和一名少年在汽车行李箱里用一把高功率步枪胡乱射击行人，让华盛顿特区笼罩在恐怖中；有人邮寄炭疽，导致数名邮递员死亡，多名感染；华盛顿州一男子承认杀害 30 多名女性；一名医生为危在旦夕的孕妇做晚期堕胎；一名护士给濒临死亡的患者逐渐增加吗啡剂量，以缓解她的疼痛；一个明知自己感染了 HIV 病毒的男性，不采取防护措施和很多女人发生关系；女人孕期大量吸食毒品、酗酒，导致新生儿可卡因成瘾，并患有胎儿酒精综合征；男女同性恋夫妇自愿发生性行为；恋童癖通过网络聊天室引诱年轻男孩性交；化学公司将致癌废物倾倒在土地上，污染了几英里的地下水，导致附近数十居民患白血病；传媒大亨、家政女王玛莎·斯图尔特（Martha Stewart）得到要降价的内部消息后卖出特定股的股票；公司经理为一己私利，操纵能源市场，伪造公司账户，最终导致公司破产、员工失业、股东破财；烟草公司的研发人员增加尼古丁含量，导致香烟更容易让人上瘾；银行主管故意制造坏账，导致金融机构破产；华尔街的高层次金融工作者操纵股票价格，导致投资者损失数十亿，动摇公众对股票市场的信心。

在你看来，上述哪种行为最可憎？回答之前，务必记住上述行为有些为犯罪，有些则不是；有些行为大多数人看来在道德上应受谴责，在法律上却是允许的，不受处罚。为何有些行为构成犯罪，而有些行为即便看起来同样恐怖，却不是犯罪呢？

此外，上文所列犯罪行为的作恶者你觉得有多少出生时即可归为潜在罪犯？2 岁时？5 岁或 8 岁呢？15 岁？21 岁？很少有家长会认为他们怀中的婴儿、蹒跚学步的幼儿、学龄的儿童或少年的孩子会成为一个连环杀手、恐怖分子、恋童癖者，或者是股票操纵者。但很多罪犯的家长事后回想孩子的人生时，确实能发现一些行为和态度，足以表明以后会有麻烦。

对于泰德·卡钦斯基（Ted Kaczynski）的母亲来说确实如此。他被捕时，我们认识的一位心理学教授给她安排了心理学的入门课，还原大学炸弹客的故事，并特别留意卡钦斯基的童年经历，以期能找到一些线索，发现导致他犯罪行为的因素。起初这个大学炸弹客似乎只是一个从普通中产阶级家庭走出来的才子，但是很快形势就不那么乐观了，卡钦斯基的母亲回忆她儿子的童年时，越来越多地回想起他的一些异常行为，这些本可以成为警报器，提醒他们孩子正在畸形成长。当然她的有些记忆也许因为时间已久而淡忘，或因得知他儿子的犯罪行为而变形，但是她的回忆符合一个模式。第八章我们将介绍很多臭名昭著的连环杀手，他们的童年和成长过程也符合这个模式。很多性犯罪者和其他罪犯存在发展性失调，在心理成长、社会经历和行为的症状上表现出典型的模式。

事实上，本书之所以这样架构是因为我们认为要探究犯罪行为的来源和出现，不仅要看罪犯个人的心理，也要看罪犯成长的生活、家庭、社会、文化和政治体制。我们开篇的前三章从法律、社会、政治和道德意义上定义犯罪，探究刑事司法制度既打击犯罪又引发犯罪的双重价值，它的角色与功能应当如何定位。从第四章到第九章，我们探究犯罪的生物、心理和社会渊源，特别强调从童年时期开始发展的犯罪人格和行为。在第十、十一章，我们描述特定犯罪类型的特征；最后在第十二、十三、十四章，我们探讨犯罪对受害者、犯罪者和社会的影响，讨论犯罪未来在塑造社会和政治格局方面的角色。

一、犯罪——作为一个法律概念

在我们讨论犯罪行为之前，必须首先定义犯罪。最广泛意义上的犯罪是社会决定要惩罚的行为或法律先置性确定属于犯罪的行为。社会通过这种方式杜绝那些公认的与公民、公民财产和社会利益相悖的行为。国家颁布刑法保护公民、财产以及政治和社会机构。这些法律明确何为社会禁止的行为，涵盖范围从杀人到危险驾驶，以及很多其他行为；制定执行法律的程序；规定对违法行为惩罚的方式和程度。至少在理论上，对犯罪者强制实行处罚的目的是提供惩戒，对罪犯处以暂时性或永久性监禁来保护社会，制止更多的犯罪以及帮助违法者改过自新。

考虑何种犯罪应当受处罚时，很重要的一点是记住某种行为在一种情境下也许构成犯罪，在另一种情境下则未必。例如，性交在已婚个体之间、大多数州在双方自愿的未婚成年人之间是合法行为。但是性交如果涉及儿童、近亲、使用暴力，再如某些州规定性交若发生在异性或同性未婚个体之间，就是犯罪。换句话说，很多时候，如果不考虑社会和情境背景，犯罪行为和非犯罪性行为并无不同。法律规定杀死陌生人应当处罚，但同样规定若因正当防卫杀人则不追究刑事责任。

（一）犯罪的法律定义

用更确切的法律术语来说，犯罪是一种违反了刑法、非防御行为且无正当理由的、被州政府判为重罪或轻罪的故意（Mens rea）作为的行为或不作为的行为。轻罪（Misdemeanor）通常处以 1 年以下有期徒刑，在当地监狱服刑，并处数千美元以下罚款。重罪（Felony）处以州监狱或其他监狱 1 年以上甚至终身监禁。死罪（Capital felony）针对可能处以死刑的犯罪。除了可能被处以监禁，大多数州的重罪犯还会被剥夺数项基本权利，包括选举权、担任陪审员的权利及持有武器的权利。重罪犯无资格从事很多工作，包括在执法部门、政府或军队任职，没有资格获得很多职业的从业执照。

与驾驶相关的违法行为如超速行驶、违反驾照或设备规定的行驶通常不构成犯罪。尽管罚金数额不等，若无需监禁处罚，则不是犯罪。但是醉驾、某些危险驾驶、车祸致死均为犯罪。某些情况下不作为也构成犯罪。例如，车祸中逃逸不施救可能构成犯罪。

即使是法律禁止的行为或过矢，除非被告有犯罪意图，即犯罪的精神因素，否则不会构成犯罪行为。这就意味着罪犯必须有明确的或间接的违反法律的意图。以伤人为目的攻击他人是明确的犯罪意图，足以构成殴打罪（非法地触碰他人）。但是若在热烈的讨论中挥舞手臂无意伤到某人，你也许应当为伤者付医药费，却不会被控犯罪。

若伤到的人不是目标受害人，法律也会假定有犯罪意图。例如最近一起案例，一男子朝一辆车开枪，试图射杀司机，二人是竞争的毒贩。但子弹打到车上司机的儿子，致其死亡，该男子被告以一级（有预谋的）谋杀罪，因为重罪谋杀规定间接故意也构成重罪谋杀。如果在犯纵火、强奸、抢劫、盗窃或绑架罪时，意外或无意致死他人，当事人会被指控犯有一级重罪谋杀。因此，若有人犯有可能致人死亡的重罪（如用手枪挟持别人，手枪意外走火），法律会假定罪犯想要的就是意外的结果。但是这些某杀情境不会造成死刑（死刑应当是有意和故意的），因为罪犯并无杀害受害者的意图。

多数情况下，证明犯罪意图对刑事检察官来说并不困难。即使你犯法时烂醉如泥，连萌生作恶的意图都难，你仍然可能有犯罪意图。为什么？虽然你的刻意酗酒导致了你无法萌生意图，而喝醉是喝酒前可以预测到的结果，因此你需要承担后果——包括醉酒干扰了你，让你无法清醒地控制自己不做错事的事实。因此，你的行为构成犯罪。

某些行为，即使无明确和间接的犯罪意图，还是会受到法律惩罚。法律规定这些行为为不法行为，意味着它们情节恶劣，即使事先不知道或无意伤害，社会还是要给予惩罚。例如，和特定年龄以下的人自愿发生性行为，可能被判处法定强奸罪，即使当事人不知道该人未达到法定的非幼女年龄。其实，即使你询问对方年龄，遭对方欺骗，你可能仍被指控犯强奸罪。同样，一些州或联邦反污染法不会姑息非法处理有毒物质的人，即使他们不知道该物质有毒。如果有人将毒物倒入河流，他和他的老板都要负法律责任。

但是若当事人能提供如下证明或辩护，即使在通常意义上他是个罪犯，也不会被追究法律责任：①出于自卫；②犯罪时精神错乱；③被诱捕[1]；④未成年（特定年龄以下）。我们会在后面的章节详细讨论这些证明和辩护。

（二）犯罪由谁界定？

美国宪法保证所有的处罚必须依据法律，该原则借鉴了英国的普通法，起源于古老的罗马法律（罪刑法定原则）。但对犯罪的法律规范又从何而来呢？哲学家区分了两种法律：实在法和自然法。实在法体现在立法行为和法庭判决上。自然法体现了一个社会的信仰系统和行为规范，它的范畴在成文法以外——或如某些人所说，凌驾于成文法之上。后面探讨犯罪的道德性时会发现，实在法和自然法之间经常有矛盾。

美国的实体刑法有三类来源：①立法机构制定的成文法，以刑法典的形式公布；②上诉法院的案件判决结果；③管理譬如行业执照发放、商业行为、大气和水污染控制等行为的行政法。对于犯罪行为的定义在兰地（县或城市）、州和联邦法律中均能找到，可能规范

---

[1] 钓鱼执法。——译者注

的是同一种行为，但可能相互之间并不一致。

社会假定所有公民熟悉规范他们行为的所有法律，因此有一条著名的原则"不知法律不免责"。但是，宪法明确"法无明文不为罪"，禁止事后法，规定在犯法时该行为或过失必须已经被认定为犯罪写入法典。行为或过失以后颁布的法律不能作为刑事依据起诉该行为或疏忽，即法无溯及力原则。

（三）刑事和民事审判

分清刑事诉讼和民事诉讼的区别很重要。一旦某种行为被认定为犯罪，那些被指控犯了这些罪行的人就会被当地、州或联邦政府起诉，因为我们认为这些行为不仅危害了受害人，还与市、县、州或联邦政府（也叫"主权"部门）的利益相悖，不利于维持公共道德、健康、安全和秩序。刑事审判中，原告（发起控告的一方）是政府或州，被告（被控告的一方）是被指控犯了罪的人。

在民事审判中，原告和被告是相互博弈的个人或经济团体。民事诉讼依据法律或判例，要求在特定情境下做出错误或不合适行为的一方赔款。例如，如果某人开车时疏忽，损坏了另一人的车，并/或伤到了车上的乘客，他会被起诉，赔偿车辆维修费和乘客的医药费、精神损失费。如果某人和一个游泳池公司签订了合同，请他们建一个游泳池，结果池里有裂缝并漏水，他可以控告公司，要求他们恢复原状或损害赔偿。

刑事重罪审判中，被告有权利要求评审团审理，但并非所有民事案件都有这个权利。几乎在所有的州，对于刑事审判，评审团中的12人必须作出一致判断方可定罪；但对于民事案件，多数情况作裁决只需要6个陪审员中的大多数通过即可（见第二章）。有罪的刑事被告人（Defendant）由州政府惩罚。如上文所述，惩罚通常包括监禁，时间从几天到终身监禁不等；某些司法辖区会对某些罪犯执行死刑。不同的是，民事诉讼的被告人只会对过错负法律责任，受到的处罚也只是赔偿，支付损害赔偿金给那些提起诉讼的原告人（Plaintiff）。有的案件中，犯罪行为可能不仅仅在刑事法庭上被起诉，还会因为犯罪造成的损害附带民事诉讼。一个著名的例子即"辛普森案"，他在前妻和她朋友的谋杀案中被无罪获释，却被两个受害人的遗产继承人告上民事法庭，他有责任赔偿数额高达33 100 000美金的损失费。第二章中我们会进一步探讨刑事司法程序。

二、犯罪的社会学意义

美国和其他民主社会的刑事法律都是由人民选举出来的立法机构制定的，因此法律禁止哪些行为或在某些情况下限定哪些行为，可以认为代表的是"人民的意志"。因此每一个规定某种行为构成犯罪的法律裁决背后，都有一个社会判断，同意并认可法律禁止的该项活动为非法并应受到惩罚。因此，刑事法律是社会规范的一种途径。论述美国刑事司法系统的社会发展历史时，劳伦斯·弗里德曼（Lawrence Friedman, 1993）这样表述："法律是一个特定社会准则和惯例的结构，这些准则和惯例是具体化的社会判断，是一个社会态度、偏见和价值观生动的体现。"因此，一个特定司法辖区内出现的刑事法律并不是法律、法规的任意组合。一个国家的法制史主要反映的是它的社会和政治史。

美国最高法院规定"美国境内的犯罪是各州法律认定为犯罪的行为，受宪法制约"（罗莎诉加利福尼亚，342 U.S. 165, 168, 1952），每一个具体裁决都体现社会价值观和政治力量对犯罪的巨大影响。这导致有些行为在某些州被法律禁止，而在其他州可能是合法的。

州与州之间不一致的情况相对较少，但刑事法律（以及诉讼制度）会随着特定辖区人民意 5
志的改变而改变。例如，大多数州已经废除了禁止乱伦（未婚异性之间的性行为）和通奸
（性交中一方已婚）的法律。但是仍有 19 个州的法律禁止成人鸡奸行为，即使双方均出于
自愿。某些州，如弗吉尼亚州，便衣警察会在同性恋常去的地方开展"毒刺"行动，伺机
逮捕他们。

佐治亚州一对自愿性交的同性恋情人依州法律被判鸡奸罪，美国最高法院对此案维持
原判，这表明最高法院至少支持过一项州鸡奸法，承认其是人民意志的合法体现（鲍尔斯
诉西恩，1986）。但是，1998 年 11 月，乔治亚州最高法院判定上述法律侵犯了隐私权，撤
回了对一名与侄女发生自愿口交行为的男子的定罪。该决定体现的社会价值观很明确，当
该法律可能导致异性恋被起诉时刚遭废除。德克萨斯州的鸡奸法因只适用于同性恋而在
2003 年遭美国最高法院废除（劳伦斯诉德克萨斯，2003）。然而很多州依旧保留鸡奸法，
明文禁止同性恋之间的性行为。

美国最高法院也曾忽视某些州的"意愿"，这体现了一项联邦政策，对特定行为的约束
不应违反美国宪法保障的公民权利。例如，1967 年，最高法院判定弗吉尼亚州和其他 16 个
州立法禁止黑人和白人结婚是不符合宪法的。该案件起源于对跨种族结婚的一对夫妇的定
罪。他们在华盛顿州合法成婚，搬到弗吉尼亚州后却被判刑，因为在弗吉尼亚州种族间通
婚是犯罪。在判决中，法院表示"依据宪法，是否与其他种族的人结婚是个人自由，所在
州无权干涉"（洛文诉弗吉尼亚，388 U. S. 1，1967）。

刑事法律体现社会价值观的变化，例如，禁酒令时期美国法律宣布制造、贩卖和消费
酒精饮品为非法行为，如今法律禁止制造、销售和持有可卡因和海洛因等毒品。研发海洛
因最初是为了给战场上受伤的士兵做止痛药。直到它让人上瘾的特性表现得很明显时才被
列为禁药。LSD 和其他迷幻药被列为禁药，也是在其不良影响被大众所熟知之后。同样，
尽管如今跨州彩票看起来很新鲜，但其实多数州禁止赌博也就是不久以前的事。然而在 20
世纪 80 年代，资金短缺的州立法机关发现，虽然赌博曾被认为是有损公共风化和道德的行
为，但若将其合法化，则可以填充"公共保险柜"（还无需提高税收），这不失为一个好办
法。因此很多州颁布了法律，批准特定形式的赌博，尤其是州政府掌控的彩票系统和州政
府批准的赌博活动。然而如今越来越多的证据表明，赌博能使人上瘾，且赌瘾最大的往往
是那些最没有经济实力的人，因此一些州（如马里兰州）再次宣布某些赌博活动为违法
行为。

科技的进步也改变了法律。如今刑事法律打击的某些行为，30 年前根本就不存在——
从 ATM 机盗窃，到未经同意的人类克隆和基因工程，到互联网犯罪以及恐怖主义犯罪，不
胜枚举。换言之，只要人们不断找到新的方式破坏和滥用科技，新的反映大众意愿的刑事
法律就会不断出现。

犯罪行为的定义随着社会价值观、经济状况和社会环境的变化而变化，评论家们认为
这个事实反映了犯罪这个法律概念涉及的一个重大哲学问题。他们认为，无论你怎么看，
法律对违法的人实施惩罚，是一种强迫性的震慑。简言之，这些评论家认为，法律保护的
是权力和掌握权力的人。打个比方，想想 19 世纪美国的"奴隶法律"，禁止奴隶反抗、造
反、逃跑、经商、用药、相互见面或者弹奏乐器，禁令五花八门。违法的奴隶会当场被主

人处罚，通常是鞭笞、烙刑或是将耳朵钉在柱子上数小时。被控违反奴隶法的奴隶都无权经历审判，除非他们被指控强奸了白人妇女，而这样的案件往往会导致死刑。审判往往也只是简单地走走诉讼程序，通常以有罪判决而告终，特别考虑到当时的奴隶法规定奴隶若是提供对白人不利的证据也是犯罪（Friedman，1993）。

美国法制史上这样的例子有很多，人民的意愿反映的是损害少数族裔和穷人利益的社会价值观。18、19世纪的美国印第安人抗议转让土地而出现集体行动，他们被判定为有罪，被控犯有谋杀、强奸和抢劫罪。1870年左右，加利福尼亚州颁布法律，严重限制华裔居民的权利。20世纪60年代的民权法案通过之前，一些州法律不仅禁止种族间通婚，甚至禁止黑人上"白人"学校。"吉姆克劳"法规定，若黑人常去"白人机构"、从"白人喷泉"中饮水或是坐在公交车、电影院或其他公共场所预留给白人顾客的地方，都构成犯罪。19世纪的济贫法允许将欠债人关在监狱里，流浪法允许逮捕因流浪街头或"贫民区"而被认为"麻烦"和讨厌的人。即使是今天，很多美国城市无家可归的人往往会受到法律系统特别的审查，因此社会评论家指出，对较低的社会经济阶层来说，刑事法律带来的压力往往最大，这绝非偶然。

评论家认为法律是规范社会的一种途径，刑事法律是维持社会现存秩序的一部分，特别是在维持不同等级公民的阶层化方面。他们预言，如果社会环境的变化需要改变法律，当权者就会修改刑事法律，以满足新的利益需求（Chambliss，1964）。这个概念被称为法律的政治化。如今，禁止同性恋结婚，包括推动修正禁止同性恋结婚的美国宪法的运动，证明了人们试图通过法律管理社会。过去30年的男女同性恋权利运动已经让越来越多的同性恋"出柜"，他们呼吁社会给予他们与异性恋相同的待遇，包括已婚人士享有的权利。当同性婚姻成为一个轰动的政治议题时，法律正在努力"与时俱进"。

三、犯罪的政治性

我们已经注意到，在民主国家，刑事法律应当代表人民的意志，维护人民的利益，因为这些法律是由选举出来的人民代表制定的。法官在履行职责时，他们作出的普通法裁决也可以看作是反映了人民的意愿。那么在这个意义上，颁布刑事法律是为了保护政治结构、人民和财产。刑事法律也会规范商业行为、判定财产属公有还是私有以及征税（不纳税构成犯罪）。几乎每个国家都或多或少地利用刑事法律进行社会和政治管理，惩戒当权者厌恶的行为或人；因为所有的法律都是由掌权的个人和机构制定，因此所有的法律在一定程度上都是有政治性的。

批判犯罪学家（Critical criminologists）强调刑事法律作为一种社会管理机制具体的运作方式。他们认为社会和政治机构制定、创立、执行刑事法律，作为惩罚违背当权者需求的人们的一种方式（L. J. Siegal，1998 & Sykes，1974）。马克斯·韦伯（1864～1920），一位德国经济学家和社会历史学家，基于卡尔·马克思（Karl Marx）的经济和政治理论发展他的观点，创立了一个思想流派，即著名的社会冲突理论（Social conflict theory）。社会冲突理论的主要观点是，资本主义体系保证了试图控制政府和经济体的社会和政治团体之间活跃的竞争状态。从这个角度来看，法律和司法系统主要是维护"有权势的特权阶级"的利益（M. Schwartz & DeKeseredy，1991），而犯罪是由财富和权力的不平等分配导致的。社会冲突理论的拥护者认为资本主义的刑事司法系统是控制无权者行为的工具。

马克思主义女性主义学说（Marxist feminism theory）用这种论证方式解释女性犯罪的根源。该理论的推崇者认为女性罪犯是剥削女性的社会体制的受害者，很多女性犯罪行为的直接导火索是男性对她们的伤害，特别是肉体或性暴力以及性骚扰带来的伤害。简而言之，他们认为女性犯罪的根源在于男性霸权、侵犯和性支配的格局和现状（Messerschmidt, 1986；Schwendinger, 1983 & Simpson, 1989）。

虽然社会冲突理论的支持者只处在犯罪的社会、政治和法律思想的边缘，但有证据表明民主社会的权力结构确实利用刑事法律达到统治者的政治意图。想想民主社会的政府机构从事的公开或秘密行动，如果发生在非政治情境下就会被认定为犯罪。例如，美国中央情报局（CIA）长久以来参与外国的暗杀行动，并常常以金钱或军火形式给予外国政府支持，这些政府从事的是大多数美国人憎恶甚至认定为犯罪的行为。举一个例子，很明显CIA 对扎伊尔的蒙博托·塞塞·塞科（Mobutu Sese Seko）总统的沉浮发挥了推波助澜的作用。在美国和其他西方政府的支持下，1965 年刚果从比利时殖民统治下独立之后，蒙博托上位。蒙博托的前任帕特里斯·卢蒙巴（Patrice Lumumba）遭暗杀与 CIA 有关系，而扎伊尔则为 CIA 提供了支持安哥拉反叛军秘密行动的中转站。CIA 直接给蒙博托现金，并在他处于政治危机时给予其他形式的援助。但蒙博托是一个专制的暴君，他将这个矿产丰富的国家的出口收入中的上亿美金纳入私囊，几乎将扎伊尔带入破产的边缘。他摒弃当下的法律，代之以一套全新的被称为‘蒙博托主义'的法律系统，并残忍地无视平民的权利挂行这套法律。几乎没有人会否认蒙博托的行为是犯罪，甚至可以断言美国政府对他的支持本身也是一种对犯罪的教唆。但蒙博托的行为从法律意义上来说不是犯罪，因为它们受蒙博托主义保护，而 CIA 只是在推行美国的外交政策（在反对派武装的军事压力和美国的政治压力下，蒙博托 1997 年 5 月离任，而 32 年前将他扶上权力宝座的正是美国政府）。

近一点的例子是伊拉克已下台的独裁者萨达姆·侯赛因（Saddam Hussein）。20 世纪 80 年代伊朗、伊拉克战争时，萨达姆政府得到美国支持，但因为萨达姆无视联合国的谴责与制裁，长期迫害政敌、对某些宗教教派发起大屠杀、入侵科威特，21 世纪初被美国判定为罪犯，认定他威胁该地区的和平，甚至可能是伊斯兰极端分子的同盟。2003 年，萨达姆拒绝主动退位，美国因此带领同盟国入侵伊拉克，此行为虽然颇受争议，但仍以推翻并拘捕了萨达姆而告终。

证明犯罪具有政治化倾向的例子还包括检察裁量权（第二章）和选择性惩罚（第十三章），司法实践中这些现实受政治利益驱动，体现在美国司法系统对银行诈骗、非法股票交易、各种政治诡计、侵犯环境污染法以及一些白领和公司犯罪等罪行的法律规范方面比较宽容。事实上，这些罪行相对于持有毒品、偷窃、盗车以及侵犯财产的非暴力犯罪行为，涉及的受害人更多，造成的财产和个人损失更大，但其实在美国监狱中最多的是后述罪犯。

另外一个体现法律政治化的例子则是市民团体成功呼吁立法者对犯罪行为采取"积极行动"，制定或修改相关法律，明确劫持汽车、开车枪击、家庭暴力、炸弹袭击以及其他行为触犯联邦或州法律。正是基于这些法律，1995 年提摩西·麦克维（Timothy McVeigh）和特里·尼克尔斯（Terry Nichols）因炸毁俄克拉荷马市联邦大楼而面临联邦和州政府的指控。其实，从 1970 年至今，1865 年起制定的联邦刑法已有 40% 得以修订并通过。1998 年当时的最高法院首席大法官威廉·伦奎斯特（William H. Rehnquist）向国会作年度报告时警示大家将更多的犯罪提升到联邦层面其实很难大幅度控制上述罪行，因为如果不充实联邦警察和检控官的力量，联邦政府只能应付一小部分此类犯罪。其他法律专家则指出，若需由联邦政府对一般由州政府处理的罪行提起诉讼，会消耗一部分联邦执法人员的精力，无法打击违反反垄断、民权、食品和毒品法律等影响更广的犯罪。

但是公众要求"联邦化"犯罪的呼声很难忽视——特别当这种呼声受到了轰动的新闻所推动。例如，1998 年怀俄明州一名同性恋男子马修·谢巴德（Matthew Shepard）惨遭杀害，随之有人呼吁将杀害同性恋行为纳入联邦罪行，因该法未通过表决，同性恋权利激进分子指责美国国会对该类罪行充耳不闻，尽管因谢巴德谋杀案遭逮捕的两人被起诉，并根据州谋杀法最终被判处死刑。2001 年"9·11"恐怖袭击之后，美国国会在"恐怖主义"的条目下新添了很多罪行（见第八章）。很多州不仅仅效仿联邦法，还定义了州内适用的恐怖犯罪条目。

四、犯罪的道德性

既然道德是区分对错的信仰体系，那么应该很明显道德和法律不一定是同义词。18 世纪哲学家伊曼努尔·康德（Immanuel Kant）观察到二者的对立，区分了代表价值和信仰体系的道德普遍法（有些人称为自然法）和实在法或人为法。美国的奴隶法规、排华法案、对美国印第安人的简易程序审理以及美国政府对蒙博托政权的扶持表明与大多数价值体系的道德规范相悖的行为可能在特定的社会或政治环境下并不违法。但是以上每个例子均表明，一旦社会思想进步，足以意识到这些行为的不道德性，与之相关的法律也会改变。因此在一定意义上，不道德的法律可能预示着社会变革。有人提出，苏格拉底因自由思考被雅典政府审判并惩罚，震惊了雅典的平民，这也为建立一个新的道德和社会秩序铺设了道路。

美国历史上更近一点的例子是 60 年代民权法的制定，废除了吉姆克劳法和其他限制非裔美国人权利和机会的法规。马丁·路德·金博士领导的社会政治变革最终促成了民权立法的通过，他鼓励"公民不服从"，该理念鼓励抗议者故意抵抗不公的法律，因为它们本身就是不道德的。在"来自伯明翰监狱的一封信"（King, 1963）中，马丁·路德·金阐明了他的观点，他认为法律分为两种：公正和不公正。马丁·路德·金提出人类有责任抵抗不公的法律。他认为公正的法律是道德的，也就是哲学家们所谓的自然法，不公正的法律是不道德的，尽管它们是主权权力制定的实体法。马丁·路德·金（1963）写道，不公的法律绝非"植根于永恒法和自然法。只有推崇人性的法律才是公正的。而任何贬低人性的法律都是不公正的……我同意圣奥古斯丁（St. Augustine）的说法'不公正的法律根本就是没有法律'"。早期社会学家涂尔干（Durkheim, 1938~1997）认为：

> 如果禁止自由思想的规则在正式废除之前从未被质疑，那么我们永远不可能如现在这样享有这项权利。然而当时，置疑规则即是犯罪，因为这种行为违背了大众良心上依旧强烈的情感。但是这种犯罪作为改革序曲的作用却不容低估，而改革更是日益显出其重要性。

心理学家劳伦斯·科尔伯格（Lawrence Kohlberg, 1984）在论证他的道德发展理论时也对法律和道德作了类似区分。他认为道德意识的获得,即对与错的判断能力,是分发展阶段的。科尔伯格(1984)认为,最初,即"前习俗"阶段,孩子有对错观,是因为害怕惩罚。因此,一个4岁儿童不去做大人禁止的事情,通常是因为害怕"惹麻烦"。科尔伯格认为大多数成年人进入并保持在第二个,即"习俗"的发展阶段,该阶段受实证法制约。也就是说,我们大多数人遵守法律仅仅因为"那是法律"。该阶段,道德(正义)与法典所述一致。科尔伯格认为只有少部分成年人能达到道德发展的第三个阶段,即"后习俗"阶段,该阶段道德由普遍的、通用的原则定义,这些原则凌驾于实体法之上,代表的是普世的道德原则。该阶段人们行为所遵循的是在他们看来比法律更"高"的价值体系。马丁·路德·金呼吁人们违抗不公正的法律就是一个体现后习俗道德的著名例子。我们在第七章将详细探讨科尔伯格的理论。

五、犯罪的分类

大多数刑事法典将犯罪分成八大类:

(1)侵犯人身罪:包括杀人和过失杀人、绑架、袭击和殴打、抢劫、勒索和刑事性侵犯(强奸、性虐)。

(2)侵犯财产罪:包括纵火、入室盗窃、盗窃、盗用公款和非法入侵。

(3)诈骗罪:主要包括伪造、假冒他人身份、虚假陈述诈骗钱财、开空头支票,以及非法利用信用卡等。

(4)破坏健康安全罪:包括持有、制造和传播非法毒品、醉酒驾车、违反枪支或其他武器管理法律。

(5)伤风化的犯罪:包括赌博、卖淫、虐待动物以及私通、同居、乱伦和猥亵等性犯罪。

(6)破坏和平和秩序:比如暴乱、非法集会和扰乱秩序的行为。

(7)妨碍司法罪:这一类指的是伪证(作伪证)、贿赂官员、藐视法庭、拒捕和妨碍司法。

(8)危害国家主权罪:主要是叛国罪。

每一种罪行都有标准的法律定义。例如,杀人罪是指一人故意(Mens rea)杀害另一人(不包括谋杀未遂、过失杀人、意外死亡、合法杀人)。强奸罪是未征得女子同意,强行与其发生性交(注意男性受害者不包括在内)。抢劫罪是通过武力、威胁使用武力或暴力或使受害人产生恐惧,夺走或试图夺走任何有价值的物品,使他人不能照顾、看管或控制该物品的行为。严重人身伤害是某人对另一人的非法袭击,通常借助武器,或通过可能造成死亡或严重生理创伤的方式,造成受害人严重或重度生理伤害。盗窃是不使用武力或威胁使用武力,非法占有他人金钱或财产的行为。纵火是以火摧毁他人财产的罪行,受害者可能受到武力威胁。尽管恐怖犯罪并非官方的分类,如今美国很多种犯罪被归为恐怖犯罪。例如,为恐怖组织提供资金、为达到政治目的而使用或威胁使用武力对付平民等行为。在第十和十一章我们将详细讨论这些犯罪分类。

六、犯罪的统计资料

新闻媒体通常会告诉我们诸如此类的信息:犯罪率正在下降,大多数罪犯都是男性,大多数最暴力的罪犯都认识他们的受害人等。你是否曾好奇他们是从哪里获得信息的?通常,关于犯罪、罪犯和犯罪率的新闻报道由统一犯罪报告(UCR)项目发布,这是一个国家级的合作项目，由16 000个市、县、州执法机关通力合作，将各自司法辖区内关注到的犯罪行为信息汇报至华盛顿的联邦调查局（FBI）。UCR项目首要目的是为执法的管理、执行和运转提供可靠的数据。不过UCR项目也是美国社会环境的一个主要指标，因此对心理学、犯罪学、社会学和政治科学领域的研究者和学者有重要价值。

如今官方的UCR数据仅限于收集七类犯罪行为的数据，这些罪行被"索引"至或归类为暴力犯罪和财产犯罪两大类。这两个类别成为衡量犯罪总量和速度的指标。UCR数据以10万人为单位，汇集并记录报案的重大犯罪数目，如果有其他信息——例如，罪犯和受害者的年龄和种族也会给予记录。

暴力犯罪，即"一级"犯罪，包括谋杀和误杀、暴力强奸、抢劫和严重人身伤害。财产犯罪，即"二级"犯罪，包括入室盗窃、盗窃、机动车盗窃和纵火。2002年，上报的重大犯罪中12.0%是暴力犯罪，88.0%是财产犯罪。盗窃罪数量最大，在2002年所有的重大犯罪中占59.4%；谋杀数量最少，仅占0.1%。类似这样的数据是年度报告"美国犯罪报告"的普遍特点。每年的报告包括关于犯罪、与之相关的不同类型的统计信息，包括不同年龄、性别、种族的分布情况和发生率的变化。该报告的"犯罪钟"对比了非暴力犯罪和暴力犯罪发生的规律。图1.1描述的是2003年的数据。

CRIME CLOCK

| 每22.8秒 | 一起暴力犯罪 |

每31.8分钟	一起谋杀
每5.6分钟	一起暴力强奸
每1.3分钟	一起抢劫
每36.8秒	一起严重人身伤害

| 每3.0秒 | 一起财产犯罪 |

每14.6秒	一起入室盗窃
每4.5秒	一起盗窃
每25.0秒	一起机动车盗窃

图1.1 犯罪钟

Federal Bureau of Investigation, *Crime in the United States—2003*, Washington, DC: Government Printing Office, 2004, p. 7.

FBI对UCR数据进行统计学分析之前，项目成员会仔细核查每一项犯罪报告，查看是否与规范的上报标准和要求有偏差。其实UCR数据和基于数据生成的统计资料的准确性主要取决于上报机构收集和汇报其司法辖区内犯罪的谨慎程度。工作人员决定不上报某一事件或弱化某一事件的严重程度都会影响数据。所以，如果家暴的受害者不想以殴打罪控诉他或她的配偶，该案子可能就不会被当作刑事案件上报。同样，失窃的财产有时会被登记为丢失的财产。

UCR 还有其他不足。例如，数据仅仅基于上报的犯罪数量，而非逮捕次数。逮捕是另外以结案率上报的。另外，如果一起案件涉及多项犯罪，UCR 只记录最严重的罪行。因此，如果一起盗车案中发生了强奸和谋杀，UCR 索引数据只会包含谋杀。最后，由于 UCR 系统依赖受害者和证人的汇报，该系统可能严重低估了暴力犯罪的数字，因为报警的暴力犯罪也许只占总量的一半不到（Bastian，1993）。

UCR 项目目前正切换成"事件全面报告"系统，试图解决部分上述问题和不足。全新的全国基于事件报告系统全面投入运营时，执法机关会上报每一起刑事案件和拘捕的数据，包括 22 种具体的犯罪种类：如刑事杀人（谋杀和误杀）、暴力强奸、抢劫、严重人身伤害、入室盗窃、盗窃、纵火、伪造、诈骗、盗用公款、恶意破坏、卖淫、吸毒和仇恨犯罪。

另外一个主要的犯罪统计资料数据库来源是司法统计局（BJS），这是隶属于美国司法部的一个机构。美国国会 1981 年成立 BJS，目的是整合立法机构、社区、罪犯和受害者提供的信息，生成关于犯罪客观的、独立的数据。BJS 的工作人员研究犯罪趋势、分析数据、持续性地发布各种报告。他们最近出版了饮酒与犯罪（1998）、监狱内的 HIV（2004）、入狱的父母和他们的孩子（2000）、遭性侵犯的高校女性（2000）等报告。当前的出版目录索引可由 BJS 邮寄，或从网站 www.ncjrs.org 获得。

最后一个信息来源是全国犯罪受害调查（NCVS），由美国统计局与 BJS 联合开展。该项调查中，66 000 个家庭约 110 000 个公民（12 岁及以上）报告了近 6 个月中遭到犯罪侵害的情况。调查的罪行和 UCR 索引中包括的罪行基本相同。不过该调查有很多方法上的不足，让人质疑参与者描述的可信性，进而担心调查结果是否会高估或低估犯罪现象。

七、研究犯罪行为的方法

像其他领域的科学家那样，学者根据科学研究方法的基本原则收集实证数据，据此建构有关犯罪行为起源和犯罪相关行为的理论。通常，他们首先提出一个假设，一般假定两个或更多的变量有因果关系。以很多学者都研究过的话题为例，考虑一下儿童观看暴力电视节目的时间和暴力行为表现之间的关系。假设就是观看电视暴力会导致儿童表现出攻击性和暴力性。

科学家如何检验假设？首先他们必须清楚界定正在研究的现象。在刚才的例子中，他们必须界定并制定步骤测量：①电视上播放的"暴力"行为；②观察和测试的儿童的年龄区间；③观看的电视节目；④观看暴力电视节目的时间；⑤何种儿童行为能够算得上"攻击性和暴力性"；⑥衡量攻击性和暴力性行为的地点和方式。一旦确立了恰当的操作性定义，在理想状况下，研究者可以设计一个实验，判断观看暴力电视节目和暴力性表现之间是否有因果关系。

实验方法要求研究者操纵或控制研究中的某个因素，即变量，例如观看暴力电视节目的时间。被控制的变量称为自变量。因此实验者会将一半的儿童随机分配到实验组，一年内每周观看 10 个暴力电视节目，剩下一半分配到对照组，不观看暴力电视节目。接着测量在这样的控制下方法对第二个变量的影响，即儿童随后的表现。第二个变量称为因变量，因为它受自变量的影响。

如果实验组的儿童后来比对照组表现出更多的暴力行为，那么电视暴力有可能是诱因。我们说"有可能"是因为两组儿童开始时的暴力倾向、同伴和家庭成员的榜样作用以及其他的不可控因素，也就是无关变量的差异，也许可以全部或者部分解释观察到的相关关系。理想状态下，随机分配会使上述多数不可控因素对两组的影响平均化，但是在任何实验中，为了论证因果关系，研究者必须保证能够排除或控制所有除了电视暴力以外的所有变量。此类受控实验在伦理和实际操作上的局限性（你愿意让自己的孩子在暴力电视节目组待一年吗？）激励犯罪研究人员采取其他的研究设计。这些设计包括准实验设计、相关研究和个案研究，这些方法在探索因果关系上不如控制实验有说服力，但是更具有"可操作性"。

在准实验设计中（名称意味着"像实验的"），研究者通常无法将参与者随机分配至不同情境，像操纵自变量那样加以控制。相反，他们利用该变量自然状态下的差异，研究它对其他变量的影响。例如，研究者会对比住在拥挤监狱与住在较宽敞监狱的囚犯的暴力行为数量。由于研究者无法将囚犯随机分配至各监狱，不同监狱之间囚犯的特点（例如暴力史）可能有很大不同。不过研究者依旧可以对监狱拥挤程度对囚犯暴力性的影响得出一些初步结论。如果这些准实验在很多不同的监狱中，包括拥挤的和不拥挤的，重复或复制时得到相同结论，那么研究者可以更有信心得出结论，拥挤程度和暴力有因果关系。

相关研究通常对变量的控制更少，但也许是研究这些变量唯一的方法。例如，在一项电视暴力相关研究中，研究者不会试图操控儿童观看暴力的时间，而是测量儿童表现的暴力行为和他们汇报观看电视暴力数量之间相关性或观察到的关系的强度。但是，即使相关系数显示高度正相关（即儿童观看的电视节目越暴力，他们的行为就越暴力），研究者也只能描述两个变量之间的关系。他们不能下结论，电视暴力导致暴力行为，因为很多干扰因素（例如父母的影响）都没有控制。

个案研究方法在研究犯罪时也很常见，特别是当研究者对较少见的现象如大规模杀人犯和连环杀手感兴趣的时候。针对这些现象的原因建立假设时，个案研究很有用，因为该类研究细致深入地探究罪犯生物和心理健康、家庭史、社会和教育调适，以及其他能够告知我们导致犯罪行为原因的因素。针对犯同一类罪行的多个人做的个案研究如果能找到同一种模式，可以提示研究者们他们可能找到了重要的导致因果关系的因素，这些因素可以通过控制性更强的研究进一步探究。另外，我们对罪犯背景中共同的经历知道得越多，也许努力在整个社会中杜绝导致这种经历的环境就越重要。这些环境也许本身不会引起犯罪，但可能会促成犯罪。

整本书中我们将介绍心理学、社会学、犯罪学以及其他领域的科学家探索犯罪根源所做的研究，你会读到很多实验、准实验、相关研究、个案研究和其他研究方法。

八、罪犯和犯罪行为

一家美国主流报纸——《华盛顿邮报》2004 年 6 月 23 日这一天的某一版报道了如下与犯罪相关的故事：

"北卡罗来纳州农民因将拖拉机停在池塘中被判 6 年有期徒刑"
"美国在线服务公司员工因将顾客名单卖给垃圾邮件寄件者遭逮捕"

"国会批准延长身份盗贼监禁时间"

"法官结束关于科比·布莱恩特（Kobe Bryant）指控者性生活的听证会"

"美国反兴奋剂机构因矩跑选手米歇尔·柯林斯〔Michelle Collins）使用违禁药物而勒令其终生禁赛"

"环境保护局宣告有毒气体排放节节攀升"

"一名负责支付结算的前住房和城市发展部官员被指控图谋提交虚假花销报告"

"国立卫生研究院科学家违反规定，私自与公司交易"

"极端分子试图刺杀伊拉克首相"

"律师的恐怖主义审判在纽约开庭"

"西班牙成立调查团调查火车爆炸事件"

"一名韩国人在伊拉克被斩首"

"持枪歹徒杀害了墨西哥蒂华纳市（Tijuana）的一名报纸编辑"

如果你花一天或一周时间浏览当地或地方报纸，描绘出一个社区或全世界犯罪的综合图景，得出的列表可能与此类似，因为几乎每天都有很多其他案例不断出现。列表会包括常见和罕见的罪行，这些罪行的受责程度和造成的恐怖各不相同。当然种类会很多，因为人们总能找到层出不穷的方法相互伤害。后面章节对犯罪行为的讨论会聚焦很多上文所列标题中描述的罪行。我们讨论的罪行涵盖很广，从连环凶杀到入店行窃，从强奸到危险驾驶，从恋童癖到卖淫，以及很多其他罪行。我们也会探讨有组织犯罪、白领犯罪和环境犯罪，这些罪行对几乎所有人的生活、经济和社会福祉都有深刻的影响。

我们的讨论是基于对犯罪行为的如下定义：犯罪行为是在特定情境和社会环境下，从事被法律认定为犯罪的行为，这些行为违反了通行的社会规范和行为准则，不考虑犯罪者是否被逮捕，或如果被捕并受审，被定罪还是无罪释放。因此，我们采取行为科学家"丰法律的"方法研究犯罪行为。我们探究为什么人们从事那些社会规定为犯罪的行为，他们是否被指认、起诉和惩罚。阅读本书时你会发现很难明确犯罪行为的起源和发展，因为这通常涉及人们的心理和生理特征与他们出生、成长和生活的经济、社会和文化系统之间复杂的、长期的互动。你也会发现尽管每个罪犯的故事正如非罪犯的一样，都有一定的独特性，但某些个人特征和环境风险因素在这些人的发展史上重复出现。展现这些特点和面对这些风险因素的人，为什么有些会成为罪犯容易理解，但是为什么其他人不会犯罪也是值得思考的。更好地了解导致犯罪的复杂过程有助于建立预防犯罪的有效项目，而这个目标对人类的幸福来说永远都是最重要的。

九、总结

多数人以严格的法律术语理解犯罪。然而社会对犯罪行为的定义，以及打击犯罪的举措也考虑到一个国家的社会、政治和道德体系。为了更好地理解犯罪行为的起源和出现，不仅仅要研究犯罪个体的心理，还需要审视罪犯成长所在的生活、家庭、社会、文化和政治体系。犯罪的法律定义是违反州或联邦立法机构制定的刑法的行为。社会学家将刑法看成规范社会秩序的一种途径，而不仅仅是惩罚恶劣行径的方式。不同州对特定行为的打击意愿也许有所差异，比如我们可以看到不同州自愿性行为以及赌博法的差异。立法机构决定将何种行为规定为犯罪,是将特定行为选择出来给予控诉和惩罚的政治过程的结果,这是对特定选区呼声的政治回应。刑事法律和控诉不一定与所有人认可的道德行为相吻合。例如,很多人,包括伟大的马丁·路德·金博士,认为禁止种族融合的法律不道德。最终,这些法律被废除,马丁·路德·金的愿景也更多地成为美国人的行为准则。

对于犯罪现象本身,我们采纳立法机构使用的划分体系以及联邦政府收集的统计数据。联邦调查局每年发布的统一犯罪报告是美国对于犯罪描述最详尽的资料。受害调查和特别研究报告聚焦与犯罪相关的详细人口统计学信息。大多数考察犯罪行为原因和后果的研究采用的都是相关性或准实验研究方法,这是因为开展导致违法和有害行为的实验研究是违法且不道德的。心理学家对犯罪保持着浓厚的兴趣,为我们提供了丰富的研究文献,为我们揭示犯罪行为提供参考。

关键术语

犯罪 轻罪 重罪 死罪 故意 原告人 被告人 批判犯罪学家 社会冲突理论 马克思主义女性主义学说

复习问题

1. 刑法的三个来源是什么?
2. 犯罪统计数据两个主要来源和各自的优缺点分别是什么?
3. 研究和调查犯罪行为主要有哪些方法?
4. 犯罪的政治性如何导致少年犯服刑期更长,对其政策更严苛?
5. 举三个例子论证美国的刑法反映了各个时代社会历史的变化。

相关链接

犯罪行为相关网站:www. cassel2e. com.

联邦调查局:www. fbi. gov.

全国刑事司法参考服务:www. ncjrs. gov.

美国司法部司法数据局:www. ojp. usdoj. gov/bjs/.

第二章　刑事审判制度

我们第一章讨论的犯罪是由美国刑事审判体系中的相关程序和机构来处理的，这些机构和程序由执法人员、检察官、辩护律师、法官和陪审团来进行操作。这一司法制度最初形成于 19 世纪，以英国司法体系为基础。总体上来看，它起到了很好的作用，但离完美运有较大距离。

例如，警察暴力和贪污，以及狱中暴力问题在美国历史悠久。1884 年，伊利诺伊州州长阿尔特盖尔德（Altgeld）在谈到罪犯狱中矫正失败时说，居民"没有从刑罚机器中受益"（Altgeld，1890）。阿尔特盖尔德还宣称刑事审判制度本身是促进犯罪的，它有助于犯罪的滋生。阿尔特盖尔德（1890）说："首先，它使得罪犯具有了一些他们本来没有的特点与行为。其次，一旦某个个体被标记为罪犯，那么他们在今后的生活中将很难摆脱这一标签。"阿尔特盖尔德的评论在今天看来仍然是正确的。如今，美国正面临着与犯罪相关的两个问题的挑战：一是犯罪行为本身；二是用来处理犯罪行为的刑事审判制度。

在这一章，我们将对刑事审判制度进行概述，并思考它如何影响个人层面的犯罪和社会层面的犯罪。我们首先对司法程序进行概述，包括针对无行为能力的、具有精神障碍的和具有人身危险性的被告人而设计的特别条款。之后，我们考虑执法人员以及他们与罪犯之间的相互影响。接下来，我们将关注检察官与辩护律师所扮演的角色，并对陪审团和法官的角色进行细致的考察。除此之外，我们仍将继续对刑事审判制度进行探讨。第三章我们会讨论青少年司法制度，第十三章我们会讨论监禁及其他刑罚方式。

一、刑事审判制度概述

尽管每个州都有规范本辖区内刑事审判制度的具体规则，但是我们仍然可以总结出从逮捕到审讯再到宣判的刑事诉讼程序的一般规则。

（一）逮捕

在第一章中，我们介绍了两种类型的犯罪：被判入狱少于 1 年的轻罪和被判 1 年以上直至终身监禁的重罪（felony）。执法人员需要获得由地方法官签发的逮捕许可，才能对大部分轻罪和重罪实施逮捕。地方法官由该管辖区域内最高级别的审判法官任命，并且被任

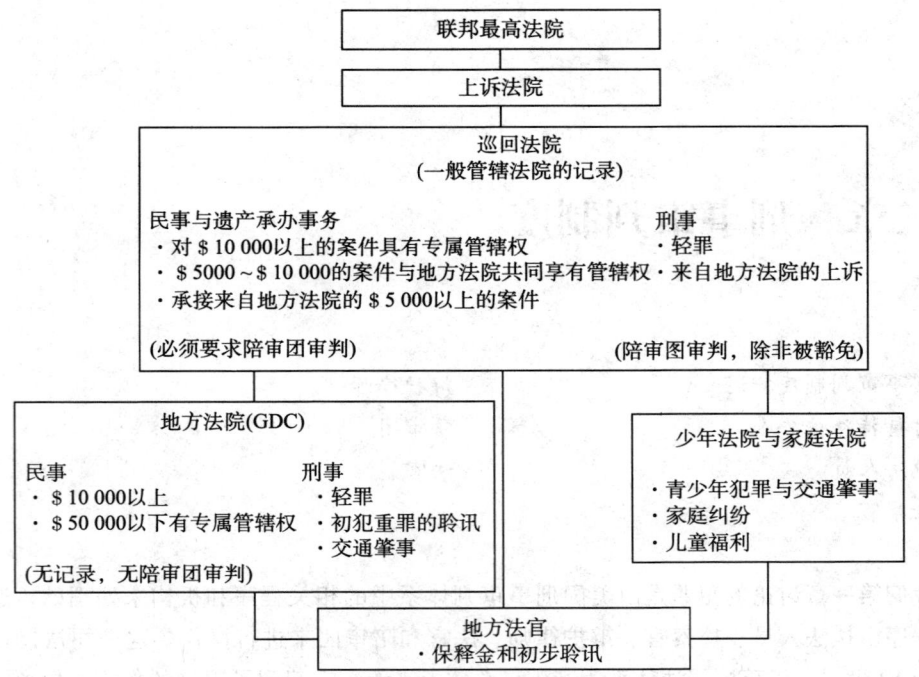

图 2.1　弗吉尼亚的司法系统

命的地方法官必须宣誓，只要存在诉讼理由就会对触犯法律的罪犯提起控诉。对于现行犯，执法人员可以不经授权就进行逮捕。一旦被逮捕，该被告人会被带至地方法官那里，由该地方法官决定采取何种措施，以确保被告人能够参与到与此次刑事起诉相关的任何听证会和审判中。在轻罪的情形下，地方法官可以决定是否采取取保候审，即支付保释金（bond）或财产抵押。取保候审使得被告人可以在等待审判期间免于监禁。

（二）州法院

针对发生在本辖区内的犯罪行为，每个州都制定了各自的刑事审判制度和司法程序。州内的地方管辖区（通常被称为郡或市）也有自己的法院。大多数地方管辖区内还有下级法院，可以对轻罪的案件、交通犯罪案件、不高于特定数额（例如 10 000 美元）的民事索赔案件进行审判。在这些下级法院中没有陪审团，法官单独作出关于有罪、无罪以及处罚的决定。重罪案件的起诉通常从这些下级法院开始，下级法院的法官会先组织初步的审讯，以决定送到大陪审团那里的起诉证据是否合法。

大陪审团的起诉通常赞同检察官对案件的意见，因为大陪审团起诉只审查控方证人的证据，无论被告人还是辩方律师都不介入。一个典型的起诉是这样的，"我们作为蒙哥马利郡大陪审团的陪审员，于 2003 年 12 月 15 日开庭，查明大约在 2003 年 9 月 21 日，被告人约翰·多伊（John Doe）破门进入多恩·史密斯（Jane Smith）的家中，意图在那里盗窃"。为了确保指控，被告人会出现在市或郡的最高法院中，那是重罪案件审理的地方。法院会决定是否采取取保候审，并确定审前听证和审判的具体日期。州法律决定哪些重罪被告人有资格获得保释。通常，只有在认定被告人不会对他们自己和社区产生危害，也不会离开法院的管辖范围，并且不会出现保释后不能出庭的情况下，法院才会同意保释。

重罪案件中的被告人有权利按照自己的意愿选择陪审团审判，或者他们可以选择让审判法官来裁定案件。一些州赋予检察官在被告人不同意的情形下要求陪审团审判的权力。

（三）联邦法院

对违反联邦法律（例如美国国会制定的法律）的犯罪行为的审判将会在美国联邦地区法院举行，该类法院坐落于美国的 91 个联邦地区。每个州都有一个或更多的该类法院，对被告人的审理在犯罪行为发生地进行。违反联邦法律的犯罪是一些严重的犯罪，例如，各州间的毒品非法交易、联邦所得税的欺诈和逃税、空中劫持、间谍罪、叛国罪和针对联邦代理机构与联邦大厦的犯罪。违反联邦法律的轻罪主要包括交通犯罪和对联邦财产破坏性不大的犯罪，这类犯罪在没有陪审团的美国地方法院进行审理。

1. 重罪审判

在对重罪指控案件进行审理前，被告人可以申请参加庭前听证会，这些听证会将决定审判的时间、地点和其他细节。在听证会上他（她）可以对某些证据的使用提出异议。如果被告人选择了陪审团审判，陪审团成员——通常为 12 个当地人——会从一组大约 20 个备选的陪审员中产生。两个替补的陪审员也会被挑选出来，他们也要审查所有的证据，并且必须保证在其他陪审员因生病或不当行为而不能继续的情况下加入陪审团。

在一些司法管辖区，如果陪审团发现被告人有罪，就必须参加第二次审判。在这次审判中，在陪审团提出量刑建议后，检察官和被告方律师各自出示证据表达支持或反对的意见。陪审团成员只能建议监禁时间的长短和罚款的数额，而不能建议采用的惩罚方式（例如是适用缓刑还是社区服务）。法官通常会在综合上述情形后进行判决。如果是严重违法犯罪，被告人可能会在被认定有罪后立即被监禁，等待判决。

尽管电影和电视中经常描绘审判的场景，但刑事案件的指控和对抗过程却是无趣的、技术性的、耗时的，并且很少具有戏剧性。除非在开始阶段的描述案情和末尾阶段的辩论中，律师是不被允许发言或与法官和陪审团成员进行争论的。相反，他们必须通过向证人发问引出案件的事实。难怪庭审律师（包括本书的一位作者伊莱恩·卡塞尔）在一个电视节目中被取笑。那位律师的表演者面向陪审团向证人提问，并反复宣讲应该如何判决这一案件。事实上，律师是通过看似无穷尽的向证人发问来找出对自己有利的案件"事实"。陪审团参与的刑事审判程序如下：

（1）向陪审团候选成员提问，以确定这些个体是否持有任何相关的偏见或者存在其他不适合参与审判的情形。

（2）检察官向陪审团作开庭陈述。

（3）辩方律师向陪审团作开庭陈述。

（4）检察官出示证据向证人提问以进行指控。

（5）辩方律师反复讯问检方证人。

（6）辩方律师出示证据向证人提问以进行辩护。

（7）检察官反复讯问被告方证人。

（8）辩方律师向陪审团作最后陈述。

（9）检察官向陪审团作最后陈述。

（10）法官在案件的运用法律、证据、证据要达到的不同的标准（例如，事实要件必须要证明一个人犯有某种罪）以及法律条款的含义（例如"排除合理怀疑"的含义）等方面对陪审团进行指导。

（11）陪审团经过商议后可能作出被告人有罪或无罪的判断，也可能会出现因认为被告人属于精神错乱而无罪、有罪但存在精神疾病等少数情况（之后我们会进行讨论）。陪审团也可以声明无法进行裁定，这个结果叫做陪审团僵持（hung jury）。

（12）如果需要由陪审团提出刑罚建议，陪审团成员要听取与判决相关的证据，该证据呈现顺序应当与庭审时证据的呈现顺序相同。陪审团经过商议后提出量刑建议。

（13）如果判决由法官一人来决定，他（她）会组织一项由工作人员进行的宣判前调查，并确定宣判日期。在宣判日，法官会听取宣判证据，该证据按庭审证据的顺序被呈递。控方和辩方都会请证人来证明与判决有关的事实，并且对加重惩罚和争取宽大处理提出各自的意见。

（14）法官作出判决，从此刻开始，该判决具有正式的效力，在规定日期截止前可以上诉。如果被告人被确定为有罪并被判处有期徒刑，他（她）即使打算上诉也极有可能立即开始服刑。但像欺诈罪或者侵占罪这类非暴力犯罪被认定有罪后，被告人在等待上诉期间可以被保释。

2. 新庭审和上诉

在市或郡的下级法院中被认定为犯有轻罪的被告人，通常有权要求该管辖范围内审判重罪的最高级别的法院对案件进行新的审判。在这个能审理各类民事与刑事案件的法院中，被告人就像一块儿白板。换句话说，前面审判的结果不会被提及，也不会对新审判的结果产生任何影响。

在当地司法管辖区被认定犯有重罪的被告人，可以以审判过程中存在错误为由向上诉法院提起上诉。上诉法院将会对被告人的请求进行评估，并决定是否需要一个完整的再审程序，包括准备好对法律、案件事实与双方的口头争论的摘要。通常，被告人提交的证据需要附有审判副本，来支持法官不适当地适用法律（例如，不适当地选择或指导陪审团，或者在没有充分证据的情况下定罪）并对案件结果产生影响的上诉主张。不会影响案件审判结果的错误，被称为无害错误（harmless error），这类错误不能作为上诉的理由。进一步讲，被告人只能针对在庭审中被反对的事由提起上诉。例如，如果法官错误地指导了陪审团，但是辩护律师当时并没有提出反对，这个错误就不能作为上诉的理由。最后，辩护律师没有提出被告人可以被无罪释放，被告人不能以自己可能被认定无罪释放为由提出上诉。

然而，当新证据可以证明检察官没有向辩护律师提供已经掌握的可以开脱罪责的证据时，新证据的上诉是可以被采纳的。新庭审方法导致了以被告人被认定有罪时没有利用DNA证据结果为新理由的上诉案件数量的增长。

在联邦层面，被告人被州地方法院认定有罪时，如果符合严格的法律规定，可以上诉至11个美国巡回上诉法院。例如，美国第四巡回上诉法院接收来自马里兰州、弗吉尼亚州和北卡罗来纳州的上诉。对上诉结果不满意的被告人，只要他们的具体情形符合严格的法律规定，还可以尝试向美国最高法院上诉。

州法院的被告人也可以要求联邦最高法院重新审查案件，但只有当他们用尽了州法院和低一级别联邦法院的上诉权，并且能够证明州法院违反了联邦确保的宪法权利的情况下才可以提请重新审查。然而，州或者联邦法院的被告人并不拥有由最高法院审理的绝对权利，法院每天只接收一小部分的上诉请求。

许多上诉请求来源于被告人主张州法院的适用死刑的法律或者程序是违宪的。还有其 他被告人主张妨碍交通、调查犯罪嫌疑人和搜查住所等州内的执法行为是违宪的。

3. 上诉审理结果

由于美国宪法采取一事不再理原则（Double jeopardy）——即不允许被告人因同一违法行为受到两次审判，因此只有被告人才有权要求新庭审或者提出上诉请求，检察官不能对被告人的释放提起上诉。根据犯罪的性质和犯罪记录，在等待上诉结果期间，提起上诉的重罪被告人可能被保释。但暴力型犯罪的被告人很少在上诉过程中能够被保释。

如果州或者联邦上诉法院决定审理被告人的上诉，并在审理后发现审判法官或者陪审团存在错误，或者在一定程度上侵犯了宪法赋予被告人的权利，它可以：①驳回裁决，作出最终判决，无罪释放；②维持原判决、裁定；③发回原审法院重审，或者重新考虑在审判中被遗漏的足以改变审判结果的事实。只有一小部分的裁决在上诉中被推翻，并且只有相对高一点比例的案件在发回重审后另外举行听证。

二、对待特殊被告人

我们对刑事审判制度的概述适用于大多数的被告人，但是一些人需要适用特别的规则来保护他们自身的权利和社会的安全。这些被告人在法律上被称为无行为能力的、精神错乱的或者是危险的被告人。

一个人因要买毒品而盗窃，一旦被抓无疑会被认定负有责任，因为他（她）有明显的犯罪意图（见第一章）。然而一个人刺伤受害者仅仅是因为他认为受害者是危险的外星人则不对此行为负刑事责任，因为这属于偏执妄想，并没有犯罪意图。与其他大部分的民主制度一样，美国刑事审判制度包含相应的保障制度，以保护患有精神疾病的被告人的违法行为免于刑罚。如果被告人正在遭受的精神疾病使得他们不能够预见到自己行为的后果，也无法控制自己的行为，则陪审团可以主张被告人因精神错乱而无罪（Not guilty by reason of insanity，NGRI）。进一步讲，刑事审判制度保证了审判的公正，那些因精神疾病而不能理解自己所受的指控或者不能协助律师进行辩护的被告人，将被认为不具备足够的诉讼能力来接受审判。

对于罪犯危险性的判断也会影响刑事司法的决定，包括被告人：①等待审判期间是否可以取保候审；②上诉期间是否可以被释放；③被认定为患有精神疾病后是否可以从医院释放；④是否适用缓刑（例如，在表现良好的情况下，可以保持有条件的自由状态）；⑤是否给予一个或短或长的不确定期限的监禁期；⑥在服刑完毕前是否可以获得假释；⑦是否可因性侵犯而在被释放后作出公民承诺（美国律师协会，1939）。

由于无行为能力、神经错乱、具有危险性均指向被告人的精神状态，法院通常会请来精神病医生、心理医生或者其他心理健康专家对被告人的精神状态进行评估，并出具报告来证明以下问题：

（1）被告人的精神状态是否可以接受审判？

（2）即使现在精神状态正常，被告人在实施犯罪行为时是否精神失常？

（3）如果被告人免于监禁（如果被认定有罪）或者住院治疗（被认定为精神错乱），是否会对环境、他人构成危险？

（4）如果被判处死刑，被告人的精神状态是否能够接受执行判决？

20　　　　我们现在考虑心理健康专家针对以上问题如何收集证据，以及专家意见在针对特殊被告人的刑事审判中是如何被使用的。

（一）无行为能力的被告人

在 1996 年，杜邦化学制品公司的 58 岁继承人约翰·杜邦（John DuPont）开车来到他在宾夕法尼亚州的庄园。他允许一名世界级别的摔跤运动员大卫·舒尔茨（David Schultz）住在那里并使用杜邦公司提供给美国摔跤队的训练器材。杜邦接近坐在汽车中的舒尔茨，并用 44 左轮手枪射了三枪使其毙命。当杜邦在法院中被指控为一级谋杀时，他的律师提出他无法接受审判。给他做检查的心理医生的证言支持了这一论断，很多杜邦的朋友和亲属回想起他最近的古怪行为也支持了这一论断，这些古怪行为包括让一位亲属查看他娱乐室的台球，因为他认为那里被放入窃听装置。这些审前证言使法官相信杜邦患有精神疾病（妄想型精神分裂症），并把他送到州医院治疗。

有受审能力（Competent to stand trial）的被告人可以理解对其的指控，并积极参与庭审中的法律程序，协助律师准备辩护。刑事受审能力与被告人犯罪时的精神状态无关，而是决定于"被告人是否有足够的能力向他的律师进行咨询，并理解针对他的诉讼事实"（达斯科诉美国案，362 U. S. 401，1960）。被告人必须在刑事程序中的任何阶段都具有受审能力，具体包括向警察认罪、委托律师、提起有罪或无罪请求、请求陪审团审判、被审讯、被判决和被判处死刑并执行等不同阶段（Melton，Petrila，Poythress & Slobogin，1987）。

被告人必须在这些阶段都具有受审能力，从而保证他们拥有公平的机会来对抗政府的权力（Grisso & Siegel，1986）。毕竟，政府控制着大多数刑事司法程序，包括从在犯罪现场收集证据、形成指控，到将被告人带到大陪审团面前，以及我们先前在本章讨论过的其他司法程序阶段。作为法庭成员，检察官、法官和辩护律师都有义务来保护程序的公正和诚信，因此他们都能够并且应该提出被告人是否表现出不能接受审判的情况。然而，事实上辩护律师可能是唯一一个会这么做的人，因为绝大多数州法律一般推定被告人在诉讼的所有阶段都具有受审能力。

当辩护律师向法官建议，他（她）的委托人没有受审能力时，法官通常会要求被告人去精神病医院或者可以进行能力鉴定的机构进行评估。即使在某一时段内被告人被认为有受审能力，被告人也可以在刑事诉讼过程中的任何时间段提出重新进行评估。

行为能力评估

有充足资金并且未被监禁的被告人可以不通知检察官或法院，直接请精神病学家和心理学家进行检查和评估。联邦法院规定，贫困的被告人也有权利接受精神病专家的检查和评估，但是没有权利选择专家（阿克诉俄克拉何马州案，1985）。在州法院中，通常由社区精神健康机构所聘用的精神病学家和心理学家对贫困的被告人进行评估。在联邦法院中，则通常由在联邦矫正系统工作的精神病学家和心理学家对贫困的被告人进行评估（Heilbrun & Collins，1995）。在首次进行行为能力评估时，心理健康专家关注被告人的以下能力：

（1）理解被提交的指控。

（2）如果被认定有罪，理解刑事处罚的本质和处罚力度。

（3）理解法律程序中对立的本质（控方 vs. 辩方）。

（4）向辩护律师陈述与被指空的犯罪相关的事实。

（5）与律师进行沟通。

（6）协助辩护律师准备辩护。

（7）质疑控方证人证言的真实性。

（8）在法庭上表现得体。

（9）在庭审中提供相关证言。

（10）在法律程序中采用对自己有利的行为方式。

（11）可以应对审判前羁押的压力。

大多数心理健康专家使用一些标准化的评估工具来评估被告人的行为能力。他们通过使用同一评估工具、操作方式和诊断标准来确定被告人是否具有行为能力。行为能力的评估通常从检测精神状态开始，即采用简单的焦点访谈法评估被告人的记忆力、情绪、情绪状态、思考能力与集中注意的能力。评估人员通常采用一个或多个专业化评估工具，例如能力筛查测验（CST，Lipsitt，Lelos & McGarry，1971）、行为能力评估工具（CAI，Young，Forquer，Tran，Starzynski & Shatkin，2000）和麦克阿瑟刑事审判能力评估工具（MacCAT-CA，Hoge，Bonnie，Poythress，& Monahan，2004）。

在完成评估后，心理健康专家会准备一份报告，并提交给申请进行行为能力评估的一方。如果被告人是有行为能力的，辩护律师会对此份报告保密，从而保护被告人的隐私。如果被告人被认为是无行为能力的，那么报告的复印件必须要提交给检察官和法官。如果控方希望由自己的专家来评估被告人的行为能力，被告人必须配合，否则会丧失主张无行为能力的权利。

无行为能力不能通过无可置疑原则或"清晰的、具有说服力的证据"来证明。对有无行为能力的判断必须采用优势证据原则，即至少有51%的可能性可以确定被告人是无行为能力的（库伯诉俄克拉何马州案，1966）。即使使用这个相对低的证明门槛，在美国每年将近40 000名进行行为能力评估的刑事被告人中，仍有70%～90%的被告人被评估为有行为能力而接受审判。评估标准越严格，被告人就越有可能被认定为具有行为能力（Heilbrun & Collins，1995）。

被告人一旦被认定为具有行为能力，司法程序就会重新开始或从中止的地方继续，但如果评估结果为无行为能力，随之会产生几个可能的问题。如果被指控的犯罪不严重，被告人会同意接受心理健康治疗来换取指控的撤回。如果被指控的犯罪十分严重，被告人会被要求进入精神病院治疗来恢复行为能力以接受日后的审判。对于大多数被诊断为精神分裂症或者其他精神疾病的被告人，治疗包括服用安定类药物或其他药物。症状一旦稳定，被告人会继续被给予药物治疗，同时恢复监禁。例如，约翰·杜邦在先前的审判中被认定为不具有行为能力，但经过在精神病院几个月的治疗后，他被认定为"恢复了行为能力"。

是否可以单纯为了使被告人能够接受审判，而强迫一个具有精神疾病的被告人接受药物治疗？如果是严重的犯罪，那么回答是肯定的。我们来回顾一下1998年7月24日拉塞尔·尤金·韦斯顿（Russell Eugene Weston）的个案：拉塞尔携带一支0.38口径的手枪冲入国会大厦，试图拆卸"红宝石卫星系统"，他声称这一系统传播了一种致命的疾病。在这次袭击中，他射杀了两名警察。韦斯顿许多年来一直表现出偏执性精神分裂症的症状，由于他仍然存在妄想，因此他被认为不适合接受审判（Miller，1999）。他被送到北卡罗来纳州的联邦监狱医疗机构接受治疗，但他拒绝服用精神药物。1999年9月，一名联邦法官命令他服用精神药物。在本书撰写时，韦斯顿仍在服药，但依然因不具有行为能力而未接受审判。

依照大多数州和联邦系统的通常规定，无行为能力被告人不能被强迫精神治疗超过6个月（联邦案件不超过4个月）而依然没有被审判或释放，但韦斯顿的案子代表了一个例外。如果这个州意图让被告人关押更长时间来确保悬而未决的刑事指控，它可以提起民事监禁，这允许一个人无期限地在医院里接受治疗。为了获得民事监禁的许可，该州必须使法官或陪审团相信被告人患有精神疾病，并且会对自己和他人有危险，或者没有能力进行自理。在大多数州，民事监禁至少每年被评估一次，并赋予一次听证的机会来决定对被告人的监禁是否公正。

（二）精神错乱的被告人

如果韦斯顿被发现有能力接受审判，他毫无疑问会申请因精神错乱而无罪。在1998年5月，麦考斯·劳德（Michael Laudor）就是这样做的。他因为在纽约郊区的公寓中刺死了他怀孕的女友而被逮捕和起诉。劳德在短短3年内获得了耶鲁大学本科学位，但偏执型精神分裂症逐渐控制了他的生活。仅仅经过几个月的住院治疗后，他恢复了稳定，并能够顺利从耶鲁大学法学院毕业，获得准许进入酒吧，并且成为精神病患者的代言人。好莱坞导演罗恩·霍华德（Ron Howard）计划以他与精神疾病的斗争为题材拍摄一部电影，但接近劳德的人说他在实施谋杀前的精神状态似乎每况愈下（Span & Kastor，1998）。有三位精神健康专家认为他的精神状态不能接受谋杀罪的审判，因此他被送进了纽约州精神病院。一年后，他被发现已能够接受审判。在审判过程中，控辩双方的精神健康专家证实了他在实施谋杀时正患有精神疾病，因此他不应该为自己的行为负责。法官接受了他因精神错乱而无罪的请求。劳德被送到精神病院，只要他被认为是精神分裂的和危险的，他就会一直待在那里。

各州对精神错乱辩护成立的标准不同，大多数州的法律要求被告人在犯罪时患有某些精神疾病，或者缺乏分辨犯罪行为与错误行为的实质能力，或者没有能力使自己的行为遵从法律的要求。进一步讲，证明精神错乱不像证明无行为能力接受审判那样采用51%优势证据规则。相反地，它需要清楚的、令人信服的证据。被告人必须使法官或陪审团相信他在犯罪时精神错乱的概率至少是75%。

1. 精神错乱辩护的成功

罪犯因被认定在犯罪时精神错乱而不用承担刑事责任，这似乎是最让大众感到不安的事情了。批评者认为，那只是司法纵容罪犯的例子，这种对罪犯的纵容达到了使其逃避承担谋杀责任的程度。

在我们周围，有许多被广为宣传的成功的精神错乱辩护案件——比如试图在1982年刺杀里根总统的约翰·辛克利（John Hinckley）——这使得很多人相信罪犯经常因为精神错乱而逃避惩罚。然而事实是，精神错乱辩护很少被使用，也很少成功。每200个刑事案件中只有一个提出精神错乱请求，并且每1000个申请中只有2个能够成功（E. Silver，Cirinci-one，& Steadman，1994）。约翰·辛克利确实因为被诊断为精神错乱而被判无罪，但这是因为华盛顿的法律规定，控方要证明被告人是神志清楚的，而这是一项十分困难的任务，因为被告人有确凿的行为异常的历史。很多人已经忘记，在其他众多耸人听闻的审判中，精神错乱辩护都没有成功，包括刺杀了李·哈维·奥斯瓦尔德（Lee Harvey Oswald）的杰克·鲁比（Jack Ruby）；刺杀罗伯特·肯尼迪的索罕（Sirhan）；大规模谋杀杀手约翰·韦恩·盖斯（John Wayne Gacey）和杰弗里·达默（Jeffrey Dahmer）；在纽约市刺杀了几名妇女的"山姆之子"大卫·伯科维茨（David Berkowitz）；"山腰刺杀手"肯尼斯·比安奇（Kenneth Bianchi）；邪教教主查尔斯·曼森（Charles Manson）；枪杀约翰·列侬的马克·大卫·查普曼（Mark David Chapman），还有安德烈·耶茨（Andrea Yates），一位年轻的、溺死自己4个孩子的德克萨斯州母亲（Cassel，2002a）。进一步讲，即使在少数情况下陪审团作出了被告人因精神错乱而无罪的裁决，被告人通常也不被允许直接释放。加利福尼亚州的一项研究显示，只有1%的精神错乱者没有被限制就得到了释放，4%在有条件下释放，95%被送去治疗（Steadman，1993）。事实上，典型的因精神错乱而无罪的被告人会被送到州立精神病院，直到心理健康专家通知法院，被告人不再具有精神疾病或不会对社会有危害（Steadman，1993）。在大多数州，被告人的精神状态在前五年每年审查一次，之后是每两年审查一次。如果被告人不再具有精神疾病或社会危害，则不能再继续进行关押。但事实上，大多数因精神错乱而无罪的被告人接受精神治疗的时间是他们在被定罪后应被监禁时间的2~9倍，也就是说，在释放后他们也将面临一生的监督（Perlin，1994；Steadman，1993）。这也就并不奇怪约翰·辛克利从1982年开始一直在华盛顿特区的圣·伊丽莎白医院接受治疗，尽管他每年都努力争取释放，但他不太可能很快就能被释放（B. Miller，1998b）。在2004年，联邦法院法官批准了辛克利离开医院探访双亲的请求，但是他在探访期间需要遵守法院严格的规定。他的父母也被要求在探访期间对自己儿子的行为表现向法院作详细的报告。

2. 精神错乱辩护的改革

由于担心因精神错乱而无罪的裁决使得罪犯轻易就逃过惩罚，12个州允许陪审团作出一种新的裁决：有罪但患有精神疾病（GBMI；Sales & Shuman，1996）。如果被告人被认定为有罪但患有精神疾病，他们通常要为自己的犯罪行为接受正常的监禁，但同时也接受适当的心理健康治疗。不幸的是，这个治疗很少是充足的，因为有罪但患有精神疾病的罪犯并没有特别权利接受法律要求的最低限度之外的治疗（Slobogin，1985；Steadman，1993）。在既允许有罪但患有精神疾病又允许因精神错乱而无罪的州，陪审员需要更强有力的证据，才能作出因精神错乱而无罪的裁决（Roberts，Sargent，& Chan，1993）。研究表明，当陪审员认为被告人没有足够的理智为自己的行为承担法律责任时，会作出有罪但患有精神疾病的裁决，但是仍然呼吁惩罚被告人（Sales & Shuman，1996）。

包括爱达荷州和蒙大拿州在内的几个州已经完全废除了精神错乱辩护。然而这个举措并不是不考虑被告人的精神状态，因为检察官还必须证明犯罪意图，并且被告人可以用证据表明由于精神异常而没有犯罪意图。

有些州的另一种改革允许辩方的证据不需要证明被告人精神错乱，而只需要证明被告人在正确与错误行为的分辨上"能力减弱"。这种辩护并不寻求为被告人开脱责任，只是寻求更轻的判决，因为被告人没有能力形成"有意义的预谋"。

例如，低智商可能被看作是能力减弱的证据，可能会减轻处罚。在1997年弗吉尼亚州的一个案件中，智商只有69的一名54岁男子对二级谋杀罪名的指控提出无罪申诉。鉴于被告人的智力迟滞，法官判决的刑期比平均监禁期更短（Finn，1997）。在2002年的阿特金斯诉弗吉尼亚州案件中，最高法院裁定：被判死罪的罪犯如果患有精神发育迟滞，那么死刑将不予执行。

（1）评估理智。评估被告人的诉讼能力，即判断一个人当前精神状态是一个相对简单的任务。但评估被告人犯罪时的精神状况，对于心理健康专家来说是一项艰难的任务，这需要几周，几个月，甚至几年的时间才能完成。

为了完成这个任务，心理健康专家要使用多种方法，从调查被告人的社会化历史开始——具体包括家庭背景、教育程度、婚姻状况、身体健康状况和工作经历——到犯罪记录、精神障碍和心理治疗史，以及围绕被告人犯罪行为发生的其他事件。评估还包括一个结构化的面试（被告人会被提问一系列预先准备好的评估当前精神状态的问题）和一系列关于智力、个性和神经功能的测试。

智力测验通常包括韦氏成人智力量表第三版（WAIS-III，Weschler，1997）或斯坦福－比奈量表第五版（SB5，Roid，2003）。常用的客观人格测验是明尼苏达多项人格问卷（MMPI-2；Butcher，Dahlstrom，Graham，Tellegen，& Kaemmer，1989）和海尔精神病清单修订版（PCL-R；2nd Ed.，Hare，2003，见第五章）。罗夏墨迹测验（Exner，1986）和主题统觉测验（TAT；H. E. Murray，1943）等投射人格测验也可以被使用。

24   如果被告人的历史、被观察到的行为或者智商测试结果表明大脑可能存在器质性障碍，则被告人可能会接受更广泛的测试——例如霍尔斯特德－雷曼神经心理学测试（HRNTB，Reitan，1993）或者鲁利亚－内布拉斯加州的神经心理学测试（LNNB）（Golden，Hammeke，& Purisch，1979）。这些测试测量信息处理能力、注意力、集中力、语言以及视觉、听觉、触觉刺激的感知等领域的能力。如果有头部外伤史、脑部受损或近期个性或行为的变化，神经学家或其他医生可能会使用各种高科技成像技术进行医疗检查，并评估大脑的结构和功能。

由于事关重大，20%～25%的刑事被告人为了逃避罪责而试图在评估精神错乱时作假也就不令人吃惊了。相应地，心理学家发明了检测方法来检测罪犯是否装病，尤其是在被告人主张精神错乱的案子中（R. Rogers，Gillis，Dickens，& Bagby，1991；Schretlen，Wilkins，Van Gorp，& Bobholz，1992；Wetter，Baer，Berry，Smith，& Larsen，1992）。

（2）精神失常者的证言。在完成面试、测验和其他评估之后，承担精神错乱案件鉴定的心理健康专家会准备一份书面报告对评估结果进行总结，并针对被告人在犯罪时的精神状况发表自己的意见。如果案件开庭审理，心理健康专家可以被要求出庭作证，接受对方律师的严格诘问，或者直接与对方聘请的鉴定专家进行对质。

鉴定专家的证词受到法律的严格限制，只能描述罪犯的症状、行为和举止，解释评估过程和评估工具的使用，以及在适当的情况下表达关于被告人精神健康诊断结果的个人观点。这些专家通常不被允许陈述关于被告人在犯罪时是否精神错乱的观点。因为提供这样的"最终意见"相当于作出法律结论，这一行为篡夺了只有法官和陪审团才拥有的利用专家提供的事实或意见来适用法律的特权。

有几个因素会影响到被告人提供的精神错乱证据对陪审团产生的影响。首先，若审判员不能理解鉴定专家的证词，则不会受到鉴定意见的影响。只有当专家承担起教师的角色，用简单的语言解释复杂的概念，并使用图形、影像、照片、模型等可视化的方式帮助陪审员理解这些材料时，这些专家证词才能具有更大的影响力。

其次，当被告人和检察官出示了相互矛盾的精神健康证词时，陪审员会倾向于不考虑双方专家的意见，而基于非专家的证词作出决定。这一现象体现在 1998 年罗赞·阿隆（Ruthann Aron）的案件中。阿隆是一个富裕的马里兰州房地产开发商，在被指控雇用杀手企图杀害她的丈夫后，阿隆提出医精神错乱而无罪的申请（在谋杀计划实行前警察进行了介入）。控方专家证明阿隆是假精神疾病，然而辩方专家认为她是精神病患者。在经过 5 天的考虑后，陪审团仍陷入僵局，以 11:1 支持有罪，但造成僵局的不是因为冲突的专家证词。陪审员后来告诉记者他们甚至没有尝试协调这两种不同的关于她精神状况的鉴定，他们依赖的是她与杀手之间的录音对话。认定她有罪的 11 位陪审员说，即使她在雇用杀手杀人时处于精神错乱的状态，她的思维也没有受到损害，不能为她的行为开脱（Ruane & Levine, 1998）。

精神错乱辩护中的对抗式程序一直被认为是揭示真理最好的办法，但陪审员倾向于忽视专家互相矛盾的证词这一现象却挑战了这一信念。然而美国最高法院继续规定陪审员应该有能力区分精神健康证据和意见的可靠性（贝尔福特诉埃斯特尔案，1983）。不幸的是，实证研究和坊间数据均不支持这种观点（Brekke, Enko, Claret, & Seesaw, 1991）。事实上，陪审员不情愿宣布在"专家的较量"中谁输谁赢，是精神错乱无罪判决概率低下的一个潜在的主要原因。换句话说，当怀疑被告人存在精神错乱时，陪审团会谨慎地定罪。

即使相互矛盾的精神健康鉴定意见也并不总是能影响陪审团，因为很多陪审员认为心理学和精神病学是"软科学"，由于太过主观化而不能被用来决定被告人是否有罪（e.g., Faust & Ziskin, 1988；Rohde, 1999）。

（三）危险的被告人

我们之前提到，拉塞尔·韦斯顿在 1998 年 7 月 24 日在美国国会大厦杀死了两名警官，但在此之前他已经患有多年的偏执型精神分裂症。事实上，因为行为古怪，他一直在蒙大拿精神病院自愿进行治疗，他的古怪行为包括声称自己是肯尼迪家族和克林顿总统亲密的朋友，并且他被政府通过邻居的卫星电视天线监视。韦斯顿在 52 天后就被释放了，因为精神健康专家相信只要他服用处方药物就不会出现暴力性行为。

预测危险性

心理学家如何能在 1996 年就知道韦斯顿在 1998 年会杀人的？过于宽松的危险性判断对无辜的受害者来说是一个悲剧，但是过于严格又会给再犯风险低的被告人增加不必要的麻烦，甚至可能违反法律。如前所述，因精神错乱而无罪的被告人不能仅仅因为他们的精神疾病在持续就一直被关在精神病院，他们需要被认定为是危险的。

在某种程度上，韦斯顿的案件是典型的：众所周知，精神卫生专家对一个人是否危险的预测是不精确的。然而，这也是一个不同寻常的案件，因为对危险性预测的典型的判断失误包括对危险的过度预测（R. P. Cooper & Werner, 1990；Dawes, Faust & Meehl, 1989；Faust & Ziskin, 1988；Litwack & Schlesinger, 1999）。一项研究发现，在预测一个精神病患者在接下来的 6 个月内是否会有暴力性行为时，精神卫生专家预测的错误率是 47%（Lidz,

Mulvey, & Gardiner, 1993)。换句话说,这比用抛硬币来决定还要差。进一步说,这些训练有素和经验丰富的精神卫生专家的预测的准确度并没有强于一个门外汉或一个经验不足的临床医生(Faust & Ziskin, 1988;Garb, 1989;L. R. Goldberg, 1968)。美国精神医学学会(1983)也承认,精神病学家没有特殊的知识和能力来帮助他们对危险行为进行准确的预测。然而,精神病学家和心理学家是法院认可的唯一一个可以进行危险评估的群体。

为什么精神卫生专家在这个至关重要的任务上不能够做得更好?一方面,社会行为是由众多的生物、心理和社会因素的相互作用来决定的,因此在准确预测人类行为方面存在固有的困难(Litwack & Schlesinger, 1999)。另一方面,对于危险的预测——尤其是长期的危险——缺乏可靠和有效的评估方法,因而造成了准确度的降低。其他方面的不利因素包括以下事实:①精神卫生专家需要预测的行为是那些本身就很少发生的行为;②对未来暴力行为的临床评估通常在医院和监狱举行,那里的药物和情境限制导致不太可能发现暴力行为的迹象;③危险性评估通常不包括对被告人及其家人和朋友进行时间较长的面谈,而这恰恰可能是了解被告人过去行为和触发暴力行为因素最好的信息来源(Monahan, 1997;Rice, 1997)。

研究者们正在通过不断努力来研发出更好的预测方法,并采用一致性的方法使用它们(Monahan, 1997;Rice, 1997;Steadman et al., 1994),并且他们的研究成果确实有望提高风险预测的准确性。我们现在知道,大多数的精神疾病——包括精神分裂症等严重的精神疾病——与危险性并没有很强的联系。但我们也知道,精神分裂症患者在滥用酒精和药物后,会产生他们受到别人威胁的幻想和错觉,并且感觉其他人试图"控制他们的思想"。在这一情况下,个体可能更具有危险性(Link & Steuve, 1994, 1995;Rice, 1997;Steadman et al., 1998;J. Swanson, Borum, Swartz & Monahan, 1996)。这同样也适用于被诊断为酗酒或者其他物质相关性障碍的个体(Monahan, 1997)。

一项研究显示,系统的、以计算机为基础的并结合临床评估信息的方法可以提高精神疾病诊断的准确性(Nietzel, Bernstein, Kramer, & Milich, 2003),研究人员试图系统地结合四个领域的评估证据来提高对危险预测的准确度:①被告人的外在倾向,例如愤怒或冲动;②临床因素,例如精神障碍或者人格障碍的证据(见第九章);③历史因素,尤其是暴力事件的记录;④环境因素,例如来自家人和朋友的社会支持(Bjorkly, 1997;Steadman et al., 1994)。一些研究人员认为,这些信息的使用方法如同模拟预测下雨可能性的天气预报——在一段时间或某一情况下,把人们标注为具有低、中、高或很高的暴力行为危险性。这些信息被用来保护公民不受这些人的侵害,就像气象专家建议在面对大风暴时应如何疏散一样。

三、执法人员

以上我们概述了成年人刑事司法系统的操作过程(我们在第三章会描述青少年刑事司法系统),接下来我们将考虑保证这一系统运行的执法人员。我们从那些在一线与犯罪分子进行斗争的执法人员谈起。

联邦执法人员包括联邦调查局特工;联邦烟酒枪械炸药局的工作人员;国土安全人员和军官(包括负责机场安全的交通安全局人员),还有特别的军官(例如美国海岸警卫队,它的管辖范围涵盖海湾、沿海水域和其他水路)和美国边境巡逻队(它可以控制通过墨西哥和加拿大进入美国的人）。州执法人员包括选举产生的当地警长和他们指定的副手，他们拥有当地的逮捕管辖权并主管当地监狱、拘留所、州和地方警察。州和联邦法律限定了不同官员的司法管辖区，并限定了他们参与刑事调查的类型和参与程度。

当有犯罪事件被报告时，执法人员会通过调查来确认罪犯的身份，并决定是否进行逮捕。正如我们所看到的，他们通常拥有绝对的检察裁量权来决定是否逮捕，但在实践中是否实施逮捕往往会受到他们所在社区内的政治和社会压力的影响。

（一）政策的有效性

组建警察队伍，并且让警察忙于逮捕罪犯是令人欣慰的，但是他们在遏制犯罪方面的作用并没有大多数人所想象的那么明显。1997 年一份向美国国会提交的报告（Sherman et al.，1997）在分析犯罪预防数据时总结道：逮捕的震慑作用明显不令人感到鼓舞。报告还得出结论，对于特定类型犯罪的高逮捕率并不会降低此类犯罪发生的概率。

为什么会是这样？对于一些罪犯（尤其是青少年和失业的成年人）来说，逮捕容易加剧他们对于权威的反抗，并往往伴随持续的犯罪，从而产生更为严重的犯罪后果（M. Klein，1986；Sherman，1993；Sherman et al.，1997）。放弃努力逮捕罪犯显然是不被接受的，但要想实现降低犯罪率的长期目标，通过广泛的巡逻对所有类型犯罪给予同等关注（Martin & Sherman，1986；Sherman，1999；Sherman et al.，1997；见第五章）似乎比把注意力放在特定人群（如长期的严重的犯罪、潜在的抢劫犯和毒贩）和一些"犯罪高发区"（药品市场，与暴力有关的空间和时间）上能产生更好的效果。在第十四章，我们会讨论警察在社区犯罪预防中扮演的重要角色。

（二）警察行为和犯罪

警察是刑事司法系统中唯一能与大多数公众直接接触的群体，他们的制服、巡逻车、武器和特殊的公权力使他们十分引人注目。警察对待普通公民和嫌疑犯的方式，以及公众感知到的对待方式，都会对犯罪产生正面或负面的影响。如果市民把警察看成有同情心和有保护能力的盟友，他们就更有可能协助警察抓罪犯；如果不是这样的话，他们或许会对他们所知道的保持沉默，甚至更加同情罪犯。

然而，执法人员的工作是能想象到的最艰难的工作之一，并且让他们牢记他们的行为会影响公众的感知并会对犯罪产生影响也是一件很困难的事情。事实上，期待警察的完美表现如同期待从事其他职业的人的完美表现一样不切实际。真实情况是，大多数警察竭尽全力来采取恰当的方式履行困难的工作，并适当考虑公民的权利和福利，但困难的工作条件和无法有效地遏制犯罪又使得他们感到沮丧和愤怒。

在一些案件中，这些情绪导致了不恰当的行为。最令人震惊的案件之一是 1991 年 3 月 3 日晚上发生在洛杉矶高速公路上的高速追逐。当一个名叫罗德尼·金（Rodney King）的黑人驾驶者在警察的追逐下终于停车后，四个洛杉矶白人警察轮流殴打他。当他们结束殴打后，金的颧骨、锁骨、右腿和脸部多处骨折，额头上有伤口，还有各种瘀伤和皮外损伤。由于一名开车经过的驾驶员拍摄下了整个事件的过程并将其公之于众，使得这次事件铭刻在了公众心中。类似的事件还发生在纽约，1997 年 8 月两名白人警察逮捕了一个叫艾布纳·路易玛（Abner Louima）的海地移民，因为他在夜总会被控参与斗殴。这些警察在警车中对其进行殴打，之后在布鲁克林警察局的浴室里，他们和其他三名白人警察踢打路易玛，并用厕所的刷子鸡奸他。路易玛遭受了膀胱和结肠破裂还有几颗牙齿破碎的伤害。在 1998 年 2 月，一名警察认罪，另外四人由于侵犯路易玛的公民权利而遭到联邦指控（Russakoff, 1998）。陪审团裁决其中一名警察查尔斯·施瓦茨（Charles Schwartz）有罪，其他三人无罪。

1999 年，四个纽约警察在搜寻一名强奸嫌疑犯时，开枪打死了一名手无寸铁的 22 岁非洲移民阿马杜·迪亚洛（Amadou Diallo），他没有任何犯罪记录，也与犯罪没有任何关系。尸检表明他中了 41 发警察射出的子弹（K. Flynn, 1999）。民事陪审团没有发现警察存在任何不当行为，并据此无罪释放了他们（L. Duke, 2000）。2004 年 1 月，纽约市政府支付给迪亚洛的母亲 300 万美元，但是并未承认警察做错了什么事。

同年，洛杉矶警察局大规模的腐败被揭露，包括至少 100 个案件的当事人被警察设计成有罪，尽管他们事实上并没有犯罪。在另外一起案件中，警察射击了一个无辜的男人，使他四肢瘫痪，并且制造了受害者先向他们开枪的假象。受害者被判犯有袭警罪，被送进监狱直到真相大白（R. Cohen, 2000）。1999 年，在德克萨斯州的某小镇，一个贩毒团伙的卧底一手策划了对 38 名黑人居民的错误逮捕和定罪——这占到了该镇中黑人人口数量的 1/10——捏造了对他们持有毒品的指控。经过数次上诉、数以百计的辩护律师的努力与 4 年的工作，最终揭露出一个诡诈的警察，他设法让法官和陪审团相信他的未经证实的证词是真实的（Duggan, 2001）。

幸运的是，这样的事件是十分罕见的。1997 年司法部的调查（Greenfeld, Langan, & Smith, 1997）表明，每年发生在公民与警察接触的案件中的警察暴力或暴力威胁事件（无论公民是作为证人、受害人、犯罪嫌疑人还是交通肇事中的第三人），大约 45 000 000 个案件中只占到 1%。然而，这个数字将近是 1 000 000 的一半。更糟的是，被报告的此类事件中，大约有一半发生在只占被调查人口 20% 的非洲裔美国人和西班牙裔美国人身上。

警察暴行似乎源自于侵略性与其他个性特征、社会影响（特别是专制独裁的、愤世嫉俗的、孤立的、神秘的和多疑的警察文化）、情境压力和对罪犯的各种认知扭曲（包括一成不变、偏见和错误归因）的结合。

执法实践中的一些特殊规定或许在一定程度上导致了武力的过度使用。例如，不像英国警察那样必须经过特许才能持枪，在美国几乎所有执法人员都进行武装。因此，像其他一些在恐慌或紧张时欠考虑而拿起枪的公民那样，警察也会因为反应过度导致致命的伤害（Vrij, van der Steen, & Koppelarr, 1994）。

在 1999 年，为了回应公众对警察暴力的愤怒情绪——特别是在与少数族群的关系上——美国司法部长简尼特·雷诺（Janet Reno, 1999）承诺，联邦政府将加强法律行动抵

制当地警察的不当行为。他宣称"在保证社区和公民安全方面，没有比改善少数族群社区与执法人员关系、建立更强的相互信任更为重要的任务"。很多警察同意这个观点。例如，一些纽约的警察通过在市中心的社区中心组织研讨会，教市民如何应对比犯罪更令他们担心的警察暴力，从而努力摆脱以往的暴力形象（Grunwald, 1999）。

四、检察官

一旦犯罪被调查和执行了逮捕，下一个出场的就是检察官，一个代表州和联邦政府对被告人提起诉讼的代理人。

联邦政府的检察官由美国司法部长领导，91 个联邦地区法院管辖区，每个区都有一个联邦检察官，由美国总统任命并拥有自主裁量权。与联邦检察官一起工作的是由联邦检察官指定的联邦检察官助理。为州政府工作的检察官可以使用各种头衔，通常被叫做美国地方检察官（例如在伊利诺伊州和马里兰州）和联邦共和国检察官（例如在宾夕法尼亚州和弗吉尼亚州）。与联邦检察官不同，州检察官由他们所服务的社区投票选举产生；但与联邦检察官相同的是，他们自己雇用自己的助理。

检察官在把被告人送至审判的过程中起到一些作用。首先就是向逮捕罪犯的警察询问起诉案件证据是否充足。如果证据不充足，指控将会被驳回；有了充足的证据，检察官或者为庭审做准备（轻罪案件），或者把案子送至大陪审团（重罪案件）。

检察官也会考虑辩诉交易程序的适当性——被告人通过认罪换取较轻指控（例如是故意杀人罪，但被说成不是有预谋的谋杀），以减少指控的数量，或者检察官同意请求法官在量刑上进行宽大处理。尽管辩诉交易程序是刑事司法程序中的一个重要组成部分，能够有效地减少审判的数量、时间、风险和成本，但公众仍然将这视为送给罪犯的不当礼物。事实上，辩诉交易程序是有利于检察官工作的，没有它，大管辖权下的刑事司法系统会在庭审的压力下陷入瘫痪（德克萨斯州有一段时间取消了辩诉交易程序，但之后又恢复了，因为许多被告人需要被送去审判，刑事司法系统不能承受如此多的案件）。检察官想要更好地为公众服务，那就意味着要惩处所有有罪的人。辩诉交易程序确保了检察官能够实现这一目标：大约 80% 的重罪指控和 90% 的轻罪案件通过辩诉认罪程序被解决（DeFrances & Steadman，1998）。辩诉交易程序保证了检察官可以花费更多的精力在最为严重的案件上。

在联邦司法管辖区内，通常在涉及帮派、毒品和有组织的犯罪活动的案件中，检察官也可以在进一步的调查中询问警察。他们告知警察什么样的调查程序是合法的，以及什么样的是不合法的，他们帮助警察获得搜查和逮捕许可。

检察裁量权

检察官拥有相当大的自主裁量权来决定是否进行调查、进行辩诉交易或者将特定的案件送去审判。经选举产生的检察官在寻求连任时要为自己的行为负责，这一政治现实可以影响他们的决策。有两个重要因素可以影响到检察官在进行调查和庭审中的决定：①可以用来处理案件的时间和人员；②定罪的可能性。社区准则和社会压力也会影响一些检察官的决定。例如，反醉驾母亲协会的政治力量是如此巨大，以至于一些州检察官在遇到酒后驾车的案件时，即使案件的结果可能无罪，也不愿冒险引起该协会的愤怒。

然而，检察官有法律责任揭露事实，并公正地对待所有公民，而不是特殊的利益群体。检察官的道德准则明确他们的首要职责是公平，而不是定罪。可是，很多人感觉他们的工作是抓捕罪犯，并且不计任何代价寻求尽可能长的刑期。曾经发生过的三个弗吉尼亚州的案子表明，持此态度的检察官在工作上或许已经偏离了正确的方向。在第一个案件中，庭审法官发现检察官非法调查潜在陪审员的背景，检察官辩称这种调查尽管是违法的，但对于确保排除有轻罪逮捕记录、对被告人可能有偏见的陪审员是必需的（Glod，1998）。因为调查事实上是违法的，法官对此加以了制止。在第二个案件中，法官在审判一名被控告与基地组织和恐怖主义有联系的男子的过程中发现，检察官没有给予辩护律师一些重要证据，而这些证据将帮助辩护律师证明控方的见证人可能在撒谎。如先前所述，1999 年德克萨斯州的检察官与当地警长合谋，以窝藏毒品为由指控、定罪并监禁了几十名居住在德克萨斯州小镇的黑人居民。所有的被告人服刑 12 ~ 99 年不等，直到《纽约时报》和美国公民自由联盟经过调查揭示了这一"莫须有的毒品之痛"后，这些无辜者才得以被释放（Duggan，2001）。尽管这种情况是很少见的，但检察官渎职的案件败坏了刑事司法程序，并破坏了司法系统的公信力（Cassel，2004）。

五、辩护律师

如果可能被判监禁，所有罪犯均有权利聘请律师来替自己辩护。对无能力聘请律师的被告人，政府会为其提供一位律师。在很多联邦和州的法院中，这种律师被称为公共辩护律师，他们由政府聘请，唯一的工作就是代理贫困被告人的辩护。在那些案件数量较少因而不需要全职公众律师的小管辖区内，法院会指定当地的律师来替贫困的被告人辩护，并支付其适当的费用。将近 2/3 的罪犯是贫困的，并且在大管辖区，公众律师或者法院任命的律师代表 85% 的罪犯辩护（G. F. Cole，1992）。例如，"大学炸弹客"西奥多·卡钦斯基（Theodore Kaczynski）、俄克拉何马城联邦大厦爆炸案的被告人提摩西·麦克维（Timothy McVeigh）、特里·尼尔斯（Terry Nichols）、拉塞尔·韦斯顿（见之前讨论）和被控以恐怖主义的被告人穆萨维（Zacarias Moussaoui）均由法院指定的律师为其进行辩护。

贫困被告人的咨询权是通过克拉伦斯·吉迪恩（Clarence Gideon）的案件而创建的新规则（Lewis，1964）。1962 年，一名佛罗里达州法官认定 51 岁的吉迪恩先生有罪，并以入室盗窃的罪名判其监禁。吉迪恩请法院任命律师替其辩护，但这一请求被否决了，因为在当时，美国最高法院规定，只有被告人在面临死刑时才有权利请求法院为其指定律师。吉迪恩不得不自己为自己辩护，但是他没有与州检察官抗衡的能力。后来他意识到，选择自己辩护本质上是将他置于毫无防御能力的境地。于是他向最高法院提交了一份手写的申请，要求重新审理此案。与之前的案件类似，法院在他的申请下为他任命了一名律师。那名律师名叫亚伯·福特斯（Abe Fortes），后来成为最高法院的法官，他说服法庭要求各州为所有面临牢狱之灾的贫穷的被告人提供律师。吉迪恩的案子被要求重新开庭审理，他的律师传唤证人证实了犯罪发生时他不在场，陪审团只花费了 25 分钟就判定吉迪恩无罪。最高法院裁决吉迪恩诉韦恩赖特（1963）的案件具有追溯力，因此适用于当时所有被监禁的被告人，法院要么给他们聘请律师重新审理，要么就释放他们。

辩护律师的角色

尽管我们都有聘请辩护律师的权利——很少有人愚蠢到自己为自己辩护——但这些律师通常是不受欢迎的，因为他们被视为正义车轮的制动器，保护罪犯免受应有的惩罚。然而，这是辩护律师在法律和道德上的义务，即在法律的限度内积极地为被告人的利益辩护，认为被告人的宪法权利是受尊敬的，而证明被告人有罪是控方的工作。

在理想状态下，辩护律师不应当是必需的，因为检察官和陪审团应该在每个案件中都确保司法公正。然而，现实情况却不是这样。正如先前所述，检察官倾向于关心有罪（K. Flynn，1998），许多陪审员认为被告人肯定"做了些什么"，否则他们不会出现在法庭上。事实上，如果被告人没有绝对不在场证明或法律理由、借口（如自卫或精神错乱），他们很可能会被定罪。85% 的刑事审判都以有罪判决告终（DeFrances & Steadman，1998）。没有辩护律师，审判可能会丧失除定罪量刑之外的所有意义。

68 岁的普里西拉·圾诺维斯（Priscilla Chenoweth）是一位退休的辩护律师，她通过自己的努力证明了 1991 年路易斯·凯文·罗哈斯（Luis Kevin Rojas）谋杀案的判决是不公正的。切诺维斯在新泽西州报纸上阅读了罗哈斯的案子，总结出与他实施谋杀相关联的证据是不可靠的，而他的不在场证明是有效的。在 7 年的时间里，虽然罗哈斯被关在监狱中，而切诺维斯与另一名刑事辩护律师（Flynn，1998）共同努力，最终获得了对罗哈斯的新的审判。新的审判在 1998 年进行，最终罗哈斯被判决无罪并被释放。此外，贝蒂·安妮·沃特斯（Betty Anne Waters）也做出了相似的奉献行为。她通过在法律学校进行学习，证明了她的兄长肯尼（Kenny）的清白。肯尼因为谋杀罪被判处终身监禁，但事实上他并没有谋杀。

六、陪审团

正如我们之前提到的，美国宪法赋予所有重罪案件中的被告人由陪审团进行审判的权利。陪审团审判最早出现于公元前 600 年 ~ 公元前 500 年的古希腊时期。在那个时代没有法官，陪审团的大小根据案件的重要性而定。苏格拉底被 501 个陪审团成员判处死刑；亚西比德（Alcibiades）的叛国罪审判有 1501 名陪审员参加（Abraham，1994）。在 12 世纪诺曼征服者将陪审团审判制度带到了国王亨利二世（1154 ~ 1189）统治下的英格兰，开始形成类似于今天美国的陪审团制度。它由一个大陪审团和一个小陪审团构成，大陪审团负责审理检察官的证据和诉求，小陪审团负责确定有罪或无罪。1215 年的《大宪章》规定，英国宪法文件保证国王臣民的一些权利和特权，保卫陪审团审判的永久权利。陪审团判决须一致的原则也在一定程度上起源于英国，出现于 14 世纪。18 世纪的英格兰的法律体系有许多美国殖民者想要改变之处，但陪审团制度并不是其中之一。陪审员可以，并且也确实从专制司法的英格兰国王手中保护了革命者。

（一）陪审团的构成

为何英国人要选择由 12 人组成的陪审团？一些人认为它是基于基督使徒的数字。在当代美国，尽管最高法院已经批准了一些修改，但陪审团须由 12 人组成以及陪审团须达成一致的要求在刑事审判中仍然是主流。例如，在威廉姆斯诉佛罗里达州案（1970）中，法院批准了 6 人的刑事陪审团，但 8 年后又裁定 5 人陪审团太小（巴卢诉格鲁吉亚案，1978）。在阿波达卡与库珀·马登诉俄勒冈州案（1972）和约翰逊诉路易斯安那州案（1972）中，最高法院也同意陪审团基于 9:3 的多数票进行判决是符合宪法的，但只有俄勒冈州、俄克拉何马州和路易斯安那州采取了这一规定。事实上，路易斯安那州和俄克拉何马州在刑事案件中有一个多层的陪审团制度。严重的重罪案件需要由 12 人组成的陪审团，但只要 9 人或 9 人以上同意有罪判决就可定罪；非重罪的审判需要达成一致的判决，但是只需要一个 6 人陪审团。从刑事诉讼被告人的观点来看，有一个更大的陪审团和必须达成一致判决的要求是更可取的，因为大陪审团会花更多的时间深思熟虑，能够产生更多的争论，由于能够相互确认因而对证据的记忆也更加准确，并且为达成一致会做出更大的努力。

（二）选择一个陪审团

潜在的陪审员来源于一个包含所有在审判法院管辖区内居住并登记的选民花名册（在某些司法辖区，是所有有机动车驾驶执照的人）。非公民和被判过刑的公民没有资格参与陪审服务。书记员将通知送达给一群合格的公民，要求他们在 30 ~ 90 天的职责期（法庭术语）期间履行职责，其中许多人通常会由于某些原因而免于承担该陪审义务（例如，个人或家庭成员的疾病、本人是家庭的唯一支撑、商业需要和假期计划）。一些州自动给某些特定职业的从业者义务豁免权——包括教师、执法人员、消防人员、医生和律师。

从一群符合条件的候选人中选择陪审员被称为陪审员召集令。它是一个拉丁术语，是由法官向警长发出、用来召集公民组成陪审团的文书或命令。在普通刑事审判中，律师可能会发起一个陪审团召集令（venire），召集大约20名潜在陪审员；但如果在审前期望使用公正的陪审员，那么陪审员召集令可能召集几百个成员。收到陪审员召集令的成员被召集到法庭，律师和法官将会在被称为陪审员资格审查（voir dire）的程序中对他们进行询问。预先审查是一个法语词，意为"讲真话"。预先审查的目的是组建一个公正的陪审团，这些措施旨在：①确定潜在陪审员是否符合陪审团服务的法定要求。②发现任何影响到陪审员资格的"理由"。例如，对该类型案件或对审判参与者的身份、性格存在偏见（例如，相信警察说的永远是真相，或者强奸案件只能怪受害者自己）。③发现可能取消陪审员资格的其他信息。律师还可以不用加以解释就要求取消潜在陪审员的资格——只要这一原因没有涉及种族或性别（巴特森诉肯塔基州案，1986；J. E. B. Rel v. T. B.，1994）。一旦所有陪审员被挑选出来，他们将宣誓在法律下忠实地行使他们的职责。

（三）陪审员性格特征的影响

没有实证研究的证据可以证明种族、年龄、性别、收入、教育、婚姻状况、宗教信仰和职业等陪审员的人口学因素可以有效预测陪审团的裁决（Hastie，Penrod，& Pennington，1983），但在某些情况下，陪审员可能倾向于支持那些与他们有着共同性格特征的被告人。这种趋势在相似——宽大假说（similarity-leniency hypothesis）中有描述（Kerr，Hymes，Anderson，& Weathers，1995）。然而，也有证据表明，陪审员与被告人具有相似性时也可能对被告人不利。在"害群之马"效应中，陪审员在被告人更类似于自己时，他们会更加倾向于给予被告人制裁，因为他们认为被告人反映出的是他们自身不好的一面。在一项研究中（Kerr，Hymes，Anderson，& Weathers，1995），当针对被告人的证据不充足时，与被告人有着共同宗教信仰的陪审团会更倾向于作出宽大处理。当证据比较充足时，陪审团会作出不利于被告人的决定。

总的来说，较高收入水平的陪审员更有可能投定罪票（F. Adler，1973；R. J. Simon，1967），因为这些人受教育程度更高（Moran，Cutler，& Loftus，1990）。关于种族影响的研究并没有得出明确的结论。例如，黑人陪审员更倾向于认定受害者是黑人的白人被告有罪，白人陪审员更倾向于认定受害者是黑人的白人被告无罪。然而，对于暴力犯罪的被告人，高收入的黑人陪审员可能比白人更严厉（Nietzel & Dillehay，1986）。陪审员的人格特征（尤其是独裁主义、内外控倾向）以及公正世界信念（即：包括受害者和被告人在内的所有人都会得到其应得的东西），或许也会影响他们的投票（Wrightsman，Nietzel，& Fortune，1998）。

审判顾问

陪审团本应该是一个没有偏见的、具有代表性的社区成员群体，但这种情况很少会出现，因为控辩双方的律师都尽其所能，以确保预先审查的小组成员偏向于支持自己一方。大多数律师发展出了一些关于他们想要的以及想要避免的陪审员的特征假设，这些假设部分来自于对模拟陪审团的心理研究。在这些研究中，选取一个由6人或12人组成的小组，并且组成人员的性格特征已知。在虚构案例中要求他们作出判决并给出证据，然后询问他们为什么这么做。律师也会记录性别、种族、年龄、外貌、吸引力、被告人的特征、证人、律师等因素对陪审员决定的影响（Kassin & Studebaker，1997；Zebrowitz，& McDonald，1991）。甚至有研究者编制了一个陪审员偏见量表（Kassin & Wrightsman，1983），旨在通过陪审员的性格特征，来预测其将会倾向于支持辩方还是控方。

　　针对相同的被告人，有的陪审员更可能投无罪释放票，有的陪审员则更倾向指控被告人有罪。因此，相关的研究据此提出了一些陪审团选择方面的指导方针。但是律师也会根据他们与陪审员接触的个人经历来替换或者解聘一些陪审员，这也受到刻板印象的影响。如同所有的刻板印象一样，这些决定在一定程度上都是基于错误的假设、过度概括和过于简单化，这可能导致错误的决策。不过，诉讼律师相信他们选择陪审员的眼光和使用有利的方式引导陪审团的能力。克拉伦斯·达罗（Clarence Darrow，引自 Sutherland & Cressy，1974）几乎是 19 世纪 20 年代美国最著名的出庭律师，描述了当他为罪犯辩护时他所需要的陪审团及其成员类型。

　　　　我尽量寻找那些没有受过什么教育，但是情感比较丰富的人。爱尔兰人对于被告人来说总是最好的陪审员。我不想要苏格兰人，因为他们的感情太少；我不想要北欧人，因为他们对法律过于尊重。总的来说，我不想要一个有宗教信仰的人，因为他相信罪恶和报应。被告人应该避免选择对法律极度尊敬的有钱人作为陪审员，因为他们创造并使用法律。自以为是者认为他们是社会的守卫者，他们认为法律是为他们而生的。

　　格里·斯彭斯（Gerry Spence）是当代一名成功的诉讼律师，他尽量避免在刑事审判中使用女性陪审员，因为他认为女性"比男性更可能作出惩罚的决定，比例约为 5:1"（Franklin，1994，A25）。女人不得不"听从命令"，而男性"更有经验并更加宽容"（S. J. Adler，1994，p. 55）。格里·斯彭斯喜欢肥胖的人，因为他们缺乏自控力，并且不要求他人具有自控能力。格里·斯彭斯说，雅皮士是最糟糕的陪审员，因为他们"爱财产，并且没有足够的阅历对受指控者产生同情"（S. J. Adler，1994，p. 55）。

　　尽管一些律师在决定潜在的陪审员时是完全依靠经验、直觉、迷信和成见，但许多人会寻求审判顾问的帮助，特别是在一些备受瞩目的案例中。这些顾问通常是心理学家，他们使用"科学"的陪审团筛选技术，旨在确定谁最有可能支持或反对无罪释放（这取决于哪一方雇用了顾问）。审判顾问还帮助律师重新审视案件，通过对特定人群组成的潜在陪审员提问并通过陪审团的决策过程模拟，使律师更容易识别自己在案件中的优势与劣势。在这些信息的基础上，律师可能会重新考虑他们的庭审策略。审判顾问可能会对庭审的结果产生一些影响，但他们出席与否并不会对整个审判模式产生统计学上的显著影响（I. A. Horowitz，1980）。在对被告人不利的证据模棱两可，因而存在多种解释的案件中，选择审判顾问效果十分明显。因为在这些类型的案件中，陪审员的性格特征会影响到他们的态度。而在一些简单的、证据确凿的案件中，对于发生过什么以及谁做过什么是很少有疑问的。在这种案件中，判决结果是显而易见的，陪审员性格特征可能并不那么重要（Nietzel & Dillehay，1986）。

　　对辛普森案的刑事审判表明，律师必须避免在简单的案件中过度自信。检察官玛西亚·克拉克（Marcia Clark）确信她有足够的证据可以说服陪审员判定辛普森谋杀了他的前妻妮可·布朗（Nicole Brown）和她的朋友罗恩·戈德曼（Ron Goldman），所以她忽略了著名的陪审团选择顾问给她的"不要选择黑人女性作为陪审员"的警告。她坚持认为这样的女人会被辛普森虐待妻子的事实激怒（C. B. Murray, Kaiser, & Taylor, 1997）。然而，辩护律师听从了顾问的意见，最终精心挑选的陪审团由 8 名黑人妇女、2 名白人女性、1 名拉美裔美国人和 1 名黑人组成。他们都是民主党人，5 个人说他们或者他们的家人对执法人员有消极的态度。5 个人认为家庭成员使用暴力有时是合理的，9 个人认为辛普森不太可能实施谋杀，因为他擅长足球（Toobin, 1996）。尽管听取了 DNA 比对报告及其他有关辛普森犯罪的证据，但陪审团用不到 4 个小时就将他释放了。在随后的民事赔偿审判中，一个全部由白人组成的、受原告影响更大的陪审团，认为辛普森应对谋杀负责，并判决其赔偿布朗和戈德曼家族 3310 万美元。

审判顾问只向有足够支付能力的被告人提供服务，但所有的律师都可以接受审判顾问在选择陪审团方面的指导，这些指导依据来自于对陪审员的心理、社会、认知和语言的研究结果。

（四）陪审团指导和告诫

在双方完成最后陈述，陪审团进行审议前，法官会对陪审团进行指导。其中一些指导涉及此案件的特定方面，但法官也会告知陪审团被告人有哪些权利。例如，根据宪法第五修正案的规定——即保证被告人免于自证其罪——法官会指导陪审员如果被告人没有亲自出庭证实，陪审员不能作出不利于被告人的结论。陪审员也会被指导排除合理怀疑原则的含义和刑事案件中证据的法律标准。最后，法官会指导：①提出达到定罪判决标准的法律要求；②概述所有可能的判决（包括因精神错乱而无罪或有罪但患有心理疾病）；③注意任何不允许被使用的证据。

（五）达成裁决

在 1957 年的经典电影《十二怒汉》（Lumet, 1957）中，除了一名陪审员外，其他所有人都准备在没有经过深思熟虑的情况下判决一个年轻的西班牙人谋杀罪。由亨利·方达（Henry Fonda）扮演的唯一的异议者利用休息时间认真地考虑证据，通过对证据进行讨论而逐渐产生了对被告人是否有罪的合理怀疑。在审理过程中，陪审员们不断与自己内心的偏见进行斗争。我们不知道这样类似的事情是否在陪审团中经常发生，因为陪审团讨论时禁止旁听，并且即使有些陪审员愿意谈谈一个判决是如何形成的，也是不被允许的。这些不完整的第一手资料，以及模拟陪审团的研究，是我们尝试去了解陪审团如何作出决定的仅有资料。

陪审团的第一个任务是选举陪审团团长，这名陪审团团长负责掌握投票进程、记录判决结果并在法庭上进行朗读。同时，如果陪审团成员希望法官讲明白一些问题，或者允许他们检查法庭上的证物及其他证据材料，也是由陪审团团长负责与法官进行沟通。来自真实陪审员的报告表明，陪审团团长的挑选是一个很快并且很随意的过程，它按照可以预见的模式进行（Stasser, Kerr, & Bray, 1982）。一般来说，陪审团团长是陪审团在房间内坐定后第一个发言的人（Strodtbeck, James, & Hawkins, 1957），或者是坐在矩形桌子尽头的几个人之一（Bray & Noble, 1978；Strodtbeck & Hook, 1961）。然而，陪审团团长并不仅仅是有名无实的领袖。研究显示，在作出判决的过程中，他们比大多数成员更具有影响力（Foley & Piggott，1997）。

事实上，男人比女人更可能成为陪审团团长，这可能是由于男人倾向于先发言并且坐在桌子的首座上（Nemeth & Sosis，1973）。对加利福尼亚179个陪审团进行的一项研究显示，尽管陪审团中女性成员占50%，但陪审团团长中男性成员占到了90%（Stasser et al.，1982）。同时，负责人更可能是年纪较大的、拥有较高社会地位的职业的人（Dillehay & Netzel，1985；Stasser et al.，1982）。

陪审团审议

审议开始后，陪审员需要抛开任何对被告人有罪或无罪的偏见，对在法庭上提出的物 34
证和证人的证词作一个完全客观公正的评估。他们被期望在忽略个人的知识或经验（包括审判前的公示）的前提下，准确地记住（有时没有笔记）和关注本案的事实。最后，他们要忽略法官告诉他们的那些不适当的证据或证词，然后尽可能完备地收集所有信息，确定到底"真相"是什么，并最终作出一个公正的裁决。但正如你所预料的那样，陪审员往往达不到这么理想的效果。

陪审团审议中都发生了些什么呢？已知的有限信息表明，陪审员花25%的时间讨论如何继续，约10%的时间讨论法官的指导，仅仅用15%的时间去讨论庭审证词和证据。换句话说，陪审员将多达一半的时间花在讲述个人经验或表达个人的看法上（James，1959）。的确，陪审员首先进行开放式的谈话、提出质疑、探索事实，或是第一次投票看是否能达成一致，之后逐渐过渡到审议程序（Hastie et al.，1983；Stasser et al.，1982）。

作家芬尼根（1994）在一篇关于他在纽约刑事陪审团服务的文章中讲到，一旦审议开始，陪审团即不再遵守法官的指导，他们不能考虑以任何证据以外的东西进行猜测或推测。

> 只考虑证据明显是不可能的，但它几乎很少被提及。作为陪审员，我们一直被完全隔离，只能听法官认为我们应该听的……这是令人沮丧的，有争议的事实只能根据我们对周遭世界的想象而作出合理解释。所以，我们对彼此讲故事。我们猜想和推测作不在场证明的证人的生活和动机，试图把证据放到一些叙事背景中去让一切说得通。那些对犯罪发生地有更多了解的人会试图说服那些对犯罪行为的发生地并不了解的人。而对于一些奇怪的细节，大家会以'忽略'的方式来处理。

难怪无数的陪审团以类似的方式采取行动。一些关于陪审员如何理解案件的心理学研究已经证实了他们的这些想法（J. H. Davis，Au，Hulbert，Chen，& Zarnoth，1997；Kalven，& Zeisel，1966；Kaplan，& Scherching，1981；Lingle & Ostrom，1981）。然而，如果陪审团并未依照法庭内的证据对事实进行审议，那么可以被宣布为无效审判，这意味着此案不得不使用一个新的陪审团重新审判。在2003年弗吉尼亚州的一个案件中，联邦陪审团认定杰伊·伦茨（Jay Lentz）绑架并谋杀了与他分居的妻子，但法官在得知陪审团审议时考虑了那些不被允许的证据后，否决了陪审团的裁决。因为陪审员们证实他们的有罪判决实际上是受到了无效证据的极大影响，所以法官重新组织了新的庭审（Cassel，2004）。

模拟陪审团的研究表明，当点名投票或举手表决时，会表现大多数人支持一个特定的判决的情形，"反对者"会因不符合大多数人的观点而感到压力（e. g. , J. H. Daviset al. , 1997）。这项研究同时表明，判决结果往往是与第一次投票的大多数人的观点一致（Kerr, 1981；Sandys & Dillehay, 1995）。访谈表明，同样的事情发生在真实的陪审团中（e. g. , Kalven, & Zeisel, 1966）。

如果陪审团一直陷入僵局，则法官可以调用艾伦指示（Allen charge），这一指示敦促、鼓励陪审员通过考虑自己的观点和他人的意见进而努力达成一致（亚伦诉美国案，1896）。如果多数人赞成定罪，调用艾伦指示在刑事案件中通常会加速陪审团的审判（V. L. Smith & Kassin, 1993）。如果即使使用艾伦指示陪审员还是不能达成一致裁决，则这个陪审团会被宣布为陪审团僵持，该审判将被宣布为无效。当这一情况发生后，审判就好像从未进行过，所以宪法规定这种情况不适用一事不再理原则，被告人可以重新被审判。事实上，如果陪审团不能成功达成一致的意见，那么对被告人的审判没有次数限制。

（六）陪审团否决权

35　　陪审员有时可能会拒绝对案件事实进行裁决。他们的决定来自于漠视和对抗法律，而并非出于困惑或无知。如果陪审团否决权（Jury nullification）导致被告人被无罪释放，一事不再理原则将保护被告人不会因同一行为再次受到审判。

在殖民时期的美国，陪审团否决权为陪审员表达他们对英国法律和由英国任命的法官的不满情绪提供了渠道（Rembar, 1980）。例如，1753年一名纽约的印刷工曾格（John Peter Zenger）因为印刷反英的小册子而被审判，他的律师安德鲁·汉密尔顿（Andrew Hamilton）成功说服陪审团通过判决曾格无罪来表达对英国法律的蔑视（J. Alexander, 1963）。到20世纪，陪审团否决又成为一个重大问题，尤其是它出现在与越战时期的反战活动家和逃避兵役者有关系的审判中。在1968年，最高法院支持审判员从道德观出发来裁决案件，即使这意味着对法律的否弃（邓肯诉路易斯安那州案，Duncan v. Louisiana, 1968）。这一规定指出，陪审团拥有通过否决法律来维护社会良知的权利（Becker, 1980）。

今天的陪审团仍在继续行使这一权利，但只在他们感觉被告人不应该受到责难与惩罚的情况下才会使用（Wiener, Habert, Shkodrian, & Staebler, 1991）。在这些案件中，陪审团认为：①被告人的行为尽管违反法律，但是合乎道德；②犯罪行为是轻微的；③"无受害者的犯罪"（例如卖淫、赌博）；④被告人已经失去了足够多的东西，或者已经受到了足够的惩罚；⑤无罪释放将产生重要的社会或政治影响。近些年，陪审团否决在杰克·苏珊博士（Dr. Jack Kevorkian）案件（在密歇根法律被修改后，最终被定了新罪）和殴打罗德尼·金（Rodney King）的执法人员被无罪释放的案件中起到了作用。在另外一个案件中，尽管托马尔·洛克（Tomar Locker）在几个证人面前和在医院监视器的监控下杀害了一个叫鲁本·贝尔（Reuben Bell）的癌症患者，但哥伦比亚特区的陪审团仍将其无罪释放（Tucker, 2000）。洛克辩称精神错乱，声称对贝尔在几年前杀害自己的女朋友却被无罪释放的过度愤怒使他的理智"突然中断"。洛克在那次袭击中受了严重的伤，尽管陪审员最初声称，他们释放洛克是因为精神错乱的原因，但其中一些人后来承认，作出无罪释放的判决是由于他们认为洛克已经"受到了足够的惩罚"。我们永远不会知道为什么辛普森在谋杀案中被判无罪，但一个可能的因素是辩护律师约翰尼·柯克兰（Johnny Cochran）建议陪审团应该告知洛杉矶的警察局他们所谓的不端行为（柯克兰不可能主张陪审团否决，因为这样做相当于承认他的当事人有罪）。

今天，陪审员似乎比以前更有可能把支持无罪释放作为社会抗议的手段，他们不会被说服支持定罪，因为他们认为法律或者法律的执行方式是不公平的。持这种观点的人从1999 年的民意测验中发现了证据：3/4 的美国人表示他们将按照自己的信念，而不按法官根据法律条文所作的指示作出决定（Biskupic，1999）。他们还指出，陪审团僵持的出现频率越来越高。十年前，陪审团僵持只占所有审判的 5%（Kalven & Zeisel，1966），但近些年来，这一数字大大增加。一些加州法院报告陪审团僵持的出现概率高达 20%，在华盛顿特区，平均为 15%。究竟有多少陪审团僵持我们不得而知，但陪审团否决更可能在一些窝藏毒品案件中出现，在这些案件中定罪意味着终身监禁（例如，在"三振出局"的法律规定下）。例如，在 1999 年肯尼斯·斯塔尔（Kenneth Starr，克林顿的特别检察官）起诉苏珊·麦克杜格尔（Susan McDougal）和朱莉·希亚特斯蒂尔（Julie Hiatt Steele）妨碍司法公正的案件中，陪审团僵持就出现了。

（七）关于陪审团的一些总结

陪审员和陪审团远非完美的正义仲裁者，但即使是最严厉的批评家也同意，基于 12 名陪审员一致意见基础上的裁决是最接近人类预期正义的。陪审团通常在审议过程中会利用 36 常识、智慧和公正感来作出一个相对公正的决定。尽管偶尔在一些知名度较高的、有争议的或复杂的案件中，这个过程有时会出现一些差错，但绝大多数陪审员一致性的决定是在运用适当法律，并且考虑客观事实的情况下作出的（Visher，1987）。因此，很少有刑事被告人愿意放弃由陪审团审判的权利，他们也不应该放弃这一权利。虽然有改革的空间，但这个古老的机构可能在很长一段时间里仍是刑事司法程序的基础。

七、法官

我们在刑事司法程序的讨论中多次提到法官这一角色。我们现在重点解释他们是谁，以及他们作什么。美国诞生于 18 世纪，那时法官大多是法律的门外汉，但在今天他们都曾经做过律师。

州法官或者是通过选举产生，或者是在立法机构工作过符合期限的年限而获得资格。尽管由立法机关任命的法官很少是不连任的，但如果他们想继续担任法官，则必须每隔几年参加竞选。因此，政治因素会对一个州的司法决定产生影响，包括从具体的审判程序到对某一特定犯罪的判决。

许多州和地方的法官在担任检察官后做了法官。如我们之前提到的，检察官带有些政治色彩。联邦法官由美国总统提名，如果得到参议院的确认，则终身任职。联邦法院对个人的提名一般具有偿还政治债务的内涵。然而，美国参议院有责任在宪法之下审查总统对司法人员的提名，并且批准或否决总统的提名。联邦法官也许曾经是联邦检察官、州法官或者政治人脉广泛的律师事务所的成员。尽管总统挑选法官是基于他们会用特定的方式处理特定的问题，但事实上他很难准确预测联邦法官的决策模式，包括最高法院的法官。

法官的职责

在刑事审判中，法官是主持者。他们参与预先审查，裁定有异议的证据，告诉陪审团排除任何他们认为无关紧要或不可接受的证据，同时要维持法院的秩序。审判法官指导陪审团在讨论中应该做什么和不应该做什么，在陪审员讨论时回答提出的问题，并在他们陪入僵局时敦促陪审团作出决定。

审判法官在审判之前和审判期间都应该以事实为依据并遵循法律，做一个公正的裁判者。然而，与我们所有人一样，法官也是不完美的。法官在审判中的行为方式可以对诉讼进程产生十分重要的影响。有能力的、权威的、公正的法官可以推动审判顺利进行，而粗鲁无礼的、过于爱管闲事或犯错误的法官则会让律师和被告人的诉讼变得困难。例如，法官以随意的和不一致的方式解释法律和问题，会使律师很难或不可能预见到听证的结果。

法官的行为也会影响审判的结果。如果陪审员认为法官持有赞成或反对被告人的偏见，他们可能比在法官没有偏见时更能达成一致的结论。当法官交流他们的偏见时，更有可能倾向于控方，而不太可能倾向于被告人。

与大量警察和陪审员的相关文献相比，几乎没有针对法官的个性和决策过程进行的研究。虽然从科学的角度来看，对司法心理学的忽视是令人遗憾的，但乐观主义者认为法官不公正或滥用职权的现象是十分罕见的。事实上，法官们最好的表现就是在审判过程中不出问题，公正、公平、独立地履行职责。

在第十三章，我们将讨论法官在惩罚犯罪中的作用，而在下一章（第三章），我们认为法官在青少年司法程序中的作用至关重要。

八、总结

罪犯通过州和联邦刑事司法系统的程序和机构被起诉，主要参与者是执法人员、检察官、辩护律师、法官和陪审员。虽然每个州和联邦政府的刑事司法系统都有自己的规则，但从逮捕到审判的大多数程序都以类似的方式进行。严重的犯罪被称为重罪，可以上诉到高等法院，高等法院可能维持初审法院的决定，也可能将全部或部分案件发回初审法院重新审判，还可能直接作出相反的判决。由于美国宪法保护同一犯罪不受两次起诉，因此如果被告人被无罪释放，政府不能重新起诉。

刑事审判系统必须以不同的方式对待一些特殊的被告人，确切地说，是那些没有行为能力的、精神错乱的或危险的被告人。精神健康专家在这类案件中起着至关重要的作用，他们对被告人进行能力评估，给出被告人在犯罪时是否知道自己在做什么的意见，并帮助法官来决定如果释放该罪犯，是否会给社会公众造成危险。在被告人申请因精神错乱而无罪的案件中，心理健康专家是十分常见的。精神错乱辩护并不像一般人所认为的那样，事实上它很少能成功。另外，因精神错乱被判无罪并不意味着罪犯"成功脱罪"，因为辩护成功的人通常在医院接受治疗的时间比在监狱还要长。预测一个人是否在未来有危险是很困难的，很少有心理学家有能力作出准确的预测，而使用气象预测原理进行的预测在本质上是一种短期预测。另外，由于部分犯罪人并没有监禁的必要，而公众却要求绝对的安全，因此心理学家可以给法官提供一些指导，帮助法官在两者之间取得平衡。

刑事审判系统依赖于所有参与者诚信和公平的行为。心理学家帮助我们了解陪审团是怎样进行审议并作出决定的。作为审判顾问，他们利用专业知识协助律师，为当事人提供最大程度上的无罪释放的机会。心理学在执法领域有许多贡献，执法人员可以使用心理学分析犯罪和罪犯，从而促进犯罪问题的解决。心理学家还研究警察行为和警察执法的有效性。

除了执法人员外，其他重要的人员包括检察官、辩护律师和法官。检察官在刑事司法系统中通过将犯罪分子绳之以法来保护公共利益；辩护律师试图保护宪法赋予被告人的权利；审判法官充当裁判，决定法律问题并施以刑罚。包括心理学家在内的社会科学家对陪审团和陪审员的相关研究抱有极大的兴趣。

关键术语

保释 受审能力 陪审团僵持 陪审员召集令 无害错误 预先审查 一事不再理原则 艾伦指示 因精神错乱而无罪 陪审团否决

复习问题

1. 在刑事司法程序中，从逮捕到判刑会发生哪些事情？

2. 审判中的无能力接受审判是什么意思？

3. 精神错乱辩护背后的政策是什么？它的使用频率如何？什么样的精神错乱会促成无罪辩护？

4. 为什么心理学家对罪犯的危险性进行评估是十分困难的？

5. 什么是陪审团否弃？何时以及为什么否弃？

相关链接

犯罪行为网：www. cassel2e. com.

了解联邦法院系统：www. usccurts. gov.

刑事辩护律师协会：www. criminaljustice. org/public. nsf/freeform/publicwelcome？opendocument.

全国检察官协会：www. ndaa-apri. org/.

麦克阿瑟精神健康和法律研究网：macarthur. virginia. edu/violence. html.

法庭心理学：jonathan. mueller. faculty. noctrl. edu/crow/topiccourtroom. htm.

警察心理在线：www. policepsych. com/.

第三章　青少年司法制度

青少年司法程序　　　　　　　　　　青少年司法的应用：罗纳德案例
青少年罪犯的法律心理状态　　　　　　青少年司法的未来

39　　　1999 年 7 月 28 日，在佛罗里达州的迈阿密，12 岁的莱昂内尔·泰特（Lionel Tate）正在和 6 岁女孩蒂芙尼·尤尼克（Tiffany Eunick）一起玩耍，他的母亲凯瑟琳·泰特（Kathleen Tate）正在照看婴儿。凯瑟琳决定上楼睡个午觉，留莱昂内尔和蒂芙尼在楼下玩耍。过了一会儿，泰特太太被楼下的声音惊醒，她赶到时发现蒂芙尼已没有意识了。莱昂内尔向蒂芙尼演示了他在电视上看过的一些摔跤动作，致使女孩意外死亡。莱昂内尔在刑事法庭中像成年人那样接受审判，并被判处终身监禁。直到 2004 年，佛罗里达州州长杰布·布什（Jeb Bush）宣布对其减刑，但那时他已经服刑了 5 年。不过后来他又被指控持枪抢劫，并被判处了 30 年有期徒刑（《今日美国》，2006 年 5 月 20 日）。

2001 年，佛罗里达州西棕榈滩，13 岁的纳撒尼尔·布瑞尔（Nathaniel Brazill）使用手枪谋杀了自己的老师，并像成年人那样接受了审判。他被判处 28 年有期徒刑（Spencer-Wendel，2005）。同一年，12 岁的亚历克斯（Alex）和 13 岁的德里克金（Derek King）使用棒球棍将他们的父亲重击致死，也像成年人那样被审判和定罪。

这些案件的处理方式反映出一种日益增长的态势：当青少年被指控犯有严重罪行时，在诉讼程序上他们会被当作成年人进行对待。这一态势自 20 世纪 80 年代以来开始出现。90 年代末，一系列的校园枪击事件加速了这种态势的形成，这些事件是琼斯伯勒（Jonesboro，阿肯色州）、伯特利（Bethel，阿拉斯加州）、珀尔（Pearl，密西西比州）、帕迪尤卡（West Paducah，肯塔基州）、埃丁伯勒（Edinboro，宾夕法尼亚州）和斯普林菲尔德（Springfield，俄勒冈州）案件。这些案件中的杀手均不足 16 岁。2000 年 2 月 29 日，在密歇根州弗林特一所学校的一年级教室里，一个只有 6 岁的男孩从他短裤的裤兜里掏出一把 0.32 口径手枪并杀死了另外一个叫凯拉·罗兰（Kayla Rolland）的 6 岁的孩子。类似的事件还发生在 1999 年 4 月 20 日，在美国的科罗拉多州立托顿镇克隆比那高中，18 岁的埃里克·哈里斯（Eric Harris）和 17 岁的迪伦·科利鲍（Dylan Klebold）——他们均为一个白人优越主义团体的成员，该团体以“穿风衣的黑手党”著称——穿着他们标志性的黑色长外套，在自杀之前几个小时内杀死了 12 名学生和老师。

简而言之，青少年犯罪不像以前那样了——金额少、为了刺激盗窃汽车以及未成年饮酒等。

幸运的是，对青少年的逮捕率自 1997 年以来一直在下降（Snyder，2004）。比如，相比于 1993 年的 20%，2001 年只有 10% 的高中男孩被报告带枪上学（DeVoe，2003）。同样，2001 年被逮捕的青少年数量比 1997 年下降了 20%。但不幸的是，即使青少年暴力犯罪率与前两年相比有所下降，但情况仍然不容乐观。因为在 80 年代末期，高纯度可卡因开始在城市中心泛滥，这导致青少年暴力犯罪的数量剧增。所以即使如今已经"降低"，总数仍然十分庞大。1987~1993 年的青少年强奸、抢劫、谋杀的增长率为 60%，这与纯可卡因、帮派和日益增长的枪支使用率相关（Blumstein，1995；国家司法研究所，1996b）。1992~1996 年之间，青少年因滥用毒品被逮捕的数量增长了 120%，1999 年 10 月，将近 109 000 名青少年在被指控犯罪后被拘留（Sickmund，2002）。

表 3.1　严重犯罪的青少年可以像成年人那样接受审判的最低年龄

最低年龄	所在州
15	美国新墨西哥州
14	亚拉巴马州、阿肯色州、加利福尼亚州、康涅狄格州、爱达荷州、肯塔基州、路易斯安那州、马萨诸塞州、密歇根州、明尼苏达州、新泽西州、北达科他州、俄亥俄州、德克萨斯州、犹他州、弗吉尼亚州
13	伊利诺伊州、密西西比州、新罕布什尔州、纽约州、北卡罗来纳州、怀俄明州
12	科罗拉多州、密苏里州、蒙大拿州
10	堪萨斯州、佛蒙特州
没有年龄规定	阿拉斯加州、亚利桑那州、特拉华州、哥伦比亚特区、佛罗里达州、佐治亚州、夏威夷州、爱达荷州、印第安纳州、缅因州、马里兰州、内布拉斯加州、内华达州、俄克拉荷马州、俄勒冈州、宾夕法尼亚州、罗德岛州、南卡罗来纳州、南达科他州、田纳西州、华盛顿州、西弗吉尼亚州、威斯康星州

来源：Adapted from Griffin，P.，Torbet，P.，and Szymanski，L.，*Trying Juveniles as Adults in Criminal Court: An Analysis of State Transfer Provisions*，Washington，DC：U. S. Department of Justice，1998，Office of Justice Programs，Office of Juvenile Justice and Delinquency Prevention.

全社会对青少年犯罪问题，尤其是青少年暴力犯罪问题的担忧，开始推动立法并引起各级政府部门的重视。许多人认为社会应该更加严肃地对待青少年犯罪，例如，将他们置于成年人司法系统中，而不是放在青少年司法系统中进行处理。许多年来，所有州的法律都规定如果青少年犯有严重暴力犯罪（尤其是谋杀），他们可以像成年人那样接受审判，但是在大多数州，这些条款的适用对象至少要达到 16 岁。在 90 年代，各州开始降低青少年可以像成年人那样接受审判的年龄，并且扩大了犯罪类型的范围，将非暴力犯罪纳入范围之内。在很多州，谋杀案件的最低年龄被设定在 14 岁。一些州设定了更低的年龄（在佛蒙特州和堪萨斯州是 10 岁），很多州甚至没有设立法定年龄，这允许该州司法系统根据具体情况对青少年暴力犯进行处理（见表 3.1）。例如，因为阿肯色州规定的最低年龄是 14 岁，杀手琼斯伯勒（Jonesboro）仅仅被判处监禁在青少年管理机构中直到18岁。考虑到他们所犯罪行的危害性质，在阿肯色州和有相同规定的其他州，有人提出进一步降低青少年像成年人那样接受审判的年龄的呼吁也就不足为奇了。

青少年暴力犯罪恐怖事件和"21世纪会迎来青少年犯罪新浪潮"的专家警告共同推进了"对青少年犯罪要严厉处理"的趋势，因为越来越多的孩子开始进入了原始冲动最危险的年龄阶段（F. Butterfield, 1995；Fox, 1996）。事实上，90年代末期各州在降低青少年的入罪门槛之前能够给出一些预警，青少年暴力型犯罪的数量或许会继续减少。但不可否认的是，青少年实施暴力犯罪尤其是谋杀和袭击的年龄仍将继续降低。

如何对待青少年罪犯？在这一章，我们将介绍青少年司法系统，一个专门为犯罪的儿童和青少年设计的有关法律执行、起诉和惩罚的诉讼制度。我们会将青少年司法系统和我们在第二章描述的成年人司法系统进行比较，并探索很多人认为的新制度，即不仅使今天的青少年远离暴力倾向，而且要消除对青少年犯罪起重要作用的因素。

一、青少年司法程序

美国青少年司法制度是20世纪的产物。1899年以前，触犯刑法的儿童要像成年人那样对自己的行为负责。想要变革这种状况的人指出，行为不良的青少年是恶劣环境下的产物。例如，伴随着美国人口从以乡村、农业、家庭为导向转变为在大城市工厂工作，美国社会出现了家庭核心结构的瓦解。在城市中，父母的工作场所不再是家里。父亲们每天有很多个小时在外工作，母亲们在一定程度上也是如此。

社会改革派努力帮助那些被忽视、虐待或被认定为有罪的儿童，例如把他们带离家庭，并安置在一个新的专门为青少年设立的机构中（被称为"避难所"）。这个"儿童救助"运动以国家亲权（Parens patriae）法律原则为指导，政府扮演父母的角色帮助处于危险之中的青少年。这一原则不仅提倡帮助那些被父母虐待、忽视或被其他消极环境影响的青少年，还要帮助他们远离成年人刑事法庭严厉的程序和处罚。渐渐地，各州开始进行司法改革，以进一步深化这一趋势。

1899年，第一个青少年法庭法案在美国伊利诺伊州通过。它的原则作为全国青少年司法制度的基础保留至今。具体来说，它包括以下原则：①孩子们不应该像成年人那样对自己的行为负责；②青少年司法体系的目标是援助、矫正和改造青少年，而不是惩罚他们；③对青少年案件的处理应该考虑他们的具体情况和需求；④这一制度应该避免那些在成年人刑事法庭中才会出现的正式的、对抗性的、惩罚性的程序。在这些原则基础上，美国创造了具有特殊规则的单独的青少年法庭。[1]

（一）青少年法庭程序

青少年法庭程序与成年人刑事法庭程序在几个方面存在不同（包括各自使用的术语）。被指控犯罪的青少年或者被"拘留"（比如，在等待听证期间被关押在少管所），或者由父母进行看管以等待裁决听证。在2000年的违法犯罪案件中，大约20%的青少年罪犯被关押在拘留所（Puzzanchera, Stahl, Finnegan, Tierney, & Snyder, 2003）。

---

〔1〕 然而，从20世纪60年代开始，美国最高法院扩展了对青少年的程序性保护，包括米兰达警告（Miranda warnings）和咨询律师等成年罪犯同样享有的权利。

　　裁决听证与成年人法院的审判是同义的，但前者完全由法官进行裁决，而没有陪审团的参与。青少年的裁决结果是"无辜的"或"不无辜的"，而非"有罪"或"无罪"。被认为"不无辜"的青少年正式成为青少年罪犯，但他们不会像在成年人法庭那样被判刑。相反地，法官会在一个"意见"听证会上决定是否授权进行精神健康治疗、发布缓刑或者将其监禁在一个安全机构或青少年培训学校。首次犯非暴力罪的青少年通常被判缓刑，但那些犯有严重罪行或者多次犯罪的青少年通常会被判处监禁。与成年人刑事法庭相同，并非所有的青少年案件都会被正式裁决。在 2000 年，39% 的青少年被告人被裁决有罪或被移送到成年人刑事法庭（Stahl，Finnegan，& Kang，2002）。在这些青少年中，大约 63% 被判缓刑，24% 被安置在一个青少年犯的寄宿机构中（年长的青少年被安置在成年人监狱），其余的以其他方式处理，比如，转介给一个外部机构、规定进行社区服务或进行矫正训练（Stahl et al.，2002）。

　　在一些州，青少年法庭诉讼是公开的，但大多只对青少年罪犯本人、他们的父母、律师和法庭工作人员开放。对法庭调查和案件处置等程序的记录，法院工作人员以外的人是无法得知的。许多人认为当未成年人达到法定成年年龄的时候这些记录会被销毁，但事实上它们会被保存很多年（州与州之间的年限不同）。如果该青少年在成年时被控有罪，成年人法庭可以查看以往这些记录。[1]

　　根据最新的可用数据，2000 年美国青少年法庭处理了大约 1 700 000 个犯罪案件，这一数字自 1985 年以来增长了 43%（Stahl et al.，2002）。这些案件不仅违反刑事法律，而且因犯罪主体是青少年又可称为身份犯罪（status offenses）。这些身份犯罪包括不遵从父母、离家出走、逃学、违反对年轻人的宵禁规定、持有酒精和香烟以及从事性活动等行为。各州的法律和法规在国家亲权法律原则的指导下制定并实施，从而保护儿童和青少年的最佳利益，其预期目的是让违反法律的青少年在被送到青少年法庭之前，为他们及他们的家庭提供所需要的社会和心理服务。然而通常情况是，身份犯罪会被严厉地处罚。在一些案件中，他们因翘课、发生性行为、藏匿酒精饮品或不服从他们的父母而被限制在拘留机构中。一些青少年司法专家认为这些身份犯罪应该被取消（Feld，1993；I. Schwartz，1989），但支持者认为，对身份犯罪的青少年，特别是对那些惯犯采取强硬的措施，是预防青少年犯罪的重要组成部分（Krisberg，Currie，& Onek，1994；Shelden，Horvath，& Tracy，1989；Snyder，1988）。

　　（二）像审判成年人那样审判青少年

　　少年法庭法官在听取控方和辩护律师的意见后，决定是否将青少年犯罪案件移送到成年人刑事法庭。这些证据包括：①犯罪的严重性与保护社区安全的需要；②犯罪是否是有侵略性的、暴力的、有预谋的或者是故意的；③犯罪是针对人还是财产；④该青少年的教养、成熟度、学业成绩表和犯罪史；⑤改过自新的可能性（N. Miller，1996）。大多数州有着多种将青少年移送到刑事法庭的机制。在越来越多的州，符合特定年龄和犯罪标准的青少年会被直接移送到刑事法庭，因而被排除在青少年法庭管辖之外。在一些州，法律赋予检察官在符合共同管辖权条款的前提下，可以直接将青少年犯罪案件移送到刑事法庭的自由裁量权。从 1985 年到 1994 年，被放弃移送到刑事法庭的违法犯罪案件的数量增长了

---

　　〔1〕　联邦法院没有青少年司法系统，所以实施了联邦犯罪的青少年在各州受审。然而，法案允许联邦起诉实施了联邦特定犯罪的超过 13 岁的青少年。

70%，然后到 2000 年下降了 54%。值得注意的是，不同类型犯罪的变化趋势不同，其中享受豁免最多的是对人的暴力型犯罪（Stahl et al.，2002）。

在决定是否放弃将案件移送到成年人刑事法庭时，种族因素也起到作用。具体来说，黑人被告比其他人更有可能因为毒品犯罪被放弃移送到成年人刑事法庭，而白人青少年更有可能因为针对人的犯罪被放弃移送到成年人刑事法庭（Butts，1997）。山形和琼斯（Yamagata & Jones，2000）发现在每一类犯罪中（对人、财产、毒品和公共秩序的犯罪），黑人青少年被拘留的比例均显著高于白人青年；即使是同样的犯罪，黑人也比白人更容易被正式起诉；比起白人罪犯，少数族群的青少年更有可能被放弃移送到成年人刑事法庭；有色人种的年轻人更有可能被监禁。

即使青少年像成年人那样被审判和定罪，成年人刑事法庭的法官在判刑上也具有灵活性。青少年可能会受到针对青少年的判决（如缓刑、监禁、提供法院要求的服务），也可能会受到针对成年人的判决，或者是二者的结合。如果被判处监禁，青少年会在青少年矫正机构或成年人监狱中服刑。在佛罗里达州、明尼苏达州、德克萨斯州和其他规定"混合判决"的州，青少年可能在少管所中服刑到 18 岁或 21 岁。在那之后，他们要么被送到成年人监狱中完成剩余的刑期，要么被送回法庭作再一步处理（可能是被释放或者被继续监禁）。

考虑到让青少年像成年人那样接受审判的目的是严厉对待青少年罪犯，因此大多数人认为青少年罪犯在成年人法庭会比在青少年法庭中受到更严酷的惩罚。但在实际案件中并不一定是这样。成年人法庭的法官将不考虑青少年罪犯在青少年法庭的历史，而是将他们当作初犯对待，青少年罪犯因此会获得缓刑而不是被监禁。如果被判处监禁，所判刑期也会接近于青少年法庭的判决（Brown，1998）。

在谋杀案件中，成年人法庭的法官会对青少年被告作出严厉的判决。例如，在被认定杀害了两名同学和一名数学老师，袭击了另一名学生和老师，并且在 14 岁时在初中教室中绑架了 15 名学生后，16 岁的巴里·鲁卡缇斯（Barry Loukaitis）在华盛顿州法院被判处禁止假释的两个终身监禁和额外的 205 年刑期（P. Anderson，1997）。在佛罗里达州，一名 17 岁的男孩被判处死刑，他被称为"吸血鬼杀手"，因为他和他的女朋友在杀死他们的父母之前互相喝对方的血，犯罪时他 16 岁（D. Baker，1998b）。然而，在 2005 年，美国最高法院规定当严重犯罪发生的时候，对 18 岁以下的青少年判处死刑是违宪的（罗珀诉西蒙斯案）。因此，吸血鬼杀手最终被判处终身监禁。

（三）像成年人那样审判青少年的影响

青少年的移送和豁免规定对他们的生活会产生重大影响。对他们犯罪行为的记录会一直存在，这给他们带来了一生的耻辱，并导致他们被剥夺了某些权利（包括在一些州的选举权）。不幸的是，几乎没有理由相信这些规定可以阻止青少年犯罪。

一方面，鉴于青少年罪犯经常在成年人刑事法庭上获得缓刑，社会不应该保护那些屡教不改的青少年。事实上，与在青少年法庭接受审判的青少年相比，像成年人那样接受审判的青少年总体上有更高的再犯率（Redding，2000）。唯一例外的是财产犯罪，青少年不太可能再犯（D. M. Bishop, Frazier, Lanza-Kaduce, & Winner，1996）。然而，如果这些实施了财产犯罪的青少年出现了再犯，像成年人那样接受审判的青少年的再犯行为在出现时间上会更早，在发生频率上会更高（同样地，青少年时期犯罪越多，他们就越有可能在成年时变为暴力型罪犯；Pan，1998）。这一状况出现的原因在一定程度上可以归结于这些年轻人最终可能被关在拥挤的、危险的成年人监狱中。由于他们没有与成年罪犯分开，因此与被关押在青少年监禁机构的同龄人相比，他们有 5 倍的可能性遭受性侵犯，2 倍的可能性被工作人员虐待，遭受武器攻击的概率高达 50%（少年司法办公室和犯罪预防机构[OJJDP]，1999）。不幸的是，在一些少管所中同样也存在这些容易滋生犯罪的条件（Allen-Hagen，1993）。在成年人监禁机构中，青少年罪犯如果要学会生存，就必须掌握狱友的那种虐待和暴力的方式，他们会因这个经历受到歧视和羞辱。一些人接受了罪犯的标签（Redding，2000），并且很多人在被释放后很难找到工作（Redding，2000）。

二、青少年罪犯的法律心理状态

如同成年罪犯一样，除非青少年有能力形成犯罪故意，并且在心理上有能力接受审判，否则他们不能被审判或惩罚。如果在成年人案件中决定这些问题有时是困难的，那么在青少年案件中，尤其在当青少年像成年人那样接受审判的时候，这些问题可能完全是混乱的。

（一）青少年犯罪故意

由国家进行处罚的"不法行为"必须要有犯罪故意。在建立青少年法庭之前，传统上的普通法认为，7 岁以下儿童没有能力形成犯罪故意。但 7 岁和 14 岁之间的青少年是否具有犯罪故意则没有相关的假设，此时控方有责任证明儿童有无可置疑的形成犯罪故意的能力。只有超过 14 岁的青少年才被认为具有犯罪故意。如同被控有罪的成年人一样，超过 14 岁的青少年需要提供明确的和令人信服的证据来证明自己不具有犯罪故意。随着青少年法庭的建立，这一规则不再被强调而是逐渐被消除，因为这些法庭的存在就是为了保护青少年免于接受成年人刑事诉讼，并且帮助他们进行康复和治疗。

然而在今天，随着青少年法庭和成年人刑事法庭中青少年被告人的年轻化，立法机关在重压下开始重新考虑青少年能够形成犯罪故意的年龄。以下事件可能就是一个示例：1998 年 5 月 11 日，《华盛顿邮报》报道了一则新闻，在田纳西州的孟菲斯市，一名男孩把装满子弹的半自动手枪带到学校以便杀死因为"迟到"而惩罚他的幼儿园老师 ["愤怒的 5 岁（Angry 5-Year-Old）"，1998]。青少年法庭对这名男孩进行了听证，最终法官否决了对这个孩子的持枪指控，因为"5 岁的孩子没有能力形成犯罪故意"，但是考虑到这个孩子行为的恶劣性，有人极力反对这个观点。

（二）青少年法律诉讼能力

关于青少年罪犯的另外一个关键问题是他们在整个诉讼程序的不同阶段（从警察讯问到判刑）所具备的理解能力。正如我们在第二章所提到的，只有有能力理解指控的本质并协助律师准备辩护的被告人才被认为具有诉讼能力。

如果被告人在任何阶段提出关于诉讼能力的问题，法官会要求被告人进行精神状态的评估并中止诉讼，直到被告人有能力接受审判。法律假定，当像成年人那样接受审判时，10 岁或 11 岁的青少年对他们自己的宪法权利和司法程序有着与成年人同样的理解。但这个假定在很多案件中是不正确的，这反映出法律对儿童和青少年的认知和智力发展水平的错误理解。因此，一些青少年法庭的法官并不接受法律严格解释的指导。例如，一名加利福尼亚州的法官判定一名故意杀害 1 个月婴儿的 6 岁儿童是没有能力接受审判的（Frost & Shepherd，1996）。

成年人诉讼能力的问题大多与严重的精神问题或者明显的精神发育迟滞相关，而青少年被认定为无诉讼能力则往往是由于年龄较小导致心理和情感上不成熟。青少年在什么年龄可以被认定为有能力接受审判？最近一项对1400名11～24岁之间的青少年的研究（Grisso et al.，2003）总结道，当诉讼能力是由法律来定义（即具有理解刑事程序本质并协助律师为自己辩护的能力）时，15岁及15岁以下的很大一部分青少年或许并没有能力接受审判。他们指出，把15岁以下的青少年送到成年人法院，就是让他们参与根本没有能力参与的程序。例如，1998年密歇根州庞蒂亚克的法官拒绝采信被指控枪杀18岁男孩的一名11岁男孩的认罪供述。该证据不被采信是因为虽然年轻人已经放弃了米兰达权利，放弃了对警察进行供述时可以要求律师在场的权利，但庭前听证表明这个男孩认为"保持沉默权"意味着他"不可以去任何地方"。他的母亲说，在警察讯问阶段她并不知道她可以阻止警察对她儿子的讯问，在此情况下，法官基本断定这个男孩不具备诉讼能力（男孩的谋杀定罪，"Boy's Murder Conviction"，1998）。

格罗索（Grisso）的一项研究与早期的一项由政府资助的项目的研究结果一致，这两项研究均探究青少年罪犯对米兰达警告的理解。在格罗索的研究中（Grisso，1997），研究者向监狱中的400名青少年询问米兰达警告的意思。研究结果显示，即使是14～16岁的青少年，也只有大约1/4的人正确地将它描述为"权利"，一项可以自愿放弃的、不能被撤销的、合法的权利（Grisso，1980）。当被问到"警察说你不必作陈述并有权保持沉默"是什么意思时，很多人给出了关于法律权利的有条件性的观点，例如"除非你被要求说话，否则你可以沉默"、"除非你被要求说话，否则你必须安静"，甚至是"如果我说我做了什么，他们或许今天晚上就送我回家"（Grisso，1997）。

为有无诉讼能力设定年龄界限是一件棘手的事情，因为单纯达到一定年龄并不能够保证个体能理解抽象的法律原则和在法庭上发生的所有事情。心智能力有限、具有学习障碍、情绪与精神错乱的青少年尤其不可能达到具备诉讼能力的标准（Shepherd & Zaremba，1995）。在前面提到的米兰达研究中（Grisso，1997），比起平均年龄为12岁的罪犯，15～17岁的智商较低的罪犯对他们合法权益的理解水平更低。进一步讲，智力测验得分很低的青少年比同样低智商的成年人更加缺乏对法律事项的全面理解。

很少有青少年有能力与他们的辩护律师进行合作，并进而作出认罪决定和其他与审讯相关的决定，更不用说还未进入青春期的青少年。所以，尽管青少年罪犯的律师有义务在审讯策略上给予年轻的当事人建议，并尊重当事人关于是否出庭作证、需要哪个目击者和是否认罪等事项的决策，但比起年龄较大的青少年和成年人，未进入青春期的青少年更不太可能预测这些决定带来的长期后果（Peterson-Badali & Abramovitch，1993）。的确，抽象思考的能力在青春期早期才开始发展，并需要几年才能成熟。研究表明，在青春期后期之前，青少年总是将风险最小化，并且不太可能像成年人那样关注诉讼中的各种决定对自己今后人生的影响（Cohn，1995）。例如一项研究表明（Grisso et al.，2003），在警察讯问阶段，50%的11～13岁的青少年选择坦白认罪而不是保持沉默，然而只有20%的年轻成年人选择认罪。类似地，74%的11～13岁的青少年同意接受认罪协议，然而只有50%的年轻的成年人选择这么做。总体上来说，在提出能力鉴定申请的成年人中，有80%～90%的个体被认为有能力接受审判，但在提出能力鉴定申请的青少年中，只有 20% 的 13 岁以下的青少年被认为有诉讼能力，50% 的 13 岁及以上的青少年被认为有诉讼能力（Grisso，1997）。青少年有限的心智能力促使一些研究者建议，15 岁以下的青少年不应因任何犯罪而像成年人那样接受审判（Grisso et al.，2003）。事实上，一些人甚至进一步建议不考虑年龄，只要他们不能满足法律规定的成年人能力的标准，就不应该像成年人那样接受审判。

三、青少年司法的应用：罗纳德案件

建立青少年司法制度的初衷是好的，但正如成年人刑事司法制度那样，它也存在缺陷，并且有时可能会不慎助长了青少年犯罪的滋生。在 15 岁的黑人青少年罗纳德（Ronald）的案件中就是这样。这个故事开始于 1994 年，一名青少年法庭的工作人员召集我们中的一名律师伊莱恩·卡塞尔（Elaine Cassel）去访谈罗纳德。当伊莱恩询问为什么罗纳德这样一名没有前科的青少年仅仅因为没有去上学，就被要求在一个未成年人机构中接受 10 天监禁时，这名法庭工作人员说"感化主任想通过这种方式来引起罗纳德的重视"。她还说他在这 10 天内还有一次开庭。在这之前，法官想请你帮他做点什么。

罗纳德可能需要法庭要求的心理服务，但他似乎离犯罪还很远。他几乎从不说话，即使他讲话也是用一种很柔软的声音。在他 10 岁上五年级时，他被弗吉尼亚学校标识为智力迟钝。尽管他被安排到智力发育迟缓学生的班级中，但他却从未接受过任何有针对性的特殊教育服务，他也从未被给予过心理学的或教育学的测试。有关他智力迟钝的诊断也仅仅是因为他很少说话。

他的老师所不知道的是，罗纳德不愿意说话是从 9 岁开始的，在那一年他目睹了自己的妹妹被一群愚蠢残忍的暴徒用石头在房前砸死。在他的妹妹死后，罗纳德的兄长和母亲由于毒品交易被送进了监狱，而他对自己的父亲一无所知。直到最近出现逃学事件之前，他在学校的出勤率和行为表现方面的记录都还是不错的，甚至堪称典范。然而，他没有做任何作业，也没有任何学业上的进步。当他在郡里的初中读八年级时，他的出勤率才出现了问题。他的祖母和姨妈声称，每天早晨想要叫罗纳德起床是非常困难的一件事情。没有人意识到，罗纳德可能患了创伤后应激障碍或严重的抑郁症。[1]

伊莱恩要求承办罗纳德案件的法官对罗纳德进行一系列体检、一组针对神经系统的检查、一些心理学测评以及完整的社会史和家庭史调查。一名心理学家在主持了这些评估当中的第一项，即智力测验后，报告如下：

> 罗纳德并不是智力迟钝。我不能计算言语部分的测试分数，因为他的语言表达是如此缓慢，以至于他根本无法通过言语测试中的计时部分。但是，当他说出答案的时候，他的答案都是完全恰当的。他在能力测验中所处的等级是非常高的。我只能猜测，他被标识为智力迟钝是因为他不轻易讲话。同时，鉴于他被安排在"智力发育迟缓班"，我们也就能够理解他为什么不愿意去学校。

---

〔1〕 精神健康专家后来确认罗纳德确实患有创伤后应激障碍，并且他们建议罗纳德接受心理治疗并服用治疗抑郁症的药物。

当伊莱恩将智力测验的结果报告给法官并且使法官认识到罗纳德的特殊家庭情况后，伊莱恩向法官建议："我希望您能帮他找到一个适合他的住处。"法官将罗纳德从看守所释放并安排他与祖母住在一起，同时联系了一名社会工作者帮助罗纳德寻找一个合适的住处。最终，这名志愿者为罗纳德在州的西南部找到了一个野外训练的 30 日暂时安置地。如果他在试用期表现得好，他将会在那里继续得到一年的帮助。

就在 30 天的期限将要结束时，野外训练机构的负责人告知伊莱恩，罗纳德与一伙同伴在一起，这伙人偷窃汽车并且开车进行"兜风"。罗纳德已经被逮捕并且被控以未经授权使用机动车的重罪。伊莱恩与检察官达成协议，即罗纳德会认罪，从而换取 90 天的拘留，如果在野外训练机构中他继续表现得好，这一拘留将被中止执行。他会表现好吗？罗纳德是一个没有家庭资源、遭受过明显的心理和情绪困扰的年轻人，他在一个远离家庭的地方，与一些有前科并且有能力影响他的男孩在一起。他仅仅因为一个错误要被送进州监狱。然而，青少年司法制度要求罗纳德对他的行为承担全部责任。他被期望按照他被告知的那样去做，并且"远离麻烦"，尽管他被各种社会的力量推向相反的方向。

在接下来的 60 天里，罗纳德确实做到了远离麻烦。工作人员喜欢他良好的、亲切的举止和怡人的性格。尽管有时他在早晨很难被叫醒，但当他被提醒他应承担的责任时，他会很愉快地接受。后来，在一个像往常一样没有人探视他的家庭探视日，罗纳德走出了机构，随后被发现在一个 7 英里外的城镇游荡。野外训练机构对从机构出走持零容忍的态度，而罗纳德离开时未得到允许，因此他违反了纪律。

他被从这个机构中开除，这意味着他不得不接受之前被暂时中止的处罚。项目负责人后来发现，罗纳德的母亲——一名职业罪犯，已经服刑完毕并且被释放——本应该在罗纳德逃跑的那天去看望他。罗纳德等了她一整天，但她一直没有露面。这位负责人理解到，罗纳德的离开可能是为了逃避在探访日又一次没有人来探访他而带来的尴尬，但他说，"规则就是规则，决定也是最终的决定"。

在服完刑期之后，罗纳德回到了他的祖母身边，但现在罗纳德的母亲想让他回去。他的祖母和姨妈本可以要求法院让罗纳德的母亲远离他，但她们不想引起家庭冲突，并且她们为了应付罗纳德也已心力交瘁。在两年多以后，17 岁的罗纳德和一群男孩因涉嫌侵入住宅而被逮捕。他作为一个成年人接受审判，并被判处 5 年监禁。然而，法官暂停了除 1 年刑期之外的其他刑罚的执行，并命令罗纳德在监督下执行 2 年缓刑。

尽管他曾是一个没有家的孩子，一个没有接受太多教育的学生，但他也会努力找到自己的位置，因此罗纳德很可能会加入职业罪犯的行列。鉴于他的个性特征，他可能不会成为暴力犯，但他可能会滥用药物和酒精，实施财产犯罪，并且成为日益壮大的黑人兄弟会中的一名惯犯。

的确，这是一个令人难过的故事。通过将伊莱恩对这个案件的揭示，青少年司法制度进行了努力，希望对青少年问题作出正确判断，并且带给他们有益的服务与帮助。然而，同一个司法系统也要求对青少年罪犯进行惩罚，而青少年罪犯会尽可能利用自身有限的认知和行为资源来应对惩罚。在罗纳德的案例中，他的母亲和兄长已经向他展示了如何走上犯罪的道路。对他以及与他类似的青少年来说，长期的人生希望是什么呢？青少年管理部门刻薄地把他们标识为"可抛弃的孩子"——是这些孩子没人想要吗？伊莱恩将会永远记得罗纳德是一个甜甜的、善良的男孩，一个暴力犯罪的目击者，一个被父母忽视的孩子和一个教育、社会及司法系统失败的受害者，而这些本应该是在最开始保护他，在后来帮助他康复的。

四、青少年司法的未来

我们详细叙述了罗纳德的案例，是因为这一案例证明了善意的青少年司法制度在与教育和社会机构的合作中，可能会造成犯罪的发展和延续。罗纳德的社会、教育和家庭背景中包含了许多我们在第六章中会讨论的犯罪风险因素。他第一次介入刑事司法程序并被送进看守所是由一起微不足道的轻微犯罪行为引发。不幸的是，在此后的两年内他又有了成年人犯罪记录。假如罗纳德能够拥有更多的家庭和社会支持，结果也许截然不同。

青少年司法制度诞生 100 年后，有些人倡导让青少年司法回归传统，即将青少年当作成年人看待，而不管他们在认知、智力和情绪发展上的不成熟。[1] 然而，许多青少年司法领域的研究者相信，成年人审判和严厉的判决应当仅仅被用来处置那些最暴力、最不可能被改造的青少年罪犯——强奸犯、持枪抢劫犯、谋杀犯（Pan，1998）。因为在这些案例中，首要目标是保护社会不受这些人掠夺性倾向的危害——即便这些严重的犯罪可能是他们第一次犯罪。但那些非暴力型青少年罪犯应当从最好的教育和康复计划中受益，例如，当他们犯下身份犯罪（status offenses）或轻微犯罪时，家庭和学校的干预要迅速。许多计划包括父母责任部分（父母会因为子女的违法行为而受到罚款）、分级制裁（例如，初次犯罪后只进行监管，如果重复犯罪将被监禁）、中学毕业的金钱奖励、社会化和冲突解决技巧的培训、旨在增强自尊的个体治疗以及家庭治疗（Krisberg et al，1994）。同时有人建议，从长远来看，防止犯罪的最好的办法是对青少年晚归、破坏家庭规则、离家出走、逃学、滥交、故意毁坏公私财物行为、滥用毒品和酒精等不良行为采取零容忍的态度。这些通常出现在儿童后期或青少年早期的行为，能够较好地预测未来更严重的青少年犯罪行为（联邦议会的全国会议，1996）。

换句话说，抛弃今天康复模式，回到昔日的报应模式也许并不能解决青少年犯罪问题，也不能完善青少年犯罪司法制度和确保公众的安全。为此，1992 年美国司法部的青少年司法与犯罪预防部门开始着手设计一个可以适用于各州和地方政府的青少年司法模式，这一模式被称为"协调的恢复性司法模式"。它的指导原则是对罪犯进行恢复性的制裁或处罚，具体包括社区服务、受害人参与制裁以及赔偿受害人损失。

报应性司法通过敌对性程序强调报复、威慑和惩罚，而恢复性司法（restorative justice）则通过协商、调解、受害人认可和赔偿来修复犯罪行为给受害人和社区造成的伤害（见表3.2）。与强调为罪犯提供有限服务的康复方法不同，恢复性司法关注为罪犯、受害者和社区提供服务（Lawrence，1991；Zehr，1990）。因此，恢复性司法关注的焦点既不是极端的惩罚，也不是过分的宽松，它为报应模式和康复模式提供了一种替代。

---

〔1〕 批评者认为这个观点是具有讽刺意味的，因为一个被看作是成年人的 12 岁青少年在 18 或 21 岁之前，在法律上是不能饮酒、抽烟或在些地的街道上游荡的。

表 3.2 报复性司法和恢复性司法

报复性司法	恢复性司法
犯罪是与国家相对立的行为,是对法律的违反,是一个抽象的概念	犯罪是与另一个人或社区相对立的行为
犯罪主要通过刑事司法体系进行控制	犯罪控制主要在社区进行
罪犯承担责任意味着接受惩罚	罪犯承担责任意味着采取行为来修复犯罪造成的伤害
犯罪是一种个人行为,应当由个人承担责任	犯罪既有个人层面的责任,也有社会层面的责任
惩罚是有效的: (1)惩罚会威慑犯罪 (2)惩罚能改变行为	单纯的惩罚在改变行为方面是无效的,并且对于社区内良好的关系具有破坏性影响
受害者在司法程序之外	受害者是处理犯罪程序的中心
罪犯是由缺陷界定的	罪犯是由进行修复赔偿的能力界定的
强调归责、负罪感和过去(他/她之前做了什么?)	强调问题的解决、责任/义务和未来(他/她以后应该怎么做?)
强调敌对关系	强调对话与协商
通过施加痛苦进行惩罚、威慑和预防	通过恢复原状来修复双方的关系,和解与修复是目标
社区不被重视,由国家代替	社区是恢复关系的推动者
相应的措施关注的是罪犯过去的行为	相应的措施关注的是罪犯行为造成的不良后果与未来
依赖于代理的专业人士	当事人直接参与

来源:Office of Juvenile Justice and Delinquency Prevention, *Balanced and Restorative Justice*:*Program Summary*, Washington, DC:Author, 1996.

48　　　协调的青少年司法制度以恢复性司法(restorative justice)模式为基础,强调:①罪犯对受害者和社区应承担的责任;②罪犯适应性能力的发展;③对社区中公民的保护(青少年司法与犯罪预防办公室,1996)。这些只有在下列目标达成时才能成功:

　　(1)责任。当犯罪发生后,罪犯即有义务归还、修复和赔偿受害者和社区所失去的、被偷窃的、被损害的或者被破坏的物品。受害者参与决定如何要求罪犯进行修复,这些修复工作通常包括社区服务。

　　(2)能力发展。青少年司法程序应当帮助青少年罪犯改善自己的行为。罪犯在能力上应该得到能够被测量到的改善,成为一个自食其力的、负责任的公民。罪犯可以通过工作、接受教育和进行社区服务来发展技能和获得收入,与遵纪守法的成年人进行积极的互动,并证明他们能够表现出良好积极的行为,而不是简单地接受旨在压制问题行为的矫治和服务。

49　　　(3)社区保护。青少年司法制度应当根据处于监督中的青少年罪犯的人身危险性而提供一系列替代措施。这些罪犯应当处于以社区为基础的监督和制约之下,这些监督和制约引导他们在非学校和非工作时间里,将自由时间和精力转化为生产性活动。青少年司法制度应当制定分级制裁措施,使不遵守监督要求的罪犯承担严重的后果,同时对于遵守规则的罪犯应给予奖励以促进他们的进步。

　　　如果这种协调的司法制度是成功的,那么受害者、社区和罪犯将受到平等的关注,并且三者都将从中获益。更进一步讲，建立在协调模式上的青少年法庭的处置必然是个性化的，它会依据每一个罪犯的特性和处境，以及他们的需求和人身危险性而作出决定。表3.3对协调的青少年司法制度中的青少年司法专家、罪犯和当地公民所起的作用进行了呈现。需要注意的是，这种旨在平衡与协调的模式在很大程度上依赖社区的支持，这意味着它必须与社区的需要和资源相适应。

20世纪80年代，由于受害者权益运动的兴起（见第十二章）和非正式的邻里司法和争端解决程序的发展，恢复性司法（restorative justice）的概念开始在美国流行（Galaway & Hudson，1990；Schneider，1985）。然而，到目前为止，尽管许多国家和司法管辖区表达了对协调的恢复性司法模式的兴趣，但仍然只有相对较少的法院和缓刑部门将其应用于实践并按其规范的程式改变了政策。另外，只有很少一部分司法管辖区能够成功地说服公众，使他们确信社区有足够的能力来监督罪犯（而不是监禁他们）从而保证公共安全。同时，恢复性司法模式要求青少年司法机构与社区在预防工作上进行协作，并保证受害者以一种积极的方式参与，但这在实践中是很困难的（青少年司法与犯罪预防办公室，1996）。

尽管在实践中存在上述困难，但青少年司法与犯罪预防办公室的恢复性司法模式仍在政府的资金援助下在10个州（共291个项目）进行了试点。俄勒冈州和德克萨斯州的司法管辖区已成为这一协调模式的典范，并为其他司法管辖区提供培训和援助。如果这些项目获得成功（依照表3.4列出的指标），并且协调的恢复性司法的概念能够被抱有惩罚观念的公众和认为"让青少年罪犯接受严厉的打击"是安全可靠的措施的政治家们所接受，那么恢复性司法将会是青少年司法制度自100年前诞生起的第一次真正改革。关于恢复性司法程序对整个青少年司法制度产生的影响的相关研究正在进行中（Umbreit，1998）。

青少年司法专家相信，针对青少年犯罪和暴力，我们可以做一些身体力行的事情，用正确、全面的方法来实现早期干预，并通过协调模式中的制裁和修复予以辅助。1995年，青少年司法与犯罪预防办公室公布了未来的指导方针，概述了处理严重的、暴力的和持续性犯罪的青少年罪犯的一项综合策略（青少年司法与犯罪预防办公室，1995）。这一策略关注到了我们在第七章和第八章会讨论到的犯罪相关风险因素（例如童年期虐待和忽视）以及行为问题（例如行为失调和早期酒精滥用）。具体来说，它强调了以下五个部分的内容：

（1）强化家庭关系。其目标是帮助家庭履行自己的职责，给儿童灌输道德观念，并提供指导和支持。事实证明，在那些缺乏适当的家庭监督的家庭中，其子女更可能成为青少年罪犯。由于缺少正确的榜样，儿童只能基于个人欲望发展出越轨的个人价值体系。尽管儿童是家庭关系恶化的第一个受害者，但社会也继而成了受害者。因此，提升家庭培养健康儿童的教养能力成了一个国家的优先事项（Cantelon，1994）。如果没有一个功能正常的家庭单位，那么应该有一个代理家庭来指导和培育儿童。家庭功能强化项目是针对至少一个目标儿童，或者是儿童的父母、监护人，或者是家庭中的其他成员所采取的任何干预措施，它旨在降低问题行为出现的风险或增加保护性因素，但这些干预措施必须要针对家庭的需求（Cantelon，1994）。

（2）支持核心的社会机构。社会必须为学校、宗教组织、社区组织和其他社会组织提供支持，帮助其实现目标效益最大化，从而培养出有能力的、成熟的和有责任心的年轻人。一个能够起到培育青少年作用的社区应包括公共的和私人的青少年服务机构、社区团体以及商业机构，它们为青少年提供就业培训、娱乐和其他有意义活动的机会。

（3）推进犯罪预防。这被看作是减少青少年犯罪中最符合成本—收益的方法。当儿童实施了身份犯罪（status offenses），家庭和社区以及合作的儿童福利机构必须迅速作出反应，进行适当的干预并提供服务支持，从而消除已有的犯罪风险因素（Foote，1997）。

（4）当犯罪行为发生后，进行及时的事后干预。这一部分被看作是防止初犯的青少年罪犯转变为更严重、更暴力的惯犯的关键所在。在审理每一个案件时，来自家庭、社区和法院的干预措施应当迅速并且坚定地开展。青少年司法与犯罪预防办公室的指导手册建议使用我们之前讨论的恢复性司法模式和分级制裁。干预从来都是越早越好，年龄较小的儿童应当在他们被确定为存在犯罪风险时立即接受相关干预和服务（Foote，1997）。

（5）识别和控制最危险的罪犯。在所有暴力犯罪人当中，存在一个人数比例相对较少的经常犯或惯犯群体，他们犯下了严重的罪行，并且任何形式的干预、以社区为基础的治疗以及青少年司法制度提供的康复服务均对他们不起作用。这些罪犯给社会安全造成了严重威胁，因此他们应当被安置在安全机构或培训学校中。最具暴力性和持续性的罪犯应被当作刑事司法系统中的成年人来接受审判。然而，对他们的康复干预工作不应停止，安全机构中应当设立对应的矫治项目，用来帮助具有暴力倾向并持续违法犯罪的青少年罪犯，降低他们再犯的风险（Foote，1997）。

表 3.3 协调的司法模式中的角色

责任——当犯罪发生时，责任即发生了。司法系统要求罪犯通过积极的努力以弥补受害者的损失。		
青少年司法系统的角色	罪犯的角色	社区的角色
主导青少年司法资源，以保证罪犯偿还受害者的损失并完成其他相关的恢复工作。	积极采取措施弥补受害者的损失，同时积极参与共情训练以增强对受害者的同情。	通过为罪犯提供有报酬的工作、发展社区服务工作项目、开展安全意识教育来辅助司法程序。
预期成果：恢复性司法的实践变得高效、公正和有意义；对受害者需求及时作出反应。	预期成果：理解犯罪行为的后果；共情能力提高；感受到司法程序的公正。	预期成果：更多地参与和支持青少年司法系统；确保受害者获得优先权。
能力发展——罪犯在接受青少年司法系统采取的相应措施后，变得有能力并且富有成效地参与到社会活动中。		
青少年司法系统的角色	罪犯的角色	社区的角色
评估青少年的个人特长和兴趣，并利用社区资源发展这些特长和兴趣。帮助青少年参与到这些活动中，并为青少年能够成功完成任务提供必要的支持。通过与雇主、教育工作者和其他社区机构人员建立积极的合作伙伴关系来降低再犯可能性。	在培养生活技能的同时，积极参与对社区起积极作用的活动；持续提高受教育水平，同时使用已有的技能帮助他人。	成为青少年司法系统的搭档。给青少年提供为社区作出贡献的机会，并帮助青少年学习积极正确的公民价值观和其他价值观。
预期成果：为青少年提供更多发展能力的机会；青少年司法程序的形象得到完善、实践能力得到提高。	预期成果：罪犯从事生产活动的能力和自尊感增强；与优秀的成年人榜样进行接触和互动；青少年的公众形象得到改善。	预期成果：社区的参与度提高，积极负责青少年犯罪问题的干预；使社区居民对青少年罪犯形成新的态度；积极完成由社区负责的工作；社区公众生活质量提高。

社区保护——公众有权拥有一个安全的社区，青少年司法应制定一个先进的反应系统以确保罪犯在社区中得到监控，同时应探索新方法来确保公众的安全，并对公众关注的问题作出回应。

青少年司法系统的角色	罪犯的角色	社区的角色
确保有工作人员和社区监护人对罪犯进行监督，并且确保罪犯的时间用在生产性的活动中；探索一系列有效的监督限制措施、替代性惩罚措施以及罪犯进步时的奖励措施。	有能力参与到修复性工作中；避免可能会导致进一步犯罪的情境。	为青少年司法系统提供关于公众安全问题的意见和建议；对罪犯的监控和罪犯的重返社会承担重要责任。
预期成果：公众对社区监督的支持不断增强。	预期成果：在监督期间没有犯罪；在监督结束后再犯罪率降低。	预期成果：社区居民的安全感增强；青少年社区监督机制更加完善。

来源：Office of Juvenile Justice and Delinquency Prevention, *Balanced and Restorative Justice：Program Summary*. Washington，DC：Author，1996.

表 3. 4 恢复性司法的考虑因素

受害者是否参加过司法程序？	受害者是否有足够的机会向别人讲述事实？ 受害者是否获得了相应的赔偿或恢复原状？ 司法程序中存在的不公正是否得到了承认？ 受害者是否能有效保护自己在未来不受犯罪的伤害？ 司法处理的结果是否能够充分反映所犯罪行的严重性？ 受害者是否获取了充足的关于犯罪、罪犯和法律程序方面的信息？ 受害者在司法程序的各阶段是否有发言权？ 司法程序是否公开？ 受害者是否从他人那里获得了足够的支持？ 受害者的家庭是否获得了足够的帮助和支持？ 受害者的物质需求、心理需求和精神需求等其他需求是否得到解决？
罪犯是否参加过司法程序？	罪犯是否被鼓励去理解他们的行为造成的后果，并为他们的所作所为承担责任？ 罪犯是否存在归因错误？ 罪犯是否被鼓励并有机会去做正确的事？ 罪犯是否被鼓励去改变他们的行为？ 是否有一个机制来监督或监测罪犯的变化？ 罪犯的需求是否得到解决？ 罪犯的家庭是否获得了足够的帮助和支持？
受害者与罪犯的关系是否得到了妥善解决？	在合适的情况下，受害者与罪犯是否有机会见面？ 受害者和罪犯是否有机会交换彼此的和其他人的信息？
社区所关注的问题是否被纳入考虑范围？	司法程序和结果是否充分公开？ 社区保护问题是否得到解决？ 是否需要恢复社区原状或采取一些象征性的行为？ 在法律程序中，社区是否通过某些方式被代表？
关于未来的问题是否得到解决？	是否有相关规定来解决导致这次事件出现的原因？ 是否有相关规定来解决由这次事件而引发的问题？ 关于未来规划的问题是否得到解决？ 是否有涉及罪犯监督、结果监测和问题解决的相关规定？

来源：Office of Juvenile Justice and Delinquency Prevention, *Balanced and Restorative Justice：Program Summary*, Washington，DC：Author，1996.

五、结论

总而言之，青少年犯罪形势和青少年司法程序为我们揭示了一幅相当严峻的画面。我们希望联邦政府的青少年保护计划和恢复性司法模式能够有效保护公众不受青少年罪犯的暴力伤害，同时也能满足青少年罪犯的需要。这些青少年罪犯因为自身的错误或家庭、社会机构方面的原因而没有受到关注与保护，并因此毁掉了自己的生活。目前已经出现了许多与这一全面计划的目标相一致的创新性的努力和尝试，并且它们中的许多都来自于"草根"。

例如，哥伦比亚特区的两名律师负责管理一所被称为"着眼未来"的替代性高中，这所高中由企业和当地慈善机构以及哥伦比亚特区特许学校（即学校由当地政府认可并资助）的税金所资助。这所学校实行全日制，学生与教师人数之比为5:1，并且只对那些由哥伦比亚特区法院管辖的有违法记录的年轻人开放。这些学生中，有一半曾被控擅自使用车辆、斗殴或盗窃等罪名，30%的人参与了持械抢劫等更严重的犯罪。学校规定学生必须参与每天上午9点到晚上8点钟的活动，但许多学生会一直待到晚上11点，与那些担任他们导师的社区志愿者一起工作。他们每天吃两顿饭，由负责餐饮的学生在一间自助厨房里做饭。这个自助厨房也是由学生自己进行管理，除了供应学校的学生，也接待顾客。通过资格认证的教师负责讲授哥伦比亚特区政府明确要求的学业课程，当地社区成员负责讲授法律、美术、音乐和公开演讲等选修课程。所有学生每年必须花费一部分时间进行实习，并且每周可获得130美元的报酬。这些钱被打入个人账户，这些账户由学生在当地投资专家的帮助下进行管理。学校将教育、职业和社会技能培训进行了有效的结合，但同时这所学校的管理者已经认识到，这样的服务不可能涵盖哥伦比亚特区的每一个青少年罪犯。另外，学校对学生的行为表现、学业成绩和服饰有严格的规定。一些学生很早就离开了这里，而那些不遵守规则的学生也会被开除。当地的一名负责青少年犯罪的法官表示，哥伦比亚特区青少年的"着眼未来"项目是唯一一个他有信心的项目。学校中一名16岁的女学生这样说："这些措施虽然对我们来说是一种限制，但没有这些措施我们则可能会迷失。今天，我可能做得并不好，但我们在未来能够做好。我知道我有能力做什么（Slevin，1998，p. B8）。"

53 另一个全国范围内的针对青少年罪犯的创新项目被称为"美国承诺—青少年同盟"。这一项目由退休的科林·鲍威尔（Colin Powell）将军主持。作为一个平台，它有针对性地为高危儿童提供了成为合格的公民所必需的五种基本资源：①与一名有同情心的成年人建立长久的联系；②有一个安全的地方可以居住；③有一个良好的生活开端；④能够提供符合市场需要的技能的教育；⑤回归社区的机会。该组织以培养学生的社区意识和家庭意识为目的。该项目在哥伦比亚特区内城的一所曾经有过非洲裔和西班牙裔学生关系紧张历史的中学进行项目试点（Gaines，1998）。

遗憾的是，关于这些项目在减少犯罪方面的有效性的证据仅仅是传闻。然而，这并不能抹杀它们的积极作用，至少这些项目让学生待在学校中，并引导他们远离周围环境中那些容易导致犯罪的不良影响因素。

六、总结

美国的青少年司法制度是20世纪的产物。在1899年以前，触犯刑法的儿童被当作成年人接受审判。社会改革家着手帮助儿童进行康复，并致力于改善包括童年期虐待和忽视在内的导致青少年犯罪的环境。青少年罪犯的法庭程序与成年人罪犯的法庭程序不同。传统上，青少年司法制度强调拯救迷失的生命，但遗憾的是，今天越来越多实施了暴力犯罪的青少年被当作成年人接受审判。相关研究表明，将青少年罪犯看作成年人进行审判的做法会增加再犯率。

依据已有的关于青少年认知过程的相关研究，我们可以得出这样的结论：绝大多数青少年没有能力接受审判。这意味着他们在认知上不能够理解犯罪指控的本质，也不能够协助他们的律师进行辩护。研究表明，在青少年法庭上的绝大多数年龄不足 15 岁的青少年都不具有参与这些程序的能力。

在 20 世纪 90 年代，一种被称为恢复性司法的青少年司法模式获得了一些青少年司法改革者和政策制定者的关注。恢复性司法的本质是关注罪犯自身的康复、受害人的赔偿以及罪犯重新回归社区。恢复性司法融合了报复性司法方式（关注报复、威慑和惩罚）和康复性司法方式（关注为罪犯提供有限的服务）的组成要素。恢复性司法强调的既不是纯粹的惩罚，也不是过分的宽松，有时被称为协调性司法，它为原有青少年司法制度提供了一种合理的替代方法。众所周知，青少年司法制度只有经历根本性变革才能接受 21 世纪新的挑战。

关键术语

国家亲权　身份犯罪　恢复性司法

复习问题

1. 美国青少年司法制度是如何从 1899 年发展到今天的？
2. 青少年和成年人刑事司法制度有哪些不同？
3. 什么是将青少年当作成年人接受审判的程序？
4. 有哪些证据表明，绝大部分 15 岁以下的青少年没有能力接受审判？
5. 为什么恢复性司法模式被认为是一种协调性的青少年司法模式？

相关链接

犯罪行为网址：www. cassel2e. com.
青少年司法交流中心：www. fsu. edu/ ~ crimdo/jjclearinghouse/jj16. html.
青少年胜任审判政策简报：www. jcpr. org/policybriefs/vol5 __num1. html.
青少年犯罪诉讼程序中的精神健康问题：www. abanet. org/crimjust/juvjus/cjmental. html.
恢复性司法在线笔记本：www. ojp. usdoj. gov/nij/rest-just/.

第四章　犯罪的生物根源

体貌与犯罪　　　　　　　犯罪与大脑

进化与犯罪　　　　　　　激素与犯罪

基因与犯罪　　　　　　　酒精、毒品与犯罪

55　　　本章主要探索犯罪行为的人类生物学根源，特别是遗传自父母的基因、物种进化以及大脑。其中的一些理论观点一直备受争议。

一、体貌与犯罪

有法律就有犯罪。但是，直到 19 世纪才有了关于犯罪行为原因的实证研究。最早关于犯罪行为根源的研究主要集中于人类的生物特性。

研究大脑不同区域心理功能的第一人是德国神经解剖学家弗朗兹·约瑟夫·加尔（Franz Joseph Gall，1758～1828），他支持颅相学的观点。颅相学家认为通过检查人的头骨轮廓，可以找到与某些行为倾向和个性特征相关的发达脑区及不发达脑区（见图 4.1）。比较罪犯、精神病人与正常人的头骨后，加尔认为某些违规行为在大脑解剖异常的罪犯和"智力缺陷者"身上更常见。

意大利医生龙勃罗梭（Cesare Lombroso，1836～1909）认为，犯罪行为是天生的，既承袭了罪犯目无法纪的特质，也继承了早期原始人类外貌特征。罪犯具有不对称的头骨、大眼睛、厚嘴唇、大下巴、高颧骨和歪斜的眼睛（Savitz，1972）。值得注意的是，按照龙勃罗梭的估计，"天生犯罪人"仅占犯罪人总数的 1/3，其余罪犯的产生是环境作用的结果（详见第五章和第六章）。

威廉·H. 谢尔登（William H. Sheldon，1942）在研究人的个性、生理特征与犯罪行为的关系方面也做出过重大贡献。在收集了大量个体生理测量的指标后，Sheldon（1942）提出了三个基本的人类躯体类型：①内胚层体型或圆胖型（脂肪和柔软）；②外胚层体型或瘦长型（细长和瘦弱）；③中胚层体型或肌肉型（肌肉和健壮）。他认为，中胚层体型的人咄

56　咄逼人、冷酷无情。支持这种观点的数据显示，拖欠债务的男性更容易表现出中胚层体型的特征。之后的研究也证明了中胚层体型和违约或反社会行为之间的关系（Cortes & Gatti，1972；Glueck & Glueck，1950，1956）。另外，其他的研究也认为，成年犯和未成年犯的长相比没有犯罪的人更加"丑陋"或者缺少"吸引力"（Cavior & Howard，1978）。然而，由于研究方法的缺陷，以上研究并未真正探讨出犯罪行为与体型或外貌的关系。

当前，关于躯体特征与犯罪的研究主要集中在轻度身体异常方面，也称为 MPAs（Hal-

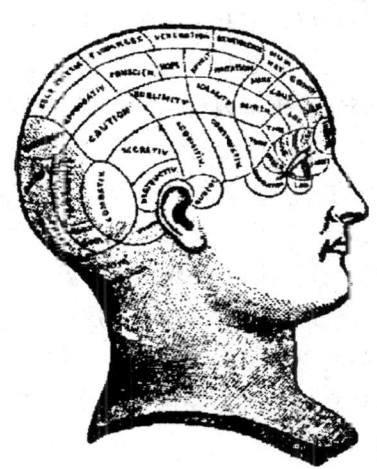

图4.1 颅相学分区图

D. A. Bernstein, A. Clarke-Stewart, E. J. Roy, and C. D. Wickens, *Psychology*. 4th ed., Boston: Houghton Mifflin, 1997.

verson & Victor, 1976; Paulhus & Martin, 1986)。研究发现，在那些表现出侵犯和冲动等危险因素的学龄期男童中，不对称的耳朵、弯曲的小指、间隔较宽的眼睛和蹼脚趾等生理异常特征更为普遍。然而，MPAs 与犯罪行为危险因素的相关性并非体现在基因上，更多的是由于儿童先天的产前神经系统发育异常，从而导致后天的社会化困难。常见的产前不良环境因素包括孕妇产前接触毒品、酒精和其他影响胎儿发育的致畸剂（见第七章）。

总之，当今科学界仍然没有把体貌特征（血缘关系的标志）列为犯罪行为的潜在影响因素。

二、进化与犯罪

从血缘的角度寻找更为合理的观点解释犯罪始于 19 世纪 70 年代的进化论，科学家达尔文（1809～1882）假设与犯罪行为相关的侵犯就像其他形式的侵犯一样是人类与生俱来的天性。

达尔文认为，在任何时间，从微生物到最大的哺乳类动物（包括人类），所有生命形体的变化都是多代际"自然选择"的过程，某一物种会出现自然选择是由于个体的体貌和行为发生了变异。个体遗传而来的特征帮助其躲避天敌、经受恶劣天气、寻觅食物和水以适应环境，从而适应能力最强的个体最有可能获得生存、交配和繁殖的机会，并将基因遗传给下一代。相反地，没有适应性基因的个体更容易消亡。

在探寻犯罪行为进化根源的过程中，部分心理学家提出这样的假设：人类继承了祖先攻击的行为倾向，这种倾向帮助人类在数千年间适应环境的改变（E. O. Wilson, 1975）。一些学者认为攻击行为仍适应于当前人类的生存，这也可以从侧面证明为什么犯罪行为的实施者往往是男性而非女性。持进化论观点的学者指出，纵观人类历史，男性在生存活动中比女性更加活跃，如寻找食物、争夺配偶、保护亲人和领地。与女性相比，男性更具侵略性，并保留适合攻击的躯体特性和荷尔蒙特性（包括强壮的上半身和更高的睾酮水平）。至今，这些与侵略行为相关的特性仍发挥作用，并在男性个体上得以保存，因此男性表现出更多的攻击行为并非偶然（Wright, 1995）。

那么暴力呢？强奸、谋杀、抢劫以及其他犯罪等蓄意暴力行为并非服务于进化。事实上，蓄意犯罪这种特殊的攻击行为反而不利于人类适应环境。进化理论认为，人际关系和群际暴力源于动物组织中（包括人类）的社会分层。例如，博物学家珍·古德（Jane Goodall，1991）发现，与人类共享95%遗传基因信息的黑猩猩有时杀死同类的原因并不是为了安全、食物或配偶，而仅仅是为了成为社会结构中的"上层"。也许人类暴力的进化起源也关乎社会地位与荣誉。正如塞缪尔·约翰逊所说（Wrangham & Peterson，1996），"没有两个人可以平等相处超过半小时，除非其中一个人取得明显的优势"。进化心理学家认为，生存动机会引起某些类型的犯罪，尤其是同一种族之内的谋杀（M. Daly & Wilson，1997）。

国家战争、种族冲突或宗教仇恨；内战、谋杀、强奸、领土被侵略的土著居民的攻击、家庭暴力、帮派战争；民兵发起的恐怖主义等都是引发群际暴力的因子。这其中包括为了获得更高的地位而控制、威慑对立方。时至今日，这种自古就有的倾向已然形成人类社会的地位分化。例如，胜利者的"富人"和被征服者的"穷人"成为文明社会难以被调和的两大阶层。在大规模杀伤性武器的时代，战争行为、群际暴力和人际暴力仍然存在。那些一直以来帮助人类获得生存的受基因影响的行为，最终却可能会导致人类的灭亡。

鉴于暴力行为不适应物种生存，人们不太可能找到传统进化理论对犯罪行为的完美解释。不过，今天人类的行为是源自于我们的基因，所以，基因遗传证据对于探寻犯罪的根源十分重要。

三、基因与犯罪

基因影响犯罪行为吗？如果影响，是如何影响的呢？又在多大程度上影响？这些都是当今心理学和犯罪学争论最激烈的问题。现在，人类基因组研究项目已经确定了人类20 000~25 000个DNA，研究者正努力寻找可能与身心健康疾病以及行为等各个方面相关的特定遗传因素，了解基因对以上各个方面（包括人类的侵犯行为）发挥的巨大作用，这需要研究基因遗传的生物机制。

（一）什么是基因以及基因有什么作用

如图4.2所示，人类基因由脱氧核糖核酸链（DNA）组成。DNA的核苷酸包括糖、磷酸盐和氮基地。DNA负责一系列复杂的生物命令，确保氨基酸在蛋白质的组合。这些蛋白质的结构形式和组成直接影响人类细胞。因此，DNA包含人体内每一个细胞遗传代码的开发功能。

每个基因都位于人类细胞的23对染色体的特定节点。每一条染色体上一半信息来自母亲，另一半来自父亲。但是，并非所有的基因都会影响到人类的行为或体貌。人类的行为或体貌特征如果是受隐性基因的影响，只有从父系和母系两方同时继承基因时才会显现；如果是受显性基因特征的影响，仅从父系或者母系一方继承就可以显现。例如，单个显性基因会导致严重的神经紊乱症——亨廷顿氏舞蹈病。

缺陷性基因会导致各种各样的障碍。例如，单个缺陷基因可能导致罕见疾病——苯丙酮尿症（简称PKU），主要是由于在食物中常见的苯丙氨酸代谢酶缺乏引起。如果苯丙酮尿症患儿食用含有苯丙氨酸的食物，将产生严重的生理和心理问题，但如果患儿食用无苯丙氨酸的饮食，他们将不会患病，也不会遗传苯丙酮尿症。

苯丙酮尿症说明了遗传学的基本原则，即基因本身通常不是"天生的命运"。更常见的是，基因作为风险因素，如果出现某些环境条件就会导致特定的障碍或行为。此外，大多

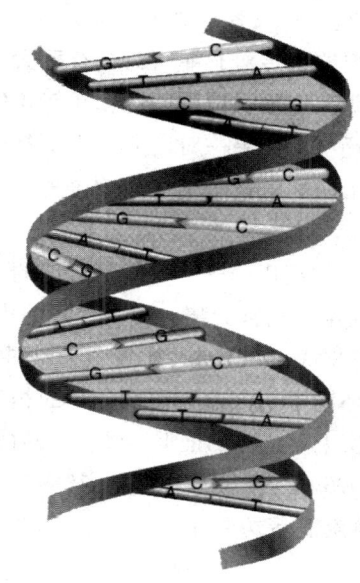

图 4.2 DNA 结构

M. T. Nietzel，M. Speltz，E. McCauley，& D. A. Bernstein，*Abnormal Psychology*，Boston：Allyn & Bacon，1998.

数特征和行为与多基因性相关，这意味着许多不同的基因共同影响个体的特征或行为。另外，基因对个体的影响也受到环境因素的制约。例如，研究人员已经确定的"乳腺癌基因"。一名女性可能会携带一个或多个乳腺癌基因，但患乳腺癌的可能性取决于许多其他遗传和环境因素，包括其母亲或姐妹罹患乳腺癌的年龄、种族背景、饮食和锻炼习惯、是否吸烟、是否使用口服避孕药以及是否接触某些毒素等。

（二）基因、犯罪和政治

1992 年，美国国立卫生研究院（the National Institutes of Health）曾资助马里兰大学（the University of Maryland）举办犯罪和基因关系的全国性研讨会。但由于遭到了强烈的抗议，导致会议被推迟到 1995 年举办，但是仍然遭遇了游行示威的反对。为什么探寻遗传与犯罪的关系会引发如此多的争议？其中一个原因是，抗议者认为这类研究具有支持高犯罪率和特定民族的基因有关的价值取向。他们还担心，强调犯罪行为的遗传因素将会忽视导致犯罪行为的社会和环境原因，抵御了通过改变环境因素来预防犯罪的可能。遗传学与人类行为的研究也让人联想到 20 世纪三四十年代的纳粹德国，当时希特勒通过宣传所谓的种族基因"劣等"假说来实行种族灭绝。

但这些批评是没有根据的。首先，负责任的科学家不会断言某个特定的基因会导致犯罪行为。他们认识到，基因本身并不能导致个体的暴力行为，任何基因组也不能导致个体变得聪明（Petrill et al.，1998）。事实上，用基因识别暴力或犯罪的方法是不存在的。既然是这样的话，为什么还要探讨犯罪的基因根源呢？因为大量研究表明，遗传与犯罪行为之间存在一定的间接联系。

（三）研究方法：基因对行为的影响

目前，部分研究已经涉及家庭研究，主要关注亲近的家庭成员之间（如兄弟姐妹或表、堂兄弟姐妹）在犯罪行为上是否具有一致性（或相似外貌）的趋向。由于具有完全相同的基因，同卵双生子在该类研究中尤其受到重视。双生子研究基于以下逻辑：相对于异卵双生子（具有约50%的相同基因）或者其他兄弟姐妹而言，同卵双生子都出现犯罪行为的频率会更高，这也就说明基因的遗传对犯罪行为具有巨大的影响。虽然双生子通常在相同的环境中成长，但是双生子研究会面临以下问题：任何相似的犯罪倾向既有可能是由于基因，也有可能是由于相同的环境。如果一对同卵双生子都出现暴力行为，可能因为他们处于同一暴力群体或是由于一个"坏"的孪生子影响了另一个"好"的孪生子，使其出现了犯罪行为。

将基因的作用从环境影响中剥离出来——也就是所谓的"排除后天养育，看到先天本性"——的方法之一就是研究幼年早期被分离、在不同环境中成长的儿童。在这些研究中，将分离抚养的同卵双生子与以下儿童的特质进行比较：①共同抚养的同卵双生子；②分离抚养的异卵双生子。寻找在不同环境中长大的同卵双生子的相似特征可以为遗传影响这些特征提供强有力的证据支持。事实上，这样的证据已经在儿童的性格与个性（N. Brody & Ehrlichmann，1998；D. M. Buss，1995a，1995b；Loehlin，1989；Saudino，1998；Tellegen et al.，1988）以及精神分裂症等精神疾病等方面有了很大的进展（Gottesman，1991；Molden & Gottesman，1997）。

收养研究（Adoption studies）使用了相同的逻辑。在这一类研究中，研究人员研究被领养的儿童（双生子和相似的非双生子），如果这些儿童的特质更像他们的亲生父母，而非养父母，说明特质的形成受到基因的影响。研究显示，被收养的孩子往往有许多特征与亲生父母相似，这些特征主要包括精神分裂症、物质滥用和人格障碍（Weinberg，Scarr & Waldman，1992）。

家庭研究（family studies）寻找家庭成员与行为特征间的联系。例如，研究人员发现，如果父母一方或某一个兄弟姐妹酗酒或患有精神分裂症，会增加其他家庭成员患该类疾病的风险，但是这种风险比同卵双生子之间要小。以上研究表明，某种疾病出现与否除了环境因素外，先天基因的影响也不可忽略。

（四）犯罪的遗传学研究

"基因学派"关于犯罪行为的研究出现在19世纪末、20世纪初，主要研究犯罪行为在一个家庭中如何从上一代"遗传"到下一代。其中，对犯罪历史跨越了几代人的加里加克家族（Kallikaks）和朱克斯家族（Jukes）的研究最为著名（Dugdale，1910；Estabrook，1916）。

德国医生兰格是进行双生子与犯罪关系研究的第一人（1929）。他在对13对同卵双胞胎和17对异卵双胞胎进行的研究中发现，同卵双胞胎共享77%的犯罪行为模式，而异卵双胞胎仅有12%。尽管受到小样本量的限制，但在兰格撰写的《犯罪与命运》（Crime and Destiny）书中，他认为犯罪行为是由遗传基因先天注定的。A. M. 勒格拉斯发现同卵双胞胎共享100%的犯罪特质，但这项研究的样本仅限于5对双生子（A. M. Legras，1932）。之后，大量的双生子研究支持了这一观点。例如，卡尔·克里斯琴森（Karl Christiansen，1977）研究发现，71对同卵双生子拥有35%的相同的犯罪特质，而在120对异卵双生子中仅为15%。总之，通过13对双生子研究得出的结论，同卵双生子之间的犯罪行为一致率为51%，异卵双生子仅占到20%（Raine，1993）。以上数据与行为遗传学关于人格特质遗传性的研究结论相一致。

另一项研究发现，在280对双胞胎中有25%的相同犯罪特质（B. Coid，Lewis，& Reveley，1993）。但值得一提的是，犯罪行为与精神障碍显著相关，但并非由某个共同的犯罪基因所决定。事实上，这一结论与双生子和收养的研究结果一致——基因本身并不能直接导致犯罪，而是通过诱发某些危险致罪因素导致了犯罪行为。例如，双生子和收养研究认为遗传因素可能导致反社会人格障碍，而这是与犯罪行为密切相关的（详见第五章）。研究发现，亲生父母具有犯罪行为的领养儿童比亲生父母没有犯罪行为的领养儿童表现出更多的反社会行为。被收养者与其生父犯罪行为的相关性在惯犯中最为明显（Mednick，Gabrielli，& Hutchings，1987）。

61

遗传对于犯罪的影响很大程度上会受到环境的影响。领养儿童的研究对该方面进行了关注（Mednick，Gabrielli，et al.，1987），发现家庭教养方式、社区和同辈群体的状况会对儿童的反社会行为产生重要影响。也就是说，亲生父母有犯罪背景并且其养父母有犯罪行为的领养儿童本身犯罪风险特别高。此外，即使亲生父母犯罪，大多数领养儿童也并没有犯罪行为。即使同卵双生子中的某一个犯罪，另一个也不会必然犯罪。因此，遗传对犯罪行为的影响举足轻重，但是二者并非简单的直接因果关系。

（五）基因如何影响犯罪行为？

单一的基因不能直接导致暴力或犯罪行为，个体遗传而得到的一般特征反而更可能诱发犯罪。研究表明，这些一般特征包括：①中枢神经系统和自主神经系统（ANS）的唤醒系统；②智力和种族。我们简要地考虑每一个基因的潜在影响途径。

1. 唤醒系统

包括心率、血压、呼吸率、皮肤温度、皮肤电流反应（GSR）、汗腺分泌、排尿、脑电波活动、物理活化和肌肉紧张（Bell，Green，Fisher，& Baum，2001）。兴奋范围可以从极低到极高、从休眠到强烈的唤醒。

研究表明，某些个体神经系统往往先天处于极低的唤醒水平，从而导致这些人倾向于寻求刺激，对某些外部事件相对不敏感（Eysenck，1964；Stoff，Breiling，& Maser，1997）。例如，通过脑电波活动可以诊断出反社会人格障碍者（APD），反社会人格障碍者在目睹他人受到伤害或者自己伤害其他人时机体更不容易被唤醒（Damasio，2000；Raine，Lencz，Bihrle，LaCasse，& Colletti，2000）。由于机体的生理变化微小，所以惩罚或者伤痛对反社会人格障碍者的影响更小。汉斯艾森克（1964）认为，长期的低唤醒水平使犯罪心理变态者不畏惧惩罚，满足感延迟，或者缺乏忏悔感（详见第五章）。

关于唤醒水平的预测性研究于1990年开始展开，研究者对101名处于机体低唤醒水平的15岁英格兰男孩进行了追踪研究。十年之后的再次测量发现，与无犯罪经历者相比，这些人的心率和皮肤电水平较低。最近还发现，相比于其他病患，男性精神病患者皮肤电流反应稍弱（Blair，Jones，Clark，& Smith，1997）。另一项研究表明，新加坡监狱中的精神病患者罪犯对于惩罚的敏感性明显低于其他罪犯（Howard，Payamal，& Neo，1997）。监狱中的反社会人格障碍者（APD）皮肤电和心率也低于常人（Damasio，2000；Raine et al.，2000）。

2. 智力与种族

一种观点认为，犯罪行为受智力和种族的影响。20世纪初，威廉·黑利、奥古斯塔·布朗纳和亨利·戈达德（William Healey，Augusta Bronner & Henry Goddard）等人发现智力较低的儿童表现出更多的不良行为。当时人们普遍认为智力和犯罪行为遗传自相同的基因，低智商者多伴有犯罪行为。

虽然有些研究质疑智力是由单独的基因决定的（Slawson，1926），但是直到20世纪五六十年代，科学家们才开始认识到环境和教养方式对智力变异性的影响至少占到50%（Rosenthal & Jacobsen，1968）。其他的影响因子涉及社会、教育和经验等方面，这些方面贯穿着个体从婴儿到成年人的整个发展历程。因此，后来的研究发现了智力和犯罪行为之间的正相关（e. g.，Hirschi & Hindelang，1977；Lynam，Moffitt，& Stoughamer-Loeber，1993；Moffitt，Gabrielli，Mednick，& Schulsinger，1981；Yeudall，Fromm-Auch，& Davies，1982），从而得出了更合理的结论。例如，1985年詹姆斯·威尔逊和理查德·伯恩斯坦（James Wilson & Richard Herrnstein）出版的著作《犯罪和人性》提出了现在较为流行的观点，认为智力与犯罪行为是间接联系的，犯罪行为还受到其他因素的影响。威尔逊和伯恩斯坦认为低智商可能与犯罪行为有关，因为认知缺陷、社会排斥以及社交技能缺乏对学业有很大的影响（Denno，1985）。例如，一项来自瑞典的研究发现，儿童的言语发展滞后与成年后的犯罪密切相关（Stattin & Klackenberg-Larsson，1993）。认知缺陷和语言障碍可能会导致教育失败，从而引起个人和社会适应失调。为了获得补偿，一些青年人可能通过其他违法途径来得到群体或社会的认可。因此，一些低智商者犯罪可能不是由于本身智力低下，而是受社会和教育影响的后果。[1] 我们将会在本书第五、六章进一步讨论为什么某些学业成绩差的学生犯罪，而另一些却不会犯罪。

种族和犯罪行为之间存在什么关系？简而言之，尽管来自于某一种族的某些个体实施了更多的犯罪行为，但并没有证据表明两者之间存在直接或间接的联系。例如，最近的统计数据显示，黑种人扬言杀人并实施犯罪行为的概率比白种人高出7倍（联邦调查局，2004b）。然而，个体的差异并不代表某一种族，仅仅是反映了诸如社会阶层、家族历史以及社会条件等因素与不同的犯罪行为有关。此外，少数民族被逮捕和起诉的概率更高（联邦调查局，2004a），而这很可能夸大种族间的犯罪率差异。

（六）关于基因与犯罪关系的结论

正如我们前面提到的，迄今为止还没有任何一项研究发现特定的某种基因导致犯罪行为。即使有时候基因与犯罪行为表面上联系紧密，比如说某些体貌特征可能使人更容易犯罪，但实际上，基因与犯罪行为的关系是间接的（Rutter，1997）。我们必须谨记，基因与环境，先天与后天，总是相互作用，并不能离开某一方而单独起作用（McGuffin，Riley，& Plomin，2001）。因此，先天因素与后天因素共同影响犯罪。

四、犯罪与大脑

在1931年的一部电影中，一位科学家助理为了创造一个新物种而闯入医学院去偷窃一个"完美"大脑。但是助理错偷了暴力犯罪者的大脑，并把它交给了老板。因此，弗兰肯斯坦博士无意中创造了一个无法控制的怪物。

---

〔1〕 基因与犯罪行为也可能是间接影响关系。由于基因的作用，导致神经缺陷，引起语言障碍和注意缺陷多动障碍（ADHD），从而出现诸如注意力不集中、易冲动，品行障碍，社会适应不良等（Moffitt & Lynam，1994；Rutter，1997；详见第七章）。

（一）大脑的结构和功能

已有研究表明，特定的犯罪基因是不存在的。那么是否会有犯罪的大脑？如果存在犯罪大脑的话，它是什么样的？又如何运作？以前关于脑与犯罪的研究认为犯罪行为的根源是脑，只把脑当作是神经系统的一小部分，仅仅考虑了脑的基本结构和正常功能。实际上大脑和脊髓是中枢神经系统的构成部分，如图4.3。神经系统的其他组成部分是周围神经系统，包括控制肌肉的躯体神经系统与影响动机、情感以及其他生理反应的自主神经系统（ANS），自主神经系统调节心血管系统，提高和降低体温，并将信号发送给身体的其他器官，它包括交感神经和副交感神经。一般来说，当个体需要被唤醒或者受到威胁时，交感神经系统动员机体器官的潜力以适应环境的变化——例如唤醒躯体机能、刺激心跳和增加血压。副交感神经系统通过减缓心率、降低血压来抑制机体兴奋，保存机体的能量。所有神经系统将机体外部的信息传递给大脑，并将大脑的指令发送到肌肉和器官。

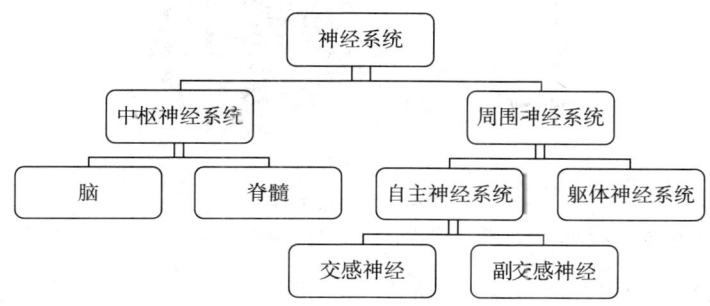

图4.3 神经系统的组成

M. T. Nietzel, M. Speltz, E. McCauley, & D. A. Bernstein, *Abnormal Psychology*, Boston：Allyn & Bacon, 1998.

脑包含三个主要部分：后脑、中脑、前脑（见图4.4）。后脑是维持生命活动所必需的，主要包括调节呼吸、吞咽、心率、血压的髓质和控制唤起、注意、睡眠以及觉醒的网状结构。小脑也是后脑的一部分，负责保持平衡，控制身体姿势和运动，比如，穿针等肢体动作就是由小脑控制完成的。后脑损伤会导致昏迷或死亡。

中脑协调头部和眼球运动，控制身体和四肢的运动，并参与视觉、听觉、触觉等基本反应，调节对刺激的反应。

前脑是大脑最大的部分，它具备从感官输入到进行抽象思维等各种功能，丘脑、下丘脑和端脑是前脑的关键组成部分。丘脑被称为伟大的中继站，它接收并分析除嗅觉以外所有感觉信息，并将其发送给更高级别的大脑进行进一步的解释和回应。下丘脑位于丘脑下方，调节饥饿、口渴、性欲和其他动机，是边缘系统以及前脑的一部分，包括海马和杏仁核，在记忆（海马）和情感（杏仁核）方面扮演了一个重要的角色。下丘脑与自主神经系统起到重要的连接作用，负责接收内部器官的功能信息，调节器官活动。其中最重要的功能之一是评估体内各种激素的水平，将这些信息传递给脑下垂体，进而指导其他腺体内分泌系统的功能。由于内分泌系统参与调节应对压力事件的过程，科学家正在探索下丘脑可能会影响人们在应对压力时是否会使用暴力。

大脑的外表面，称为大脑皮层，大脑控制着最高的思维、计划和决策功能。大脑分为左右两半球。由于感觉神经和运动神经交叉连接大脑和脊髓、机体的其他部位，因此左脑接收机体右侧的信息，控制机体右侧的功能，而右半球接收左侧信息，控制左侧功能。大

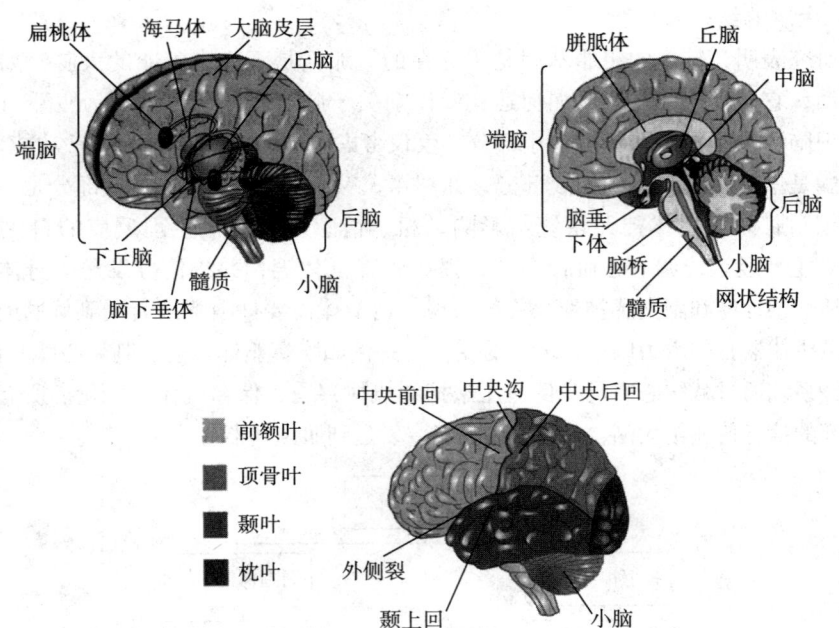

图4.4 人类的脑

M. T. Nietzel, M. Speltz, E. McCauley, & D. A. Bernstein, *Abnormal Psychology*, Boston: Allyn & Bacon, 1998.

脑的两半球通过数以百万计的神经纤维进行沟通和联结，这些神经纤维被称为胼胝体。

　　大脑皮层分为四个特殊的部分或叶。例如，额叶负责控制机体运动、思维、推理和决策，顶叶处理触觉和体温，颞叶负责听觉信息，枕叶加工视觉信息。

　　虽然大脑的两个半球看起来几乎完全一样，但是却执行不同的功能。一般而言，左半球主要负责逻辑和语言能力，而右半球则是更多地负责空间、艺术和音乐等功能。除此之外，右脑也负责情绪的表达（Vingerhoets, Berckmoes & Stroobant, 2003）。左右半球参与不同功能的确切性质和程度有个体差异，因此不能简单地说，人类的行为是由右脑支配还是左脑支配的，就如同人是需要左手还是右手。

　　（二）神经心理障碍

20世纪70年代早期，心理学开始探讨脑与侵略、暴力的关系。一项关于500多名青少年惯犯的研究报告显示，犯罪行为与神经心理障碍的高发病率有关，发病区域主要在脑的额叶和颞叶。与守法者相比，行为过失者的理解、操作和利用抽象概念能力缺乏，处理顺序任务的表现欠佳，加工视觉信息的能力受损，不能持续完成集中性任务（Yeudall et al., 1982）。这样的神经功能缺陷可能是由于疤痕组织，或者病变造成的癫痫，或者脑震荡以及其他头部创伤导致的（Fishbein, 1990; Raine, 1993; Yeudall et al., 1982）。额叶皮质受损可能导致个体对某一行为造成的恶劣结果表现出低敏感、低唤醒水平（Damasio, 2000; Raine et al., 2000）。研究发现，相当数量被判处死刑的罪犯曾在幼年期遭受过头部创伤（D. Lewis, Pinus, Feldan, Jackson, & Bard, 1986）。

　　其他研究也发现，大脑半球偏侧优势明显的罪犯多伴有反常现象。例如，右侧颞叶通常比左侧更多地参与到个体应对恐惧的反应。然而，也有证据表明，重复性暴力罪犯通常并不具备右半球优势，因此致使暴力罪犯较少体验到焦虑和恐惧等负面情绪，进而更容易接受犯罪行为（B. E. Wexler，1980；Yeudall et al.，1982）。结果可想而知，这些人不会在乎从事犯罪行为而导致的制裁或惩罚（Raine, Buchsbaum, & LaCasse, 1997）。

研究人员跟踪环境因素对产前婴儿大脑发育的影响——如孕妇压力、营养习惯、毒品、酒精和毒素等。这些环境因素损害犯罪人正常的大脑神经发育系统，从而影响与之相关的气质和情绪（Kinsley & Svare，1987）。有几项研究已经发现，如果孕妇从老旧的房屋中摄入铅、油漆、汽油，吸入烟雾，怀孕期间饮酒或使用其他药物，孩子更可能具有暴力倾向。

（三）功能性畸形

通过脑电图（EEG）、计算机 X 射线轴向分层造影扫描（CAT）、正电子发射型计算机断层摄影扫描（PET）、核磁共振成像（fMRI）、单光子发射计算机断层扫描（SPECT）和其他高科技成像方法，神经科学家已经能够获得精确的大脑结构和活动图片，他们也试图探索大脑结构和功能异常与犯罪行为之间的关系。

脑电图的研究表明，与其他人相比，许多罪犯具有：①更多的异常脑电波；②低水平的高频脑电波和高水平的低频脑电波——θ 波（Hare & McPherson，1984b；Meloy，1992）。事实上，这种类型的脑电波无论在儿童还是成年人身上都是常见的，但也与幼稚行为、发脾气、敌意和好斗密切相关（Mednick, Vclavka & Itil, 1981）。丹麦科学家记录了 265 名 11～13 岁儿童的脑电波模式。7 年后，这些儿童被分为非犯罪者、一次性罪犯、惯犯。惯犯组更多地呈现脑电波频率过慢的特征（Mednick et al.，1981）。有研究表明，25%～50% 的罪犯表现出脑电图异常，而普通人群只有 5%～20%（Mednick, Pollock, Volavka, & Gabrielli, 1982；Meloy, 1992；Pillmann et al.，1999）。

（四）神经递质系统

人类所有的活动，从走路到思考，都取决于大脑神经细胞或神经元之间的沟通是否顺畅、有组织。研究人员调查发现，暴力、侵犯和犯罪行为有可能是由于神经回路沟通模式出现了错误。

神经元通信时发生电化学反应，因此，释放的神经递质影响附近的神经元。神经元由细胞体、轴突、树突构成。如图 4.5 所示，神经递质通常从最后一个神经元的轴突释放，向神经元之间突触移动，流向下一个神经元的树突，刺激神经递质的受体，从而向胞体发出一个信号，激活神经元，然后影响其他神经元。神经元释放的神经递质是重复吸收的，这一过程被称为再吸收，或者被一种酶分解。

脑细胞通过单胺（包括血清素、多巴胺和去甲肾上腺素）进行信息沟通，参与调节情绪、冲动、攻击性、兴奋和抵御风险（见表4.1）。单胺浓度过低、受体过敏或者敏感、代谢神经递质的单胺氧化酶（MAO）过度活跃都与暴力和冲动犯罪有关（Blackburn，1993；Ellis，1995；W. Gallagher，1994；Kruesi et al.，1992；Lahey, McBurnett, Loeber, & Hart，1995；Stalenheim, Knorring, & Oreland, 1997；Alm, Klinteberg, Humble, & Leppert，1996；Stalenheim et al.，1997）。例如，研究发现，成年的精神病态罪犯和未成年犯的单胺水平低。此外，纵火犯和暴力男性罪犯血清素水平低（Virkkunen, Eggert, Rawlings, & Linnoila, 1996）。出于愤怒情绪而杀人或企图杀人的酗酒暴力罪犯群体血清素水平也很低（Linnoila et al.，1983）。其他的动物和人类研究也发现，侵犯和暴力与 5 - 羟色胺水平低而引起的消极情绪状态有密切关系（Eichelman, Ellis, & Barchas, 1981；Melloni, Delville, &

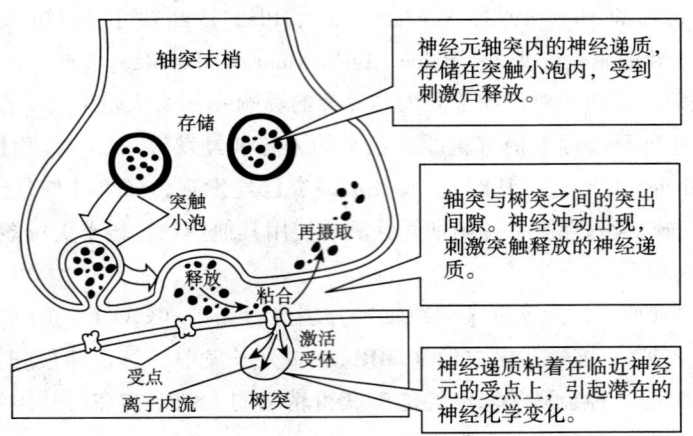

图 4.5 神经元

M. T. Nietzel, M. Speltz, E. McCauley, & D. A. Bernstein, *Abnormal Psychology*, Boston: Allyn & Bacon, 1998.

Ferris, 1995; Valzelli, 1981)。

表 4.1 神经递质系统活动特点

	高	低
多巴胺	运动神经活动增多	运动神经活动减少
	外向性	内向性
	动机充足	动机不足
去甲肾上腺素	浓度充足、集中	不集中
	高焦虑	低焦虑
	抑制	兴奋
5－羟色胺	控制神经冲动	神经冲动失控
	低攻击性	高攻击性
	积极心态	消极心态

　　虽然生物特征源于天性，但是与犯罪行为紧密联系的神经递质系统也受到环境因素的极大影响。研究发现，幼猴的5－羟色胺水平可能源于早年的生活经历。索米斯等人认为与成年母猴和猴群隔离抚养的幼猴5－羟色胺水平较低。此外，被隔离抚养的猴子不善于与其他同类交流，更具攻击性，有酗酒倾向（Suomi, Higley, & Linnoila, 1997）。费理斯等人在研究具有高度领地意识的仓鼠时发现，每周有一天把小仓鼠放置到成年仓鼠的笼子里，成年仓鼠会不断威胁、咬伤入侵者。当小仓鼠成年后，不仅对领土入侵者表现出高攻击性，而且发现其大脑的5－羟色胺系统不平衡。由此可见，5－羟色胺系统降低了动物应对威胁的反应阈值。也就是说，早期的经历可以改变脑部神经生化水平，进而影响行为（Delville, DeVries, Schwartz, & Ferris, 1998; Ferris & Grisso, 1998）。

　　进一步研究生物和环境因素的相互作用发现，研究反社会和暴力行为可以更好地了解环境对大脑的影响，反之亦然。

（五）结构异常

有证据表明，犯罪行为可能与大脑的生理结构异常有关。有不良行为的儿童可以通过脑电图或计算机 X 射线轴向分层造影扫描诊断出结构异常，这些异常妨碍机体正常功能，损坏视力和听力。结构异常可能是遗传的，也可能源于分娩时的并发症，或者产前、围产期以及儿童早期的脑损伤（Moffitt，1993）。脑结构异常的儿童由于归因、解决问题等认知能力缺损，在学校不能获得学业上的成就感，从而使他们更容易犯罪（Seguin，Pihl，Harc-en，Tremblay，& Boulerice，1995）。研究发现，相当数量的死刑囚犯曾在儿童期遭受过头部创伤（D. Lewis et al.，1986）。

肿瘤也与暴力犯罪有明显的相关性。曾有一位没有暴力史的 65 岁男子由于妻子抓破自己的脸而扼杀妻子，随后他被逮捕。经过生理检查发现，该男子的左额叶有肿瘤病变，从而损坏了机体唤醒和抑制攻击行为的能力（Paradis，Horn，Lazar，& Schwartz，1994）。

（六）营养

1979 年，丹·怀特（Dan White）杀死了旧金山市长乔治·莫斯科尼（George Moscone）和市议会议员哈维·米尔克（Harvey Milk）。怀特被控告一级谋杀，但是陪审团改判为罪名较轻的蓄意误杀罪。众所周知的裁决反映了甜点抗辩（Twinkie Defense）的影响。怀特的辩护律师声称怀特没有明显的犯罪意图（预谋），据称，怀特食用垃圾食品上瘾，导致大脑生化系统失衡，妨碍了思维过程（Sagon，2005；怀特仅获刑 5 年，无罪释放后自杀）。

甜点抗辩的成功是司法史上的"越轨"，但是将侵犯和暴力归咎于饮食是有依据的。青少年拘留所的饮食是否富含糖分和碳水化合物与罪犯的攻击性息息相关，研究者声称，当青少年罪犯早餐用果汁和高糖麦片代替甜品饮料时，攻击频率、斗殴以及其他违反规定的行为显著减少（Schoenthaler，1982）。

人们普遍认为，维生素和矿物质是维持身体机能的必需品。当维生素和矿物质不能满足机体的最低水平时，机体就会出现生理、心理和行为问题。例如，缺乏维生素 B3、B6 和维生素 C 可能出现侵占和暴力行为（Hippchen，1978）。牛奶、小麦、玉米、巧克力、柑橘和蛋类等食物对有些人来说是过敏原，可以引起严重的中枢神经系统不良，包括抑郁、情绪爆发、侵占和暴力等（P. Marshall，1993；Schauss & Simonsen，1979；Wunderlich，1978）。一些研究者也在寻找婴儿口腔生理异常（如腭裂）的原因，这种异常导致喂养儿童困难，引起营养不足，进而导致成年后的攻击行为（Arseneault et al.，2000）。

然而，使用饮食和犯罪行为的数据必须谨慎。相关研究显示，饮食、新陈代谢与反社会行为之间关系密切（Ferguson，Stoddarat，& Simeon，1986；Gray，1986）。但不可否认的是，大多数有饮食不良等问题的人并没有攻击或者暴力行为，攻击者可能更多的是受到了其他因素的影响。

五、激素与犯罪

内分泌系统是由腺体组成的，如同神经系统中的神经元，通过分泌化学物质互相沟通。不同的是，大脑的神经元释放的化学物质进入神经细胞之间的突触，内分泌腺体分泌的激素进入血液，经由血液传送到整个身体的多种靶器官。

下丘脑影响脑下垂体，进而控制其他所有内分泌腺。这些腺体包括：①甲状腺：负责调节新陈代谢；②性腺体（卵巢和睾丸）：影响身体发育、男性和女性生殖器官成熟以及生行为；③胰腺：控制胰岛素和葡萄糖水平，调节血糖代谢；④肾上腺：促进机体兴奋或者逃避威胁。

激素与犯罪行为有关吗？答案是肯定的。在攻击行为和性动机犯罪中，肾上腺分泌的荷尔蒙、性腺和胰腺与犯罪行为有间接关系。要明确其中的关系，首先需要了解机体应对压力时的生理反应。

当环境因素对人构成威胁时，比如面对陌生人、至关重要的面试或者重大考试等，下丘脑都会处于警觉状态。警报会激活交感神经系统，刺激肾上腺的内在部分，使肾上腺分泌肾上腺素和去甲肾上腺素，进而激活肝脏、肾脏、肺、心脏和其他器官准备应对威胁，从而增加血压、血糖，紧张肌肉，扩张瞳孔，出现"战斗或逃跑"的反应综合征。处于反应综合征的个体表现出心跳剧烈，手心出汗，颤抖，并伴随负面情绪，如恐惧、焦虑、恐慌等。

同时，下丘脑向脑下垂体发出分泌促肾上腺皮质激素（ACTH）的化学信号，ACTH模拟肾上腺的外层，分泌糖皮质激素（也称为应激激素）。这些激素刺激机体释放储存能量，从而提供体力消耗所需的额外能量，来应对迫在眉睫的威胁。

长期以来，人们一直怀疑男性睾丸酯酮激素与侵犯、暴力等行为有紧密联系（Dabbs, Carr, Frady, & Riad, 1995; Meloy, 1992），因为大约90%的成年暴力罪犯是男性（联邦调查局, 2004）。动物研究表明，雄性激素与攻击之间的关系和保卫领地、争夺配偶以及食物有关（Valzelli, 1981）。在人类研究方面，尽管并不是所有的研究都支持这一观点（Coe & Levine, 1983），但有研究表明，睾酮水平与攻击息息相关，尤其是在青春期和青年期（Archer, 1995; Olweus, 1988）。值得注意的是，这项研究并不能明确攻击和睾酮之间的关系。雄性激素的释放可能会引起攻击行为，也有可能是攻击行为本身刺激雄性激素的产生。

不过，人们曾通过阉割睾丸以减少睾丸激素来控制某些罪犯的攻击行为（Bremer, 1959; H. Campbell, 1967）。服用抗雄性激素药物或雌性激素（如雌激素）也可以减少侵犯行为（Chatz, 1972; Laschet, 1972; Meloy, 1992）。但以上研究的科学性不足，因为男性荷尔蒙和犯罪行为之间的因果关系尚未确定，即使存在一定关系，也可能是间接的。例如，睾酮对血清素代谢的影响，正如我们前面提到的，低水平的血清素与侵犯、暴力行为有关（Lahey et al., 1995）。

在女性罪犯身上也发现了激素和攻击行为之间的联系，女因的攻击行为多出现在经前阶段（Ginsburg & Carter, 1987）。然而，其研究方法遭到了质疑（Harry & Balcer, 1987）。与男性荷尔蒙研究一样，目前尚不清楚是女性荷尔蒙水平变化引发暴力或攻击性行为，还是攻击行为引发荷尔蒙水平变化（Horney, 1978）。

有趣的是，研究并未发现性激素和性犯罪之间存在明显的联系（如强奸和恋童癖）。研究发现，性犯罪者睾酮素水平有高有低。事实上，没有任何证据证明性激素能够引起犯罪行为。

暴力行为和胰脏分泌的胰岛素可能存在联系。胰岛素调节、代谢碳水化合物和糖，当胰岛素失衡时，血糖下降，引发低血糖。血糖过低的人多伴有头痛、烦躁、困惑、焦虑、偶有咄咄逼人等症状。有数项研究证明，在一般人群中，低血糖与反社会、暴力等行为密切相关（Benton, 1988）。另外，研究发现，暴力和冲动性罪犯多患有严重的低血糖（S. Cohen, 1980;

J. Coid，1979；Virkkunen & Narvanen，1987；Virkkunen et al.，1996）。

六、酒精、毒品与犯罪

罗伯特·路易斯·史蒂文森（Robert Lewis Stevenson，1886～1991）的成名作《化身博士》（The Strange Case of Dr. Jekyll and Mr. Hyde）讲述了杰基尔医生和海德先生的离奇案件。杰基尔医生发明了一种神奇的化学药物，可以让自己摇身一变成为另外一个人——海德先生。海德可以将杰基尔长期压抑的攻击冲动和邪恶念头尽数付诸行动，同时又不会影响基尔"医师"的高尚形象。史蒂文森对这种特殊化学物质的评价在一定程度上描摹了药物、大脑与犯罪之间的关系：

> 药物本身不带有任何歧视色彩——它既不是恶魔，也不是天使，而是敲开了我们性情的监狱之门，就如同腓立比的俘虏，从监狱内跑了出来。美德打了个盹，我们的邪恶蠢蠢欲动，并迅速抓住"作恶"的机会，海德就出现了。

简而言之，药物只是释放了其内心的邪恶，但并没有创造出邪恶。同样，影响脑和心理活动的酒精以及其他精神药物也不会直接导致侵占、暴力或犯罪行为。其影响是间接的，导致脑产生变化——促使个体表现出冲动和暴力行为。

某些药物，特别是酒精，损害了个体应对侵占和暴力的自然反应，尤其是针对攻击性和暴力倾向的其他个体。对另一些人来说，摄入酒精或其他药物使他们表现得更加亲切，而非攻击性。换句话说，精神药物对行为的影响取决于生物化学的相互作用，包括神经系统和人体的化学环境及其文化背景、教育背景、压力、期望、动机和社会条件。

精神药物分为四类：镇静剂、迷幻剂/致幻剂、鸦片和兴奋剂。我们重点关注最常见的毒品与犯罪行为的关系——酒精、大麻、苯环己哌啶（PCP）、海洛因和可卡因。大多持有和出售毒品者、暴力型罪犯以及财产型罪犯大多患有精神障碍，并涉及药物滥用（过度吸毒）或药物依赖（药物成瘾）。

（一）酒精

美国公共卫生局关于药物滥用的调查显示，目前，全球 12 周岁以上的饮酒者大约有 1.09 亿人，约占 12 周岁以上总人数的 48.3%，其中，轻度酗酒者占 20%（每月至少 1 次在同一场合饮酒 5 杯或以上），重度酗酒者占 5.7%（每月至少 5 次在相似情况下饮酒 5 杯或以上；美国卫生和人类服务部，英文全称 United States Department of Health and Human Services，简称 USDHHS，2002）。

酒的盛行是由于酒精具有降低社会禁忌、提升社会接纳能力、促进社会交往、创造愉快的"能力"。去年，多达 87% 的高中生报告饮酒，青少年人群的饮酒比率以惊人的速度增加（国际预防酗酒和药物依赖委员会，英文全称 National Commission Against Drunk Driving，简称 NCADD，1999）。美国疾病控制中心的调查显示，大约 47% 的学生每个月都有饮酒经历（美国疾病控制中心，简称 CDC，2002）。

酒精可以造成诸多危险。首先，它是交通事故的最大致命因素（NCADD，1999），也是引起火灾、高空坠落和溺水死亡的高危因素之一。酒精也可能导致自杀，或者引起肝硬化等与酒精有关的疾病；酗酒者的平均寿命比非饮酒者至少短 10 年。由酒精导致的死亡人数可能超过癌症或心脏病。

此外，美国国家酒精滥用和酒精中毒研究所（NIAAA，1998）报道称，相比其他任何药物，酒精是与暴力和攻击性相关最密切的介质，近4成暴力犯罪（包括杀人、抢劫、强奸）涉及酒精（Greenfeld，1998）。1996年，关于州和联邦监狱罪犯的一项调查显示，超过40%的人被判谋杀或侵犯以及38%的抢劫或其他财产犯罪，是由于受到了酒精或者酒精和非法药物的混合使用的影响（Greenfeld，1998）。在这些犯罪中，酒精消费的平均数量近9盎司，约相当于18瓶啤酒或2夸脱葡萄酒。根据以上调查，多达一半的人（包括青少年在内）因犯罪被逮捕是受酒精的影响（Greenfeld，1998）。3/4的配偶以及2/3的未婚伴侣之间的暴力事件是在酒精作用下发生的。

青少年酗酒和犯罪的关系尤为紧密。酗酒不仅增加攻击倾向，而且使人更易冲动，尤其是在手上握有手枪的情况下（Cornell，1993）。瑞士的一项研究从同一地区抽取在年龄、婚姻状况和职业方面相匹配的18~78岁之间的男性精神病人与诊断为酒精依赖者各360人，比较发现酒精中毒患者的犯罪记录是精神病患者的近2倍（68% vs. 37%），并且发现酒精依赖者更倾向于暴力犯罪。于是有些研究者认为酗酒是犯罪行为的元凶之一（Modestin，Berger & Amman，1996）。

酒精对大脑的影响可以为酒精增加犯罪的缘由提供线索。酒精抑制了蓝斑核的活动，它是激活大脑皮层的神经核团。反过来，蓝斑核活动减少，往往会使抑制减退，造成思维、推理和记忆障碍（Bernstein，Penner，Clarke-Stewart，& Roy，2006）。因此，人们受酒精影响可能会说或做一些在清醒时不会说或做的事情。人类通常会抑制自身的攻击性、愤怒或者暴力倾向，但是酒精可能会促使个体放弃抑制，导致犯罪行为（Hallman，Persson，& af Klinteberg，2001；Ito，Miller，& Pollock，1996）。例如，在过去的十年里，酒精在近一半的空军学院学员性侵犯案件中发挥了作用（美国空军，2003）。少数人醉酒后表现出来的攻击性与敌意经常针对配偶或其他家庭成员（K. E. Leonard，1990）。

酒精影响行为和人格的程度取决于饮酒者的年龄、教育、饮酒方式和与之伴随的并发症。

（二）毒品

2001年，国家药物滥用研究所（National Institute on Drug Abuse，简称 NIDA）调查估计，在过去1个月的时间内，约有13 900 000名美国人使用了非法毒品。这个数字代表12岁以上的美国人中至少7.1%吸毒。与毒品相关的犯罪主要包含以下几个特点：①是指非法占有、制造或分发药物，如可卡因、海洛因、大麻、迷幻剂和安非他明，以及其他被列为潜在滥用药物的物质。②毒品能增加瘾君子的暴力倾向，同时也促使其参与其他与贩毒有关的非法活动。接下来，我们将会分析犯罪与毒品之间的关系。

大麻——大麻植物切碎的叶和茎，是美国最常用的非法毒品（国家药品情报中心，简称 NDIC，2001）。大约60%的吸毒者报告只曾吸食大麻，而另外20%报告吸食大麻及其他非法毒品（USDHHS，1997）。2001年，在过去1个月，估计12岁以上人口中有5.4%曾吸食大麻，高中毕业生吸食者占到22.4%（国家麻醉品控制政策办公室，Office of National Drug Control Policy，简称 ONDCP，2002）。其他群体的数据表明大麻吸食者（过去30天）为1100万，而去年大概有2000万（NDIC，2001；NIDA，2001）。

大麻对中枢神经系统具有镇静作用（Makcie & Hille，1992）。瘾君子报告吸食大麻几分钟后轻度兴奋，感到幸福和放松，可以持续 2～3 小时，高剂量大麻可以产生幻觉或其他精神病症状，导致短期记忆、反应时间和注意力受损（W. H. Wilson，Ellinwood，Mathew，& Johnson，1994）。大麻中毒常常造成机动车事故（Soderstrom，Dischinger，kern & Trifilli，1995）。

大麻并非成瘾性药物，但长时间频繁吸食导致行为依赖，包括专注于获取、吸食药物，采取冒险行为（如在酒精影响下驾驶），导致人际冲突，并违反法律。更有甚者，长期吸食大麻导致个体抑郁、冷漠，无法实现个人和职业目标（Cambor & Millman，1991；Millman & Sbriglio，1986；Musty & Kaback，1995）。

20 世纪 30 年代，大麻开始在美国流行。即使没有科学证据证明，大麻也是暴力犯罪的重要原因。目前，证明大麻与犯罪具有直接因果关系的证据还很少，但美国国家司法中心报告（美国国家司法中心，英文全称 National Center for Justice，1999）显示，1998 年美国被逮捕罪犯中近 39% 的成年男性、28% 的成年女性以及 28% 的青少年检测报告呈现大麻阳性。这些数字并不能证明大麻是犯罪行为的主要原因，因为许多被捕罪犯也使用其他非法毒品。然而，反对大麻合法化的问卷统计数据支持大麻是危险药物的观点。加拿大和美国的某些州"同意"持有和使用少量的大麻，医疗领域使用大麻被广泛接受，美国加利福尼亚州等 10 个州设立了大麻医用的法律，允许其药用用途。

大麻和犯罪之间的主要关系仅限于贩卖毒品，也许是因为大麻的使用广泛，因此大量的司法资源被用在了对走私大麻的指控起诉中（国家药品信息中心，简称 NDIC，2001）。

迷幻剂，也被称为迷幻药，包括麦角酸酰二乙氨（LSD）、三甲（源自于仙人掌植物）和裸盖菇素（蘑菇类）。据美国公共卫生服务局报告，美国大约有 1 000 000 人使用迷幻剂（NDIC，2001），约占总人口的 0.7%。其中，12～17 岁的人群约占 1.7%（USDHES 1996）。迷幻药可以导致严重的知觉扭曲，包括人格解体（感觉与身体分离）、偏执思维（坚信他人试图伤害你）、强烈的恐惧和强烈的情绪波动，这种影响在使用 1 个小时内就可以发作，并持续几个小时。

苯环己哌啶是与犯罪行为密切相关的一类迷幻剂（phencyclidine，简称 PCP），也称为"天使粉"。食用后产生的幻觉令人有超人般的力量和刀枪不入的感觉，有时甚至体验到精神错觉（如坚信你是另一个人）。苯环己哌啶的初始症状出现迅速，并且在血液中停留时间很长，继续使用会导致人格改变和混乱，影响可以持续数月之久。苯环己哌啶使用者会变得好斗、伤害或杀死自己及他人（Sacks，1990）。因此，苯环己哌啶是暴力犯、杀人犯惯用的毒品之一（美国物质滥用和精神健康服务管理局，简称 USDHHS，2000）。

阿片类药物——来自罂粟的种子，生长在亚洲和中东地区，曾被古希腊人和古罗马人用以减轻疼痛、促进睡眠。阿片类药物很容易成瘾，形成依赖后停止使用会导致痛苦，甚至危及生命。1914 年，美国哈里森抗麻醉品法案中首次宣布阿片类药物作为受控物质，只有在遵循医嘱作为止痛药、止咳药使用的情况下才是合法的。众所周知，在机体的受点部分，阿片类药物的受体与内源性麻醉剂——内啡肽结合而发挥作用。

海洛因是白色无味粉末，来源于吗啡。在美国，海洛因是最常用的非法阿片类药物（还包括其他阿片类药物，如吗啡、可待因、美沙酮）。海洛因吸食方式有烟吸、鼻吸等，寻找"飘飘欲仙的感觉"最快的方法是静脉注射（俗称"扎"），即采用毒品直接进入血液的"扎"的手段，以寻求一种短暂即逝的"快感"。强烈的快感过后机体会进入梦幻状态，昏昏欲睡持续6小时。调查显示，1999年美国有1 200 000~1 500 000名海洛因吸食者，比1992年增长了50%，其中还包括98 000名"铁杆瘾君子"（美国国家毒品情报中心，1999）。瘾君子的增加离不开毒品纯度的提高以及价格的降低（Nieves，2001）。青少年吸食者也在急剧增长，一项高三学生调查报告显示，在过去的30天里有2%的人曾吸食海洛因（美国国家毒品情报中心，1999）。在初次接触毒品的人群中，18岁以下的占25%，18~25岁的占47%（Nieves，2001）。近年来，尽管高纯度的海洛因吸引了不少富裕的欧美人（Wren，1999），但是吸食者仍以聚居在贫民区的少数民族为主。大多数犯罪与海洛因有关，比如，从盗窃和其他财产犯罪中筹集资金用于购买毒品（美国国家毒品情报中心，2001；Nieves，2001）。一般而言，瘾君子不会涉及强奸、重度攻击或其他暴力犯罪，但可能因为盗窃或抢劫未遂失手杀人。

兴奋剂——具有促进中枢神经系统兴奋的作用，包括安非他命、亚甲二氧基甲基苯丙胺（俗称摇头丸）以及可卡因。大多数兴奋剂通过促进使人愉悦的多巴胺释放而起作用。

甲基苯丙胺——点燃烟吸毒品，可以加工成令人上瘾的冰毒、晶体脱氧麻黄碱、玻璃冰等。烟吸或注射会产生短暂而强烈的高潮，而口服或鼻吸会产生一种持久的快感。除了成瘾，长期吸毒可能会导致抑郁、疲劳、偏执、幻听、情绪障碍以及错觉，所有症状在戒毒时更加突出，并可能导致攻击、愤怒、极端暴力和杀人（美国国家毒品情报中心，1988）。冰毒与暴力犯罪有直接联系，特别是家庭暴力、虐待儿童、故意伤害和谋杀罪（美国国家毒品情报中心，2001）。近年来，国家药物滥用家庭调查数据显示，在美国有940万人曾经食用过甲基苯丙胺。其中，年龄在28~34岁的终身吸食者占5.4%（美国物质滥用和精神健康服务管理局，2000）。

摇头丸——安非他命的合成品，最早出现在20世纪早期。作为一种兴奋剂，摇头丸能抑制食欲，增强自信、性欲、快感，同时还具有致幻效果。大约10%的中学生在过去的一年中曾服用摇头丸（R. Weiss，2002），并经常通宵参加重金属舞蹈派对（美国物质滥用和精神健康服务管理局，2000）。虽然摇头丸可能不会上瘾，但仍然异常危险。摇头丸能够刺激分泌多巴胺和5-羟色胺的神经元，不仅带来愉悦的感受，而且导致幻视、口干、多动、下巴肌肉痉挛，可能还会引起牙关紧闭症、高血压、发烧以及心律失常。另有研究表明，持续服用摇头丸会对大脑造成永久性损害，甚至导致冲动和暴力行为。然而，摇头丸导致犯罪成为人们头脑中的固定模式，主要是因为毒品是非法的。贩卖摇头丸往往伴随着暴力，包括驾车枪击和故意伤害（Leinwand，2001）。

可卡因——娱乐性药物，兴起于20世纪70年代，尤其在中产和高收入群体中盛行。到了20世纪80年代，由于其成本很高，可卡因变成了富人追逐的一种时尚。瘾君子将可卡因粉末与水混合直接注入静脉，或者用醚、氨将其加热，雾化为蒸汽吸食。20世纪80年代末，相对便宜、迅速合成的可卡因——"快克"在贫民瘾君子中流行起来。快克是可卡因粉和小苏打加热直到形成褐色晶体的混合物，这个名字的由来是快克在提炼过程中，结晶体在管道中爆炸的噪音（Nietzel，Spelz，McCauley，& Bernstein，1998）。据美国公共卫生服务处报告，1995年，美国约有2 500 000名可卡因吸食者，占美国12岁以上人口的

0.7%。可卡因对机体的影响类似于安非他命，但其带来的快感却明显高于安非他命，快感更强，但时效更短。快克带来的快感仅持续不到 5 分钟，所以瘾君子必须频繁吸食以保持快感，还要防止停止吸食导致身心的戒断反应。由于可卡因，特别是快克，会在很短的时间内形成药物依赖，因此形形色色的瘾君子为此花费甚巨，导致失业，并滑向毁灭的深渊。事实上，可卡因与犯罪之间的联系主要在于瘾君子为了毒瘾而偷窃，或者伴随贩卖、分销可卡因而产生的暴力行为。执法机构认为可卡因是毒品中与暴力犯罪最直接相关的，帮派间的毒品战争也源于快克贩卖（美国国家毒品情报中心，2001）。

其他与犯罪相关的毒品包括洛喜普诺、氯胺酮、伽马羟基丁酸（GHB）和盐酸羟考酮。洛喜普诺（俗称罗眠乐）是强效合成抑制剂，罗眠乐的镇静效果是安定的 10 倍。但是，在美国，它没有得到用于医疗的授权或批准。罗眠乐是男性意图强奸女性的"迷奸水"，常常诱发暴力犯罪。氯胺酮（K 粉）与伽马羟基丁酸（GHB）都是中枢神经系统抑制剂，具有致幻效果，也属于迷奸药物。这三种药物无色无味，即使添加到饮料中，受害者也很难察觉。

处方止痛药盐酸羟考酮在 20 世纪 90 年代中期开始盛行，并且很快与犯罪产生了千丝万缕的联系。根据美国国家药物滥用局调查显示，2000 年，近 100 万人非医疗目的使用盐酸羟考酮。2002 年调查显示，2001 年服用该药物的全部群体中，初二的学生占 1.3%，高一学生占 3.0%，高三学生占 4.0%。由吸食盐酸羟考酮产生的犯罪一般都是非暴力型的，包括入室盗窃、盗窃和其他财产犯罪（国家毒品控制政策办公室，2002），还包括医护人员开过量止痛药从而违反联邦毒品法（Bradley，2004）。

总之，美国政府的统计数据揭示了全国违法使用毒品和犯罪存在关系的事实（Beck，2000；Mumola，1999）：

（1）吸毒者参与犯罪的可能性是非吸毒者的 6 倍。

（2）约一半的罪犯认为犯罪受到毒品的影响。

（3）1/6 的罪犯为筹钱买毒品而犯罪。其中，1/4 的财产犯非法获得金钱是用来购买毒品，1996 年（24%）为筹集毒资而犯罪的比例明显高于 1989 年（14%）。

（4）1997 年，57% 的州级囚犯和 45% 的联邦囚犯在被捕之前的一个月吸毒。大约 40% 吸食大麻，25% 吸食可卡因或快克。

（5）超过 80% 的州级囚犯以及 70% 的联邦囚犯曾吸毒。其中，20% 的州级囚犯和 12% 的联邦囚犯曾使用静脉注射毒品。

（6）约 60% 的州级囚犯和 21% 的联邦囚犯由于吸毒而入狱。超过 2/3 的毒品罪犯因买卖可卡因或快克而获刑。

（7）65% 的精神病罪犯和 57% 的其他罪犯由于毒品和酒精的双重影响而被捕。

（8）毒品、酒精与暴力犯罪密切相关。

七、总结

人类生物学探索犯罪的根源始于研究犯罪行为与体貌的关联，主要是身体类型和躯体异常。然而，体貌与犯罪行为相互联系缺乏实证支持。尽管科学家认为，进化理论可以解释诸如家庭凶杀案等某些类型的关系暴力，但却仍不能明确犯罪的起源。

研究人员还利用人类 DNA 寻求暴力的起源。基因是一切行为的基础，但与犯罪之间并非直接联系。恰恰相反，基因为人类的特征和行为提供机制或诱因，之后可能导致违法犯罪。行为遗传学研究基因和环境对人类行为的影响，通过双生子研究、收养和家庭研究，探讨先天与后天因素对犯罪和暴力的影响。

大脑成像技术的精细化以及神经化学的进步为神经科学家提供了探索脑、神经递质与犯罪关系的工具。5－羟色胺、多巴胺以及单胺氧化酶等神经递质间接影响攻击行为。然而，与基因一样，除了某些罕见情况（如脑瘤可能导致暴力行为）外，脑的结构和功能与犯罪行为的关系也是间接的。

内分泌系统与犯罪行为的研究表明，荷尔蒙和犯罪之间的联系并不紧密。激素、血液、神经递质、脑神经信使与犯罪的相互作用反而更加复杂。虽然雄性激素貌似与暴力行为高度相关，但实际上胰岛素和暴力行为的联系更为紧密。睾酮与攻击之间的联系是间接的，主要在于睾酮影响血清素水平，进而导致攻击行为。

由于酒精影响中枢神经系统和脑，因此，酒精和其他毒品一样也影响犯罪行为。这种影响可以是直接影响，比如个体酗酒后不能抑制自我，从而表现出攻击性，也可以是间接的，如为满足毒瘾，罪犯采用非法途径获得金钱。毫无疑问，在这种情况下酒精导致犯罪的可能性远远高于其他任何毒品。

简而言之，攻击、暴力和犯罪是诸多因素相互作用的结果。单一的生物学角度并不能很好地解释犯罪的根源，但它为人类的特质和行为提供了生理基础。生物因素结合社会、心理、经济和文化等因素的交互作用才最终导致了犯罪。通过先天与后天的相互作用，每个个体和周围环境相互作用、相互影响，形成复杂的宏观系统。正如前面提到的，童年经验以及环境压力可以影响神经递质的水平和活动。因此，就像人类塑造和改变环境一样，环境也在塑造和改变我们。不过，研究更多关于遗传学和生物学对行为的影响，可能在未来帮助研究者和临床医生识别高危婴儿，预测儿童的犯罪行为，进而开发早期治疗和预防程序。

关键术语

致畸剂　脱氧核糖核酸（DNA）　家庭研究　双生子研究　领养研究　唤醒
中枢神经系统　周围神经系统　下丘脑　海马　边缘系统　杏仁核　内分泌系统
大脑皮层　神经递质　单胺氧化酶（MAO）　激素　精神药物

复习问题

1. 基因如何影响犯罪行为？
2. 脑的结构和功能与暴力犯罪有什么联系？
3. 神经递质与犯罪行为的关系如何？如何影响攻击和暴力？
4. 激素如何影响攻击性？
5. 精神药物（包括酒精）是如何引发犯罪和暴力的？

相关链接

犯罪行为网站：www. cassel2e. com.

人类基因组科学项目信息网站：http：//www. ornl. gov/sci/techresources/Human ＿ Genome/home. shtml.

大脑的3D之旅：http：//www. pbs. org/wnet/brain/3d/.

内分泌系统：http：//arbl. cvmbs. colostate. edu/hbooks/pathphys/endocrine/.

国家酒精滥用与酒精中毒研究所：http：//www. niaaa. nih. gov/.

酒精对行为的影响：http：//science. howstuffworks. com/alcohol. htm.

国家药物滥用研究所：http：//www. nida. nih. gov/.

阿德里安妮·蕾妮的主页：http：//www. usc. edu/dept/nbio/ngp/Faculty/rainea. shtml.

第五章　犯罪的心理根源

人格与犯罪　　　　　　　　　　学习与犯罪

特质与犯罪　　　　　　　　　　认知与犯罪

精神动力学与犯罪　　　　　　　人格障碍与犯罪

　　第四章主要探索犯罪的生物根源，包括遗传基因、大脑和中枢神经系统、激素以及其他生理机制对攻击和暴力的影响。本章主要介绍心理学理论，心理学认为犯罪行为源于个体在人际交往过程中发展起来的心理过程，主要包括个性和人格发展、个体信息加工、思维、学习以及人际交往等。本书第七、八、九章将会应用本章的概念详细地介绍犯罪行为和精神障碍。

一、人格（personality）与犯罪

　　首先，我们先来系统梳理一下关于人格的定义、测量方法以及心理学的人格理论。

　　人们通常使用诸如友好、善良、温柔、固执、敌意或局促不安等形容词描述人格，用以总结行为和态度的本质，描述特定的个人特征。综合心理学家的观点，"人格"（personality）可以被界定为：构成一个人的思想、情感及行为的特有统合模式，这个独特模式包含了一个人区别于他人的稳定而统一的心理品质。

　　人格缘何而来？它始于个体应对外部环境的独特生理倾向，心理学家称之为气质（Bernstein, Penner, Clarke-Stewart & Roy, 2006）。如果你在医院保育室观察新生儿，你很快就会发现他们行为的不同。新生儿有的吵闹，有的安静；有的焦虑不安，有的沉着平和；有的容易安抚，有的难以取悦。气质与生俱来，它是个体外显行为的根本原因。另外，经验也会影响气质。

　　双生子研究支持气质源于遗传的理论。相较于异卵双生子（与一般兄弟姐妹之间的遗传相似度相同），同卵双生子（具有完全相同的基因）在焦虑、情感表达和社会交往等方面具有更多的相似性（Bernstein, Penner, Clarke-Stewart & Roy, 2006）。

　　此外，通过比较成长环境相同的同卵双生子、成长环境不同的同卵双生子、成长环境相同的异卵双生子以及成长环境不同的异卵双生子发现，无论成长环境是否相同，同卵双生子的个性相似性往往比异卵双生子更高（Tellegen et al. , 1988）。领养研究也强调了遗传学对人格的重大作用。养子女的气质更贴近亲生父母和同胞的兄弟姐妹（Raine, 1993）。事实上，行为遗传学关于基因对行为影响的研究表明，遗传主导人类气质变异性的 30% ~ 60%（DiLalla & Gottesman, 1995）。气质对犯罪行为的影响详见第七章。

然而，个体人格的形成受到生物和环境因素的多元交互影响。例如，个体的经验或多或少地会影响某些天生的特质和行为倾向。同时，这些天生的特质和行为倾向也会影响人们的经验。

鉴于二者关系的复杂性，心理学理论从多元角度解释不断变化发展的环境对人格的影响。这些理论表明，人格的形成是遗传和环境交互作用的结果：①稳定的心理特征（特征理论）；②意识和无意识的心理冲突（精神动力理论）；③奖励、惩罚和榜样塑造行为模式以及思维（行为主义和认知行为理论）；④独特的世界观（人本主义或现象学理论）。

二、特质与犯罪

心理学家们提出以特质为核心的人格特质理论，人格特质决定个体的思维方式、感觉和行为。人格特质理论的三个基本假设是：①在时间上，人格特质相对稳定，可以预测（例如，童年期热情友好的特质贯穿个体一生）；②在不同领域中，人格特质也是相对稳定、可以预测的（如果你在工作中积极，在网球比赛中同样如此）；③人格特质独一无二，没有两个人的人格完全相同（Funder，1997）。

心理学家谢尔登·格鲁克（Sheldon Glueck）和妻子埃莉诺·图尔洛夫·格鲁克（Eleanor Touroff Glueck，1950）率先采用人格特质理论解释"犯罪人格"。他们采用纵向研究的方法，追踪了1000多名少年犯来预测影响他们继续犯罪的因素。尽管研究者坚信家庭和社会因素、躯体类型和智力会导致犯罪行为，但此项研究却发现源于惯犯童年期的人格特质也与犯罪行为有关，这些特质包括过分自信、反叛、残酷无情、缺乏对他人的关心、外向、认为自己不被赏识、对权威不信任、冲动、人际交往能力差、自恋、精神不稳定、怀疑、敌意、破坏性、怨恨等（L. J. Siegel，1998）。虽然以上研究不是最早用特质理论解释犯罪行为的，但却符合英国心理学家艾森克提出的人格特质理论（1964）。

艾森克人格特质论

艾森克（Eysenck，1967，1987）将人格特征分为三个基本维度：内-外向（introversion-extroversion）、神经质（neuroticism）、精神质（psychoticism）。外向型的人善于交际、性格开朗、无忧无虑，内向型的人体贴周到、压抑自己、逃避社交。高神经质的人（也称为高情绪性的人）喜怒无常、焦躁不安、担心忧虑，低神经质的人冷静温和、无拘无束。在精神质维度得分较高的人冷酷无情、充满敌意、抵制社会习俗，而在精神质维度得分低的人则没有以上特征。艾森克设计了艾森克人格量表（EPI Eysenck & Rachman，1965）来测量人格特征（见图5.1）。

为什么人格会存在如此巨大的差异？正如第四章提到的，艾森克认为主要是由于遗传因素、中枢神经系统及自主神经系统的差异，尤其是生理唤醒水平的差异。外向型的人"休眠"的基线水平较低（参考心率、脑电波和其他生理指标），他们为提高唤醒水平而寻求刺激和快感。艾森克指出，自身的行为结果对这类人的影响微乎其微，尤其是对不良行为的惩罚。因此，改变不良行为对于他们而言很困难。相反地，内向型的人神经系统过度唤醒。因此，他们为保持最佳唤醒水平寻求孤独和安静。与外向型的人相比，内向型的人可以快速地从经验（特别是惩罚）中学习，因而往往变得顺从、抑制和焦虑（Eysenck，1967，1987）。

采用艾森克个性调查表（EPI）进行的双生子研究发现，基因会影响个体的人格特征。

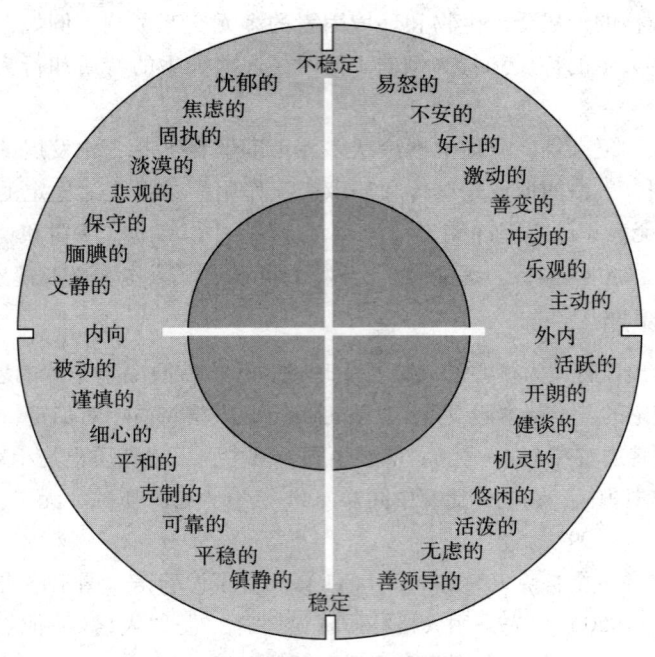

图 5.1 艾森克人格量表维度

D. A. Bernstein, A. Clarke-Stewart, E. J. Roy, and C. D. Wickens, *Psychology*, 4th ed., Boston: Houghton Mifflin, 1997.

已有证据表明，无论成长环境是否相同，在内－外向和神经质维度上，同卵双生子之间的一致性高于异卵双生子（Shields, 1962）。艾森克（1967）也发现，当成长环境相同时，在精神质维度上，同卵双生子之间的一致性高于异卵双生子。

唤醒水平、特质和犯罪

当个体在神经质、内－外向维度得分高时，可能会出现犯罪行为。这种类型的人暴躁不安、喜怒无常、易冲动、咄咄逼人。精神质维度得分高的个体更有可能具有犯罪倾向，因为他们冷酷无情、无动于衷、暴躁残忍、麻木不仁，很少顾及其他人。尽管艾森克预测罪犯大多外向、情绪不稳、具有精神病态特征，但是他认为没有人生来就是罪犯。假如这类人拥有良好的家庭和学校教育，也可以举止得体、遵守法律，但是家长和老师需要采用特殊的奖惩方法来教育他们。

艾森克和其他心理学家使用艾森克个性调查表（EPI）和艾森克人格问卷（EPQ）来评估关于犯罪人格假设的效度。罪犯在内－外向、神经质和精神质三个维度上得分会高于无罪者吗？结果是模棱两可的（P. Feldman, 1993）。部分研究表明，罪犯与无罪者存在差别可能是由于在狱中服刑改变了罪犯的人格特征。罪犯犯罪时 EPI 或 EPQ 分数的高低，我们无从得知。也就是说，犯罪行为与内－外向、神经质、精神质等维度并没有相关一致性，这是有道理的，因为从入店行窃到谋杀，犯罪有很多类型。进行违法犯罪的原因形形色色，犯罪者不可能共同具备同一种人格特质。

然而，有研究表明，反社会人格障碍（也称为精神病态）将外向型/情绪性和犯罪联系起来。连续性暴力罪犯在内－外向量表上得分高（Eysenck & Eysenck, 1963）。事实上，艾森克认为，极度外向的无罪者具有渴望快感、追求冒险、易冲动、具有攻击性以及快速冷静和不可信赖等特点，更具有实施犯罪的可能性（Meloy, 1992）。本章稍后会详细探讨反社会人格障碍。

三、精神动力学与犯罪

西格蒙德·弗洛伊德（Sigmund Freud，1856～1939）是人类心理学构建心理过程和人格结构的鼻祖。弗洛伊德（1938，1948）提出精神决定论原则，认为心理动力决定个体的思想、情感、行为，其中最强大的力量来自无意识，起源于性和攻击本能。弗洛伊德的精神动力学理论和心理疗法统称为精神分析理论。19 世纪末，精神动力学理论和心理疗法形成有机整体。这些理论对心理学、精神病学、犯罪学以及其他学科产生了举足轻重的影响。近年来，古典精神分析理论的影响力日渐式微。但是在 20 世纪 20～50 年代，弗洛伊德的理论对美国犯罪行为的理论发展影响深远。

（一）弗洛伊德精神分析学

弗洛伊德（1938）认为，人类与生俱来的性本能和攻击本能驱动个体人格的发展，人的所有需要（比如爱、安全、成就感等）都是被这些本能驱使的。人格的发展抑制了人类本能的满足，这种抑制力量来源于父母、兄弟姐妹、同伴以及社会规范。

（1）人格结构。弗洛伊德认为人格由本我（id）、自我（ego）和超我（superego）构成（见图 5.2）。"本我"是无意识的部分，如性和攻击本能均属此列。弗洛伊德将性本能称之为"厄洛斯"（Eros）——积极的精神能量，也称力比多，驱动人类的建设性行为。攻击本能也称为桑纳托斯（Thanatos），体现破坏性的精神能量。弗洛伊德认为"本我"遵循快乐原则，这意味着它不顾社会规则或他人权利和感受，寻求立即满足。由于父母、老师等对"本我"冲动表达的限制，"自我"出现并发展。自我遵循现实原则，也就是说它抑制'本我"，受现实世界包括法律的约束。由于自我接纳、内化、规则、抑制以及父母和文化的影响，"超我"得到发展。'超我"就像是人的良心，告诉个体应该和不应该做什么。因此，"超我"控制来自"本我"的冲动和本能。

（2）防御机制。弗洛伊德指出，"本我"、"自我"、"超我"不断斗争，形成心理冲突。由于心理冲突涉及个体的记忆、思想、意识和冲动，因此防御机制将心理冲突排除在意识之外，压抑到无意识或者潜意识中去（见表 5.1）。心理防御机制促进个体适应社会，例如

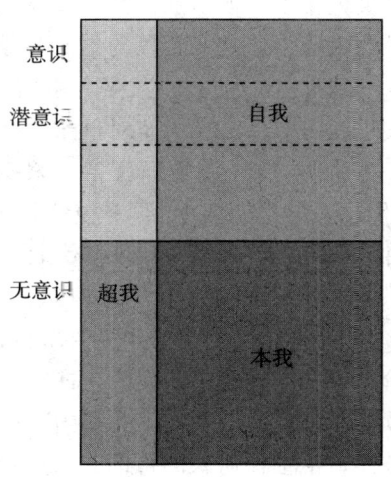

图 5.2　弗洛伊德的人格理论（本我、自我、超我）

D. A. Bernstein, A. Clarke-Stewart, E. J. Roy, and C. D. Wickens, *Psychology*, 5th ed., Boston: Houghton Mifflin, 2000.

果人们过度依赖防御机制，也会出现非理性焦虑、担心、内疚、物质滥用和人际冲突等问题，甚至引起躯体障碍、精神分裂症或其他严重的精神疾病。事实上，弗洛伊德提出，防御机制可以按照心理冲突造成的人格障碍和心理障碍的类型、数量和强度来进行分类。

表 5.1　弗洛伊德的心理防御机制

压抑	具有威胁性的记忆、冲动或念头被抑制到无意识中：个体会遗忘不愉快的事件。
合理化	利用似乎合理的理由采取行动或者进行解释，提供的借口貌似合理，实则并非真正的原因：我打孩子是因为这对孩子有好处。
投射	无意识地将属于自身的一些不良的想法或者冲动赋予到他人身上：将"我讨厌他"替换成"他讨厌我"。
反向	有意识地采取某种与潜意识完全相反的行动：强烈地厌恶某个已婚的朋友，真实情况却是喜欢这个人。
升华	将不可接受的冲动转化为社会接受的行为或者象征性表达：性或攻击欲望可能表现为艺术作品创作或者促使个体成为优秀的运动健儿。
转移	将危险的情感或行动转移到另一个较为安全的情境下释放出来：将对老板的愤怒发泄到职员、家人甚至一条狗身上。
否认	无意识地拒绝承认具有威胁性的现实：强烈否认同性轻微的身体吸引。
补偿	努力弥补无意识的冲动或恐惧：一个积极进取的业务员可能想要补偿无意识的自卑感。
利他	无私地关心其他人。

最不成熟的防御机制是压抑、转移、反向和否认。心理动力的理论家认为犯罪行为多涉及以上四种机制。
成熟的防御机制，如升华和利他，可以将焦虑转化为生产力，是一般人的发泄途径。
来源：D. A. Bernstein，A. Clarke-Stewart，E. J. Roy，and C. D. Wickens，*Psychology*，5th ed.，Boston：Houghton Mifflin，2000.

（3）人格发展。弗洛伊德（1938）提出心理发展包括五个性心理阶段，每一个阶段都存在一个躯体部位与快乐、无意识的冲突。**口腔期**（*oral stage*）：0～1 岁，婴儿主要通过吸吮和喂养获得满足，断奶是冲突的主要来源。**肛门期**（*anal stage*）：1～3 岁，满足快感的焦点转向肛门以及排泄或者控制大小便。这一阶段的主要冲突是通过训练儿童大小便来控制身体机能。**性器期**（*phallic stage*）：3～6 岁，主要靠性器官获得满足，儿童会表现出对异性父母的占有欲以及对同性父母惩罚的恐惧（男童对母亲的俄狄浦斯情结或者女童对父亲的伊底帕斯情结，名称来自于古希腊戏剧——孩子无意中杀死异性父母，并娶自己的母亲或者嫁给自己的父亲）。弗洛伊德认为儿童通过认同和模仿同性父母（接纳文化期望的性别角色）解决性器期的冲突，并最终寻求到异性伴侣。**潜伏期**（*latent stage*）：7 岁至青春期，儿童进入学校，开始注重学业、技能以及同性友谊。从青春期开始，个体进入**生殖期**（*genital stage*）。如果青春期前的各个阶段顺利发展，个体就开始寻求与成年伴侣的亲密关系。

弗洛伊德认为，在上述阶段出现未能解决的无意识冲突时会出现偏见或固着，还会影响个体的人格特征，形成持续的内部紊乱。例如，儿童固着在口腔阶段会无意识地表达对父母的不满。他们可能非常独立，拒绝任何人的帮助，或者非常依赖，总是等待别人为他们做点什么。另外，具有肛门性格（oral character）的人会表现出严苛的自我控制和过度控制他人的特征。他们可能是过分严格、有序、顺从，或者不讲卫生、混乱，并且蔑视权威。

个体固着于生殖器期，往往与性密切相关，他们可能会滥交或完全回避性和亲密关系。顺利度过生殖期表示心理适应能力强，可以更好地平衡事业和家庭生活，保持成人间健康的亲密关系。

（二）精神动力学理论和犯罪行为

如前所述，弗洛伊德实际上并没有解释犯罪行为的精神动力学根源。弗洛伊德（1938）提到，由于无意识冲突而导致焦虑、抑郁以及自残等适应性不良的神经病患者与伤害他人的罪犯有很大的区别。他（1901）认为，支配大多数罪犯无意识的犯罪冲动出现在惩罚之前，并且罪犯在实施犯罪行为后并没有内疚。

由此，美国精神病学家致力于运用精神动力学理论分析解释犯罪行为（Abrahamsen，1944，1960；Aichorn，1935；F. Alexander，1935；Glueck & Glueck，1950，1968）。科学家解释犯罪的前提是："自我"疲乏，"超我"薄弱，而"本我"力量强大。其中的典型代表是奥古斯特·艾赫霍恩（August Aichorn，1935）对行为不良男性的研究。他提出连续犯罪罪犯具有犯罪行为倾向，因为他们无法控制要求立即获得满足的"本我"，而且缺乏尊重他人、具有是非观念的"超我"。精神分析学认为，青少年罪犯违反法律是表达无意识冲突的一种手段，受"本我"支配的犯罪行为之所以发生，是由于个体缺乏延迟满足的能力。"自我"和"超我"发展迟滞是由于得不到父母认同，守法意识淡薄以及父母权威没能建立。儿童不认同父母，社会规范、道德和价值观未能内化，导致"超我"不能正常发展。另外，有精神科医生提出，一般而言，罪犯犯罪受到"本我"驱动，无法控制冲动和攻击的倾向，而且他们的"超我"发展迟缓或停止，没有良知，缺乏同情心。此外，罪犯"自我"薄弱，很容易因同辈压力和其他社会力量影响而导致犯罪行为（Abrahamsen，1960；Menninger，1966）。

美国犯罪心理学家戴维·亚伯拉罕森（David Abrahamsen，1960）运用弗洛伊德人格理论来解释性犯罪和谋杀。他提出，性犯罪者的发展固着在性器期。通常情况下，他们的性经验涉及母亲，或者与母亲乱伦，或者偷偷观察母亲做爱。这些人混淆了性别角色，无法认同自己的父亲。亚伯拉罕森认为，大多数性犯罪者是由残忍、暴虐的母亲带大，"自我"和"超我"薄弱。另外，亚伯拉罕森指出，谋杀也是由无意识冲突导致的，可以分成症状性杀人犯（Symptomatic murders）和清单性杀人犯（manifest murders）两类。症状性杀人犯由于童年期仇恨母亲或其他重要人物而残酷地杀人，通常发生在被女人拒绝或者背叛而极度愤怒的情形下，杀人是为了惩罚母亲在性器期对自己的拒绝。相反，清单性杀人犯是由于利润或其他显而易见的原因。精神分析理论认为，症状性杀人犯对逮捕与处罚是无意识的，与其说杀戮是由于童年事件的内疚和羞愧，不如说是由于没能获得父母的爱和赞许。简而言之，症状性杀人犯的谋杀是为了惩罚。

精神动力理论提出，过度的心理防御机制也会导致犯罪行为。举个例子说，尽管大多数人运用升华将性冲动和攻击行为转化为被社会接受的艺术创作或体育活动，但是犯罪冲动仅仅是被压抑或者否认，一旦特定事件或者特定刺激物出现，这些冲动就会爆发。同样，精神动力学家也运用转移来解释虐待儿童或配偶的原因。施虐者不敢表达对老板或其他权威人士的愤怒，反而虐待无辜的孩子或顺从的配偶。更甚者，虐待配偶无法排解施虐者的攻击性，会转而把气出在孩子身上。罪犯也会使用合理化。比如，因为我拿的薪水不高，公司又有充裕的资产，因此偷盗雇主情有可原。

84 犯罪精神动力学理论的本质是：妨碍儿童健康发展的生理或者心理因素往往会导致情绪障碍，成为反社会或犯罪行为的根源（Abrahamsen，1960，p. 56）。弗洛伊德认为犯罪行为反映了：①不平衡的精神力量；②神经官能症的一种形式，表现出明显的攻击行为，而非精神病症状；③冲动如果克制，会导致精神疾病；④实现惩罚的需要（被愧疚驱使的需要），和/或加入帮派或者犯罪集团；⑤为满足不能实现需要的代替品；⑥补偿其他不足而导致的压抑（Barak，1998；P. Feldman，1993）。

杰弗里·达默（Jeffrey Dahmer）的一生可以用精神分析理论的惩罚欲望来解释。杰弗里·达默曾经残杀并肢解16名年轻人。1994年，达默在威斯康星州（Wisconsin）监狱被精神病罪犯殴打致死，却没有抵抗。事实上，有人声称他一直想死。1992年，达默在法庭上宣称："尊敬的法官大人，现在全都结束了。我从来都不是为了自由，也并没有想要自由。坦率地说，我想死去。"（格莱克，1994，p. 129）

（三）现代精神动力学理论

弗洛伊德早期的追随者最终接受了其观点，尤其是"本我"驱动、心理冲突、幼儿性欲以及其他传统精神分析的观点。

（1）埃里克·埃里克森。埃里克·埃里克森（Erik Erikson，1946）扩充了弗洛伊德的无意识理论，认为"自我"具有自治的力量，而不仅仅是无意识冲突的中介，并提出了与弗洛伊德的性心理发展阶段不同的八阶段理论。他强调个体与他人的互动过程，而不是心理冲突。在每个阶段，个体面临不同的危机，已经解决的危机帮助个体处理下一阶段的危机，而遗留下来未解决的危机则会干扰个体的持续发展。比如说，2岁左右的婴儿如果没有建立父母可以精心照顾自己的信任感，那么他们在学习新行为时会缺少安全感。埃里克森理论与犯罪关系的探讨详见第七章和第八章。

（2）哈利·斯塔克·沙利文。哈利·斯塔克·沙利文（Harry Stack Sullivan，1953，1965）强调社会经验对人格发展的重要性。沙利文认为人格的塑造不仅仅是由于人际交往的经验，还应受到个体与他人交际过程的影响。他提出，精神障碍是人际关系混乱造成的，其中也包括失败的交往经验。同弗洛伊德一样，沙利文认为人格发展具有阶段性。与弗洛伊德不同的是，人格发展的核心是人际关系，而非性。第一阶段：婴儿期。从出生到第18个月，关注婴儿与父母的关系，满足基本生理需要。从父母的反应以及对需求的满足中获得早期的自我意识，自我意识的健康发展对获得安全感而言十分必要。第二阶段：童年期。第18个月至4岁，关注语言的发展和使用。第三阶段：少年期。从4岁到10岁，开始发展同伴关系。第四阶段：前青年期。青少年学习亲近同性。第五阶段：应对荷尔蒙需要和性冲动，整合生理上的需求和心理上的亲密关系。第六阶段：后青年期。个体体验亲密的人际关系。

（3）客体关系理论。埃里克森和沙利文构建了现代精神动力学人格理论。但是当前，发展弗洛伊德观点的诸多理论中最具影响力的是客体关系理论，研究者包括：梅兰妮·克莱因（Melanie Klein，1975）、奥托·科恩伯格（Otto Kernberg，1976）、海因茨·科胡特（Heinz Kohu，1977）、玛格丽特·马勒（Margaret Mahler，1968）。客体关系，包括"重要他人"（love objects），也就是对个体而言具有吸引力、渴望建立亲密关系客体。个体的

"初恋"对象是父母（尤其是母亲）或其他重要监护人。

个体与第一个重要他人（母亲）的关系影响早期依恋关系（attachment）与亲密关系。 85 这种依恋可以获得安全感，使婴儿感觉到基本生理需求得到满足；相反也有可能导致安全感缺失。安全型的依恋关系就是父母给予婴儿一个稳定的基础，使其更好地探索未知世界，成为一个健康的个体。不安全的依恋关系导致各种各样的问题，包括社会关系失调，甚至精神障碍。

客体关系理论学家认为，在婴儿期和儿童期，个体与"重要他人"的关系对于人格发展至关重要，因为这种客体关系塑造了个体的思想、行为和感受。更具体地说，个体与父母的依恋类型会影响与其他"重要他人"的关系，并贯穿个体一生（K. D. Davis et al.，1994）。如果依恋关系是不安全的，成功的机会以及生活满意度就会降低（P. R. Shaver & Clark，1994）。研究表明，不安全的依恋也有可能导致犯罪行为。例如，D. H. 斯托特（D. H. Stott，1980）调查102个母语为英语的青少年罪犯发现，不安全依恋和低自尊导致焦虑产生，从而诱发犯罪行为。实际上，青少年犯自我报告的犯罪原因包括：①寻找刺激，缓解焦虑；②报复父母；③得到父母的关注；④寻求逃离家庭；⑤蔑视法律，获得同伴尊重（P. Feldman，1993）。当然，自我报告可能具有狭隘自私性，但我们发现，客体关系理论可以用来解释各种形式的青少年以及成年犯罪行为。

四、学习与犯罪

给我一打健康的婴儿，一个由我支配的特殊环境，让我在这个环境里养育他们，我可担保，任意选择一个，不论他父母的才干、倾向、爱好如何，他父母的职业及种族如何，我都可以按照我的意愿把他们训练成为任何一种人物——医生、律师、艺术家、大商人，甚至乞丐或强盗。

上述语言出自约翰·华生（John Watson，1925），行为主义的创始人，美国第一个主张环境决定论的心理学家，认为行为不是由本能或无意识决定的，而是由环境决定，尤其是学习。心理学家将"学习"定义为个体由于经验而发生的行为或者心理过程的变化。学习理论主要包括经典条件反射理论和操作性条件反射理论。

（1）经典条件反射。经典条件反射的原则源自20世纪20年代，俄国生理学家巴甫洛夫（1849～1849）研究狗的唾液分泌及其消化系统。狗看到食物（无条件刺激）会分泌唾液（无条件反射）。但是巴甫洛夫惊讶地发现，当狗看到提供食物的实验室助理时也会分泌唾液。很显然，狗已经将无条件刺激（食物）与条件刺激（实验室助理）形成了特殊联系。因此，当呈现条件刺激时，条件反射出现了。随后的实验室检测证实了这个想法，铃声与食物多次同时出现，当只有铃声出现而没有食物时，狗也分泌唾液。通过经典条件反射，狗建立了铃声和食物的联接（见图5.3），但是这种反射很快就会减弱直至消失。

华生和罗莎莉·雷诺（Rosalie Raynor）证明了人类也具有经典条件反射。他们用条件反射引导小阿尔伯特恐惧无害的白老鼠。华生反复将白老鼠（条件刺激）与巨大声响（无条件刺激）匹配呈现，从而引起小阿尔伯特的恐惧。最后，小阿尔伯特一看见老鼠就很害怕（Watson & Raynor，1920）。除此之外，小阿尔伯特对其他毛茸茸的白色兔子、毛绒动物 86

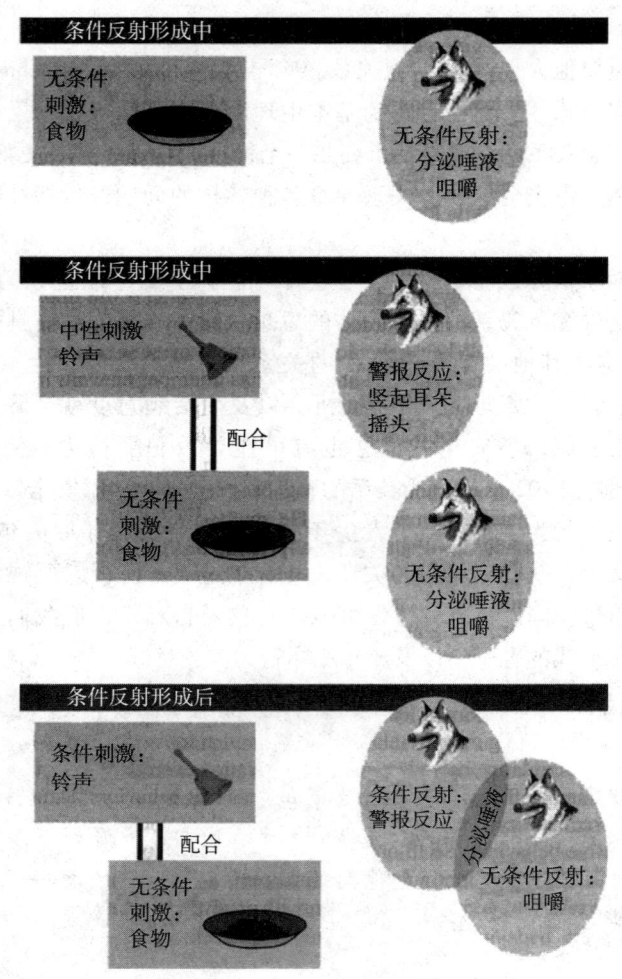

图5.3 巴甫洛夫的条件反射

M. T. Nietzel, M. Speltz, E. McCauley, & D. A. Bernstein, *Abnormal Psychology*, Boston: Allyn & Bacon, 1998.

玩具也产生了恐惧，这一过程被称为刺激—泛化。几年后，支持学习导向观点的心理学家玛丽·琼斯（1924），利用经典条件反射将恐惧刺激与愉悦的活动匹配起来，从而降低儿童的恐惧感。

（2）操作性条件反射。20世纪30年代，哈佛大学心理学家B. F. 斯金纳（1904～1990）提出操作性条件反射。这一学说的建立是在爱德华·桑代克（1874～1949）"效果律"（law of effect）的基础之上（1905）。"效果律"强调，满足内部需要（食物、安慰、微笑等）的行为会再次发生，而带来不良影响（痛苦、损失等）的行为往往不会重复。简单地说，"效果律"反映了奖励和惩罚的影响。当外部环境奖励或者强化行为时，行为会加强。反之，行为会减少直到消失。例如，假设父母拒绝在副食店给孩子买糖果，孩子会乱发脾气。接下来，如果父母买了糖果，孩子发脾气的行为被强化，之后在类似的情况下孩子可能会再次乱发脾气。

斯金纳（1983）将操作行为影响他人和环境的学习过程称为操作性条件反射。操作性条件反射强调三个要素：①前期条件，之前的事情或诱导性行为；②行为本身；③行为的后果。通常情况下，某个行为有很多触发事件。例如，吸烟者发现某些情形促使他们吸烟（如酒吧、聚会以及餐后）。斯金纳强调要改变行为，就不得不改变触发行为的前期条件。在示例中，戒烟者要尽量不去酒吧或者餐后立即离开桌子，吸烟可以放松或体验到刺激。因此，当吸烟者渴望吸烟时，可以进行替代性行为，比如，与吸烟同样效果的放松训练或散步。操作性行为理论认为，通过操作性条件反射习得的行为可以消失，并被其他行为代替。所以，父母应不再给孩子买糖果，从而消除其乱发脾气的行为。同时，如果孩子在杂货店不再哭闹，父母应该奖励（赞美甚至给予糖果）。以学习导向理论为指导，运用预防和康复计划可以逐渐消除适应不良甚至犯罪行为，尤其是针对儿童和青少年罪犯的行为模式。

（3）社会学习。早期认知行为理论家班杜拉（Albert Bandura，1969，1986）强调认知因素在学习中的作用。他指出，人们可以通过间接经验或者惩罚进行学习。通常，人们通过观察他人（榜样）及其行为结果进行学习，这个过程被称为社会学习。班杜拉指出，观察学习和替代性条件作用很大程度上取决于认知过程——思想决定人们的行为。因此，如果儿童看到父母害怕牙医，那么他也会恐惧牙医。如果一名职员用某种特定方法完成工作而受到表扬，在以后的工作中也会继续采用该方法并期望得到表扬。

社会学习理论家罗伯特（Julian Rotter，1954）提出学习期望理论，认为行为出现的概率取决于：①期待；②行为结果。班杜拉（1977，1982，1986）提出自我效能感（self-efficacy）、个体观念、成功概率和期望结果等观点，完善了期望理论。他指出，自我效能感越高，个体的动机和愿望越强。

其他认知行为理论也强调了认知因素在学习中的作用。例如，习得性无助是指不断失败后放弃改变外部环境的倾向（Seligman，1975）。最早"笼子中的狗"的实验证实了这一概念。试图逃出笼子的狗被重复电击后逐渐停止挣扎或逃跑，甚至当狗可以逃出笼子时，先前被电击的经历也使得狗不再试图逃跑（Seligman & Maier，1967）。已有研究表明，习得性无助也适用于人类（Hiroto & Seligman，1975）。当人们的经历使他们相信生活无法改变时，人们会停止尝试。

学习理论和犯罪

理想情况下，父母制定纪律（对良好行为的奖励和对违规行为的惩罚）教育儿童遵守家庭规则和社会规范。大多数儿童运用奖励和惩罚模式来抑制违规冲动以及建立对惩罚的恐惧。当儿童预测到或者恐惧体罚时，即使没有人执行处罚，"内部声音"（inner voice，弗洛伊德称之为"超我"，也有人称之为道德心）也会告诉他们应该和不应该做什么。如果学习机制不能正常运行，可能会出现反社会人格障碍（APD）。例如，降低对犯罪行为的恐惧。艾森克人格唤醒理论表明，操作性条件发射、经典条件反射和社会学习可以抑制惩罚和状态焦虑，但是直接训练个体的学习效果远远高于他人的替代性训练。

经典条件反射、操作性条件反射以及社会学习理论可以帮助我们理解父母、同伴和其他重要人物是如何减少童年期或青春期儿童的破坏性行为、偏差行为乃至犯罪行为的。一些孩子通过观察罪犯、获得犯罪奖励（如金钱）、体验到犯罪快感、获得同伴接纳而学习到了犯罪技能，班杜拉的"波比娃娃"实验证实儿童通过观察他人（榜样）的行为而习得攻击行为（Bandura，Ross，& Ross，1963）。在实验中要求儿童观看一段视频，视频中的一名成人会击打模型娃娃，之后会因为这一击打行为而获得奖励或惩罚。当儿童有机会独自与模型娃娃玩耍时，他们会模仿视频中的攻击行为，尤其是在观看了击打模型娃娃而获得奖励的视频的情形中。基于观察学习的原则，可以得出这一结论：观看暴力电视节目可能导致犯罪。

后面的章节会探讨习得性无助和其他认知因素如何解释犯罪行为，尤其是针对在枪声猖獗、帮派林立的贫困内陆城市生活的年轻人。无力摆脱糟糕的环境是引起暴力犯罪最常见的原因之一（Silberman，1995）。

五、认知与犯罪

行为学家认识到了认知因素对行为的指导作用，认知因素反映了更广泛的认知心理学方法的作用（R. W. Robins，Gosling，& Craik，1999）。认知心理学理论关注：①个体如何获得、表征和存储信息；②个体如何感知和处理信息；③个体的认知过程与行为模式。该理论认为，人们不仅通过经典条件反射和观察进行学习，还通过解释外部世界的信息来学习。反过来，个体的行为感知、思维和记忆引导了对学习的解释。认知理论解释犯罪行为尤为著名的两大理论是皮亚杰的认知发展理论（1952）和科尔伯格的道德发展理论（1964，1976）。

（一）皮亚杰的认知发展理论

瑞士科学家皮亚杰对儿童如何获取内、外部信息感兴趣。认知发展理论（1952）建立在"图式"（schemas）和"适应"（adaptation）两大核心概念的基础之上。图式是知识的基本单位、智力发展的基石。图式可以是存在于个体世界观中的心理影像、精神地图或泛化客体、事件和经验，它帮助人们组织经验，并给未来的期望提供框架。

婴儿期的图式很简单，例如拨浪鼓。婴儿看到拨浪鼓的第一反应是放进嘴里，然后很快建立了摇拨浪鼓或者直接扔掉拨浪鼓的图式。婴儿与拨浪鼓相处时间越长，就会形成越多的拨浪鼓图式。更复杂的图式随着年龄的增长逐渐建立。例如，在华盛顿州的一个暴力社区，11 岁的孩子携带手枪上学，因为这样做是"上学携带物"图式的一部分。当这些孩子听到一个朋友被枪杀时并不惊讶，因为枪击事件是生活图式的一部分。

皮亚杰指出，图式的变化是由于适应、经验，以便满足外部环境的变化和要求。适应包括同化和调节两个过程。同化是指儿童获得新信息并将其合并到现有图式的过程。因此，儿童可以学会摇拨浪鼓，拨浪鼓图式也会同化到其他玩具。调节是指改变现图式，接受新信息。例如，当儿童与猫咪或者母亲钟爱的水晶花瓶玩耍时，不会像玩拨浪鼓一样，也就是说玩耍方法的图式发生了变化。皮亚杰认为儿童的认知发展包括四个阶段：感觉运动阶段、前运算阶段、具体运算阶段和形式运算阶段。

感觉运动阶段（sensorimotor stage），0～2 岁左右。婴儿心理活动局限于感官功能，如视听、运动技能、抓握和吮吸等。在这一阶段，图式涉及简单的感觉和运动功能。随着运动技能的发展以及自发行为取代反射，婴儿建立更为复杂精致的模式。感觉运动阶段的婴儿只能形成当下可以看到、听到或者感触到的客体以及动作，由于他们不能直接接触不在面前的客体，因此能对其进行思考。对于婴儿而言，思考就是动作。换句话说，他们还不能脱离客体和动作形成心理影像。

前运算阶段（preoperational stage），第一阶段（2～4 岁左右），儿童开始理解、创造和使用符号来表示不存在的东西：画画、伪装、说话；第二阶段（4～7 岁），开始凭直觉获知世界。然而，儿童仍不能区分看见和看不见的以及物质和精神的关系，他们倾向于相信梦是真实的。在这个阶段儿童可以思考看到和触摸的客体，但思维尚不具有"守恒性"。有研究表明，前运算阶段的儿童认为猎戴了狗的面具就是一只狗，因为具有相同的外观。简而言之，他们还不能认识到不管客体的形式如何变化（包括体积、重量和种类），其本质不变（DeVries，1969）。

具体运算阶段（concrete operational stage），7～11 岁。儿童理解了守恒，开始使用逻辑原则进行分类和计数。但是，这一阶段的儿童只能针对真实的、具体的对象执行逻辑操作，而不能针对抽象概念，比如正义和自由等。他们开始学会推理，但只能进行关于"是什么"的推理，而不能进行关于"可能性"的推理。

形式运算阶段（formal operational stage），11 岁左右。儿童开始考虑抽象概念与具体的客体，并且可以进行假设，包括想象行为的后果。有研究（Baillargeon，1993，1995；Wynn，1992）表明，儿童认知发展的速度快于皮亚杰理论所描述的发展速度。

研究指出，儿童认知的发展不是线性的，而应是曲线性的（Siegler，1996）：先是由多到少，之后高级思维方式在发展过程中大量出现。然而，一旦儿童成长到能够开始思考的年龄（6 或 7 岁），他们开始进行对错的归因和决策。皮亚杰（1932）对儿童的观察结果显示，儿童在前运算阶段认识到规则由他人制定，在具体运算阶段学习到规则可以被重新制定和修改（比如游戏和比赛规则）。当他们进入形式运算阶段，个体能够意识到规则和法律只适用于特定情况（D. H. Feldman，1994）。因此，皮亚杰（1932，1965）提出，儿童在理解规则和法律适用与特定情况后（皮亚杰称之为理论道德）才开始真正遵守规则（实际道德）。

（二）科尔伯格的道德发展理论

科尔伯格（1964）对认知发展的研究特别关注道德的发展，该研究始于对儿童的关注，逐渐发展到关注个体的一生，并提出了道德发展理论，科尔伯格不关注个体的道德判断，而是关注这些判断背后的原因是什么。他认为，个体道德发展包括三个阶段：①前习俗阶段；②习俗阶段；③后习俗阶段。

在前习俗阶段，判断对错的依据是惩罚。例如，一个儿童不敢从母亲的钱包里拿钱，因为他害怕受到惩罚。同样，一个成年人开车限速是由于被抓到会罚款。在习俗阶段，人们认为某些行为的对与错取决于法律的规定。在后习俗阶段，道德判断不仅基于习俗或法律，而且还应该依据公平和正义。从这个意义上讲，后习俗阶段的道德判断是超越法律的。

在认知发展阶段，个体的道德判断并非总是按部就班地从一阶段到另一阶段，可能出现不同类型的决策以及不同的道德问题。例如，一位学者对犯罪行为的分类提出质疑，她在课堂上首次询问有多少学生支持法律应允许医生实施安乐死的观点，超过 2/3 学生支持，另外不到 1/3 的学生不会帮助病危的亲人自杀，因为这些人认为即使法律允许，也没有权利结束他人生命。如果假设学生作为陪审员，再次询问原本不支持安乐死学生的看法时，如果在法律允许的情况下，这些学生中超过 2/3 的人赞成安乐死。当学生被问及为什么这种情况他们会赞成安乐死时，他们援引了法律明确允许死刑和陪审员维护法律的依据。学生的第一种回答处于后习俗阶段，而第二种回答则处于道德判断的习俗阶段。

由于科尔伯格的研究参与者都是男性，卡罗尔·吉利根（Carol Gilligan）对其理论提出了质疑（1993）。吉利根认为，北美女性不会仅在完全抽象的概念基础上（如正义、高尚等）作出道德判断。女性寻求维持关系，在道德判断中更多地使用移情，比男性更具有同

90

情心。共情的性别差异已经在一些研究中得到证实（Miller & Bersoff, 1992；Rogers, 1987）。道德发展理论未能包括北美地域文化以外的道德判断（Shweder & Bourne, 1984）。不过，科尔伯格的阶段理论为在其他地区研究道德判断提供了有效的框架（Snarey, 1985）。

（三）信息加工理论

很多认知科学家认为，人类思维和推理的过程涉及多级系统的信息处理，类似于高速计算机的操作（Dodge, 1986；Siegler, 1996）。首先，个体通过感官进行信息编码，接下来，个体利用注意、感知觉和记忆对信息进行加工，最后决定如何处理信息（如储存或行动），如果选择行动，个体就开始执行（见图5.4）。

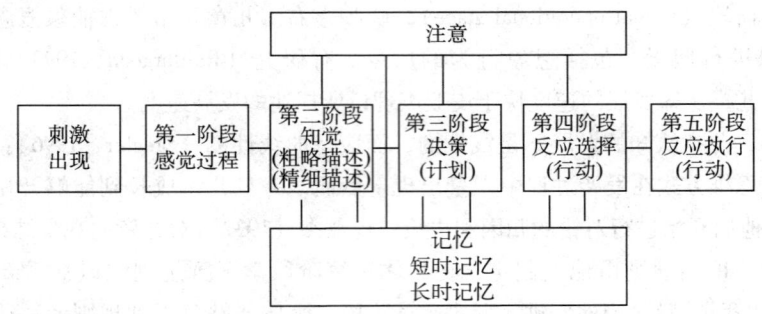

图5.4 信息处理模型

信息处理模型的第一阶段没有耗费注意资源，信息通过眼睛、耳朵、鼻子、舌头和皮肤到达大脑。在第二阶段，个体认识、理解和解释信息。这个过程加工处理传入的刺激。在第三阶段，个体决定如何处理这些信息（如储存在记忆里或者采取行动）。如果个体决定采取行动，会在第四阶段计划，在第五阶段执行。

D. A. Bernstein, A. Clarke-Stewart, E. J. Roy, and C. D. Wickens, *Psychology*, 4th ed., Boston: Houghton Mifflin, 1997.

（四）认知理论与犯罪行为

认知理论对犯罪行为影响深远。例如，关于是否守法的法律道德推理和道德判断的关系，道德推理并不是凭空发展的，这取决于家庭教育、同伴作用以及整个社会的影响。培养儿童的守法意识需要父母和同龄人的道德行为模式至少处于习俗阶段。家庭道德价值观不良的青少年很容易受到同伴群体的负面影响，尤其在同伴群体很有影响力的情况下（Denton & Krebs, 1990）。

关于未成年人（包括罪犯与非罪犯）道德推理的研究支持科尔伯格道德发展理论对犯罪的解释（Arbuthnot, Gordon & Jurkovic, 1987；Jurkovic & Prentice, 1977）。大多数研究表明，行为不良者处于较低的道德发展阶段（P. Feldman, 1993）。未成年罪犯（罪名不论小到盗窃还是大到谋杀）都倾向于服从法律，主要是为了避免牢狱之灾。而无不良行为者认为，为防止社会混乱每个人都应该遵守法律（Gregg, Gibbs & Basinger, 1994）。成年犯的道德发展水平明显低于背景相同的无犯罪行为者（Henggeler, 1989；Kolhberg, Kufmann, Scharf & Hickey, 1973）。处于不同道德发展水平的个体未实施犯罪的原因是不同的。前习俗水平的个体害怕惩罚而不敢犯罪，习俗水平的个体希望被当成遵纪守法的人，后习俗水平的个体由于社会权利和福利而避免犯罪。

因此，为了避免惩罚而遵守法律的人比把法律当作社会规则的人更容易犯罪。处于后习俗阶段的个体由于具有诚实、慷慨和非暴力等特点而不容易犯罪（Henggeler, 1989）。此外，处于后习俗阶段的人更有可能从事生产行为，造福社会（L. J. Siegel, 1998）。

信息加工理论的研究方法也涉及刑事法律的领域。例如，人的认知图式影响个体的归因、期待、行为以及行为结果。图式本质不同，人们会选择守法或犯罪行为（Dodge，Bates & Petitt，1990）。举例来说，如果家庭成员殴打其家人（或小孩），那么儿童会习得暴力行为或攻击行为的模式，在人际交往过程中采用攻击性的方式来影响其他人的行为（Crick & Dodge，1994）。儿童应对挫折时会形成攻击图式。当孩子惹父母生气时，会被威胁或者虐待。儿童逐渐习惯了威胁和人身攻击，开始学会排斥和攻击，并最终学会攻击以避免成为受害者。儿童避免受伤的期望也可以解释青少年恐吓和挑衅其他儿童的社会原因。他们用自我保护的名义来为攻击他人作辩解（Blair，1997；M. K. Rothbart & Ahadi，1994）。根据信息处理理论，很多青少年成为"小霸王"仅仅是按照个体的经验图式反应的结果（Bosworth，Espelage，& Simon，1999）。不幸的是，这些图式不符合社会规范。同伴和老师厌恶不良行为少年防不胜防的袭击，因此这些青少年成为社区、幼儿园、学校的"麻烦"。这些孩子成年后，可能会被指控袭击。

错误的信息处理方式导致社会交往不良，从而导致不当行为甚至犯罪。具有暴力图式的个体误认为他人的行为具有攻击性，自己就会以攻击行为作为回应。其实在攻击者看来，这种回应并非主动挑衅，多半是对对方行为的"礼尚往来"。动作迟缓和面部表情僵硬的个体更容易被攻击，比如，由于自身冷漠而招致他人殴打（Lochman，1987）。所以，我们需要费尽心思去仔细解读他人行为的真正含义，然后再作出最合适的反应。有的时候你想要攻击的冷漠之人只是先天性的面部表情丧失而已。错误的信息处理也可以导致约会强奸（Lipton，McDonel & McFall，1987）。一些约会强奸犯声称被强奸的女性并非真的不想发生性关系。事实上，这些人常以一个或多个驱动图式来解释强奸行为（Sculley & Marolla，1984）：①女性的诱惑；②女性嘴上说"不"，其实却想要发生性关系；③大多数女性最终享受了性快感；④受害者的名声或行为（未婚妈妈或搭便车）使强奸可以被接受（有时声称，好女孩不会被强奸）。这些助长了性暴力的错误模式来源于社会态度（Janoff-Bulman，Timko & Carli，1985），在女权运动兴起之前被普遍接受。在某些圈子里，这类模式仍然存在（Littleton & Axsom，2003）。

简而言之，认知理论认为，人们如何获得信息、如何处理信息、采取什么行动对于遵纪守法至关重要。试图违法的人错误地处理了可以引发犯罪行为的一个或多个信息（见图5.4）。

六、人格障碍与犯罪

本节以反社会人格障碍（antisocial personality disorder，简称APD，也可以称为犯罪心理或者罪犯人格）为例说明各种心理学理论如何解释犯罪行为。

（一）人格障碍的特征

人格障碍贯穿终生，具有始终如一性。人格障碍者的思考方式和行动模式偏离文化的期望，包括引起个人困扰和/或对他人不适应和人际关系问题。人格障碍最早出现在童年晚期或青春期，特别是人际关系问题，并且在成年早期固定下来。即使带来持续的负面结果，人格障碍者仍然重复习惯性行为模式。在许多情况下，这些人是最后一个意识到自己有问题的。事实上，他们中的大多数人认为自身的问题是别人造成的，自己没有责任，很少认为自己需要接受治疗。事实上，这些人在现实生活中的不适感远远少于周围人。美国精神病学协会制定的精神障碍的诊断与统计手册（简称DSM-IV-TR，美国精神病学协会，2000

93　总结了人格障碍三个集群特征或属性：①古怪/反常；②戏剧性/情感化/不稳定；③焦虑/恐惧（见表5.2）。

表5.2　人格障碍的种类

症状一	症状二	症状三
古怪/反常	戏剧性/情感化/不稳定	焦虑/恐惧
偏执	戏剧性	逃避
内向	自恋	依赖
妄想	边缘化	痴迷/强迫性

American Psychiatric Association, *Diagnostic and Statistical Manual of Mental Disorders*, 4th ed., text revision, Washington, DC: Author, 2000.

焦虑型/恐惧型人格障碍（anxious/fearful cluster of personality disorders）通常与犯罪行为无关，包括逃避型人格障碍（表现为焦虑、社交恐惧，面对挑战多采取回避态度或无能应付）、依赖型人格障碍（无法独立作决定、害怕孤独、依赖他人）和强迫型人格障碍（包括严格要求、过度抑制、完美主义和绝对控制）。

奇怪型/异常型人格障碍包括偏执型人格障碍、精神型人格障碍和分裂型人格障碍（见表5.3）。患有这些疾病的人会有幻觉（听到或看到不存在的东西）或妄想（错误信念）。如果幻觉或者妄想的内容使病患感觉受到威胁进而采取行为，就有可能犯罪。例如，偏执型人格障碍者多疑，充满敌意，容易产生强烈的愤怒和嫉妒。门口陌生人一个无意的动作或随便的言论也可能被患者视为对自己的威胁或辱骂，而这种误解很可能导致攻击意向，这就需要预防偏执型人格障碍者的伤害行为（自伤或者伤害他人）。

表5.3　奇怪型/异常型人格障碍

DSM - IV 分类	首要特征
偏执型人格障碍	多疑、敌意、冷漠、严格控制
精神型人格障碍	缺乏情感表达、社交能力差、朋友很少
分裂型人格障碍	举止古怪、偏执、社会关系糟糕

American Psychiatric Association, *Diagnostic and Statistical Manual of Mental Disorders*, 4th ed., text revision, Washington, DC: Author, 2000.

戏剧型/情感型/不稳定型人格障碍包括边缘型人格障碍、表演型人格障碍、自恋型人格障碍和反社会人格障碍。其中后两种人格障碍与犯罪行为密切相关。自恋型人格障碍的主要特点是自尊心膨胀、缺乏同情心，认为自身拥有特权，不应该受正常社会规范的约束。反社会人格障碍的特点是漠视他人权利，麻木不仁，缺乏同情心，总是想要控制他人，不诚实，对不当行为无动于衷。这些特征如同为犯罪行为量体裁衣的裁缝一样，塑造了犯罪行为。因此，探索犯罪心理根源的理论家极为关注反社会人格障碍。

（二）反社会人格障碍

精神障碍的诊断与统计手册（简称 DSM-IV-TR，美国精神病学协会，2000）首次提出反社会人格障碍是在 200 年前，菲利普·毕乃尔（Phillipe Pinel，1801）描述了具有以下特征的病患：他们既没有心理疾病也没有躯体疾病，但是却具有攻击和自残行为。他认为这些病患群体患有精神病（maine sans délire）。美国医生本杰明·拉什（Benjamin Rush，1812）认为该类病患应该受到道德上的谴责。普里查德（J. C. Prichard，1845）则认为这类病患无时无刻不在忍受道德精神错乱的痛苦，虽然没有任何躯体功能性障碍（生理疾病或心理疾病），但是却严重干扰社会秩序（Livesley, Schroeder, Jackson & Jang, 1994）。虽然这些人并非法定认可的精神错乱，但是他们缺乏自制力，具有伤害他人的倾向，在道德上相当于精神错乱。后来，科赫（J. L. Koch, 1891）称这些人为精神病患者。科赫和其他德国精神病学家认为区分这些人格障碍的症状与精神疾病的核心是：是否具有生理缺陷的基础。埃米尔·克雷佩林（Emile Kraepelin, 1903~1904）表明，精神病态不仅在生理和基因方面存在缺陷，心理上还具有很深的自卑感。卡尔·伯恩鲍姆（Karl Birnbaum, 1914）称这类人为反社会者，是社会学习不良和家庭环境恶劣的产物。

94

1941 年，精神病学学者赫维·克莱克利（Hervey Cleckley）出版了书籍《理智的面具》（*The Mask of Sanity*），认为反社会人格障碍患者具有以下特征：表面上很迷人、很聪明，实际上并不可靠，虚情假意，不能从经验中学习，不能为罪行感到懊悔，无法感受到任何人的爱，很少有正常的性关系。事实上，他们几乎从不与任何人保持持久关系。不过，这些人可能商业上很成功，拥有巨大的权力和影响力。

罗伯特·海尔（Robert Hare）设计了病态人格量表（Psychopathy Checklist，简称PCL-R, 1980），并总结了精神病态的行为特征，包括口若悬河/流于表面的魅力，过度自负，追求刺激和无聊倾向性，病态说谎，诈骗/操纵风格，缺乏悔恨和内疚，浅尝辄止，麻木不仁和缺乏同情心，寄生生活，行为控制差，性滥交和多次短期婚姻，早期存在行为问题和青少年期犯罪，缺乏现实的长期目标，冲动，不负责任，犯罪后违规假释或缓刑，反复犯罪。

一般人常常混淆精神病态和反社会人格障碍，但研究人员认为这两个概念是不同的，主要区别是精神病态罪犯的犯罪行为比反社会人格障碍者更普遍、更严重。DSM-IV-TR（美国精神病学协会，2000 年）指出，人格障碍者经常被贴上标签：认为这类人冷酷无情、操纵他人，无视法律和社会习俗，无视他人的权利和感受，不诚实、冲动，不能从惩罚中吸取教训，犯罪或伤害他人后缺乏悔恨和内疚。最臭名昭著的暴力罪犯符合 DSM-IV-TR 中反社会人格障碍的标准，也符合海尔病态人格量表的标准。

反社会人格障碍的患病率男性 8%，女性 3%（美国精神病学协会，2000a；Barry, Fleming, & Maxwell, 1997）。

（三）反社会人格障碍的心理学理论

关于反社会人格障碍病因的研究数不胜数，远远多于其他人格障碍（Andrews & Bonta, 1994）。

精神动力学理论、学习理论和认知理论都在探寻反社会人格障碍产生的心理过程。精神动力学理论包括弗洛伊德的理论、新弗洛伊德主义者埃里克森的理论以及客体关系理论。弗洛伊德认为，反社会人格是性心理发展固着在某一个阶段的结果，主要是因为本我、自我和超我还没有达到功能上的平衡（Barak, 1998）。通常，反社会人格障碍者具有薄弱的自我。

后弗洛伊德（Post-Freudian）理论强调家庭对反社会人格障碍的影响。个体关系理论学家认为儿童在 2～3 岁时得到父母的精心照顾才能使自尊心健康发展。缺乏自尊的儿童也不会有尊重或同情他人，这也是反社会人格障碍很常见的一种行为模式。事实上，本书第七、八章相关部分指出，被冷漠的父母抚养长大的很多个体未能形成安全型依恋（Buss，1966；W. McCord & McCord，1964；Oltman & Friedman，1967）。

95   关于反社会人格障碍的解释更有影响力的理论强调学习、社会学习和信息处理的作用。认知心理学家认为神经缺陷引起的信息处理错误是导致反社会人格障碍的根源（Helfgott，1997；af Klinteberg，1996）。社会学习理论指出具体的家庭因素导致了反社会人格（Loeber，1991；Loeber & Hay，1997）。这些因素包括：

（1）父母犯罪史。父母的犯罪行为为儿童提供了反社会行为的榜样，还有可能破坏家庭生活（Loeber & Dishion，1983）。

（2）父母长期忽视儿童、不稳定的管教、身体虐待、监管不力（Patterson，1986）。任何一个因素都可以导致儿童出现学习社会规范困难，违反社会规则。此外，遭受身体虐待的儿童认为暴力是解决问题的合理手段。研究童年期遭受身体虐待的1100多名成年人发现，童年虐待和反社会人格障碍呈显著正相关（Weiler & Widom，1996）。

（3）不良同伴。习惯性反社会行为往往是通过对同伴的反社会行为进行模仿而习得。如果个体取得了该同伴群体的最高位置，那么他的反社会行为就会不断被加强（Elliott，Huizing & Ageton，1985b）。

泰利·莫菲特（Terrie Moffit，1993）在众多观点的基础上形成了"生命—过程—持续犯罪者"（life-course-persistent offenders）理论。她认为持续犯罪者具有以下特征：一种或多种类型的反社会行为持续终生，比如，4 岁抓咬他人，10 岁入店行窃、旷课，16 岁进行毒品交易和汽车盗窃，22 岁抢劫和强奸，30 岁欺诈和虐待儿童。莫菲特认为，这些行为的源头始于产妇违规食用药物、酒精滥用或产前营养差等因素，脑损伤导致出生并发症，情感剥夺、虐待和忽视等因素导致儿童早期神经心理方面的问题。这些生理和情感因素最终形成冲动的个性风格，导致个体自控能力差。这些儿童的父母往往具有心理缺陷，或者具有药物/酒精滥用史。父母不能自律，更不用说照顾孩子了。如果他们正在抚养一个孩子，错误的行为将会加强儿童的不良行为。这些行为问题导致学业失败，进而引起饮酒、逃学、辍学甚至犯罪行为（Moffit，1993）。其他研究人员也得出了相似的结论（Caspi et al.，1994；Nagan & Land，1993；Widom，2000）。简而言之，一旦儿童偏离健康的发育途径，都有可能导致反社会人格障碍，从而发展成为一个终生的罪犯（Loeber & Stouthamer-Loeber，1998；Widom，2000），见图5.5。

这并非一个值得高兴的评估，但说明了应用心理学理论可以解释影响儿童早期发展的群体因素，揭示了教养儿童的重要性，尤其是儿童早期至关重要。父母提供良好的教育、及时介入和干预，能够更好地预防犯罪行为发生。

在下一章中，我们将会探讨心理因素之外的家庭、学校、社区、社会阶层和文化因素，这些因素可能为犯罪行为提供了"肥沃土壤"。

七、总结

犯罪行为的心理根源在于人格发展和人际交往中个体的心理过程和本能驱力。心理发

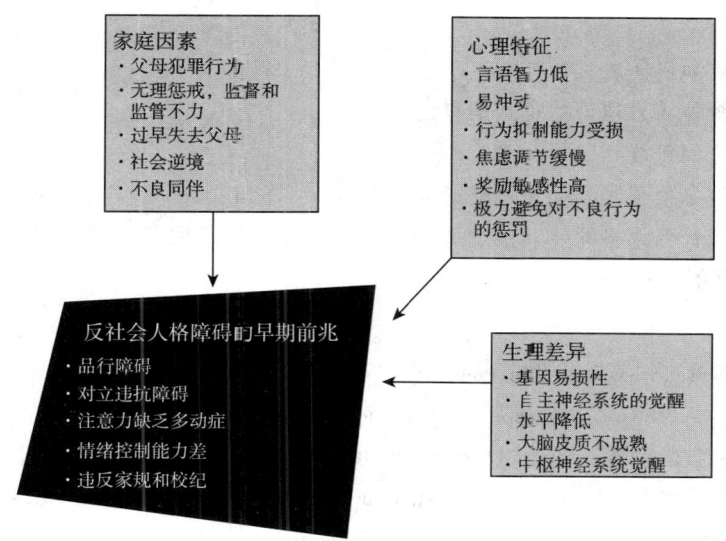

图 5.5 反社会人格障碍的早期前兆

M. T. Nietzel，M. Speltz，E. McCauley，& D. A. Bernstein，*Abnormal Psychology*，Boston：Allyn & Bacon，1998．

展始于个体早期的人格塑造以及独特的思维模式、感觉和行为，并贯穿个体的一生。人格发展是生物因素和环境因素交互作用的结果。外向、冲动、攻击性等特定的人格特质与犯罪行为的关系更为密切。

弗洛伊德的精神动力学理论、埃里克森、沙利文、个体关系理论用内部力量解释犯罪和暴力。弗洛伊德的理论更注重个体的生物学倾向，而埃里克森和沙利文则强调社会交往。克莱恩、科胡特和马勒的个体关系理论强调儿童与父母（监护者）关系适应不良。斯金纳和班杜拉的学习理论通过运用奖励、强化以及榜样来解释侵犯和暴力。不良教养方式的糅合导致儿童违法乱纪，通过观察榜样的侵犯和暴力可能导致犯罪行为。皮亚杰和科尔伯格从认知的角度解释犯罪行为。皮亚杰认为个体通过认知图式学会思维和推理，而科尔伯格则关注儿童和成人的道德推理和判断。道奇和西格勒验证个体行为图式的发展以及决策可能导致攻击和犯罪。

人格的发展并非总是与环境相适应的。在人格发展不适应外部环境的情况下，人格障碍就产生了。与犯罪行为关联最紧密的人格障碍类型是反社会人格障碍。海尔的研究表明反社会人格与犯罪行为有关。另外，他还开发了评估工具——精神病检查表修订版（PCL-R），预测个体犯罪的诱因。

莫菲特整合生理因素与心理学理论来解释持续犯罪者的一生，其开创性工作引导了其他人探索犯罪的过程，这些发现有利于青少年和成人犯罪者的预防和康复项目。

关键术语

人格 气质 本我 自我 超我 防御机制 性心理发展阶段 犯罪的精神动力学理论 心理发展 个体关系 行为主义 学习 经典条件反射 操作性条件反射 社会学习 人格障碍 反社会人格障碍 精神病态

复习问题

1. 人格特质如何促成犯罪？

2. 如何从精神动力理论的观点解释犯罪？

3. 学习理论如何解释犯罪行为？

4. 认知和信息处理过程如何影响犯罪和暴力？

5. 什么是反社会人格障碍？关于反社会人格障碍如何导致犯罪和暴力行为，生命过程模型是怎样进行解释的？

相关链接

犯罪行为网站：www. cassel2e. com.

汉斯·艾森克：http：//freespace. virgin. net/darrin. evans/.

西格蒙德·弗洛伊德：http：//www. iep. utm. edu/f/freud. htm.

爱利克·埃里克森：http：//elvers. stjoe. udayton. edu/history/people/Erikson. html.

B. F. 斯金纳：http：//www. bfskinner. org/Operant. asp.

阿尔伯特·班杜拉的"波比娃娃"实验：http：//psychclassics. yorku. ca/Bandura/bo-bo. htm.

让·皮亚杰：http：//www. time. com/time/time100/scientist/profile/piaget. html.

劳伦斯·科尔伯格：http：//faculty. plts. edu/gpence/html/kohlberg. htm.

罗伯特·黑尔：http：//www. hare. org/.

第六章 犯罪的社会与环境基础

人类攻击与暴力的社会根源　　　　　犯罪的环境根源
社会认知、社会行为与犯罪　　　　　犯罪生态学

　　在第三章中，我们介绍了一系列校园枪击事件，共造成50人丧生。其中，最严重的莫过于发生在科罗拉多州利特尔顿（Littleton）的枪击案。时年18岁的艾瑞克·哈里斯（Eric Harris）和17岁的迪伦·克莱伯德（Dylan Klebold）使用多种武器杀死了12名同学和老师，之后自杀。这两个年轻的生命留给人们的除了50多个埋藏在学校各处的炸弹之外，还有对社会的拷问：我们能为这些误入歧途的年轻人做些什么？是什么让他们心怀如此仇恨？是什么让他们犯下这样的暴力罪行？相比以往任何校园暴力事件，利特尔顿的悲剧使公众的注意力集中在了怎样遏制美国的暴力文化上，尤其引人关注的是枪支的泛滥与充斥在电视、电影、音乐、游戏和互联网上的暴力画面。简而言之，美国人终于开始更加仔细地考虑犯罪的社会和环境根源。

　　在这一章，我们将研究犯罪行为的社会和环境原因，包括他人的影响、生活条件、文化和价值观。在理解这些犯罪行为时，了解这些因素的重要性是至关重要的。之所以如此，不仅是因为人类物种固有的社会属性，还因为犯罪行为本身就是一个社会行为。或者，更恰当的说法是——反社会行为。除了一些特殊的情况之外，多数犯罪都有受害人。有时，这些受害人是随机选取的，但更多时候，他们是因为某些特殊的原因而遭到不幸的。例如，在利特尔顿的校园枪击案中，受害者就是特定的一群人——健壮的有色人种学生。

　　群体（Groups）是社会交往的基本单位，是指由两个或两个以上的人为共同的目的连接在一起的组织。每个人都有多个所属群体，国籍、政治和宗教组织和家庭都是群体，那些有共同运动或阅读兴趣的人组成的协会也是群体，而性别、种族、地区背景或社会经济地位则是更普遍的群体形式。

　　人们所属的群体（Groups）会影响他们的行为，也是犯罪行为的根源之一。请考虑以下暴力和/或犯罪行为的共同点：阿布格莱布监狱的虐囚事件、越南美莱村大屠杀、北爱尔兰新教徒和天主教徒之间的冲突、中东地区阿拉伯人和犹太人之间的冲突、三K党私刑、韦科（Waco）和鲁比岭（Ruby Ridge）的激进组织与政府的对峙、美国空军学院性骚扰女性学员、暗杀敌对帮派的领袖、警察对有色人种犯罪嫌疑人施暴、伊斯兰极端组织的恐怖行为。

　　在以上每个案件中，暴力行为的特点都与所属群体的差异有关。事件的核心分别是种

族主义、精英主义或基于政治、宗教或其他群体区别的偏见。犯下这些罪行的一些组织和机构拥有政治上和宗教上的合法性，而另一些则与对组织、帮派或信仰的叛离有关。几乎在所有事件中，受害者都是施暴者团体以外的人，而憎恨、贪婪和对权力的渴望共同驱动了暴力的产生。但是，犯罪人不一定把他们的攻击限定于群体外或势力范围以外的对象。事实上，支配他人的欲望是人类生存的基本特征。正如莫索特（Merssault）、阿尔贝·加缪（Albert Camus）的小说《堕落》（The Fall, 1956）的主人公所说："如果不能支配别人，我们将无法存活。即使是最底层的人，也还有他的妻子、孩子。如果他是一个单身汉，那么，他可以支配他的狗。"

社会学（Sociology）、社会心理学（Social psychology）和环境心理学（Environmental psychology）能帮助我们理解组织、机构、文化以及社会和个体的生理特征是如何影响犯罪行为的。而研究犯罪的社会根源，我们要依赖于以上学科提供的线索。社会心理学是心理学的分支，主要研究他人和群体是如何影响人类行为的。环境心理学关注的是人类行为与自然和建筑环境（如气候、建筑空间和照明）之间的相互影响。社会学研究各种各样的群体——从核心家庭到社会、政治和宗教机构——并且考察个人行为和这些团体之间的关系。社会学家也会研究个人犯罪，但他们倾向于认为犯罪的根源在社会制度，而不是个人。因此，他们认为，必须改变社会结构、价值观和那些最基本的社会功能——家庭、法律、政治和教育——才能有效地解决犯罪问题。[1]

因为大多数人想到犯罪时会想到攻击与暴力，所以我们对犯罪的社会根源的探索就从攻击与暴力的社会原因开始吧。

一、人类攻击与暴力的社会根源

从各方面而言，人类似乎都是地球上最残酷无情的物种（Storr, 1970）。弗洛伊德认为，攻击是人的本能。然而，研究却不支持这样的结论。美国心理协会和其他国际心理学家组织（1991）发表了一份声明称，暴力侵略和战争并没有根植于人类的基因或是本能中（Adams, 1991）。如果这种看法是正确的，那么，人类的攻击来自哪里呢？

强有力的证据表明人们可以通过与他人的互动交往学会攻击行为。为了达到特定的目标而使用攻击手段是西方文化的一部分，更是美国的高度竞争文化的核心。大家基本都认同文斯·隆巴迪（Vince Lombardi）那句著名的座右铭："赢，不是一切，而是唯一。"美国的孩子们就算是想要摘天上的星星也会被要求不要放弃。并且，他们总会学到：在自己前进的过程中，难免要把别人踩在脚下。

社会学习与犯罪

我们在第五章指出，社会学习理论解释了人们是如何习得工具性（目标导向）和敌意性（情感导向）这两种攻击的。班杜拉（1969，1986）是第一个强调人可以不通过直接经验获得（或抑制）新行为的认知行为学家。他超越了经典条件反射和操作性条件反射理论，认为仅仅依靠观察别人的行为结果就可以实现学习。并且指出，当被观察的榜样是观察者欣赏、崇拜的人时，观察学习尤其容易发生。

[1] 关于犯罪的更详尽的社会学理论不在本书的讨论范围之内，如果想进行更全面的了解，可参考 Siegel（2003）相关著述。

基于观察学习的原理，有人认为大众传媒对暴力描绘促发了更多暴力犯罪（见第五章中提到的波比娃娃实验）。媒体中出现的暴力与现实生活中的暴力之间存在显著的相关性。例如，不论是黄金时段电视中出现的暴力场面还是人均暴力犯罪率，美国与任何文明国家相比都是最高的。这些相关性能够证明媒体暴力和犯罪行为之间的因果关系吗？

1. 电视暴力

1996 年 10 月 7 日，《时代》杂志刊登了一则题为"电视让他做的吗？"的谋杀案报道。主人公是 15 岁的罗伯特·萨莫拉（Robert Zamora），谋杀了住在他隔壁的老妇人。萨莫拉的辩护律师认为，罗伯特沉迷于电视中的暴力，并从中学会了杀人的方法，因为他的犯罪手法与前不久他在电视节目上看到的谋杀事件是相似的。律师还认为，罗伯特前一天晚上看的恐怖片"灌输"给他一些暴力观念。辩方声称罗伯特看了太多电视——每天 6 个小时——因此他应该以精神失常被判无罪。陪审团最终还是拒绝了律师的辩护，判决罗伯特谋杀罪名成立。这样的决定与媒体暴力的研究结果是一致的：媒体暴力，尤其是电视中出现的暴力，的确可以导致某些人出现暴力行为。但对大多数人来说，它的主要作用是让人们放松对暴力的警惕，并且低估暴力带来的痛苦。

媒体暴力导致（或者说诱发）犯罪的作用在那些"模仿者"犯罪中最为明显。在很多案件中，人们是在模仿他们从电影或电视上看到的犯罪行为。例如，1995 年 11 月，一个小偷在纽约的地铁售票处纵火，导致售票员重伤。这种冷酷的行径几乎与小偷几天前看过的电影《金钱列车》（Money Train）如出一辙（《波士顿环球报》，1995 年 11 月 28 日）。近两年之后，一个 21 岁的青年因为在高中校园的跑道上射杀一名男子而被逮捕（《波士顿环球报》，1997 年 8 月 15 日）。这名嫌疑人承认，这次随机的谋杀旨在仿效他最喜欢的电影——《天生杀人狂》（Natural Born Killers）中的英雄。最近，有几个谋杀犯自称，杀人是为了逃离《黑客帝国》描绘的那个空间（Jackman，2003）。而且，当一些引人注目的犯罪被报道出来后——如 20 世纪 80 年代的泰诺中毒事件——相似的案件也会相继出现。精神不稳定的个体可能会复制电影中令人发指的行为，或者从出现暴力场景的电视节目中获得启发。这种观点并不是毫无根据的。事实上，1977 年的一个电视调查发现，208 名囚犯中有 90% 的人从电视节目中学会了新的犯罪技巧；40% 的人后来模仿了他们在电视上看到的一些特定犯罪（Seppa，1977）。

看电视对儿童的暴力行为也有类似影响吗？据估计，美国儿童和年轻人每天看电视的时间平均在两个半小时以上（Woodard & Gridina，2000），而他们所看的内容大部分是关于暴力的（Gerbner，Gross，Morgan，& Signorielli，1980；Potter et al.，1995；Signorielli，1990）。全国电视暴力调查（B. J. Wilson et al.，1997）连续三年对美国电视节目中出现的暴力总数进行了统计，结果发现：

（1）61% 的电视节目包含暴力内容。

（2）44% 与暴力有关的节目中，犯罪人都有一些迷人的、有吸引力的特质。

（3）43% 的暴力镜头对参与暴力活动使用了幽默的字眼。

（4）电视上近 75% 的暴力行为没有立即被处罚或谴责。

（5）电视上对暴力行为的描述，58% 没有痛苦，47% 没有伤害，另有 40% 描述的伤害与实际不符。

102   于是，小学毕业之前的儿童至少可以在电视上看到 8000 起谋杀案，以及超过 100 000 起其他暴力事件。而这个数字到了他们 18 岁时会增长一倍（安嫩伯格公共政策研究中心，2000）。当然，媒体暴力并不仅限于娱乐节目，电视新闻同样也让我们的生活淹没在暴力画面中（van der Molen, 2004），其影响不容小觑。例如，在媒体大规模报道利特尔顿的校园枪击案之后，美国和加拿大就有一些学生因为涉嫌策划、尝试或者已经实施了类似犯罪而被逮捕。

看暴力电视节目真的会让孩子和年轻人变得暴力吗？如果答案是肯定的，这种变化的机制是什么？据老师和家长提供的一些不确切的证据显示，一些孩子看完暴力节目后确实会变得更有攻击性。家长、老师、心理学家和儿童媒体尤其关心像杰瑞史宾格脱口秀（Jerry Springer Show）那样的以成人身体攻击为内容，但却受到儿童追捧的真人秀节目（Glod, 1998）[1]。

人们曾经猜测，观看暴力节目是有益的，因为这样可以通过想象释放内心压抑的攻击冲动。这一观点可以追溯至亚里士多德时代（公元前 384 年~公元前 322 年）。亚里士多德认为，看悲剧戏剧可以帮助人们释放负面情绪（Butcher, 1951）。然而，现代研究并不支持以上假设。例如，研究发现（Phillips, 1986），在电视上转播职业拳击冠军赛的那几天，美国的凶杀案明显增多。并且，拳击赛越是激烈，凶杀案增加越多。也有研究表明，观看足球、摔跤或曲棍球比赛也能使一些人变得越来越暴力（Arms et al., 1979；Russell, 1983）。后来一个关于宣泄理论的实验发现（Bushman, Baumeister, & Stack, 1999），与对照组相比，那些被允许通过身体攻击行为——打沙袋——"发泄"愤怒的被试，对后来惹恼他们的那些人表现出了更多的愤怒和攻击性。

心理学家不能进行违背伦理道德的实验，他们不能让大量儿童和成人过度观看暴力节目以确定暴力节目的影响。但是他们可以考察观看暴力和实施暴力之间广泛的相关性（C. A. Anderson, Berkowitz et al., 2003）。一个对 217 个实证研究（这 217 个研究分别发表于 1957~1990 年间，都是关于媒体暴力与现实暴力行为的研究）的荟萃分析发现（Pail & Comstock, 1994），短暂暴露于电视和电影暴力之中会让青少年在短期内变得更有攻击性，出现更多的身体攻击行为。

但同时，这些研究也面临着很多批评。因为他们主要是通过父母的报告获知孩子看电视的习惯，而不是通过客观观察或是孩子的自我报告。此外，就算是观看电视中的攻击行为与实际的攻击行为的确存在相关性，"电视"恐怕也不是唯一的原因。其他诸如生物因素、父母的教养方式和同龄人的影响，都可能是影响因素（Freedman, 2002）。所以，即使这些研究变得更加客观了，也仍然存在问题。例如，一个为期四年的追踪研究（Singer & Singer, 1983）对学龄前儿童观看的节目进行了记录，每年记录几次，每次记录两周。与此同时，这个研究注意保持了研究的客观性，记录人员并不知道他们所记录的孩子的观看习惯。研究结果表明，经常观看暴力电视的孩子在比赛中更容易出现攻击行为。然而，这些孩子同时也是那些经常受到严厉批评和体罚的孩子，因此，这个因素可能才是他们攻击性较高的原因。

---

〔1〕 这个节目通常会安排有激烈矛盾的双方——比如愤怒的妇女和出轨的伴侣——在镜头面前打架。

对美国（Parke et al.，1977）和比利时（Leyens et al.，1975）问题少年的实验研究显示，观看暴力电影能够导致身体攻击行为。然而，评论指出，这个结论是不可靠的，并且可能会导致其他研究者错误地把这个结论作为一种实验方法——先让被试看攻击性的电影，然后立即观察攻击行为。

其他还有一些试图评估电视暴力和现实暴力之间的因果关系的研究，利用的是"自然实验"法。被试不是随机接受不同的实验处理，而是正常地看电视。这些研究往往支持早期的观点。例如，刚刚引入电视的地区，暴力犯罪率往往随之上升，包括南非的凶杀案件、加拿大城镇的校园暴力（Centerwall，1989）。

观看暴力节目可能会以怎样的方式导致暴力行为呢？首先，电视中的暴力以稳定的频率出现，降低了观众的敏感度，使他们认为暴力攻击是现代生活的正常组成部分（Aronson，2004）。有个实验支持了这种脱敏效应假设。实验者让一组孩子观看暴力的警匪片，另一组孩子观看非暴力节目，然后观察他们之后遇到有攻击性的对象时有何反应。结果发现，那些看过暴力警匪片的儿童比那些看非暴力节目的儿童表现出更少的情感回应（Thomas et al.，1977）。还有一些研究也发现，当面对暴力场景时，习惯了观看大量暴力场面的人比那些不习惯看到暴力的人表现出更少的生理冲动（美国心理学协会，简称APA，1993；Mueller，Donnerstein，& Hallam，1983；Zillman，1989）。

接触电视暴力是如何导致攻击行为的另一种解释源于一般情感攻击模型（GAAM）。安德森（C. A. Anderson）和迪尔（Dill）提出的这个模型认为（2000），攻击主要来源于观察学习和其他社会学习过程（班杜拉，1986）。通过这些学习过程，有些人发展出的认知脚本和认知模式会引导他们以敌意的方式解释社会情境，把攻击和暴力看作是对威胁合理、合法的，甚至是基本的反应（C. A. Anderson，& Deuser，1996；见第五章）。在GAAM模型中，接触电视暴力作为一个个体差异变量起作用。它提供的社会信息可以让人对暴力产生更加积极乐观的态度，可以提高观看者的攻击技能，有助于暴力手段的合理化。有某些特定人格特质（如敌意）的人更容易受到这些信息影响，尤其是在受到威胁和情绪唤醒的状态下，会更多地选择攻击性应对方案（见图6.1）。

综上所述，研究已经表明，媒体暴力与攻击行为之间显著的相关性可能的确暗含着一些因果关系。但这主要是由于高攻击性的孩子本身就比同龄孩子更经常收看暴力节目（APA，1993；J. Q. Wilson & Herrnstein，1985）。换句话说，媒体暴力能够引起的，似乎是那些本来就具有攻击性的年轻人的攻击行为（Josephson，1987）。而且，攻击性最高的孩子似乎也是最有可能收看暴力节目的孩子（APA，1993；Eron，1982；Seppa，1997）。而不那么咄咄逼人的孩子在看到了暴力画面之后，似乎更害怕成为暴力的受害者（APA，1993）。

所以，最可能受媒体暴力影响的是那些本身就有攻击和暴力倾向的人，那些心理状态不稳定、会去模仿其他犯罪人的人。如果父母不在认知上调整孩子对体罚的认识，不让孩子明白攻击和暴力是不被社会接受的行为，那么，媒体暴力对孩子的影响就会尤其严重（Signorelli，1990；Singer & Singer，1980）。正是因为父母积极的引导和其他中介变量的存在，虽然数百万儿童（和成人）每天观看几个小时充满暴力的电视节目，但是却没有人人都出现攻击、暴力甚至是犯罪行为。

2. 暴力电子游戏和网络内容

作为"明天的电视"，互联网影响着人类的许多行为，包括暴力行为。一项研究

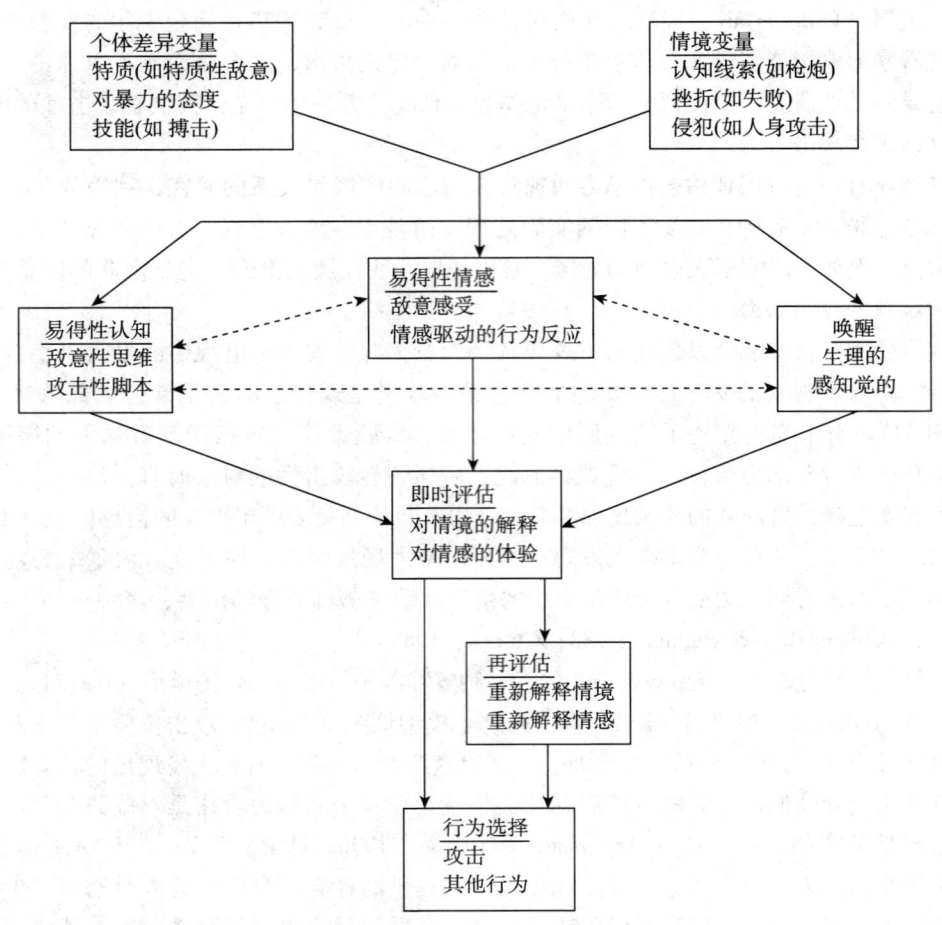

图6.1 一般情感攻击模型（CAAM）

引自 "Examining an Affective Aggression Framework：Weapon and Temperature on Aggressive Thoughts，Affect，and Attitudes"，by C. A. Anderson，K. B. Anderson，and W. E. Deuser，*Personality and Social Psychology Bulletin*，Reprinted with permission of Sage Publications.

（Kraut et al.，1998）表明，人们花在网上的时间与社会隔离感和抑郁的程度呈正相关，有时与反社会行为也有关联。在利特尔顿后的校园枪击案中，凶手哈里斯（Harris）和克莱伯德（Klebold）正是在网上找到了炸药的"配方"。而且，据了解，他们非常喜欢玩一个叫"毁灭战士"（Doom）的电子游戏，而这个游戏是美国军队用来帮士兵训练高效杀人方法的。哈里斯（Harris）和克莱伯德（Klebold）还创建了一个定制版本的游戏，两个射手配备无限弹药。在这个游戏中，哈里斯（Harris）和克莱伯德（Klebold）甚至自己扮演了两个角色，表演了一段末日场景——与他们之后实施的大屠杀出奇的相似。

然而，要了解暴力电子游戏和暴力的互联网内容与实际的暴力和攻击行为之间的潜在关系，还需要更多的研究。最近的一项实验表明（C. A. Anderson & Dill，2000），大学生在玩暴力电子游戏后，会对接下来游戏中的对手表现出更多的攻击行为。按照 GAAM 模型来解释，安德森（Anderson）和迪尔（Dill）认为，玩暴力电子游戏的短期影响是增加了攻击性思维；而长期影响则是生成和巩固了攻击性的认知脚本，并以此来应对现实生活中的冲突。

暴力电子游戏比电视和电影中的暴力内容更有害吗？安德森（Anderson）和迪尔（Dill）认为答案是肯定的。原因有三：①游戏的互动性质让玩家对自己的攻击者身份有着强烈的认同；②在这个互动背景下，玩家选择攻击行为就会得到强化，因此攻击性的认知习惯（图式和脚本）就更加稳固；③电子游戏的现实感和紧张感很容易让人上瘾。然而，目前看来，电子游戏中大量的、写实的暴力场景似乎并没有受到什么限制。鉴于此，安德森（Anderson）和迪尔（Dill）以及其他研究人员正在试图提醒这些游戏的玩家（和他们的父母）注意游戏中潜在的风险。

3. 暴力歌词

对许多人来说，当今暴力文化的另一种载体是歌词。这些流行音乐的歌词或多或少地描绘、美化或者鼓励着攻击和暴力行为。批评者认为这样的音乐与电视暴力一样十分危险，而其支持者则认为暴力歌词不过是年轻人对主流文化和政治较为异化的表达方式与较为拙劣的模仿。他们认为，就像是闹剧或恐怖小说一样，这些歌词被创作出来并不是想要告诉人们应该如何行事（Hunter，1999）。当然，问题是，不管最初的意图是什么，像玛丽莲曼森（Marilyn Manson）那样的音乐的确可能会诱发暴力行为。C. A. 安德森（C. A. Anderson）及其同事的研究（C. A. Anderson，Carnagey，& Eubanks，2003）表明，听鼓吹暴力的摇滚乐能够唤起敌意感受和攻击性思维；但听非暴力内容的摇滚音乐则没有这些影响。根据GAAM 模型，研究人员总结道，如同电视暴力和暴力电子游戏一样，由歌词诱发的攻击性的思维和感觉会使人们更倾向于把情境理解为威胁性的，从而产生更多攻击行为。

不管电视暴力、电子游戏、互联网和歌词是否会直接引发攻击行为，毫无疑问，它们都是能够触发攻击行为的社会原因的新元素。尤其会影响到那些最骚动的、最不稳定的、最具有攻击性的人。不过，一定要注意的是，远在玛丽莲曼森、"毁灭战士"、互联网，甚至是电视暴力出现之前，年轻人就已经犯下了大屠杀和其他暴力罪行。1951 年，17 岁的肯尼斯·斯金纳（Kenneth Skinner）在旧金山的一个公寓大楼纵火，导致素不相识的 8 人死亡。1958 年，19 岁的查尔斯·斯塔克韦瑟（Charles Starkweather）和 14 岁的卡瑞尔·福格特（Caril Fugate）持续了一场为期一周之久的"屠杀狂欢"——连续一周，他们在内布拉斯加州和怀俄明州共枪杀、刺死、扼杀 11 人。1966 年 7 月，24 岁的查尔斯·惠特曼（Charles Whitman）从德克萨斯的奥斯汀大学（Austin）的钟楼顶上射杀 16 人。4 个月后，18 岁的罗伯特·本杰明·史密斯（Robert Benjamin Smith）在亚利桑那州梅萨（Mesa）的一个美容院中扣留了 7 名人质，最后杀害 5 人，包括一个 3 岁的女孩（Lovinger，1999）。简而言之，媒体暴力对暴力行为的影响并不是简单直接的，即使明天一切媒体都消失了，暴力犯罪也很可能仍然存在——并且为数不少。

4. 色情文学与性暴力

1970 年，由美国政府发起组织的全国淫秽色情预防委员会开始着手解决接触色情作品是否会导致性暴力的问题。回顾相关研究之后，该委员会没有发现明确的证据证明应该全面禁止销售和持有色情作品。

然而，包含暴力和性虐待情节的色情作品似乎会使一些人产生性暴力行为（Donnerstein，Linz，& Penrod，1987；Koop，1987）。看起来，那些描绘了可耻的性虐待的色情文学

105

可以：①制造出一个假象：女人喜欢被强奸，并且/或者对被害负有一定责任；②如果受害者似乎喜欢成为性暴力的对象，色情文学将产生更大的影响；③引起犯罪人和普通读者的性冲动；④在实验室条件下引起对女性的性侵犯（Malamuth & Check，1981；Siegel，1998）。

5. 色情文学与互联网

网上的色情产业价值数十亿美元。网络色情与犯罪之间最令人不安的联系就是恋童癖（见第十章）对儿童的伤害，以及其他利用儿童达到性满足的犯罪。在网上，不管是真实的还是虚拟的，关于儿童性行为的呈现都是违法的。之所以有这些规定，一部分是因为在制作这些色情作品的过程中，会有儿童成为受害者（尽管这些图像不是真实拍摄的而是电脑合成的）；更主要的是因为它会刺激恋童癖伤害儿童和青少年。从某种意义上来说，这与传统观点相同：色情文学会导致性暴力。正如我们所见，除非包含性虐待和性暴力的内容，不然没有直接证据证明色情文学与性暴力之间的关系。

目前，没有研究表明恋童癖和其他变童行为与网络儿童色情文学之间（当然，没有实验研究这个问题）存在相关性（Cass & Kovera，2001）。但是，有足够的间接材料让人们相信，网络儿童色情会影响对儿童的性剥削行为。因此法律对此采取强硬的立场，仅仅是在电脑上下载儿童色情作品，就足以让你在联邦监狱住上很多年。

总之，大多数研究者认为"标准的"、非暴力的成人色情作品与性侵犯或其他犯罪没有因果关系。但性虐待、暴力色情和各种形式的儿童色情可能间接影响对妇女和儿童的性施虐行为。成人色情作品中的暴力元素似乎会影响文化观念，认为女性喜欢被迫发生性行为，从而导致一些年轻人实施性暴力。儿童色情可能会刺激恋童癖的性欲望，从而导致儿童受到伤害。[1]

二、社会认知（Social cognition）、社会行为与犯罪

在讨论过个人是如何通过观察他们欣赏或希望效仿的人进行行为学习之后，我们将要思考的是，在更大的社会文化背景之下暴力和犯罪是如何发展的。在此之前，我们必须考察的是：人们已经习得的社会认知（Social cognition）和行为方式是如何影响犯罪行为的。

（一）归因与归因偏差

社会心理学家使用"归因"这一术语来描述人们解释自己的行为和他人行为的过程。这些归因过程是社会认知（Social cognition）——人们感知、记忆和思考他人的方式——的一部分。社会认知（Social cognition），特别是归因过程，对理解犯罪来说很重要。因为人们对他人的看法以及对他人的动机、性格之归因，能够决定人们是否实施犯罪行为，也能决定犯罪行为会指向什么样的对象。

归因要么是朝向内部的要么是朝向外部的。内部归因是认为原因在于个人，而外部归因是把行为原因归于当事人以外的因素。因此，认为别人迟到是因为懒惰反映了内部归因；认为他们迟到了是因为交通堵塞则反映了外部归因。

人们的归因通常是正确的，但人们在进行归责时也会出现系统性误差，这些误差反映的就是归因偏差。归因偏差带来的最常见的结果就是"基本归因错误"（Gilbert & Malone，

---

〔1〕 不幸的是，互联网给变童者提供了可以"找到"儿童的方法，甚至有机会可以私下接触到这些孩子。调查发现（Finkelhor，Mitchell，& Wolak，2000），在1501名10~17岁的互联网用户中，大约有20%于前一年在网上收到过性引诱，其中约有33%的性引诱要求跟本人见面、打电话、给他们寄钱和礼物。

1995）——倾向于将他人的行为归因于内部因素。因此，当一个人前面的车子慢吞吞地移动时，这个人可能会认为，前面那辆车的司机是个磨磨蹭蹭的笨蛋，而不是正在寻找什么。这种现象的延伸是"行动者—观察者偏差"（Baumeister, 1995）——人们倾向于将别人的行为归因于内部因素，而将自己的行为归因于外部因素。因此，如果是同学考试失败，人们可能会认为这是因为对方不够聪明，但若是自己成绩不理想，则会认为是缺乏复习时间。归因偏差中还有"自我服务偏差"，即人们往往对自己的失败作外部归因（"我表现差是因为测试不公平"）；对自己的成功作内部归因（"我成绩出色是因为我聪明"，Smith & Ellsworth, 1987）。换句话说，人们倾向于用有利于自己的方式解释自己的行为。最后一个归因偏差来源于偏见和刻板印象，称为"最终归因错误"。它导致人们把有刻板印象的群体做出的积极行为作外部归因（"他能得到奖学金，是因为有人偏袒他"），但对消极行为却作内部归因（"她超速是因为她这个人不负责任"）。人们的归因习惯和偏差来自于他们自己的生活经验以及父母、同侪和文化的影响。

　　为了说明归因对犯罪行为的影响，我们来考虑一下第五章中提到的研究。这个研究访谈了一些"约会强奸犯"（Scully & Moralla, 1984）。这些人大部分都把犯罪的原因推给被害人，认为是被害人自己的错误导致了强奸的发生，并以此为自己辩护。例如，他们认为女性即使说"不"也是在表达"是"的意思，而且大多数女性都是享受强奸过程的。史考利（Scully）和莫劳拉（Moralla）认为（1997），像其他归因一样，这些对强奸进行合理化的认知也是习得的：

　　　　我们认为强奸是在与他人的社会互动中习得的行为。在学习过程中，强奸犯形成了对女性进行性攻击的态度和行为方式。学习也包括获得一些与作案动机有关的文化派生词汇，可以用来减少罪责感、否认消极的自我认同。

　　虐待配偶和其他形式的家庭暴力是错误归因导致犯罪的另一类例子。在许多文化和亚文化中，男孩通过观察父母的行为学到：用身体暴力表达对配偶的不满是可以接受的，更重要的是，这样的伤害也是对方可以预料到的。同时，女孩可能学会接受家庭暴力，经常把遭到家庭暴力归因于对丈夫或男友付出的不够多。

　　使犯罪正当化的归因方式在当今男女中仍然大量存在，似乎是文化中性别角色期待的一部分。父母会奖励孩子符合性别特征的行为，这种开始于幼年的社会学习过程极大地影响了男性和女性的不同行为方式。例如，如果父母总是夸女儿很漂亮，她可能就会认为外表是评价他人（特别是异性）最重要的维度；如果一个小男孩被称赞为"能够在争执中坚持自己"，则他可能认为成人看重攻击性。同伴、老师甚至是玩具制造商和媒体都大力强化这些性别差异，从而使男女不同的行为模式更加稳固。

　　认识到性别角色行为是社会学习的结果对理解犯罪的许多方面来说非常重要。性别角色特征很大程度上塑造了男女在犯罪行为上的不同特征，也在很大程度上影响着犯罪对象的特征。例如，女性最有可能涉入卖淫、毒品和盗窃等非暴力犯罪，而男性更容易犯下强奸等其他暴力犯罪。事实上，因暴力犯罪而被逮捕的人中有83%是男性，因财产犯罪而被逮捕的人中有70%是男性（美国联邦调查局，2002）。

（二）社会行为和社会影响

归因和其他社会认知（Social cognition）过程并不是犯罪的唯一社会原因。人们在社交场合的相互影响也对犯罪行为起着重要作用。这些社会影响包括挫折、去个性化（De individuation）、从众、遵从和服从权威。

1. 挫折、攻击与犯罪

1992 年 5 月 3 日，陪审团宣告殴打黑人司机罗德尼·金（Rodney King）的 4 名洛杉矶警察无罪。上百名黑人对此判决极为不满，认为这个判决结果不合理。激愤之下，他们在洛杉矶中南部打、砸、抢、烧，导致 40 人死亡，损失超过 10 亿美元。行为科学家认为，爆发这种暴力是由于这些人长期处于强烈的挫折感之下。黑人普遍认为自己被社会歧视，他们所在的社区脏乱、犯罪猖獗、学校条件差、缺乏就业机会、贫穷，就连司法系统也对他们横眉冷对，这些都进一步印证了歧视的存在（Nietzel & Hartung, 1993）。

社会心理学家把挫折定义为阻碍目标实现的任何事物（Dollard, 1939）。挫折会导致攻击，但挫折引起的攻击行为经常不直接指向挫折的真正来源。常见的例子比如，人们在上司那里受到了挫折，却向配偶、孩子或宠物发火。挫折并不总是导致攻击行为，它也可能引起愤怒或焦虑情绪。但如果挫折是人们意想不到的，攻击行为发生的概率就非常大了。例如，1992 年洛杉矶的黑人暴力事件和 1968 年伟大的民权运动领袖马丁·路德·金（黑人在其身上倾注了大量希望）被暗杀后发生的暴乱，都是对意外事件的挫折反应。

挫折犯罪的另一种形式是公路暴怒。这是一个在 20 世纪 90 年代末提出的术语，用来描述一个司机针对另一个司机的暴力攻击行为。我们来思考两个案例：1998 年 5 月，佛罗里达州一名司机因为没有正确开到高速公路自动化收费站，而被后面那辆车里愤怒的司机开枪打死了（《华盛顿邮报》，1998 年 5 月 24 日）。1999 年 11 月，两个女司机在公路上起了争执，于是两人决定把车开到一边好好"算账"。最后，有一人从车里掏出手枪打死了对方。凶手雪莉·亨森（Shirley Henson）因过失杀人被判 13 年监禁（Sipress, 1999）。仅在 1990～1996 年间，美国就发生了至少 10 000 起这类事件，共导致 218 人死亡，12 610 人受伤。并且，公路暴怒事件的发生率似乎还在上升（美国汽车协会，简称 AAA，1999）。

挫折和攻击之间的联系也是恐怖主义（Terrorism）的一部分原因。犯罪学家把恐怖主义定义为对无辜平民非法使用武力以达到自己的政治目的或动机（Laqueur, 1999）。与恐怖主义相关的挫折是"相对剥夺感"（Kushner, 2003；Gurr, 1970），即人们认为他们实际拥有的与他们应该拥有的之间的差异（尤其是与其他人作社会比较的时候）。换句话说，当期望和现实之间存在差距时，相对剥夺感就会出现。事实上，马戈林（Margolin, 1977）认为，很多恐怖活动是政治、经济或个人目标遭受挫折时产生的反应。相对剥夺感可能会刺激某些特定个人进行恐怖活动（和其他形式的暴力攻击），在"俄克拉何马城爆炸案（Timothy Mc Veigh）"中，提摩西·麦克维（Timothy Mc Veigh）或者说整个组织中的很多成员，都是在占领区长大的巴勒斯坦年轻人。[1]

科恩（Cohen）和他的同事（1996）研究了挫折攻击现象的一种变式，并称之为"南

---

[1] 虽然相对剥夺感带来的挫折可能有助于我们探寻恐怖主义的根源，但恐怖主义涉及的因素肯定还有很多。恐怖主义是一个复杂的主题，必须综合考虑政治和宗教意识形态、信仰、生活方式和社会环境。后文中我们会重新回到这个话题。

方各州荣誉文化下的欺辱和攻击模式"。他们根据是否在南部居住超过 6 年把男性大学生分为南方组（n = 41）和北方组（n = 42）。然后，当这些学生从一个实验室走向另一个实验室时，研究助理会"不小心"撞到学生的肩膀。同时，两个组的学生都各有一半在被撞后又被骂"混蛋"。实验通过观察被试的面部表情、测定他们血液样本中的睾酮（能够影响攻击行为的荷尔蒙）和压力皮质醇水平评估他们对事件的情绪反应。这些被试之后还要补充完整两个未完成的故事，其中一个是情感中立的，另一个是带有感情色彩的（内容涉及有人调戏被试的女朋友）。

北方组的被试通常会以玩笑回应刚才的碰撞和人身攻击，南方组的被试则报之以愤怒。在被辱骂以后，南方学生的皮质醇水平上涨了 79%，北方学生上升了 33%。同样，南方学生的睾酮水平上升了 12%，而北方只上升了 6%。此外，有 75% 的南方人对故事中调戏自己女友的人物采用了暴力，但只有 20% 的北方人这么做。然而，对于情感中立的故事，南方人使用暴力的概率比北方人更低一些。后面的这个结果表明，之前的人身攻击只是激怒了南方男人，但随后的冒犯（调戏其女友）触发了攻击行为。

有很多实验都证明南方人比北方人对侮辱的反应更大，科恩和他同事（1996）的实验只是其中之一（Cohen，1996；Cohen & Nisbett，1994；Cohen et al.，1996）。这些研究一致表明，南方人更倾向于认为一个孩子受到欺负后应该反击，一个男人就应该痛揍侮辱他的人（Cohen & Nisbett，1994）。南方各州拥有更多的合法枪支，法律对自卫杀人也比北方各州更宽容。这一切都进一步奠定了暴力应对欺辱的基础（Cohen，1996）。研究人员认为，这种态度起源于南方过去的奴隶制度。在奴隶制度中，用暴力实现规训、惩罚和控制是合法的。进而，当今的社会系统、政府规程、法律、民俗都在一定程度上为暴力辩护。

尽管文化和个人行为之间的关系是复杂的，但对亚文化的态度、法律和暴力水平进行研究，是从社会心理学角度解释为什么美国南部各州暴力犯罪更加常见的有益尝试。

2. 使用枪支

心理学家认为，当手边有可用的工具时，挫折尤其可能引起攻击行为。Leonard Berkowitz（1994）研究了枪支的可得性对犯罪的影响。他认为，当人们想要发泄挫折带来的攻击冲动时，一把枪不仅可以提供发泄手段，同时还是鼓励人们实施攻击的暗示。Berkowitz 表示，枪在这种情况下会切实诱发攻击行为。例如，2000 年美国的 15 517 起谋杀案中，66% 是枪杀。在同年的 6 300 000 起强奸、性侵犯、抢劫、严重的和一般的人身伤害事件中，也有 8% 涉及枪支（联邦调查局，2001）。

家庭持有枪支——通常是为了保护自己不受犯罪的侵害——是美国逐年增多的家庭暴力（从非致命性伤害到谋杀）的关键因素。如果家里有一把枪的话，因为家人或好朋友被侵犯而杀死侵犯者的概率会增加 12 倍（Saltzman，1992），被住在一起的人杀死的概率会增加 3 倍（Kellerman，1993）。事实上，不管人们持枪的最初目的是什么，家里的枪被用来犯罪、导致意外或是自杀的概率却是自卫的 22 倍（Kellerman，1998）。所以，据估计，每次有人使用家中的枪支杀死一个武装入侵者时，就有另外 131 个人把枪用于谋杀、自杀或导致了意外事故，从而出现死亡（暴力政策中心，1999）。在所有日常物品或休闲设施中，只有机动车辆造成的致命伤害能超过枪支（美国疾病控制与预防中心，简称 CDCP，2001；Peters & Kochanek，1998）。从世界范围来看，枪支在美国造成的死亡率是其他 25 个工业化国家总和的 8 倍；而造成的儿童死亡率则高出 12 倍（CDCP，1997；Krug & Powell，1998）。因此，尽管世界各处的人们无一例外都会体验到挫折和愤怒，但主要是在美国，枪为这些强烈的情绪提供了现成的、致命的表达方式。

认识到普遍持有武器给社会带来的危险，英国等国家严格禁止私人持有手枪和自动步枪。但是在美国，大量枪杀并没有引起社会的严肃对待，市面上枪支的数量也没有丝毫减少。事实上，美国国会在 2004 年取消了禁止向 10 岁以下儿童出售攻击性武器的禁令。反枪械人士认为这项决定除了造成更多的混乱以外毫无作用，但枪支倡导者对情况的看法完全不同，他们把宪法第二修正案（"持枪权"）解释为美国宪法赋予每个公民拥有和使用枪支的完全自由。

无论是公众还是国会，枪支反对者和倡导者之间都在进行激烈的辩论，双方就是否应该加强现在相对乏力的枪支管控而争执不下（Babington，1999）。全国步枪协会的负责人——枪支的支持者——仍然坚守这样的信条："杀人的是人，而不是枪。"这当然没错，而且就算是效仿英国禁止使用枪支也未必真的能消除暴力犯罪。1998～2002 年间，英国的持枪犯罪呈现出稳定持续的增长。因为在英国很少会授权个人持有或携带枪支，因此犯罪行为中使用的枪支基本都是非法的。在英国，70% 的枪支用于抢劫；并且在过去的 50 年中，2002 年的谋杀犯罪发生率是最高的（Travis，2003）。

3. 去个性化

雪莉·杰克逊（Shirley Jackson，1948）的短篇小说《抽彩》（The Lottery）中描绘了另一个可以影响犯罪的社会因素。小说中讲述的小镇居民会定期集会举行仪式，以抽签的方式决定砸死（用石块）某一个居民。一旦这个不幸的居民被选中——即使她是几个孩子的母亲——其他居民也会毫不犹豫地开始扔石块，根本不理会她的抗议。

现实中的人也会做这样的事吗？答案是可能会。这个虚构的仪式是在一个群体中举行的，而群体可以制造出社会心理学家所说的"去个性化（De individuation）"现象。去个性化是一种心理状态，在此状态之下个人把自我认同与群体（如其他一些人、政治或宗教团体、某个帮派、邪教或类似的组织）融为一体，并不再觉得应该为自己的行为负责。去个性化的人没有了道德标准，只会简单地"随大流"，再也不是他们自己了（Prentice-Dunn & Rogers，1989）。统一的制服、旗帜、歌曲、口号和其他能够增强群体归属感的事物都可以提升去个性化程度。

当个人身份认同被集体行动一扫而空的时候——比如城市中的暴动——去个性化就可以导致犯罪行为（Prentice-Dunn & Rogers，1989）。群体规模越大，个人的参与度也就越高。因为聚集的人越多，个人的情感卷入程度和匿名性就越强。例如，一个长达 50 年的私刑分析报告显示，越庞大的人群越野蛮暴力（Mullen，1986）。去个性化似乎是从众、遵从和服从权威（通常是某个团体的领导者）的部分结果。即使是对于平稳运行的文明社会来说，这些社会过程都可以引起犯罪。

4. 从众、遵从和服从

社会心理学家将"从众"定义为按照团体规范或潜在的规则调整自己的行为。例如，那些认为音乐会并不精彩的人也会因为约定俗成的行为规范而跟其他人一起站起来鼓掌。以下四种情况会增强从众行为：①个体对自尊的需要导致个体渴望被群体接受；②群体成员对个人来说很重要；③个人强烈认同群体成员；④群体成员是专业人士（Aronson，2004）。在小说《抽彩》中，居民之所以参与实施石刑是因为，这是他们作为社区居民的群体角色期待，并且只有这样做，他们才能为社区所接受——即使他们知道总有一天自己也可能会成为受害者。

遵从被定义为按照明确的要求做事。例如，应某人的要求把盐递过来或是把门关上。服从是指按照社会公认的权威人物的要求或命令做事，比如父母、老师或者军事指挥官的要求。

人类历史表明，因为人们想被自己的群体认可和接受，想与权威保持一致，所以循规蹈矩，服从权威。如果当权者要求或希望人们实施犯罪行为，被群体接受的需求就会促使个体真的实施犯罪行为——即使他们并不情愿。因此，犯罪团伙（"乌合之众"）和其他犯罪组织的成员有时在一定程度上是因为害怕惩罚和被排斥而不断进行犯罪活动的。

20 世纪 60 年代，米尔格拉姆（1963）在耶鲁大学进行了一系列著名的服从实验。他招募了一群当地社区的成年男性作为志愿者，并告诉他们，他们参与的这项实验的主题是惩罚对学习的影响。志愿者扮演"老师"的角色，向坐在隔壁房间的"学习者"读一遍实验者准备好的单词列表。所有单词都是成对出现的，"学习者"需要记住每一个单词的配对单词是什么。然后志愿者只读出成对单词的其中一个，"学习者"则要说出另一个。"学习者"的手臂上连着电极，如果说错了，"老师"就要用电击惩罚他。随着错误次数的增加，电击的强度也逐渐从"轻微"增加到 15 伏，再逐级增加到严重的 450 伏。虽然"学习者"实际上是米尔格拉姆的实验助手，并没有受到任何电击，但他假装产生了越来越强烈的痛苦反应，让志愿者认为惩罚真的变重了。"学习者"的反应从请求停止实验，到陈情有心脏病，直至最后陷入沉默。当志愿者向一旁主试询问该怎么办时，主试会告诉他们"必须完成实验"、"继续下一个单词"和"你别无选择，必须继续"。

如果是你，你会怎样做呢？当隔壁的人越来越痛苦，甚至哭出来的时候，你会继续吗？米尔格拉姆发现，65% 的被试的确继续了。在电击强度达到最大的 450 伏之前，他们根本没有停下。米尔格拉姆解释说，这是由于主试对于志愿者来说是一个权威人物，所以即使这个明显很残忍的方法让志愿者心烦意乱，志愿者也仍觉得应该服从主试的安排。

尽管一些批评者认为，在米尔格拉姆的实验中，志愿者其实已经看穿了实验者的意图，之所以仍然配合，只不过是想做一个"好"被试罢了（Orne & Holland，1968）。但普遍的共识是，这些实验揭示了一些在实验室之外也能看到的、令人毛骨悚然的人类真实面目。看起来，尤其是在权威人物的影响下，人们的确能对其他人犯下难以形容的恶行。从 20 世纪 40 年代纳粹对犹太人的迫害，到今天东欧和非洲对某些少数民族的清扫，多年来，不断发生的种族灭绝行为已经证明了这一点。

实施这些行为的人不需要精神错乱，也未必是冷血杀手。他们中的大多数是正常的，就是我们每天看到的人，只不过受到了社会权威的影响而做了像恶魔一样的坏事。例如，伊斯兰极端组织向它的成员描绘了一个充满荣耀的来世，同时也承诺给予他们的亲人名誉和金钱作为补偿。因此，伊斯兰极端组织在巴勒斯坦、伊拉克和其他一些国家已经成功地吸引了许多青年男女成为自杀式炸弹袭击者。同样，街头帮派的成员通常会执行"大哥"的命令干掉竞争对手或其他违反帮规的帮内成员。当雇员依照上司的指示从事某种活动时，

111

这种服从权威的行为也可以导致商业犯罪（见第十一章）。

三、犯罪的环境根源

当人类创造出犯罪的社会背景时，许多情境因素——如空间、时间、天气、照明和其他元素——也创造了犯罪的环境背景。有哪些环境条件与犯罪有关呢？是什么原因导致一些人对有害的环境刺激作出暴力反应，而其他人没有呢？环境心理学是心理学的一个分支学科，研究物理环境与人类行为之间的关系（Sommer，1999），包括地理位置、温度和其他环境变量是怎样影响攻击和犯罪行为的（Bell，1992）。

环境心理学家的研究被执法机构、惩教机构、法律系统和城市规划者用来调整或避免制造出一些与暴力和犯罪有关的物理条件。例如，一个名为"无盲区监督（direct supervision）"的新的监狱设计方案，就是源于环境心理学家对监狱过度拥挤和囚犯与看守的位置的研究结果（Wener，Frazier，& Farbstein，1987）。对犯罪与环境条件的研究也有助于建筑师和城市规划人员创造一个更加远离暴力和犯罪的环境。

（一）环境对犯罪行为的作用

环境因素主要通过以下四个途径影响人类行为，这其中的一些甚至全部都有可能导致暴力或犯罪行为（Bell et al.，2001）：

（1）特定的、离散的环境因素可以引起生理唤醒，进而改变行为（唤起模型）。

（2）环境因素可以成为一般的压力源，并随着时间不断积累，然后引起身体上、心理上和行为上的反应（环境压力模型）。例如，监狱环境的典型特征：缺乏隐私、拥挤、让人不适的温度、难以忍受的监号，都要求囚犯改变原来的生活模式，适应恶劣的新条件。如果不这样做，就极有可能无法与其他犯人和狱警好好相处，不利于他们顺利度过牢狱生活。对这些环境因素缺乏控制也可能会诱发犯罪行为（Rodin & Baum，1978；Stokols，1978；Zlutnick & Altman，1972）。

（3）环境因素对行为的影响也可以是直接的，要么促使人们采取行动控制环境；要么让人们在压倒性的困难面前放弃抵抗（行为限制模型）。例如，在犯罪猖獗的市中心，有些人与执法人员一起采取行动驱逐街头帮派，并且参与社区净化工作；而另一些人则会放弃、屈服，让社区环境继续败坏下去。

112　　（4）人们对环境因素产生的反应可以是持续的一系列行为，包括改变环境、采取新的应对方式、进一步完善环境、进一步调整反应，等等（我们稍后会详细讨论这个生态模型）。例如，囚犯因为过度拥挤引发暴力冲突，之后会因此受到关"小号"的惩罚，更加狭窄的空间反而会让这个囚犯变得更加愤怒，从而更容易爆发暴力反应。同样地，如果社区居民放弃他们的社区环境，这些社区就会变得更有利于犯罪活动，从而可能使这里的居民成为犯罪的受害者，或者可能使在这个社区长大的孩子成为社区新的犯罪元素。但是，努力减少犯罪活动，改善社区的物理环境，往往可以增强社区荣誉感和公民参与程度，使社区成为一个更少滋生犯罪的新环境。

唤醒和环境压力模型对于理解犯罪来说尤其重要。如果像高温这样的环境因素成为压力源，被视为是对身体、认知和/或情感平衡（也称为"稳态"）的威胁，攻击或暴力行为就可能产生。尤其是那些倾向于用攻击应对压力的人，环境因素的影响更大。然而，环境压力在多大程度上会导致犯罪行为取决于个体如何看待这些因素。如果个体不重视它们或是把它们看作是需要面对的挑战，环境压力就不太可能导致暴力。

两种类型的环境压力尤其可能引发导致犯罪的反应：①创伤性事件（如飓风、龙卷风、洪水和其他自然灾害、三里岛和切尔诺贝利那样的工业事故）。②所谓的背景压力源。背景压力源（Rotton，1990）有两种：日常压力源和周围压力源。日常压力源都是低强度的问题，例如下水道堵塞或钢笔漏水；而周围压力源是长期的环境条件，如拥挤、燥热、噪音、交通拥堵和污染。这两种压力在人们的日常生活中都很常见（Lazarus et al.，1985；Zika & Chamberlain，1987），但是周围压力源最有可能提高大脑的觉醒程度，需要人们不断地努力适应它们。当背景压力积累到一个"临界值"时，攻击、暴力甚至犯罪行为就可能会发生。这些行为往往可以在那些高压下偏好攻击反应的个体身上观察到。除了监狱环境的例子，最好的说明积累的压力能诱发犯罪的例子之一就是我们之前提到的"公路暴怒"。

现在，我们来看几个与犯罪有关的特殊环境因素。

（二）犯罪地点

《在城市中心街区的角落里度过的那一年》（［The Corner：A Year in the Life of an Inner City Neighborhood］，Simon & Burn，1998）一书中，描述了一个毒品和犯罪猖獗的地方——位于马里兰州的巴尔的摩。这个地方的中心地区就是臭名昭著的西菲也特（West Fayette）和门罗街（Monroe Street）——这里被犯罪学家视为典型的犯罪地区。犯罪地点可以是商店、住宅、公寓、街角、地铁站、机场和公共交通系统（Eck，1997）。事实上，多数的犯罪往往集中在少数地点发生。例如，在美国，大约60%的犯罪发生于大约10%的犯罪地点（Spelman，1995；Spelman & Eck，1989）。因此，大多数便利店很少被抢劫，但有一少部分却被抢了一次又一次（Crow & Bull，1975）；大多数住宅没有被偷过，但有些却不断遭到入侵（Farrell，1995）。在酒吧中发生的暴力也只集中于几个少数的酒吧里（Sherman，Schmidt，& Velke，1992）。而城市毒品交易则高度集中在个别地区（Eck，1994；Sherman & Rogan，1995）。

社会学家和犯罪学家着眼于居住在犯罪地区的人（罪犯搜索理论［Brantingham & Brantingham，1981］）和发生在这里的活动（日常生活理论［Felson，1994］）来解释这些犯罪地区的数据。这些理论表明，如果集中精力让潜在的罪犯远离犯罪高发地和/或消除他们犯罪的机会，犯罪预防将是最有效的。这样的例子包括：封锁毒品猖獗的街道和社区、在入室盗窃高发地点安装监视探头、在公共交通场所内安装金属探测器、从公寓驱逐有犯罪前科的租户（Eck，1997）。

（三）高温与犯罪

温度是被研究最多的与暴力和犯罪有关的环境因素（D. A. Anderson，1989；R. A. Baron & Richardson，1994）。例如，研究人员发现，1967年发生在美国79个城市的所有暴乱都开始于温度在80华氏度以上的日子，只有一起除外（美国防暴委员会，1968）。其他研究也支持高温与街头骚乱之间的联系（Goranson & King，1970；见图6.2）。

如图6.2所示，炎热的天气也能增加一般犯罪（Cohn，1993；美国联邦调查局，2004a）。在持续高温的日子里，暴力犯罪也持续增加（Anderson，1987；Harries & Stadler，1988；Rotton & Frey，1985）。例如，5月、6月、7月和8月暴力犯罪最多，而2月最少（美国联邦调查局，2004a）。甚至棒球比赛中故意使坏球的发生率都会随着气温的上升而上升（Reif-

113

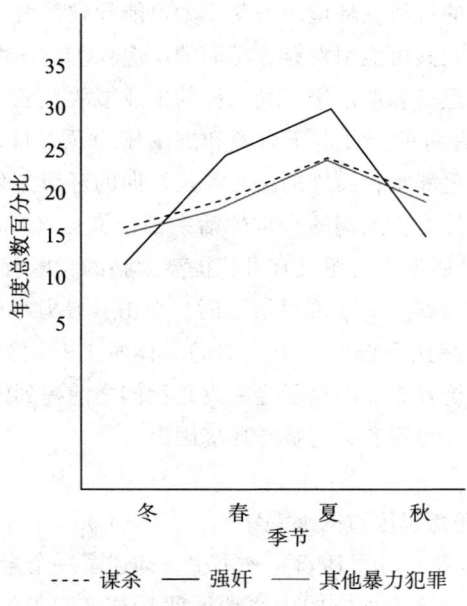

图 6.2 高温与犯罪

D. A. Bernstein, A. Clarke-Stewart, E. J. Roy, and C. D. Wickens, *Psychology*, 5th ed., Boston: Houghton Mifflin, 2000.

man, Larrick, & Fein, 1991)。攻击性的家庭矛盾也随着温度的增加而增加（Rotton & Frey, 1985）。

（四）噪音与犯罪

噪音，或"不想要的声音"（Bell et al., 2001）是一个周围压力源（Rotton, 1990）。像其他周围压力源一样，噪音一般不会自发地引起攻击或暴力。但当噪音与其他压力源一起出现时，噪音可能会成为"压在骆驼背上的最后一根稻草"。

在某种程度上，噪音会提高觉醒水平，从而增加攻击行为。对那些过度觉醒时倾向攻击的个体来说，更是这样（Bandura, 1973；Berkowitz, 1970；Zillman, 1987）。例如，在一个实验中（Geen & O'Neal, 1969），被试分为两组，一组观看非暴力体育项目的录像，另一组观看具有暴力色彩的职业拳击赛转播，之后他们有机会对他人进行电击（像米尔格拉姆的实验一样，遭受电击是假装的）。在看录像时，每组各有一半的参与者只处于正常的实验室噪音之下，而另一半则受到白噪声的持续干扰。结果显示，观看暴力录像和听到持续的白噪声的被试都增加了后来电击的强度，但电击力度最大的是两者的结合。看来，观看暴力比赛启动了觉醒状态，而连续的噪声加剧了这种状态。随后的研究（Donnerstein & Wilson, 1976；Konecni et al., 1975）也证明，噪音会增加已经处于愤怒状态之下的个体的攻击性。

如果噪声确实可以提高攻击性，并且在人们已经开始感到愤怒和想要攻击他人的情况下挑起攻击行为（Bell et al., 2001；Cohen & Spacapan, 1984），那么这项研究的结果对于监狱、精神病院和其他类似的设施来说就是非常值得注意的。因为住在这里的人员很可能处于愤怒之中，然后被噪声激起攻击行为。

（五）污染与犯罪

与噪音一样，空气污染是大城市及周边日常生活中的事实。它由日常废气、工业生产烟尘、香烟的烟雾等向空气中排放的有毒粒子组成。作为一个周围压力源，空气污染也可以通过提高人们的觉醒水平触发攻击行为（Bell et al., 2001；Needleman，1996；Rotton & Frey，1985）。例如，实验室研究表明，不吸烟的人处于烟雾缭绕的环境中时比空气清新时更具有攻击性（Zillman，Baron & Tamborini，1981）。也有证据显示，儿童虐待事件和国内的纷争往往随着臭氧浓度（Rotton & Frey，1985）、空气污染程度和其他与敌意有关的压力源的增加而增加（Evans & Jacob，1981）。

（六）自然灾害与犯罪

地震、火灾、飓风、洪水等自然灾害为趁火打劫创造了机会。愤怒而沮丧的人们倾向于利用社会秩序崩溃、执法人员无暇顾及的特殊机遇去偷东西，而偷来的物资或者留下自己使用或者拿去卖钱。1977 年，2706 人因为在纽约的一次大停电中趁火打劫而被逮捕。与其他犯罪人的平均水平相比，这 2706 人的社会关系和收入都算不错。这就暗示着这次事件是"去个性化"现象在背后起了作用。他们觉得停电给他们制造了一次机会，一次采用他们平时不会采用的方法获得商品的机会（Goodman，2003）。

还有一些研究人员把自然灾害之后的打劫行为看作是对混乱环境的反应，或是看作试图控制环境的行为（Brehm，1996；Greenberger & Allen，1980）。

（七）个人空间与犯罪

个人空间，"我们周围可移动的、无形的、可能不允许他人侵入的边界"（Bell，Fisher，Baum，& Greene，1996，p. 275），对攻击、暴力和犯罪行为有着重要的意义。一些心理学家认为，因为人们需要抵御伤害、维持自主性、减小压力以完成生存所必需的任务，所以人们要保护自己的个人空间（Evans & Howard，1973）。

尽管对个人空间的感受可能已经随着自然选择而进化了，但多数研究人员认为个人空间感知也是基于文化的社会学习结果。因此在不同的国家、不同的民族，甚至不同的性别之间，个人空间的大小都是不同的（Aiello & Thompson，1980；Cappella & Greene，1982；Bell et al.，2001）。举例来说，在美国，0～1.5 英尺是"亲密距离"，通常是保留给亲密接触和身体运动的；亲密朋友和熟人之间的日常接触往往发生在 1.5～4 英尺之间；而 4～12 英尺是事务性的、非私人接触的适当距离（Hall，1963，1966）。因此，如果有人不适当地进入了这个范围，人们就会感到个人空间被侵犯了。

对个人空间的侵犯是如何影响暴力和攻击行为的？对许多人来说，应对这种侵犯最初的反应是情感冲动。因为他们觉得受到了威胁，担心自己的安全，所以可能会以攻击行为保卫自己的空间。如果人们有理由相信他们会遭受入侵者的身体伤害，则可能认为不论采取何种攻击手段都可以被认定是自卫，从而不用负刑事责任。不倾向于对入侵持消极态度的个人会认为入侵者是想要建立更亲密的关系，或者是想寻求帮助。然而，那些本来脾气就暴躁的人即使不认为会被入侵者袭击，也可能会产生暴力反应。监狱的犯人和精神病院的病人尤其可能出现这种模式（Ryden，Bossenmaier，& McLachlan，1991）。因此，当对立的两派同时游行示威时，执法人员通常会让他们远离对方以避免身体冲突，也就不足为奇了（Hern，1991）。

（八）拥挤与犯罪

在特别拥挤的条件下，个人空间尤其容易被侵犯，人们也尤其容易感到紧张。研究表明，动物和人在拥挤的环境下都会增加攻击的倾向。例如，如果生存空间过于拥挤，老鼠的社会秩序就会瓦解（Calhoun，1962），猴子的攻击性也会增加（Southwick，1967）。由于存在伦理问题，对人类进行类似的实验非常困难。但有关城市、社区和公寓的研究表明，拥挤可以增加成年人和青少年的攻击行为（Bell et al.，2001；Paulus，1988；Ray，Wanderaman，Ellisor，& Huntington，1982）。居民超过 1 000 000 人，人口稠密的城市暴力犯罪率最高，而那些只有 10 000 ~ 25 000 人居民的城镇犯罪率最低（美国联邦调查局，2004 b）。然而，与雌性动物相比，拥挤和攻击之间的关系在雄性身上更为显著一些（Freedman et al.，1972；Schettino & Borden，1976；Stokols et al.，1973）。

正如我们前面提到的，拥挤和攻击之间最明显的相关性体现在监狱中。就像 1992 年加拿大蒙特利尔看守所的 675 名囚犯发起的暴乱，一部分狱内暴乱是想要抗议过度拥挤的生活条件。仅仅这场骚乱就造成了 1 200 000 美元的损失。同狱犯之间的袭击和谋杀随着监狱押犯人数的膨胀而增加（Paulus，1988）；随着拥挤状况的缓解而减少。在一项研究中，监狱押犯人数增加 20%，攻击行为增加 30%；而押犯人数如果减少 30%，攻击行为则降低 60%（Ruback & Carr，1984）。

（九）领地与犯罪

拥挤会导致攻击行为，在一定程度上是因为领地遭到了侵犯。领地权不只是一种认识，也会表现为行为，是个体和群体基于自身可感知到的对物理空间的所有权而作出的反应（Bell，2001）[1]。一般来说，如果领地和领土边界被侵犯，人们常常就会产生大规模的群体暴力，而其他环境因素导致的暴力行为通常没有如此大的规模。对于大多数的战争和对邻居或陌生人的暴力行为来说，领地权是一个很明显的原因。同样地，在某种程度上，个体认为他们的亲密伴侣代表了领地权，是其他人不能"踏上"的领土，因此激情犯罪也可以看作是因为领地被侵犯而产生的犯罪行为。进化论认为，对领地所有权的宣言和防卫（通过标记边界和展现有威胁的声音和姿势）实际上成了一个生存的手段。任何一个物种都要有一块自己的领土，来保障食物供给、实现繁衍、作为避难所，以及抵御其他带有攻击性的物种（Bell et al.，2001）。虽然人类领土权也可能是起源于本能的，但领地权的产生、发展和对此的保护方式却会因文化的不同而不同。人类的领地权可能还有几个心理上的作用，比如，划定一个明确的领域和边界可以减少浮躁和压力。如果人们只需要担心和保护有限的领土，并且其他人能够尊重他人的领地边界，侵略和暴力就很难发生，人们因而就

116 可以将精力投入到其他活动中。有关领地和侵略行为的研究已经表明，不明晰的领土标记——不论是个人的（一个人的住宅）还是公共的（政治边界甚至体育场的板凳）——都容易导致侵略行为的发生，而清晰的边界往往能够保持和平。这一发现可以用谚语"好篱笆出好邻居"来总结。比如，中东地区阿拉伯国家和以色列之间的冲突就持续不断。50 多年来，以色列"合适"的边界位置一直存在争议，结果导致了一系列的边境冲突和战争。最近在苏联加盟国之间的战争也说明了不清晰的领土边界会导致侵略。当苏联解体的时候，它的许多加盟国（特别是南斯拉夫）都在计划以种族和宗教为边界来重新划分领土。相比之下，一个世纪以来，美国各州的边界都是无可争议的，因而也就没有因为州边界问题而发生的战争。

闯入他人的私人领地（如住宅）是不被允许的行为，有时甚至是犯罪。因此，根据地

---

〔1〕 领地权与个人空间相似，但个人空间与私人住宅的领土边界不同，它像是罩在个人外面的一个"泡泡"，会跟着人的移动而移动。

方法律，攻击或杀死入侵者很可能被认定为无罪。因为这一威胁到私人领土神圣地位的行为等同于威胁到人的生命，杀死擅自闯入者是一种自卫行为。例如，1996 年，在弗吉尼亚州（Virginia）的劳登（Loudon）郡，一名男子因邻居走到了自己的门廊处，而将这位总是和他发生争吵的邻居杀害，最后被判谋杀。而在 20 世纪 80 年代另一个弗吉尼亚州的例子里，一名男子因邻居驾驶农用设备穿过了划定明确的界限而枪杀了他，陪审团宣判其无罪。第一个例子中，两人并不是因为边界的问题结下的仇，而第二个例子中，陪审团认为射击者是正义的，因为他的邻居闯入了他的领土，对他的生命产生了威胁。

那些缺失"领地标记'的房屋和院落更容易遭到入侵或闯入（Brown，1979）。这些标记包括了姓名和地址的标记、栅栏、石头围墙、树篱、夜间照明、停放的汽车和草坪洒水装置（Bell et al.，1996）。由于公寓和教养院的领地标记不多，因而这些地方的偷窃和破坏行为特别多（Edney & Uhlig，1977）。虽然窃贼可能把领地标记当作是衡量贵重物品的指标（MacDonald & Gifford，1989），但是在住宅附近的领地标志的确能对犯罪行为产生抑制性的影响。

通过将这些具有领土属性的因素考虑其中，一些建筑设计师能够做出降低暴力和犯罪行为的环境规划。正如我们之前提到的，监狱的新设计已经证实了这一趋势。在那些直接监管（Direct-Supervision）[1] 的监狱中，12 个或者更多的犯人围绕着一个公共空间，住在各自的牢房中，让犯人明确他们的领地边界可以减少他们相互攻击的动机。

（十）地理学与犯罪

美国犯罪率最高的地区均在人口稠密的南方各州——特拉华州、哥伦比亚特区、佛罗里达州、佐治亚州、马里兰州、北卡罗来纳州、南卡罗来纳州、弗吉尼亚州、西弗吉尼亚州、亚拉巴马州、肯塔基州、密西西比州、田纳西州、阿肯色州、路易斯安那州、俄克拉何马州和德克萨斯州。比如，2003 年，南方各州的犯罪数量占美国暴力和非暴力犯罪总数的 41.6%，包括 39% 的谋杀和抢劫行为。而犯罪率最低的地区是美国的东北地区（康涅狄格州、缅因州、马萨诸塞州、新罕布什尔州、罗得岛州、佛蒙特州、新泽西州、纽约州、宾夕法尼亚州），据统计，这些区域的犯罪数量只占美国所有暴力犯罪总数的 15.8%。其次是中西部地区（伊利诺伊州、印第安纳州、密歇根州、俄亥俄州、威斯康星州、爱达荷州、堪萨斯州、明尼苏达州、密苏里州、内布拉斯加州、北达科他州、南达科他州），占到了 22.5%。然后是西部地区（亚利桑那州、科罗拉多州、爱达荷州、蒙大拿州、内华达州、新墨西哥州、犹他州、怀俄明州、阿拉斯加州、加利福尼亚、夏威夷州、俄勒冈州和华盛顿州），约为 23.4%（联邦调查局，2004b）。

为什么南方各州的犯罪率要高于其他地方呢？环境心理学家给出了一些可能的原因，比如更高的温度，更加贫穷（南部地区比其他各个地区都要贫困，贫困与所有类型包括暴力的犯罪相伴而生），以及更差的教育和社会服务（Bell et al.，2001；DeFronzo，1984；Rctton，1986），然而，如我们之前提到的，社会心理学家认为，南部地区犯罪横行的原因更有可能是文化的因素，而不是地理的因素。

总之，攻击和犯罪行为会被糟糕的环境条件所引发，通常是由于这些环境是一个压力

---

[1] "直接监管"是一个术语，是指那些以"直接"为特征的监狱管理风格。所谓的"直接"包括无障碍监管设计、监狱管教面对面地接触、管理犯人等。——译者注

源。处在同一环境下的其他人可能诉诸犯罪，进而进一步鼓励犯罪，比如，监狱官员在监
117 狱骚乱之后执行更加严格的限制。压力源的影响只是人与他们所处的环境之间相互影响的
一个例子，这使得我们必须理解构建犯罪生态学的重要性。

四、犯罪生态学

生态学（Ecology）已经被定义为一门"研究有机体和外部世界关系的科学"（Capra，
1996）。20 世纪 20 年代，专注于研究植物群落和动物群体间关系的生物学家们，引入了食
物链这一概念，来解释生物群落的组织是如何嵌入在不同物种间的相互依存关系之中的。

犯罪有其自身的生态圈。事实上，你可能会说，这本书就是在探讨犯罪的生态圈，因
为在每一章中，我们都在研究犯罪行为是如何在一个复杂的人与环境的关系模型中发展起
来的。我们也强调，要想圆满地解决犯罪问题，社会必须解决所有与此有关的个人和环境
的因素。因此，运用生态学的方法来研究犯罪的心理学家，不仅会考察人们是如何与自然
和构建起来的环境互动，而且会将其与他们所处的社会、教育、军事、政治、法律以及其
他文化系统相联系。生态学的方法的重要性正在于这一方法对相互依存的强调——事实上，
社会系统按照特定的方法影响个体，并且这一系统也同样改变了人的行动反应。尤里·布
朗芬布伦纳（Uri Bronfenbrenner）有关人类发展的生态学理论列出了几种不同的系统，基于
人们如何展现自己的生活（见图 6.3）。微观系统最接近人们日常的生活与工作；中观系统
涉及了微观系统之间的关系，比如，家庭成员和学校官员、个体和朋辈群体之间的互动；
宏观系统是一个更广泛的体系，直接影响着个体，也包括了社区组织、政府以及法律系统。
宏观系统包括了人们文化生活中的教育、宗教、政治和社会的价值观。最后，时间或者说
人们所生活的时代组成了一个时空系统。

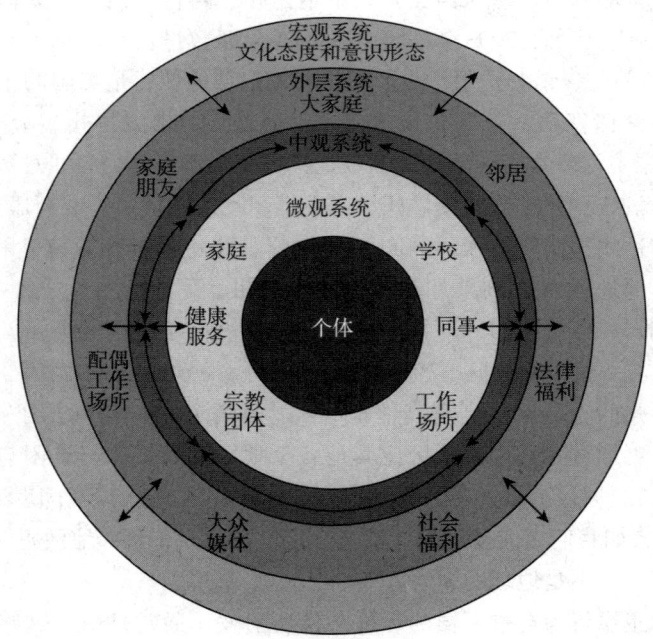

图 6.3　布朗芬布伦纳系统（Bronfenbrenner Systems）
K. L. Seifert, *Lifespan Development*, 2nd ed., Boston: Houghton Mifflin, 2000, p. 9.

下面，我们来举例说明犯罪是如何通过人与所属系统之间的相互影响发展起来的。

（一）暴力的文化

我们很容易发现，是宏观系统和时空系统导致了美国众所周知的暴力文化。暴力文化诞生于倡导自由和民主精神的美国，它打开了暴力和血腥的"潘多拉盒子"，这其中的一部分原因要归于对火药的钟爱。19世纪，随着美国人口向西迁移，殖民者、搜寻者、冒险家以及美国军方杀害、强奸、掠夺并最后取代了所有他们发现的印第安人。同样，那些不幸被征兵的居民被带到了无序、暴力、混乱的前线。由于没有成文法，治安委员会以及占地为王的执法者来决定需要惩罚什么以及如何惩罚。不法分子、抢劫银行和火车的强盗、马贼、偷牛贼以及杀人犯盛行于1861～1865年内战前后的美国西部。即使是从今天的军事标准来看，那场战争的激烈程度也是十分惊人的。在这场战争中，有617 000人死亡，另有375 000人受伤。战争前后尤其是战争之后，在国内的一些地方，特别是美国南部，社会笼罩在民众暴乱的风潮中，尤其是三K党以及其他憎恨少数族群——主要是憎恨黑人和亚洲人的组织及成员滥杀无辜。仅在1839～1918年期间，就有超过3200名黑人被私刑处死。

随着美国在19世纪末期和20世纪早期的工业化，集团暴力成了司空见惯的事情。比如，在工会组织的罢工中，罢工者攻击不罢工的人，以及罢工者自己遭到警察和公司里反罢工者的攻击。在禁酒令时期（1920～1933），暴力主要通过谋杀和绑架的形式出现，比如，酒贩子会通过上述手段来相互竞争，通过为"饥渴"的美国人提供非法酒精饮料牟取暴利。

二战期间，集团暴力和个人犯罪在美国平息了一段时间，但是在20世纪60年代，秩序又被打破，美国陷入了越南战争的泥沼之中，无数从战场回到家中的老兵沉迷于毒品和酒精。而与此同时，看似无休止的战争又引发了国内校园里和城市街道上的动荡，包括针对马丁·路德·金博士的暗杀。从20世纪70年代到20世纪90年代，暴力犯罪率飙升，青少年犯罪猖獗。虽然在20世纪90年代末期，暴力犯罪率有了缓慢但是稳步的下降，但这仍是困扰全社会的主要问题，并且仇视宗教、种族和政府的犯罪依然司空见惯。简而言之，美国既是最民主的国家，也是文明国家中最为充满暴力的国家。 118

在20世纪90年代，另一个问题出现了，社会共同体的宏观系统和教育的微观系统在刺激犯罪滋生上的作用越来越明显。儿童携带武器去学校，在学校或他们从学校回来的路上杀害老师和学生，这样的事情已经十分常见了。在一些学校，比如说在华盛顿特区的学校，老师可能也会携带武器来保护自己。现在，受过专门训练的商业航空公司的飞行员也可以携带枪支保护自己、他们的工作人员以及那些通过机场武器和危险品安检的乘客。

（二）犯罪的生态位

在通常的犯罪文化中，犯罪似乎是在一个特定的领域，或者说是可以使其发展的生态位中被培养起来的。最突出的利于犯罪发展起来的生态位有：①某些内陆城市；②监狱；③美国南部；④体育界。

1. 大城市的生活

今天，我们可以很容易地从一些美国大城市的某些地方观察到复杂而又相互关联的导 119
致犯罪的因素。比如，1997年4月下旬的一周，《华盛顿邮报》刊登了一系列有关华盛顿附近发生的犯罪事件的报道。6个月来，9位居民被谋杀，其中8位的年龄在12～19岁之间（Struck，1997）。由于这附近被一个叫"水手"的帮派控制着，该地区充斥着暴力，以至于快餐店的老板宁可选择关门大吉，也不愿意让自己的雇员冒被抢劫和谋杀的风险。夜晚的枪声此起彼伏，以至于极少有居民敢在夜晚从他们那沉闷的保障性住房中走出来。附近的操场成了射击场和火拼的场所；1993 年，帮派成员在一个满是孩童的社区游泳池附近展开枪战，导致 6 人受伤。虽然当时有许多警察在场，但是似乎无力做出任何改变。在美国的大城市有许多这样的社区，在那里，大多数儿童生活在单亲家庭中，或者和亲戚而不是和父母生活。许多这样的孩子的父母都有犯罪记录，很可能正在监狱中。

路易斯安那州的新奥尔良，是另外一个阐释犯罪生态位这一概念的典型。这座城市建构了一个独一无二的混合体，混杂着历史、戏剧、文雅与兴奋，但是新奥尔良的谋杀率却是美国其他同等规模城市的 10 倍（Pressley，1997）。就在别致的法国区的北部，人们生活极度贫困，并且，就像在华盛顿特区以及其他城市一样，销售并吸食可卡因在刺激经济的同时也滋生了犯罪。人们通过向他们的邻居出售需要的东西，来维持在拥挤不堪、穷困潦倒而又犯罪猖獗的环境中的生计。新奥尔良的重要经济支柱是旅游，游客同样处在受到伤害的风险之中。事实上，那些吸引游客前来的夜生活以及文化价值观也是此处犯罪生态圈的一部分。许多游客之所以来到这里，是因为他们知道在新奥尔良，无论白天还是黑夜——如果愿意甚至可以在街上——都可以开派对，并且随意饮酒。那些喝的晕头转向的游客十分容易成为其他人的目标，比如那些不择手段的妓女，还有持有武器的强盗和杀人犯。具有讽刺意味的是，一些游客以及当地的居民称，偶尔需要躲躲子弹正是当地魅力的一部分。和华盛顿特区一样，新泽西州的实践也证明，单纯增加警力对降低犯罪率没有什么作用。

因此，尽管近几年的暴力犯罪率有所下降，但是某些城市还仍旧蔓延着帮派和毒品贩子引发的犯罪潮，巴尔的摩、圣路易斯、休斯顿、坦帕这几个城市是现在暴力犯罪排行榜的前几位。并且，根据最新的美国联邦调查局数据（2004b），最大的几个城市（人口超过 1 000 000 人）中，犯罪率依然处在高位，而那些人口少于 10 000 人的城市犯罪率增长迅猛。出现这一趋势的原因被认为是由于许多帮派迁至郊区和农村地区。小城镇也不例外，迷幻剂以及奥施康定的滥用给当地带来了暴力犯罪（详见第四章）。

简而言之，这些横行于大街上以及其他大城市的犯罪，是当地价值观、文化和经济发展阶段的反映，也同样影响了当地的居民和游客。如果没有当地的旅游业，法国区的暴力就不会如此猖獗。可以设想，假如华盛顿特区的居民不是依靠帮派维持收入，假如他们很难从医院开出管制性药品，当地的犯罪率是可以降低的。在一个由大城市本身提供支持的犯罪生态位中，社区的作用巨大，它影响着居民生活方式的变化，而这种生活方式反过来又使得社区向好的方向改善，或者进一步恶化。

2. 监狱的生活

考察一个封闭的机构是如何成为一个犯罪的生态位，监狱是一个很好的例子。正如我们前面所讨论的，当监狱拥挤不堪时，囚犯往往对看守和其他人表现出更强的攻击性（Paulus，1988）。这些带有攻击性的暴力行为，反过来促使监狱的工作人员更进一步地限制犯人的自由和个人权利，导致了更加恶劣的环境。其结果可能使得犯人以更加暴力的方式对待监狱的看守。

我们从 1997 年位于杰赛普（Jessup）的马里兰监狱的骚乱开始谈起。由于1/3的囚犯没有房间可以居住（这被管教称为事件的"导火索"），导致1997年5月出现了监狱的暴动，囚犯和看守在餐厅发生斗殴，造成数名囚犯和看守受伤。第二天，为了恢复纪律，防止意外发生，7名攻击看守和煽动暴乱的囚犯被判无期徒刑。为了应对这些更严重的违规行为，监狱工作人员将监狱设施24小时关闭，这意味着所有犯人都必须待在自己的牢房中。在因暴乱而遭受了严厉惩罚和权利被限制之后，囚犯们平静了下来，几天之后，监狱渐渐恢复了正常。然而，在拥挤的监狱中，和平往往是短暂的。当环境把他们推到忍耐的边缘，诉诸暴力仍是必然选择。

120

我们将在第十三章中更详细地描述暴力是监狱生活组成部分的事实。在监狱里，女区有可能被看守强奸（B. Miller，1999），男囚也有可能被看守或者狱友强奸、殴打（Conover，2001）。少年犯被监狱里的员工残忍地对待，他们的职责本应是保护他们（Timberg，1999）。2000年3月，马里兰州州长帕里斯·格伦迪宁（Parris Glendenning）因为未成年人管教所中存在对青少年犯身体虐待的行为，几乎废除了马里兰州的少年司法部门。德克萨斯州的未成年人管教所自从发生了一系列严重的伤害和死亡事件之后，一直处在联邦法院的监控之下。

3. 美国南部的生活

我们前面提到的多夫·科恩（Dov Cohen）以及他的同事（Cohen，Nisbett，Bowdle，& Schwartz，1996）所做的研究已经表明了美国南部较高犯罪率的存在，它源于根深蒂固的采用以暴制暴应对挑衅的文化，目的在于维护一个人的荣誉。这种荣誉文化可能为犯罪建立了一个生态位。例如，比起其他地区的人，南方人更倾向于赞成使用暴力，也更有可能支持用暴力来保护一个人的人身安全、荣誉、家庭以及财产，甚至是将其作为社会控制的一种手段——包括对孩子和配偶的控制，当然还有用暴力来惩治罪犯（Cohen & Nisbett，1994）。这一态度体现在同时代的南部各州和西部各州的法律中，他们比其他各州更加维护和支持执行死刑，允许积极自卫，宽恕针对儿童和配偶的家庭暴力行为，并且在枪支管制上缺少法律约束。

4. 体育界的生活

美式橄榄球、曲棍球、拳击、篮球、足球、其他类型的橄榄球以及许多其他竞技体育本身就是暴力。不幸的是，充满暴力的激烈竞争演变成了暴力犯罪，体育明星将竞技场内的暴力行为带到了场外，这样的例子比比皆是。2004年11月，在底特律活塞队和印第安纳步行者队的职业篮球比赛上，步行者队的阿泰斯特（Artest）、杰梅因·奥尼尔（Jermaine O'Neal）和斯蒂芬·杰克逊（Stephen Jackson）三人，在活塞队的球迷嘲笑他们并向他们投掷冰块之后，冲上了看台，并开始暴打活塞队的球迷。他们三人因此遭到了停赛数场和巨额罚款的处罚。这不是第一次NBA球员因为暴力而遭到停赛和罚款。1997年，洛杉矶湖人队的科米特·华盛顿（Kermit Washington）一拳打在休斯顿火箭队的鲁迪·贾诺维奇（Rudy Tomjanovich）的下颚上；同年，丹尼斯·罗德曼（Dennis Rodman）因为脚踢场边摄影师的屁股而遭停赛。不过，历年体育暴力中，攻击球迷事件的发生还处在一个历史低位。

这意味着，"体育经济文化"也是一个支持犯罪生长的生态位，就像支持暴力一样。很难弄清是体育使人们容易暴力犯罪还是倾向于暴力的人更有可能成为运动员，但是不管怎样，某些运动员和他们的竞技文化相互影响，形成了一个反馈回路，这是一个人际间行为相互作用的典型生态学范例。

例如，1997 年 8 月的季前赛，华盛顿红人队的外接手迈克尔·韦斯特布鲁克（Michael Westbrook），与跑卫斯蒂芬·戴维斯（Stephen Davies）在场上扭打在一起，迈克尔·韦斯特布鲁克反复击打戴维斯的面部，事后戴维斯需要接受药物治疗。韦斯特布鲁克有过人的天赋，但是在场上一直没有配合好，有人说他在比赛和练习时就已经表现出了他的不满，或许是怕队友糟糕的配合影响到了他职业生涯的成功，进而感到了挫折。最后，韦斯特布鲁克被处以罚款，并公开道歉，但是没人对于一个橄榄球球员会做出这样的事情感到震惊。如果是两个大学教授扭打在一起的话，那将完全不同。

同一周，被达拉斯牛仔队借用的德克萨斯州某大学的训练营宿舍，在租期将至的最后一夜被破坏得惨不忍睹。球队的工作人员承认，他们的球员扯掉了摄像头，并且在宿舍的地毯上撒尿。虽然大学方面说，他们见多了专业运动员搞破坏，但是这是迄今为止最为糟糕的一次。同一个训练阶段，几个队伍的队员不得不面临刑事犯罪的指控，其中的罪名包括家庭暴力和酒后驾车。或许他们的攻击行为也是因为挫折，但是无论怎样，没有人会对这样的事情感到特别惊讶。同样，如果这样的行为是发生在某次会议的一群教授身上，想象一下可能招致的非议吧。

迈克·泰森（Mike Tyson）也是如此，1997 年 6 月 28 日，他在与埃万德·霍利菲尔德（Evander Holyfield）的重量级拳击比赛中，咬下了对手一块耳朵，导致了比赛的暂停以及对手的直接获胜。内华达运动委员会禁止泰森参加拳击比赛一年，并且将他 30 000 000 美元出场费的 10% 作为罚款。何时恢复泰森的拳击执照取决于对他的精神评估结果。尽管泰森最近被指控在一次轻微交通事故之后袭击了两人（K. Shaver，1998），但是总体上的评价还是乐观的。在内华达运动委员会恢复了泰森拳击执照之后的 1999 年 1 月，他成功卫冕了重量级拳击冠军的头衔。第二个月，他由于攻击他人而开始在监狱中服刑 1 年。在监禁的第一个晚上，他生生将一个电视从墙上扯了下来并砸在了地上，伤及一名管教，因而被关了几天的禁闭。泰森的拳击天赋使他成为超级巨星，获得了金钱、名声和地位。然而，他的成功是基于他在一个为极端的攻击行为和暴力提供奖赏的领域。显然，无论是在场内还是场外，他缺乏自我控制的能力。自霍利菲尔德事件以来，泰森已经被指控了多项罪名，包括袭击他人，对已经和他离婚的妻子施以身体和精神上的虐待。

迈克·泰森没有杀死任何人。但是 1999 年，美式橄榄球界（NFL）卡罗琳娜美洲豹队的外接手瑞伊·卡鲁斯（Rae Carus），被控驾车枪杀了他怀孕的女友。他最终只被判处了策划谋杀罪，服刑 19 ~ 24 年。近年来，类似家庭暴力和虐待配偶的案件在美式橄榄球界屡见不鲜。

尽管职业运动员之间的犯罪率低于其他同龄、同经济地位和其他类似的人口统计学指标的男性（Heath，2000），但是运动员的高调犯罪引发了公开的针对体育文化和暴力行为之间关系的激辩。有人说，对抗性强的运动将暴力置入了运动员之中，其他人则认为，这种攻击性的技巧蔓延到了他们的私人生活中。大多数评论家认为，总体上，球队老板和管理机构常常否认或者轻描淡写他们运动员身上存在的问题，并把原因归咎于他们个人，而不是整个体育界生态圈。并且，许多运动明星在球迷中的英雄地位也使得他们不太可能对自己的行为负责。

整个体育界也似乎为球迷之间的暴力和犯罪提供了一个生态位。比如，泰森—霍利菲尔德之战的前几个小时，双方的拳迷之间爆发了暴力冲突。在 2003 年的超级碗比赛结束后，由于奥克兰突击者队输给了坦帕湾海盗队，突击者队的球迷制造了一场小规模的暴动，导致数十人受伤，以及一些财物的损坏。同样，当马里兰大学在 2001 年的大学生篮球联赛决赛输给杜克大学之后，愤怒的学生在城镇里横冲直闯，甚至有纵火、打砸汽车和抢劫的行为。这个问题在其他国家甚至更加激烈，特别是在欧洲和南美，足球比赛之后往往伴随着斗殴和骚乱，经常导致致命的结果。1994 年，哥伦比亚在世界杯上输给美国后，其中一位国家队队员被球迷枪杀。事实上，整支球队都不断收到来自球迷的死亡威胁（Sanchez-Bender，1998）。

粉丝的暴力行为并不是什么新鲜事。资料显示，在公元前 532 年，在君士坦丁堡战车竞赛期间发生了一场粉丝暴乱，导致了 30 000 人的死亡；公元 59 年，罗马元老院禁止在庞贝古城开展角斗士决斗活动，因为这些竞技比赛中观众的暴力情绪与行为非常普遍。

粉丝之间相互斗殴，是因为他们是暴力犯，还是因为体育比赛高度紧张的气氛激发了他们的攻击性？要想有明确的答案是不可能的。生态学的观点认为，人和环境是相互影响的，并共同导致了犯罪。西蒙斯（Simmons）和泰勒（Taylor）提出了一个粉丝暴力的心理模型（1992），考虑了几个因素，其中包括了一些我们在本章中已经提到的理论。群体凝聚是粉丝暴力的一个因素，包括了群体内的团结、群体间的敌意、去个性化和对敌对群体的去人性化。他们认为，粉丝暴力的程度和体育运动的暴力程度相关；确实，攻击行为在美式橄榄球和冰球比赛中是最惨烈的。接下来，或许粉丝暴力是被他们所观看的比赛的暴力模式所激发的。其他更一般的解释粉丝暴力的因素可能包括了对比赛的沮丧、高密度人群的压力以及酒精的影响（Simmons & Taylor，1992）。

或许还有其他的因素对粉丝暴力有影响，比如说孩子进行比赛时父母在场。2002 年 7 月，托马斯·琼泰（Thomas Junta）正在观看他孩子的曲棍球比赛练习时，和教练迈克尔·科斯塔（Michael Costa）（也是某位球员的父亲）由于球员之间的暴力行为问题大吵了一架。琼泰的暴力行为造成了科斯塔受伤并最终死亡，琼泰因此入狱 6 ~ 10 年。2005 年，加拿大一位观战的父亲将手伸出看台，勒住了教练的脖子。在教练窒息前，观众及时制止了这一行为。父母和教练之间普遍糟糕的人际关系，使得现今儿童运动队不得不制定严格的规则来控制父母的不良行为。 122

（三）生态圈、种族与犯罪

与体育相关的暴力行为只是一个展现社会和环境因素是如何将一个人推向暴力行为的例子。用生态位的方法来研究犯罪有助于解释为什么犯罪人可能是富人也可能是穷人，可以是黑人或白人，可能是同性恋也可能是异性恋者，或者是其他属性组。不论是谁，要是不幸生长在一个支持犯罪行为的生态位中，都会有一定的风险从事犯罪行为。此外，如果生活在这样环境中的人，又和他人有同样的社会经济地位、种族和其他人口学的特征的话，从事犯罪行为的可能性就大大增加。

具有种族背景的人确实比起其他人更加容易处在一个高犯罪风险的生态圈中，并且也更加容易成为罪犯。在美国，尤其是某些少数民族族裔，卷入了比起其他人更多的犯罪事件中。比如，虽然黑人只占总人口的 13%，但 2000 年的数据显示，美国联邦调查局逮捕的人中，有 28% 是黑人（美国联邦调查局，2001）。2002 年，那些因为暴力犯罪而被逮捕的犯人中，40% 是黑人，或者西班牙裔美国人（美国联邦调查局，2003）。这种种族上的差别，一部分可能是由于歧视性执法造成的，但即使将这一因素考虑在内，黑人的犯罪率还是比白人和其他族裔的人要高（Currie & Sternbach，1987；Silberman，1979；Tonry，1996；Wilson & Herrnstein，1985）。然而，我们必须认识到，这一差别本身并不是由于种族的原因，而是由于高风险的社会与环境条件造成的，某些族群比起其他族群更容易面临这样的环境。

尽管如此，讨论种族的不同在犯罪行为上的差异这一问题在现今美国仍是高度敏感的。对于一些人来说，将种族与犯罪放在一起讨论是政治上的错误，其中的确隐含着种族歧视的意味。但是，不谈这一问题，意味着对另一个美国黑人比他人更常面对的问题视而不见，即他们更经常性地被质问是否参与到犯罪中。比如：

（1）一位《纽约时报》的通讯记者写道，1999 年，当他在华盛顿特区附近的富人区行走时，一辆警察巡逻车在他旁边停下来，警官要求他出示证件，并解释他在这里干什么。当这位作者说道他就住在这，并且他的驾驶照也证实了这一点时，警官说之所以把他拦下来，是因为这个区域发生了盗窃案，而这位作者正符合他们怀疑对象的特征。当他回到家中后，他联系了警局，如他所料根本就没有什么盗窃案；那位警官之所以这么说，就是想随意编造个理由将这种随意将黑人拦下来的行为合理化，他们觉得黑人就不应该属于这个区域（Holmes，1999）。几个月后，另一件类似的事情又发生了，纽约警方逮捕并搜查了奥尔顿·怀特（Alton White），怀特是百老汇的黑人明星，警察声称他符合之前描述的西班牙裔毒贩的特征。另一位黑人演员丹尼·格洛弗（Danny Glover），由于纽约警察将其限制在他自己的公寓中而错过了他的舞台表演。理由同样，因为警方说他与警方正在寻找的嫌疑人十分相似。

123　　（2）事实是，黑人常常被警察随机临检，因为他们比较可疑，而实际上，他们只是比较引人注目而已。而且，黑人比白人更有可能由于轻微的交通违规或者问询犯罪信息而被警察拦下来，只是因为他们符合犯罪人的形象。这一事实使得一些州制定相关法律来强制机构记录他们拦下来的人的种族信息。黑人也比起其他群体更容易因为毒品犯罪而被起诉，虽然在吸毒者总人数中黑人仅占 13%。但是在因私藏毒品而被逮捕的人群中，黑人占 35%；直接因毒品被定罪的人群中，黑人占 55%；因从事与毒品相关的犯罪而被投入监狱的人群中，黑人占 74%（美国司法统计局，2003）。

（3）黑人，以及其他一些少数族裔，比起其他人更有可能成为暴力犯罪的受害者，特别是杀人。2001 年，黑人仅占美国成年人口的 13%，但那一年，几乎 50% 的凶杀案受害者都是黑人（美国联邦调查局，2002），而黑人成为警察暴行受害者的比例也远高于其人口比例（Nelson，2000）。最著名的例子是发生在 1991 年的洛杉矶警察殴打 Rodney King 事件；发生在 1997 年的布鲁克警察对海地移民艾布纳·路易玛（Abner Louima）施以酷刑和鸡奸事件；发生在 1999 年的纽约市警察在布朗克斯杀害了手无寸铁的非洲移民阿马杜·迪亚洛（Amadou Diallo）事件。还有许多其他的例子能够证明少数族裔遭到了执法中的不信任和歧视性对待（Bruni，1999；Greenfeld et al.，1997；Rudvosky，1992）。

（4）受害者为黑人的诉讼通常得不到充分的重视，并且，黑人社区的警备状况通常较为松懈。这些都加深了黑人面临的歧视和不信任。但也有例外的时候：在黑人人口占15%的圣玛丽乡间，黑人居民呼吁对当地执法部门召开听证会，因为执法部门在寻找杀害两位黑人居民的凶手时执行不力，尽管这是一个相互怀疑的例子（Gowen，1998）。即使那些诛杀黑人的凶手被抓住，被起诉，并被判有罪，他们被处以死刑的可能性只有杀害白人被判死刑的概率的1/4（Baldus，Woodworth，& Pulaski，1990；Paternoster & Brame，2003）。许多黑人认为，无论是执法机关、诉讼机关还是监狱，都是在合起伙儿来针对他们。

（5）尽量在陪审团中剔除少数族裔在过去司空见惯，而这一歧视性的做法可能仍影响着现今陪审团的选择（Savage，2002）。一旦和黑人本身占的人口比例相对较小这一事实相结合，上述情况就会导致刑事审判陪审团中黑人代表的名额严重不足。当黑人作为被告时，这一问题就更加令人不安了，因为这有可能增加被定罪的概率和惩罚的力度（DiPerna，1984；Nietzel，McCarthy，& Harris，1999）。

（6）黑人在量刑上也往往会受到歧视。比如，他们比白人更有可能因为谋杀，特别是杀害白人，而被处以死刑（Baldus et al.，1990；Kennecy，1998；Paternoster & Brame，2003）。此外，作为全国性的"向毒品宣战"的一部分，新的判例法形成了对快克更加严厉的处罚，快克在黑人社区中十分流行，而对另一些更加昂贵的可卡因的变体（诸如"上城"兄弟，一种粉末状的可卡因）的处罚则没有那么严厉（联邦量刑委员会，1995）。在1986年的联邦反毒品滥用行动中，一个人如果被认为意图分发50克或者更多的快克的话，必须判处不少于10年的监禁，而且不能被假释。无法理解的是，如果被告人意图分发5000克可卡因粉，其量刑才可能达到这个程度。甚至某人仅仅拥有1~5克的快克，也要被处以5年监禁的最低刑（不能假释）；相较于其他毒品，快克量刑较重，是唯一的即使初犯也以5年起刑的毒品。

造成这一结果的部分原因是前面提及的在刑事司法系统中的种族差异，30%的黑人在20~29岁之间被监禁过（Karberg & Beck，2004）。鉴于目前的入狱率，28%的黑人男性可能会在监狱中度过他成年生活的一部分，而这一比例在西班牙裔男性群体中是16%，在白人男性群体中是4.4%（美国司法统计局，2003b）。如此高的监禁率也意味着在被监禁之后，对自由和权利的损害在黑人群体中会比其他群体更严重。这些惩罚包括了丧失选举权和被选举权，在学生贷款、食品补贴、公租房甚至黑人青少年医疗上的待遇也存在差异。国家数据显示，比起非西班牙裔的白人少年犯，少数族裔的少年犯更有可能被安置在公立（而不是私立）的未成年人管教所中（Snyder & Sickmund，1999）。

有一本谈美国的种族与犯罪的书，是哈佛法学院Kennecy所写，他本人就是黑人。他在书中警告称，如果人们不仔细反思黑人更经常犯罪这一显而易见的事实——在20世纪的大部分时间里（Lane，1989；Silberman，1979）——并仔细思考其中的原因，那么美国的顽固势力依靠背诵数字就能够控制关于犯罪的话语权了。

之所以底层黑人参与犯罪活动的比例高于他们占总人口的比例，最突出的原因是美国两个世纪以来一直延续下来的偏见，导致了在经济、教育、社会和政治领域的对黑人的歧视。犯罪学家指出，首先，奴隶制在黑人的心理上留下了不可磨灭的伤疤。黑人被暴力地从自己的国家中连根拔起，并被带到美国，成为奴隶，屈辱地生活在主人的暴力、恐吓和威胁之下。甚至在1863年废除奴隶制之后，黑人仍受到那些顽固的暴力团体的威胁，比如三 K 党，并且权利处处受到侵害。即使是在今天，黑人也没有完全融入美国的主流社会和政治中去（Comer，1985；Silberman，1979）。

黑人之所以更多地参与犯罪活动，是因为他们在美国的特殊经历，而不是种族本身。统计数据显示，如果考察加拿大，或者其他黑人文化占主流的国家诸如尼日利亚，黑人的犯罪率比白人要低得多（Siegel，1998）。今天，不管你乐意与否，种族本身——以及种族带来的其他问题——仍旧是考察犯罪的社会与环境根源的重要因素。

五、总结

社会与环境因素可以在多个方面导致犯罪行为——直接的和间接的。比如，对他人的攻击和暴力行为的学习通常来自观察和聆听他人的行为，如父母、朋友、暴力电影、视频游戏，甚至是演奏音乐的人。研究媒体暴力对青少年影响的心理学家认为，暴力影像不仅使人对暴力行为脱敏，而且通过美化渲染刺激来鼓励暴力。与视频暴力游戏互动尤其麻烦，因为青少年通过虚拟的暴力行为来体验"胜利"的"刺激"。

某些图式、脚本、归因方式等认知因素可能会导致人们认为这个世界是充满暴力的，然后使人们相信攻击和暴力是唯一的，甚至是基本的行为方式，进而触发犯罪行为。另外，挫折、去个性化、从众、顺从以及服从权威也是一些可能会导致人们在某些场合犯罪的社会因素。

引发暴力和犯罪的环境因素是多种多样的，包括生理唤醒水平的提高、压力增多和攻击性线索的出现（他人似乎要攻击自己）等。环境生态学家的研究表明了炎热、噪声、空气污染、自然灾害、拥挤的环境、对个人空间的侵犯以及将生活限定在特定区域，这些都能增加犯罪和暴力发生的可能性。比如，许多城市、监狱、体育运动是暴力的温床，在这样的环境中人们表现出暴力确实不足为奇。

某些族裔的成员或多或少地成为作恶者或者是受害者，这并不是因为种族本身，而是因为不同族裔在社会、政治和法律方面获得的待遇是不同的。

虽然个体与他人的互动、社会系统、文化力量以及物理环境都会引起犯罪，但是这些交互作用是否真的能带来不良后果，取决于个人对这些潜在风险的应对。

关键术语

群体　社会认知　社会心理学　恐怖主义　环境心理学　去个性化　社会学　生态学

复习问题

1. 描述以下学科在研究犯罪的社会和环境根源时的研究思路。
（a）社会心理学　（b）环境心理学　（c）社会学
2. 以一个例子说明布朗芬布伦纳（Bronfenbrenner）的微观系统、中观系统和宏观系统是如何解释犯罪的。
3. 错误归因和归因偏见对我们理解强奸和虐待配偶事件有何帮助？
4. 对于媒体暴力在犯罪和暴力中所扮演的角色，最恰当的结论是什么？
5. 对于犯罪来说，什么是最重要的环境因素？它们是如何发挥作用的？

相关链接

犯罪行为网：www.cassel2e.com.

全国电视暴力研究：www. ccsp. ucsb. edu/ntvs. htm.

暴力歌词与其他传媒形式对美国儿童和青少年的影响——实况报道：www. findarticles. com/p/articles/mi__m1175/is__n6__v25/ai__12778347.

斯坦利·米尔格拉姆的服从实验：http：//en. wikipedia. org/wiki/Milgram__experiment.

用重新规划社区的方式降低犯罪率：www. ncjrs. org/txtf_les/164488. txt.

监狱暴力：www. motherjones. com/news/special__reports/prisons/violence. html.

美国政治中的种族不平等和犯罪中的种族差异：www. solent. ac. uk/law/prcus. html.

第七章　童年早期到青春期的犯罪行为发展

犯罪途径　　　　　　　　　　　　犯罪行为的学习

犯罪行为发展的生理因素　　　　　家庭对犯罪行为的影响

发展障碍与犯罪　　　　　　　　　综合观点

童年时期的犯罪潜力是如何被环境塑造成青少年时期的犯罪行为的呢？伊莲·卡塞尔（Elaine Cassel）提供的案例为我们展示了真实的过程。为了保护隐私，文中名字均为化名。

　　我认识戴维（David）时，他才3岁。那时我被指派担任他3个月大的妹妹玛丽亚（Maria）的诉讼监护人（保护无法为自己辩护的儿童和成人权益的律师）。她早产了2个月，出生时只有3磅重并且可卡因上瘾。玛丽亚从出生后就一直在郊区医院的新生儿重症监护病房。我们为她的监护权开了一个听证会，参加听证会的有她的母亲黛比（Debbie），她在怀有玛丽亚时摄入了大量的酒精和可卡因；父亲丹尼（Danny），他并没有与黛比结婚；丹尼的母亲，她表示有能力并愿意抚养玛丽亚。社工在向法庭提交玛丽亚的案件材料时也提到了还和黛比住在一起的戴维，但他并不认为戴维和黛比在一起会受到虐待和忽视。当法官将戴维的抚养权判给黛比时，她喜极而泣。但是，当法官将玛丽亚的抚养权判给了丹尼的母亲时，她伤心地哭了。

　　因为黛比是由生活在县里的养父母养大的，所以社工们都对她很熟悉。她曾是个相当乖巧的孩子，但是在青春期的时候，与养父母发生了许多矛盾和冲突，于是她不停地被移送到其他家庭。当她17岁时，她辍学嫁给了一个努力工作的年轻人。一开始一切都很幸福，社工回忆那时她的丈夫给了她从未感受过的家庭温暖。19岁时她生了一个女儿，那时所有人都认为她是一个好妈妈。但是一年后，她在酒吧认识了一个男人并与他发生了关系，生下了戴维。由于羞于面对丈夫，她与戴维的父亲私奔了。在长达一年仍然没有得到黛比的消息后，她的丈夫与她离婚并得到了女儿的独立抚养权。在戴维出生的1个月前，他的父亲死于一场车祸。黛比最后还是回到了家里和朋友住在一起抚养戴维，也是在这里，她遇见了丹尼，他使黛比染上了毒瘾。

　　在听证会结束3个月后，丹尼在一场毒品交易中被杀。1个月后，黛比和他的朋友乔治（George）同居了。乔治不吸毒，但是酗酒并虐待黛比和戴维。这件儿童虐待案件是他们在邻州露营时被发现的。当时其他的露营者听到了戴维的尖叫并报警，戴维被发现时受了重伤，需要住院一周。黛比和乔治因虐待儿童罪而被起诉。在庭审时，乔治辩护说他打戴维只是因为他弄湿了裤子，应该得到教训。当戴维出院后，负责玛丽亚案件的社工将他送到庭审前的寄养家庭。由于我也参与了玛丽亚的案件，法官让我做戴维的诉讼监护人。

在被起诉的几个月后，黛比和乔治被允许回到弗吉尼亚州，他们试图拿回戴维的监护权。黛比向法官申请探视权，只获得了每周1小时的时间并只能当着监护人的面与戴维见面。当戴维看见她时，他勃然大怒并不停地损毁周围的东西。在类似的事情发生了几次后，法官终止了黛比的探视权。此后不久，黛比和乔治由于儿童虐待罪被判处了5年监禁。戴维留在了寄养家庭，再也没有与他们接触过。但是伤害已经发生。

只要戴维看见陌生人，他就会发脾气，毁坏他能碰到的所有东西。然后他开始打他的玩偶，还不停地说"坏彼得（Peter），彼得是个坏孩子"。当被问到彼得是谁时，他不停地重复"彼得是个坏孩子"。精神科医生诊断戴维患有分离性身份识别障碍（以前被叫做多重人格障碍）。他创造出彼得这个角色，而他才是被他母亲的男友所殴打的坏孩子。戴维的行为最后总是像他母亲一样有问题，不停地更换寄养家庭，每次养父母都要带他去进行心理辅导来处理他突发的暴力行为。

当戴维8岁时，他的暴力行为开始减少。他成绩一般，在班里表现得很听话，老师评价他总是很消沉。考虑到他所经历过的事情，这样的结果并不让人惊讶。在他10岁时，我再次由于他的行为被传召到法庭。他在和邻居家的孩子玩耍时放火烧了几百英尺昂贵的木围墙。每当我和他说话，他总是保持沉默并很少有眼神接触。当我警告他再继续这样下去会进少年法庭时，他也没有反应，只是说反正也没有人要他，去哪里都无所谓。我能怎么回答？实际上他的年龄太小，还不能送去少年法庭，据此社工又为他找了一个新的寄养家庭，这对夫妇将抚养戴维当成了一种挑战。尽管他们很努力，但在他12岁生日之前，他还是由于为其他孩子抢劫当铺望风而被送进了少年法庭。这一次法官没有同意再为他找一个新的寄养家庭，而是决定亡羊补牢，将他送入一个合适的机构对他进行矫正。但是在我看来为时已晚。

我能为戴维所做的只有这些，我也不知道他以后发生了什么事情。但是，如果他18岁时在监狱里，这并不会让我惊讶，前提是他还活着。除非有奇迹来挽救他的命运，否则他极有可能会成为一名职业罪犯。为什么我会这么确定？因为戴维的例子说明孩子们并不是生来就坏的，也不是突然有一天早上醒来变坏。戴维接触了所有已知的会促进攻击、暴力行为产生的因素。他的父亲在他出生前就去世了。在他小时候，他母亲的同居对象是个罪犯，然后他又被母亲的另一个男友虐待，不停地更换寄养家庭。自身患有精神障碍，他母亲酗酒、吸毒并进了监狱。

如果戴维有不同的父母，不一样的基因，生活在不一样的环境，他的父母遵纪守法对他关爱有加，他从小待在一个稳定的家庭，踢足球、游泳、交朋友、被他人喜爱。在这样的环境下，他犯下纵火、盗窃、偷车罪的可能性有多大呢？如果他有同样的基因，但是刚出生就被一个充满爱的家庭收养呢？想要回答这些问题，要涉及一个百年之久的议题：天性与教养哪一个对个体发展影响更大？

在这一章里，我们将讨论从童年早期到青春期的犯罪行为发展中先天和后天的影响因素。我们将用前三章提到的理论和方法分析戴维和其他像他一样的具有反社会和犯罪倾向的孩子的表现和环境。我们探讨的是埃里克森（1957）和许多其他的心理学家、社会学家、犯罪学家和哲学家认为的人类所具有的"坏的潜力"以及它如何通过童年环境发展成为"坏的可能"的。

一、犯罪途径

攻击行为在学龄前儿童中很常见，但是在上小学之前会由于家长和老师的社会化教导而渐渐消失。对某些孩子来说，攻击行为会随着时间增加强度变成暴力行为。具有攻击性的孩子可能变成暴力的反社会青少年犯，而这些青少年犯也可能会成为严重的成人犯。

发展心理学家们的研究会涉及攻击、暴力和犯罪的途径（Loeber, Keehan, & Zhang, 1997）[1]。勒伯尔（Loeber）和斯托萨米尔－勒伯尔（Stouthamer-Loeber, 1998）认为主要途径有两个：人生道路和有限时间路径。人生道路途径的孩子会在童年发展出顽固的反社会行为，并在青少年和成年时变得更加严重，尽管我们不知道确切的比例，但是在美国这可能是绝大部分成年暴力罪犯的行为形成原因（Loeber & Stouthamer-Loeber, 1998）。在人生历程途径中有两个子分类：起始于学前期的攻击和起始于童年期—青少年期的攻击。最近的研究表明，攻击行为出现在学前期的孩子会存在注意力缺陷多动症（attention deficit disorder, ADHD），他们的攻击行为可能发展成品行障碍（conduct disorder, CD, Barkley, 1998）。在儿童或青少年期出现攻击的孩子一般不会被诊断为注意力缺陷多动症，而是表现出许多对抗性或叛逆行为，被诊断为对立违抗性障碍（oppositional defiant disorder, ODD）或品行障碍（Moffitt, Caspi, Harrington, & Milne, 2002; Patterson, Reid, & Dishion, 1992）。（我们会在后面具体讨论这些发展障碍。）有限时间路径的儿童只是在童年期变得具有攻击性，在青少年晚期或者成年早期时行为就会消失（Moffitt, 1993; Moffitt, Caspi, Dickson, Silva, & Stanton, 1996）。

只有一小部分的成年暴力犯是没有儿童青少年时期攻击行为史的晚发性犯罪（Farrington, 1994a; Windel & Windel, 1995）。

童年期的攻击和犯罪行为可分为外显和内隐两类，外显攻击是对他人造成直接的身体伤害，从童年期的欺凌行为到中期的打架，最后发展成青少年期的严重犯罪（强奸、抢劫和谋杀）。内隐行为一般是从不诚实的行为，例如顺手牵羊和说谎，发展成为财产犯罪，例如故意毁坏公共财物和纵火，最后变成更加严重的犯罪，例如诈骗、入室盗窃，等等（Loeber & Stouthamer Loeber, 1998）。

童年期外显与内隐攻击行为的发展涉及许多因素，包括信息加工中的生理影响，神经递质和荷尔蒙，气质类型和各种发展障碍。在下面两节，我们会对最重要的影响因素进行探讨。

二、犯罪行为发展的生理因素

在一项针对567 000名男性和女性犯人的调查（Harlow, 1998）中，有超过一半的犯人表明他们的家庭成员中至少有一个人进过监狱。这是不是意味着犯罪具有直接遗传性？答案可能是否定的。在第四章我们提到基因和犯罪没有直接联系，犯罪家庭很大程度上是由于环境

---

〔1〕 因为90%的暴力犯是男性，所以研究者主要以男孩为对象来研究青少年和成人攻击行为的发展。

因素导致的（Comings，1997；Rutter，Giller，& Hagell，1998）。

（一）神经障碍

由脑电图、脑成像或脑功能测试（测试运动能力、视觉加工、听觉语言功能等）测量的神经功能障碍已经被证明与个体的抽象推理和运动能力的缺陷、精神分裂、抑郁和其他能够导致儿童攻击与暴力行为的精神疾病有关（Raine，2000；Seguin，1995；Tibbits，1995；Voeller，1986）。这些功能障碍一般可能是由出生时体重过低、脑损伤、分娩并发症、胎儿酒精综合征或遗传异常（Moffitt，1993；Raine，Brennan，& Mednick，1994）引起的轻微脑功能障碍综合征（minimal brain dysfunctions），损害了儿童遵循社会预期的行为规范的能力（D. Lewis，1986）。

也有证据表明具有听觉、思考、语言、阅读、写作或运算能力损伤等学习障碍的儿童比其他人更加可能出现行为障碍（Heavey，Adelman，Nelson，& Smith，1989；Rutter，Mayhood，& Howlin，1992；R. J. Thompson & Kronenberger，1990）。一项研究（J. E. Porter & Rourke，1985）发现，40%的具有品行问题的儿童存在这些障碍。这些学习障碍与阻碍信息加工的脑部异常发育有关（Maughan & Yule，1994；B. S. Peterson，1995）。这些具有学习障碍的儿童的品行问题的出现可能与感知觉和认知问题造成的社会技能的缺失有关，例如，人际交往和理解他人情绪的能力（Rourke，1988；H. L. Swanson，1991）。在许多研究中，具有学习障碍的儿童在同伴中总是不受欢迎，甚至容易受到排斥和忽视（Stone & LaGreca，1990），而且当这些儿童由于学习成绩差和社会排斥感到挫折、愤怒和自尊较低时，他们中有的人就会出现攻击和叛逆行为（Moffitt，1993）。还有一些研究发现学习障碍与青少年犯罪存在联系（Winters，1997）。其中一项研究（Brier，1989）表明36%的青少年犯具有学习障碍，并且具有学习障碍的青少年的犯罪可能性是普通青少年的两倍多。当他们具有注意缺失多动障碍和低智商时更加可能成为一个罪犯。

（二）神经递质与荷尔蒙

中枢神经系统、自主神经系统和内分泌系统的神经递质和荷尔蒙活动已经被证明与多种攻击行为有关，像我们第四章提到的，男性的攻击行为与高水平的睾酮有关。还有研究指出 131 低浓度的5-羟色胺与儿童和成人的暴力行为有关（Moffitt & Lynam，1994）。儿童的攻击行为还和高水平的压力性荷尔蒙皮质醇有关（McBurnett，Lahey，Capasso，& Loeber，1996；Sussman，Dorn，Inoff-Germain，Nottelmann，& Chrousos，1997）。由于这些研究数据都是以相关关系呈现的，所以神经递质与荷尔蒙水平与攻击行为的因果关系仍不得而知。

（三）气质

气质是指个体表达需求和情感的方式，是对环境中刺激、事件和他人的反应方式，以及个体如何控制这些反应。婴儿从出生就开始表达情感，所以气质被认为几乎完全是由基因决定的，例如，有些婴儿会在开心的时候咯咯地笑，同时翻滚蠕动，对于别人的注意和接触表现得很舒服，而有的婴儿则会转过脸去发脾气；一些婴儿会兴致勃勃地哭叫，而有的只是抽泣和呜咽。随着婴儿的长大，气质类型的差异会在许多方面表现出来，包括能量水平、沟通风格、冒险倾向和社会交往能力。实际上，气质就是最初的使每个人具有独特性的人格特征。关于气质的最重要的理论是由亚历山大·托马斯（Alexander Thomas）和史黛拉·切斯（Stella Chess，1977）以及杰罗姆·卡根（Jerome Kagan）和他的同事（Kagan，

Snidman, Arcus, & Reznick, 1994）提出的。

　　托马斯和切斯（1977）的研究要求家长从以下几个方面评价他们的孩子：①活动水平；②睡觉、进食和排泄的规律性和可预测性；③对陌生人的初步反应；④适应性；⑤对微小刺激的感受度；⑥反应强度；⑦主要情绪；⑧注意力的维持和分散性。在收集了这些反应后，他将婴儿的气质分为三种：容易型、困难型和迟缓型。容易型的婴儿是最常见的，占样本的40%，这些婴儿很快就能在进食和睡眠上形成规律，愉快地面对新的环境，很少紧张；困难型的婴儿（占样本的10%）睡眠和进食毫无规律，而且容易急躁；迟缓型的婴儿（占样本的15%）谨慎地面对新环境和陌生人，但最终还是会适应和接受。样本中其他35%的婴儿不符合这三种类型中的任意一种。

　　托马斯和切斯强调亲子互动在儿童表现遗传气质上的重要性，以及这种互动如何减少某些特定特质的出现，例如害羞和易怒。从出生开始，和监护者的互动就开始改进甚至可能是重塑婴儿的气质和人格发展，但是一些气质特征还是会或多或少地持续下去，变成人格的一部分。容易型的婴儿一般会保持轻松的状态，成为冷静、自信和能干的成年人；困难型的婴儿会变成难以相处的个体；迟缓型的婴儿一般都会成为胆小、害羞的孩子，焦虑的青少年和成人。

　　上述研究主要基于父母的报告。为了克服这一局限性，卡根和他的同事在实验室内对儿童进行观察并测量他们的脑电波模式、心率和其他生理机能。然后对他们进行数年的跟踪调查来评定儿童早期性格的稳定性以及对未来行为的预测性。在这个研究中，卡根将儿童分成了两类：抑制型和非抑制型。与非抑制型儿童相比，抑制型儿童具有以下特征：

　　（1）不愿意在陌生人面前提出自己的意见。

　　（2）不在陌生人面前表露笑容。

　　（3）需要很长时间来适应新环境。

　　（4）在压力事件下容易产生记忆问题。

　　（5）不愿意冒险，谨慎地作决定。

　　（6）遇到威胁性词语会中断朗读。

　　（7）有不正常的惧怕反应。

　　（8）在压力源甚至是选择站姿时，心率和血压显著增高，瞳孔扩大。

132　（9）肌肉高度紧张。

　　（10）与情绪唤醒有关的右额叶有更多的活动（Kagan & Snideman, 2004）。

　　在对这两种气质分类的2岁儿童进行对比研究后发现，基因对于高度抑制型和高度非抑制型儿童的影响很大。此外，卡根和他的同事发现，2岁时儿童的气质类型和5岁以及7岁时是一致的。气质会产生变化的孩子可能处于抑制型的中间水平，而且他们更加容易变成非抑制型。在2岁时表现为高度抑制的孩子一般不会发生改变，除非他变得更加抑制自己。一般来说，女孩会比男孩的抑制性更强，而且她们的惧怕反应可能会随着时间增强。在高度抑制型的孩子中86%是女孩。

　　其他的研究者们也提出了一些不一样的气质类型，但都可以归为抑制型和非抑制型的差别中，例如内外向程度、负性情绪和自制力，等等（M. D. Rothbart & Mauro, 1990）。

　　这种与气质相关的生理性的性格影响了许多与犯罪相关的心理维度，包括学习经验、情绪唤醒规律、社会道德发展和对监护者的依恋，等等（M. K. Rothbart & Ahadi，1994）。

1. 气质与学习经验

气质会影响孩子如何学习以及学到什么。例如，如果孩子带着惧怕心理接触陌生人和新环境，他们就可能会回避或者逃离他们。这种倾向还可能导致孩子丧失信心，认为他们的这种行为抑制可以避免失败。阿尔伯特·班杜拉（1986）指出这是一种缺乏自我效能感的表现。因此，一个具有音乐天赋的抑制型的孩子可能会在独奏会上怯场和不停出错，然后丧失信心甚至不去克服这种恐惧。类似地，发现社会环境具有威胁性的孩子可能很难发展自己的社会技能，从而被同伴拒绝而产生愤怒和怨恨。气质也会影响到孩子对学习障碍的反应。如前所述，一些感到挫折、愤怒、拒绝和学业或社会化失败导致地位较低的孩子可能会将暴力攻击作为一种报复手段来发泄他们的欲望。实际上，在最近几年美国发生的校园大规模屠杀事件中，报复是犯下这些罪行的被放逐的学生的明确动机。

2. 唤醒调节

气质也会影响情绪和唤醒调节。像我们第四章提到的，唤醒阈限较低的个体更加倾向于选择安静的工作，并且试图在人际关系中保持平静。一个能够忍受许多刺激的个体可能更加倾向于在生活和人际关系中寻求刺激。如果社会和现实环境与个体气质不能拟合，则可能导致个体的不满和挫折感。害羞的个体在忙碌和紧张的气氛中工作可能会感到过度刺激，想要离开来降低唤醒程度。他们的行为可能会让其他人感到可疑甚至是受到冒犯。如果个体的气质和个人和工作的人际关系不拟合，人际冲突就会经常发生。

雷恩（Raine）、维纳布尔斯（Venables）和梅德尼克（Mednick，1997）对英国儿童在 3 岁和 11 岁时的心率和皮肤导电性等生理唤醒指标分别进行了一次测试。结果发现，3 岁时的低唤醒水平可以预测 11 岁的攻击行为。还有研究表明，具有较低静息心率的青少年在学校会比其他人更可能出现攻击和煽动反抗等行为，并且在 10 年后更加可能犯罪（Kindlon，1995；Raine，2002；Raine，1990；见图 7.1）。低自主性唤醒也与成人的反社会行为有关（Farrington，2006；Raine，1993）。

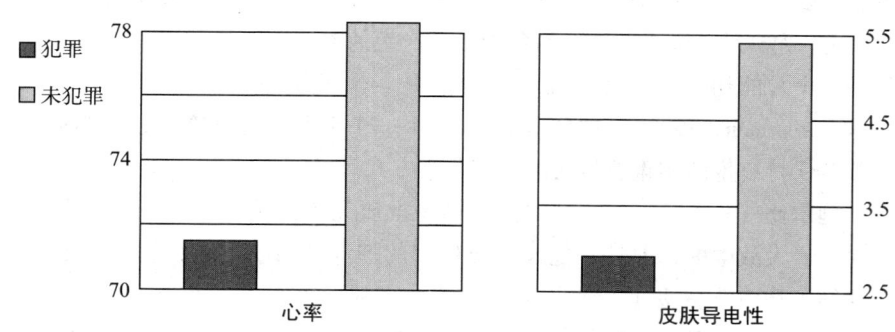

图 7.1　低阈限的青少年和成年犯罪

M. T. Nietzel, M. Speltz, E. McCauley, & D. A. Bernstein, *Abnormal Psychology*, Boston: Allyn & Bacon, 1998. Based on data from "Relationships Between Central and Automatic Measures of Arousal at Age 15 Years and Criminality at Age 24 Years", by A. Raine, P. H Venables, & M. Williams, *Archives of General Psychiatry*, 1990, p. 47.

3. 社会和道德发展

气质对儿童的社会道德发展发挥了重要影响，其中之一就是亲社会和反社会行为的出现。2 岁的时候，儿童开始认识到他人所接受的行为具有确定的标准，例如，抢别人的东西和打别人是不被接受的（Kagan，1989）。随着父母教导他们社会和道德标准，孩子们开始意识到自己的行为会对他人产生影响，他们要对自己的行为负责任。换句话说，父母应该教导儿童共情来刺激他们良心的产生。

133　　　抑制型的儿童在做错事时很容易产生焦虑、内疚和羞愧等情绪，然后更加可能有意识避免违反社会或家庭的规则。害怕违反规则的儿童为了避免焦虑、内疚和其他负性情绪，而对自己的行为进行更好的管理。因此，家长很少使用惩罚来帮助抑制型儿童实现社会化。仅仅是告诉他们什么是对和错，以及惩罚会是什么，就足以促进亲社会行为，避免反社会行为的产生。

对于非抑制型儿童来说则恰恰相反，他们在学会社会技能和内化社会价值时更慢。低唤醒水平使他们对惩罚很少有反应，也很少被父母的社会化教导所改变。一些父母会在处理他们的叛逆性时使用越来越多的强迫性规则，因此更加容易使亲子之间产生严重冲突。即使这些儿童为了避免惩罚而遵守规则，他们也不会内化父母教导他们的规则和价值观。如果惩罚变成体罚，非抑制型儿童就有可能因为预期他人的攻击行为而具有攻击性的风险（Dodge，Bates，& Pettit，1990）。这种攻击性可能会受到父母、同伴和老师的反对和拒绝，然后反过来使他们感到孤独、抑郁而加入帮派，并且酗酒和吸毒。非抑制型儿童在自我调节行为和内化社会规则和价值观上的缺失能够导致犯罪行为（Henry，Caspi，Moffit，& Silva，1996）。

抑制型/内向的儿童比非抑制型/外向的儿童出现犯罪行为的风险更低。实际上，法林顿（Farrington，1987）的研究表明，抑制型气质可能会保护处于高风险的犯罪环境中的儿童，使他们不会变成罪犯。他们没有攻击倾向，所以可以和其他人友好相处；他们不会积极地寻求社会支持，所以不会参加帮派；他们对于惩罚非常敏感，所以不敢打破规则。

4. 依恋

儿童的气质能够影响他们和监护者之间形成的依恋。我们在第五章提到过，依恋是指婴儿和重要他人，尤其是母亲或者其他的监护者，产生的深入、亲密而持久的关系。在大多数文化中，7~9 个月的幼儿开始在与监护者分离时表现出伤心，这是依恋情结形成的标志（Grossman & Grossman，1990）。这种情结会在 14~24 个月的时候变得越来越强烈和明显，然后促成儿童保持终生的和重要他人的情感联结方式。

约翰·鲍尔比（John Bowlby，1969）是第一批研究依恋重要性的心理学家之一。在观察了第二次世界大战中的孤儿后，他推断出他们的抑郁和情感伤疤，例如，无法与养父母形成紧密联结，是由于失去了最初的依恋对象造成的。玛丽·安斯沃斯（Mary Ainsworth，1973）的研究提出了两种主要的依恋：安全型依恋和包括三种子分类的不安全型依恋（见表 7.1）。不安全型依恋可分为回避型、矛盾型和混乱型三种。安斯沃斯和她的同事使用陌生情境的方法观察了几百个孩子，他们的母亲暂时离开，而他们被留下和陌生人及玩偶相处。安全型依恋的孩子会在母亲离开时表现出难过，但会平静下来玩耍，并在母亲回来时热情地欢迎。回避型不安全依恋的儿童会忽略母亲离开和回来。矛盾型不安全依恋的儿童会在母亲离开时表现得很沮丧，但是会在母亲回来时很生气或拒绝她们。混乱型不安全依恋的儿童会表现出不一致的行为，例如，在母亲回来时哭泣但却对母亲的安抚没有反应，或者向母亲伸手却看向别处。

表7.1　依恋类型

安全型依恋	回避型不安全依恋	矛盾型不安全依恋	混乱型不安全依恋
他们把父母看作探索环境时的安全基地。比起陌生人来说，他们更喜欢父母。当父母离开时，他们会感到难过，但是一旦父母回来，他们就会积极寻求接触并欢迎他们。	他们并不关心父母什么时候离开，也不会在父母回来时有特殊的反应。他们一般不会在父母离开时哭，也不会在父母回来时抓紧他们。	这些儿童可能在父母离开时抓紧他们，但是会在父母回来时表现出生气或拒绝行为，例如推开或捶打父母。他们不会被父母的安抚行为所抚慰。	这种儿童会对父母表现出混乱或矛盾的行为，显示出一种情感联结的脱离。例如，他们可能在父母抱着他们或和他们说话的时候表现得很冷漠。

儿童的气质以及和父母人格的拟合度能够影响依恋的形成。例如，有悲伤气质倾向的儿童更加可能形成回避型和矛盾型不安全依恋（M. K. Rothbart & Ahadi，1994）。邓娜·万德恩博姆（Dymphna Van den Boom，1989）进行了两个关于气质对依恋影响的研究。首先，她对婴儿出生15天时的悲伤气质倾向和接下来一年内观察到的亲子互动进行了相关性研究。结果表明，大多数具有悲伤气质倾向的新生儿会随后表现出回避型不安全依恋。大多数的母亲都会忽略他们和他们要求注意的请求，并且比起其他母亲很少与他们玩耍。悲伤气质倾向一定会导致不安全依恋吗？在第二个研究里，万德恩博姆为具有悲伤气质倾向的6个月婴儿的母亲们提供了一个提高依恋的训练课程。与母亲没有经过训练的婴儿相比，这些学会了如何安抚并和他们玩耍的母亲的婴儿和母亲的互动更多，并表现出更多的积极情绪。在他们12个月的时候，68%的婴儿是属于安全型依恋，而在母亲没有经过训练的婴儿中，只有28%是安全型依恋。

这些研究的重要性在于其结果说明，依恋是基于婴儿的气质和父母对于这些气质的反应之间的相互作用。事实上，关于父母对于困难型婴儿哭泣和悲伤的反应的研究发现，父母的反应会增加生理唤醒（测量皮肤导电性、心率和血压）、消极心理反应和避免婴儿悲伤的倾向（Bleichfeld & Moely，1984；Boukydis & Burgess，1982）。换句话说，在陌生情境下，不安全型依恋的儿童是由于母亲对自己的回避倾向，而产生了对母亲的回避。

气质和依恋的关系如何影响犯罪呢？研究表明，具有能够促进安全型依恋的气质的婴儿，倾向于发展成社会性和情感都合格的，具有合作性、顺从性和可控性，热情的，擅长问题解决，受欢迎的儿童（Clarke-Stewart，1988；Elicker & Sroufe，1993；Wartner，Grossman，Fremmer-Bombik，& Seuss，1994）。实际上，一项报告在对超过100 000名7～12年级的学生的访谈和调查进行总结后（Resnick，1997）指出，与父母的连接性（对父母的温暖、爱和照顾的感受程度）是阻止青少年物质滥用和暴力的显著性因素。那些具有导致易怒、过度活跃和倾向于对父母安抚不理会的气质的婴儿，将更加可能会变成被同伴拒绝或与同伴发生冲突的儿童，从而导致他们的自尊较低、逃学最终发展成为犯罪（Rubin，LeMare，& Lollis，1990）。当然，这些结果并不是不可避免的，但是与不安全型依恋相关的，不能通过父母的影响所改变的遗传性的气质，似乎至少会增加儿童的消极反应行为的可能性，然后进一步发展成能够导致攻击、暴力和犯罪的不良行为（Aytech，1994；Rutter，1990）。正如万德恩博姆的研究（1989）中指出的，我们可以教导父母如何让自己的孩子更容易形成安全型依恋。为社会地位较低的母亲提供类似的指导对于阻止具有潜在高风险的儿童犯罪已有显著效果（Tremblay & Craig，1995；Yoskikawa，1994）。

三、发展障碍与犯罪

当依恋问题或者其他方面的发展问题达到精神疾病诊断手册（DSM-IV-TR，American Psychiatric Association，2000a）上列出的精神障碍的诊断标准时，导致犯罪行为的连锁性事件就很容易发生，包括反应性依恋障碍（attachment disorder，RAD）、注意力缺陷多动症（attention deficit hyperactivity disorder，ADHD）、对立违抗性障碍（oppositional defiant disorder，ODD）和品行障碍（conduct disorder，CD）。这些发展障碍在犯罪途径部分就已经被提到过，现在我们将探讨这些发展障碍如何促进犯罪行为的形成。

（一）反应性依恋障碍

在1996年，蕾妮·鲍瑞斯用木勺子打死了她收养的4岁俄罗斯男孩。她说她是在用怒火反抗男孩对她的狂怒。在2004年，又有一个女人杀死了她收养的6岁俄罗斯男孩。事实上，在1996~2005年间，有12位美国养母杀死了她们收养的俄罗斯男孩。这些孩子和其他在东欧的孤儿院长大的孩子都表现出了由于早期的虐待和忽略产生的反应性依恋障碍（attachment disorder，RAD；DeAngeles，1997）。根据精神疾病诊断手册上的诊断标准，表现出反应性依恋障碍的孩子无法与监护者形成情感联结，对他们的自我意识的发展造成损害，同时也损害了他们形成恰当的社会交往技能的能力。如表7.2所示，这种障碍的诊断标准主要与监护者两种不恰当照顾方式有关：抑制型儿童总是沉默和过分警戒，或对他人表现出矛盾的行为和情感，并难以安抚；非抑制型儿童表现出无差别友好、粘人行为，寻求任何人的关注。

表7.2 反应性依恋障碍

反应性依恋障碍的重要特征是从5岁前开始的、与其他发展障碍或迟缓无关的不恰当的社会关系。
反应性依恋障碍被认为是由于不恰当的照顾所导致的，包括：
（1）持续漠视儿童的身体或情感需求； （2）不停更换照看者使儿童无法形成稳定的依恋关系。
具有反应性依恋障碍的儿童可分为两类：
（1）抑制型儿童无法进行社会交往或对社会交往无法给出合适的反应，而且可能在和他人交往过程中过度警戒、充满矛盾或具有对立性； （2）非抑制型儿童可能对陌生人非常友好，对于依恋对象不加选择。

American Psychiatric Association，*Diagnostic and Statistical Manual of Mental Disorders*，4th ed.，text revision，Washington，DC：Author，2000.

当儿童无法与监护者形成合适的依恋时，监护者就很难使儿童对他人形成共情。当儿童不关心他人的感受和幸福时，他们就很难产生内疚感，而没有内疚感的儿童就很可能产生反社会和犯罪行为。许多发展心理学家认为，患有反应性依恋障碍的儿童会对这个使他们变得沮丧或攻击别人的世界充满不信任感和怒火。关于反应性依恋障碍研究的公开使一些领养机构在正式收养前，就对儿童的该类障碍进行症状筛选，并通知其可能的养父母。

（二）注意力缺陷多动症

注意力缺陷多动症（attention deficit hyperactivity disorder，ADHD）的症状包括：注意力不集中、冲动、做事无法专心、注意涣散、没有耐心、思维紊乱、坐立不安和无法与其他

儿童相处，等等（见表7.3）。尽管注意力缺陷多动症并不会直接引起青少年犯罪行为，但是
它与学业成绩差、叛逆和攻击行为、同伴拒绝、过早的物质滥用以及高辍学率等有关，而这
些则是能够演变成犯罪生涯的青少年犯罪的相关因素（Wilens，Biederman，Spencer，&
Frances，1994）。

表7.3　注意力缺陷多动症

注意力缺陷多动症的重要特征是注意力不集中、活动过度、冲动性等模式比该年龄和社会发展阶段的个体出现得更具有持久性。
注意力不集中：至少有6项症状在至少两种情况下（家庭、学校和社会交往等）持续6个月以上。其中的一些症状是：
（1）对学校功课、游戏或其他活动的细节缺少注意； （2）交谈时不聆听他人； （3）无法完成功课、家务或工作； （4）很难组织任务和活动； （5）容易受外来刺激影响。
过度活跃/冲动性：至少有6项症状在至少两种情况下（家庭、学校和社会交往等）持续6个月以上。其中的一些症状是：
（1）当要求其坐在座位上时，经常坐立不安、扭动或无法保持在座位上； （2）在不合适的时间和场合过度跑跳，或在年长的人面前表现出烦躁不安； （3）很难坚持游戏和休闲活动； （4）总是话多； （5）经常打断或干扰别人。

American Psychiatric Association, *Diagnostic and Statistical Manual of Mental Disorders*, 4th ed. , text revision, Washington, DC：Author, 2000.

一项研究（Satterfield，1987）跟踪评估了110名患有注意力缺陷多动症的男孩和88名
正常男孩从6岁开始到青春期的行为。萨特菲尔德（Satterfield）发现，与正常男孩相比，患
有注意力缺陷多动症的男孩更加容易在青春期犯下抢劫、盗窃、使用致命武器攻击他人或
其他严重犯罪。在18岁时，他们犯下重罪的概率是正常男孩的6倍，犯下2项以上重罪的
概率是正常男孩的28倍，被送进收容机构的概率是正常男孩的25倍。社会经济等级较低
的多动性青少年的犯罪可能性是经济等级中等和较高的青少年的许多倍。这种模式反映了
贫穷等经济因素会与气质和其他从出生时就有的特性相互作用，从而对儿童的行为产生
影响。

对20项实证研究进行的一项元分析（Pratt，Blevins，Daigle，Cullen，& Unnever，
2002），进一步证明了注意力缺陷多动症和犯罪的关系。超过25%的在押犯患有注意力缺陷
多动症，80%表现出许多相似的症状。但是，注意力缺陷多动症和犯罪的关系并不是直接
的也并不简单。例如，患有注意力缺陷多动症的儿童很难被管教，所以容易导致随后出现
的行为和学业问题。

（三）对立违抗性障碍

对立违抗性障碍（oppositional defiant disorder，ODD）一般是在3～7岁之间被诊断出来
的。这类儿童一般很难控制情绪，高度不顺从，与父母和老师争辩，不停地对同伴进行挑

衅产生敌意性冲突，因自己的问题责备他人，易怒（S. B. Campbell，1990）。因为许多儿童在童年时会多次出现其中的一种或许多行为，所以精神疾病诊断与统计手册规定，这些行为必须达到损害社会关系、学业表现或与年龄相符的其他适应性功能的程度（见表7.4）。

表7.4　对立违抗性障碍

对立违抗性障碍的重要特征是比该年龄或发展水平的典型情况表现出更多的对权威人物的抗拒性、挑衅性、违抗性和敌意性的行为模式。
至少4项相关行为持续6个月以上，并且必须对社会、学业和职业功能造成重要损害。其中的一些症状是：
（1）总是发脾气； （2）经常和权威人物争辩； （3）总是拒绝遵从成人的要求； （4）自己做错事却责怪别人； （5）经常生气和易怒； （6）总是有恶意或有报复性。

American Psychiatric Association，*Diagnostic and Statistical Manual of Mental Disorders*，4th ed.，text revision，Washington，DC：Author，2000.

　　对立违抗性障碍在不安全型依恋的儿童中最为常见（Speltz，DeKlyen，Greenberg，& Dryden，1995）。一家治疗对立违抗性障碍的精神健康诊所指出，大约80%的学前期男孩患者是不安全型依恋。反过来，在具有同样的家庭条件和学习能力的不安全型依恋儿童中，只有25%的男孩没有患对立违抗性障碍（M. T. Greenberg，Spelz，DeKlyen，& Endriga，1991）。50%的患有对立违抗性障碍的儿童在刚上小学时存在学习困难的问题。另一项研究（Fergusson，Horwood，& Lynskey，1995）发现，在905个7~15岁的患有对立违抗性障碍的新西兰儿童中，只有不到14%的人在两年内有所改善，这说明这种混乱的行为模式从童年到青少年期是相对稳定的。从幼儿园到三年级都表现出对立违抗性障碍的儿童更加可能在青少年期产生抑郁和焦虑情绪或者品行障碍（Egeland，Pianta，& Ogawa，1996）。还有其他研究表明，大部分患有对立违抗性障碍的中学生，尤其是男孩，都会在青春期出现品行问题，一般是攻击和其他反社会行为（Verhulst，Eussen，Berden，Sanders-Woudstra，& Van Der Ende，1993）。当出现以下童年期对立违抗性障碍的表征时，最有可能发展成为成人的反社会行为（Ferguson et al.，1995）：①在家里和学校都出现行为问题；②伴随攻击和多动症；③存在说谎和偷窃等内隐攻击行为、争吵和身体攻击等外显攻击行为；④家庭中压力水平高。

（四）品行障碍

　　童年分裂性更加严重的发展障碍是品行障碍（conduct disorder，CD）。它由多种严重的反社会行为组成，包括侵害他人权利，对他人和财产有潜在危险，违反盗窃、玩忽职守和故意破坏等相关法律的行为持续至少12个月的时间。

　　在美国，有4%~6%的18岁以下的儿童有品行障碍（诊断标准见表7.5），其中75%~80%是男孩。在这些人中，大约有25%的人在成年时被诊断为反社会人格障碍（antisocial personality disorder，APD，L. N. Robins，Tipp，& Pryzbeck，1991）。许多研究表明，在10岁前出现品行障碍症状的儿童最容易产生反社会行为（Moffitt，1996；White，Moffitt，Earls，

Robins，& Silva，1990）。他们可能是青少年犯罪和成人暴力犯罪的最大来源（Loeber & Stouthamer-Loeber，1998）。由于品行障碍的诊断标准（攻击性、无责任性、欺骗性等）和反社会人格障碍基本相同，品行障碍被认为是 18 岁以下的反社会人格障碍。精神疾病诊断手册上反社会人格障碍的诊断标准中特别提到了不能用于 18 岁以下的年轻人，但是如果要将个体诊断为反社会人格障碍，必须在 15 岁前曾经诊断为品行障碍。有品行障碍的青少年比正常人成年后在物质滥用和情绪障碍（例如抑郁和焦虑）方面有更高的风险（L. N. Robins，1991），所以有品行障碍的儿童在成年时很可能有心理障碍或犯罪记录，这是毫无疑问的（Kratzer & Hodgins，1997）。

表 7.5　品行障碍

品行障碍是一种持续性的行为模式，它以侵犯他人权利、破坏符合年龄特征的社会标准为重要特征。
至少 3 项症状必须在之前 12 个月内出现，其中至少有 1 项在之前 6 个月内出现，而且这些行为必须对社会造成损害：
1. 攻击动物和人
（1）欺凌和威胁他人 （2）使用武器 （3）对动物和他人进行残忍的身体虐待
2. 毁坏财物
（1）纵火 （2）毁坏他人财产
3. 欺骗或盗窃
（1）说谎 （2）偷窃 （3）闯入别人的车和房子
4. 严重违反规则
（1）不理会父母的规则，13 岁后夜不归宿 （2）至少离家出走两次 （3）总是逃学

American Psychiatric Association，*Diagnostic and Statistical Manual of Mental Disorders*，4th ed.，text revision，Washington，DC：Author，2000.

14 岁的埃里克，是一个从对立违抗性障碍发展成为品行障碍的典型例子。在 4 岁时他就有异常暴躁的发怒情形，在 8 岁时发生了一系列的盗窃事件。在八年级的时候，埃里克开始经常旷课，不是因为逃学，就是由于打架被停课。他因为打架时对对手非常残忍而出名。就在被带去心理诊所之前，他用刀割伤了同学的手臂。在他看来，是对方挑起的事端，但是后来他承认他割伤那个男孩，只是因为不喜欢对方看他的方式（Nietzel，1998）。

一项对 6449 名和 6268 名在儿童时有品行问题的男性和女性的研究发现，当他们 30 岁时，76% 的男性和 30% 的女性有犯罪记录或心理障碍，尤其是物质滥用障碍，或者两者皆有（Mednick，Gabrielli，& Hutchings，1987）。另一项对 8～14 岁的 196 名男孩和 173 名女孩追踪到 27 岁的研究（Hamalainen & Pulkkinen，1996）发现，童年期患有品行障碍和行为问题并持续整个青少年时期的个体，比青春期才出现攻击行为的个体有更多的犯罪记录。勒伯尔和斯托萨米尔－勒伯尔（1998）在他们从儿童时期的品行障碍开始的犯罪人生道路理论中引用了同样的数据来支持他们的观点。

总之，童年期的品行障碍是成年后严重攻击和犯罪行为最响亮的警钟之一。就算品行障碍没有导致犯罪或心理障碍，它也与离婚、失业、儿童虐待及冒险和自毁行为有关（Rydelius，1988）。

（五）多重发展障碍

在北美地区，大约 10% 的儿童被诊断为对立违抗性障碍或品行障碍，至少有 5% 被诊断为注意力缺陷多动症。在这些发展障碍中，男孩的数量至少是女孩的 2~3 倍（McDermott，1996；Szatmari，Offord，& Boyle，1989）。

一般来说，有发展障碍的儿童身上至少有 2 种发展障碍。例如在一项研究（Hinshaw，1987）中，90% 有品行障碍的儿童同时也患有注意力缺陷多动症。在另一项研究（Biederman et al.，1996b）中，在同时患有注意力缺陷多动症和品行障碍的 140 个儿童中，139 个儿童都在出现品行障碍之前患有对立违抗性障碍。实际上，对立违抗性障碍通常被认为是早期的品行障碍（Rey et al.，1988），像我们之前提到的，品行障碍又常常是反社会人格障碍的前兆。

巴克利（Barkley，1998）的研究表明，注意力缺陷多动症可以是对立违抗性障碍、品行障碍和反社会人格障碍的前兆（另见 G. Weiss & Hechtman，1993），20%~50% 过度活跃的儿童可能存在青少年期的品行障碍（Barkley，Fischer，Edelbrock，& Smallish，1990；Biederman et al.，1996b；Mannuzza，Klein，Bessler，Malloy，& LaPadula，1998）。此外，25% 的过度活跃的儿童在成年早期出现反社会人格障碍（Barkley，1998；G. Weiss & Hechtman，1993）。另外，童年时期注意力缺陷多动症的出现可能增加以后患有对立违抗性障碍、品行障碍和反社会人格障碍的风险，这种风险在女性中非常高。但是，在注意力缺陷多动症和其他分裂性障碍中存在性别差异。与男孩相比，只有一半的女孩患有注意力缺陷多动症、品行障碍或对立违抗性障碍（Bierderman，Faraone，& Mick，1999）。

四、犯罪行为的学习

理查德·斯派克，20 世纪 60 年代杀死 6 名芝加哥护士的连环杀手，身上有一个叫做"生而杀戮"的刺青。对此我们不敢苟同，人们不是生下来就是罪犯的。事实上可以这么说，尽管变成罪犯用不了很长时间，但是也需要几个重要因素。生理和遗传因素是开端，同时研究表明儿童必须学会叛逆、攻击和暴力行为，并在一个能够塑造和促进这些行为的环境中经常使用。以我们第三章提到的枪杀了自己一年级同学的 6 岁歇根男孩弗林特（Flint）为例，就算是城市里最不讲情面的检察官也表示，这个男孩是他所居住的贫穷和腐败的可卡因毒品环境的牺牲品。在那里，他的男性效仿对象会用枪威胁来购买毒品的客户（Claiborne，2000）。他的父亲在监狱里，母亲在街头流浪。将他收押的警长说，这个孩子完全没有意识到自己的行为与他观察到的电视里的行为，以及他周围的行为有什么不同（the child showed no awareness that what he did was any different from what he saw on television or for that matter，what he saw around him）。

我们第五章提到的学习理论为童年反社会行为的发展提供了见解。例如，操作性条件反射理论表明，儿童在一定程度上可以通过父母和他人奖励合适行为及惩罚不合适行为的反馈来学习行为。经典条件反射也是通过让儿童和特定的奖励和惩罚情境产生关联来学习行为。如果他们接受父母一致性的教导，并和大多数儿童一样反应，他们就很可能跟行为模式一起形成一种与父母和全社会的价值观一致的是非观念。如果父母的教导是反复无常的，这个学习过程就不可能进展顺利。此外，像我们之前提到的，生来非抑制型/外向气质的儿童更倾向于长期地过分放松，并且很少对惩罚产生反应。这些儿童就不太可能内化父母、老师和其他权威指定的规则（Eysenck，1962，1967；Meloy，1992）。因此，他们可能无法发展出清楚的是非观念，体恤他人感受或愿意遵守社会规则。这些儿童比其他人更可能在青春期和成人时具有攻击性和暴力行为（Raine，Venables，& Mednick，1997）。

（一）道德发展阶段论

道德发展并不仅仅通过奖励和惩罚进行。在第五章探讨犯罪认知理论时我们指出，个体感知世界、解释信息、决策的方式会影响实施反社会行为或犯罪行为的倾向。现在我们将介绍这些认知理论是如何解释从童年时期开始发展的犯罪行为。

皮亚杰（Piaget）的认知发展理论（1932，1965）主要关注的是儿童对行为准则的感知。皮亚杰发现儿童在前运算阶段认识的规则是由权威人士指定的；在具体运算阶段，他们发现在某些情况下可以自己创造和更改规则，一般是在做游戏时；等他们到了形式运算阶段，就可以在特殊情况下应用已经接受的规则（Feldman，1993）。简言之，皮亚杰认为儿童在理解规则（理论的道德）之前就开始遵守规则来发展实际的道德。科尔伯格（Kohlberg，1964）提出道德发展理论，包括三个阶段：①前习俗阶段，儿童为了避免惩罚作道德判断；②习俗阶段，行为被规则和法律所引导；③后习俗阶段，个体根据自己超出既定法律的原则和正义感来进行道德判断。

所以，道德发展并不是自动自主地发展的，而是取决于儿童从家庭、学校、电视和电影中对其他人的观察学习，包括家庭成员、同伴和陌生人。如果儿童没有从父母身上发现遵纪守法的道德行为模式，他们就可能受到影响而违反法律。没有内化家庭中的道德价值的青少年尤其容易被不良同伴影响，尤其是在团体影响较强的环境下（Denton & Krebs，1990）。

有无犯罪的儿童在道德推理上有显著的差异（Arbuthnot，Gordon，& Jurkovic，1987；Jurkovic & Prentice，1977）。许多研究表明，犯罪儿童比未犯罪儿童的道德发展水平低（D. H. Feldman，1994）。对成人的研究也得到了类似的结果，对相同背景的犯罪人和非犯罪人进行对比研究发现，犯罪人的道德发展水平显著低于非犯罪人（Henggeler，1989；Kohlberg et al.，1973）。

（二）信息加工

错误的信息加工能够导致不恰当的行为，从而使儿童走上犯罪的道路。例如我们第五章提到的，如果儿童看见家里的人打架或自己被打，而原因只是不喜欢对方做的事情，那他就可能发展出一种认知图式：在不愉快的环境中，暴力攻击行为是合适和被期待的反应。基于这种图式，儿童会在感觉沮丧或被威胁的时候打其他的儿童，甚至是老师。简言之，他们在被威胁时除了攻击行为，无法想到其他的回应方式（Lochman & Dodge，1994）。

141

你可能已经注意到在我们的讨论中关于童年时期对犯罪行为的学习有一个普遍的议题：家庭早期和持续性的影响。这种影响十分巨大，我们将更加详细地进行介绍。

五、家庭对犯罪行为的影响

1997 年 7 月，12 岁的马尔科姆·沙巴兹（Malcolm Shabazz），马尔科姆·X 的孙子，承认纵火烧死了他的祖母贝蒂·沙巴兹。在他祖母的葬礼上，诗人玛雅·安吉洛（Maya Angelou）对马尔科姆的形容是"上帝创造了他，而我们塑造了他"（Swarns，1997，p. 1）。她指的是马尔科姆的家庭背景，它具备了许多促进犯罪行为形成和发展的因素。

在马尔科姆的祖父马尔科姆·X 年轻的时候，他对暴力并不陌生。他出生于 1925 年，那时他叫麦克·里托。他 4 岁的时候，就因为他的父亲支持黑人民族主义，亲眼看见愤怒的白人将他们家烧为平地。他的父亲和 5 个兄弟都死于非命。在他 12 岁时他的母亲被关进精神病院，他由他的姐姐抚养长大。在 1965 年马尔科姆·X 被谋杀后，他的妻子贝蒂·沙巴兹独自抚养他的 6 个女儿。其中最大的麻烦，就是年轻的马尔科姆的母亲奎贝拉（Quibilah）。她在从普林斯顿大学（Princeton University）退学后去了巴黎，然后回来时就带着婴儿时的马尔科姆。尽管马尔科姆有时也会和其他亲戚一起住，但他的母亲在与情绪障碍、酗酒和吸毒作斗争的过程中几乎独自将他养大（从没说过他的父亲是谁）。在他烧毁祖母公寓的两年以前，奎贝拉由于与预谋刺杀她父亲的政敌路易斯·法拉堪（Louis Farrakahn）有关而被逮捕。儿童福利机构也以儿童忽视的罪名起诉她，并取消了她的监护权。在将马尔科姆交由他的祖母抚养前，福利机构将他安排在暂时的寄养家庭。

在他纵火前 4 个月的时候，奎贝拉报警说马尔科姆会有不规律的行为并袭击她。马尔科姆告诉警察他只是因为奎贝拉为了喝酒而不肯送他去学校而生气。调查员认为马尔科姆表现出了精神疾病的症状，所以将他们两个都送入了精神病医院进行评估。此后不久，他的行为开始恶化，成绩也一落千丈。从 1997 年的 4 月到 7 月，马尔科姆在德克萨斯州的母亲家和纽约的祖母家之间频繁转移。有人说他之所以烧毁祖母的房子，是为了能够回到母亲身边。无论是为了什么原因，1997 年 8 月，马尔科姆被送入马萨诸塞州的少年拘留所，那里每年都要对他的改变进行评估，直到他 18 岁为止。

家庭为儿童早期的行为发展提供了最具有影响力的环境，而且这种影响在 10 岁之前都是最强的，直到同伴和其他非家庭成员在儿童的塑造发展中，起到等同甚至更重要的作用。在马尔科姆·沙巴兹和现在成千上万个儿童的家庭生活中，可以发现几个主要的与家庭相关的犯罪风险因素：

（1）不良的育儿风格和行为；

（2）有精神疾病、物质滥用、未婚先孕、辍学和人际冲突等家庭史；

（3）父母容忍或鼓励儿童的问题行为；

（4）儿童虐待或忽视；

（5）家庭暴力；

（6）家庭成员的犯罪行为；

（7）频繁变动的监护权（例如，Harlow，1998）。

现在我们将探讨会对人格的许多方面（包括情感表达和自我控制等）产生影响的典型的家庭因素，以及我们列出的这些风险因素如何影响犯罪的发生。

（一）家庭对人格发展的影响

我们在第五章提到过埃里克森（1946）提出的心理社会发展理论，该理论认为个体的 142
性格主要是通过和他人的关系来塑造的。在早期阶段，主要是和家庭成员以及其他监护者
的关系。埃里克森相信每个人都要经历 8 个心理社会性发展阶段，每一个阶段都有一项心
理社会性任务要解决。能否解决这个任务会对人格和行为产生重大影响（见表 7.6）。

表 7.6　埃里克森的心理社会发展阶段

发展阶段	自迁应模式	重要事件和结果
基本信任对不信任（Basic trust versus mistrust，出生至 1 岁）	联结——去包容和回报世界	婴儿必须从监护者的行为的一致性、可预测性和可信任性中获得信任感和信心。
自主对羞愧和怀疑（Autonomy versus shame and doubt，1～3 岁）	控制——去坚持和放弃选择	儿童开始自己作出选择来判断自己的能力和了解什么是被社会接受的。
主动对内疚（Initiative versus guilt，3～6 岁）	支持——去追求	儿童可是在身体和社会交往中制定计划、设定目标，来获得使命感，就说在面对不可避免的挫折时也充满热情。
勤奋对自卑（Industry versus inferiority，6 岁至青春期）	建构——去建立事物和与他人的关系	儿童通过教育和家庭支持获得技能、完成任务，来体验自己的能力和成就感。
自我认同对角色混乱（Identity versus identity confusion，青春期）	群体——去形成自我认同	青少年试图通过不停更换角色来寻找自我和在社会中的位置，回答“我是谁”的问题。
亲密对孤独（Intimacy versus isolation，青年期）	亲密关系——从别人身上获得自我认同	已经建立自我认同的青年人为了避免孤独、自私和缺少爱，与他人分享自我认同。
繁衍对停滞（Generativity versus stagnation，中年期）	创造——去做出成绩和支撑家庭	通过在工作中做出成绩，创造和照顾下一代，来获得满足感。
完善对失望（Integrity versus despair，老年期）	接纳——去面对拥有和未完成的目标	老年人回顾和评价自己的生活，就算没有达到所有的目标，也要接受它的价值来获得智慧。

D. Bukatko & M. Daehler，*Child Development：A Thematic Approach*，5th ed.，Houghton Mifflin Company，2004.

第一个阶段发生在婴儿 1 岁的时候，主要围绕着“信任对不信任”的危机。在这一阶
段，儿童不是学会信任照看者来满足基本需求（例如食物和舒适感），就是认为世界是不安
全和不可依靠的，属于不信任和不安全型依恋相关。第二个阶段是在 2 岁的时候，主要关
注的是“自主对羞愧和怀疑”的危机。儿童会在这个阶段开始学习控制自己的身体功能
（例如排泄），并通过发展一些身体活动（例如进食）和探索周围环境（通过走路）来更好
地支配身体。心理社会发展的第二阶段与犯罪有重要关系，因为儿童在这个阶段学会如何 143
将自己的存在与监护者分离，开始表现出最初的道德感。例如，当儿童学会自我控制后，
他们会越来越多地受父母对行为的评价支配。在这个阶段，为了让儿童接触自己能控制的
事情，但又不会在排泄训练出错、洒出牛奶、弄坏玩具等情境下感到羞愧，一致、坚决且
温柔的育儿方式是非常重要的。

埃里克森的第三个阶段一般发生在 3～6 岁之间，主要是“主动对内疚”的危机。这时
儿童会更多地制定自己的活动并且享受成就感。如果父母对孩子过度控制不让他们得到发

展，他们就可能对自己努力独立的行为出现内疚感。对不良行为的内疚感表明儿童的道德感在持续发展，但是也是在这个阶段，儿童容易出现对立违抗性障碍的早期症状。

从 6 岁到 12 岁的小学时期是第四阶段，儿童面临的是"勤奋对自卑"的危机。这时，儿童在学校通过学习、运动或其他活动，以及与同伴和老师的关系来使自身能力变强。如果儿童通过自身的勤奋性、求知欲和热爱学习来解决这一危机，他就很可能体验到自尊感——西方文化中心理健康和亲社会行为的核心组成部分。在学校表现不佳可能导致低自尊、自卑和习得性无力感使儿童不再努力。

由于心理能力不足、学习障碍、生理和情感障碍等原因造成学业失败，气质外向型儿童可能很难遵守学校规定。学业失败常常反过来导致逃学、辍学和没有其他原因的犯罪。已经有研究将学业失败和行为问题（例如攻击性、冲动性和无法集中注意力）与随后成人期的犯罪、物质滥用和精神障碍联系起来（Torestad & Magnusson，1996）。"勤奋对自卑"的危机对于儿童的行为转变是极其重要的，尤其是对那些在遗传和其他因素上已经倾向于反社会行为的儿童。

（二）家庭对情绪表达与自我控制的影响

情感控制和表达的发展是一种与社会相处至关重要的自我控制。在出生后不久，婴儿就会表现出一些初级情绪——愉悦、恐惧、愤怒、惊讶、悲伤和厌恶（M. Cole & Cole，1996）。到 6 个月时，婴儿就开始在模棱两可的情境下，例如出现陌生人，用母亲的表情来指引他们的感觉和行为。在 18 ~ 24 个月的时候，儿童开始发展次级情绪，例如尴尬、嫉妒、害羞和内疚，并能读懂更多的情绪。

家长和其他监护者对这一方面的发展起着重要作用。例如，一项关于母婴互动的研究（Malatesta，Grigoryev，Lamb，Albin，& Culver，1986）发现，母亲可以通过模仿婴儿的积极情绪表现来强化婴儿的积极情绪的出现。随后，父母用赞同、反对和以自身为榜样来教导孩子合适的表达情感的方式，尤其是负性情绪，例如愤怒、失望或沮丧。通过这些影响方式，大多数儿童可以在 2 岁时感觉到自己伤害了别人的感受，或反过来感受到别人的伤害。例如，当呈现给儿童生日会、在超市迷路或宠物丢失等一些典型的童年场景的图片时，他们能够对感受图片内容的假设性问题给予合适的回答（Michalson & Lewis，1985）。一旦儿童到了这个阶段，他们就会发展出内疚感——使他们做错事时变得警惕和共情——预见、理解或感受其他人的情绪。在 6 ~ 9 岁时，儿童不仅能够理解他人的情绪，还能在某些情况下产生共鸣，例如贫困和生病。共情的发展在亲社会行为的产生和阻止反社会行为上是重要的组成要素（Eisenberg，1992）。

144

监护者的影响不仅可以帮助儿童理解情绪，还可以促进自我控制的发展，这一点对于用社会可接受的方式来表达自我是非常必要的。早期无法学会自我控制技能的儿童比其他人更可能在长大后情绪失控（Agnew，1994；M. Gottfredson & Hirschi，1993），存在犯罪风险。

攻击行为可能是情绪失控问题的重要表现，也与暴力犯罪最具有关联性。如果儿童认为伤害他人可以让自己得到想要的东西，他们就会用工具性攻击来这么做。他们也可能只是为了控制其他人，或报复别人对自己做的错事（Dunn，1988；Hartup，1974）而使用敌意性攻击（hostile aggression，Hartup，1974）。

前伊拉克独裁者萨达姆·侯赛因（Saddam Hussein）的两个儿子是一个著名的案例，他们的情感表达完全不受约束，因而很快学会了工具性攻击和敌意性攻击。乌代（Uday）和他的弟弟库塞（Qusay）被他们专制的父亲娇生惯养，而且对于他们来说，他们的父亲也是具有残忍的攻击行为的最坏榜样（Waxman，2003）。由于没有人教导他们控制自己的冲动，这两个男孩从很小开始就学习如何伤害别人。例如，乌代一时冲动就开枪来吓唬自己的小学同学。他们两个成长在用钱就可以买到舒服和快乐的环境里，但是对其他人完全没有感情。成年后，作为伊拉克奥委会的领导人，乌代折磨那些他认为可以赢却失败，以及具有威胁到他的能力的运动员。库塞的情况更坏，他有时会命令自己的卫兵去杀他不喜欢的人，但更多的情况是，他会自己枪杀他的敌人。所以，当2003年美国军队杀死乌代和库塞时，巴格达的街道上充满了喜悦（Waxman，2003）。

（三）育儿方式、攻击性和犯罪

侯赛因兄弟的例子说明，像亲社会行为和自我控制一样，敌意性攻击——反社会和暴力行为的开端——一般也是在父母的影响下发展的。戴安娜·鲍姆林德（Diana Baumrind，1973）指出了三种主要的育儿风格：专制型、溺爱型和权威型。专制型父母会在没有解释和正当理由的情况下严格地制定规则。这类父母往往不会表现出感情，也不会过多参与孩子的生活，还会频繁地对孩子表达生气和不悦，使用严厉的惩罚手段（例如打屁股和其他体罚）。专制型父母的孩子很可能喜怒无常、悲伤、畏惧和忧虑，出现矛盾性的攻击行为。溺爱型父母很少要求孩子，管理宽松，惩罚前后不一致。他们很容易被自己孩子的要求所操纵，表现出温柔，但很少发怒。溺爱型父母的孩子不合作、不受控制，有低自尊、攻击性和冲动性的表现。权威型父母会立下明确的规矩，公平地执行并贯彻始终，对孩子的错误行为表现不满，给予正确行为鼓励和奖励。所以他们的孩子懂得违反代表惩罚、遵守代表奖励。这种育儿模式在儿童为自己的行为承担责任和后果上非常重要。权威型父母的孩子学业成绩好，和老师和同伴相处愉快，和成人具有合作性，自尊水平和自我控制水平较高。

研究表明，育儿风格和其他发展风险因素相结合，可能与儿童的反社会行为有关。例如，当儿童的气质让他们具有冲动性难以管教时，育儿方式对儿童的反社会行为具有重要影响。

育儿风格和儿童的反社会行为倾向的关系在体罚的使用上更加清楚。一些研究指出，如果对在家庭和气质上具有攻击倾向的孩子频繁使用体罚，他们更可能对父母和同伴表现出攻击行为（Berkowitz，1973；Parke & Slaby，1983；Straus，1991）。还有研究发现，过度体罚和前后不一的惩罚都会提高反社会行为出现的风险（Broidy，1995；Burton et al.，1995；Viemero，1996）。

但是父母的教导不仅仅是惩罚，父母和其他监护者在指导孩子的行为向理想模式发展时做出了大量的努力。教导方式还包括对合适的行为提供表扬和奖励，许多父母常常忽略这一点，而将惩罚作为唯一的教导手段。在对大量的有反社会儿童的家庭的亲子互动进行观察后，杰拉德·帕特森（Gerald Patterson）和他的同事（Patterson，1976，1986；Patterson，DeBaryshe，& Ramsey，1989）发现，这些父母无法在对孩子的攻击和其他反社会行为的教导上保持一致。无论是否在家里，他们都无法有效地监督孩子的活动，不能对孩子的

145

反社会行为给予足够和合适的负性反馈，也不能对亲社会行为给予足够的奖励。反过来，这些父母使用体罚来以暴制暴，在惩罚的时候一旦儿童变得暴力还会停止教导。换句话说，这些儿童会认为只要他们变得具有攻击性就可以逃避惩罚。其他研究发现，一些父母甚至会在孩子威胁或欺负兄弟姐妹、同伴和父母自身时，允许他们得到想要的东西，从而对这些攻击行为进行奖励（Berkowitz，1993；McCord，1979）。这会让孩子今后的攻击性变本加厉。

一些父母会鼓励孩子的攻击性，尤其是男孩，教他们用相同的方式反抗，"像个男人"，"报复回来"，"自己爬起来"，等等，还会奖励这些行为。这些父母认为自己是在培养孩子自尊和自豪感。尽管他们可能只是想让孩子在受到攻击时反击，但是在这种情况下的正当化攻击，也会造成儿童不加区分的攻击行为（Berkowitz，1993）。如果孩子不了解敌意性攻击是不合适的，面对挑衅时进行攻击是不可取的，尤其是男孩，就可能在许多情况下表现出攻击性。当家里对男孩的攻击行为进行奖励后，他在和其他人玩耍时也会鼓励其他人的攻击性。一些欺凌者就是由于不停地恐吓别人，巩固了自己的反社会倾向。最终，行为良好的儿童避免与这些欺凌者交往，使他们聚在一起形成帮派来互相促进他们的反社会倾向。

总之，研究证据表明，当育儿实践中没有对行为提出明确的期望，不能对儿童提供合适的监管，使用过分严厉或不一致的惩罚和直接鼓励暴力行为时，就会提高儿童出现行为问题的风险，导致暴力和犯罪（Farrington，1987；Kandel & Andrews，1987；Patterson & Dishion，1985；P. L. Peterson，Hawkins，Abbott，& Catalano，1994；Thornberry，1994）。最近的研究发现，矫正问题育儿行为的父母训练课程可以有效地减少高风险的学前期儿童的攻击性（parent-training programs designed to alter these problematic parenting practices，Hawkins，Catalano，Kosterman，Abbott，& Hill，1999；Webster-Stratton，1998）。

（四）其他的家庭相关犯罪风险因素

生长在有酗酒和吸毒等家族史的家庭中的儿童，有出现酒精和毒品问题的风险（Goodwin，1985），有家庭犯罪史的儿童也有青少年犯罪的风险（Bohman，1978）。相同地，在青少年阶段就作了母亲的女性，他们的孩子也可能重蹈覆辙，成为早孕、早育的青少年父母，辍学者的孩子也更容易辍学（Slavin，1990）。在充满矛盾冲突的环境下成长的儿童也会有物质滥用、早孕和辍学等风险（Krisberg & Onek，1994）。这些模式非常重要，因为儿童和青少年的酗酒和吸毒问题，以及早孕都和青少年犯罪相关。

许多与青少年犯罪的家庭相关风险因素与父母的负性影响有关。例如，离异家庭中儿童有时会出现的攻击、犯罪或其他问题行为就与育儿风格的突然变化有关（Doherty & Needle，1991；Rutter & Giller，1983；Wallerstein，Corbin，& Lewis，1988）。许多单亲妈妈在获得监护权后对孩子过度放任，然后又会一反常态地采取更加苛刻的专制型育儿风格，很少表现对孩子的感情（Hetherington，Cox，& Cox，1982）。如果离婚后父亲与孩子再也没有接触，这些情形会更加严重。在这些例子中，尤其是男孩会变得更加没有服从性，而他们的母亲就会相应地更加约束和处罚他们的行为。这样下去，父母和儿童就会产生许多冲突，导致更严厉的育儿方式和更严重的儿童不良行为。

1. 儿童虐待和忽视

对儿童的身体虐待是指超过体罚标准的、有意识的伤害，包括殴打、烫伤、窒息、摇动、抛扔、拳打脚踢或用武器威胁等。忽视（Neglect）是指拒绝或延迟满足严重危及儿童生命和健康的需求，遗弃儿童，将儿童从家中赶出和不适当的监管（U. S. Department of Health and Human Services，1997）。

在美国，每35秒就有一件儿童虐待和忽视的案件被发现，每6个小时就有一个孩子死于虐待（Children's Defense Fund，2004）。在2001年，超过1300名儿童死于儿童虐待和忽视，大多数还不到6岁（Childhelp USA，2003）。某些特定家庭环境中的儿童最容易受到伤害。影响儿童虐待的最重要的因素有贫穷、缺少社会支持、父母无业、物质滥用、家庭暴力，以及父母在儿童时期也受过虐待（U. S. Department of Health and Human Services，2003）。

这些受虐待和忽视的儿童长大后会是什么样子？他们的身体和精神创伤会不会使他们对别人作出反社会和暴力行为？答案可能是肯定的。美国官方数据指出，受过虐待和忽视的儿童比正常儿童更容易有反社会和犯罪行为，更加容易成为青少年和成人罪犯。1988年的一项纵向研究（Widom & Maxfield，2001）中，研究者对超过1500名受过和没受过虐待的儿童的犯罪记录进行对比。在2001年，被试的平均年龄达到32.5岁的时候，研究有以下发现：

（1）受过虐待和忽视的儿童更容易成为青少年犯（27%对17%）和成人罪犯（42%对33%）。

（2）受过虐待和忽视的儿童会在第一次被逮捕时更年轻，罪行是没受过虐待的儿童的2倍，也频繁地被逮捕。

（3）受过虐待的女性会比没受过虐待的女性在财产、酒精和毒品犯罪，以及妨害治安等轻罪的数量上高出73%。

（4）一般来说，暴力犯罪的女性比男性少，但是受过虐待的女性会比她没有被虐待过的同伴更可能犯罪。受过虐待和忽视的男性和没被虐待的男性在风险上没有区别，但是他们会更频繁地被逮捕。

（5）与受过虐待和忽视的白人相比，儿童时期被虐待和忽视的黑人由于暴力犯罪被逮捕的更多。

（6）受过虐待和忽视的个体会在更年轻时有更高的严重犯罪和多次犯罪的风险。

此外，接触过多种家庭暴力（直接虐待、父母或其他家庭成员之间的暴力和家庭敌意性氛围）的儿童，比非暴力家庭长大的儿童出现暴力的概率高出50%（Office of Juvenile Justice and Delinquency Prevention，1994）。

经受过性虐待的儿童会和经受过身体虐待的儿童一样更可能犯罪，但是遭受性虐待的女孩会比遭受身体虐待的女孩更容易参与卖淫（美国司法部，1995）。性虐待包括对儿童进行口交、肛交或性交，以及物理接触儿童的性器官，直接或间接对儿童进行性骚扰（美国公共健康服务部，1997）。犯强奸罪的个体更有可能在童年期受过身体虐待，而不是性虐待。一般来说，1/3的男性青少年罪犯，40%的性犯罪者和76%的连环强奸犯都曾在青少年时期经历过性虐待（W. C. Holmes & Slap，1998）。遭受过两种虐待的儿童比只遭受其中一种的儿童长大后更加容易犯罪，但是性虐待的儿童比身体虐待和忽视的儿童更少出现暴力犯罪（Widom & Maxfield，2001）。

身体虐待和性虐待是如何增加犯罪风险的呢？学习理论认为是儿童对父母的虐待行为

147

进行了模仿。这解释了虐待的代间传递（transgenerational）。童年时期受过虐待的父母比其他父母更容易虐待自己的孩子（Zaidi，Knutson，& Mehm，1989）。不仅如此，虐待还会使儿童产生正当暴力的信息加工模式。受到身体虐待和忽视的儿童很可能出现心理问题（自杀倾向和创伤后应激障碍，PTSD）、教育问题（阅读障碍）、职业问题（失业或低收入）以及物质滥用问题（Widom & Maxfield，2001）。

2. 家庭暴力

家庭暴力会增加青少年出现暴力的可能性（Loeber & Dishion，1984；L. Walker，2000）。在观察学习的研究中发现，就算儿童没有遭受虐待也能在看到家中的其他虐待行为而产生攻击行为。一项研究发现，生活在家庭暴力中但没有受到虐待的男孩，在长大后虐待伴侣的概率是正常男孩的 10 倍（美国司法部，1995a）。同时受到虐待和观察到家庭暴力的男孩长大后虐待伴侣的概率比只有其中一项的男孩高出 50%。

在家庭中观察到暴力也有间接的影响。例如，一项研究（DePanfilis & Brooks，1989）发现，在常常发生家庭暴力的环境中长大的个体，比正常家庭的个体出现抑郁、自杀、吸毒和酗酒问题的概率高出 50%，他们更可能与兄弟姐妹打架，身体或口头上虐待他们的母亲，出现自毁行为，表现得具有攻击性（DePanfilis & Brooks，1989）。最后，受到虐待、生活在暴力环境里会促进儿童的暴力倾向，使他们产生一种信息加工习惯——暴力是解决冲突的唯一手段。

3. 家庭犯罪史

父母对于毒品和犯罪的态度会影响到孩子的态度和行为（Brook，Whiteman，Gordon，& Brook，1990；Hansen，Graham，Shelton，Flay，& Johnson，1987）。被容忍打破规则和法律的儿童更加容易成为青少年犯（Hawkins & Weis，1985）。如果父母容忍孩子吸毒和喝酒，甚至给他们烟酒来鼓励他们，这是青少年犯罪的重要风险因素，这些孩子更加可能在青少年时期成为瘾君子和酒鬼（Ahmed，Bush，Davidson，& Iannotti，1984）。

家庭成员犯罪也可能让家庭中的儿童成为犯罪人。例如，大多数男性青少年犯的父亲有犯罪记录（Bohman，1978；West & Farrington，1977）；惯犯的儿子中有 35% 的人变成惯犯，而非犯罪人的儿子只有 8%（Rowe & Gulley，1992）。接近一半的女性犯罪人有曾进过监狱的亲属（Snell，1994）。一项持续 30 年的研究（Widom，2000）最近总结出，没有受过虐待或忽视的儿童，只要他们的父母曾经被逮捕过，他们成年后出现反社会行为的概率就会变成原来的两三倍。这种相关性取决于许多因素，包括使儿童更倾向于产生反社会行为的遗传因素，模仿父母和兄弟姐妹的犯罪行为（Rowe & Gulley，1992），功能失调的家庭导致的心理问题，正当性犯罪思考模式的发展，等等。

148   总而言之，想要不产生反社会和暴力行为导致犯罪生涯，生活在功能失调、物质滥用和犯罪家庭中的儿童还有很多风险要去克服。

六、综合观点

1994 年，两个 10 岁和 11 岁的男孩杀死了一个 5 岁男孩，埃里克·摩尔斯，仅仅因为他不肯为他们偷糖果。为了保护未成年人，他们的名字我们用托尼和安东尼来代替。案件发生时，他们住在芝加哥南部臭名远扬的艾达·威尔斯公共住宅。这两个男孩是在和其他孩子用石头和铁链打架中长大的，而且频繁地吸食大麻。他们的父母都生活在收容中心。

托尼的父亲由于对妻子（并不是托尼的母亲）实施家庭暴力被判处4年监禁。案件发生后青少年法庭的法官将他们两个关到伊利诺伊州的惩教局，直到21岁。这个判决是前所未有的，13岁以下的儿童一般都是被判处缓刑和心理咨询。[1] 法官认为这两个孩子必须受到最大程度的改造（Marx, 1997）。

在定罪之后，伊利诺伊州更改了他们的法律，允许10岁儿童像成人一样被审讯和定罪（见第三章）。1998年，安东尼由于在监狱里性侵害其他的年轻犯人而被起诉。他承认罪行并要在成人监狱服刑9年［因为他已经作为成人被定罪，这时我们可以说出他的真名，杰西·兰金（Jessie Rankins）］。杰西在少年拘留所的时候就被抓到性侵害其他男孩，然后被送到针对更加严重青少年犯的机构。托尼的命运我们并不清楚，但是对于杰西来说，暴力行为似乎会一直持续下去。

是什么使托尼和安东尼变成罪犯呢？像我们这章提到的，遗传或其他生理因素可能要负一定责任，但是这些男孩的家庭和邻居毫无疑问为他们变成暴力的个体提供了支持的环境。我们将在下一章探讨青少年期犯罪行为的出现和进化成为成人犯罪的途径。

七、总结

没有人生下来就是犯罪人，但是儿童期的许多发展途径都可能导致犯罪，包括生理、认知和社会交往的影响。

犯罪的生物标记包括神经失调、神经递质和荷尔蒙的失衡以及气质等。轻微脑功能障碍综合征、学习障碍和认知损伤都可能导致学业和社会适应不良，从而导致青少年犯罪。5-羟色胺和睾酮水平也与攻击行为有关。气质是个体天生的表达需求和情感的方式，主要基于个体的生理结构，可能对与犯罪相关的一系列心理因素产生影响，例如情绪唤醒、社会和道德发展等。

童年期影响儿童的发展障碍与青少年犯罪有关，甚至可能会影响成人犯罪。反应性依恋障碍（无法与照看者形成情感联结）可能导致无法共情和关心他人。注意力缺陷多动症能够妨碍儿童的社会和学业发展。无视权威的对立违抗性障碍可能使儿童蔑视法律和执法部门。品行障碍可能是缺少共情、漠视他人权利，甚至可能攻击他人的反社会人格障碍的前兆。

关键术语

气质 反应性依恋障碍 注意力缺陷多动症 对立违抗性障碍 品行障碍

复习问题

1. 解释气质，并说明它是如何通过学习、情绪唤醒、社会和道德发展和依恋来影响随后的攻击和犯罪的。

2. 讨论反应性依恋障碍、注意力缺陷多动症、对立违抗性障碍和品行障碍对犯罪行为的影响，并进行对比。

3. 信息加工和道德发展是如何影响犯罪的？

---

〔1〕 在当时，这件案子也是前所未有的，安东尼是美国最小的被定为谋杀罪的人。从那时起，又有好几个10~13岁的儿童被判处谋杀罪。

4. 家庭对儿童情感表达和自我控制会产生哪些影响？

5. 儿童虐待和忽视是如何影响犯罪的？

相关链接

犯罪行为相关网站：www. cassel2e. com.

罗伯特·桑普森和约翰·劳布的犯罪生活历程模型：www. wjh. harvard. edu/soc/faculty/sampson/2004. 2. pdf.

注意力缺陷多动症与犯罪：www. vathek. com/ijpsm/pdf/jpsm. 4. 4. 344. pdf.

品行障碍与犯罪：www. cs. mun. ca/ ~ david12/papers/cd. html.

通过育儿方式阻止青少年犯罪：www. dsgonline. com/mpg __ non __ flash/parent __ training. htm.

凯西·维丹关于儿童虐待和忽视的影响研究：www. ncjrs. org/pdffiles1/jr000242b. pdf.

第八章　从青春期到成年期的犯罪行为发展

　　他们的想法反复无常，有的时候很猛烈，但转瞬即逝……他们有崇高的理想，因　　151
为他们还没有体会生活的艰辛而变得谦虚起来，也没有理解生活中各种必要的束缚。
更为严重的是，他们满怀希望，居然以为自己可以与日月相比——这就是心高气傲，
目空一切……至于他们所犯的错误，是因为他们做事不是过头就是过猛……要么爱得
过多，要么恨得太深，做其他事情也是一样。他们认为自己无所不知，而且说起来也
信心十足，实际上，这就是他们行事过激的症结所在。

　　许多人可能对青少年有相同的评价，或者知道当初他们的父母一定也是这么评价他们
的。但是这个负面评价并非来源于不满的父母、老师或是心理学理论，而是亚里士多德
（Aristotle trans，1941）在公元前4世纪写下的（Rhetorica，Book II，Chapter 12）。他对青少
年的描述主要是一种负面的刻板印象。自从那时起，这种态度就没有改变过，很少能听到
成年人对他们有正面的评价。

　　在这一章，我们主要探讨青少年的发展和影响青少年和成人犯罪的因素。大多数青少
年犯罪和成人犯罪一样都是非暴力犯罪，包括盗窃、破坏财物和毒品犯罪，等等（美国联
邦调查局，2004a；L. Siegal & Walsh，2006）。大多数暴力犯罪的青少年在童年期就表现出
攻击性，但是我们在第七章提到，有一些青少年直到青春期才出现攻击、暴力行为
（Loeber & Stouthaimer-Loeber，1998）。只有很少的成人罪犯没有攻击或暴力史（Farrington，　152
1994）。

一、青春期：挑战和冒险

　　"青春期"这个词来源于拉丁语，意思为"长大"和"变得成熟"，一般是指13～19
岁的青少年期，但我们的讨论中还包括差一两岁的儿童。亚里士多德和柏拉图（Plato）第
一个将青春期区别于童年期和成年期定义为一个独立的发展阶段。但在2500年后才有人对
青春期进行系统的研究。在中世纪，儿童和青少年都被视为小号的成人，只是还没有学会

成人的行为（Arnett，2004）。在 19 世纪的工业革命时期，青少年仍然被认为是未长成的成年人，和成年人有一样的工作能力。18 世纪的哲学家约翰·洛克（John Locke）和让 - 雅克·卢梭（Jean-Jacques Rousseau）首次从发展的视角看待人类。但直到 20 世纪早期，社会学成为一门学科，儿童保护法出台时，心理学家、社会学家和人类学家才开始聚焦于青春期，使其成为个体生理、心理和社会发展研究的一部分。

心理学家 G. 斯坦利·霍尔（G. Stanley Hall，1904）第一个用青春期这个术语来形容青少年期。他发现这是个体发展的关键期，充满了矛盾的情感和行为。亚里士多德将其形容为"蜕变"为成人的阶段。还有许多心理学家研究过青春期的个体发展。西格蒙·弗洛伊德（1905，1953）研究的是青少年的性心理危机；埃瑞克·埃里克森（1968）主要聚焦于心理社会性发展；玛格丽特·米德（Margaret Mead，1958）主要从人类学的视角强调社会价值观对青少年的思想、价值观和行为的影响。

无论如何，所有处于青春期的个体，无论是过去还是现在，都将心理和社会的自我同一性作为最终的挑战（Marcia，1980）。在面临这个挑战的时候，作为男人、女人、爱人、职员，以及作为一个民族、一个团体或其他文化制度的成员，青少年要解决的都是"我是谁"和"我是什么"的问题。像我们在第七章提到的，埃里克森（1968）将青春期视为个体解决贯穿人生的危机的开始阶段，这些危机包括：①自我同一性，选择价值观、职业、信仰、生活方式和性别角色；②亲密关系，寻找到伴侣；③繁衍，养育后代，找到有意义的工作或其他生产活动；④完整性，能够满意地回顾自己的人生。尽管很多心理学理论认为青少年能够建立心理社会性的自我同一性，但是，现在至少北美和欧洲的行为学家（和父母）认为，很少有青少年能解决这些事情，更别提确认自己在世界中的位置。因此，许多青少年直到 20 岁都没有作出职业、婚姻和生活方式的选择。就算是顺利大学毕业的个体也不知道自己将来要做什么，甚至都不确定自己是否选对了专业。

同一性混乱，包括对未来人生的犹豫不决，能够导致个体从频繁地更换伴侣或跨界到犯罪行为等许多问题。一些青少年对于时间的安排可能会增加他们参与犯罪活动的可能性。这对于那些具备童年期风险因素的青少年来说尤为如此，这些风险因素包括：贫穷，内疚感、自尊和道德观水平较低，家庭成员犯罪或吸毒，学业失败，社交能力差，父母虐待或忽视，品行障碍或注意力缺陷障碍，以及酗酒和吸毒等。儿童接触到的风险因素越多，长大后就越容易出现反社会和犯罪行为。换句话说，这些风险因素会促进犯罪的形成（见表 8.1）。

这一章，我们先讨论为什么青少年会作出增加犯罪可能性的选择，包括逃学、旷课、与不良同伴交往、喝酒和吸毒，等等。

表 8.1 健康和行为问题的风险因素

风险因素	物质滥用	青少年犯罪	早孕	辍学	暴力
	青少年问题行为				
社区					
毒品供给	√				
枪支供给		√			√
赞成吸毒、使用枪支和犯罪的社区行为准则	√	√			√

续表

风险因素	青少年问题行为				
	物质滥用	青少年犯罪	早孕	辍学	暴力
暴力的媒体形象					√
变迁和流动	√	√		√	
较低的邻里联系和社区组织	√	√			√
经济水平极低	√	√	√	√	√
家庭					
问题行为家庭史	√	√	√	√	
家庭管理问题	√	√	√		√
家庭冲突	√	√	√	√	√
易造成问题行为的父母态度倾向和行为	√	√			√
学校					
早期和持续的反社会行为	√	√	√	√	√
从小学开始的学业失败	√	√	√	√	√
缺少学校投入	√	√	√	√	
个体/同伴					
叛逆性	√	√		√	
交往有问题行为的朋友	√	√			√
易造成问题行为的态度倾向	√	√		√	
早期的问题行为	√	√		√	√
体质因素	√	√			√

"Report to Congress: Title V Incentive Grants for Local Delinquency Prevention Programs", *Office of Juvenile Justice and Delinquency Prevention*, Washington, D. C : U. S. Department of Justice, Appendix, 1996, p. 3.

二、选择犯罪：道德发展与社会差异

我们在第七章提到过科尔伯格（Kohlberg，1964）的道德理论，该理论认为儿童处于道德推理的前习俗阶段。这意味着他们是否违反规则取决于被惩罚的可能性。换句话说，前习俗阶段的孩子会为了避免惩罚去遵守规则，而不是真正的服从。在童年晚期和青少年早期的时候，行为取决于对规则和法律的尊重，个体认为遵守规则是一件正确的事情。通过内化权威人士（父母、老师等）和机构（法律体系）确立的信念、价值观、规则和法律，青少年达到道德推理的习俗阶段。一旦个体接受了这些规则和法律，只有在特殊情况下，他们才会去违反它。如果个体到了青春期还没有形成对法律的尊重，只是当成违反了会受到惩罚的规则，则他们会只因为害怕惩罚而不去犯罪。因此，在他们能够逃脱惩罚的时候，他们就可能犯罪。

科尔伯格的理论使我们认识到社会学习如何影响习俗阶段道德推理的形成，让人们不去犯罪，但是它并没有注意到那些能够促进犯罪行为的社会影响因素，包括不良人士、家庭成员和同伴犯罪，甚至是电影、电视人物的言语和事迹。像父母、老师和同伴一样通过经典条件反射、操作条件反射和观察学习等方式影响儿童遵守和内化行为规则那样，负面的社会影响因素会使个体对惩罚的惧怕变弱甚至消失。例如，有犯罪同伴的青少年会认为"所有人都打破规则"，所以他们也去犯罪。丹尼尔·坎汉（Daniel Kahan，1997a，1997b）认为，模仿周围人犯罪的青少年是那些没有内化主流社会法律观念的人，他们只相信其他人能从犯罪中获利并不会受到惩罚。这个观念会造成以下几个结果：①"他们抓不住所有人"的想法，尤其在有潜在利益的情况下，犯罪造成的损失很小；②释放对犯罪的抑制；③减少对犯罪伤害自身社会声誉与地位的关注。

社会心理学的一项经典研究证明了观察犯罪的作用和模仿榜样的可能。在这项研究中，菲利普·津巴多（Philip Zimbardo，1969）在斯坦福的校园中停放了一辆被遗弃的车，超过了一个星期都没有人来破坏它。当他打碎了挡风玻璃后，行人们立刻加入进一步毁坏这辆车的行列中，并拿走了值钱的部分。津巴多认为，其他人毁坏车的行为解放了旁观者对破坏和偷窃行为的抑制。但是这个作用不是普遍的，也有人只是看着其他人犯罪，到底是什么决定个体是否模仿犯罪呢？

我们在第四、五、六章提到过，个体是否犯罪取决于生理、心理和社会文化因素等多方面的交互作用，其中许多因素会影响到暴力的核心因素——攻击性（Heide，1995）。在第七章里，我们讨论儿童早期攻击行为的发展时提到了许多因素。现在我们继续来探讨性别因素、心理障碍和物质滥用对攻击的发展、演变为暴力犯罪的作用。然后我们会讨论帮派和枪支对于以暴力和犯罪为生的青少年的影响。

三、犯罪行为发展的性别差异

西方文化普遍认为，男性是战士，比女性更加具有攻击性。在青少年中，这种性别差异非常明显，男孩比女孩有更多的攻击性和暴力犯罪，例如，我们很少看见女孩殴打别人。但事实上，女孩能够和男孩具有一样的攻击性，只是表达方式不同。

3岁之前，男孩和女孩具有一样的身体攻击行为。但在3~6岁之间，表达方式开始出现性别差异（Fagot & Leinbach，1989；Legault & Strayer，1990）。由于家长和老师对女孩身体攻击的劝阻，男孩比女孩更多地打、推或威胁其他孩子。然而，如果没有满足女孩的要求，她们就会威胁绝交或排斥对方（Cairns，Neckerman，Ferguson，& Gariepy，1989；Crick & Grotpeter，1995）。心理学家们称女性的这种攻击模式为关系攻击。

童年期攻击行为的性别差异会延续下来（Eagly & Steffen，1986；Frodi，Maccaulay，& Thome，1977），但这并不意味着女性不会进行身体攻击，尤其是对亲密伴侣。一项关于异性恋关系中的身体攻击的研究综述（Archer，1985）发现，尽管在家庭纠纷中，更多情况下是女性受伤，但是在和伴侣争吵时，女性一样会采取身体攻击。尤其是年轻的女性，会使用掌掴、脚踢、咬人到使人窒息、使用武器等身体攻击（Zuger，1998）。

作为暴力行为的先兆，女性比男性更加容易感受到"愤怒"这种情绪（Averil，1982）。一项研究（Scherer，Wallbott，& Summerfield，1986）发现，75%~85%的被试中，同等数量的男性和女性在调查前一个月内感到愤怒过。但是，就像男孩和女孩学会用不同方式表现攻击性一样，男性和女性也会用不同的方式表现愤怒和其他的情绪，如快乐、悲伤，等等（Goleman，1988）。男性更多地将怒气向外界发泄，而女性则更多是忍耐下来。这种差异解释了为什么女性比男性更容易抑郁（Brannon，2005）。

攻击方式的性别差异可以解释美国男性犯下 84% 的暴力犯罪的原因（美国联邦调查局，2004）。但是现在情况发生了改变，女性的各种犯罪，包括谋杀、强奸、抢劫、故意伤害、偷窃、纵火、造假和贪污等都开始增加（美国联邦调查局，2004）。从 1993 年到 1997 年，男性犯罪增加了 6%，而女性犯罪增加了 19%。在女性犯罪中，青少年犯罪的上升率是成人犯罪的 2 倍（美国联邦调查局，2004）。

当青少年犯罪人成年后，犯罪的类型和速度开始与婚姻和就业等因素有关。例如，已婚男性比未婚男性更少地出现暴力犯罪。从犯罪类型上看，单身女性更容易犯偷窃和抢劫罪。但是在女性犯罪人中，已婚或订婚的女性比单身女性更可能犯谋杀罪，犯罪对象一般是丈夫或男友。在职的女性犯罪人中，非暴力犯罪较多，反之无业的女性更容易卷入暴力犯罪（Campbell & Robinson，1997）。

女性犯罪模式

在第七章，我们主要探讨了男孩的犯罪途径，女孩则有所不同。那么，女孩是怎么成为犯罪人的呢？一些理论家主要研究女孩相关的性心理发展。例如，女性被男性支配和操纵的易感性可能导致低自尊。当女孩性发育较早时，自尊问题可能导致过早的性关系，对象可能是有高风险的反社会行为的青少年（Caspi，Lyman，Moffitt，& Silvla，1993）。换句话说，女性青少年犯罪人有孤独不确定感。例如，被家庭或同伴拒绝或虐待的女孩可能从滥交和潜在的自我毁灭的性关系中寻求社会支持（Konopka，1966）。事实上，在对女性犯罪人的调查中发现，1/3 的女性犯人在 18 岁前遭受过身体虐待或性虐待（Chesney-Lind，1987；Snell，1994）。其他的一些研究也支持了这一观点，一些遭受过身体虐待、性虐待或其他形式的伤害的女性被害人更容易犯罪（K. Daly & Chesney-Lind，1988）。

还有一些理论家认为，功能失调的家庭对女孩犯罪风险的影响比男孩大（Calhoun，Jurgens，& Chen，1993）。男孩是通过展示男子气概获得同伴中的社会地位，进而成为犯罪人，而女孩是在与父母针锋相对中获得快感和注意（尤其是男性）中形成犯罪行为（Baker & Adams，1962；Heritage Foundation，1995）。女孩更容易受到与母亲的关系和母亲的精神状态的影响（Ensminger，Brown，& Kellam，1982）。例如，男孩比女孩更少地受父母的控制（J. Hagan & Kay，1990）。

女性青少年犯罪人一般是从非暴力犯罪开始的，如入店行窃、卖淫，等等。但是一旦她们开始吸毒和酗酒，这种模式就会发生改变（Biron，Brochu，& Desjardins，1995）。在那时，女性犯罪人会出现更多的人际暴力行为（Sommers & Baskin，1994）。

四、品行障碍与犯罪行为发展

除了性别差异之外，无论是男性还是女性，最危险的潜在犯罪人是那些具有反社会人格障碍的个体。在成年期被诊断为反社会人格障碍的个体，在 15 岁之前肯定具有品行障碍（见第七章）。接下来，我们将对品行障碍的儿童演变为情感冷漠、有操纵性的成年犯罪人的过程进行探讨。

1997 年 9 月，在华盛顿特区的郊区，塞缪尔·申班（Samuel Sheinbein）和艾伦·尼道（Aaron Needle），两个来自高收入家庭的 17 岁辍学少年，因为残忍杀害来自低收入的西班牙单亲家庭的 19 岁男孩而被起诉。被害人头部受到钝器重击，颈部和胸部有刀伤，还有被扼死的痕迹。在被害人死后，凶手还把他的四肢用锐器割了下来，将尸体处理到无法辨认后塞到了垃圾袋里，然后将垃圾袋扔到了其中一个人家中花园的推车里。这两名少年因为家庭背景的关系，在私立宗教学校里一直享有特权待遇。但他们有吸毒史、犯罪史、紧张的家庭关系，而且几乎没有朋友（Hockstader & Whitlock，1999）。

申班在八年级的时候由于非法使用他人的汽车和闯入他人的房子被逮捕，然后被送到了少年训练营，一个代替监狱教导青少年自律和尊重权威的地方。但是他在里面受到了比他强壮的孩子的欺凌，这种现象在那里很常见。屈辱感使他开始健身来保护自己。由于有吸毒史和其他的一些行为障碍史，尼道被送入了治疗情绪紊乱的特殊学校和一个私人军事学院。他的同学形容他喜怒无常，受到轻微挑衅就咒骂和威胁别人。

这两个少年在审判前被假释。但是申班在他律师父亲的帮助下，为了逃避诉讼，逃去了以色列。然而，最后还是被以色列的法庭判处了24年监禁。尼道的精神状况在被逮捕后就开始恶化。他的律师申请对他进行精神鉴定，但他在申请被批准的那一天自杀了。

这个案例再一次说明，攻击和暴力行为的发展一般来自于童年期的品行障碍，而青春期则为犯罪冲动提供了温床。这种从童年期到青春期的转变对于每个人来说都是一种挑战，但是它成了患有品行障碍的儿童的战场。原因可能在于青春期充满了体验力量的新机会和对新发现的自由尝试。由于道德感和共情上的缺陷，这些愤怒的儿童在成长为青少年时，已经准备好对别人释放自己的攻击冲动。所以，这些青少年在15岁时出现反社会行为的概率是正常青少年的16倍就不足为奇了（Fergusson & Horwood，1996；Fergusson，Lynskey，& Horwood，1996）。

因为有品行障碍的青少年在学校总会惹出麻烦，所以他们被停课或开除也很常见。但这样只会给他们更多的时间去犯罪。如果他们开始酗酒吸毒，他们越轨的生活方式一般就会变得稳固并难以改变（Garnefski & Okma，1996）。

五、物质滥用与犯罪行为发展

饮酒和吸毒在青少年中很常见（美国卫生与公众服务部，物质滥用与精神健康管理局，1998）。因为年龄的关系，这种行为本身就是犯罪，但是它也与其他形式犯罪的形成有关。例如，1996年的一项对23个大城市中由于各种犯罪被逮捕的4000名青少年男性进行的调查（美国国家帮派犯罪研究中心，1997）发现，52%的人大麻检测呈阳性（前一年是41%），10%～13%的人可卡因检测呈阳性。在成人罪犯中也出现了相同的趋势。在1996年的21～30岁的被捕人员中，64%的男性和36%的女性大麻检测呈阳性（美国国家司法研究所，1997b）。在美国的23个城市中，有20个城市超过60%的成年男性犯罪人最起码有一项药物监测呈阳性，而且这种盛行率还在上升，90%的重罪被告人在药物或酒精检测上呈阳性（"Tough Talk"，1997）。

在过去几十年里，酗酒与至少50%的暴力犯罪有关（国家司法研究所，1997b）。根据政府报告（Mumola，1999），大约3/4的犯人在被逮捕前酗酒或吸毒。1997年，33%的州罪犯和22%的联邦罪犯承认，他们是在药物的影响下犯下最近的罪行，而这种现象在1991年只有31%和17%（美国司法统计局，1998）。慢性饮酒者比其他人更可能有暴力史，使用非法药物的犯罪人比其他犯罪人犯抢劫罪和人身攻击的频率更高。在华盛顿州，1990年缓刑和假释的犯人中，84%的人有酒精依赖，75%的人是可卡因依赖者。这些数值与国家监狱犯人的平均值大致相同（国家司法研究所，1997）。一项对犯罪的终身发生率的研究（Modestin et al.，1996）发现，男性酗酒者有犯罪记录的概率是非酗酒者的2倍，而且更可能出现暴力和财产犯罪，尤其在摄入大量药物后更加容易产生犯罪行为（国家司法研究所，1997）。因为酒精对于青少年犯罪一直是影响心理状态的最重要的因素，所以我们将探讨一下青少年是如何成为酗酒者的。

酗酒

大众一般用"酗酒者"来形容喝了很多酒的人。研究者们也使用这个词语，但是指饮酒过度的模式持续恶化，直到个体对饮酒失去控制形成酒精依赖，危及身体和精神健康，损伤社会和职业功能（Nietzel et al.，1998）。许多研究者相信，不同类型的酗酒有着不同的开始年龄、饮酒原因和社会及心理原因（Babor et al.，1992；Hill，1992；Zucker，1987）。应用最广的理论是由克洛宁格（Cloninger）、伯曼（Bohman）和新瓦德桑（Sigvardsson，1981）提出的。该理论描述了两种酗酒状态。第一种是酗酒者从成年期开始饮酒，会更多地豪饮，常常出现与酒精相关的健康问题，但是他们喝酒时一般不会出现反社会行为。第二种是酗酒者从青春期开始饮酒。尽管他们很少会产生健康问题，但是他们的酗酒会产生更多的社会和职业问题，而且他们饮酒时很可能出现反社会行为。

大量研究证明，家庭内外的心理和社会文化因素与生理因素的交互作用会提高青少年酗酒的风险。例如，青少年饮酒可能是因为他们发现酒精可以减轻紧张、焦虑、抑郁和其他负性情绪（Conger，1956）。在压力环境下感到放松，能通过操作性条件反射加强再次饮酒的倾向。青少年第一次饮酒一般是因为观察到父母、同伴或电影、电视人物可以通过饮酒来减轻紧张、增强性表现能力、信心和社会能力（Marlatt，1987；Zucker & Fitzgerald，1991）。酒精预期效应可以使期待愉悦性的个体饮酒，即便饮品中只含很少或不含酒精（Thombs，1994）。一项研究（G. T. Smith，Goldman，Greenbaum，& Christiansen，1995）发现，在12～14岁的青少年中，对酒精的积极预期能够预测3年后更严重的饮酒行为，而且他们喝得越多，对酒精的积极预期就会越高。

气质和人格也是影响问题饮酒的重要心理因素。例如，童年期在感觉寻求和新颖寻求上得分较高的青少年更主动饮酒，继而成为冲动、鲁莽和攻击模式的一部分（Halikas，Meller，Morse，& Lyttle，1990；Jessor & Jessor，1977；Sher，Walitzer，Wood，& Brent，1991）。 158

儿童的家庭环境也可能造成问题饮酒。酗酒的父母不仅提供了不良榜样，他们的婚姻冲突、家庭暴力和较差的育儿技巧能够损害儿童的学业表现，甚至导致攻击和反社会行为（美国成瘾问题研究所，1997）。青少年一般会模仿父母的饮酒行为，无论他们的父母是非饮酒者还是适度饮酒者（Berndt & Perry，1986；Harburg，Davis，& Caplan，1982）。一般来说，父母喝酒越多，他们的孩子就越早开始饮酒（Kandel，Kessler，& Marguiles，1978）。但是非饮酒的父母有时也会无意中促进青少年酗酒。他们对于饮酒的反对会导致孩子将饮酒作为反抗父母权威的方式（Lawson，Peterson，& Lawson，1983），而且不让孩子饮酒而自己饮酒的父母可能会发现他们的孩子"做他们所做的，不做他们所说的"（Brook et al.，1990）。

育儿风格和亲子关系中的许多特质也会影响青少年酗酒。与不尽赡养义务和反复无常的父母相比，坚定而公正地教导和抚育孩子的父母更少有饮酒的孩子（Barnes，Farrell，&

Cairns, 1986; Tarter et al. , 1993)。与父母关系亲密或对亲子关系满意的孩子也可能较少饮酒（Kandel & Andrews, 1987; Tarter et al. , 1993）。青少年饮酒的风险在有家庭仪式的家庭中更低，包括家庭聚餐时间，家庭度假和规律地庆祝节日和生日，等等。研究者们发现，相互支持和相互奉献的家庭经历与问题饮酒不会同时出现（Bennet & Wolin, 1990; 美国成瘾问题研究所, 1997）。

同伴影响也是造成青少年饮酒的重要的社会因素。大多数青少年的第一次饮酒都是和同伴一起，为了顺从同伴的要求。一项关于同伴影响的研究（Swaim, Oetting, Edwards, & Beauvais, 1989）发现，有酗酒或其他精神类药物依赖的同伴比情绪问题更能预测青少年药物滥用的出现。另一项对1000名酗酒青少年从七年级到九年级的追踪研究（Wills, McNa-mara, Vaccaro, & Hirky, 1996）发现，物质滥用程度增加的个体大多数都有物质滥用的同伴。

简言之，生理、心理和社会因素之间复杂的交互作用造成了青少年酗酒（Devor, 1994; E. Epstein & McCrady, 1994; Tarter & Vanyukov, 1994）。高危的气质类型和环境的不同组合可能造成不同的酗酒原因，例如，与家庭稳定的、有较少情绪化反应的儿童相比，对较差的育儿风格和高压力父母有高情感反应的儿童更可能饮酒（Chassin, Pillow, Curran, Mollina, & Barrera, 1993）。

不管酗酒的原因是什么；它都会导致犯罪。在喝了一两杯之后，大多数人会更健谈和放松，但是他们的思维和判断过程也会受到影响。当血液内的酒精浓度在 0.05% ~ 0.08% 之间时，个体可能出现运动障碍和口齿不清的情形。当酒精浓度到达 0.10% 时，会出现动作不协调、步态不稳、困倦昏睡和知觉受损等情形。[1] 这时，饮酒者会出现一些社交、心理和行为的变化，如缺少抑制（变得更有攻击性、健谈、有魅力和其他平常抑制的行为）和注意及记忆能力的缺失。尽管酒精对行为的影响大部分是由于对大脑的化学性损伤，但也可能会受到饮酒时社会和心理状况的影响，例如，最初的饮酒经验（尤其是酒精平常带给他们的感觉）和其他饮酒者的行为。因此，失恋的人独自饮酒会变得行动迟缓、悲伤或愤怒，但和朋友一起喝酒庆祝升职时个体会感到开心。

159 　对于有酒精耐受性的酗酒者来说，酒精中毒的生理表现不会很明显，但对情绪和行为的影响会变得更加显著。一些个体会变得情绪化和具有敌意性，导致与家庭成员和同伴的人际冲突（M. K. Leonard, 1990）。慢性酗酒者会表现出思维、判断、问题解决、学习、记忆和社交能力的退化（Parsons, Butters, & Nathan, 1987; Steinglass, Bennett, Wolin, & Reiss, 1987），使个体有一种自己无所不能的错觉，鼓励他们打架、偷车或参与其他攻击、暴力和犯罪行为。

对于许多青少年来说，物质滥用（尤其是酗酒）会使他们在童年期踏上犯罪途径后更加快步向前。一般来说，这些酗酒和吸毒的青少年会疏远家庭、放弃教育、抛弃社会主流价值观、学业表现差甚至辍学，几乎确立了吸毒或犯罪的人生（Krohn, Thornberry, Col-lins-Hall, & Lizotte, 1995）。青少年犯罪的一般模式是从饮酒和轻罪开始，进而发展为吸毒和其他更加严重的犯罪（美国卫生与公众服务部，物质滥用与精神健康管理局，1998）。这

---

　〔1〕 许多司法实践将血液中的酒精浓度为 0.08% 定义为酒精中毒，还有一些定义为 0.10%。

种模式在那些生活在贫困城市的社会底层，在学业和职业上很少或没有成功，缺少社会技巧和家庭支持的青少年中尤为常见。相比之下，那些有牢固的家庭纽带，包括兄弟姐妹的良好关系，以及优秀的学业表现，参加宗教活动，有非物质滥用榜样的青少年，将更少出现物质滥用和与之相关的犯罪行为（Brook et al.，1990；Hops, Tildesley, Lichtenstein, Ary, & Sherman，1990）。

六、帮派、枪支与犯罪行为发展

与成人犯罪不同，大多数青少年犯罪是团伙犯罪（Howell，1994）。这些团伙有时是由朋友或熟人组成，但更多时候是成员因为特殊的犯罪事件聚在一起的便利性团体。许多年轻人加入这些青少年帮派实施各类故意性攻击，造成了这一状况：当前的犯罪主要是由青少年和青年人来实施的。在美国的 50 个州都存在青少年帮派，主要集中在大型和中型城市，但是在较小的城镇和郊区中也存在一些。他们带来的问题一直在增长，不仅是在街道上，还有矫正机构和学校里。与非帮派犯罪人相比，帮派成员要对大部分的严重和暴力犯罪承担责任，而且更可能参与毒品销售。

（一）什么是帮派

犯罪学家和执法人员们将青少年帮派定义为具有以下特征的青少年团体：①一直被周围的人看作与自身有区别的团体；②认为自己是一个团体（有名字）；③参与了一定数量的青少年犯罪，给周围的居民或执法机关带来持续的负面影响（M. Klein，1995）。

在一些州，刑法中对帮派进行了定义。例如，加利福尼亚法典 186.22 节里，将街头犯罪帮派定义为"三人或以上组成的正式或非正式的，有常用名或常用识别标记的任何组织、社团或团体，其成员单独或共同地参加或曾经参加过一种犯罪活动模式"，包括用致命武器攻击他人、抢劫、谋杀或过失杀人，以及大量生产和分销管制药品等。由于最近几年，帮派变得越来越有组织性并日益复杂化，执法机关开始使用以前打击有组织犯罪（如黑手党）的技术去打击他们。

帮派一般都有领导者，地盘或势力范围，可识别的着装或颜色、标志和语言，包括有区别的涂鸦和手势，等等。只有大概 25% 的帮派会有团体犯罪，例如毒品走私或抢劫，但是所有的帮派都使用暴力来保护自己、荣誉、地盘和收入来源（Howell，1994）。内城的帮派更可能冒着生命危险与其他帮派争地盘。一个华盛顿特区的帮派会把杀死的敌对帮派成员的鞋子挂在电线上，作为双方地盘的界限。其他的帮派，例如摩托帮和仇恨性帮派（如纳粹分子帮派），则不会去确立地理性的领地。在过去的几年里，帮派不仅在城市里很常见，郊区甚至是乡村都会出现他们的身影。研究者认为，这些帮派是像企业一样由于职业和家庭的人口流动形成的（Weisheit & Wells，1999）。一些帮派是由不满 18 岁的青少年组成，但大多数的帮派领导人都是青年人。 160

（二）青少年帮派历史简介

青少年帮派在北美并不罕见。中国内地和香港地区、韩国、秘鲁、巴西、墨西哥、澳大利亚、南非、肯尼亚和欧洲的大多数国家均报道过帮派问题。帮派也不是个新现象，它已经存在了几个世纪，在社会剧烈变化和政治不稳定的时期大批出现。17 世纪的伦敦就被几个有组织性的帮派统治着，有米姆斯（Mims）、赫克特（Hectors）、号角（Bugles）和死亡男孩（Dead Boys）等帮派。他们的成员会打破楼房的玻璃、破坏商店、袭击警卫。在帮派斗争的时候，他们都穿着不同颜色的衣服，佩戴独特的腰带和徽章。在 19 世纪前，纽约出现了青年帮派。到了 1855 年，许多帮派效忠于政治派系。在 20 世纪 20 年代，伊利诺伊州的帮派就出现了许多暴力冲突和犯罪，和现在监狱中的犯罪一样，包括勒索、同性卖淫、谋杀、煽动暴乱和违法交易等（Yablonsky，1996）。这些帮派传统在美国西南部尤为根深蒂固，在洛杉矶一些有 60 年历史的帮派中，第四代西班牙裔成员非常常见。

在 20 世纪的前 10 年，美国的帮派由好冒险的、无人看管的移民儿童组成。这些孩子生活在市内的贫民区，更多地被视为麻烦而非威胁。1975 年的时候，联邦政府并不将帮派看作社会问题。那一年总统执法和司法行政委员会的报告上说：

> 青少年帮派不是，也不会是我们主要的关注对象，他们的暴力行为也不是美国的一个主要犯罪问题。帮派暴力的存在也可以较容易地让社区从提供服务向建设性机构转变。（W. B. Miller，1975）

也许帮派在 1975 年真的不是一个问题，又或者是政府没有看出它们的影响力。但是在 20 世纪 80 年代后期，快克可卡因的出现使帮派数量剧增，其成员在街头分销毒品。这时帮派成为执法部门严重担心的问题。受到经济利益的驱使，这些帮派变得更加暴力，和 20 世纪早期的帮派大有不同。

2002 年全国青少年帮派调查（National Youth Gang Survey，Egley & Major，2004）估计在美国有 731 500 名青少年帮派成员和 21 500 个帮派。[1] 帮派成员数量从 1996 年到 2002 年下降了 14%，但是司法部门的调查发现，青少年帮派问题增长了 42%。大多数的帮派成员是男性，但是女性成员开始增多（8% ~ 11% 之间）。帮派由于职业和人口流动从内城向郊区和乡村持续扩散（Snyder & Sickmund，1999）。

（三）帮派犯罪

161   2003 年的全国犯罪报告（the Uniform Crime Report）指出，尽管自 2000 年以来，暴力犯罪的整体数据保持稳定，甚至有所下降，但是青少年帮派谋杀案件增长了 25%（美国联邦调查局，2004）。在大城市中，与帮派相关的谋杀案占所有谋杀案的一半（Egley & Major，2004），这个数值已经维持了十几年（Spergel，1995）。其中大多数案件都是来自于保护帮派荣誉和地盘的个人行为，还包括有惊人增长趋势的杀害目击者以防止其作证的案件（枪与嘲笑，2005）。就像黑手党一样，帮派也有"沉默法则"。在 2003 年 7 月，弗吉尼亚州的谢南多厄河谷（Shenandoah Valley）山区的河中发现了 18 岁的布伦达·帕兹（Brenda Paz）的尸体。她来自于臭名昭著的萨尔瓦多（Salvatrucha）帮派——野蛮萨尔瓦多，又名 MS－13。这个帮派吸收来自厄瓜多尔、危地马拉、洪都拉斯和墨西哥等国的 12 岁以上的儿童。布伦达本来是一起州际贩毒联邦案件的证人。MS－13 是一个非常恐怖的帮派，他们的威胁手法是砍掉被害人的手或割喉。马里兰州巴尔的摩市的帮派成员则会穿着 T 恤出现在法庭上来警告"告密者"，并寄给目击者挥舞手枪或死亡威胁的影片（枪与嘲笑，2005）。检察官很难找到愿意作证的目击者，一些联邦法院会将证人纳入联邦证人保护计划，给他

---

〔1〕 因为执法部门对于帮派和其成员并没有确切的公开标准，所以很难获得精确的数字。全国青少年帮派调查将摩托车帮、监狱内帮派、成人帮派和仇恨性及意识帮派都排除在外。

们新的身份，安置在新的地方重新生活。

帮派与犯罪存在关系已是事实。一项 1998 年美国司法部的研究总结了帮派成员人数与青少年犯罪的关系，具体如下：①帮派成员越多，其成员越可能犯下重罪和暴力犯罪；②帮派成员比非帮派成员的青少年更可能贩毒；③青少年参加帮派时间越早，犯罪就越早；④帮派成员更可能持有致命武器；⑤帮派青少年比其他具有同样犯罪风险的非帮派青少年的犯罪类型更加广泛，也更加严重（Howell & Decker，1999）。

研究指出，帮派中的青少年要为帮派的大部分犯罪负责任。一项关于纽约州罗切斯特市的犯罪调查发现，69% 的暴力犯罪，68% 的财产犯罪，70% 的贩毒都是出自他们（Thornberry & Burch，1997）。其他的调查还得出了更加不成比例的结果。就算是与其他具有相同处境和犯罪风险的个体相比，他们的犯罪数量也远远高于他人。帮派成员本身会比参加帮派前或离开后有更多的犯罪行为（Snyder & Sickmund，1999）。这些发现表明帮派不仅是一个有犯罪倾向的青少年联合体，帮派本身的结构也会促进、推动或要求其成员提高其犯罪程度。

青少年参与帮派的平均年龄是 13 岁，第一次犯罪的年龄中数为 14 岁。一项研究（Snyder & Sickmund，1999）在对 83 名帮派成员的犯罪历史进行追查后，发现了一个清晰的罪行严重的发展模式，它使得帮派成员在 2 年内从财产犯罪演变为暴力和毒品犯罪。青少年中 43% 的非法药品销售都来自于帮派成员。

与有组织犯罪和监狱有关的帮派

一些执法部门相信有长期历史的黑人、亚洲人和摩托车帮派与有组织犯罪有关，尤其是毒品犯罪。在内城的毒品猖獗的贫民区，帮派成员和毒贩子们形成了一种共生关系，帮派成员为毒贩子提供保护并得到丰厚的报酬，更加年轻的帮派成员则被分配去运输毒品。像我们之前提到的那样，这种趋势让执法部门不再将涉及毒品和其他走私的犯罪帮派视为与有组织犯罪有关，而是其本身就出现了有组织犯罪的主要特征（见第十一章）。

监狱帮派一般是街头帮派的分支。矫正机构报告称，61% 的帮派都来自于街头帮派（美国国家帮派犯罪研究中心，1997）。监狱帮派成员在被释放后会重新回到原来的帮派中，并吸收先前暴力犯罪的教训。不像 30 年前的监狱帮派只是为了给犯人提供保护和违禁品，现在的监狱帮派主要经营包括毒品在内的非法交易。监狱帮派的组织性极强，不仅包括贩毒，还包括抢夺、谋杀、赌博和同性卖淫等。在监狱内，帮派成员们会获得重要的监狱内任务，贿赂监狱管理人员，滥用特权，等等（Camp & Camp，1985）。他们更可能攻击警卫和其他犯人，私运毒品和违禁品，以及其他监狱骚乱事件（Gaes，Wallace，Gilman，Klein-Saffran，& Supa，2001；Knox，1999）。洛杉矶行政官员的调查报告发现，40% ~ 60% 的监狱内重罪都是由帮派成员实施的（Spergel，1995；见第十二章）。

（四）谁会加入帮派

当个体进入青春期时，朋友和同伴会取代家庭在社会影响和注意来源中的功能。到青春期早期，大多数青少年需要情感支持和知己的存在，此时他们会从寻求父母的帮助转向寻求朋友的帮助（Berndt & Perry，1986）。他们会形成亲密朋友间的小团体，一群青少年一起去参加演唱会、足球赛等活动。他们会实施团体犯罪也可能是因为不敢自己做，但被朋友说服一起做。

一些青少年团体的活动也具有违法性，但是这些团体并没有组织性结构和与帮派有关的特殊的犯罪活动。1997年美国国家帮派犯罪研究中心对4000名帮派成员进行调查，试图发现什么样的人会加入帮派，结果发现帮派成员具有以下重要特征：①在学校是横行霸道的人；②由单亲母亲抚养长大；③目睹家庭暴力；④认为自己属于下层社会；⑤贩毒；⑥曾经对警察开枪，并相信这么做能够提高自己在帮派中的地位和声望；⑦曾经参与有组织的毒品交易活动；⑧拥有属于帮派成员的朋友；⑨认为就算抢也要得到想要的东西。他们很少具有以下特征：①高中毕业或达到普通教育水平（GED）；②参加教会或信仰上帝；③童年时期受到足够的父母监督。该调查在男性和女性帮派成员间没有发现显著差异。

（五）为什么青少年会加入帮派

就像人们因为各种不同的原因犯罪一样，青少年也为了各种各样的原因加入帮派。典型的帮派成员在进入青春期时会有许多的心理社会性的犯罪风险因素，包括对立违抗性障碍或品行障碍、逃学、旷课和父亲缺位，等等（Klein, 1995）。因为他们没有发展出强烈的道德心和共情，所以很少尊重他人，能够操作、利用、掠夺、强奸他人，甚至杀人也不会感到自责。许多人会有反社会人格障碍（Yablonsky, 1996），而帮派成员间的关系则会使他们的暴力倾向更加稳固。

但是，个体参加帮派不仅会受到个人因素的影响，还会受到社会、经济和其他环境因素的影响。例如，生活在有帮派出没的社区或有帮派成员的人家，就是青少年加入帮派的一个决定性因素。所以加入帮派经常有代间传递性（Spergel & Curry, 1987）。当帮派成员携带枪支，穿着防弹背心控制街道时，当运动场和其他公共场所成为枪战区域时，当居民因为害怕被卷入枪战晚上不敢出门时，许多青少年作出了看似明智的、适应的选择。就算他们最初的目的不是加入帮派，但这个选择可以让他们与街道中具有威望和权力的人联系在一起。实际上，在帮派控制的社区，儿童很难脱离帮派生活。所以可能不是他们想去犯罪，而是为了寻求保护使他们去遵循帮派的行为模式。青少年们会感受到同伴对帮派的尊崇，家长和老师们对它的惧怕，这些都会促进青少年加入帮派的决定。帮派成员一直用自己的经济水平来为自己辩护，认为如果有一份至少每小时15美元的合法工作的话，他们就脱离帮派（Huff, 1998）。

女孩加入帮派一般不是被招募的，而是自愿的。与男性成员相比，女性成员一般来自非常贫困的家庭，具有低自尊、学业表现差、叛逆等特点。但是，她们比男性成员更可能利用她们的帮派关系来威吓父母和同伴（Campbell, 1994；Harris, 1988）。她们也会随意地加入或退出。典型的女性帮派成员会在12～14岁加入帮派，在16～18岁退出帮派（Molidor, 1996）。

社会学家马丁·扬科夫斯基（Martin Jankowski, 1991）研究了为什么人们会加入帮派，帮派如何招募成员，以及成员离开帮派后会发生什么事等问题。他发现，帮派为"想从帮派获利的反抗性个体"和"需要追随者的帮派领导者"之间建立了共同的契约。在他看来，加入帮派最常见的原因有：

（1）帮派会提供机会，通过非法途径赚到比自己单独努力更多的钱，过上比自己做低薪、卑微、无出路的工作的父母更好的生活；

（2）帮派为成员提供了像大学兄弟会一样的娱乐活动；

（3）帮派的成员具有匿名性，减少他们被抓和被起诉的机会；

（4）帮派会为生活在内城低收入地区的成员提供保护；

（5）存在世代成员的帮派和家庭成员都是同一帮派成员，能通过帮派成员关系的传统来将家庭成员团结起来。

上面说了加入帮派有许多好处，那为什么有的人身处大量帮派出没的地区却没有加入帮派呢？扬科夫斯基（1991）认为一些青少年能够不加入帮派，也拒绝被招募的原因有两个：一是他们已经有了能力和机会去实现自己的目标，包括非法的经济利益；二是他们认为帮派叛逆的、越轨的生活方式带来的死亡和入狱的风险代价太大（Jankowski，1991）。

一旦加入了帮派，一些成员会待到 30 多岁，而其他人会很快地退出，或自己从事非法经济投机，或加入更小的帮派、种族性社团或有组织犯罪。一些人离开帮派去从事正当工作，采取一种被社会认可的生活方式。但是大多数成员的"离开"是由于吸毒过量致死，或死于帮派暴力（Jankowski，1991）。达里尔·霍尔（Darryl Hall）的短暂和悲剧的人生为我们展现了最常见的脱离帮派的方式。1996 年的秋天，12 岁的达里尔在马里兰郊区与祖母住了几个月后，回到了简城——华盛顿特区的一个公共住房区域。他的父母将他送走，是为了让他免受当地帮派的影响。但是他在祖母那里觉得很无聊，只想回家。他的家在一栋沉闷的大楼里，墙上涂满了帮派战争的口号和死去的帮派成员的名字的涂鸦。附近的街角是贩毒的活跃地区，有一群年轻人在那里守护帮派地盘。达里尔有一种孩子似的、傲慢的、野心勃勃的处事方式，他认为自己可以在这个华盛顿特区东南部的街道茁壮成长。他特别想加入他们街道的帮派——简城帮。作为加入帮派的新人，为了展现他的勇气，达里尔独自进入敌对帮派的地盘——作为帮派分界线的街道的另一边的篮球场——在那里开了一枪。为了报复他的挑衅行为，3 个敌对帮派成员抓住了他，将他扔进了一辆车里开到了丛林峡谷。没说一句话就将他拖到了河床，向他的头部开了一枪（Struck，1997）。达里尔是那一年第 9 个死于简城帮与敌对帮派争斗的人。

164

（六）枪支与青少年犯罪

帮派依靠枪支来保护地盘和毒品运送，以及教训不听话的成员。尤其在内城地区，就算是与帮派贩毒没有直接关系的青少年，也会觉得需要枪来保护自己不受其他人的伤害，向朋友炫耀或恐吓他人。一项对 1000 名纽约罗切斯特市的七年级和八年级男孩进行的研究（Lizotte & Sheppard，2001）发现，5%～10% 的被试在过去的 1 个月内偷偷地带枪，一些是为了保护自己，一些是为了消遣或喜欢，还有一些则是为了帮派犯罪。[1] 但是，在参与帮派贩毒持枪的男孩中，带枪的比例比前面高出了 35%（Lizotte & Sheppard，2001）。另一项研究对 1995 年上半年被逮捕的青少年进行调查后发现，20% 由于持枪被起诉的个体表明他们几乎随时都带着枪。青少年由于偷枪被逮捕的数量是所有被逮捕的犯罪人（青少年和成人）的 2 倍（25% 与 13%）。在所有被逮捕的青少年中，33% 是用枪来犯罪，42% 是用来贩毒，50% 的被逮捕的帮派成员曾在犯罪时使用枪支（Lizotte & Sheppard，2001），12～17 岁的有品行障碍的青少年带枪的概率是普通青少年的 8 倍（Loeber，Burke，Mutchka，& Lahey，2003）。

将青少年行为鲁莽和虚张声势的特征，与用攻击应对争斗的思想和问题解决倾向结合

---

〔1〕 在美国大多数州，未成年人带枪是违法的，在学校持枪是被州法律和联邦法律同时禁止的。

起来，再加上容易获取酒精、毒品和枪，这样会导致什么样的后果？打个架、流个鼻血就会演变成需要运尸袋的枪击事件。研究一致表明，大约80%的青少年被害人是被轻武器杀死的（青少年司法和犯罪预防办公室，1999）。如果不让青少年使用武器和携带武器进入宿舍或教室，第三章提到的校园枪击事件就不会发生。研究青少年暴力的心理学家杜威·康乃尔（Dewey Cornell，1999）在调查这些校园悲剧案件的美国国会监督小组前作证，他的证词为：

> 枪支是一个决定性的因素。青少年杀人案件在仅仅10年内变成以前的3倍，所有增加的案件都是枪杀。青少年捅死或打死他人的案件并没有增加。枪支并没有导致犯罪，而是为犯罪提供了方法。（May 13，1999，美国众议院司法委员会）

七、家庭影响的减少与犯罪

165

在第七章，我们提到了许多影响青少年犯罪的家庭因素，包括功能失调的家庭结构和交流，父母犯罪和物质滥用，家庭暴力，以及儿童虐待和忽视，接触到这些风险因素的儿童会带着这些犯罪风险进入青春期。但是就算生长在功能正常、管理良好的家庭，如果积极的家庭影响显著减少，儿童也会有犯罪的风险。在8～14岁的青少年发展正常阶段，这种家庭影响的减弱在某种程度上是正常的，青少年会开始较少地信赖父母，更多地信任同伴，并且在作出行为决策时更容易受同伴的影响（Berndt & Perry，1986；Paikoff & Brooks-Gunn，1991）。与越轨的同伴交往并将他们视为家人，这一犯罪风险因素的影响是最大的。

青少年转向同伴的程度在一定程度上会受到育儿风格影响。与专制型育儿方式（见第七章）中的青少年不同，权威型育儿方式中的青少年一般很少转向朋友寻求建议。因为他们已经和父母建立了开放式沟通和自我表露的交流方式（Fuligni & Eccles，1993）。他们更加倾向于和父母喜欢的孩子交往，一般都会是成绩优秀的孩子（Fletcher，Darling，Steinberg，& Dornbusch，1995）。这种伴随温暖、接触和关心的父母监督不仅会让孩子减少犯罪风险，还会避免情绪问题（如抑郁和自杀）、早孕和物质滥用（Resnick et al.，1997）。

不幸的是，近些年来，这种保护性的影响开始下降，主要是由于父母越来越多地将时间放在工作上。现在美国的儿童比1960年平均每周与父母相处的时间减少了10～12个小时（Resnick et al.，1997；Stepp，1999）。然而，青少年与父母疏远的现象在北美以及大多数其他西方文化中并不少见。萨林格（Salinger，1951，1999）所写的《麦田里的守望者》中的不适应环境的16岁少年霍尔顿·考菲尔德（Holden Caulfield），是这种疏远现象的代表人物，而且现在可能没有比20世纪40年代的疏远现象更加严重了。这种差异性的结果可能是因为现在的儿童比以前更加愤怒。以20世纪末开始持续到现在的校园枪击案件为例，他们的愤怒以一种更加戏剧化的方式发泄了出来。

一项关于帮派成员的研究（国家帮派犯罪研究中心，1997）发现，帮派成员与功能失调的家庭（指父母曾经入狱，并且对孩子的日常活动、学业表现缺乏足够的监督）有显著关系。家庭功能越不正常，帮派成员就越可能将帮派生活维持一生。对于来自功能失调家庭的帮派成员，他们的家庭越不正常，他们就越可能有5个以上的亲密的帮派兄弟，越少去尝试脱离帮派，越可能是一个活跃的帮派成员（国家帮派犯罪研究中心，1997）。帮派成员更可能有曾经服刑的父母，而且亲人服刑也是一个犯罪风险因素。1999 年服刑的父母大约有 1 500 000 个幼儿，比 1991 年增加了约 500 000 个，可想而知，连带的后果有多么严重。其中在州内监狱服刑的大多数父母都是暴力犯（44%）或毒贩（13%），77% 的人是累犯（Mumola，2000）。

八、学业失败与犯罪行为发展

学校与家庭一样，在大多数儿童的生命中是重要的社会化环境。许多儿童在 3 岁或 4 岁时就开始受到教育。像我们在第七章提到的，在学校的成功能够抵消一些青少年犯罪风险因素的作用，对那些来自破裂或功能失调的家庭的儿童来说尤为如此（Rutter，1990）。

学业表现不好的儿童容易感受到挫折感和拒绝感。一些研究结果表明，失去自尊能够导致许多心理和行为功能失调。这些儿童有很大可能与同样不成功的同伴交往，从而与他们一起开始产生反社会行为（Siegel & Welsh，2006）。简言之，学业失败和青少年犯罪息息相关。许多研究一致表明，大多数的服刑犯人都有学业失败的经历（Devlin，1996）；与人口学中 80% 的高中毕业率相比，只有 40% 的犯人高中毕业（美国司法部，1993；美国国家司法研究所，1997c）。

学校自身会不会增加学业失败的风险呢？一些研究者认为答案是肯定的，尤其是与学生最弱的学业技能有关。1989 年卡内基青少年发展委员会（the Carnegie Council on Adolescent Development）报告了学校存在的几点问题：①美国的许多初中和高中规模太大，而且没有人情味；②许多高中课程设置多余而且没有重点；③学习机会不公平，处于不利地位的学生很少能得到提高自身能力的帮助；④学校没有足够的健康和社会服务来满足青少年的身体和精神健康的需要；⑤家庭和社区应该与学校有更多的联系。

1999 年，哥伦拜恩（Columbine）高中的两名学生杀死了 12 名同学和 1 名教师。在讨论这所学校是如何激怒和排斥这两名学生时，一些学生提到，哥伦拜恩高中和其他富人社区的学校一样迎合成功学生——运动员和天才——的需求，平凡的学生则被老师、管理者以及好学生忽略（Polycarpou，1999；Stepp，1999）。现在高中生常见的抱怨是他们的学校太大，老师不尊重或不关心他们，更加引起了孤独感和被拒绝感（Stepp，1999）。在许多学校，混乱、帮派暴力、贩毒和其他类型的犯罪也是司空见惯的（美国国家教育目标委员会，1995）。在这些学校里，青少年们偷窃和毁坏学校和学生的财产，攻击其他学生和老师。根据美国疾病控制和预防中心（the Centers for Disease Control and Prevention）1997 年的青少年危险行为检测系统（Youth Risk Behavior Surveillance System）的数据，9% 的高中生在调查发生前的一年内一次或多次为了抢夺学校的财产而打架；1/3 的学生表明他们在过去一年内偷窃或毁坏过学校的财产、车辆、衣服或书籍等；4% 的学生在过去一个月内因为往返学校的时候感到危险，而至少有一天没有上学（Snyder & Sickmund，1999）。

犯罪学家在一定程度上将长期无故旷课视作走向青少年犯罪的台阶。因为旷课的学生在酗酒、吸毒和暴力等不良行为上具有高风险。美国司法部的一项毒品使用预测系统项目（Drug Use Forecasting program）发现，53% 和 51% 在上学期间被逮捕的男性和女性青少年在毒品和酒精检测上呈阳性。换句话说，许多青少年在应该上学的时候出去吸毒或喝酒（国家司法研究所，1997b；青少年司法和犯罪预防办公室，1999）。青少年暴力犯罪在上学日（周一到周五）的下午 3 点和 4 点之间达到峰值。事实上，大多数青少年暴力犯罪，如谋杀、强奸、抢劫、严重和轻微伤害他人，都在上学日发生（Snyder & Sickmund，1999）。

青少年旷课有很多原因，包括没兴趣或没动力，与同伴发生矛盾，精神和物质滥用问题，怀孕和需要去工作，等等（Snyder & Sickmund，1999）。大多数旷课学生的父母自身就不重视教育，甚至可能让青少年不去上学来照顾弟妹或赚钱。

旷课会导致辍学或被开除，而且一旦学生失去了受教育的机会，他们就会暴露在促进犯罪的机会和影响之中。一项纵向研究（Krohn et al.，1995）发现，辍学的青少年会比正常上学的青少年犯罪数量更多，经历更多的物质滥用和社会问题，而且长期吸毒的青少年更可能辍学。1998 年的一项研究（M. Cohen，1998）对职业罪犯、严重吸毒者和辍学者对社会造成的额外成本进行了计算。研究结论是，一个青少年为了犯罪和吸毒离开学校，这会使政府花费 170～230 万美元（M. Cohen，1998）。

所以，尽管学校常常会带来负面的社会化影响，包括接触具有破坏性和反社会的同伴，以及接触贩毒、暴力和犯罪的滋生地，但刑事司法统计的结果始终表明，不上学和不继续上学在增加青少年和成人犯罪风险上的影响更大。总而言之，儿童和青少年被关在学校比在学校外好。事实上，学校的正面影响可以抵消与生长在功能失调家庭有关的风险因素的作用（Rutter，1990；Rutter，Maughan，Mortimore，& Ouston，1979）。

九、成人犯罪的发展途径

为了完成我们对从青春期到成年期的犯罪发展的讨论，现在我们来讨论一下吉米（Jimmy）和泰德（Ted）的案件。

吉米是一对东欧第二代移民夫妻最小的孩子，这对夫妻都是公共会计师。与其他希望住在最好的地方的专家们一样，他们昂贵又有品位的房子在弗吉尼亚的乡下，离他们华盛顿特区的公司 50 英里。吉米的父母每天要花 2 小时以上的时间在通勤上，而且在 5 个月的纳税期，他们要早出晚归。夫妻二人都是酗酒者，母亲在吉米 12 岁的时候死于酗酒所致的疾病，将公司、吉米和他 15 岁的哥哥留给了他的父亲。吉米在 14 岁时开始了他的犯罪生涯，从非法买酒、公共场合酗酒、扰乱社会治安、旷课演变为入店行窃、持有大麻、酒驾（因而被吊销驾驶证）、无证驾驶、违反缓刑条例、非法闯入和盗窃。最后，吉米作为攻击他人的从犯被判处 10 年监禁，原因只是对方与他朋友的女朋友调情。

吉米就是勒伯尔和斯托萨米尔 - 勒伯尔（1998）所说的起始于童年期—青少年期的犯罪人（Childhood-adolescent-onset），因为他们的犯罪生涯开始得很早（见第七章）。他可能从 12 岁甚至更小的时候就开始酗酒。他 6 岁时跟外婆学会了喝啤酒，并立刻就记住了那种味道。他说他从 10 岁开始，放学后只要一个人在家就会喝酒。在某种程度上，酗酒对吉米的生活和自尊的影响大到造成了他的犯罪，但他同时也受到了他母亲的酗酒问题和工作习惯的负面影响。在大多数时间里，家庭对他几乎没有监督，他可以轻易地逃学和不良同伴混在一起。简言之，吉米和大多数男性犯罪人一样走上了通向犯罪的道路，而且受到几乎所有生理、心理和社会犯罪风险因素的影响。吉米的女朋友在他入狱前生下了他的儿子。这个孩子会不会和他一样呢？可能吧。起码个体的适应能力，母亲提供的保护性因素，以及预防心理障碍、物质滥用和犯罪的社会干预措施可以拯救他的命运。

泰德是勒伯尔和斯托萨米尔 - 勒伯尔（1998）所说的晚发性犯罪人模式（Late-onset pathway to crime）的例子。他出生于 1942 年，是芝加哥郊区一对工人阶级夫妻的第一个孩子。泰德9个月时因为过敏住院几周。他的母亲看望他或离开时，他都不会与她有眼神接触。在他回到家后，他的母亲发现他没有活力、反应迟钝，不再是去医院前那个开心的孩子。她在日记中写道，"孩子健康地从医院回来了，但是经历了这些事后反应十分迟钝，希望突然被送进医院，以及后来发生的不愉快的事情不会对他造成伤害"（Kovaleski，1996，p. A-20）。从那时开始，泰德有时会突然停止活动，似乎对周围的一切事物都不感兴趣。据幼儿园老师回忆，就算其他人就在他的旁边玩，他也不会参与进去。在整个童年期和青少年期，他从来没有朋友。他在十几岁时除了上学，就是天天待在家里的阁楼里，并告诉他的家人不要打扰他。

有人可能会说他有发育障碍，但肯定不是在智力方面。10岁时，他的智力就在160~170之间，达到了更高的智力水平。他在小学时跳了一级，高中跳过了第二年。他演奏长号，喜爱阅读，学习音乐。16岁时以全额奖学金进入哈佛大学数学系。他的舍友回忆他是一个隐居的人，一个人吃饭，所有空闲时间都待在他房间的摇椅上。1967年，泰德在密歇根大学获得了数学专业的博士学位。他的教授评价他获得的校级优秀毕业论文是杰出并具有独创性的。然后他被聘为伯克利加利福尼亚大学数学系的助理教授。那里的同事评价他 168 是一个孤僻的、没有社交生活的人。他的学生抱怨他冷漠并拒绝回答他们的问题，忽略他们。

1969年，泰德突然辞掉了大学的职位，在犹他州（Utah）、伊利诺伊州（Illinois）和爱达荷州（Idaho）内的城镇搬来搬去两年。然后他和哥哥在蒙大拿州（Montana）买了一些土地。他住在那里的一间没有水电的棚屋里，除了偶尔会去大瀑布城（Great Falls），他很少出门，通过信件与家人联系。七年后，他回到了伊利诺伊州，在他父亲和哥哥工作的工厂找了一份工作。刚到工程部，他就和一名同事出去约会了两次。但是当对方对他没有进一步发展的兴趣后，他写了一首侮辱对方的短诗并在工厂里传播。他的上司戴维（David）知道这件事后警告他停止这种行为，否则就开除他。可是泰德拒绝了，于是戴维开除了他。回到蒙大拿州后，泰德写了一封信给家人，信里表达了他对家人和社会的愤怒。

1978年5月25日，他刚离开伊利诺伊州不久后，就炮制了他的第一件恐怖活动，将一个炸弹寄到了伊利诺伊州埃文斯顿（Evanston）的西北大学。炸弹在一个警卫的手里爆炸。在接下来的18年里，泰德制造并邮寄的炸弹致死3人，致伤23人。1995年，在用炸弹炸死了一个木材企业的说客后，他向《纽约时报》和《华盛顿邮报》寄了一份35 000字的名为"社会及其未来"的宣言。这份漫无边际的政治论述不仅是对社会的谩骂谴责，还是含有泰德的情感和心理发展失败的线索的自传和心理历程。1996年4月，在他哥哥的帮助下，美国联邦调查局在蒙大拿州的棚屋逮捕了泰德·卡辛斯基（Ted Kaczynski），又名"智能炸弹客"。1998年，卡辛斯基被诊断为偏执型精神分裂症，但是在被起诉谋杀、意图谋杀、制造和邮寄炸弹后，他选择作无罪辩护。最后，他被判处在联邦最高安全级别的监狱终身监禁，不许假释。

家庭、学校或心理健康专家很难识别出和帮助像泰德·卡辛斯基一样的晚发性犯罪人。因为尽管他们在童年期和青春期很不寻常，但也没有明显的特征表明他们要做出恐怖活动。只有在对过往进行追溯时才能发现一些古怪的行为，表明他们存在一些社会和心理问题影响了他们成年期的暴力行为。一项对超过4000名30多岁的男性进行的回溯性研究（Windel &

Windel，1995）发现，晚发性暴力犯罪人在童年期会存在某些问题，但大多数与攻击行为无关。而且这些人都受到过生活中非常重要的紧张性刺激，比控制组的非犯罪人更容易出现精神问题（Windel & Windel，1995）。还有许多证据支持了这一假设，晚发性暴力大多数来自过度控制的犯罪人，他们会一直压抑怒火，直到被一件小事彻底激怒（Blackburn，1993；Megargee，1966）。晚发性犯罪人还包括：①在受到父母多年虐待后杀死父母，却在外没有表现出适应性问题的青少年（Cornell，1990）；②激情杀人的成年人（见第十章）。

吉米的犯罪途径到目前为止是比较常见的。他在童年期有明显的、可以及时纠正和有效干预的行为、物质滥用和犯罪模式。这些问题会显著地提高儿童变成犯罪人的风险。事实上，青少年犯罪和反社会行为的出现时间，能够用来预测后来的犯罪行为的持久性和严重性（Earls，1994；Tolan & Thomas，1995）。从童年期开始出现反社会行为的个体（占总人口的3%~5%）可能会在整个青春期和成年期维持这种行为（R. P. Cox，1996；Greenfield & Weisner，1995；Ouimet & Le Blanc，1996；Wolfgang，1995）。直到青春期才出现反社会行为的个体则比较少地将行为维持到成年期（Moffitt，1993）。

十、总结

青春期是一个充满挑战和冒险的时期，就算年轻人没有顺利通过这场心理学家 G. 斯坦利·霍尔所说的风暴，他们也会在这段时期开始寻求在家庭、学校、同伴和婚姻关系中的自我同一性。在青春期，同伴对大多数青少年发展来说是最重要的影响因素。如果他们的道德发展到了尊重法律的水平，就会更少受到不良同伴的负面影响。

女孩和男孩在犯罪途径上有所不同。男孩更具有攻击性，长大后犯下90%的暴力犯罪。女孩则更可能对男友和丈夫实施暴力犯罪。她们更可能是由于低自尊和功能失调的家庭生活导致犯罪，而男孩更多是由于品行障碍和物质滥用问题，两个都是犯罪的高风险因素。但是，未成年饮酒常常是所有青少年的初次越轨，饮酒会释放平常被压抑的不良行为。不喜欢过于严厉的家庭束缚、与兄弟姐妹关系不好、不喜欢学习的青少年更可能成为物质滥用者，甚至是瘾君子。

帮派是犯罪组织。在大多数情况下，参与帮派的青少年会陷入犯罪生活。是否加入帮派受到个体特质、社会和经济因素的影响。帮派成员一般没有发展出较强的道德心，而且学业表现很差，大多数来自于功能失调的家庭。枪支的特殊存在为他们伤害他人提供了机会，如果与酗酒、吸毒和加入帮派结合起来，枪支是暴力犯罪发生的致命装备。

功能失调的学校能够使儿童成为辍学者。旷课、被开除和辍学会使青少年接触更多的促进犯罪的影响因素，包括自己支配时间。所以即使学校不能提供最佳的学习和社会环境，待在不好的学校里也比彻底离开学校好。

2002年，青少年涉及了1/10的谋杀案，1/8的非法吸毒案，1/5的违法持有武器案件和1/4的抢劫案（Snyder，2004）。尽管从20世纪末以来，青少年暴力犯罪占所有犯罪的比例有所下降，但是当比率到达峰值时，女性青少年暴力犯罪变多了。对青少年犯罪人进行拘留、惩罚甚至是监禁并没有比成年犯罪人有更多的效果（见第十三章），美国的再犯率在70%左右。1996年，40%被定罪的重刑犯在被假释或缓刑后的一年内由于新罪（许多是技术假释和违反假释条例）再次入狱（美国司法统计局，1997），简言之，刑事司法体系很少能做到父母、老师、朋友、邻居、牧师和经济体系没能做到的事。

在研究儿童犯罪风险因素的重要性时，我们发现最重要的干预因素是早期家庭监督和为风险家庭和儿童提供的服务（Greenwood，1999）。除非这些服务和项目能够得到广泛使用，否则儿童和青少年的犯罪行为会一直持续下去，而且少数具有高风险背景的严重犯罪人可能会集中地表现出来。我们会在第十四章作详细解释。

与晚发性犯罪人不同，具有早期的犯罪风险因素的青少年，如旷课、酗酒和吸毒等，能够被及时和合适地干预免救。可悲的是，许多信号不是没有被识别出来，就是被忽略，于是今天的问题青少年变成未来的持续一生的罪犯。

关键术语

起始于童年期—青少年期的犯罪人 晚发性犯罪人模式

复习问题

1. 青春期的哪些因素能使儿童成为犯罪人？
2. 为什么男孩和女孩的犯罪途径会有区别？
3. 青春期的物质滥用和品行障碍在犯罪发展中有什么作用？
4. 帮派和犯罪的联系是什么？
5. 吉米和泰德的犯罪途径有什么不同？

相关链接

犯罪行为相关网站：www. cassel2e. com.

埃瑞克·埃里克森的青少年同一性理论：www. haverford. edu/psych/davis/p109g/erikson. identity. html.

研究障碍的历史：assets. cambridge. org/052178/6398/sample/0521786398ws. pdf.

美国司法部办公室关于药物和酒精滥用与犯罪的关系研究：www. ojp. usdoj. gov/substance-abuse/whats __new. htm.

美国帮派犯罪研究中心：www. ngcrc. com/.

青少年暴力的研究：www. familyeducation. com/topic/fron/0，1156，66-24137，00. html.

关于一个放弃了帮派和犯罪生涯的年轻人的纪录片：www. soundportraits. org/on-air/blak's __story/.

第九章 精神障碍与犯罪

什么是精神障碍　　　　　　　　　　精神疾病患者犯罪行为的影响因素

特定的精神障碍和犯罪　　　　　　　精神卫生法庭

为精神疾病被告人辩护的诊断基础

171　　　有一些犯罪让我们感到疑惑不解：玛格丽特（Margaret）走进了某电视明星的空房子，她选择在那里宿营，并使用了该明星的汽车，这让我们误认为她与这位明星有染（Bruni，1998）。罗斯特（Rusty）谋杀了 2 名警察，并声称这 2 名警察阻止他获取能拯救世界免受"食人族"攻击的工具（B. Miller，1999）。70 岁的詹姆斯（James）用电视机猛砸 74 岁兄弟的头部并致其死亡，他告诉警察已经杀死了伪装成他兄弟的敌人（Cazalas，1998）。约翰（John）在地铁上毫无理由地攻击了 1 名陌生人。马戈（Margo）将她的孩子们哄上床睡觉后，悄然走进自己的卧室，冷酷残忍地将丈夫杀害。帕蒂（Patty）把自己的老师杀害后，声称老师曾对自己实施性侵犯，并且表示她不记得杀过人，也无法解释在她家洗衣房找到的带有血渍的衣物。安德里亚（Andrea）声称从"传来的声音"中收到指令，为"拯救她的 5 个孩子逃离魔鬼"，她将孩子们全部淹死，而后向警方自首（Cassel，2002a）。

　　　经诊断发现，以上所有人在实施犯罪时都受到精神障碍（Mental disorders）的影响。罗斯特、詹姆斯和玛格丽特患有精神分裂症，约翰患有癫痫症，帕蒂患有分离性身份识别障碍[1]，马戈患有重度抑郁症，并有涉及酒精和可卡因的物质滥用相关障碍，安德里亚患有严重抑郁症和妄想症。

　　　在第四、五、六章，我们探讨了犯罪的生理、心理和社会根源，我们注意到犯罪行为与某些精神障碍是有关联的。在本章，我们会对精神障碍与犯罪之间的关系进行更加明确的阐释。患有精神障碍是否就会增加个体参与犯罪或暴力行为的风险呢？如果会增加风险，哪种障碍最可能导致犯罪？又是针对哪一类型的犯罪呢？

　　　就像很少有人会是"天生坏种"一样，几乎很少有人是"天生疯子"。同犯罪一样，精神障碍也是由复杂的生物、心理以及社会因素相互作用而导致的。生物心理社会模型（The biopsychosocial model）认为，精神障碍的形成受到诸多因素综合作用的影响，包括：遗传作用；大脑结构和功能的异常；思维、行为、感觉的习得方式；所经历的家庭和社会环境。素质—应激模型（The diathesis-stress model）认为，精神障碍是人们的遗传或对精神

――――――――――――――

〔1〕　亦称为多重人格障碍（MPD）。――译者注

疾病的易感性体质与环境因素相互作用而形成。因此，按照素质—应激模型（The diathesis-stress model）的理论，除非发生创伤性事件、失去极其珍贵的东西或是其他足以强烈触发其发作的压力事件，否则精神障碍不会发生。

这两个模型有助于解释精神障碍和犯罪之间的关系。我们探索其中的关系时，首先要考虑哪些精神障碍与犯罪[1]最为相关，然后去关注那些导致暴力犯罪行为的个体和情境因素，特别是那些能够诱发特定（与暴力犯罪高相关）精神障碍的因素。

172

一、什么是精神障碍？

精神障碍指呈现出混乱思维、感觉和其他心理过程的状况，这种状况使一个人表现出脱离社会期待的行为方式，并且对工作、人际交往和日常其他重要领域的功能都产生了明显的损害（Bernstein et al.，2006；Sue，Sue，& Sue，2006）。这些障碍无论对个体自身还是对他人都十分不幸。美国精神病学协会最新出版的《精神障碍诊断与统计手册（第四次修订版）》（DSM-IV-TR，2000）[2] 中给出了一个更为详细的定义，这是在北美被精神病学家、心理学家和其他专家所使用的精神障碍诊断标准，该定义对精神障碍有如下描述：

> 精神障碍是发生于某人临床上明显的行为或心理症状群或症状类型，它伴有当前的痛苦烦恼或功能不良，或者伴有明显的导致死亡、产生痛苦、造成功能不良或丧失自我的风险。而且，这种症状群或症状类型不是被人们所期望的、文化背景所认可的心理反应……无论其原因如何，当前所表现的必然是一个人的行为、心理或生理方面的功能不良。但是，无论是行为偏离正常，还是个人与社会之间的矛盾冲突，都不能称为精神障碍，除非这种偏离或冲突是正如先前所述的个人功能不良的一种症状。

《精神障碍诊断与统计手册（第四次修订版）》把精神障碍划分为5类（或称之为"轴"）。轴 I 包含的主要临床障碍诸如精神分裂症；焦虑、心境和分离障碍；性、饮食和睡眠障碍；认知障碍（例如谵妄、痴呆和健忘）以及除智力缺陷以外的其他童年期障碍。轴 II 包含智力缺陷和人格障碍。轴 III 包含与有利于理解或治疗精神障碍密切相关的任何躯体状况。轴 IV 包含能影响到诊断和治疗的社会心理和环境压力。轴 V 提供了一个量表，用于在评估时帮助诊断医师对患者的整体机能水平实施评估。化零为整，将每个轴的信息整合在一起，从而作为诊断精神障碍的依据。表 9.1 列出了与犯罪行为关联最紧密的精神障碍和躯体状况[3]。

犯罪与精神障碍之间的关联

美国监狱中的罪犯已经很好地阐明了犯罪与精神障碍之间的关联，如以下数据所示：

（1）报告显示大约 24% 男犯和 36% 的女犯入狱前曾接受过精神或情绪治疗，并且超过 10% 接受过入院治疗（Harlow，1998）。

（2）在美国联邦监狱、州监狱和地方拘留所至少有 16% 的成年罪犯患有精神疾病，其

---

[1]　本章中所提及的犯罪主要是指暴力犯罪。——译者注
[2]　是一本在美国与其他许多国家中最常使用来诊断精神障碍的指导手册。——译者注
[3]　关于所有精神障碍本质和起源的更多信息，以及是通过哪些方式诊断和治疗，请查阅变态心理学教科书（e. g.，Sue，Sue，& Sue，2006）。

中5%患有严重的精神障碍，如精神分裂症、双相情感障碍和重度抑郁症（美国精神病学协会，2000a；Human Rights Watch，2003）。

（3）罪犯中患精神障碍的比率比一般人群高4倍（Kanapaux，2004）。

表9.1 《精神障碍诊断与统计手册（第四次修订版）》
诊断结果中与犯罪行为最相关的精神障碍

轴 I——临床障碍
通常在婴儿期、童年期或青春期诊断出的障碍
　　对立违抗性障碍
　　品行障碍
　　注意缺陷/多动障碍
谵妄、痴呆、健忘和其他认知障碍
由于器质性变化导致的精神障碍
　　由于器质性变化导致的谵妄、痴呆、健忘、思觉失调和人格改变
物质相关障碍
　　物质中毒
　　物质滥用
　　物质依赖
精神分裂症和其他精神性障碍
心境障碍
　　重度抑郁症
　　狂躁症
　　双相情感障碍
分离性障碍
　　分离性遗忘症
　　分离性身份识别障碍
性障碍与性别认知障碍
　　恋童癖
　　性虐待症
轴 II——人格障碍和智力缺陷
偏执型人格障碍
反社会型人格障碍
边缘型人格障碍
自恋型人格障碍
智力缺陷

American Psychiatric Association, *Diagnostic and Statistical Manual of Mental Disorders*, 4th ed., text revision, Washington, DC: Author, 2000.

二、特定的精神障碍和犯罪

与犯罪行为和暴力最密切相关的精神障碍是品行障碍、反社会人格障碍、精神分裂症、心境障碍（例如重度抑郁症和双相情感障碍）、物质相关障碍以及某些特定的认知障碍。我们在第七章和第八章中讨论了品行障碍和反社会人格障碍。本章我们将阐述其他与犯罪相关的精神障碍，探讨它们的临床症状会如何增加犯罪行为的可能性，以及审判中精神障碍是如何为精神障碍患者责任能力的辩护发挥作用的。

（一）精神分裂症

1998年11月，被称为"莱特曼跟踪狂"的46岁的玛格丽特·雷（Margaret Ray）在科

罗拉多的偏远地区，跪在迎面而来的运煤列车前，结束了自己的生命，同时也结束了在医院与精神分裂症病魔长达 20 年的抗争。她曾多次闯入大卫·莱特曼（David Letterman）[1] 的家中并且告诉人们她嫁给了莱特曼。她留下的遗书里写道"长期的重度精神疾病使其感到筋疲力尽和失望"。玛格丽特的父亲和两位年长的哥哥也患有精神分裂症，在玛格丽特自杀的 20 年前，她的两位哥哥就已经自杀身亡（Bruni，1998）。

174

精神分裂症是精神疾病的一种类型，会导致对现实感知造成严重的损伤，是所有精神障碍中最具破坏性的（APA，2000a）。它将注意、知觉、思维、情绪和行为这些正常完整的心理机能碎片化。被诊断为精神分裂症的患者可能会看到或听到根本不存在的画面或声音（幻觉），忍受混乱糊涂的思维，对他们自己和其他人的身体以及周遭的一切事物表现出扭曲失真的认识和判断（错觉）（见表 9.2）。

表 9.2 精神分裂症的诊断标准

精神分裂症的基本特征是阳性症状和阴性症状的综合征，这些症状与社会或职业障碍相关，会持续 1~6 个月时间。 　　阳性症状表现为正常功能的失真和放大，包括： 　　（1）错觉； 　　（2）幻觉； 　　（3）杂乱无章的言语和行为。 　　阴性症状表现为正常功能的减少或丧失，包括： 　　（1）淡漠或缺乏情感表达； 　　（2）语言和思维过程受限； 　　（3）缺乏目标导向行为。

American Psychiatric Association, *Diagnostic and Statistical Manual of Mental Disorders*, 4th ed., text revision, Washington, DC: Author, 2000.

在普通人群中，精神分裂症的患病率大约仅有 1%，这种疾病产生的部分症状——尤其是错觉和幻觉——可能导致暴力犯罪，精神分裂症患者中仅有很少一部分人会实施犯罪。在大多数情况下，犯下这些罪行的精神分裂症患者表现为偏执妄想，包括错误的认识和判断，认为别人要伤害自己或者别人已经伤害了自己。另一种情况是会疯狂地妄想并坚信自己是"上帝"派来拯救世界，摆脱邪恶势力的。那些体验到精神分裂症错觉的人为"保护"自己或世界免受危险而被误导去杀害或重伤别人。在第二章提及的男性拉塞尔·韦斯顿（Russell Weston，Jr.），杀害了 2 名美国联邦警察。该案件中，他于 1998 年在国会大厦试图接近"红宝石卫星"，他认为这颗"卫星"能保护参议院的安全，并且是避免"同类相食"的关键；他同时声称会爆发"黑色病毒"（这是他虚构的疾病），并宣称这是"人类已知最致命的疾病"。韦斯顿（Weston）坚信他杀掉的两名警察是"食人族"派去看守"卫星"的（B. Miller，1999）。对精神分裂症杀人犯的研究发现，其中 70% 的杀人犯都把受害者当作敌人（Hafner & Boker，1982）。

妄想是精神分裂症最常见的症状之一，基于暴力的妄想会让人更长时间遭受疾病的痛苦（Humphreys，Johnstone，MacMillan，& Taylor，1992；P. J. Taylor，1993）。这可能是由于妄想往往会随着时间的推移而变得更加明确和强烈（Humphreys et al.，1992）。妄想越强烈，暴力

---

〔1〕 美国电视史上主持晚间脱口秀节目时间最长的元老级主持人。——译者注

发生的可能性越大，特别是当妄想者相信他们的想法和行动受到外部力量控制时，暴力更容易发生（P. J. Taylor et al. , 1994）。

幻觉通常与精神分裂症有关（同样与其他精神障碍有关，例如物质中毒以及部分神经性疾病），也可能引发暴力犯罪。一些精神分裂症患者声称"听到有声音告诉他们该做什么"。这些幻听尤其易于导致那些有偏执妄想的人使用暴力，因为幻听使他们更加"真实"地感受到敌人的威胁，与此同时通常会有声音告诉他们"杀死那些敌人"。关于幻觉"命令"的一项研究（McNeil，1994）显示，51%的"命令"让他们自杀，12%的"命令"指示他们伤害他人，并且还有5%的"命令"指示他们杀害他人（Hellerstein，Frosch，& Koenigsberg，1987）。

妄想和幻觉的结合被称为"威胁/控制覆盖综合征"（Link & Stueve，1994）。由于内部控制已经被来自他人的"威胁声音"覆盖[1]，因此他们会按照"命令"行动（Link & Stueve，1994）。

（二）心境障碍

心境障碍涉及极端且相对持久的情绪状态，这致使个体机能在所有的生活领域都受到损害，包括工作、社交和家庭关系，以及对乐趣的享受等。重度抑郁症（深度悲伤期，见表9.3）和双相情感障碍（抑郁和躁狂交替发作）是最常见的心境障碍，它们也可能与暴力和犯罪有关联。

表 9.3　重度抑郁症的诊断标准

> 重度抑郁症的基本特征是在主要的日常活动中心境抑郁、丧失兴趣和乐趣，至少持续两周（几乎每天的大部分时间都如此），并且极大地损害社会和职业功能。一些症状如下：
> （1）胃口、体重或睡眠的变化；
> （2）活力降低；
> （3）罪恶感或毫无价值感；
> （4）思考困难或难以集中注意；
> （5）周期性反复出现死亡或自杀的想法。

American Psychiatric Association, *Diagnostic and Statistical Manual of Mental Disorders*, 4th ed. , text revision, Washington, DC：Author, 2000.

重度抑郁症与毒品和酒精的使用高度相关，这种高相关结果是致命的，因为重度抑郁症含有一些精神分裂症的症状，酒精可能会导致自我控制降低，因此重度抑郁症患者在酒精的作用下更有可能采取轻生的行为。事实上，15%的重度抑郁症患者发病时采取自杀，有时他们带着爱人一起自杀。当你听闻一个男性杀害了分居的妻子（有时是他的孩子），很有可能那个人患有严重的抑郁症，并且当时可能喝过酒。

人们发现双相情感障碍也可能对暴力犯罪构成风险，特别是如果他们处在躁狂阶段，偏执妄想和幻听会告诉他们去杀死敌人或实施其他违法行为（美国精神病学会，2000a）。在患重度抑郁症时暴力的风险进一步增加，因为在这种情况下，患者经常滥用酒精或其他抗抑郁药品。

---

〔1〕　此时感受到他人的威胁，内心十分恐惧。——译者注

重度抑郁症或双相情感障碍的确诊有时能用来替精神障碍被告人进行辩护，在被告人实施犯罪时不仅表现出妄想，而且还伴有极端心境的情况下尤为如此。例如，在1997年一名男性枪杀了他年迈的父母，基于他在实施枪杀时伴有双相情感障碍症状的证据，律师为其当时是否具有责任能力进行了辩护。尽管控方认为在他杀人前的一段时间是其自己人为停止服用治疗药物的，因此不应该因精神障碍的辩护而获益，但最终他还是因精神障碍而未被定罪判刑（Vogel，1997）。再如，安德里亚·耶茨（Andrea Yates）淹死了她的5个孩子，其辩护律师认为是由于安德里亚·耶茨患有产后抑郁症，并且伴有精神分裂症的症状，是这些精神障碍导致她淹死了自己的5个孩子（Cassel，2002a）。

（三）物质相关障碍

众所周知，非法使用毒品是一种犯罪，并且大多数国家规定21岁以下饮酒也是犯罪。然而，饮酒、吸食毒品导致的违法又仅是走向犯罪的开端。与《精神障碍诊断与统计手册（第四次修订版）》中的其他障碍相比，物质相关障碍（主要是物质滥用和依赖）与暴力和犯罪的发生、表现和持久性有更紧密的联系（Rasmussen & Levander，1996）。这类障碍的诊断标准见表9.4。

176

表9.4 药物滥用和药物依赖诊断标准

物质滥用指因使用物质导致12个月内发生以下情况： （1）尽管对工作、学习或家庭都产生了负面影响，但仍继续使用该物质； （2）在对自己会造成危险的情形下使用物质，比如开车； （3）经历与物质使用相关的法律问题，如因酒后驾车或非法使用物质而被指控； （4）由于使用物质产生人际和社会问题，例如关于物质使用问题与人发生争执。 **物质依赖**是指使用物质后产生适应不良，导致临床上明显的痛苦烦恼或功能受损，表现为下列3项或以上症状，连续12个月内出现： （1）耐受性，需要明显增加物质剂量才能达到期望的效果； （2）戒断症状，有戒断躯体症状的显现，或使用该物质能避免戒断症状； （3）患者有持续戒掉或控制使用该物质的欲望； （4）花费大量的时间获取、使用该物质，以及贪恋享受该物质引发的感觉； （5）由于使用这种物质，放弃了重要的社会、职业或娱乐活动； （6）尽管患者认识到很多持续的或反复发生的躯体或生理问题，都是该物质引起或加重的后果，但仍继续使用它。

American Psychiatric Association, *Diagnostic and Statistical Manual of Mental Disorders*, 4th ed., text revision, Washington, DC: Author, 2000.

40%～60%的暴力罪犯报告在他们实施犯罪时，受到了酒精、毒品或两者共同的影响（Harlow，1998）。遭受现任或前任配偶（亲密伴侣）暴力侵害的受害人中，65%～75%的受害人报告在侵害事件中，对方饮酒是一个重要因素（Greenfeld，1998）。正如在第五、六章提及的，与青少年早期所遇到的其他任何风险因素相比，12岁的青少年饮酒与犯罪行为的发生有更紧密的联系。另外，若在早期开始饮酒时还伴有其他风险因素——例如吸食大麻和可卡因等毒品——会导致其参与犯罪的可能性增大（Harlow，1998）。

关于物质滥用对暴力犯罪作用的研究还发现（Steadman et al.，1998），精神障碍患者实施暴力行为的可能性并不显著高于社区的其他同龄人，除非他们有物质滥用。更深入研究发现，有严重精神障碍（精神分裂症、重度抑郁症、双相情感障碍）并且物质滥用的患者中，有31%实施过暴力行为。与此相比，没有物质滥用的严重精神障碍患者中，只有

18%实施过暴力行为。由此可见，与没有精神障碍且没有物质滥用的控制组相比，没有物质滥用的精神障碍患者不会表现出更多的暴力。然而，在精神障碍患者被试和非精神障碍患者被试中，物质滥用均与暴力有显著的相关性（Steadman et al.，1998）。

酒精在一定程度上与犯罪行为有关，因为它可让人对于暴力的强烈冲动缺乏抑制。另外，物质滥用者有时会体验到幻觉和错觉，这会对暴力行为产生促进作用（Assad，1990；Surawicz，1980）。例如，长期使用致幻剂苯环己哌啶可以直接引发暴力行为，并会让其无法记得沉醉迷幻时所做过的事情（Aronow，1980；Linder，Lerner，& Burn，1981；D. E. Smith & Wesson，1980）。苯环己哌啶还可使人短暂思觉失调或脱离现实（Domino，1978；Marrs Simon，1988）。由苯环己哌啶诱发的思觉失调或失忆已经被用以在审判时支持对精神障碍患者的辩护（Sacks，1990）。在1997年，华盛顿特区的一名男性，为其在受到苯环己哌啶诱发精神疾患的影响下杀害女友4岁孩子的犯罪行为进行辩护。他告诉法官："由于药物的影响，我根本不知道打她的力度有多猛烈，我仅仅是想吓吓她，这样她才不会纠缠我，我才可以去浴室吸我的毒品。"控方接受了过失杀人的定罪，因为他们认为，在当时突发的精神错乱期间，很难有证据证明他是有预谋的谋杀。

酒精或药物中毒一般不会免除被告人的刑事责任，因为喝醉酒或者达到极度兴奋是被告人的自愿行为。然而，对健忘综合征的研究发现，长期饮酒会导致不可逆转的大脑障碍，这已经被用于精神障碍的辩护中，并且这类人永远没有刑事责任能力。此外，由吸毒导致的完全健忘或临时性的精神错乱可能也会减轻其刑事责任。

（四）认知障碍

历来守法的一名33岁法国男性突然开始偷盗汽车并驾车兜风，在每次作案后他都被判有罪并锒铛入狱，但是刑满释放后，他会再次实施同样的犯罪。由于这名男子的举动看上去很愚蠢，他的妻子特地聘请了神经病学专家对其进行检查。CT扫描发现在他大脑额叶右侧有一个小病变，致使该区域血液流动降低。因此，神经病学专家作证，这样的病变可以引发强迫性障碍并影响个体行为，从而使该"盗车贼"从监狱中释放。在这种非理性的控制下，此类个体无法意识到自身行为的后果——因此在上述案件中，他自己认为是"借用"了100辆汽车（Colburn，1999）。

认知障碍——也称为器质性脑综合征——涉及脑功能和脑结构问题，从而损害判断、记忆和其他方面的认知能力。这种障碍表现出的痴呆症、健忘症以及认知损伤可能导致犯罪行为的发生，这类障碍是由临时性的突发情况所致，诸如癫痫发作、缺氧、低血糖、无意识中毒以及对药物的不良反应。

痴呆症是在记忆、思维、推理和注意方面的严重损伤。它大大削弱了个体正常的日常机能，并随着时间的推移而恶化。患痴呆症最常见的原因是：阿尔茨海默症、中风、感染、代谢紊乱、药物副作用、肿瘤、艾滋病、维生素缺乏症、肺病、肾病、肝病以及颅脑损伤。

患有痴呆症的人往往会感到抑郁和无助、引起人格改变、损伤社交技能和辨别能力。这些都易于引发患者的愤怒情绪和攻击行为，他们可能变得高度怀疑和误解别人的言行。由于感受到外界对自身的威胁，痴呆症患者可能因寻求自我保护而选择实施攻击，他们通常只实施单纯的攻击而不会实施更严重的暴力行为。痴呆症患者通常不会接受审判，即便受审他们也无须为其行为承担刑事责任。有研究者发现痴呆症患者的血清素水平异常低，这与其冲动性和攻击性相关，相关研究在第四章已经进行了阐述（Siever & Davis，1991）。一些案例发现痴呆症患者实施的暴力攻击还存在幻觉的触发作用（Lowenstein，Binder，& McNiel，1990）。

　　健忘症涉及记忆的损失，但是没有其他的认知损伤，通常是由于器质性的因素造成，包括击打头部、中风、脑部肿瘤或长期吸食毒品。健忘症又分为顺行性遗忘和逆行性遗忘。顺行性遗忘的患者无法在创伤性事件之后形成新的记忆，而那些逆行性遗忘的患者对受到创伤之前的事件失去了记忆。顺行性遗忘通常是永久性的，它是由于海马体受到损伤而导致的，而海马体则是与新的记忆永久存储密切相关的一个大脑区域。逆行性遗忘通常是暂时的以及功能性的，这意味着逆行性遗忘可能在压力情境中出现，并且是摆脱这种压力情景的一种方式。如被告患有痴呆症，无法回想起他们犯下的任何罪行——特别是如果他们患有脑部肿瘤或者遭受了严重的脑损伤或有脑功能障碍——这可能会被认定没有刑事责任能力。然而，如果健忘症是由于自愿饮酒或使用其他药物而引发的精神疾患导致的，或者被告能记得导致犯罪的任意细节，则他们可能会被认定有刑事责任能力并可能被判有罪。

178

　　与认知障碍有关的犯罪案例包括：①一名男性开车去他的岳母家，将其刺死后返回家中，声称是梦游症；②一名焦躁的脑外伤受害者袭击了一名赶到现场的警察；③一位上了年纪的阿尔茨海默症患者咬伤了一名护士；④一位女性在低血糖状态下用她正在切蔬菜的小刀威胁要杀死她的丈夫；⑤一名患者癫痫发作后，在列车上袭击了同车乘客。研究发现这些人的行为和想法都是在缺乏自我控制下发生的，因此他们最终要么未被指控，要么被判无罪。

三、为精神疾病被告人辩护的诊断基础

　　正如在第二章中所提到的，在本书所探讨的所有精神障碍中，只有一部分可以作为精神疾病被告人辩护的依据，而绝不是所有的精神障碍都可作为辩护依据。因此，对被告人精神状况的诊断将决定他们是否会被判有罪、是否被送进精神病院或是被释放；如果罪名成立，他们是否会被送入监狱进行精神治疗；是否对判死刑的被告人执行不能假释的终身监禁，而不是执行死刑。

　　被认定患有精神疾病的被告人在实施犯罪期间，会因精神障碍的影响损害认知和意志力。美国联邦精神疾病法明确指出，为精神疾病被告人辩护须慎重对待。同样，美国精神病学协会（1982）建议只有当被告人对现实的感知或理解受到极其明显的损害时，精神疾病辩护才应被援用。这个标准已被广泛采用。美国新墨西哥州（New Mexico）的精神疾病法规是具有代表性的，该法规将精神障碍定义为"人的情感过程、思维或认知能力发生本质性障碍，并严重损害个体判断、行为或认知现实的能力"。

　　对严重精神障碍诊断标准的限制，使得一些情况难以成为精神疾病被告人辩护的依据。例如，法院一般都遵循美国联邦诉讼莱昂斯案的判决（1984），该案例判定一般性药物成瘾不是精神障碍或心理缺陷，除非它会导致药物诱发精神疾病或造成大脑以及神经系统的器质性损伤。个案的判决实际上也都是相互一致的，那么反社会人格障碍也不应当属于法律定义的精神疾病范畴（Johnson v Noot，1982）。事实上，美国一些州的法律在精神疾病的定义中就明确排除了所有的人格障碍［例如，Ariz. Rev. Stat. 36–501（1）（c）］。也就意味着，被

告用反社会人格障碍作为精神疾病的辩护依据肯定是无效的。简而言之，如果一名被告人企图以患有精神疾病为理由来逃脱罪责，那么对于其精神疾病的认定则必须慎重对待。

通常能被用作精神疾病辩护的证据包括：①精神分裂症或其他形式的精神病；②重度抑郁症、躁狂症或双相情感障碍；③物质滥用障碍；④认知障碍，诸如痴呆症和健忘症。近年来，精神障碍患者曾因抗抑郁药物的不良反应向商家索赔，如左洛复（Zoloft®）[1]。这些药物的不良反应包括可能导致暴力行为的躁狂和烦乱，尤其是在青少年中[2]。所谓的"左洛复辩护"曾发生过，例如，在 12 岁的克里斯托弗·皮特曼（Christopher Pittman）的案例中，他枪杀了其祖父母。就在杀害祖父母之前，医生让他服用了治疗抑郁症的药物左洛复，所以在他的谋杀案中，辩护律师认为他的行为应归因于非自愿服用的药物作用——因此，应变更为无意识中毒的辩护。陪审团没有认同此辩护意见，皮特曼被认定有罪，并按照成人的量刑标准被判处 30 年监禁（Cassel，2005）。

（一）评估心智

179

评估被告人在犯罪行为发生期间的精神状况是一项艰巨的任务，需要花费数周、数月甚至数年时间。精神卫生专业人员会使用各种各样的方法，包括结构化访谈、智力测试、人格测验和神经功能检测。

1. 结构化访谈

如果没有面对面的访谈，对被告人精神状况的评估是不能完成的。在会面过程中，评估员收集被告人社会历史信息（包括家庭背景、教育、婚姻状况、躯体健康和工作史）、犯罪记录、精神障碍的患病史和治疗史，以及被告人对其犯罪行为发生时周围事件的叙述，以明确是什么最终造成他实施犯罪。

会谈最重要的部分是结构化访谈，被告人会按预先确定的顺序被寻问预先设置的问题。结构化访谈要确保涉及被告人精神状态的所有评估都在一个标准化的方式下进行。这些访谈的部分内容与《精神障碍诊断与统计手册（第四次修订版）》（DSM-IV-TR）对精神障碍的评定标准是相匹配的，因此对于访谈者而言可以更加客观准确地诊断出精神障碍。

2. 智力测试

大部分情况下，对罪犯精神状态的评估将会由智力测试（使用韦氏成人智力量表，或斯坦福—比奈智力量表）决定是否存在智力缺陷或存在其他与认知能力受损有关的心智缺陷（参见第二章，第 23 页）。

3. 人格测验

通常评估员还将进行一次或多次人格测验。给被检测对象使用最多的是明尼苏达多项人格问卷第二版（MMPI-2™）[3]。MMPI-2™ 包括 567 道"是否作答"的题目，可从没有

---

〔1〕 左洛复（英文商品名为 Zoloft，盐酸舍曲林片）是由美国辉瑞公司研发的抗抑郁药，属于选择性 5-羟色胺再摄取抑制剂（SSRI），用于治疗抑郁症、强迫症及 6 岁以上儿童的强迫症，被多个国内外指南推荐为治疗抑郁症及强迫症的一线用药。——译者注

〔2〕 在 2004 年，美国食品药物管理局下令，帕罗西汀和左洛复的制造商必须在药物的标签上注明警示内容，提醒患者服用该药物可能会增加攻击性。

〔3〕 第一版是由美国明尼苏达大学哈瑟韦（S. R. Hathaway）和麦金力（J. C. Mckinley）于 40 年代编制的，是迄今应用极广、颇富权威的一种纸——笔式人格测验。第二版由美国明尼苏达大学心理学系布彻（J. Butcher）等于 1989 年修订完成。——译者注

精神障碍的人中区分筛选出精神障碍患者，并可区分各种形式的精神障碍。这项测试的基本原理是精神分裂症患者、抑郁症患者、焦虑症患者等往往会以特定的方式回答特定项目的问题（被称为临床诊断量表）（见表9.5）[1]。通过检测对象在 MMPI-2™ 10 个分量表的得分与常模分数的比较，测试人员据此判断该检测对象可能患有哪种精神障碍。尤其需要注意的是与偏执思维、精神分裂症、抑郁症和反社会人格障碍有关的量表上的高分证据。

表 9.5　MMPI - 2™临床诊断量表

临床诊断量表	描　述
1 或 Hs（疑病量表）	反常态地关心自己的身体机能
2 或 D（抑郁量表）	悲观，绝望，失去兴趣
3 或 Hy（癔病量表）	用异常的躯体或精神症状以回避冲突或责任
4 或 Pd（精神量表）	无视社会习俗，情感上的淡漠
5 或 Mf（性度量表）	同性恋症状以及区分传统男性和女性角色的条目
6 或 Pa（妄想量表）	多疑，疯狂妄想并感到遭受迫害
7 或 Pt（精神衰弱量表）	痴迷，强迫性，内疚，犹豫不决
8 或 Sc（精神分裂症量表）	奇异的或不寻常的想法、幻觉、妄想
9 或 Ma（躁狂症量表）	情绪亢奋，过度活跃，思维奔逸
0 或 Si（社会内向量表）	羞怯，无安全感，对人几乎不感兴趣

Based on information from the MMPI - 2. "MMPI - 2" and "Minnesota Multiphasic Personality Inventory - 2" are trademarks owned by the University of Minnesota.

一些心理学家也使用一个或多个人格投射测验（比如罗夏墨迹测验或主题统觉测验）评估被告人的心智情况。MMPI-2™ 等人格测验为客观题作答，答题选项设置为"真实"或"虚假"或者是从 1～5 级评分，而投射测验与此不同，它呈现的是抽象的图案、模棱两可的图示、不完整的句子或者让被测验对象画一幅画。这类测验之所以称为投射测验，是因为人们面对模棱两可的刺激时，可能会将自己部分人格特质展现出来，从而能揭示其人格的重要特征（Nietzel et al.，2003）。

4. 神经功能检测

有时访谈、观察或智力测验结果显示还需要进一步对被告人大脑中神经系统的问题进行评估。若有头部创伤史、大脑损伤或者近期的性格或行为发生较大变化，则更需要进行神经功能检测。心理学家通过霍尔斯特德—雷坦神经心理成套测验，或者鲁利亚—内布拉斯加神经心理学成套测验能够解释这些问题的现象和本质。这类成套测验可测量被告人脑部各个区域的能力，例如信息处理、注意力、专注度、语言、视听觉以及触觉（见表9.6）。

---

[1]　量表中也设有测谎的题目。

表9.6 霍尔斯特德—雷坦神经心理成套测验的部分子测验

测 试	描 述
分类测试	包括208张幻灯片，要求被试对幻灯片所呈现的视觉刺激形成正确的分类。这个测试测量心理加工效率以及形成抽象概念的能力。
触觉性能测试	将木板的一部分挖空，被试需蒙住双眼，根据需要将10个形状各异的积木尽可能快地填充到木板挖空的部分。这一测试测量了许多能力，例如运动速度、触觉和运动知觉，以及无意记忆。
节奏测试	呈现30组有节奏的敲击，被试报告每一组敲击的节奏是否相同。这是对非言语听觉、注意力和专注度的测量。
语音感知测试	要求被试将听到的无意义音节与表单上的音节进行匹配。通过该测试可测量语言加工、言语听觉感知、注意力和专注度。
轻敲手指测试	这是运动速度的简单测试，要求被试尽可能快地用食指持续10秒钟的小幅敲击。每一只手都可尝试，可以比较单侧的运动速度。
连线测试	这是"连点为线"的测试，测试中呈现一系列有编号的圆圈，这些圆圈必须按照顺序连接，该测试可检测被试的运动速度、视觉扫描、使用整合不同序列的能力。
握力测试	比较左侧和右侧的握力。被试只需要每只手分别紧握测力计2次。
感知测试	检测被试是否能感知身体两侧所呈现的触觉、听觉以及视觉刺激。
触觉感知测试	采用多种方法，评估被试的左右手辨认物体的能力，评估每只手不同手指的触摸感知能力，评估通过指尖触摸数字进行辨识的能力。
失语症筛查测试	测量语言使用、识别等方面的能力，比如比画几何图形和打一些简单的手势。

M. T. Nietzel, M. Speltz, E. McCauley, & D. A. Bernstein, *Abnormal Psychology*, Boston：Allyn & Bacon, 1998.

神经学家或其他医师也可能被约请进行医学检查，以评估大脑的结构和功能，使用的评估设备包括：脑电图、核磁共振成像、功能性磁共振成像、正电子发射计算机断层显像、电脑断层扫描和单光子发射计算机化断层显像。

（二）伪装精神障碍

由于罪犯普遍有不诚实的倾向，因此20%～25%的罪犯试图在精神状况评估期间通过伪装精神障碍（或称为"诈病"）以逃避惩罚。诈病最"精明"的案例出现在肯尼斯·比安奇（Kenneth Bianchi）的案件中，肯尼斯·比安奇是臭名昭著的"山腰刺杀手"，他被指控在20世纪70年代的美国加利福尼亚州（California）和华盛顿州（Washington）谋杀了超过12名年轻女性。当他被指控谋杀华盛顿州贝灵翰姆（Bellingham）的两名学生时，比安奇辩称自己是无辜的并声称对于当晚的谋杀失去了记忆。他的辩护团队聘请了一位催眠师去验证他是否能记住任何谋杀的细节，在进入催眠状态后，比安奇和一名叫史蒂夫（Steve）的人对话。史蒂夫说他已经杀害了10名女性，这些谋杀案尚未破案。基于其催眠状态下的这些"对话"，4名专家证人作证史蒂夫是比安奇的另一个人格，比安奇患有多重人格障碍（现在被称作分离性身份识别障碍）。

他真的患有这种障碍吗？控方聘请的催眠专家还没有结论。当控方聘请的催眠专家对被告人实施催眠后，暗示比安奇可能有另一个人格，比安奇立即采用了"比利"（Billy）的角色，这是一个全新的身份。比安奇的"异常反应"表明，不仅他有根据要求创造另一个身份的能力，而且不可忽视的事实是，调查人员在他的私人物品中发现了关于催眠和变态心理学的书籍，尽管他否认知道任何关于多重人格障碍的知识。比安奇最终放弃为其精神障碍辩护并承认犯有谋杀罪，以换取控方不指控他死刑的承诺。由于为被告人作精神障碍辩护的案件中可能遇到上述的类似问题，这就不难理解心理学家为何要发展用于检测诈病的评估方法了（Rogers et al.，1991；Schretlen et al.，1992；Wetter et al.，1992）。

四、精神疾病患者犯罪行为的影响因素

研究证实，许多社会和政治因素对严重精神疾病患者的犯罪行为发挥了作用。其中最重要的因素有：①20 世纪 70 年代的一场运动导致数以万计在医院住院治疗的精神疾病患者被释放出院，进入社区接受治疗；②社区精神卫生服务未能对这些精神疾病患者提供充足的治疗和预防服务；③对拘留所中的精神障碍患者缺乏预防、治疗和矫治项目；④拘留所和监狱的条件使有精神障碍服刑人员的病情更加恶化；⑤对患有严重精神障碍的儿童和青少年缺乏预防和治疗服务，特别是那些已经违法并进入刑事司法程序的青少年。我们关注这些因素会如何增加精神障碍人群实施犯罪的可能性。

（一）去机构化（Deinstitutionalization）[1]和无家可归

一项研究发现（Martell，1991），在美国纽约州的那些由于精神疾病对犯罪毫无内疚感或者根本就不适合接受审判的罪犯中，有接近一半的人在他们被抓捕的时候处在"无家可归"的状态。纽约州几家审前看守所的数据表明，40% 的被关押候审人员在被捕前 3 年中的部分时间都处于无家可归的状态；接近 21% 的被关押候审人员在被捕时处于无家可归的状态（Michaels，Zoloth，Alcabes，Braslow，& Safyer，1992）。另一个研究发现（Gellberg，Linn，& Leake，1988），75% 有精神疾病机构住院史的无家可归者都有曾经遭到逮捕的记录，而对于同样人群但是有家可回的，只有 45% 的人有曾经被逮捕的记录。

"无家可归"和犯罪到底存在着怎样的关系？长期以来，被诊断为严重精神疾病的个体会得到长时间的住院治疗，并且接受各种各样包括放血、冷水洗浴和强制约束在内的毫无疗效但又十分必要的治疗。然而在 60 年代初期，几个大事件导致了一场"去机构化"运动，正是这一运动导致成千上万的精神病患者不再强制接受精神病医院的住院治疗。导致该事件最为重要的因素便是第一种治疗精神疾病药物的产生，这种药物可以减轻精神分裂症、重度抑郁和躁郁症等疾病症状。60 年代也是一个动荡的时代，不仅爆发了越南战争，而且从国家对于个人（包括精神疾病患者）独裁统治的例证中可以充分体现。诸如肯·克西的《飞越布谷鸟巢》[2]（1962）一书，曝光了许多公立精神病院里惨无人道的治疗手段，这引发了全美上下要求对精神病患者治疗改革的强烈呼声。作为回应，1963 年出台了一部敦促指导各州制定相应政策的法律，这些政策旨在把精神病人从精神病院转移出来去参加相对没有那么严苛的社区项目中去，比如日常治疗中心、职业康复机构和社区健康中心。

精神疾病患者离开医院后会被安置到中转站，在那里能够得到药物治疗并且学习必需的

---

〔1〕 去机构化也称为医院外治疗，这一概念源于国外精神医学，巴克拉克（Bachrach）将去机构化定义为"减少传统州立的大型精神科医院，而发展社区为基础的照顾方式"。——译者注

〔2〕《飞越布谷鸟巢》是美国著名作家肯·克西发表于 1962 年的小说，小说以疯人院意指美国式的社会体制，反体制意味浓烈。——译者注

社会技能。在资金充足以及出院程序、个案管理和跨部门合作严格规范的过渡性机构，"去机构化"取得了相当好的效果（Okin，1995；Winerip，1999）。但不幸的是，成功的案例仅是个案。如今，大多数观察家都认为，社区心理健康系统对重度精神疾病患者的接纳治疗工作之所以无法正常运行，主要是因为资金不足、管理低效，以及与管理资助该系统的上级部门之间存在政策性的方向分歧（Winerip，1999）。"旋转门"是去机构化的一个遗产，通过这个"旋转门"，精神障碍患者在威胁到自身或其他人安全时（通常因犯罪被逮捕后），会被送往医院或者其他精神卫生机构，在药物治疗减轻病症后，他们会被送往亲戚家、廉价旅馆、收容所、中转站，或者有时索性丢弃在大街上的硬纸箱中（Talbott，& Glick，1986；Winerip，1999）。当他们再次遇到麻烦时，则再次被送进精神治疗机构。这个"旋转门"现象的存在，一方面是因为精神治疗机构的医疗资源有限，另一方面是由于公共管理型的医疗卫生系统并不鼓励长时间的入院治疗。过去，有医疗保险的精神分裂症患者或许能住院几周甚至几个月，现在可能仅仅几天的药物治疗后就离开了医院，因为保险公司支付不起更长时间的治疗费用（Karon，1995）。简而言之，无论重度精神疾病患者是否投保，比起过去，他们将更可能无家可归。

通常情况下，当精神疾病患者无需药物治疗时就不再具有危险性。但是许多无家可归的精神疾病患者由于没有必要的后续药物治疗，因而当他们再次回到自己从前混乱的生活中，通常会旧病复发，甚至病情更加严重，也可能变得更加危险。对美国纽约市精神分裂症患者的研究发现（P. J. Taylor et al.，1994），相对有人照料的精神疾病患者，无家可归的精神分裂症患者表现出更多的被害妄想、错觉幻想、强迫行为和物质滥用的问题。正如我们之前所提到的，所有这些问题都是暴力犯罪的风险因子。比如，拉塞尔·韦斯顿（Russell Weston Jr.）曾经因为偏执型精神分裂症，好几年时间断断续续在医院住院治疗，当他在国会大厦实施暴行前，刚在精神病医院接受了为期52天的治疗，并且领到了精神疾病的后续治疗药物才被允许出院（参见第二章）。然而，韦斯顿没有回到能够照顾自己的父母家中，而是去了附近荒凉地区的一间出租屋，更糟糕的是他没有带够自己需要服用的药物，因此没有得到有效的药物治疗。

183　　美国部分州的法律要求对缺乏药物治疗的精神疾病患者强制实施门诊治疗，如纽约州在坎德拉·韦布德尔（Kendra Webdale）死亡案件之后制定了类似的新法规。该案件中，安德鲁·戈德斯坦（Andrew Goldstein）让坎德拉·韦布德尔被火车撞死，其中安德鲁·戈德斯坦不仅曾经是反复住院治疗的精神分裂症患者，并且他已经停止服用治疗精神疾病的药物（Rohde，1999）。

（二）拘留所缺乏心理健康服务

相比正常人，无家可归的精神疾病患者更可能涉及违法犯罪。由于大部分被拘留的精神病患者受到的是相对较轻的指控，比如卖淫、盗窃商店、行为混乱、流浪[1]或者扰乱公

---

〔1〕 流浪罪本身不是一种具体行为，而是某种身份状况，包括酒鬼、赌徒、强讨乞丐、吸毒成瘾者和无业且居无定所者，这些人常常对公共治安与社区安宁造成威胁，所以，《美国模范刑法典》将其作为犯罪处理。在现代化潮流下，美国一些州目前已经取消了此种罪名，但规制措施仍然存在。比如，乞讨人员必须有政府发给的许可证，并且不得在特殊地点行乞，不得强行乞讨，不得团伙乞讨。违者要被处以罚金，或者3个月的监禁。——译者注

共秩序（Center on Crime, Communities and Culture, 1996；Haddad, 1993；Lamb & Shaner, 1993；McFarland & Blair, 1995），因此通常执法人员出于善意（避免其惹出更大的祸端）而拘捕他们，并尽力让这些精神疾病患者得到相应的治疗（Janik, 1992；National Coalition for Jail Reform, 1984），有些家庭也出于同样的考虑，把患有重度精神疾病的亲属送入拘留所。但遗憾的是，那些精神疾病患者只是单纯被关押在拘留所里，并没有得到任何治疗，拘留期满后就被释放（Conly, 1999）。

伊莱恩·卡塞尔（Elaine Cassel）发现，当被告人涉及精神疾病时，甚至是当审判过程中出现对住院精神疾病患者的评估时，法官所拥有的选择实际上并不多。如果精神病患者有保险公司担保（其中部分人确实收到过来自社会保障体系的医疗援助和其他救济），在公立医院能得到 36 小时的治疗，之后就会被送往拘留所，那里的看守却无法继续对这些病人实施治疗（Steadman & Veysey, 1997）。私立医院则会由于他们的犯罪背景而认定其具有危险性，从而拒绝接收治疗（F. Butterfield, 1998）。

正如之前所提到过的，拘留所的经历常常会加重病人的抑郁、幻想以及其他精神疾病的症状（F. Butterfield, 1998），而且由于法官常常不允许精神疾病患者假释，因此相比其他拘留人员，这些精神病患者会在拘留所里待的时间更长。比如，克斯岛（纽约拘留所）的平均拘留时间为 42 天，但是对于其中 15% 患有重度精神障碍的拘留人员，平均拘留时间达到 215 天（F. Butterfield, 1998）。在拘留所中，精神疾病患者常常是其他被拘留人员嘲讽和虐待的目标，在有些地方，如洛杉矶中心拘留所，甚至给精神病患者发放黄色的连体装以把他们从普通的拘留人员中区分出来，而且让他们在孤立的囚室里实施监禁。更为过分的是，在拘留所的精神医师诊断之前，拘留所不允许精神疾病患者服用他们自己带的药物，因此在得到拘留所的精神医师确诊前，往往会持续好几天甚至好几个星期无法服药（F. Butterfield, 1998）。如果药物能控制病人的冲动和暴力，那么这些被拘留且脱离治疗的精神疾病患者会随时面临出现暴力行为的巨大隐患。

精神疾病患者在拘留所的时间越久，他们就越无法忍受限制其行为的管制条例。相应地，由于不能与其他被拘留人员得到一致的待遇，这些精神疾病患者就更有可能不听从看守指挥，或是辱骂殴打看守和其他被拘留人员。如果对精神疾病患者实施单独囚禁，这将导致他们的精神状况进一步恶化（F. Butterfield, 1998）。

康利（Conly, 1999）报告过一项政府关于当地拘留所中长期被拘留的精神疾病患者的研究，报告指出，这些被拘留的精神疾病患者被严格限制接近精神健康专家，而拘留所的工作人员通常又没有治疗精神疾病患者的能力。当地的社区心理健康系统也不太愿意与拘留所工作人员合作来共同帮助被拘留的精神疾病患者（Conly, 1999）。拘留所中如此的条件与犯罪有怎样的关系呢？根据康利的报告可以得出以下结论：

（1）被拘留的精神疾病患者极其容易在释放后不久再次遭到逮捕，部分原因是他们所居住的社区里缺乏后续的安置计划和医疗服务。

（2）精神疾病罪犯喜欢冲破各种刑事司法界限，部分原因是社会心理服务工作者之间缺乏协调，大部分被拘留的精神疾病患者被释放后无法得到社区的医疗保障（Steadman & Veysey, 1997）。他们不具备谋求生存的能力，同时面对着大量使他们旧病复发和实施犯罪的挑战——居无定所、失业、家人朋友的嫌弃和物质滥用，他们反复与刑事司法体系发生冲突也就不足为怪了。对于其中一部分病人而言，被抓捕关进拘留所会使他们摆脱长期露宿街头的"好日子"。"跟踪狂人"玛格丽特·雷成年后的全部时间都耗费在反复进出拘留所，一个偶然的机会才让她获准进入医院，她的经历已经成为美国慢性精神疾病患者轻微犯罪的经典案例。

（三）监狱缺乏心理健康服务

184 　　和其他罪犯一样，许多犯下严重暴力罪行的精神疾病患者最终进入联邦监狱或各州监狱。在那里得到精神医疗服务可能会比在地方拘留所有更多的限制。曾经在监狱的高墙内，狱政局和当地典狱官掌管了方方面面，精神疾病罪犯无法得到任何超出联邦法律最低标准要求的保障（参见第二章）。这种情况仍在继续，因为尽管最高法院认可了宪法规定对患有严重医学和精神疾病的罪犯提供治疗的义务（DeShaney v. Winnebago Department of Social Services，1989；Estelle v. Gamble，1976），但是联邦法院将"严重"界定为可能"导致进一步的重大伤害"，而不是"罪犯已经对社会造成了多大危害"（McGuckin v. Smith，1992，pp. 1059～1060）。最高法院裁定虽然可能批准急性抑郁症、偏执型精神分裂症、精神崩溃和有自杀倾向的人接受治疗，但是"单纯的抑郁症"引发的行为和情绪问题并不符合严重精神疾病，不允许申请治疗（Youngberg v. Romeo，1982）。因此，监狱管理者拥有批准权力，由他们决定批准给谁以及批准什么治疗项目。

　　监狱看押人员和典狱官一般拒绝向与他们作对或是想要得到特殊照顾的罪犯提供治疗（Ditton，1999）。只有少数罪犯会得到他们需要的精神卫生治疗（R. Johnson，1996），大多数患有精神疾病的罪犯被释放回到社区后，可能比他们被监禁时更加不遵守规范、更加危险以及更加暴力。我们将在第十三章再继续讨论这一问题，在那一章我们将探讨减少对囚犯各种心理健康服务有效性的社会和政治力量。

（四）缺乏对精神病罪犯的服务

　　每年有超过 1 000 000 名小孩和青少年引发美国青少年司法机关的介入，其中至少有100 000 人被拘留在青少年拘留所中。据统计，其中有将近60%的被拘留者已表现出部分精神疾病的症状，这一比例是正常青少年中出现精神疾病比例的 3～4 倍（F. Butterfield，1998；National Mental Health Association，1993）。这些被拘留的青少年中有20%患有严重的精神疾病，包括重度抑郁症和精神分裂症，其中甚至表现出了创伤后应激障碍的部分症状（Conly，1999），将近一半有物质滥用的问题（Cocozza，1992），其余的也遭受到了一些轻度精神障碍的困扰，比如品行不端和轻度抑郁。然而，根据一个国家调查报告显示（National Mental Health Association，1999），青少年司法系统不具备任何实际的心理综合甄别、测评以及治疗手段。这样的服务往往以偶然和零散的方式出现。这一情况尤其让人担忧，因为很多研究认为如果被拘留的"问题青少年"得到了足够的矫治，再犯率能够降低多达25%（Garfinkel，1997）。

五、精神卫生法庭

　　有的司法机关设有专门针对物质滥用者的法庭，以试图帮助那些有药物滥用问题的罪犯进行矫治。最近，这样的做法也只针对非暴力精神疾病罪犯，精神卫生法庭要求被告人认罪，并参与到矫治项目中去，如果他们成功完成规定的矫治项目，那么对于他们的犯罪指控就可以撤销。尽管有些矫正官和社区医疗工作人员欣赏这种特殊的精神卫生法庭的做法，但是一些临床医生、律师和公民权利鼓吹者并不推崇。首先，他们认为那些受到精神法庭审判的部分人根本不应该遭到逮捕，而且如果他们不是流落街头也就不会违法；再者，批评者们认为，精神法庭只是对精神疾病罪犯定罪的另一个步骤，完全是多此一举；最后他们指出，对于那些并没有资格参与精神法庭的暴力犯，当从惩罚模式转换到矫治模式时，这些暴力犯将是最大的受益者（Seltzer，2005）。我们将在第十三章讨论精神卫生法庭的更多细节。

六、总结

犯罪和精神障碍通常都是由一系列相互作用的生物、心理和社会因素引起的。由于最严重的精神障碍会破坏人的思维、情绪等心理过程，毫无疑问它也与违反刑事法律的行为有联系。患有精神疾病的人并不比一般人更加容易使用暴力（除非他们同时有物质滥用障碍），但是他们更加容易因为他们的精神状态所引起的非暴力犯罪或者轻罪而被逮捕。在精神疾病的人群中无家可归的那一部分人，他们被逮捕的可能性尤其高。

精神分裂症、双相情感障碍以及与物质滥用引发的相关行为障碍与犯罪行为的关联最密切。例如，人们表现出偏执型精神分裂症，可能会发展为脱离实际并且不能控制自己的行为。同样，双相情感障碍的躁狂阶段也可能会使个体变得富有攻击性、暴力或者进行财产型犯罪。与物质滥用相关的障碍，包括酒精和毒品，这些都与犯罪行为密切相关。联邦监狱和各州监狱的报告显示，多达60%的因犯在犯罪时都处于极度兴奋的成瘾状态。

法学和心理学中最重要并且最有争议的交叉点，就是评估被告人在犯罪时是否精神异常。如果被告在司法鉴定中被认定为精神病患者，那么他们会受到特殊考虑，结果是他们可能会被判无罪或者不用负任何责任。对于心理学家和精神病医生来说，他们很难确定在之前几个月或者几年，也就是被告人在实施犯罪行为时的精神状态如何。许多不同类型的心理和神经系统测试都是用来帮助这些专业人士的，从而建议法官和陪审团是否免除被告人的刑事责任。

20世纪60年代的医院外治疗运动导致了大量的精神病医院的倒闭。基于社区的治疗承诺目前还没有实现，在今天大多数的精神疾病患者都是在监狱而不是在精神健康治疗机构。在大多数的监狱中，心理健康治疗的范围从完全没有到严重缺乏，并且大多数精神病因犯的精神状态在监狱中变得更差，这些因犯也更容易被看守和其他因犯虐待。

精神卫生法庭是近年来才出现的。然而，这也可能会将本应在监狱接受惩罚的非精神疾病罪犯转移到社区进行矫治。

在这一章中，我们强调了在前几章中出现过的一个主题，那就是了解精神疾病在犯罪行为中所扮演的角色，它是我们理解并且根除犯罪根源的必不可少的一部分。为精神分裂症及其他严重精神障碍患者提供治疗服务，为无家可归的精神疾病患者提供住所，让年轻人意识到物质滥用的危险性，对物质滥用者进行治疗，并且提高公众对精神疾病影响犯罪的理解，这些对于减少犯罪、灾祸和社会动乱这样一些悲剧性的后果将大有神益。

我们现在已经完成了关于犯罪的根源的讨论，在接下来两章中我们会继续讨论特定的犯罪行为，包括暴力犯罪，例如谋杀、强奸、抢劫、故意伤害罪；也包括财产型犯罪，例如盗窃、纵火和诈骗。

关键术语

精神疾病的生物心理社会模型　素质—应激模型　精神障碍　去机构化

复习问题

1. 哪些精神疾病与犯罪的关联最紧密？

2. 什么是认知障碍和暴力犯罪之间的联结？

3. 有效的精神疾病辩护的认定基础有哪些？

4. 在精神疾病中，哪五个因素会导致犯罪行为？

5. 在被监禁的罪犯群体中，拘留所和监狱中精神卫生服务的缺乏是如何导致更多暴力的发生的？

相关链接

犯罪行为网站：www. cassel2e. com.

"装备不良：关押心理疾病罪犯的美国监狱"——人权观察组织 2003 的报告：www. hrw. org/reports/2003/usa1003/.

美国精神医学协会 2004 年关于社会所承担精神疾病刑事犯罪高成本的报告：www. psych. org/advocacy __policy/tapa01312005. pdf.

精神疾病和暴力：真相或原型：www. phac-aspc. gc. ca/mh-sm/mentalhealth/pubs/mental __illness/summary. htm.

"在罪犯和触犯刑律的精神病患者之间画一个清晰的界限"——斯蒂芬·拉莱柱：www. washingtonpost. com/wp-srv/local/longterm/aron/expert1123. htm.

第十章　暴力犯罪

抢劫罪　　　　　　　　　　　　　仇恨性犯罪

谋杀罪和非过失杀人罪　　　　　　性犯罪

故意伤害和家庭暴力

在之前的章节中，我们已经探究了犯罪的生理、心理和社会根源，将犯罪的发展过程 追溯至童年时期，并确定了包括精神障碍在内的主要风险因素。接下来将探讨的是由这些恶根结出的苦果及其扭曲发展的过程——犯罪本身。下一章（第十一章）我们会讨论经济和财产犯罪。本章我们重点探讨暴力犯罪，包括：抢劫罪、谋杀罪、故意伤害、暴力侵害家庭成员和亲密伴侣、仇恨性犯罪以及性犯罪。本书开篇提到的 FBI 统一犯罪报告（FBIs Uniform Crime Reports）中的暴力犯罪指标很大程度上就是由这些犯罪构成的。

一、抢劫罪（Robbery）

年过古稀的弗罗斯特·塔克（Forrest Tucker）一直工作到 78 岁方才退休，之后他与妻子迁居到佛罗里达州养老。但他仍然喜欢赚"外快"。其实他不是如此爱钱，而是的确很享受"工作"的感觉。1999 年春季阳光明媚的一天，当其他退休员工在波姆庞帕诺海滩（Pompano Beach）休闲，或是正在佛罗里达州打高尔夫、购物时，塔克穿戴整齐后开车离开了家。他把车停在离家约 50 英里处一家银行的自动取款机前，从包里掏出枪冲进银行。塔克一边挥动着枪，一边命令银行职员将钱放在桌上，卷走至少 5000 美金。而在夺门而出之前，他还不忘像一位彬彬有礼的老者一样向银行职员说声谢谢。随后，塔克驾驶着他那辆如同兵工厂一般的车（车内放有枪、狼牙棒、手铐、手套和胶带）迅速逃离。事发后，警察穷追不舍，直至塔克的车失去控制撞在一棵棕榈树上。警方惊讶地发现：他们抓住了历史上最臭名昭著的抢劫犯之一。弗罗斯特·塔克在还是一名小男孩时就开始了他的抢劫生涯，并以此作为其主要的"终身事业"。事实上，他在回溯其一生时透露，除了逃脱惩罚并继续抢劫之外，自己大部分日子都是在监狱中度过的。毫无疑问，他将会在监狱中终老余生（Grann，2003）。

抢劫往往与美国民间传说中的大多数"浪漫元素"相联系。美国人迷恋那些著名的大盗和各种耸人听闻的抢劫，包括罗宾汉（Robin Hood）和阿拉丁（Aladdin）壮举、道尔顿（the Dalton）匪帮、布奇·卡西迪（Butch Cassidy）、邦妮（Bonnie）和克莱德（Clyde）、约翰·格林杰（John Dillinger）、弗罗斯特·塔克（纽约的杂志和书刊已经把他作为了故事的主角）等，更不用说小说、电影和电视节目中虚构出来的各种抢劫轶闻了。观看有关抢劫的事件也许令人感到兴奋有趣，但是因为害怕自己被抢劫，几乎没有谁晚上不锁门就离家外出（J. Katz，1995；Wright & Decker，1997）。

美国联邦调查局（2004）将抢劫罪（Robbery）定义为"通过胁迫、实施暴力或恐吓受害者，从人们的照管、监护或控制下拿走或企图拿走任何有价值的东西"。盗窃与抢劫的不同之处在于：窃贼拿走钱财时没有使用暴力或威胁使用暴力。通常来说，盗窃都是在趁物主正在睡觉或不在现场时实施的。2003 年，美国的抢劫案占到暴力犯罪总数的近 30%，并导致 5.14 亿美元的财产损失（美国联邦调查局，2004）。然而，抢劫造成的损失不能仅仅以金钱衡量。虽然根据定义，抢劫是为了获得财物，但需要注意的是，这项犯罪涉及使用暴力或威胁使用暴力，许多受害者也的确遭受到了严重的身体伤害。同年，用于武装抢劫的武器包括：枪支（42%）、肢体暴力（"强制手段策略"，40%）、刀具或其他利器（9%）以及其他危险的武器（9%）（美国联邦调查局，2004）。

与大多数其他形式的暴力犯罪一样，美国抢劫发生比例最高的是南部地区（36%），其次是西部地区（23%）、东北部地区（19%）和中西部地区（22%）。抢劫最常发生在 1 月和 8 月，而 2 月和 4 月相对较少。2003 年，大约 43% 的抢劫发生在街道或公路上；14% 发生在商业和金融机构；14% 发生在民宅；另有 6% 发生在便利店，其余的则发生在各种各样的地点（美国联邦调查局，2004）。

2003 年因抢劫被捕的犯罪人有 90% 是男性，其中 76% 年龄超过 18 周岁。54% 是黑人，44% 是白人，剩下的是其他种族（美国联邦调查局，2004）。42% 的抢劫犯有过刑事重罪前科，60% 的抢劫犯曾因品行不端被拘捕过———一般是涉及其他的抢劫、盗窃和欺诈案件（美国司法统计局，2002b）。许多抢劫犯在青少年时期就开始了犯罪活动，从简单的盗窃开始（如店铺盗窃），逐渐发展为汽车盗窃，再到入室盗窃，直至演变成抢劫（Gabor et al.，1987）。抢劫通常会经过一定程度的计划和预谋，然后仔细挑选对象，进行详细的观察，旨在确保成功作案和顺利逃脱[1]。抢劫犯一般都会携带武器，并随时准备使用武力完成犯罪或者准备暴力拒捕。

1994 年美国州法院判决的抢劫犯中，至少 70% 在释放后的 3 年内会再次因抢劫被捕，其中一半人会再次入狱（美国司法统计局，2002）。抢劫的累犯率只略低于车辆盗窃和其他盗窃犯罪（分别为 79% 和 75%）。

（一）抢劫犯的类型

抢劫犯分为以下几类：①长期型；②职业型；③密集型；④偶然型（Gabor，1987）。

顾名思义，长期型抢劫犯的犯罪史（不是抢劫史）最长。他们第一次犯罪通常发生在 12~14 岁之间，第一次抢劫在 17 岁左右。平均来看，在因抢劫被长期关押之前，他们约有 8 年的抢劫经历，涉及多达 25 起持械抢劫以及不同数量的入室盗窃、车辆盗窃和毒品犯罪。他们通常武装持械，进行伪装，并且打算伤害或杀死受害者以及武装拒捕（Gabor，1987）。他们会毫不犹豫地使用暴力去获取想得到的财物，并要用武力赢得受害者的"尊重"——成功恐吓受害者，迫使受害者拿出贵重物品并协助他们逃跑。

---

〔1〕 尽管有些抢劫的严重性没有丝毫降低，但是去查阅这些罪犯愚蠢的犯罪记录还是比较有趣的，他们有的把钥匙落在逃逸的车上没有拔，有的把"抢劫"写在他们个人取款单背后交给银行柜员，或者有的试图抢劫有特殊身份的警察（卧底、便衣）。

像弗罗斯特·塔克那样的人属于职业型抢劫犯。由于他们对细节的处理更加谨慎，因而每一次抢劫的"收益"也会相对较高。职业型抢劫犯开始"抢劫事业"的时间比长期型抢劫犯稍早一些（职业型抢劫犯第一次持械抢劫通常发生在 16 岁），"职业生涯"会持续10 年或者更长时间。他们装备精良，并经常携带一些其实很少使用的自动武器。抢劫是这些人的主要收入来源。职业型抢劫犯不像长期型抢劫犯那样危险，因为他们在实施犯罪时务实性更高，不会仅仅为了耀武扬威就草率地使用暴力（Katz，1991）。

密集型抢劫犯几乎不制定计划，他们只是突然在一个很短的时间里集中抢劫 5～10 次。 189该类抢劫犯通常在 25 岁左右，缺乏经验，因此往往比其他类型的抢劫犯更早被拘捕和关押。

偶然型抢劫犯通常参加危险程度没有那么高的犯罪活动，诸如毒品交易、车辆盗窃、欺诈，只有当遇到好的机会或出现紧迫的需要时才会实施抢劫（Gabor et al.，1987）。

当然，并不是所有的抢劫犯都清晰地属于某一个范畴。自从 1998 年以来，美国联邦调查局和地方政府一直试图抓捕那个突然袭击华盛顿银行的"业余强盗"。1 英里以内的监控录像显示，作案者是一个穿着大衣、戴着帽子（即使是在炎热的 8 月，仍以如此装束作案多起）的高瘦男子，蓄着整洁胡须的面部在影像中清晰可见。虽然是一个业余者，但他的这副"造型"却显得相当专业，当局据此称他为"绅士强盗"。某日，这个"绅士"走进银行，询问关于开户的事宜，接着将枪指向与他对话的职员并命令其让开，慢悠悠地将保险柜、抽屉以及自动取款机洗劫一空之后消失得无影无踪，这让执法部门再一次困惑不已（Lengel，2003）。

（二）抢劫的动机

为什么有人在可以实现盗窃时却偏要选择抢劫呢？简单的解释是：抢劫犯总是希望得到现金，而不是必须销赃的财物。

总的来说，抢劫犯习惯于流浪街头。他们几乎没有固定的居所，通过抢劫来逃避工作、"充实"平淡的生活——他们使用抢劫得来的钱购买高档服饰、酒和毒品（Wright & Decker，1997）。的确，许多研究者都认为毒品和酒精成瘾是一个人沦为抢劫犯并且难以矫正的重要因素（P. Davis，1995）。如果长期型抢劫犯每次抢劫后又继续喝酒、吸毒、疯狂消费，他们会进入"挣钱——消耗"的恶性循环：当其不义之财花完之后，便会再次出手（Gabor et al.，1987）。抢劫案件只有极少数带有政治意图，例如，恐怖主义（Terrorism）筹措资金、抗议政府政策或者向当局施压要求释放被关押的同伴（Miethe & McCorkle，1998）。

许多抢劫犯会逐渐沉迷于制定计划、逃脱追捕以及操控被害者而产生的兴奋感中。包括弗罗斯特·塔克在内（Katz，1988），抢劫犯们相信潜在收益要远远大于被抓捕的风险，这种盲目的乐观和自信使他们对被抓的可能性不作过多思考。但是就青少年抢劫犯而言，提升自己在朋友圈或帮派中的声望、通过受害者的恐惧来感受自己的强大力量，都远比经济因素重要（Feeney，1986；Katz，1988）。

（三）抢劫案的受害者

根据许多近期对受害者的研究发现，74% 的男性受害者、42% 的女性受害者与作案者不相识（Bureau of Justice Statistics，2000）。其余的受害者则是因家庭纠纷被家庭成员抢劫、被熟人尾随袭击、遭贩毒或帮派成员抢劫，或者是为了骗保而谎称被同伴抢劫（MacDonald，1975）。10 起抢劫案中，多达 6 起案件的受害方也涉及犯罪活动（Wright & Decker，1997），这也就是许多抢劫案件都未报案的原因。实际上，一些抢劫犯将目标锁定于贩毒人员，不仅因为他们拥有大量现金，而且因为他们不会报警（Oliver，1994）。然而这些毒贩子很可能也持有武器，因此抢劫犯被杀或受伤的可能性就大大增加了。许多抢劫犯都更倾向于选择那些不会抵抗的受害者，比如老人或者住在附近的弱势群体（Wright & Decker，1997）。

二、谋杀罪（Murder）和非过失杀人罪

谋杀有很多不同的类型，包括：驾车射杀行人、因为争吵杀死配偶、冲突的帮派因争地盘而相互厮杀、暴徒买凶杀人、抢劫犯杀死被抢者以避免暴露身份、母亲在重度抑郁时杀死自己的孩子、为了获得保险赔偿金杀死家庭成员、员工被解雇后杀死雇主、在学校的骚乱中杀死同学、在餐馆杀死素不相识的人，以及在上一次谋杀的刺激感消散后紧接着密谋另一起谋杀等。这些谋杀分属于不同的类型，但在美国几乎每天都会发生这样的事情。

美国联邦调查局（2004a）把谋杀（murder）定义为：在不是出于正当防卫或者没有正当理由的情况下，故意且有预谋地杀害他人。非过失杀人罪（Nonnegligent manslaughter）是指没有预谋且没有原因地故意杀人。数据显示，2003 年美国有 16 503 人死于谋杀（美国联邦调查局，2004）。尽管这一数字只占所有犯罪的 1%，但公众对于谋杀案尤为关注。仔细研究一周之内黄金时段的电视节目就会发现，与谋杀相关的电视节目最能吸引观众。另外，完全与谋杀无关的电影几乎寥寥无几。例如，20 世纪 90 年代上映的电影中，与大规模谋杀以及连环杀人案有关的作品比 50 年代增加了 12 倍（Hickey，1997）。

人们往往特别醉心于怪异和恐怖的谋杀犯。杰弗里·达默（Jeffrey Dahmer）这般的食人狂、泰德·邦迪（Ted Bundy）这种英俊聪明的精神病态杀手、俄克拉何马城（Oklahoma City）的提摩西·麦克维（Timothy McVeigh）这类使用炸弹制造了大量死亡的杀手、希欧多尔·卡钦斯基（Theodore Kaczynski）这样精神错乱但有才华的爆炸杀手，他们都难以避免地成了媒体关注的焦点。除此之外，年轻人犯下的谋杀案也会造成轰动，比如在拉斯维加斯（Las Vegas）的赌场，一个 18 岁的男孩诱拐、强奸，最后勒死 7 岁小女孩的案件；在新泽西州（New Jersey），一名怀孕的高中女生在参加毕业舞会期间于房中产下幼婴，返回舞会之前，她把婴儿装在袋中扔进垃圾桶致死。但这样的案子在生活中其实并不多见，反倒是诸如伴侣之间的普通谋杀、因毒品交易和帮派斗争引发的谋杀等，因为司空见惯而很少得到媒体"青睐"。

2003 年美国联邦调查局的数据显示（2004a），美国超过 43% 的谋杀案发生在南部，23% 在西部，20% 在中西部，14% 在东北部。从 1999 年到 2003 年，谋杀案发生最多的月份是 7 月、8 月和 12 月（谋杀案所占比重从 9% 到 9.4%），最少的是 2 月（约 7%）和 3 月、4 月（接近 8%）。正如我们在第六章所讨论的，这些地区差异似乎与持续的高温、潮湿以及南方文化的影响有关。90% 的作案人是男性，68% 在 25 岁以下。被捕的作案人中，白人和黑人所占的比例几乎持平——黑人 51.3%，白人 45.9%，其余来自其他种族。谋杀案中的被害者，男性占 77%，45% 的被害者年龄在 20~43 岁，黑人和白人比例相差不大（黑人为 48.5%，白人为 48.7%）。

谋杀犯和被害人一般是相同种族。美国联邦调查局 2003 年报告的"单个被害人/单次案件谋杀犯"的数据显示：以黑人为受害者的案件，凶手 92.4% 也是黑人；而受害人是白

人的谋杀案，84.7% 也是白人犯下的。

2003 年美国联邦调查局的报告显示，在 44.5% 的杀人案中，受害者与作案人之间的关系是不清楚的，而对余下的关系清晰的案件进行分析发现：其中 77.6% 的受害者认识犯罪人，其余 22.4% 的作案人则为陌生人。在受害者与作案人相识的案件中，71% 是熟人作案，29% 是亲戚作案。32.3% 的女性受害案件是丈夫或者男朋友作案，妻子或者女朋友行凶的案件占 2.5%（美国联邦调查局，2004）。大约 28% 的谋杀案是由争吵引发的。青少年帮派杀人、狙击杀人和打斗致死占到谋杀案总数的 20%（美国联邦调查局，2004）。

枪械是谋杀案中典型的作案工具，美国 2003 年的谋杀案中，71% 使用了枪械（80% 为手枪）；13.4% 使用了刀具以及其他利器；7% 使用的是拳脚和其他身体部位；4.8% 使用了棍棒、锤子和其他钝器，其他还有使用毒药、麻醉剂和实施纵火等（美国联邦调查局，2004）。

相比于其他类型的犯罪，酒精和其他精神药物在谋杀案中所起的作用更大。一项对谋杀犯的研究发现（Leong & Silva，1995），67% 的作案人符合《精神障碍诊断与统计手册（第四次修订版）》（DSM-IV-TR）中物质滥用的诊断标准，51% 的作案人在行凶杀人之前使用了酒精或者毒品。另一项研究发现（Yarvis，1994），50% 的作案人行凶时处于醉酒状态。一项对青少年谋杀犯的访谈研究表明（Fendrich，Mackesy-Amiti，Goldstein，& Spunt，1995），酒精可能通过抑制—释放机制促进行凶杀人。这些谋杀犯称，酒精增加了他们的冲动性和暴力的反应强度（Fendrich et al.，1995）。尤其是当枪支随手可得时，即使个人开始并没有谋杀的意图，在酒精对暴力冲动的激发作用下，也更容易实施谋杀。

（一）谋杀犯的类型

犯罪学家并没有对那些杀死单个被害人的谋杀犯形成一个内涵精确或外延广泛的分类。然而，他们认可"过度控制"谋杀犯和"控制不足"谋杀犯这样的分类（Megargee，1966）。"过度控制"谋杀犯，是指那些之前从没有违法记录的人，他们通常是模范市民，但是因为一时激愤而冲动杀人。这些人一般没有暴力史，但性格内向、低自尊、备感孤独和挫折（Weiss，Lanberti，& Blackburn，1960）。总之，"过度控制"的谋杀犯较为温良顺从，把自己强烈的愤怒和仇恨长期压抑在心底，直到触及"爆发点"，才突然用谋杀行为来释放这些情绪。典型的案例如：1999 年 11 月，夏威夷檀香山的拜瑞·尤耶苏基（Byran Uyesugi）走进他默默无闻工作了 15 年的印刷机修理中心，一口气杀死了 7 名同事。有证据显示，"过度控制者"之所以会突然暴怒，很可能是受到了新闻媒体、电影、电视中暴力内容的影响（Conduit，1995）。还有证据表明，"过度控制者"与其他被同样经历激惹的人相比，更倾向于做出极端的行为（Lee，Zimbardo，& Bertholf，1977）。

"控制不足"的谋杀犯通常情绪波动大、有暴力倾向、冲动性强（Berkowitz，1993；Tupin，Mahar，& Smith，1973；Wilson & Herrnstein，1985）。他们往往有反社会人格障碍的征兆。一些研究表明，大多数青少年杀人犯符合"控制不足"谋杀犯的特征（Bailey，1996；Hardwick & Rowton-Lee，1996；R. C. Katz & Marquette，1996）。当他们被激惹，达到无法控制攻击冲动的临界点时（相对容易达到，而且多次出现），就可能行凶杀人。事后，他们可能辩解当时只是想警告或者仅是教训被害人，并没有想要杀死对方。例如，华盛顿郊区的一个傍晚发生一起惨案，在交通拥堵、车辆行驶缓慢的时段，19 岁的女司机驾车不慎碰到一辆自行车，骑车者摔倒在地。女司机赶紧停下车上前查看，然而骑车者不仅对其破口大骂，更悲剧的是居然掏出手枪将其杀害（Pan & Thomas-Lester，1997）。这名谋杀者曾因袭警被捕，还曾因在酒吧扰乱秩序和实施危险行为被捕。在谋杀案发生的当天，他还因未能通过最近三次法庭要求的毒品检测，而违反了缓刑规定（因攻击他人被判缓刑）。当因涉嫌谋杀被逮捕后，警察还在他身上发现了可卡因。他告诉警察，之所以杀害女司机是因为她伤害到了自己，他也要以牙还牙，让她知道被伤害到是什么滋味。

（二）多重谋杀犯

不论是在同一时间还是在一段时间内杀死多名被害者的谋杀犯，按照谋杀发生的时间间隔进行分类，可分为狂热型谋杀犯、屠杀犯和连环杀人犯（Douglas，Ressler，Burgess，& Hartman，1986）。

1. 狂热型谋杀犯

狂热型谋杀犯可能在一天之内或者几天之内，在不同的地点连续作案，期间几乎没有"冷却期"。例如，1997年8月19日，卡尔·卓噶（Carl Drega）打破了科尔布鲁克镇（Colebrook）的平静，这个小镇位于美国的新罕布什尔州（New Hampshire），大约在美国与加拿大边境以南10英里处。卓噶是一名62岁的发电厂工人，曾因财产权问题与镇上的官员和居民发生过争吵。那天他从商店出来时，看见巡警斯科特·菲利浦斯（Scott Philips）正往他汽车挡风玻璃上贴罚单，于是便从卡车中拿出AR-15突击步枪，尾随菲利浦斯到巡逻车旁并将其枪杀。当另一名巡警赶到后，也被其枪杀。随后，他穿上菲利浦斯的防弹背心，驾驶巡逻车来到市中心的办公大楼射杀了薇琪·布鲁尼尔（Vickie Brunnel）——一名曾惹怒过他的律师和兼职法官。此时，镇上报社的总编辑丹尼斯·乔斯（Dennis Joos）试图制服卓噶，但是也被其杀害。随后他放火烧了自己的房屋，最后驾驶巡逻车来到美国佛蒙特州（Vermont），并把巡逻车丢弃在靠近加拿大新不伦瑞克省（New Brunswick）的郊区。根据当地农民提供的线索，警察找到了汽车，但躲在附近灌木丛中的卓噶趁此机会向警察开枪。在被警察击毙之前，他又击伤了一名佛蒙特州骑警和一名加拿大边境巡警（Wulf，1997）。

另一些狂热型谋杀案也臭名昭著。1999年6月29日，佐治亚州（Georgia）亚特兰大市（Atlanta）的股票交易员马克·巴顿（Mark Barton），因股市损失深陷债务危机，成为美国历史上最致命的狂热型谋杀犯。在杀死自己的妻子和2个孩子后，又杀死了9名交易所的职员。2000年4月21日在宾夕法尼亚州（Pennsylvania）的匹兹堡市（Pittsburgh），一名有精神病史、处于失业状态的34岁移民律师理查·斯科特·鲍姆汉姆斯（Richard Scott Baumhammers），在杀死他的邻居（一名63岁的犹太女性）之后，他的愤怒变得无法遏制。随后，又在一间印度杂货店、一家中国餐厅、一所空手道学校分别杀死了2名印度人、2名亚裔美国人和1名黑人（Duke，2000）。

2. 屠杀犯

屠杀犯指同一时间同一地点杀死了3名及以上被害人的谋杀犯。例如，1984年7月在加利福尼亚州（California）的圣思多罗（San Ysidro），詹姆斯·奥利弗·休伯蒂（James Oliver Huberty）在拉丁裔社区的一家麦当劳餐厅杀死了21名顾客，其屠杀动机仅仅是由于他不喜欢拉丁裔（Zuniga，2004）。我们在第八章讨论过的学校谋杀案也属于屠杀。2005年

3月，印第安人杰夫·威尔斯（Jeff Welse）杀死了9个人，其中包括抚养他长大的爷爷、爷爷的女朋友、1名学校保安、1名老师和5名同班同学，随后他饮弹自尽（Hardin & Hedgpeth，2005）。

研究者根据动机和对被害人的选择，把屠杀犯分为以下子类型，包括：信徒型谋杀犯、灭门型谋杀犯、伪突击队员型谋杀犯、雇员泄愤型谋杀犯和肇事逃逸型谋杀犯（Goldstein，1995）。过去十年校园谋杀案多发，也使美国联邦调查局把校园谋杀犯作为一个独特的子类型（美国联邦调查局，2000）。

信徒型谋杀犯按照具有所谓的神赐力量领导者的指令实施屠杀。比如，20世纪60年代末期的查尔斯·曼森（Charles Manson）[1]，与40名"家人"（包括潜逃犯和犯下轻微罪行的人）居住在加利福尼亚南部的一个农场。曼森的信徒进行偷盗、使用致幻药剂，并以曼森"为神而战"的名义进行武装。1969年，曼森和他的几名信徒杀死了1名唱片制作人，因为曼森认为其阻碍了自己的音乐事业。一周之后，按照曼森的命令，他的信徒在导演罗门·波兰斯基（Roman Polanski）家中杀死了女演员莎朗·塔特（Sharon Tate）以及另外4人。曼森和他的信徒因谋杀罪（Murder）被判刑，至今仍被监禁。

顾名思义，灭门型谋杀犯是指将一家老小赶尽杀绝的谋杀犯。通常，这样的杀手是家中年长的男性，较为典型的是那些有严重酗酒问题、被金钱问题困扰或者因妻子（或女友）的分离而陷入困境的父亲角色，他们通常在杀害家人之后自杀（Palmero，1994）。1998年9月，纽约市的警察帕特里克·菲茨杰拉德（Patrick Fitzgerald）杀害了他的妻子和两个孩子后自杀。他们夫妻长期以来一直存在矛盾，当时正在考虑分居。但是在大家看来，菲茨杰拉德是一个尽责的父亲，例如，他在7岁女儿艾希莉（Ashley）的橄榄球队担任教练。当菲茨杰拉德射杀他的小儿子谢恩（Shane）时，艾希莉正在打电话给911报警。几分钟之内，菲茨杰拉德挂断电话并杀害了艾希莉，然后打电话给管辖区的办公室说道："我杀死了我的家人，现在我要自杀了（Yardley & Herszenhorn，1998）。"

伪突击队员型谋杀犯是指那些为了获得关注或者表达不满，使用自己储存的武器实施大规模屠杀的谋杀犯。1999年4月在科罗拉多州（Colorado）立托顿（Littleton）的科伦拜恩高中（Columbine），两名学生艾瑞克·哈里斯（Eric Harris）和迪伦·克莱伯德（Dylan Klebold）采用类似突击队员的攻击方式射杀了12名同学和1名教师。

有些人因政治动机而实施自杀式爆炸或者其他形式的攻击，在一次攻击中导致成百上千受害者的死亡。比如2001年9月11日，劫机者驾驶飞机撞向纽约的世贸中心、五角大楼和宾夕法尼亚州的一个牧场；再如发生在中东和南亚的、代表自身阶层利益的政治和宗教极端分子实施的自杀式炸弹袭击，他们被称为恐怖分子。恐怖主义（Terrorism）犯罪是指为了一定的政治目的对平民实施的暴力，现在也作为暴力犯罪的一个独特子类型进行研究（Kegley，2003）。

雇员泄愤型谋杀犯是复仇者，这些雇员通常抑郁且不爱社交，由于感到被现在或之前的雇主虐待而谋杀主管、同事、顾客实施复仇，而且在大多数案例中他们会自杀。大多数与工作相关的谋杀发生在监管严密的组织，例如美国邮电业。1997年12月19日刚过午夜，

---

　　[1] 美国著名类公社组织"曼森家族"的领导人，自称杀害了35人，在美国媒体被称为"最危险的杀手"。——译者注

193

当威斯康星州（Wisconsin）密尔沃基（Milwaukee）邮局的 1500 名员工正在对信件进行分拣时，37 岁的邮政员工安东尼·德库利特（Anthony Deculit）开枪射杀了他的主管，该主管最近因他上班睡觉而处分其留岗试用。在他自杀之前，又杀害了一名在工作上频频与他发生分歧的同事，并致使另一名员工受伤。在 1986～1993 年期间，38 名邮政员工在工作地点被现任或前任员工杀害（Solomon & King，1993）。最糟糕的事件发生在 1986 年的 8 月，一名兼职邮递员在俄克拉何马州（Oklahoma）埃德蒙市（Edmond）杀害 14 名同事后自杀，而他这样做是因为他即将被解雇。

邮政业并不是唯一发生谋杀的高危行业。仅 1997 年，员工杀害同事的案件就发生在卡罗来纳州（Carolina）艾肯市（Aiken）的制造工厂；洛杉矶（Los Angeles）的塑料公司；加利福尼亚州圣菲斯普林斯市（Santa Fe Springs）的刺绣公司（Hardin，1998d）。在 1998 年 3 月，康涅狄格州（Connecticut）的彩票会计师由于对薪酬不满，枪杀了 4 名高级管理人员（之后自杀）。总的来说，美国每周约有 20 人在工作场所中被暴力所杀（"Hostages Released"，1997），这一数字自 1988 年来增长了 10 倍。

雇员泄愤型谋杀犯几乎总是那些在生命中的其他方面深刻体验过挫败感的人，以至于任何威胁到工作的事情都会严重威胁到他们的自尊（Hardin，1998d）。他们把先杀人然后自杀当作唯一的出路，把凶杀作为对曾误解过自己的人的报复，然后以自杀来证明他们不会再受委屈。

隐匿攻击型谋杀犯（隐秘作案型谋杀犯）通常邮寄炸弹或安装炸弹，或是在食物、药物里投毒并卖给不明真相的民众。这些投毒者通常是为寻求刺激，而制造爆炸者往往是要宣扬他的政治主张。数十年来，爱尔兰共和军[1]通过在公共场所引爆炸弹来抗议英国政府对北爱尔兰的统治。提摩西·麦克维[2]通过引爆俄克拉何马城联邦大楼来抗议美国政府。"智能炸弹杀手"泰德·卡辛斯基（Ted Kaczynski）[3]把他的炸弹视为对社会尤其是对现代科技的抗议（Glaberson，1997）。自杀式汽车炸弹是当前中东和南亚极端主义者实施恐怖主义（Terrorism）的主要形式之一。

总的来说，大多数屠杀者是社会遗弃者，很少能获得来自家庭或其他任何社会支持。他们通常有物质滥用史，尤其是酒精滥用，并且有很多患有严重的精神疾病（Fessenden，2000a）。与成年犯相比，青少年屠杀者有所不同，他们在实施犯罪前更容易受到同伴的煽动和挑唆（Fessenden，2000b）。一些袭击是经过精心策划的，并且屠杀者通常在此之前就准备了武器。一些屠杀者本就打算在暴乱中死去，他们要么被执法人员击毙，要么自我了断，因为他们认为在死之前爆发出的暴力，可以达到复仇、主宰、控制和被赞誉的目的。

3. 连环杀人犯

连环杀人犯实施的每个案件之间至少有 30 天的"冷却期"，被杀害者不低于 3 人。例如，2000 年 4 月在华盛顿州的斯波坎市，当局逮捕了罗伯特·耶茨，他是一名 47 岁的飞行

---

〔1〕 反对英国政府的武装组织，长期通过暴力活动实现政治诉求，被许多国家视为恐怖组织。——译者注

〔2〕 1995 年，退役士兵提摩西·麦克维因为不满美国联邦政府对枪支自由的限制，便向其宣战，炸毁了俄克拉何马市的联邦大楼，造成 168 人死亡、800 多人受伤。——译者注

〔3〕 曾任美国加州大学伯克利分校数学教授，在 1978～1995 年间，他为了对抗现代科技而举行了全国性的投放炸弹行动，以邮包或安置炸弹的形式造成 3 死 23 伤。——译者注

员，并且是 5 个孩子的父亲，在 10 年间他杀害了 18 名妓女（Walter，2000）。大多数连环杀人犯符合反社会人格障碍和精神病态的诊断标准（见第五章）。像耶茨（Yates）一样，大多数案件是白人男性杀害白人女性。但有一个例外是杰弗里·达默，作为白人男性他仅在 1991 年就杀害了至少 9 名黑人男性，在长达 10 年时间里可能杀害了更多的黑人男性。女性连环杀人犯则很罕见，她们的杀害对象通常是丈夫或男朋友，她们杀人通常是为了得到保险赔偿金或实现对金钱、财产或其他资源的控制。她们更喜欢使用氰化物等毒药杀人，并且她们中约一半有男性同伙（Hickey，1997）。女性也可能成为男友或配偶实施连环杀人的协助者和参与者。例如莎琳·加列戈（Charlene Gallego）的案件中，她帮助丈夫杰拉尔德（Gerald）至少杀害了 10 人（S. T. Holmes，Hickey，& Holmes，1991）。但另一个女性连环杀手的代表人物——艾伦·卡罗尔·沃尔诺斯（Aileen Carol Wuornos）则是个例外，她通过卖淫引诱了 6 个男人，并亲手将他们射杀。1998 年，艾伦在佛罗里达州被执行死刑。根据她的案例改编的电影《女魔头》（导演帕蒂·杰金斯，2003）还获得了奥斯卡奖。

连环杀人犯的被害人通常是容易得手的目标——无人陪伴的妇女、妓女、逃难者、独居的流浪者和老年人（Hickey，1997）。很少有连环杀人犯闯入中产阶级的家里实施谋杀。我们无法确切地了解每年有多少谋杀案是由连环杀人犯所为，部分原因是约 35% 的谋杀案一直悬而未决，另一部分原因是杀害流浪者、妓女和贫穷的老人几乎不可能被迅速报道或得到警方的严格侦查（Escobar，1997b）。

犯罪学家将连环杀人犯分为四种类型：①幻想型；②任务导向型；③享乐主义型；④权力/控制导向型（R. M. Holmes & DeBurger，1988）。幻想型连环杀人犯通常是精神病性的，他们声称按照上帝或内心声音的指示行动，来消灭某个群体的人，如同性恋者或妓女。任务导向型连环杀人犯可能不是精神病性的，但是他们明确要去消灭某种特定类型的人，例如，他们认为消灭做堕胎手术的医生是他们的使命。詹姆斯·查尔斯·科普（James Charles Kopp）是极端主义团体"基督的羔羊"的成员，他于 1998 年 10 月在纽约将医生巴奈特·斯莱皮恩（Barnett Slepian）杀害于家中，此后他逃脱了多次追捕，直到 2003 年 5 月才被捕并受到指控。约翰·萨尔维（John Salvi）是该组织的另一名成员，他被指控谋杀两名堕胎诊所工作人员。埃里克·鲁道夫（Eric Rudolph）声称"基督的羔羊"的成员涉嫌在堕胎诊所、同性恋夜总会实施爆炸，甚至涉嫌 1996 年亚特兰大奥运会期间的爆炸案。

享乐主义型连环杀人犯十分享受使用残忍手段实施谋杀所带来的刺激。著名小说《沉默的羔羊》（Harris，1998）中的人物汉尼拔·莱克特（Hannibel Lecter）以及杰弗里·达默因残害和折磨被害人而"闻名"。与之密切相关的是权力/控制型连环杀人犯，此类型的杀人犯通过控制被害人的生死来寻求满足。很多享乐主义型和权力/控制型的连环杀人犯在一定程度上表现为通过对被害人的精神或身体折磨而获得性兴奋的施虐狂倾向（美国精神病协会，1994）。连环杀人犯可能在杀害被害人前通过殴打、烧、割、性侵害等方式来折磨被害人，以达到性刺激和性释放。一些研究连环杀人犯的专家相信，虽然在《精神障碍诊断与统计手册（第四次修订版）》（DSM-IV-TR）里没有对性虐狂进行定义，但不排除存在连环杀人犯在杀死被害人前对其进行身体折磨获得性满足的可能性（Abrahamsen，1973）。连环杀人犯几乎从不用枪，因为枪杀会太迅速，从而失去了目睹被害人痛苦的"乐趣"。

连环杀人犯产生的原因是什么呢？一些研究者认为其原因与第七章和第八章讨论的其

他类型暴力犯罪所形成的原因相同（Hickey，1997）。例如，连环杀人犯很多都经历过头部损伤或器质性脑病变，如癫痫会危害大脑信息加工和合理决策的功能。大多数连环杀手在童年期都经历过严重的创伤，通常遭受身心虐待和家庭缺失（Cleary & Luxenburg，1993；Keeney & Heide，1994）。如不被父母认可；亲眼看见过谋杀、强奸或自杀；与母亲发生过性关系等。

希基（Hickey，1997）认为，这些经历不仅可能导致他们产生低自尊，而且还会导致其产生暴力幻想，或许还会导致其使用暴力报复那些曾经伤害过自己的人。他们中有很多人报告曾经幻想过伤害和杀害他人，甚至是残害儿童（Keppel，1995）。把这些幻想付诸行动通常是由一些情境所触发的，经常是被害人使杀人者回忆起曾经被羞辱或被伤害的情景和悲痛。希基认为，杀人者袭击被害人是试图以此来清除记忆中的伤痛。然而，由于被害人只是杀人者痛恨对象的象征，杀手并没有消除创伤记忆或根除仇恨，因此一旦杀害第一人后，必然会不断杀害其他类似的人（Hale，1994）。

希基（Hickey，1997）和其他研究者（Cline，1990；McKenzie，1995；Strauss & Baron，1983）认为，物质滥用，尤其是酗酒和对色情作品的沉溺可能会增强连环杀手的冲动。对色情作品的贪婪导致连环杀人犯对变态、奇异和色情的事物有越来越强的渴望，直到变得麻木不仁，以至于用难以想象的行为来对付女性，他要在现实中实现他的幻想（Cline，1990）。希基建议，虽然这不是在每个案件中都能成立，但是色情作品可能会刺激杀人犯将其幻想付诸行动，而酒精则释放了其控制该类冲动的抑制力。在其他非物质滥用的案件中，杀人犯仅是愤怒失控。例如，亨利·卢卡斯（Henry Lucas）是一个自称杀了12个人的连环杀人犯，他讲述了与女友争吵期间被掌掴后，他的"暴脾气"是如何导致其刺杀了15岁的女友（Hickey，1997）。

很多连环杀人犯确实有过受创伤甚至是离奇的童年。例如，1960年杰弗里·达默出生于密尔沃基，他是一个成长于破碎家庭的安静男孩，是学校里表现不佳的孤独者，并在童年经历了性虐待（Matthews，1992）。像大多数连环杀人犯一样，他也有偏爱的一类对象——在他实施的案件里，被害人都是黑肤色的男性同性恋者。他在公共浴室里挑选这类男性，之后把他们诱骗到家里，在他们的饮料中掺入药物致使其失去意识并无力反抗。在杀了这些人之后，达默会毁坏部分人的尸体，有时还剥下皮肤，有时会肢解尸体。亨利·李·卢卡斯（Henry Lee Lucas）1936年出生于弗吉尼亚州（Virginia），他的妓女母亲经常打他，强迫他观看她与客人性交，并让他穿裙子去学校，更糟糕的是，由于他母亲一个情人的残暴对待（让其兽交），15岁的亨利激烈反抗并杀死母亲的情人，最终也杀害了他的母亲。奥蒂斯·图尔（Otis Toole）出生于1947年，他母亲是原教旨主义基督徒，因为他母亲希望有个女儿，就经常给图尔穿裙子和女式衬衫。他的祖母称其为"撒旦的孩子"，这个称呼表达了她的喜爱，因为她是个撒旦主义者，在图尔实施的一些案件中使用了撒旦教的杀人仪式，他第一次杀人时为14岁。约瑟夫·卡林格尔（Joseph Kallinger）1936年出生，被一个经常打他并威胁要阉割他的奥地利移民收养，他8岁时被比他年长的男孩以刀相逼性侵，当他进入青春期后，会拿着刀手淫。罗伯特·约瑟夫·朗（Robert Joseph Long）1953年出生时因遗传变异导致他长出畸形的巨胸，在13岁前他都和母亲一起睡觉，在一场车祸中头部严重受伤，而后开始杀人，且杀害的大多是女性并且杀人前对她们实施性侵（Hickey，1997）。

值得注意的是，艾琳·沃尔诺斯（Aileen Wuornos）是连环杀人案中少有的女性，她与很多男性连环杀人犯都有相似的童年。她的父母在她出生时离婚，而且母亲也弃她而去。她是由嗜酒的外祖父母养大的。她的生父因强奸和绑架入狱，并在狱内上吊自杀，之后养她的祖父也自杀了。12 岁时，她表现出听力、视觉下降以及仅有 81 的智商，在学校表现不佳。一个家人的朋友在她 14 岁时强奸了她并使其怀孕，她选择流产并离家出走，之后开始了吸食毒品、酒精滥用以及卖淫的生涯。

（三）凶犯画像

电影《沉默的羔羊》（导演乔纳森·戴米，1991）第一次向公众展示了位于弗吉尼亚州匡蒂科（Quantico）的美国联邦调查局行为科学部，这个部门是美国研究应用犯罪画像（Criminal profiling）的主要机构。犯罪画像（Criminal profiling）是研究人员对知名犯罪案件的特点进行研究归纳后，用于推断其他凶案作案人的特点的专门性技术。画像也被称为"还原分类技术"（Douglas，Burgess，& Reseller，1992），不仅用于搜寻连环杀人犯，也用于分析那些多次强奸犯、纵火犯、恐怖分子或毒贩的行为特征（Monahan & Walker，1990）。

犯罪画像（Criminal profiling）专家从之前类似作案人的人口学信息、家庭和人格特征开始调查。这些信息来自于执法部门的档案及对类似罪犯的个人访谈记录——包括查尔斯·曼森[1]、理查德·斯佩克（Richard Speck）[2]、大卫·伯克维茨（David Berkowitz）[3]以及其他那些臭名昭著的屠杀者和连环杀人犯——据此了解他们如何选择和接近被害人、对自己的罪行作何反应以及杀人的动机等（Ressler & Schachtman，1992）。之后，专家分析案发现场留下的每个线索，如一个特定的序列或折磨受害者的方法。心理学家、犯罪学家、犯罪现场调查员基于经验对作案人的特点进行分析，同时可通过电脑所储存的数据信息进行分析。最终，犯罪画像（Criminal profiling）为警察提供出犯罪嫌疑人特征的合理推断。犯罪画像（Criminal profiling）也随着新技术、新方法的开发应用而不断发展。

画像的结果可能是令人惊讶的准确，也可能出现令人尴尬的错误（B. Porter，1983；Ressler，Burgess，& Douglas，1988；Rider，1980）。犯罪画像（Criminal profiling）首先成功的例子之一是于 1957 年借助其逮捕了乔治·马特斯盖（George Matesky），他被称为"纽约爆炸狂"。警方确定纽约地区十多年里发生的超过 30 起爆炸案均为同一作案人之后，便咨询了当地的精神病学家詹姆斯·布鲁塞尔（James Brussel）博士。布鲁塞尔检查了爆炸现场的画面并且分析了爆炸者寄给警局的信件。基于这些数据，布鲁塞尔建议警察去寻找一个肥胖的、与一个兄弟姐妹或阿姨居住并信奉天主教的东欧中年男子。布鲁塞尔预测当那个男子被找到时或许正穿着一件双排扣西装。当警察将马特斯盖逮捕时，他的特征是令人惊奇的相符，甚至包括他穿的衣服（Brussel，1978）。

然而，过分依赖犯罪画像（Criminal profiling）可能会导致错误。例如，1996 年一枚炸弹在亚特兰大奥运会举办期间爆炸，警方使用联邦调查局的画像技术来集中搜索嫌疑人。画像结果告诉他们去寻找一个渴望露脸曝光并在执法部门工作的单身中产阶级白人男性

196

---

〔1〕 美国著名类公社组织"曼森家族"的领导人，自称杀害了 35 人，被判终身监禁，在美国媒体被称为"最危险的杀手"。——译者注

〔2〕 杀害了芝加哥医院的 8 名护士。——译者注

〔3〕 绰号"山姆之子"，美国纽约的连环杀人犯，杀害 6 人、7 人受伤。——译者注

（画像的结果使人想起 1984 年奥运会时，"发现"炸弹的安保人员实际上是炸弹的安装者）。一名叫理查德·朱厄尔（Richard Jewell）的奥运会安保人员符合画像描述的特征，并立刻被逮捕。然而，调查结果表明他是无辜的。直到 1998 年 9 月，美国联邦调查局才宣布亚特兰大奥运会的爆炸案与反堕胎极端分子埃里克·罗伯特·鲁道夫（Eric Robert Rudolph）有关（Sack, 1998）。

事实上，犯罪画像（Criminal profiling）的一个主要问题是经常有很多嫌疑人符合画像结果，导致警方聚焦于某一个错误对象或让他们不确定该逮捕谁。例如，1988 年 9 月，几名女性在纽约的波基普西（Poughkeepsie）失踪后，警方开始调查了大量男性嫌疑人，包括肯德尔·斯丁·弗朗索瓦（Kendall Stinky Francois），因为他符合联邦调查局对该连环杀人犯的画像结果。然而，警方不知道是否应该逮捕他，直到一名被害女性从绑架她的弗朗索瓦的刀尖上逃脱后，警方才恍然大悟，随后警方在弗朗索瓦的房子里发现了 3 名女性的尸体（Belluck, 1999）。

尽管画像存在一定问题，但是行为科学家和执法人员仍在共同努力，尽可能预测谁可能是凶手。最近一个成功的合作是美国联邦调查局发布了关于如何让学校老师、行政人员、家长和其他相关人员识别哪些年轻人可能具有潜在校园杀手的苗头征兆（美国联邦调查局，2000），而由此带来的弊端是那些无辜的、并没有威胁的年轻人或许会被错误地找出来而成为怀疑对象（Forrest, 1999）。

三、故意伤害（Aggravated assault）和家庭暴力

在英国普通法与美国一些州的刑法典中，袭击（assault）和殴打（battery）是不同的罪名。袭击（Assault）包括不需要实际接触受害者，只是试图这样做或者甚至只是让某人相信他们将要袭击（Assault）。殴打（Battery），又常称为攻击，通过推、打、撞、踢或者其他的身体接触而对其造成身体伤害。许多国家的刑法典认定一般伤害（Simple assault）为一种犯罪，此类犯罪没有主观故意要造成对方严重的身体伤害。一般伤害（Simple assault）是品行不端的轻罪，最严厉的惩罚是拘留 1 年并罚款。

与一般伤害（Simple assault）相反，故意伤害（Aggravated assault）是对个人的非法攻击并造成严重人身伤害的行为（美国联邦调查局，2004a）。这种故意伤害（Aggravated assault）通常使用武器或其他的方式（如拳打脚踢）攻击被害人，这些攻击方式很可能导致被害人死亡或导致巨大的身体伤害。事实上，许多故意伤害（Aggravated assault）是由于谋杀未遂（美国联邦调查局，2004a）。在一些州，故意伤害（Aggravated assault）被认为是蓄意伤害（malicious wounding），但是不管给它贴上什么样的标签，它终究是一项重罪，最高刑期通常长达 20 年。

在 2003 年，850 000 余人因为故意伤害（Aggravated assault）被逮捕。数据显示，从 1994 年起人数开始持续下降（2003 年的比率为 31%，低于 1994 年；美国联邦调查局，2004）。大约 35% 的故意伤害（Aggravated assault）使用钝器作为凶器；27% 的故意伤害（Aggravated assault）使用手、拳头和脚实施攻击；19% 的故意伤害（Aggravated assault）使用枪械；18% 的故意伤害（Aggravated assault）使用刀或者其他锐器工具；剩余比例的故意伤害（Aggravated assault）使用其他武器。

针对非家族成员间的同性故意伤害（Aggravated assault）并没有太多的研究，也许因为

这种情况是一般人际暴力的变异情形。然而，研究人员对家庭暴力有浓厚的研究兴趣，它包括家庭成员之间或者以家庭为单元居住的人们之间的故意伤害（Aggravated assault）。

（一）家庭暴力

由于近年来亲密伴侣之间的家庭暴力越来越受关注，如今关于家庭暴力的报道已经不再是新闻。在古罗马，如果妻子在家中犯错，丈夫会被鼓励去惩罚妻子，如果妻子通奸，丈夫则被要求必须对妻子实施惩罚。在中世纪的欧洲，丈夫须惩罚妻子的行为不端，以免自己遭受邻居的惩罚。从中世纪晚期到近代，只要没有导致妻子死亡或残废，很少有人反对"打老婆"。直到19世纪中期，体罚妻子才在西方主流文化中失去了民众的广泛支持。然而直到现在，全球的传统文化和亚文化（包括在美国的一些亚文化）仍延续着丈夫约束妻子的责任和丈夫作为"一家之主"的角色，带领妻子和孩子生活（L. Walker，2000）。在美国，主流舆论明确反对对妻子使用暴力，反对对孩子使用暴力的舆论在一定程度上逐渐形成。虽然文化标准在慢慢变化，然而在美国，家庭暴力依旧很猖獗。根据美国疾病控制预防中心的报告（CDCP，2003），美国18岁以上的女性中每年有接近5300万人受到亲密伴侣的伤害，这些暴力导致近200万人受伤和近1300人死亡。197

因为有太多的未婚同居，大多数州通过修改刑法典规定了双方同居时无论结婚与否，都可以指控家庭暴力。这些法典的修订意味着这些州可以检举未婚同居的家暴，并且有权对实施家暴的一方采取特殊的矫治或惩罚措施（如将一方驱逐出住处）。

男性和女性都可能遭遇家庭暴力。然而与男性相比，2~3倍的女性会遭受亲密伴侣对她们实施的"推、抓、撞"等暴力行为，7~14倍的女性会遭受亲密伴侣对她们实施的"毒打、勒或捆绑"等暴力行为（Tjaden & Thoennes，2000a）。数据上的差距可能是因为男性不太愿意公开发生在他们身上的家庭暴力。回顾许多关于异性恋人之间的身体暴力事件，心理学家约翰·阿切尔（John Archer）（1995）发现在家庭争执中虽然女性比男性承受了更严重、更明显的伤害，但是女性同样可能通过"拍打、踢打、咬、勒和使用武器"对男性实施身体伤害（Zuger，1998）。这个事实之所以一直被掩盖到现在，是因为在家庭暴力事件中男性通常被逮捕并起诉，而女性通常被认为是受害者。然而当前情况正在发生变化，美国许多州的法律规定，如果有证据证明在亲密伴侣间发生家庭暴力，警方应依据证据而无需区分性别实施逮捕，由此那些实施家暴的女性会对于自己的锒铛入狱吃惊不已（Mundy，1997）。

（二）家庭暴力的根源

实施家庭暴力与实施其他暴力的行为人之间没有什么本质区别。对爱人的暴力与对陌生人和熟人的暴力来自于同样的根源：犯罪者没有充分控制其情感和行为。然而研究发现，重伤甚至杀死配偶或者亲密伴侣，受到个人经历、人格特征以及情境等各种因素的影响。其中个体因素包括（L. Walker，2000；Berkowitz，1993）：①年轻；②低自尊；③低收入；④低学业成就；⑤青少年时有侵犯他人或不良的行为；⑥饮酒和吸食毒品；⑦在幼年时目击或经历过暴力事件；⑧缺乏社会网络并且被社会孤立；⑨失业。

外在关系也是导致家庭暴力的原因。这些因素包括：①夫妻间的激烈冲突和不稳定性；②遵守严格的性别角色关系，也就是说女性的个性由男性塑造，随之而来的是女性的情感依赖和不安全感；③对权力的渴望但又被伴侣控制（通常是男人）；④喜怒无常（Heise &

Garcia-Moreno，2002；Kantor & Jasinski，1998）。

198　　　　对于许多人来说，袭击（Assault）、殴打（Battery）配偶或伴侣只是普通身体暴力的一部分（包括针对没有关系的人和曾经的伴侣），或者至少是为压抑更大暴力而进行宣泄的一种方式。例如，洛伦兹·博比特（Lorena Bobbitt）在切断丈夫的阴茎后被无罪释放，但在几年后又因殴打（Battery）母亲被拘捕（Ross，2005）。被她虐待的丈夫约翰·博比特（John Bobbitt）和洛伦兹离婚以后，又因殴打（Battery）其女友被拘捕。类似地，一名46岁的马里兰州（Maryland）男性因殴打（Battery）他的妻子被拘捕，但由于妻子拒绝作证而被释放（Shapira，2004）。他在几小时内将其妻子刺伤并猛砍致死，被警察逮捕时他正在赶往杀害其妻子男友的路上（Pan，1997），该男性有30年的袭击（Assault）和抢劫的历史。总之，在通常情况下，婚前没有暴力倾向的人不太可能殴打（Battery）配偶和孩子（Holtzworth-Monrone，2000）。

　　1985年全美国家庭暴力调查结果（Straus & Gelles，1990）提供了与男性的社会地位（蓝领或白领）、饮酒量以及对殴打（Battery）配偶（伴侣）的态度有关的家庭暴力数据。不考虑男性社会地位和对殴打（Battery）伴侣态度的因素，经常喝酒的男性比较少饮酒的男性更可能殴打（Battery）妻子。调查结果显示，家庭暴力比例最高的是"蓝领、酗酒并且认同殴打（Battery）妻子"的男性，他们的家暴比例是"白领、很少喝酒并且不认同家庭暴力"男性的8倍（Straus & Gelles，1990）。家庭暴力高比例的另一类群体是拥有枪支的男性，包括男性警员。当这些男性卷入家庭争执时，本来可能只会有情感和身体的轻微损伤，但由于枪支的存在则可能会激化演变为谋杀。事实上，从1981年至1998年间，枪支是谋杀亲密伴侣的主要武器（Paulozzi，Saltzman，Thompson，& Holmgreen，2001）。

　　家庭暴力也与经济水平和情境压力有关。危险性因素包括物质条件的不稳定性、破损的家庭功能以及夫妻间的冲突，这些会引发争执，不断激化升级就会演变为暴力，当个体的暴力情绪反应剧烈时，就可能将暴力行为推至临界点从而采取极端手段（Heise & Garcia-Moreno，2002；Straus & Gelles，1990）。正如我们稍后将阐述的，殴打（Battery）孩子也是由同样的模式引发。

　　家庭暴力与大街上的斗殴是不一样的。因为在家庭成员间会长期居住生活在一起，这给暴力的持续激化搭建了"平台"。为什么被虐待者能够坚持忍受持续的家暴？大量的理论聚焦于经济情感依赖和"受虐配偶综合征"[1]（创伤后应激障碍的变形），这使受虐者产生习得性无助并且感到十分沮丧（Ewing，1987；L. Walker，2000）。许多受害者之所以长期忍受家庭暴力，是因为在他们童年时期曾目睹长辈遭受过类似的虐待，并且他们也可能在童年、幼年时期遭受过身体暴力。一些长期忍受家庭暴力的受害者表现出酗酒问题、人格障碍（通常为依赖型人格障碍）、低自尊，并且一些症状还可能符合《精神障碍诊断与统计手册（第四次修订版）》（DSM-IV-TR）对抑郁症的诊断标准。一些长期忍受家庭暴力的受害者，权衡利弊得失后认为他们选择留在家中利大于弊。由此带来的后果是，这样的

---

　　〔1〕原为社会心理学的名词，20世纪70年代末80年代初在北美成为一个法律概念。它在法律上被用来指长期受配偶或亲密伴侣暴力虐待而表现出的一种特殊行为模式。受虐配偶综合征由暴力周期（Cycle Of Violence）和习得性无助（Learned Helplessness）两个概念组成。该概念最早由研究家庭暴力的先驱、美国临床法医心理学家雷诺尔·沃柯（Lenore Walker）博士提出。——译者注

悲剧还会继续，并且还会不断出现新的施暴者和受害者。

一个好消息是，2000 年公布的数据（Bureau of Justice Statistics，2000）显示家庭暴力（包括谋杀）的比例正在下降。例如，从 1976 年至 1998 年间，被配偶和女友杀害的男性数量降低了 2/3，被配偶、男友和前男友杀害的黑人女性数量减少了 45%。总体来说，被男性伴侣杀害的女性伴侣数量减少了 14%（Bureau of Justice Statistics，2000）。比例降低的原因应归于许多方面，包括建立健全家庭暴力中针对女性受害者的法律保障和社会规范，这让男性收敛起自己的暴躁，并使女性有应对男性家暴的方法途径，同时大多数社会人士也都呼吁并支持女性远离实施家暴的男性（Butterfield，2000）。

（三）跟踪（Stalking）

当遭遇家暴的男性或女性寻求逃离暴力配偶（伴侣）时，他们可能会成为跟踪（Stalking）的受害者。随着立法者更多关注家庭暴力引发的相关问题，20 世纪 90 年代早期，"跟踪"（Stalking）这一概念开始在美国各州的刑事法规中出现（Tjaden，1997）。跟踪（Stalking）是指向一个特定的对象，通过物理距离和视觉距离的反复接近，让其感到随时可能在身边出现，同时通过非意愿性交流或者通过口头、书面和具有暗示性的威胁对该对象造成伤害（Tjaden，1997）。在刑法典中对这一概念有更精确的定义。例如，弗吉尼亚州定义"跟踪"（Stalking）为"对象具有指向性的行为，意图是在其住处，或者对其住处实施控制，引发其对死亡、性侵犯或身体伤害的恐惧"（Virginia Code Section 18.2~60.3）。每年有估计超过 1 000 000 名女性和 371 000 名男性被其亲密伴侣跟踪（Stalking）（Tjaden & Thoennes，2000b）。

一项由美国司法机构和疾病控制防疫中心资助的研究项目，通过对 8000 余名女性和 8000 余名男性的调查发现，80% 的跟踪（Stalking）被害者是女性，87% 的男性跟踪者仅把前任或现任的配偶（女友）作为跟踪（Stalking）对象（Tjaden，1997）。亲密伴侣间的跟踪（Stalking），60% 开始于他们关系终结前，80% 被前夫或者前男友跟踪（Stalking）的女性，在伴侣关系存续期间曾遭受过身体上的攻击；31% 遭受过性虐待（Tjaden，1997）。女性跟踪者的目标更可能是陌生人或者相识的人（非亲密伴侣），并且她们经常有女伴或者其他共犯的帮助。

跟踪者有几种分类标准（Dietz，1991；R. M. Holmes，1993；McAnaney，Curliss，& Abeyta-Price，1993），最普遍的分类为被爱妄想症、爱情强迫症和单纯强迫症（Wallace，1998）。大部分跟踪者是单纯强迫症类型，包括针对现任或前任家庭伴侣的跟踪者。顾名思义，他们痴迷于了解跟踪对象的行踪和活动情况。被爱妄想症跟踪者错误认为他们的跟踪对象（通常是有更高的社会地位、异性对象并且经常是名流）深爱着自己（Dietz，1991）。玛格丽特·雷跟踪（Stalking）了大卫·莱特曼[1]多年，她就属于这种类型（Bruni，1988）。爱情强迫症跟踪者也经常妄想，他们相信如果能得到跟踪对象的关注，他们就会爱上自己。约翰·欣克利（John Hinckley）通过刺杀总统罗纳德·里根（Ronald Reagan）希望能吸引女演员朱迪·福斯特（Jodi Foster）的注意，这是爱情强迫症跟踪者的典型代表（K. Johnson，2003）。

〔1〕　美国电视史上主持晚间脱口秀节目时间最长的元老级主持人。——译者注

考虑到大部分跟踪（Stalking）行为本质上的强迫性，因此不需要为跟踪者犯罪行为的反复发作而感到惊讶。80%的跟踪者会因跟踪（Stalking）行为违反法律秩序，从而限制他们与受害对象接触联系（Tjaden，1997）。在很多国家，首先不能容忍的就是品行不端，更何况累犯，往往会从重论处。

（四）对儿童的身体虐待和性虐待

在1999年，约有826 000起孩童身体虐待案件被确认发生（美国防治儿童虐待委员会，1999）。在2002年，约有1400起孩童死亡的报道[1]，79%的受害者是被他们的父母虐待及谋杀的（美国卫生及公共服务部，2002）。总体来说，女孩比男孩更可能成为虐待的受害者（比例分别为52%和47%），并且女孩遭受性侵害的可能性是男孩的3倍。而且，超过12岁的女孩与男孩相比有2倍的可能性被杀害（美国卫生及公共服务部，1997）。

有一些殴打（Battery）和杀害孩子的家长患有精神疾病，但是绝大部分正常的家长对孩子的虐待会发生在他们生气或者受到挫败的时候。事后他们通常会意识到自己虐待孩子时所展现出的丑陋行径，因此他们会为其行为感到后悔（Dietrich，Berkowitz，Kadushin，& McGloin，1990）。引发对孩童施暴的因素很多，与对配偶（伴侣）施暴的因素相同，表现在情境压力和人格特质方面——持续的家庭冲突、家庭经济问题、欠缺冲动控制、脾气暴躁、酒精滥用、童年期被虐待的经历——这些都可能成为对孩童施暴的诱因。其中，虐待儿童的案件在单亲贫穷家庭（家庭年收入低于15 000美元）中最为集中（美国卫生及公共服务部，1995b）。

200　　一项研究发现，在接受调查的成年人中，68%的人殴打（Battery）孩子是因为当时失业、遭遇经济困境、遭受病患以及与合作伙伴发生冲突（Kadushin & Martin，1981）。很多人表示，在这些极大的压力下，孩子一个微不足道的错误就足以引发他们施暴（Kadushin & Martin，1981）。一名女性描述，"孩子们拒绝清理餐桌，其中一名孩子不仅不清理甚至还继续捣乱，我都快气疯了，用刀刺伤了他"（Kadushin & Martin，1981，p. 228）。换句话说，虐待孩子的父母可能控制冲动的能力差，并且受到情境因素的刺激。个体失去控制是十分危险的，所以许多家长培训项目中通常建议成年人在生气的时候不要对孩子使用任何形式的体罚，以免由于自己失控而对孩子造成不应有的伤害。

一些数据表明，母亲比父亲更可能成为虐待儿童的凶手（Daley & Wilson，1996；Fagan，1977），但是根据警方通报，虐童事件中有3/4的罪犯是男性，包括92%的性侵犯和68%的身体攻击（美国卫生及公共服务部，1995b）。

虽然虐待儿童的事件可能会在任何家庭发生，然而最安全的环境仍然是孩子与自己的亲生父母生活在一起；其次安全的环境是孩子与离异后又再婚的父亲或母亲居住在一起；最危险的环境是孩子和未婚母亲以及母亲的同居男友住在一起，而他不是孩子的父亲（Fagan，1997）。

儿童性虐待

在2000年，估计有89 000例儿童性虐待案件被证实（美国卫生及公共服务部，美国物

---

〔1〕　这个数字可能是低估了，因为许多孩子的死亡归因于非犯罪原因，这些原因实际上可能会遭受虐待。例如，在1998年8月，宾夕法尼亚州当局指控一名69岁的妇女从1949年开始，历经19年，谋杀了她10个孩子中的8个孩子。之前由于无法解释他们的死亡而归因于婴儿猝死综合征。

质滥用和精神健康服务管理局，2000）。所有被证实的案件中，96% 的儿童性虐待的施暴者是孩子所在家庭的成员以及孩子认识或信任的人。此外，84% 的儿童性虐待案件发生在孩子所居住的家中（美国司法部，2000）。遭受性虐待的儿童多为女孩，而随着年龄的增长，女性受害者的比重也逐步上升，例如，6 岁以下女孩遭受性虐待的比例是 69%，12 岁以下的比例升至 73%，19 岁以下的比例则高达 95%（美国司法部，2000）。

现代网络技术的发展为儿童性虐待提供了便利。2000 年的一项调查发现，在过去的一年中，使用互联网的孩子中有 19% 受到了不正当的性引诱（Finklehor et al.，2000）。性捕食者通过网络聊天室里"偶遇"在线聊天的男孩和女孩，经过一段时间的虚拟网络联系后约在现实生活中见面，孩子们在见面后则可能被劫持，从而遭受性虐待。

四、仇恨性犯罪（Hate crimes）

1998 年 6 月，当三名白人男性——23 岁的约翰·威廉·金（John William King）、24 岁的肖恩·贝利（Shawn Berry）和 31 岁的劳伦斯·罗素·布鲁尔（Lawrence Russell Brewer），看到一名黑人詹姆斯·伯德（James Byrd，Jr.）走在德克萨斯（Texas）贾斯珀镇（Jasper）附近的小路上时，他们请伯德搭便车（Fox，1999）。他们没有把伯德送回家，而是把他带到一个树木繁茂的森林中殴打，然后将其拴在车后面拖了几英里，导致詹姆斯·伯德重伤而亡。约翰·威廉·金是布鲁尔在德克萨斯州监狱服刑时的狱友，他因入室盗窃于 1995～1997 年在此服刑。布鲁尔帮助他加入"美国骑士联盟"——监狱中一个白人至上主义者的黑帮"保护"白人免受黑人和西班牙裔帮派成员的伤害。由此看来，杀害伯德的目的是金为了吸引会员加入他在贾斯帕镇成立的仇恨性组织。4 个月后，在怀俄明州（Wyoming）的拉勒米（Laramie），21 岁的罗素·亨德森（Russell Henderson）和 22 岁的亚伦·麦金尼（Aaron McKinney），对怀俄明大学 21 岁的同性恋大学生马修·谢巴德（Matthew Shepard）实施了绑架、抢劫和殴打（Black，1999）。他们把谢巴德绑在偏远地区的一个栅栏上随后逃离，尽管几天以后谢巴德被发现并被送往医院，但是他仍然伤重而亡。

这些案例表明仇恨性犯罪（也被称为偏见动机犯罪）是基于种族、宗教、性取向、身心障碍或民族血统问题而引发的犯罪（美国联邦调查局，2004）。仇恨性犯罪不只以他们实施什么行为来界定，还要以他们的动机、作案人对受害者的偏见来界定。因此，仇恨性犯罪包括谋杀、误杀、强奸、故意伤害（Aggravated assault）、一般伤害（Simple assault）、恐吓、抢劫、入室盗窃和汽车盗窃、纵火、损毁或破坏财物等多种形式。

仇恨性犯罪可能针对一个人，也可能是整个群体。例如，科索沃（Kosovo）、波斯尼亚（Bosnia）和卢旺达（Rwanda）的"种族清洗"，古罗马人迫害基督徒，希特勒试图消灭犹太人、吉卜赛人和其他"劣等"种族。事实上，可以夸张地认为是仇恨性犯罪书写了世界历史（Hamm，1996）。在美国，虽然最近也有反同性恋者针对同性恋的仇恨性犯罪，但大多数仇恨性犯罪是受种族和宗教偏见的驱使（见图 10.1）。在美国北部，仇恨性犯罪的第一个受害者是印第安人，他们受到欧洲殖民者的恐吓和迫害，被逼背井离乡、流离失所甚至被杀害，随着美国领土的扩张，这样的事件更加频繁（D. Brown，1988；Stannard，1993）。在过去 200 年里，美国仇恨性犯罪的"传统"一直以对黑人处以私刑的形式得到延续，如向黑人聚居区投掷燃烧弹并以暴力攻击破坏，目的是将黑人、亚裔人和其他少数种族从白人为主的社区中驱赶出去；有的制造针对同性恋者和他们公司的袭击和爆炸案件；

还有的用纳粹标志亵渎犹太教堂。自 2001 年 9 月 11 日以来，虽然对犹太人的仇恨性犯罪是对穆斯林的 10 倍以上，但反穆斯林的仇恨性犯罪和恐怖袭击事件也时有发生（美国联邦调查局，2004）。数据显示，在所有的宗教群体中，犹太人最有可能成为仇恨性犯罪的目标。

即使在 1998 年伯德和谢巴德谋杀案以前，在美国对仇恨性犯罪的公众监管已经大幅增加，这主要是由于在过去的 15 年里发生了一些骇人听闻的案件。1984 年在科罗拉多州的丹佛（Denver），由于对黑人和同性恋者的"自由观"，备受争议的电台脱口秀主持人艾伦·贝格（Alan Berg）被一名不知名的白人至上主义者枪杀（Hillard，2004）。两年后，3 名黑人被袭击，其中 1 人死亡，原因仅仅是他们出现在纽约市附近一个以白人为主的霍华德海滩（Hillard，2004）。更为糟糕的是，1995 年和 1996 年在美国南部拥有众多黑人的教堂发生了多起爆炸案，这些案件使公众意识到，应关注并要监管具有偏见动机的犯罪暴行。由于大量黑人教堂被炸毁或被烧毁，政治和宗教领导人意识到国家正经历严重的仇恨性犯罪浪潮。这致使在 298 起纵火案调查中抓捕 120 多名嫌疑人，其中许多人都被定罪入狱（Fletcher，1996）。

2003 年报道的仇恨性犯罪中，有 63% 的犯罪行为针对个人（美国联邦调查局，2004a），其余的犯罪行为针对财产。恐吓是针对个人最常见的犯罪行为（比例近 50%），其次是单纯袭击和故意伤害（Aggravated assault）。针对财产的犯罪中，破坏、毁坏是最常见的犯罪行为（美国联邦调查局，2004a）。数据显示，比重最大的仇恨性犯罪是基于受害者的种族或宗教因素（见图 10.1）。

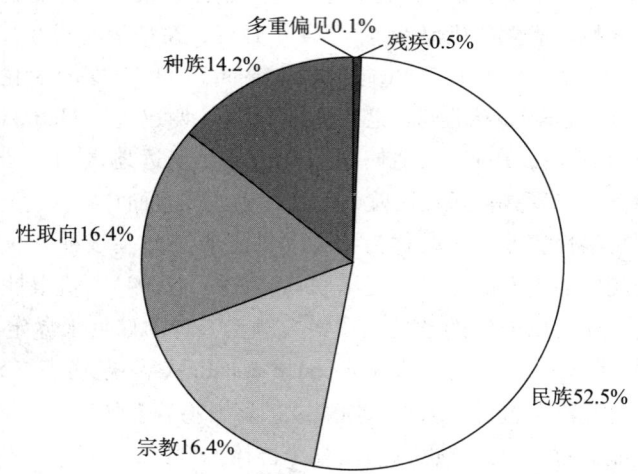

图 10.1　仇恨性犯罪的受害者类别

Federal Bureau of Investigation, *Crime in the United States—2003*, Washington DC: Government Printing Office, 2004.

虽然仇恨性犯罪只占美国全部犯罪的一小部分，但其带来的恶劣影响远远超出了对直接受害者的伤害。这会导致被凶手锁定为目标的民族、宗教或其他群体里的几乎每一名成员都会产生恐惧和愤怒。此外，在中东、南亚及美国各城市的中心，仇恨性犯罪往往在对立群体间的相互报复中制造无尽的恶性循环。

（一）仇恨性犯罪人的特征

在 2003 年，仇恨性犯罪人中 62% 是白人，18% 是黑人（美国联邦调查局，2004a）。很少有仇恨性犯罪人认识受害者，例如，根据波士顿警方的通报，在 1996 年的 452 例仇恨性犯罪案例中，85% 的犯罪人和受害者之间并不相识（美国联邦调查局，1997）。仇恨性犯罪人中大约一半的年龄在 20 岁以下，这一数据是年轻人参与其他犯罪类型的 2 倍（美国司法统计局，1999）。17%～26% 的仇恨性犯罪是 18 岁以下的犯罪人组织实施的（Bishop & Slowikowski，1995）。

仇恨性犯罪往往由于一时冲动，并与饮酒或使用有去抑制作用的药物有关。大多数仇恨性犯罪人都是寻求刺激的人，他们随机选择少数种族成员作为骚扰和暴力的目标；少数犯罪人（约 2%）是"使命者"，他们认为帮助世界摆脱邪恶是自己的神圣职责（Levin & McDevitt，1993）。大多数犯罪人恃强凌弱的外表下隐藏着强烈的不安全感和低自尊。许多犯罪人是基督教原教旨主义者（通常参与反犹太、反同性恋行动）、犹太原教旨主义者（经常参与反穆斯林的行动）以及白人至上主义者（他们对黑人、犹太人、同性恋者以及他们所认定的任何"异类"和"下等人"实施犯罪）。美国联邦调查局一直密切关注一个仇恨性犯罪组织——"光头党"，其成员的作案对象是黑人和同性恋者。"光头党"成员年龄一般在 15～25 岁之间，他们表示要献身于"白人至上主义"、爱国主义和工人阶级的权益。他们源于英国 20 世纪 70 年代的运动，于 1980 年第一次出现在美国，成员包括朋克摇滚乐手、新纳粹分子和右翼政党分子（F. E. Hagan，1997）。

（二）仇恨性犯罪的原因

大多数仇恨性犯罪源于刻板印象和偏见。心理学家把刻板印象定义为按照种族、宗教、性别、性取向、年龄、残疾或其他一些确定的因素进行社会分类，从而形成对该类人的固定印象。刻板印象产生了错误印象，即各类人的所有成员都具有那些负面的特征。偏见是对已形成刻板印象的成员持有不合理的负面态度。当判定一个人不是基于其自身的实际行为和特征，而是看其所属那一类成员所谓的共有特征时，这种简单的判断就形成了偏见。

偏见有很多来源，包括因社会不公带来的憎恨、教条式的宗教教导、对同辈和长辈偏执观点的遵从以及对异类的恐惧和敌意（Aronson，2004；Brehm & Kassin，2005）。仇恨性犯罪人经常寻找替罪羊，这在仇恨性犯罪中意味着会因个人问题或社会问题而指责某类特定群体的成员。这样的迁怒导致一些有偏见的人把愤怒发泄在那些给他们带来不快的个本身上。因此，在经济不景气、失业率高以及当某些种族被认为不公平地占有了过多资源或享受了过多的特权时，仇恨性犯罪尤其有可能发生。例如，许多情况下，反亚裔犯罪的动机是嫉妒许多亚洲国家民众在学术和经济上取得了成功。

一些研究者认为，20 世纪 90 年代早期美国仇恨性犯罪的增加是由于受到本国经济衰退以及全球市场激烈竞争的影响。移民使美国人口中的种族类型不断多样化，1992 年美国总统选举期间，受政治风波影响，许多美国人对此感到不满[1]（Dees & Corcoran，1996），与此同时也引发了移民的恐惧和怨恨。公众舆论不满联邦政府的移民政策，有的认为政府为"他们"（指移民）做得太多，对"我们"（白人阶层）做得不够。政府各个机构都受到冲击。当时著名的电台节目"震撼电台"和其他平民谈话类节目主持人越来越吸引更多的全国观众产生共鸣，他们关于社会和政治问题上的言语变得越来越狭隘、愤怒和仇恨。更

---

[1] 美国经济当时正处于衰退中，联邦赤字持续增加，不仅仅是蓝领工人失业，很多中层管理的白领工人也失业，很多美国人对未来表现出悲观的态度。因此，当时美国国内社会矛盾凸显。——译者注

糟糕的是，演绎暴力的电视和电影使观众对这些愤怒的冲动行为产生恐惧，从而营造出一个仇恨性犯罪的"完美氛围"。

仇恨性犯罪也与外部事件相关。例如，当日本开始大量削减进口美国制造的汽车和电子设备的销量时，美国国内针对日本人的仇恨就由此增长了。类似地，在 1990 年海湾战争期间发生的俄克拉何马城爆炸案以及 2001 年 9 月 11 日在美国发生的恐怖袭击事件之后，由于民众（错误地）认为阿拉伯人应为此负责，因此美国针对阿拉伯裔美国人的仇恨性犯罪显著增加。

仇恨性犯罪一般需要汇集"憎恨的氛围"、"一时的冲动"、"有利的时机"和"特定的对象"等多种因素后才会发生，因此仇恨性犯罪通常仅是零星发生。然而，如果发生一个备受瞩目的事件，例如，1991 年 3 月警察殴打洛杉矶的司机罗德尼·金（Rodney King），这就可能掀起一股仇恨性犯罪的浪潮，有时会导致相互报复的恶性循环，甚至爆发内乱[1]。正如金的案例一样，由一座城市开始的一起仇恨性犯罪的偶然事件可以蔓延到其他许多城市。

仇恨性犯罪说明犯罪的许多根源交织相融，这也是本书的主线。个体心理、社会影响、政治影响、文化因素、种族特征、罪犯信念（错误认为是在执行社会规范）、经济压力都可以触发对一个仇恨群体的犯罪行为。无论在任何地方，针对同性恋者的仇恨性犯罪最为明显。

对同性恋的厌恶者在美国很普遍。例如，在旧金山海湾（San Francisco Bay）地区针对 500 名年轻人的调查发现，有一半的人承认自己实施过某种形式的反同性恋攻击，包括辱骂、恐吓或肢体暴力（H. B. Franklin，1998）。这些人为他们的攻击行为作出了四点解释：一是自卫，一些人声称所有同性恋者都是性骚扰者，攻击是正当防卫（这是由杀害马修·谢帕德的凶手提出的，他们声称袭击的目的是为了"让他远离自己"）；二是涉及意识形态，一些袭击者把自己视为社会规范的执行者，由于认为同性恋者的行为不道德，因此要惩罚他们；三是寻求刺激，一些袭击者声称袭击同性恋的原因是"为了解闷"、"感到开心"或"感觉棒极了"；四是一些男性罪犯以攻击同性恋者来向他们的朋友证明自己的强壮，同时证明自己是异性恋（H. B. Franklin，1998）。

（三）仇恨性犯罪的应对政策

由于仇恨性犯罪问题不断凸显，在 20 世纪 80 年代，它被提上了政府官员的政治议题，1990 年美国国会颁布了《仇恨性犯罪统计法》，要求美国联邦调查局在统一犯罪报告项目（UCR）中开发仇恨性犯罪数据收集系统。在 1994 年 9 月，这项法律得到了完善，所以UCR 可以包含"由于对受害者精神或者身体残疾的憎恨"这一动机导致的犯罪。从 1997 年1 月开始收集针对残疾对象的犯罪数据。

1993 年美国最高法院认为，尽管宪法禁止发表种族仇恨的言论，但出于对受害者的种族或其他个人特征的考虑，宪法又允许对犯罪者施以比平常更严厉的惩罚。法院的判决表明，尽管政府不能侵犯个人的言论自由，但国家可以基于对受害者个人特质的"偏见"而

---

〔1〕 陪审团认定参与殴打的 4 名警官无罪，很多洛杉矶民众认为审判不公发生了暴动，当时的总统乔治·布什为了平息这场骚乱，共动用了 4500 名士兵。50 多人在这场骚乱中丧生、2300 人受伤、约 17 000 人被捕，整个城市的损失达到 10 亿美元。——译者注

加重对犯罪者的惩罚（Biskupic，1998；S. E. Martin，1995）。

除了怀俄明州（谢帕德谋杀案的发生地）、阿肯色州（Arkansas）、佐治亚州（Georgia）、夏威夷州（Hawaii）、印第安纳州（Indiana）、堪萨斯州（Kansas）、肯塔基州（Kentucky）、新墨西哥州（New Mexico）和南卡罗来纳州（South Carolina），美国大多数州都有关于仇恨性犯罪的法律。除了德克萨斯州和犹他州（Utah），其余所有州的法律都认定一个或多个受保护的受害者特征。其中，20 个州提到人种、宗教或种族；11 个州提到性取向；11 个州提到性别；12 个州提到一些其他类别包括精神或身体残疾（Lyman，1998）。然而在谢帕德和伯德谋杀案发生后，公民权利团体开始新的运动，要求州议会加强打击仇恨性犯罪的法律保障，要求新的联邦立法加大对偏见动机犯罪的处罚力度。也就是说，在那些因被害人有某种特质而受到侵害的案件中，对犯罪人的处罚应更严厉。

但是，这些运动并不一定能成功。例如，伯德谋杀案的其中两名谋杀犯被判死刑，而第三名仅判终身监禁，因为他只参与了绑架（这在德克萨斯州会判死刑）。该州可以使用其关于仇恨性犯罪的法条，但是并没有这样做。一些观察人士认为，检察官应受到严厉的批评，他们保守的指控也会造成政治损失（Lyman，1998）。事实上为对一些特定群体命名有关专家曾试图修改德克萨斯州有关仇恨性犯罪的法律，但这在 1999 年 5 月失败了，因为所提议的修正案中提到了将同性恋也作为一个保护群体（Duggan，1999b）。其他州因害怕被认为向同性恋示弱也停止了类似的立法。还有许多法律学者和法官（包括已故的最高法院首席大法官威廉·伦奎斯特）反对新的有关仇恨性犯罪的立法（K. Potter，1998）。他们认为，简单地增加更多的预防犯罪的法律不能阻止犯罪，刑事法律不应该制造特殊的受害者，并且不应用联邦法律来取代州法律。

五、性犯罪

性犯罪（sex crimes）在日常生活中时有发生：一名初中校长承认和男学生保持了 2 年的性关系；许多美国空军学院女性学员控告被男学员性侵犯；继父多次猥亵十几岁的继女；母亲让她的孩子们观看她跟男朋友发生性关系，然后让孩子们参与；一名 84 岁的老妇在她家中被一名男性强奸，该男性几年前因强奸罪入狱，刚刚刑满释放；一名 11 岁的男孩因多次强奸一名 5 岁的女孩被逮捕；新入监的罪犯被上下打量，在监狱中他将被作为轮奸的对象。这些例子表明，性犯罪的实施有多种形式，受害者可以是女性也可以是男性，可以是年轻的也可以是年老的。在这里，我们探讨几种类型的强奸和性侵儿童罪行，性侵儿童也是性犯罪最严重的形态。

（一）暴力强奸（Forcible Rape）

在 UCR 中唯一的性犯罪是暴力强奸（forcible rape），它被定义为违背女性的意愿强行与其性交（FBI，2004a）[1]。在 2003 年，美国通报了超过 93 400 例的暴力强奸（Forcible Rape）或强奸未遂案件（FBI，2004a）。

2003 年的报告显示，在美国几乎 38% 的暴力强奸（Forcible Rape）案发生在人口最多的南部地区，25% 发生在中西部地区，24% 发生于西部地区，13% 发生于东北部地区。暴

---

〔1〕 UCR 的定义排除了法定强奸罪，该罪是指虽未使用暴力但是强奸罪仍被推定，这是基于受害者和罪犯之间的年龄差异或受害者年龄尚小。

力强奸（Forcible Rape）最多发生在 7 月，2 月发生最少（美国联邦调查局，2003），一天
205 之中通常发生在下午 6 点到午夜，周末比平时发生的更多（Perkins & Klaus，1996）。被熟
人强暴的案件中超过 1/3 发生在受害者的家中或家的附近，陌生人强暴案件中超过一半是
发生在停车场、小巷或其他公共区域（R. Bachman，1994）。28% 的陌生人实施强暴时会使
用武器，而熟人使用武器的比例为 8%（Dobrin，Wierseman，Colin，& McDowall，1996）。
在强暴案件中使用枪支的比例为 6%（Perkins & Klaus，1996）。

1. 约会强奸（Date rape）

约会强奸（date rape）也被称为熟人强奸，从法律的角度看，与其他强奸类型没有什
么实质不同；它指在恋爱关系中非自愿的性行为（Shotland，1992）。因此，没有法律专门
界定约会强奸（Date rape），但是如果女性受害人能够证明其不愿发生性行为，强迫者将同
样可能被判强奸罪。男性也是一样，有时也会被相识的女性强奸，但女性所使用的方法往
往不同于男性使用的强暴方法。约会强奸（Date rape）中女性受害者被强暴的手段包括男
伴的挽留、持续的接触、欺骗以及被控制，而男性受害者被强暴通常是女性使用武器威胁
所致（Waldner-Haugrud & Magruder，1995）。

约会强奸（Date rape）的最常见的特征是事前双方大量饮酒，事后互相责怪对方（Al-
lison & Wrightsman，1993）。在一项调查中，要求 742 名大学生对强奸犯和受害者进行不同
程度的责任分配（Stormo，Lang，& Stritzke，1997）。调查结果显示，通常在约会强奸
（Date rape）中，女性更多指责受害者而不是施暴者。当两个人都喝醉时，受访者认为受害
者应承受更多责任；只有当受害者比施暴者更醉时，施暴者才应承担大部分的责任（Stor-
mo，Lang，& Stritzke，1997）。在大学校园，酒吧和聚会场所是约会强奸（Date rape）发生
的高风险地点（Boswell & Spade，1996）。该问题日益严重，致使一些学校已经为大学生制
定了特殊的教育计划，以此教导学生充分认识到约会强奸（Date rape）的危险性以及该如
何避免悲剧的发生。

2. 强奸者

根据 2003 年的数据，64% 的强奸犯是白人，33% 是黑人，余下的是其他种族（美国联
邦调查局，2004a）。在绝大多数情况下，强奸犯只攻击本种族成员。强奸犯往往比其他性
犯罪者年轻，其中 46% 在 25 岁以下，31% 在 21 岁以下，16% 在 18 岁以下，6% 在 15 岁以
下（美国联邦调查局，2004a）。1961～1995 年，15 岁以下男性实施强奸的案件数量从 3%
增加到 6%；在过去的 25 年里，10 岁以下的男性实施强奸的案件数量增加了 3 倍（美国联
邦调查局，1996）。与此同时，年轻的强奸犯往往是非常暴力和危险的（Miethe & Mc-
Corkle，1998）。

大量的研究已经表明了青少年强奸犯的特征（e. g.，Davis & Leitenberg，1987；Fehren-
bach et al.，1993；Knight & Prentky，1987）。约 10% 的青少年强奸犯受到家庭成员性滥交的
影响（P. A. Fehrenbach，W. Smith，C. Monastersky，& R. W. Deisher，1986），20% 的青少年
强奸犯曾受到身体虐待并存在严重的家庭功能障碍，如父母酗酒或自杀（Hsu & Starzynki，
1990）。青少年性犯罪者最常见的特征是缺乏社会技能和社会支持，许多报告显示，他们没
有朋友，感到无能为力，对学业或工作缺乏动力（Groth，1977；Groth & Loredo，1981）。
如果他们接受专业心理医师的评估，通常会被诊断为品行障碍（Prentky & Knight，1986）。与

许多其他青少年暴力犯类似，青少年强奸犯可能有神经和认知障碍，这导致他们在学校难以取得成功（Fehrenbach, Smith, Monastersky, & Deisher, 1986; Prentky & Quinsey, 1988）。

与青少年性犯罪相关的其他发展性因素包括：①家长在养育过程中缺乏对孩子韧性的培养，没有让其学会换位思考，孩子没有对他人痛苦的共情能力；②对女性负面态度的习得；③强化了一种错误认知，即女性"喜欢粗鲁"、"享受"与自己意愿相违背的性快感；④未能学会如何用社会可接受的方式满足情感需求（Finkelhor, & Araji, 1986）。一些轮奸案中——几名强奸犯轮流对一名受害者施暴——虽然缺乏性经验，但集体犯罪给了他们勇气，同时年轻男性为证明自己的"男子汉气概"，从而做出了他们独自不敢做的暴行（Finkelhor & Araji, 1986）。

熟人强奸（Acquaintance rapists）相比其他强奸的发生存在一些独有的特征。女性在男女关系中处于主导性的地位，或者男性误解了女性释放发生性关系意愿的信号（可能两者兼有），都可能会导致该类强奸的发生（Lundberg-Love & Geffner, 1989; Muehlenhard & Linton, 1987）。

许多强奸犯有精神障碍的症状。被监禁的强奸犯中具有精神病倾向的不在少数（Reiss & Roth, 1993; Yarvis, 1995），被定罪的强奸犯中有40%~30%被诊断为反社会人格障碍（Prentky & Quinsey, 1988）。许多强奸犯也存在性障碍，他们可能在犯下强奸罪之前有过非接触性犯罪，如露阴癖和窥阴癖等（Fehrenbach et al., 1986; Groth, 1977; O'Brien, 1989; Rosenberg & Knight, 1988）。

长期以来，人们认为许多强奸犯的心理问题都源于他们在童年时有过被性虐待的经历。一项基于强奸犯、非性犯罪罪犯和非罪犯的家庭背景、教育经历、恋爱史、情绪体验的研究，唯一清楚的结论是，在儿童期经历过性虐待是日后性犯罪的有效预测因子，对于非性犯罪则没有有效的预测性（Kruttschnitt, 1980）。

3. 被强奸者

强奸案受害者通常是年轻未婚且经济上处于劣势地位的女性。官方通报的强奸案中男性受害者不到10%。对男性实施强奸通常发生在监狱里，但往往没有被报告。超过一半的受害者年龄在18岁以下。12岁以下的女孩占已知受害者总数的12%，其中20%的施暴者是她们的父亲（Brown, Esbensen, & Geis, 1995）。被强奸的高风险人群是16~19岁、生活在大城市、家庭年收入不超过7500美元的黑人女性。风险最低的是50岁以上、生活在农村地区、家庭年收入在50 000~75 000美元之间的白人女性（Perkins & Klaus, 1996）。

受害者可能会因饮酒或吸食大麻导致抵御性降低，从而更容易被强奸，尤其会影响他们对陷入两性不利情形的判断力。在一项研究中（L. Smith, 1997b），随机抽取美国各地410名强奸受害者的尿液样本，发现近15%的受害者在遭遇强奸前吸食了大麻，约35%的受害者饮过酒；其中还有1%的受害者服用过迷奸药——氟硝安定®（Rohypnol ®）[1]（L. Smith, 1997）。

男性性受害者与其随后演变为性罪犯之间的显著相关性，应归因于男性被性侵犯而受到的特殊影响。曾经被性侵的男性受到的后续影响包括性取向混乱（大多数男性被强奸是

---

〔1〕 氟硝安定属苯二氮卓类药物，有催眠、遗忘、镇静、抗焦虑、肌肉松弛和抗惊厥作用，其中催眠和遗忘的作用更显著。——译者注

其他男性所为)、不信任成年人、创伤后应激障碍、恋爱中的性问题(包括性功能障碍)、情绪障碍以及自杀倾向(Coxell & King, 1996;Isely & Gehrenbeck-Shim, 1997)。女性同样会遭受严重的强奸后遗症,但一些研究者认为,女性受害者比男性受害者的创伤小,因为遭受强暴时,男性比女性更多遭受身体上的暴力(e. g., Coxell & King, 1996)。

4. 强奸的原因

在古代,强奸是男性表示占有女性的常见手段。直到出嫁聘礼的出现,才使人们意识到女性若失去贞操则会影响她的"市场价值",从那时起强奸未婚妇女才需要接受刑罚(Groth, 1977)。强奸被作为一种特权也与战争有关(Mezey, 1994)。打胜仗的士兵通过对实施强奸的记载来表明他们占有了"敌人的女人",这些女人也被视为他们的战利品[1]。

无论是在战争或和平时期,强奸似乎与进化、社会、文化、习得以及个体的心理因素有关。进化心理学家认为,强奸被视为男性的一种适应功能,因为强奸可导致尽可能多的女人怀孕,以此来最大限度延续自己的基因。学习理论认为,在许多文化中通过父母、媒体和其他社会化媒介,教导男孩扮演的性别角色应是阳刚的、进取的、强有力的、支配性的,以及对女性是傲慢的。男性受到这样的影响就很容易认为征服女性或违背女性意愿能显示出他们完美的男性特质——有时称为"男子气概"(Brownmiller, 1975)。一项针对男性大学生的研究显示(O'Donohue, McKay, & Schewe, 1996),"男性化"的个性特质与强迫性性行为存在高相关。其他研究表明,拥有最传统、最僵化的男尊女卑观念并且对性侵受害者麻木无情的男性,最有可能为强奸辩护,并会在他们的性经历中表现出暴力性和攻击性。另一项研究显示,175 名男性中有 75% 的大二男生承认曾经有让他们的约会对象饮酒或服用其他药物,以增加他们发生性行为的可能性的经历,而且 69% 使用过言语上的胁迫,40% 尝试用发怒威逼,13% 威胁使用暴力,20% 真实使用了暴力(Mosher & Anderson, 1987)。

A. 尼古拉斯·格罗斯(A. Nicholas Groth, 1979, 1984)将暴力强奸(Forcible Rape)分为三种类型:愤怒型强奸、权力型强奸和性虐待型强奸(Groth & Birnbaum)。在对美国康涅狄格州罪犯矫治中心 500 名性罪犯进行研究后,格罗斯推断虽然在每一次暴力强奸(Forcible Rape)中侵犯和性欲都会存在,但是性欲是后于侵犯的次要表达——主要动机还是在于强行侵犯[2]。格罗斯的研究对于认清强奸是一种暴力犯罪,而不仅仅是畸形的性行为有很重要的意义(Siegal, 2000)。

愤怒型强奸是将强行性行为作为一种泄愤方式。这种行为可能发生在一时冲动的瞬间,并且主要目的是侵犯受害者,性行为只是当时的具体表达。愤怒型强奸的受害者被强奸并遭到殴打,他们如果作出反抗几乎不会受到任何指责。

权力型强奸犯不会在躯体上伤害受害者,而是要在可控范围内征服他们。他们并不受性欲望的驱使,而是源于获取权力的满足感。权力型强奸犯通过证明自己的"男子气概"而提升自尊。由于权力型强奸犯几乎不使用暴力,受害者可能会较少感受到身体伤害。这

---

〔1〕 内战时期,在前南斯拉夫,当塞尔维亚军队官员强奸波斯尼亚妇女时,不仅占有了这些妇女,还试图实行种族灭绝——希望让波斯尼亚妇女怀孕并生出塞尔维亚血统的孩子。1999 年,塞尔维亚人在科索沃用此种方法强制剥夺取代阿尔巴尼亚人的血统也受到了同样的指控。

〔2〕 虽然对于整体而言该结论是可靠的,但是年轻的强奸犯则倾向于是受到性欲的驱使,他们选择年轻貌美的受害者就是有力的证据(Felson & Krohn, 1990)。

种情况尤其会出现在约会强奸（Date rape）案件中。

性虐待型强奸是系列强奸犯或连环杀人犯经常做出的行为。这些犯罪人通过性虐待来折磨受害者，以造成对受害者最大程度的羞辱。这种类型的强奸犯尤其会对受害者造成创伤，并且受害者通常需要接受长期的精神治疗才可能治愈心理创伤。

格罗斯以强奸犯为被试的研究中发现：55%为权力型强奸犯，40%为愤怒型强奸犯，5%为性虐待型强奸犯。

（二）儿童性侵害

根据美国天主教会的调查，发现了约 11 000 件关于牧师性侵害儿童的案件，这个巨大危机让天主教会引发了强烈震动（美国保护儿童和青少年审查委员会，2004）。这项报告由于与教会有关联，使越来越多的人关注针对儿童的性犯罪。根据《精神障碍诊断与统计手册（第四次修订版）》（DSM-IV-TR）的诊断标准，大多数对儿童的性侵害被诊断为恋童癖（pedophilia），即施暴者年满 16 岁，对至少比他们小 5 岁的儿童产生性幻想，并具有周期性的、强烈的性冲动（美国精神病协会，2000a）。不幸的是，恋童癖（Pedophilia）者在人群中的比例较高，估计 10%～15% 的儿童和青少年（女孩比男孩多 2 倍）都至少被性侵害 1 次（Mrazek，1984）。大部分恋童癖者都是男性，他们的侵害方式包括：将孩童脱光衣服盯着"观赏"、暴露自己的身体给孩子看、在孩子面前手淫、触摸或爱抚孩子、口交、肛交或者阴道性交。

儿童性侵害罪犯分布广泛，在所有的社会阶层、各个年龄阶段和各种职业中都会存在。他们中的很多人从事教师、牧师、教练、缓刑监督官等能近距离接触孩子的职业。他们利用自身职业的便利，赢取孩子对他们的信任，从而使孩子遵从他们的性要求。70%～95% 的受害者与性侵害者之间是熟人或家人关系。另外，很多恋童癖者是有孩子的已婚男性（天主教牧师例外），尽管他们通常不认为自己是同性恋，但是他们大部分的侵害对象都是男孩（Lesieur & Welch，1991）。

208

恋童癖者的大量罪证能否用于指控，这取决于具体的行为和该行为在当地法律中的适用性。在美国的所有州中，强行性交构成强奸罪；大多数州认为，猥亵是加重性侵的表现，然而口交或肛交这种性行为仅被认定为鸡奸[1]。

1. 恋童癖（Pedophilia）的类型

对恋童癖（Pedophilia）最简单的分类是：独占性恋童癖（只性侵儿童）和非独占性恋童癖（有时也性侵成年人）（American Psychiatric Association，2000a）。

其他分类标准还可以分为：情境诱发型恋童癖、个体偏好型恋童癖和儿童强奸犯（Lanyon，1986）。情境诱发型恋童癖者有正常的性经历和性取向，他们主要的兴趣还是与成人发生性关系。然而，在伴有压力的某种特定情境下，他们会由于冲动对孩童做出性侵害的行为。他们事后通常感到莫大的懊悔。个体偏好型恋童癖对孩童（通常是男孩）有明显的性偏好，变童能给他们带来极大的性快感。这些人可能已经结婚或者有女性性伴侣，但他们这么做只是为了掩人耳目，从而更容易去接近其他女性孩童。通常人们看不出这类人有行为异常，相对于正常人来说，他们的恋童癖好被其认为是一种正当的性表达方式。

---

〔1〕 鸡奸法在美国主要是用于同性性行为。在 20 世纪最后 20 年里，50 个州里有 46 个州废除了具体针对同性态的法律，36 个州完全废除了鸡奸法。——译者注

儿童强奸犯是暴力施虐者，他们的行为动机是追求权力和发泄敌意（Lanyon，1986）。

另一种分类标准包括四种恋童癖（Pedophilia）子类型：生理型恋童癖、认知型恋童癖、情感型恋童癖和发展型恋童癖（Hall，Shondrick，& Hirschman，1993）。生理型恋童癖选择的侵害对象具有不确定性，但并不会对被害人实施身体暴力或性暴力。认知型恋童癖在实施强奸前具有严谨细致的计划性。与之相反，情感型恋童癖则是缺乏情绪控制，具有随机性和无计划性，并通常实施性暴力。发展型恋童癖是在童年时期的人格塑造困境期、家庭和人际冲突期以及个体受害创伤期中逐渐发展形成的。

对于恋童癖（Pedophilia）的研究，无需纠缠如何分类，大多数的恋童癖（Pedophilia）是孱弱和幼稚的个体，他们以支配和控制他人为乐。他们对即时的性满足有强烈需求并有冲动控制障碍（Groth，1978；Serin，Malcolm，Khanna，& Barbaree，1994）。他们在人际交往中常表现为孤独、内向、孤立、自卑、失败（Bumbry & Hansen，1997；Proulx，McKibben，& Lusignan，1996）。实施虐童的儿童比那些成人罪犯更容易产生抑郁感（Hall et al.，1993），并且他们人生的早期生活中常常有不安全依恋和不正常的家庭生活。

对恋童癖（Pedophilia）的个案研究发现，他们有的小时候遭遇过家人或其他成年人（曾与孩子有情感或身体上的亲密关系）的抛弃。据称，他们被抛弃所致的"扭曲情感"会导致错误认知，从而将儿童的情绪反应曲解为性兴趣信号（Ivery & Simpson，1998）。也有观点认为恋童癖者在童年期所遭受的性侵害可能导致他们日后变为性罪犯（Bagley，Wood，& Young，1994；Haywood & Grossman，1996）。一些神职人员对曾性侵害儿童感到愧疚和罪责，包括教堂的牧师和天主教神学院的老师。

2. 互联网：恋童癖者的高科技共犯

在1998年8月，12个国家的警察逮捕了100余名传播儿童色情作品的恋童癖（Pedophilia）嫌疑人。我们认定这类人为危险群体，不仅仅是因为他们传播儿童色情作品而违反多国法律，而且其中一些人还利用网络组织其他恋童癖者与儿童发生性关系。例如，在1997年，一名64岁的计算机顾问承认通过网络结识了一名14岁女孩并与其发生性关系，弗吉尼亚州的法官将其判处了2年监禁。美国联邦调查局通过锁定使用网络的恋童癖者，最终逮捕了这名顾问。据他交代，曾通过网络与至少100名12岁左右的女孩有过联系，并且与其中一部分在图书馆或其他公共场所见过面，他还承认早在20多年前，与自己年幼的继女和年仅十几岁的保姆发生过性关系（Masters，1997）。

209 　　父母有责任保护他们的孩子免受潜伏在互联网上的恋童癖者的伤害。一些软件可以帮助限制青少年访问不合适的网站和聊天室。美国联邦调查局设有专门针对计算机网络犯罪的部门，其目标是打击引诱青少年进入聊天室并试图与他们建立性关系的"性捕食者"。这类在网络跟踪（Stalking）引诱青少年的"性捕食者"最高可判10年监禁（D. P. Baker，1999）。

（三）应对反复发作且危险的性罪犯

许多强奸犯和其他性罪犯即使接受了治疗或者受到过监禁，但通常在日后还是会重蹈覆辙（Hanson，2000；Proulx，Pellerin，Paradis，& McKibben，1997）。尤其是恋童癖者，他们被囚禁越久，今后越容易多次犯案；事实上，相比强奸犯，恋童癖者从监狱释放后的头25年的再犯率为100%（DeAngelis，1997；Rice & Harris，1997）。恋童癖者尤其是高风险人群，因为相比于其他类型的性罪犯，他们更可能否认自己的罪行或拒绝承担责任。很多人关注的重点在于他们没有对受害者造成身体上的伤害，但却忽视了受害者因此而承受的严重心理创伤（Ivey & Simpson，1998）。恋童癖者通常认为那些年轻的受害人是"自己跟过来的"（Nugent & Kroner，1996）。因此，尽管性罪犯的再犯率总体不高于所有监狱罪犯的平均再犯率（Hagan & Cho，1996），但是社区中恋童癖者对受害者的潜在威胁的确十分棘手，尤其是考虑到遭受性侵害儿童的长期创伤。

简而言之，恋童癖者除了需要接受心理治疗，还需要加强长期的集中监管（DeAngelis 1997）。不幸的是，对性罪犯的治疗十分昂贵，同时也需要大量人力，而且大多数情况下治疗效果并不明显（Allan，Middleton，& Browne，1997；Furby & Weinrott，1980；Marshall & Barbaree，1988）。他们不仅需要克服对孩子的引诱，同时需要治疗共情能力的缺乏、物质滥用以及引发再犯的其他征兆（T. Ward，Hudson，& McCormack，1997）。理想情况下，这种特殊治疗将帮助改善那些童年时期遭受过性虐待的性罪犯（Allan et al.，1997；Marshall，Bryce，& Hudson，1996）和那些患有神经功能缺陷和学习障碍的性罪犯（Polaschek Ward，& Hudson，1997）的症状。最近的研究显示，集体辅导治疗与药物治疗相结合可能对降低性欲有效（Berlin & Kraut，1996）。

1. 性罪犯的民事责任

只有在适用民事赔偿情况下司法部门才会采取这样的方法，大多数司法部门会采取更直接的方法来限制性罪犯的危险性。这些方法中，外科手术或化学阉割在美国的大多数州是不合法的，同时有一些州有新的立法——被诊断为恋童癖（Pedophilia）或反社会人格障碍并多次再犯的性罪犯可被归为"性暴力罪犯"，这类性罪犯将一直待在精神病院治疗，直到被评估不会再有危害性（Sales & Shuman，1996）。厄尔·史林纳（Earl Shriner）的案件首次促成了这些民事法案在华盛顿州的通过。史林纳因为绑架、性侵害几名儿童以及谋杀一名15岁的女孩服刑10年，出狱2年后，他绑架了一个7岁的男孩并将其鸡奸，他随后刺伤其背部、勒掐其颈部，最后切下了男孩的阴茎。男孩幸存下来了，但他的暴行激怒了公众以至于华盛顿州颁布了反性暴力法案（Porterfield，2000）。

美国联邦最高法院支持多个州（如堪萨斯州）的反性暴力法案，俄勒冈州（Oregon）和华盛顿州（Washington）的最高法院也同样支持此类法案。然而按照此类民事法案规定，对于这些存在人格障碍或者其他心理异常、可能导致重新犯罪的性罪犯，在释放前需要举行听证会。包括心理学家在内的法案批评者指出，在许多情况下，被释放的性罪犯在听证会期间所显示出的精神异常包括反社会人格障碍或恋童癖（Pedophilia），但正如在本书第二章中所提到的，我们不认为反社会人格障碍会足以导致精神错乱或无责任能力，而恋童癖（Pedophilia）则仅仅是在罪犯最初被逮捕时，对其行为进行界定时的一个描述名称（LaFond，1998）。批评这项法案的人担心，少数可怕的犯罪会推动一些严厉的法律诞生，而这样的法律可能把一个初次犯罪的人就直接送进精神病院（Winick，1998）。同样可以理解的是，支持者们关心的是恋童癖者对受害者造成的长期伤害，他们认为如果法案能够确保这类罪犯没有机会再继续侵害他人，即使一些罪犯只侵害过一个儿童，那么对他们来说被判处终身监禁也不过分。

210

2. 性罪犯告示法

现在美国许多州都有法律委托警局去通知社区——在该社区居住着一个已经从监狱中

释放的性犯罪者[1]。第一个该类法案在新泽西州颁布，源于 7 岁的小女孩梅根·坎卡（Megan Kanka）被她的邻居（一个恋童癖者）强奸后杀害，因而被称作"梅根法案"（Megan's Law）[2]。

告示法有利于保护潜在的受害者，但是也会使已被释放的性罪犯难以适应这种被贴标签式的生活方式。批评者们认为，告示法会引起社会排斥，让那些已被释放的性罪犯无法找到工作，那些出现在性罪犯清单中的人最终都会被驱逐出社区（Twomey，1999）。事实上，羞耻、侮辱以及信息公开带来的其他后果都会给被释放的性罪犯带来巨大压力，这使得他们根本不可能拥有正常的生活，但是告示法的支持者们认为这些后果与保护儿童免受性侵害的需要相比是无足轻重的。

六、总结

当讨论暴力犯罪的时候，我们关注于美国联邦调查局所划分的犯罪，如抢劫罪（Robbery）、谋杀罪（Murder）、暴力强奸（Forcible Rape）、故意伤害（Aggravated assault），以及家庭暴力和儿童性侵害等其他类型的犯罪。

在美国，抢劫总是被冠以"浪漫"的色彩。然而，抢劫罪毕竟是暴力犯罪，它涉及使用暴力或以暴力威胁的方式，把他人有价值的物品据为己有。几种类型的抢劫犯中，长期型抢劫犯是最危险的。职业型抢劫犯会试图让自己的罪行逃脱法律的惩处。大多数抢劫犯的目的都是为了抢钱，尤其是长期型和职业型抢劫犯。他们通常是在抢劫后获得丰厚的钱财，便开始大肆消费，通常喝酒、吸毒，直到花光那些不义之财。抢劫犯与受害者之间90%都是陌生人。

杀人案件有许多类型，但我们的讨论集中在谋杀（Murder）和非过失仇恨性杀人。人们经常被离奇怪异的谋杀案所迷惑，实际上大多数谋杀都平淡无奇，如因日常摩擦争执引发的愤怒而导致杀害配偶或家庭成员，或者毒贩和帮派之间常见的恩怨仇杀。

与抢劫的受害者大都是陌生人不同，谋杀案中51%的受害者都与谋杀者相识。一个人最有可能是被他认识的人杀害，而不是陌生人。饮酒和吸食毒品往往与谋杀有关联。研究显示，50%的杀人犯都是在酒后状态下实施犯罪。

区别不同类型的谋杀取决于其作案方式、作案人和受害者的不同。杀害多名受害者的杀人犯包括狂热型谋杀犯、屠杀犯和连环杀人犯。连环杀人案件很容易吸引公众注意。大多数连环杀人犯都有"离奇"的过去并且使用独特的方式实施犯罪。犯罪画像（Criminal profiling）是行为科学和司法资源在追查凶犯时的应用，这须基于对该凶犯作案手法的研究（适用于连环杀人犯、强奸犯等）。

家庭暴力和虐待儿童在许多家庭中是一个普遍存在的现象。这些罪行没有阶层和种族的区分，通常是由家庭受到社会经济的压力和对毒品、酒精的滥用导致的。

211　仇恨性犯罪是一类特殊的犯罪，其分类基于被害人与作案人的身份特征。美国联邦调查局的数据记录着他们对人或财产的犯罪，这是源于对种族、民族、宗教或性别的偏见。仇恨性犯罪通常是经济和政治方面的原因或是时事的产物。例如，在2001年9月11日美国

---

〔1〕 50 个州颁布了法律要求性犯罪者在当地法律执行部门进行登记。但并不是所有州将此信息公之于众。
〔2〕 1996 年 5 月 17 日，克林顿总统签署了"梅根法案"。——译者注

遭受恐怖袭击事件后，针对穆斯林的仇恨性犯罪就增加了。

强奸是最可怕的性犯罪，虽然生欲是自然本能，但是大部分强奸犯并不是为了满足性欲而侵害女性，他们更注重强奸过程中体验到的力量感、征服感。对强奸犯有一些方式进行分类。超过一半的受害者与施暴者相识。年轻、贫穷的女性比年长、高收入的女性更容易被性侵犯。熟人之间的约会强奸（Date rape）并不比强奸陌生人的惩处更轻，而有些人对此有误解。

越来越多的天主教牧师性侵儿童事件成为新闻的热点。儿童遭受性侵害会对受害者和社会造成深远的影响，尤其是受害者是男孩时。被性侵犯的男孩往往会在今后嬗变为施暴者，这就形成恶性循环。有些人喜欢与儿童发生性行为，这被称为恋童癖（Pedophilia），这是十分危险的并难以治愈。恋童癖者往往对社会构成长期潜在的威胁，因此我们的司法体系须对他们的生活实施监控，即便是他们服刑出狱之后。

抢劫罪（Robbery）、谋杀罪（Murder）、故意伤害（Aggravated assault）、家庭暴力和仇恨性犯罪，这些是社会中少数最危险的人犯下的罪行。这些犯罪的根源是深层且复杂的，包括心理、认知和行为等多方面的原因。这些犯罪都离不开犯罪心理学和精神病理学的研究范畴——许多研究显示罪犯存在反社会人格障碍和物质依赖。仅有较少的人可能克服这些障碍，极少数的人仍有可能恢复守法的生活方式。他们中的大多数在出狱之后可能会重新犯罪，并不断触碰刑事司法系统的底线。换言之，他们中的大多数将继续对我们的正常生活构成威胁。

关键术语

抢劫罪　谋杀罪　恐怖主义　犯罪画像　殴打　袭击　一般伤害　故意伤害（蓄意伤害）　跟踪　仇恨性犯罪　暴力强奸　约会强奸　恋童癖

复习问题

1. 抢劫犯有哪四种主要类型？
2. 多受害者谋杀犯有哪三种类型？
3. 家庭暴力的根源是什么？什么样的家庭最容易受到伤害？
4. 是什么让仇恨性犯罪不同于其他类型的犯罪？
5. 讨论关于性罪犯民事责任和性罪犯告示法的争议。

相关链接

犯罪行为网：www. cassel2e. com.

文章中引用的 UCRs 完整信息可查看以下资料：www. fbi. gov/ucr/cius __03/pdf/03sec2. pdf.

犯罪特点——来源于美国司法统计局的资料：www. ojp. usdoj. gov/bjs/cvict __c. htm.

美国司法统计局的再犯研究：www. cor. state. pa. us/stats/lib/stats/BJS% 20Recidivism% 20Study. pdf.

美国司法统计局对性犯罪的研究：www. ojp. usdoj. gov/bjs/pub/pdf/soo. pdf.

儿童性侵害的数据和报告：www. prevent-abuse-now. com/stats2. htm.

亲密伴侣暴力案件表：www. cdc. gov/ncipc/factsheets/ipvfacts. htm.

第十一章　经济和财产犯罪

纵火罪　　　　　　　　　　　　　　　　　职业犯罪

入室盗窃、盗窃和机动车盗窃　　　　　　　集团犯罪

诈骗罪

　经济和财产犯罪（包括入室盗窃、盗窃、诈骗、白领犯罪、集团犯罪和纵火罪等）是当今最为普遍的刑事犯罪类型，占所有犯罪案件数量的90%，给个人、企业和政府造成每年数千亿美元的直接经济损失，间接的经济损失更是无法估量。人们害怕成为犯罪的被害人，于是到了晚上就足不出户，消费水平随之下降；此外，保险费和其他税费支出的增加进一步加剧了人们对企业和政府的不信任感。在这一章中，我们将学习那些在"统一犯罪报告"（UCR）[1] 首页中被提及的犯罪——纵火罪、入室盗窃、盗窃罪（larceny theft）、机动车盗窃，还有一些统一犯罪报告中未收录的犯罪，如职业犯罪、集团犯罪等。

一、纵火罪（arson）

美国联邦调查局（FBI）2004 年的报告将纵火定义为故意点燃住所、房屋、公共建筑、汽车、飞行器或其他私人财产的行为。根据 2004 年美国联邦调查局的调查数据，2003 年全美总共发生了约 71 300 起纵火事件，约有 16 000 人因为纵火被捕。从性别来看，纵火者中 89% 是男性，从种族比例来看，其中 77% 为白色人种，21% 为黑色人种，余下为其他种族。

在纵火犯罪报告中，42% 的纵火目标是不动产，其中 61% 为住宅，而这些住宅中 73% 为单亲家庭住宅。33% 的纵火犯罪目标是动产，其中高达 95% 的纵火以机动车为目标，剩余的纵火犯罪则针对农作物、木材和其他财物。平均每一起纵火事件造成的损失达到 11 941 美元，针对住宅和公共建筑而纵火所造成的损失远超这一数值（美国联邦调查局，2004a）。

（一）纵火犯罪的动机

研究者总结了纵火犯罪的五个主要动机：①故意毁坏财物；②报复；③隐匿犯罪痕迹；④诈骗（fraud）；⑤恐吓威胁（Boudreau，kwan，Faragher & Denault，1977）。

1996 年，49% 的纵火案件中的犯罪人纵火单纯是为了毁坏财物。故意毁坏财物型的纵

---

　〔1〕　联邦调查局（美国联邦调查局）负责的统一犯罪报告始于1929 年。其所统计的是向执法机关报案的下列犯罪：谋杀、误杀、暴力强奸、抢劫、严重人身伤害、入室盗窃、盗窃、机动车盗窃、纵火等。逮捕统计则另增加21 种犯罪。该报告综合了执法部门的月统计和个人直接向联邦调查局报案或者向其他中央执法机构报案而由后者转交给联邦调查局的案件数。——译者注

火大多由青少年造成，伊科夫和艾斯特普（Icove & Estepp，1987）的调查显示这一比例高达97%。这些青少年通常结伴共同而行，在生活区域1英里以内实施纵火，他们中有很多人会在纵火现场附近逗留。

在纵火犯罪中，报复性纵火所占比例为14%。纵火犯认为某些人曾经给他们带来了伤害，于是通过毁坏对方财产来实现报复目的。拥有犯罪记录的成年男性更容易做出这样的行为。犯罪人在犯罪前或犯罪时往往大量饮酒（Icove & Estepp，1987）。

有7%的犯罪人纵火是为了隐匿犯罪痕迹，包括掩盖入室盗窃、谋杀和其他重罪。有时候那些选择自杀的人，为了使其家人获得丰厚的人身保险赔偿金，也会去放火以掩盖其真实的死亡原因（Inciardi，1975）。

在一些保险诈骗纵火案件中，行为人在自家房屋或商铺纵火以获取财产保险赔偿，有些人甚至雇佣有多次纵火犯罪史的人来实现这一目的。这些受雇佣人员的年龄大约在25～40岁之间，通常曾因入室盗窃、攻击行为和扰乱社会秩序等而被逮捕（Douglas，1992）。

少数纵火犯的目的在于恐吓他人或者威胁他人。比如，在一些已被知悉的案件中，心怀不满的雇员通过纵火强迫管理者同意员工的要求。有些人甚至威胁老板如果自己不能获得更多利益，将会再次实施纵火。纵火犯威胁他人而纵火，一般受到其经济地位、社会阶层、政治或信仰等因素的影响。就像我们在第十章所讨论的，纵火的形式可表现为仇恨性犯罪。在其他恐吓纵火案件中，纵火犯的动机可能是勒索钱财、从事恐怖活动或者通过破坏实现特定目的。

（二）纵火犯的人格

大多数纵火犯本身就是普通人，仅仅0.1%纵火犯患有纵火癖。纵火癖（Pyromania）指的是一种为了高兴、激动或释放压力而持续纵火的冲动控制障碍（美国心理协会，2000a；Bradford，1982；Icove & Estepp，1987；M. A. Stewart & Culver，1982）。纵火癖者纵火，并不是为了经济利益、政治目的、表达愤怒或者实现报复，释放精神紧张似乎是促使纵火癖者实施放火行为的重要原因。被诊断为纵火癖的人不仅喜欢观看大火，还会假报火警并目睹消防车出警，有些人甚至成了消防员。那些纵火的消防员往往是为了成为拯救生命和财产的英雄，或者是为了可以多赚一些补贴（美国消防管理局，2003）。2002年夏天，两个国家林业局的雇员被指控引发了美国历史上最大的两场森林大火。一场发生在亚利桑那州，这场大火摧毁了432户住宅，并且给附近社区带来了损坏，为了控制住这场大火，政府花费了约10 000 000美元。据说他们纵火是为了赚取每小时8美元的灭火费。而另一场发生在科罗拉多州的大火，毁坏了超过130户的住宅并且火势蔓延到了丹佛的郊区，这场大火造成了大约15 000 000美元的经济损失。检察官称纵火者的目的是报复以及获取经济利益（美国消防管理局，2003）。

纵火癖者的诊断标准如下：①行为人不是出于反社会人格障碍、品行障碍、躁狂症而纵火；②行为人也不是因幻觉、痴呆、精神发育迟滞或服用毒品而纵火（见表11.1）。大部分纵火癖者是适应性差、缺乏社会技能、具有学习障碍的男性。

（三）未成年纵火犯

2003年，超过51%的因纵火而被逮捕的人年龄小于18岁；31%的纵火犯年龄小于15岁。在联邦调查局犯罪报告的所有犯罪类型中，纵火罪是众多未成年犯罪中比例最高的罪行。并不是未成年人所有放火的行为都是纵火，有些仅仅只是个意外。很多孩子们觉得火很有趣，几乎一半的孩子都因为好奇而玩火（Kolko，1985）。在确定一个放火的未成年人有纵火的故意时，以下几个因素至关重要：纵火者的年龄、火灾性质、目的和动机。除了故意毁坏财物、报复或掩盖犯罪事实，未成年纵火犯实施纵火，还可能是因为对火的好奇、获取同侪认同、自残等原因（Swaffer & Holing，1995）。

215　　未成年放火者发展成为纵火犯往往经历了三个阶段：第一阶段，7岁以下的孩子，大多因为意外或好奇而放火。第二阶段，8～12岁的孩子放火，通常是因为冲动、攻击性高，或者为了表达沮丧之情。这也可能是患有品行障碍的征兆（美国心理协会，2000a；Hanson，MacKay，Atkinson，& Staley，1995；Snyder，1999）。第三阶段，13～18岁的少年放火者形成了出于故意毁坏财物、报复或者其他攻击性目的而持续放火的行为模式。

表 11.1　纵火癖诊断标准

纵火癖者的特征：
（1）对于火产生迷恋或者好奇。 （2）放火前表现得紧张或兴奋。 （3）多次故意放火。 （4）在纵火时或纵火后有高兴或轻松的感觉。 （5）纵火并非出于幻觉、错觉或者出于经济利益或政治目的。

American Psychiatric Association, *Diagnostic and Statistical Manual of Mental Disorders*, 4th ed., text revision, Washington, DC: Author, 2000.

儿童放火是一件非常严重的事情，它会导致严重的财产损失、人身伤害甚至人员死亡。同时，与其他行为不良者相比，这些放火的未成年人一旦成年，更容易从事一些严重的反社会行为（Forehand，Wierson，Frame，Kempton，& Armistead，1991）。那些屡次放火的年轻人，因社会技能相对匮乏，很容易被社会孤立（Maccoby，1986），也更容易被诊断为品行障碍，比起其他少年犯有更多的社会适应不良及家庭问题（Barnett & Spitzer，1994；Kadzin & Kolko，1986；Kolko，1989；Wicks-Nelson & Israel，1997）。实际上，这些未成年纵火者的家庭背景和那些通常具有品行障碍的孩子非常相似，他们的父母往往具有心理疾病和不良的家庭婚姻关系（Barnett & Spitzer，1994；Kazdin & Kolko，1986；Kolko，1989）。

摩尔、汤普森·波普以及怀特德（J. K. Moore，Thompson-Pope & Whited，1996）使用明尼苏达多项人格问卷未成年人版（MMPI-ATM）的数据（Butler，et al.，2004），比较了14～17岁的精神病人的人格，发现其中有纵火史的人具有更严重的品行障碍、精神错乱、抑郁症、思维障碍和更差的现实检验能力[1]。绍尔和皮克雷尔（Shower & Pickrell，1987）将儿童精神健康中心和国家精神病院的186名纵火者和不曾放火的165名同性别的未成年人（4～17岁）进行比较。结果表明，纵火者更容易表现出不服从和攻击等行为障碍，在家庭生活中也遭受了更多的身体虐待（Showers & Pickrell，1987）。汉森、麦基、斯特利和波尔顿（Hanson，MacKay，Staley & Poulton，1994）的研究表明，比起其他类型的少年犯，

---

　　[1]　现实检验是用来区分来自外部世界的思想和感情的内心世界的过程是在心理和行为治疗常用的技术，如判断朋友言谈的玩笑是假、感情是真。——译者注

反复纵火的未成年犯反社会行为突出。还有一些证据表明，频繁纵火的人在童年期通常有过被人用火虐待的经历，这可能导致他们将纵火视为一种报复手段（Ritvo, Shanok, & Lewis, 1983）。

（四）成年纵火犯

成年纵火犯常常表现出一系列的行为和社会适应问题，包括严重酗酒、婚姻和性问题、经济困难、职业问题、屡次犯罪等（Vreeland & Levin, 1980）。有研究表明，成年纵火犯在精神方面与其他成年暴力罪犯（如谋杀）不同。罗赞、哈寇和瓦萨宁（Rasanen, Hakko & Vaisanen, 1995）的研究发现，杀人犯中有酗酒问题的比例为62%，而纵火犯中这一比例达到了84%。纵火犯也更容易产生自杀行为或自杀意图。与杀人犯相比，纵火犯患有精神疾病的比例是前者的4倍，患严重抑郁症的比例是前者的3倍，患有智力障碍的比例是前者的2倍。85%的纵火犯在犯罪之前曾接受过精神疾病治疗。与杀人犯不同，纵火犯经常因为精神问题而被判无罪（Rasanen et al., 1995）。普里、巴克斯特和柯蒂斯（Puri, Baxter & Cordess, 1995）参考了一家英国精神护理机构的数据，对16～77岁的男性和女性纵火犯的社会学、人口学、精神病学和医学方面的特征展开研究，发现这些人有精神类药物滥用史，在人际关系方面存在严重问题（其中85%的人独居），其中44%的女性纵火者曾遭受过性虐待。实际上，比起男性纵火犯，女性纵火犯常患有更加严重的精神疾病。斯图尔特（J. A. Stewart, 1993）发现，92%的女性纵火者被诊断为精神疾病，且没有一人是为了经济利益而纵火。她们大多患有抑郁症，极度缺乏自信，愤怒管理能力极差。在一些案例中，女性纵火者还存在酗酒问题。

二、入室盗窃、盗窃和机动车盗窃

美国联邦调查局认为入室盗窃、盗窃（Burglary）、机动车盗窃和纵火都属于财产犯罪。我们已经在上面单独讨论了纵火罪。尽管谋杀、抢劫和强奸等暴力犯罪的发生频率极高，平均每19秒钟就会发生一起，但财产犯罪的发生频率则更高，达到了平均每3秒钟一起。入室盗窃、盗窃和机动车盗窃的目标是得到财产或金钱，但与抢劫犯不同，他们并不对被害人施以暴力或者暴力威胁。在美国，此类财产犯罪行为的发生比率在各个地区有所不同，41.2%发生于南部，25.1%发生于西部，21%发生于中西部，12.6%发生于东北部（美国联邦调查局，2004a）。

（一）入室盗窃

入室盗窃，即非法进入他人房屋实施盗窃行为。在有些州，入室盗窃被称为"以盗窃为目的闯入他人住宅的行为"。2003年的数据表明（美国联邦调查局，2004a），美国大部分的入室盗窃发生在南部，其比例高达45%，而西部、中西部和西北部的比例分别为23.6%、20.1%和11.3%。入室盗窃在所有财产犯罪中所占的比例为18%。入室盗窃发生数量最多的月份是7月，发生数量最少的是2月。从2003年的数据来看，每三起入室盗窃案中就有两起发生在私人住宅。在入室盗窃案件中，62%的案件为暴力入室，只有31%的非法入室没有暴力行为，而余下的案件则是犯罪人具有暴力的企图。[1] 针对住宅的入室盗

---

〔1〕 此处的暴力，是针对物的暴力，如暴力破坏门窗。非暴力的入室盗窃，则以平和方式进入，如偷配钥匙进入住所。——译者注

窃 62% 发生于白天，而针对非住宅的入室盗窃，58% 发生于夜间。2003 年，全美因入室盗窃造成的经济损失达到约 3 500 000 000 美元。每起住宅入室盗窃案造成的平均损失是1600 美元，非住宅入室盗窃案造成的平均损失是 1676 美元。在 2003 年因入室盗窃被捕的人中，86% 为男性，其中30% 的人小于 18 岁（与 1995 年相比增长了 3%）。在女性入室盗窃犯中，25% 为未成年人。从种族来看，70% 被逮捕的入室盗窃犯为白色人种，28% 为黑色人种，余下则为其他种族（美国联邦调查局，2004a）。

虽然很多入室盗窃犯是为得到金钱满足其毒瘾而实施盗窃行为（Cromwell, Olson, & Avary, 1991），但入室盗窃获得的利益其实并不可观。威尔逊和亚伯拉罕森（J. Q. Wilson & Abrahamsen, 1992）发现，尽管入室盗窃犯先前预期每起入室盗窃的犯罪所得能达到 2500 美元，但实际上，入室盗窃的平均犯罪所得只是 200 美元多一点。

2003 年被逮捕的入室盗窃犯中，女性盗窃犯只占据了 14%，初次作案的平均年龄往往大于男性罪犯，且大多存在酒精或药物成瘾问题。德克、赖特、雷德芬和史密斯（Decker, Wright, Redfern & Smith, 1993）的调查指出，47% 的女性入室盗窃犯声称有酗酒和吸毒问题，且 72% 的女性入室盗窃犯在犯罪前曾饮酒。女性通常与男性合作实施入室盗窃，担任望风、司机或者其他角色，当然有时候女性也会成为入室盗窃的计划者、执行者和销赃者（Decker et al., 1993）。

正如我们在第十章中所提到的，入室盗窃往往是犯罪人走向更严重犯罪道路的一个前奏。比如，大量的武装抢劫犯在入室盗窃后才转向抢劫，因为他们发现入室盗窃花费了大量时间却所得甚少（Wright & Decker, 1997）。实际上，入室盗窃已经成了抢劫犯们学习犯罪技能的"学前班"，入室盗窃经历教会了他们如何犯罪、承担风险和躲避抓捕。

同抢劫犯一样，一些入室盗窃犯也只是偶尔才犯罪，但是也有很多"职业的"入室盗窃犯，长期从事此种犯罪，并为其"手艺"而自豪。绍尔（1972）的调查显示，职业盗窃犯在评价自己时，通常会认为自己技术高超、守信、生活富足、具备逃避抓捕的能力。他们认为，想要成为一名专业的入室盗窃犯，必须做到以下几点：①提高和练习入室技术，包括学习并不断练习绕开安全系统和安全防护；②搭建共犯网络；③获取有关贵重物品所在位置的内部消息，以便提高效率；④拓展销赃渠道或者发展买家，以将其窃得的物品换成现金（Cromwell et al., 1991；Shover, 1972）。那些希望变得专业的入室盗窃犯，最初会选择当惯盗的学徒。这类指导者通常是他们的兄弟姐妹或其他亲属，抑或是帮派伙伴、狱友。而一旦这些入室盗窃犯变得专业，他们的行为又会在这种不正常的文化中受到其他专业入室盗窃犯的强化。

专业的入室盗窃犯会在被抓捕的危险和可能获得的利益之间进行权衡，从而对是否进行入室盗窃、何时何地、如何操作等问题作出对他们来说理性的选择。有经验的入室盗窃犯在选择目标时会发挥其专业特长，花费很长时间去观察目标对象的住所，如篱笆、门和安全监视警报器，后者说明其家中有值钱的物从而尽可能地提高其盗窃的成功率。他们也会筛查一个潜在的目标，通过仔细观察，深思熟虑地选择动手时间（MacDonald & Gifford, 1989；M. Taylor & Nee, 1988）。

比如艾伦·高德（Alan Golder），就是一个专业的"飞贼"，被指控于 1997 年在美国康乃迪克州的格林威治的奢华寓所附近实施了多达 20 次的入室盗窃。在此之前，他还曾在纽约、佛罗里达州、德克萨斯州和加利福尼亚州的高档住所实施过入室盗窃。他经常在防盗警报系统被关闭的晚餐时间实施盗窃，所以又被称为"8点晚餐的强盗"。高德只盗窃高级珠宝，据联邦假释官所言，高德每次成功得手，都要拍照留念。他的身体特别灵活，可以从容地攀爬房檐和柱子，来去自如。他会在目标宅邸附近进行全方位的观察和准备。高德非常热爱自己的"职业"，就算是那些恨他和想把他送进监狱的人，也不得不承认他拥有非凡的犯罪才华（Harden，1998）。

（二）盗窃

统一犯罪报告将盗窃定义为：非法获取、携带、销售他人占有的财产。盗窃十分常见，是美国联邦调查局的报告中案件数量最多的罪名。2003年，在被逮捕的财产犯罪人中，有67.3%的人是盗窃犯（美国联邦调查局，2004a）。盗窃案件发生频率最高的月份是7月和8月，发生频率最低的月份是2月。43%的盗窃发生在美国南部各州，而西部、中西部和东北部的比例分别为23.9%、21.9%和13%。2003年，全美因盗窃造成的损失总数达到了49亿美元（美国联邦调查局，2004a）。

盗窃罪有很多种类型，包括在商店行窃、扒窃、从汽车上盗窃、盗窃汽车零件和配件、盗窃自行车等，还有其他不具有强闯、暴力或者诈骗性质的盗窃行为（见图11.1）。不过，侵占、制造骗局、伪造和开取空头支票并不包含在内。我们下面将提及的机动车盗窃，也属于另一个单独的类型，在这里先不具体论述。

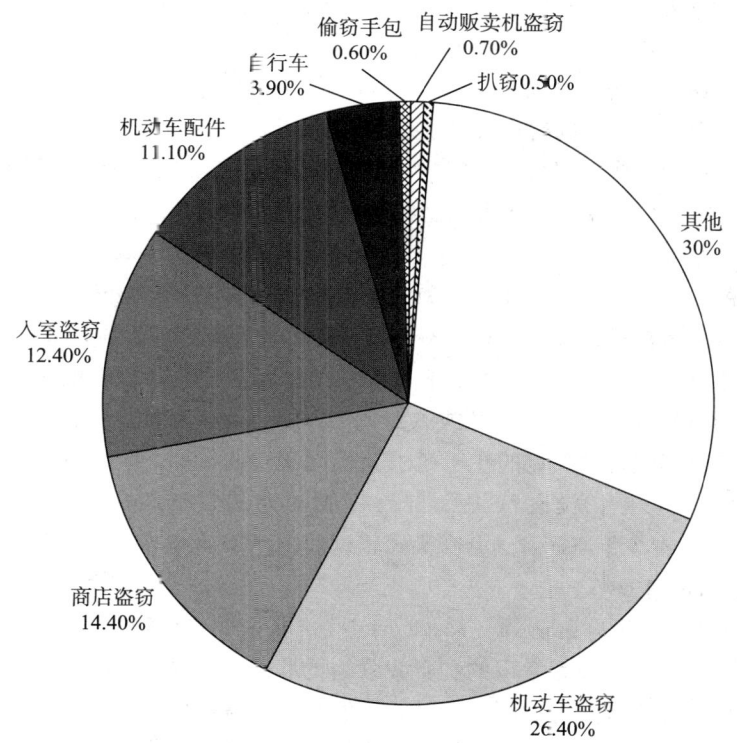

图11.1　盗窃类型分布图

Federal Bureau of Investigation，*Crime in the United States—2003*，Washington DC：Government Printing Office，2004.

2003年，在因盗窃被逮捕的犯罪人中，年龄在18岁以下的超过28%。女性盗窃的比例比 1997 年有所增加，达到了 27%。种族方面，被逮捕的盗窃犯中，68.5% 为白色人种，28.8% 为黑色人种，余下的 3% 为其他人种（美国联邦调查局，2004a）。和入室盗窃犯一样，很多盗窃犯也有酒精或药物成瘾问题。大部分的病理性赌徒通过盗窃来筹集赌资（Blaszczynski & McConaghy，1994）。犯有盗窃罪是罪犯被送入联邦监狱的第二大原因，仅次于贩毒罪。

（三）机动车盗窃

机动车盗窃是指盗窃或者企图盗窃机动车辆，包括卡车、巴士、摩托车、小型摩托车或其他类似的机动车辆。

2003 年，在被报告的机动车盗窃案件中，73% 的盗窃目标为汽车。机动车盗窃也包括为了"兜风"临时起意偷开他人汽车的行为，即所谓的无权使用。2003 年，美国 34.5% 的机动车盗窃案件发生在南部，西部、中西部和东北部的比例分别为 34.4%、18.5% 和12.5%。机动车盗窃案件发生频率最高的月份是 1 月、7 月和 8 月，发生频率最低的月份是2 月（美国联邦调查局，2004a）。2003 年全年，全美国因机动车盗窃而遭受的损失估计高达 8 600 000 000 美元。2003 年，在因机动车盗窃被逮捕的人中，男性的比例达到 83.4%；从种族看，白色人种的比例为 60%，黑色人种的比例为 35.9%，余下的为其他种族；从年龄来看，62% 的人小于 25 岁，29% 的人小于 18 岁（美国联邦调查局，2004a）。

（四）商店行窃

商店行窃十分常见，并且后果严重，在所报告的盗窃案件中所占比例为 14%（美国联邦调查局，2004a）。然而，很多的商店行窃案件并没有被发现和上报，因此其实际发生的数量应比"犯罪统一报告"中所描述的要更高。商店行窃案件多发生于大型的购物中心，广告和促销在吸引消费者的同时也吸引了窃贼。

商店行窃案件中，成年犯和未成年犯的比例几乎相同，但是他们在犯罪发生时间上却没有规律可循。在成年犯中，很多人只是在不满 10 岁或者少年时期有过商店行窃行为（通常是同伴影响的结果），绝大多数人成年之后就不再有类似行为了；少数成年后又重新开始实施商店行窃的人，通常会成为惯犯。和纵火罪一样，少年时期就开始实施商店行窃直至成年的人，大多一生都难以改过自新（Kelley, Loeber, Keenan, & DeLamatre, 1997）。

一些成年盗窃者是因为缺少食物、衣服和其他个人必需品却没钱购买；还有一类人则是为了提高生活质量或者吸毒、饮酒或者赌博（Blaszczynski & McConaghy, 1995）。儿童和青少年大多以团伙形式行动，目的在于谋求获得同龄人的认同。大部分处于青春期的商店行窃犯受到同龄人影响，没有认识到自己行为的违法性（Cox, Anderson, & Moschis, 1993；Lo, 1994）。青少年盗窃者通常在离家较远的商店实施盗窃，财物数额一般较小，仅仅是觉得刺激（Lo, 1994）。

大约 5% 的盗窃犯患有盗窃癖（Kleptomania），即一种"疯狂盗窃"的冲动控制障碍，他们在商店盗窃时处于一种无意识的和自我强迫的状态（见表 11.2），盗窃的物品对他们来说根本没用或者完全有能力购买。有时候，他们会将盗窃所得珍藏起来或者偷偷地送回商店。与纵火癖相似，盗窃癖者声称他们无法控制盗窃的冲动，并在盗窃后感到愉悦和轻松。随后他们能够认识到盗窃是错误的，害怕被抓捕，也会为自己的行为感到沮丧和内疚（美国心理协会，2000a）。

表 11.2 盗窃癖的诊断标准

盗窃癖者的特征表现：
（1）盗窃前会感到紧张。
（2）无法抗拒盗窃的强迫心理。
（3）盗窃物品并非为了使用或出卖。
（4）在盗窃后感到高兴或轻松。
（5）盗窃并非是出于错觉、幻想或者愤怒复仇。

American Psychiatric Association, *Diagnostic and Statistical Manual of Mental Disorders*, 4th ed., text revision, Washington, DC：Author, 2000.

精神疾病诊断与统计手册将盗窃癖者分为三种类型：零星盗窃癖者（sporadic type）、偶然式盗窃癖者（episodic type）和习惯性盗窃癖者（Chronic）。第一种盗窃癖者作案频率较低，在一次盗窃和下一次盗窃之间有较长的不犯罪记录。第二种盗窃癖者的情况比第一种严重。第三种盗窃癖者则或多或少有过持续的盗窃行为。无论是哪种类型的盗窃癖者，其盗窃行为都可能持续很多年，即使是在被抓捕之后也不会改变（美国心理协会，2000a）。被诊断为盗窃癖的女性人数远远多于男性，且其中 80% 的女性同时患有抑郁症（Goldman，1991；McElroy, Pope, Hudson, Keck, & White, 1991；Yates, 1986）。

患有抑郁症的商店行窃者大多在感到抑郁时盗窃，或许是因为刺激和兴奋感减缓了其抑郁情绪（Goldman，1991）。研究表明实施商店盗窃的老年人的数量也在大量增长，他们很可能也是为了缓解抑郁。其他的并发疾病包括狂躁症、焦虑症、饮食紊乱症（特别是暴食症）和药物滥用等（Fugure, D'Elia, & Philippe, 1995；Fullerton, Wonderlich, & Gosnell, 1995；Lamontagne, Carpentier, Hetu, & Lacerte-Lamontage, 1994；Lande, 1995；R. H. Moore, 1984）。

三、诈骗罪

诈骗，是指通过故意陈述虚假事实而非法获取他人财产的行为（美国司法部，1987）。诈骗罪并未被收录在"犯罪统一报告"中。所有的职业犯罪（occupational crime），不论哪一种类型，都基于一定程度的欺骗——通过损害客户、投资者、股东或纳税人的利益来实现自身利益。但是人们也能在与其职业毫不相关的情形下实施诈骗。比如，1997 年，一个弗吉尼亚的药剂师和她的同居男友洗劫了一个富裕社区的邮箱，将所有涉及户主个人信息的信件资料偷走。然后他们利用这些信息去申请办理信用卡，等信用卡审批通过并邮寄至户主邮箱后再将其偷走。此后他们利用这些信用卡在 ATM 机上疯狂取钱。他们通过这种方式盗取了 317 000 美元（Masters，1998b）。在这类案件中，被害人毫无察觉，直到他们收到信用卡催账单（账单没有被偷走）。

在一些案件中，被害人之所以被骗，是因为他们信任犯罪人，或者缺乏经验。即使是电视福音传道者，也会犯下诈骗的罪行，平均每年从那些虔诚的信众那里骗取 100 000 000 美元（Friedrichs，1996）。吉姆·贝克（Jim Bakker），从他的电视会员那里骗取了 3 700 000 美元。有时候，这些福音传道者以完成"上帝之工作"作为幌子。几年前，奥洛尔·罗伯茨（Oral Roberts）告诉他的观众，如果自己不能在特定日期之前募集到一笔巨款，他将可能会死去。随后他就收到了纷至沓来的捐款。同邮箱窃贼、伪造信用卡申请者和诈骗的家政服务公司一样，这些虚伪的福音传道者从不考虑被害人的痛苦。

（一）社保诈骗

联邦的社保体系为那些拥有未成年人的家庭提供现金、食物券、医疗补助等，并对穷困和残疾的人提供各种援助。然而很多没有资格获得此类帮助的人，通过弄虚作假每年骗取了数以亿计的美元。例如：

（1）一个宾夕法尼亚州的居民拥有 13 张公共福利资格卡，并从纳税人福利基金中盗取了 22 000 美元。

（2）一对夫妇通过造假，连续 7 年从美国未成年子女补助计划领取补助金和食物券，并用这些钱建造了一栋 4 层高的房子赚取房租。该妻子声称她的丈夫抛弃了她并定居国外，而实际上他们一直住在一起。

（3）一个珠宝店的老板利用 10 年来非法获得的 100 000 美元的福利援助，雇用了建筑工人将其所有的 1200 平方英尺的房屋扩建到原来的 3 倍。

（4）社保诈骗调查人员在搜查一个福利受领者的房屋时，发现了超过 155 000 美元的现金。进一步调查发现某家庭成员拥有 225 000 美元的银行存款，并且设立了一个公司，以运作那些通过诈骗得到的医疗救助款。他们从医疗救助体系中盗取了数百万美元。

（5）一对夫妇领取福利款，而实际上他们拥有自己的公司，并且已经为一栋价格为 200 000 美元的房屋预付了 25 000 美元。在他们被捕时，这对夫妇拥有 162 000 美元的现金，另外在他们的支票账户还有 70 000 美元。这些长期的福利受领者们甚至拥有雷克萨斯、捷豹、宝马豪车和游艇。

加利福尼亚州引进了复杂的指纹系统和其他措施，以减少人们以化名提交申请而获得福利款所造成的损失（平均损失额为每年 85 000 000 美元）。1997 年，宾夕法尼亚州通过严厉打击社保诈骗，发现涉案金额达到了 115 000 000 美元，然而只追回了 56 700 000 美元的诈骗款。

（二）与生活相关的诈骗

我们可能会觉得那些实施诈骗的人十分可恨，但是有时候，诈骗犯可能就是我们身边的人。常见的有：在其他方面都守法的公民会在其纳税申报单上造假，以欺骗政府、保险公司和其他组织；或者声称遭受了财产损失和人身伤害以获取赔偿金；或者是不向停车收费器缴费。他们（或者说我们）的借口是什么？

人们往往会为自己的偷税漏税行为寻找很多借口，比如税法不公、政府大量浪费税款和"每个人都这样做"等（Thurman, St. John, & Riggs, 1984）。实际上，很多在纳税过程中造假的人并没有认识到自己的所作所为是犯罪行为（Levi, 1987），或者说他们并不认为逃税是一种耻辱。有些人甚至说收税本身就不合理，所以以一定数量的税款诈骗来表达抗议（S. Duke, 1983）。很多逃税者知道政府每年只审计很小一部分税申报单，所以他们甘冒风险，寄希望于一直不会被发现。

和逃税者一样，诈骗保险公司的人也会通过少报汽车的年行车里程数等方式，以减少汽车保险费[1]。还有些人通过夸大财产损失或人身伤害，在律师或医生的帮助下牟取利

---

〔1〕 根据驾驶情况调整保费的保险在欧美已经普及，前提是在汽车上配备专用通信设备。这种保险叫做"基于用量的保险（Usage-based Insurance，UBI）"，还有保险不仅跟行驶里程挂钩，还跟速度及急刹车频率等所有驾驶数据挂钩。通过分析驾驶员每天开车的次数以及主要在白天还是晚上开车等信息，仔细计算出每个客户发生事故的风险程度，并反映在保费中。——译者注

益。有些事情甚至让人匪夷所思。几年前，一个弗吉尼亚人策划了一场严重车祸，伪造了自己的"死亡"。虽然警方没有找到完整的尸体，但他仍然被宣告死亡。就在他的家人悼念时，他却从一家著名的人身保险公司获得了巨额赔款，而之前他以一个并不存在的亲戚为受益人为自己投保了这个生命险。这一阴谋一直没有被发现，直到若干年以后，他在找工作时出示了一张伪造的社保卡，真相才浮出水面。

更为常见的情形是，人们通过信息造假，申请汽车贷款、房屋贷款或信用卡，而实际上他们本没有资格获得该信用额度。很多人一开始有偿还贷款和信用卡欠款的打算，但是当还款期限到来时，他们却并没有足够的钱来还债。

这些"守法公民"逃税漏税、骗取保险金、谎报信用额以及其他类似的诈骗行为很常见，他们和盗窃犯没什么两样，都非法获取了他人财产。但人们并不愿意这样去解读他们的行为，这也可能是人们对诈骗行为相对宽容的原因之一。也许人们想起了圣经中的禁令："让无罪的人投第一块石头"。无论如何，很多人自己实际上已经实施了各种诈骗，或是因为在看到他人受骗时无动于衷。所以，当人们在质问为什么有人会实施那些数额巨大的诈骗行为时，也许人们更应该审视他们自己，如果他们自己也曾经在类似行为中实施过哪怕数额很少的诈骗，那就应该也问问自己有什么理由。

四、职业犯罪

犯罪学家埃德温·萨瑟兰（1940）用"白领犯罪"这一词，将那些拥有高收入并利用其地位（有时是权力）犯罪的人，同穷困无依的罪犯区分开来。萨瑟兰的主要兴趣在于由公司高管组成的犯罪集团从事的违反刑法和法规的行为，但是"白领犯罪"这一概念，和"白领工作"这个词一样，其内涵已经得到了极大的扩展。实际上，大部分犯罪学家现在倾向于用"职业犯罪"这个词来形容那些利用其职位或者职业实施犯罪的行为。

职业犯罪有两种主要类型——个人职业犯罪和团体职业犯罪，两种都可能危害雇主、危害公众或者两者兼备。个人职业犯罪由个人实施，如将单位物资偷带回家或者多收客户服务费用。在另一种更为复杂的个人职业犯罪，即"专业性的职业犯罪"中，医生、律师或者其他具有特殊专业知识的职业者，可能有通过漫天要价、偷取客户财产或提交虚假的医疗保险声明等犯罪行为。

团体职业犯罪，是指一个组织通过其官员、主管或者雇员以该组织外的人为对象进行的犯罪行为，侵害对象包括顾客、竞争者、雇员或者政府。[1] 团体职业犯罪的例子包括逃税、对客户漫天要价、盗用基金、向政府官员行贿、设置投资陷阱和证券诈骗。安然公司的例子，对于解释对雇员、投资者和消费者的诈骗行为的类型非常有帮助。在此案件中，个人和团体犯罪者都从犯罪中获得了直接利益，最后留给雇员和公众的只有一个空壳。

222

很多的团体职业犯罪发生在合法的企业中，但也有一些公司，成立的唯一目的就是违法犯罪，它们通过制造虚假地产及股票交易、家庭装修诈骗、旅行骗局、传销计划和其他类似的行为欺骗消费者、保险公司或者政府。犯罪学家也将这类犯罪主体称为诈骗公司。另一种不同的团体职业犯罪是政府权力犯罪，指政府雇员或者公共事务官员利用其地位和权力进行的犯罪。典型例子是受贿、挪用资金和贪污。

---

〔1〕 团体职业犯罪（Occupational Crime）不应同黑社会犯罪混淆，我们稍后再作解释。

（一）职业犯罪的损害

职业犯罪造成的损失是暴力犯罪和财产犯罪的数百倍，被害人众多是原因之一。暴力犯罪和财产犯罪的被害人毕竟是少数人，但是几乎每个人都承担着高利率、高保险费和税费、投资损失等带来的困扰，而这些都由各种类型的职业犯罪间接造成。比如雇员的盗窃行为，可造成消费商品的价格上涨10% ~ 15%，甚至可能因为财政损失造成公司困境（Friedrichs，1996）。但令人惊讶的是，公司往往不愿意去起诉它们的雇员。注册舞弊审核师协会（ACFE）最近的一起调查（1999）发现，84%的公司对盗取本公司财产的雇员没有采取法律行动，而在那些少数的采取法律行动的公司中，只有1/3最后选择了刑事指控。雇主更倾向于以解雇来惩罚雇员，而被解雇后他们中的很多人又被其他公司雇佣。与雇员盗窃行为造成的平均97 000万美元的损失相比，这一调查结果实在值得深思（注册舞弊审核师协会，1999）。

根据世界银行的估计，世界上每年由贪污受贿所造成的损失至少有1 000 000 000美元，包括向其他公司行贿以获得执照或者合同，但不包括雇员挪用、盗窃公司资产所造成的损失（Chartered Institute of Building，2004）。各类全球发展计划，如世界银行所资助的计划，每年因贪污、腐败造成的损失超过了3 000 000 000美元（Transparency International，2005）。有研究选取了美国15个州对商业贪腐进行排名，包括行贿、回扣、虚假交易、不法政治分配，等等（Mukherjee，1997）。为了阻止对投资者和市场的诈骗行为，美国国会在2002年通过了《萨班斯－奥克斯利法案》，该法律规定了严格的报告制度，要求那些欺骗或者误导投资者的官员或者主管承担责任（该法案的目的是提高股票价格和改善公司金融状况）。

针对联邦政府医疗保险和医疗补助的诈骗时常发生，纳税人为此付出了昂贵的代价。这种类型的诈骗造成了每年至少100 000 000 000美元的损失，大多是由于医疗机构提供虚假的医疗赔偿证明，以及制药公司、医疗器械供应商以明显不合理价格购买产品或收取服务费用（U. S. Senate Committee on Finance，2004），造成政府和纳税人的直接损失。有专家发现，在医疗保险和医疗互助项目的账单上，每7美元中就有1美元属于诈骗（Barrett，2005）。通过制作假账，私人健康保险公司的诈骗额达到了每年100 000 000 000美元（Barrett，2005）。美国政府和公民每年在未报税收入方面的损失就达到了300 000 000 000美元，更不用说储蓄贷款行业的刑事诈骗和华尔街投资阴谋所造成的数以亿计的损失。这些损失是惊人的，职业犯罪造成的损失不仅仅是金钱，还包括疾病和死亡。它们也助长了人们对政府和商业巨头的普遍不信任和冷嘲热讽。每个人看起来似乎都在贪赃枉法，我们认为每一种严重的职业犯罪都是从个人职业犯罪开始的。

（二）个人职业犯罪之侵占罪

侵占罪（Embezzlement）是最为常见的个人职业犯罪，指的是行为人利用职位和权力便利，非法获取公共财产的行为。比如，一个可以拿到公司支票簿或者操作商店收银机的雇员，很有可能利用其职务便利盗取单位财产。有时候简单到直接从柜台里悄悄把钱拿走。在其他一些案件中，情况更为复杂，比如，一个应付账款部的雇员向他虚构出来的卖主开支票，然后自己在支票上背书领取了该资金。还有的侵占罪者利用电脑将雇主账户上的钱转到了自己的银行账户。这里有一些不同类型的侵占罪的案例：

（1）玛丽·崔德威（Mary Treadwell）是前哥伦比亚特区市长马里昂·巴里（Marion

Barry）的妻子，她从城市基金中挪用了 10 000 美元，因此被判处了 3 年有期徒刑[1]，但服刑期仅仅过了一半，她就在当地的假释决定委员会得到一份工作。出狱后，她又在华盛顿特区找到了一份工作，年薪达到 60 000 美元，还负责掌管公共住宅协会居间组织的支票簿。随后，她利用职务便利，用单位的支票去偿付自己的抵押款和信用卡。被捕后，崔德威声称先前对她的错误指控给她带来很大的压力和不公平感，导致了她之后的犯罪行为。

（2）一个家庭保险公司的经纪人策划并实施了一项阴谋，收取新客户的保险费用却没有给他们投保。他的计划很快就败露了，因为当这些客户向保险公司提出赔付要求时，却发现自己根本没有获得保险资格。他被剥夺了保险从业执照并且入狱服刑，而同时该家庭保险公司却一方面需要赔偿客户的损失，一方面还要向客户支付保险金。

此类案件所造成的损失令人瞠目。玛利亚·乌玛丽（Maria Umali）是一名会计，她从其雇主（一家弗吉尼亚北部的政府承包公司）那里盗取了 1 000 000 000 美元；一名弗吉尼亚州阿林顿的律师，也从其客户的代管基金里盗取了 1 000 000 000 美元。在另一起案件中，一个76 岁的会计从她家族所有的不动产公司盗取了 1 300 000 000 美元。一名哥伦比亚特区智力障碍者代理处的负责人，盗取了数亿美元资金来修建自己的房屋和度假寓所，然而他的客户们仍然忍受着恶劣的居住条件，食物供应商和精神护理服务中心也都因该代理机构拖欠欠款而停止了供应或服务。

2004 年丘伯（Chubb）公司的一项调查发现，3/5 的上市公司都曾遭受过员工偷盗事件，平均每起案件被盗取的资金或者财产的价值从 97 000 美元（大型公司）到 127 000 美元（小型公司）不等。丘伯公司是一家为雇员犯罪提供保险的公司，包括侵占罪在内的雇员犯罪，已经成为当前商业发展的最主要挑战之一。但正如前文所述，大部分公司在其雇员犯罪后，仅仅对其解雇，而没有其他措施。造成这种现象的原因，是公司考虑到法律程序可能会耗费大量时间和金钱。即使提起刑事诉讼，该雇员也不可能受到很严重的惩罚。一项以华盛顿附近的马里兰州和弗吉尼亚州的法官为对象的调查发现，除了一些专业人员犯罪（如律师，可能遭受更长的刑期），大部分初次侵占罪的犯罪人仅仅被判处缓刑或者仅被要求归还其所盗取的财物。这类判决显然有失公平，因为很多侵占罪行为人已经将财产挥霍一空、无力偿还（Locy，1998）。进一步而言，由于毒品犯罪和暴力犯罪过多，检察官缺乏精力再对这些不归还欠款的侵占罪者进行起诉。即使是违反缓刑期间法律规定的人，他们也不太可能被取消缓刑、判处徒刑，因为这样做会损害被害人获得赔偿的利益和信心（Locy，1998）。

（三）个人职业犯罪之证券犯罪

证券行业，特别是华尔街的证券公司，给职业犯罪者获取巨额利益创造了机会，涉案金额之多连那些最有野心的侵占罪者也无法想象。米歇尔·麦肯（Michael Milken），是 20世纪 80 年代全世界具有影响力的金融家。他是华尔街的公司中以证券犯罪被起诉的最严重的 60 个人之一。1989 年，麦肯受到了 98 项违反证券法的指控，包括内幕交易（利用内幕信息为自己或客户牟利）、操纵股价、诈骗。例如，他凭借自己持有的股票和高收益债券交易员身份获得的内幕信息，大量地购进某只股票，使其股价在短期内快速提升，随后就卖

224

---

[1] 在被定罪的 15 年后，她作出抗辩，声称自己不曾挪用城市基金。

出这些股份以套现，为自己和客户赚取了大量美金。麦肯被判处了 10 年监禁，交付了罚金和 1 000 000 000 美元的赔偿金（Crovitz，1990；J. Gallagher，1990；R. Thomas，1990），但是即使这样也不能完全赔偿那些因麦肯的诈骗和股票操纵行为而遭受利益损失的无辜投资者。1993 年，仅仅服刑两年后，麦肯就被假释，条件如下：①作为污点证人，配合政府调查员逮捕其他股票操纵者；②承诺不再参加任何股票交易或华尔街的交易。但是在他被假释后不久，麦肯就重新参与了几起重要的商业交易，包括协助 MCI 公司对鲁珀特·默多克（rupert murdoch）新闻集团的投资。然而，麦肯将其在交易中获得的 42 000 000 美元的咨询费和 5 000 000 美元的利息赔付给美国政府后，他并没有因违反假释条件被起诉或者重新入狱（Walsh，1998）。麦肯曾想过用这笔诈骗得到的巨款，来保障自己的余生仍然可以过着纸醉金迷的生活。

麦肯案之后不久，丹尼斯·莱文（Dennis Levine）也被逮捕。丹尼斯·莱文是德雷克塞尔博汉姆兰伯特（Drexel Burhnam Lambert）公司的员工，他通过内幕交易非法赚取了 1 200 000 美元。作为莱文的客户，伊凡·波斯基莱文从其他人那里获得内幕信息并依此进行交易，被判处 100 000 000 美元罚款和 3 年监禁。因为涉及内幕交易，德雷克塞尔博汉姆兰伯特公司被认为操纵股价，被判处 600 000 000 美元的刑事和民事罚款，这家公司因此破产（Pearlstein，2006）。

（四）专业的职业犯罪

1998 年 1 月，在弗吉尼亚州的亚历山大市，11 个人组成诈骗团伙，通过在医疗和法律服务中实施诈骗，获得非法利益 2 700 000 美元。这个团伙四处寻找目标，被害人通常是看起来成熟、有钱的车主，并且其车辆已购买了汽车保险。他们把车开到潜在被害人的车前方，然后紧急刹车，被害人车辆躲闪不及撞上前车。其实这些"事故"中并没有造成多大的损失，但是因为被害人在法律上有过错，这个犯罪团伙就会向被害人的保险公司要求医疗赔偿。

然后，这个组织中的"医生"为"伤者"提交虚假的医疗服务账单，并且声称司机需要法律咨询，该团伙中的"律师"向保险公司要求赔付医药账单、精神损失费、误工费和其他损失。保险公司支付了这些赔偿，却没有意识到这些医生和律师其实就是犯罪团伙成员假扮的（Masters，1998a）。在 1992~1996 年期间，该团伙通过制造 100 个左右的此类"事故"，骗取了加利福尼亚的好事达保险公司共计 107 000 000 美元。

这种专业的职业犯罪，使得被害人不得不每年多支出 200~300 美元的保险费用，还给无辜的驾驶员造成了一定的人身危险（M. White，1998）。

（五）有组织的职业犯罪：合法的企业

由一群雇员发布虚假广告、违反证券法规、生产不安全产品、非法倾倒环境污染物，这是有组织职业犯罪的几种类型。被害人可能是个人或者整个行业，损害后果包括财产损失和重伤甚至死亡。

225   一个臭名昭著的有组织的职业犯罪案件——同时也是一些观察家所说的史上最大金融骗局——导致了国际商业信贷银行（BCCI）的破产。国际商业信贷银行的董事都是一些最受人尊敬的企业高管和美国前政要，包括已故的前内阁成员克拉克·克利福德（Clark Clifford）。政府调查人员发现，这些银行的官员：①收取贿赂，将数十亿美元贷款出借给本就无意偿还的朋友；②以造假账来防止银行检察员和储户发现真相（Lohr，1992）。

国际商业信贷银行官员还资助了萨达姆·侯赛因、费迪南·马科斯的罪恶活动基金和领导哥伦比亚贩毒集团，并且参与了非法毒品和武器交易的洗钱过程。在 BCCI 案中，投资者损失超过 150 亿美元（Truell & Gurwin，1992）。

另两个更直接损害了消费者利益的臭名昭著的有组织的职业犯罪，是福特汽车公司案和阿罗宾斯制药公司（A. H. Robbins）案。在福特汽车公司一案中，该公司高管明知追尾碰撞可能造成 1971 ~ 1976 年制造的福特平托[1] 的油箱爆炸，然而，由于解决这一安全问题花费巨大，福特公司拒绝召回并改进产品。50 多人驾驶福特平托死于追尾碰撞后的油箱爆炸，福特公司也因此支付数百万美元的赔偿金（Coleman，1994）。阿罗宾斯公司的高管为了提高企业销售和利润，故意夸大达尔康盾的避孕效果，导致至少有 17 名妇女因服用该药死亡，数千人因达尔康盾引发并发症而受到伤害。为解决法律纠纷，阿罗宾斯公司支付了超过 378 000 000 美元的赔偿金。阿罗宾斯公司最终申请破产，联邦法院判定从该公司的资产中拿出 25 亿美元用来赔偿被害人（Coleman，1994）。

其他造成个人和金融机构巨大损失的有组织的职业犯罪案例包括：

（1）大量的有毒化学品被倾倒在勒夫运河中，纽约政府被迫疏散超过 500 户家庭。清理成本大约为 200 000 000 美元。

（2）20 世纪 80 年代后期，在储蓄和贷款管理者中存在大量的不道德行为，他们将贷款发放给自己持有股权的公司，许多贷款数额甚至超过了贷款申请公司总市值。商业房地产市场的不断萎靡也给信贷方高管造成了许多困扰。这一现象造成的损失超过 5000 亿美元。超过 1700 个贷款机构倒闭，信托公司开始出现。信托公司性质上属于准联邦机构，主要负责监督贷款机构，通过销售抵押物来弥补部分损失。

这些例子讲述的都是合法企业从事犯罪行为。另一种有组织的职业犯罪是由非法经营的人所为。

（六）有组织的职业犯罪：诈骗的企业

并不是所有的有组织的职业犯罪都能像财大气粗的高管们一样，动辄涉及数十亿美元且案情复杂重大。它甚至简单到有如以下场景，你听到敲门声，发现是一个穿着制服自称是建筑检查员的人。在他检查过你房屋的木质屋顶后，他会告诉你木板已经烂掉了，如果 30 天内不修好，就将强制拆除。在他离开前，给你介绍了一个可以做这项工作的公司，最终你同这家公司签订合同并花费了 3500 美元。事实上，你的房屋木板没有问题，那个检查员不过是一个不诚实的家装企业的托儿。这是一个关于商业诈骗的有组织的职业犯罪的例子。

其他诈骗商家通过设计"轻松快速赚钱"方案或者以难以置信的价格购买财物来吸引受骗者。可能是由于这"令人喜出望外"，以至于被害人放弃了理性思考，每年都有成千上万的人被骗。比如说土地诈骗，从 20 世纪 20 年代就已经出现，却能延续至今。在某些案件中，人们被免费旅游、住宿和其他礼品所诱惑，前往遥远的地方游玩。在那里，他们受到误导，误以为现在贫瘠的土地将会成为下一个拉斯维加斯，于是以几倍于市价的价格购

226

----

〔1〕 福特平托（Ford Pinto）是福特汽车在北美市场所推出的次紧凑型车，于 1970 年 9 月 11 日推出，1980 年停产。最早的型号是两门三厢车，后来也推出了加高行李箱的旅行车版本。该车在 10 年间销售了 300 多万辆。

买下土地。其他人则陷身于金字塔形销售和投资计划，也就是众所周知的多级传销的骗局，它鼓励人们去购买特许经销商的居家清洁产品、化妆品、保健食品、膳食补充剂甚至是长途电话服务。这些人相信通过销售公司的产品、服务，以及从招募来的下线的销售额中收取提成，自己将会很快成为百万富翁。如果一个产品或者服务的销售情况很好，或者很早就购买了公司的专营权，那他们确实能够赚钱。然而，随着越来越多的经销商争夺数量有限的客户群，并不是每个人都能变得富裕。大多数后期加入的人如果能够回收加盟费就已经十分幸运了。此外，其他诈骗商家明目张胆地通过电话销售伪劣健康产品和低价垃圾股。

另一个极其著名的商业诈骗案发生在 1944 年的夏天，44 岁的马丁·弗兰克（Martin Frankel）突然失踪，此前他在康涅狄格州无证经营证券交易业务。在他逃匿后，调查人员发现他从 5 个州的几个著名保险公司卷走了 2 000 000 000 美元。4 个月后，他在德国汉堡被捕，随后被引渡到了美国，在美国，商业诈骗可能会被判处终身监禁。然而现实是，他却因为使用伪造护照以及走私价值1 600 000美元的钻石，而被当地德国法院判处有罪。2000 年 6 月，他被判处 3 年监禁，在德国监狱执行。他告诉记者，这比被送回美国要好得多。保险公司想要拿回全部他诈骗的钱款，恐怕是不太可能了（Cowan，2004）。

（七）政府机关犯罪

在许多联邦、州和地区的政府中，存在政府雇员狼狈为奸，利用他们手中的权力，获取政府基金，欺骗政府和纳税人的行为。例如，在 1998 年，弗吉尼亚惩教署的员工被发现以远低于标准的价格将犯人所做的商品偷卖给其他州的公司。他们的行为导致了弗吉尼亚纳税人数百万美元的损失。在这一案件中，涉案人员从职员到经理，他们共同制作和审批虚假文件，以保证诈骗行为不被发现。

（八）个人职业犯罪的原因

想要理解个人为什么会选择职业犯罪，不仅要关注罪犯的社会文化背景、人格特征和个人成长史，还需要关注犯罪情境以及犯罪人的财务状况（Braithwaite，1989；Shover & Bryant，1993）。研究证实，职业犯罪有两种类型：一种纯粹追求金钱利益；另一种追求权力、控制力和影响力等自我满足目标（Benson & Moore，1992），而经商是触犯法律来实现这些目标的绝佳手段。

许多从事个人职业犯罪的人——特别是侵占罪者——目的很明确，就是为了钱。这些人要么就是穷困潦倒，要么就是入不敷出，想要抓住机会赚一笔"横财"。大多数因侵占罪被捕的人的社会地位较低，但是同其他财产犯罪相比，贪污犯更有可能受过良好教育，有自己的固定住所，之前犯过法的可能性也更小（Wheeler，Wesiberg，Waring，& Bode，1988）。

在过去 30 年中，女性个人职业犯罪所占比例由 20 世纪 70 年代的 15% 持续增长至现在的 43%。犯罪学家相信这些改变反映了：①低收入人群中女性更多；②从事财务工作的人群中女性较多（Albanese，1995；Coleman，1995）。例如，女性比男性更有可能成为售货员、收银员或秘书（Steffensmeier，1995），能够接触或掌管公司财务工作，在相对封闭的环境中工作（Locy，1998）。公司管理者中男性比例较高，更易接触公司财务业务，因而可能比女性贪污更多的钱（Daly，1989）。由管理者和经理侵占罪造成的损失是非管理者的 16 倍，男性造成的损失是女性的 4 倍（Association of Certified Fraud Examiners，1995）。

在员工待遇差，或者团队凝聚力较差的工作环境中，更容易出现盗窃、考勤卡造假、虚报发票等诈骗行为。这些员工可能将自己的犯罪行为看作是压抑工作环境下的"福利"补偿。同时，公司的管理者通常对这些行为视而不见，因为这比给员工加薪或者提高福利待遇要划算得多（Coleman，1994）。在管理者无法有效监控员工活动、行为的公司，也更容易发生此类个人职业犯罪行为。大多数犯罪人的工作环境相对封闭，独自工作，尤其是那些涉及侵占罪和盗窃的人。

玛丽·崔德威（Mary Treadwell），先前提到过的哥伦比亚特区政府雇员，虽然生活已经足够舒适，但显然她希望追求更为奢华的生活。但是，迈克尔·米尔肯（Michael Milken）通过合法经营就能取得每年数百万美元的收入，为何还要冒着被逮捕和监禁的风险去诈骗众多投资者呢？这可能和赚更多钱没有太大关系，而是由于在赚钱和违法活动中体验到的权力感和控制感。

当个人职业犯罪罪犯被逮捕后，他的同事及雇主大多感觉到不可思议。拥有如此完美的性格、优越的职业地位和容貌，居然会选择犯罪，这太不合理了。于是，很多人认为这一定是受到酗酒或者其他精神疾病的影响（McClintick，1932）。然而，虽然一些人品尝着物质滥用的恶果（Cowles，1992；Mieth & McCorkle，1998），但大部分人是没有物质滥用和精神疾病倾向的（Friedrichs，1996）。

那为什么他们还要这么做呢？犯罪学家和心理学家并不能给出一个明确的答案，但是他们提供了一系列理论。心理动力学观点认为，由于之前的行为或冲动已经使他们感到内疚，于是犯罪人希望通过犯罪得到惩罚（Freud，1923）。如果这种假说是正确的，那么非常有助于解释为什么一些个人职业犯罪很容易被侦破。如本章先前介绍的保险经纪人，中年危机和未婚，使得他与家庭愈加疏远，并由此而沮丧、失望，这可以解释他为什么选择被定罪并走进监狱。他承认，由于在生意和组织家庭方面都不能像自己兄弟一样成功，让他感到很内疚，将自己的平庸看作是家庭的耻辱。他说他理应在监狱里度过一段很长的时间，最终他如愿以偿了。

发展和认知理论关注个人职业罪犯的道德发展问题。该理论特别适用于那些不认为自己有什么错的罪犯。相反，他们通过认知歪曲努力在道德上减少和"中和"罪责感。例如，侵占罪的犯罪人通常会指出他们的付出没有得到应有回报。他所拿走的是自己"应得的"部分，并且雇主"能够承受"。其他人则认为自己仅仅是借钱，将来还会偿还（Creesey，1973）。骗取保险公司和政府的健康护理专员，通常通过声称自己"不小心犯错"或是归咎于雇员无能以及制度本身问题，以减轻自己的个人责任（Jesilow，Pontell，& Geis，1993）。从这个角度来看，个人职业罪犯和强盗、小偷以及其他罪犯一样，自我控制不良和缺乏对法律的敬畏，共同引发了他们的犯罪行为（M. Gottfredson & Hirschi，1990；Hirschi & Gottfredson，1987）。

大多数个人职业罪犯并不具有明显的人格障碍，但是他们的确表现出了反社会人格障碍，体现为聪明、冷漠、对他人权益的漠不关心，以及为运到个人目的而操纵他人。他们往往是缺乏延迟满足能力的风险偏好者（M. Gottfredson & Hirschi，1990；Hagan & Kay，1990；Wheeler，1992）。此外，他们还可能具有自恋人格。例如，迈克尔·米尔肯、查尔斯·基丁（Charles Keating）、莉安娜·赫尔姆斯利（Leona Helmsley）（著名的酒店业巨头和所得税逃税者），都体现出了迷恋权力、环境控制、自我中心和不受法律约束的特质（Binstein & Bowden，1993；Pierson，1989；J. B. Stewart，1991）。[1] 有些个人职业罪犯也表现出了对维持成功形象和有钱也不花的强迫特征（Vise，1987）。许多个人职业罪犯同普通罪犯一样，具有再次犯罪的冲动与意图（Weisburd et al.，1993）。

最后，实施欺骗、诈骗、偷窃他人钱财的白领犯罪行为人和街头上的罪犯没什么不同，至少就影响他们犯罪的因素而言是这样的。虽然通常来说他们并不是那么贫穷和弱势，但他们也是冲动的、非理性的、缺乏自我控制的人。他们对别人很少抱有同情心，也不像其他人一样对法律怀有敬畏之情。他们似乎仍固着在科尔伯格（1964）提出的前习俗道德水平（见第七、八章），意味着他们不选择犯罪仅仅是因为害怕惩罚。如果不能做到违法必究，那法律将会成为一纸空文。诚然，职业犯罪和街头犯罪的主要区别在于，前者实施犯罪更为容易，且能获得更多的经济利益。犯罪学家 M. 哥特弗雷德松（M. Gottfredson）和赫希（Hirschi）（1990）指出，"发生在街头的犯罪和发生在套房里的犯罪"（p. 200）反映的是犯罪类型的不同，而不是罪犯本身。

（九）犯罪集团

什么样的企业该为组织职业犯罪负责？正如我们所言，有些企业的存在就是为了实施犯罪，但通常我们并不能一眼就看出哪些公司是犯罪公司。在一些案件里，公司经理为了少缴税款，会实施伪造财务报表等违法犯罪行为。也正是如此，很多成功的大企业通过违法犯罪来保持公司在竞争中的优势地位（Miethe & McCorkle，1998）。

在股市火热的 20 世纪 90 年代，一些企业将公司犯罪提高到了新的高度。想想安然公司吧，那个作假账和创办空壳公司的全球商业巨头，在财务报表上作假，并向他们的员工承诺他们存在安然基金会里的养老金是安全的[2]，通过这些谎言来提高公司股票市值。此外，安然公司还在西方国家散布虚假的能源危机消息，以提高公司的电力和天然气销售价格。安然公司的腐败和诈骗涉及面非常广，以至于它的审计公司亚瑟安德森都帮助安然公司制造虚假财务报表，帮助提出非法解决方案。也因如此，亚瑟安德森，曾经的会计事务所巨头，因此丑闻而一蹶不振。安然公司后来破产了，它的管理人员和董事会成员要么认罪，要么接受数项罪名的指控。

具有讽刺意味的是，监管越严格的企业，集团犯罪的可能性就越高（Coleman，1995）。那些能够制造危险产品和破坏环境的医药、汽车、石油生产企业，受到了严格监管，却也一直是联邦法律的主要破坏者（Clinard & Yeager，1980）。这些行业中最可能实施集团犯罪行为的个人，通常是业务熟练和经验丰富的员工、经理。

并不是所有的企业都和安然公司、亚瑟安德森公司一样，就此破产或销声匿迹。大部分企业在违法行为被发现后仍然从事商业活动。为什么法律的破坏者在犯罪后还能继续从事商业活动呢？一方面，很多此类罪行是所谓的"监管犯罪"，证券交易委员会、环境保护局，或者其他任何联邦商业管理机构，都可以起诉侵权行为，但是只能予以罚款，而不能决定监禁。所以实施了职业犯罪行为的公司会被处以巨额罚款，但这最终会以更高的产品价格的形式转嫁到消费者身上。事实上，罚款以及被害人损害赔偿金已经被许多公司高管

---

〔1〕 莉安娜·赫尔姆斯利有句名言，"几乎没有人会缴税"。
〔2〕 国外有些公司会自己设立养老基金会，给内部员工以福利。——译者注

看作是成本之一，并且最终是可以从消费者处收回的。在案件的刑事诉讼过程中，企业拥有近乎无限的资源，能够雇得起最优秀的律师，还会造成政府法律资源的浪费，因而通常愿意采取法律程序。

上述解释适用有组织的职业犯罪中的个人职业犯罪吗？回答是或然的。当然，将公司转变为犯罪组织的决定是由人作出的，但是要理解有组织的职业犯罪的产生原因，必须关注那些人格特质因素背后的原因，如商业环境、经济状况、国家政策法规的本质和影响、产生某种犯罪的特定环境，都是其重要影响因素。

究竟是特定的公司会招募那些有公司犯罪倾向，或者至少说愿意助纣为虐的员工，还是说这样的员工会被特定类型公司所吸引呢（Coleman，1994）？没有人知道。也许两种原因都有。一些研究人员认为，特定的企业文化提高了员工犯罪的可能性，就如同青少年帮派可以增加街头犯罪率。支持这一观点的人认为，街头帮派成员和公司新雇员，会和有经验的同辈和上级学习态度、技术，学习如何做事。一些组织因强迫雇员犯罪而著名；而另一些组织氛围则有利于犯罪，它们提供了实施犯罪行为的便利条件（Shover & Bryant，1993；Szasz，1986）。也有人认为，整个行业——尤其是竞争激烈的行业——就是通过这种方式建立，本身就具备"犯因性（Criminogenic）"，这意味着企业确实孕育了犯罪（Clinard & Yeager，1980）。例如，在银行和股票交易行业，雇员长期处于巨大压力之下，人格特征使得他们不太可能会遵守法律。为了销售更多的股票和债券以获取提成，他们更有可能产生欺骗和诈骗行为。犯罪学家表示，在这样的环境中，这些犯罪活动对于个人和企业的生存是十分必要的。总之，多数观察人士认为，有组织的职业犯罪通常不会发生，除非：①一个容忍犯罪、要求雇员犯罪或者为犯罪提供便利的企业文化；②一个滋生犯罪的政治、经济、法律体系；③许多想要通过犯罪来为自己和单位牟取利益的个人存在。产生有组织的职业犯罪的原因可以有很多种。

不过，就像其他犯罪一样，有组织的职业犯罪也是由那些缺乏法律信仰和被害人关怀的个人所实施的。几十年前，民间歌手伍迪·格斯里（Woody Guthrie）写道，"富人用手枪抢劫，穷人用钢笔抢劫"。这些罪犯没有责任心吗？他们虽然存在过错，用被害人的钱财来让自己生活得更好，但同时他们也将大量钱财捐赠给了社会慈善基金会，即使这样他们也要受到责备吗？答案是肯定的。

上述罪犯中约有 40% 的人被判刑。税务诈骗犯罪人中只有 18% 的人被真正送进了监狱，贪污犯中和管理者的这一比例分别为 9% 和 5%（Coleman，1995）。正如参加有组织的职业犯罪的员工很少关心被害人一样，社会本身似乎就对此类罪行更加宽容，因为公司犯罪的被害人并不特定，因此罪犯的行为可能会被认为是无意的。于是，企业经常肆无忌惮地从事犯罪活动。他们辩称，自己对犯罪活动一无所知，或者解释说是为了公众和投资者的利益。同时，由于公众和刑事司法系统在预防有组织的职业犯罪方面不甚得力，除非犯罪不再那么获利颇丰，否则这些有犯罪倾向的企业是不会做出改变的。

五、集团犯罪

"黑手党"、"暴徒"、"我们的事业"和"家族生意"通常都被作为集团犯罪的别称。我们用集团犯罪（Friedrichs，1996）这个词来区别于刚才所讨论的有组织的职业犯罪。集团犯罪是指个人或者企业系统地参与犯罪集团，进入到贩卖毒品、赌博、敲诈勒索、组织

230 卖淫、放高利贷和工会诈骗等共同编织而成的犯罪网络之中（President's Commission on Organized Crime，1987）。

集团犯罪并非最近才出现，它在古希腊和罗马时期猖獗的海盗活动中就已经有所记载。犯罪团伙也是一样，早在 16 世纪的伦敦就已出现，17 世纪末已扩展到新大陆的马萨诸塞湾殖民地（McMullan，1982）。黑手党本身最早出现在 16 世纪意大利的南部地区，采取团伙或帮派的组织形式，并以 la Camorro、L'unione Siciliana 和 La Cosa Nostra 等命名。西西里黑手党之一 La Cosa Nostra[1]是由 19 世纪移民到美国的一小部分意大利人组成的（A. Smith，1975）。他们定居在纽约、新奥尔良和其他城市（Abadinsky，1985）。La Cosa Nostra 成员在美国第一次影响巨大的犯罪活动是在 20 世纪 20 年代，联邦颁布制造及拥有酒精违法的法令（即禁酒令）之后。一开始他们只是贩卖各种酒，但很快便开始涉足其他违法活动，例如赌博、放高利贷、组织卖淫以及贩卖枪支等。最终，他们也涉足或者接管、影响着许多合法的生意。

有组织的职业犯罪和集团犯罪之间存在一些差异。首先，和其他组织相似的是，集团犯罪是建立在一套严格的层级制度之上的，但另一方面它又只对有限的、基于共同族裔的成员开放，而这些成员同时也承担着特殊的角色，担负着特殊的义务。成员通过保守组织成员、活动等相关信息的秘密，对组织尽忠，以此来维系着个体与组织之间的关系。其次，集团犯罪严重依赖暴力和恐吓威胁等手段，强迫组织内外的人员服从其意志。最后，集团犯罪同其他商业组织一样，主要也以满足顾客的需求来实现自身的壮大，只是这些集团专门满足对于违法商品和服务的需求。所以，为实现集团发展，尽管犯罪活动中可能也会包含一些合法的生意，但这一定是为了给集团和股东赚钱。集团犯罪也致力于赚钱，但主要是通过违法活动；并且不同于一般企业高管们的是，集团犯罪的领导者们认为使用恐吓和暴力手段来促进他们自身利益的发展名正言顺。举例来说，任何威胁要同集团展开竞争的人，都有可能被残忍地殴打甚至杀害，集团犯罪会不顾一切地发挥其影响力并获取最大利益。

对抗集团犯罪

在 20 世纪 90 年代，纽约的检察官成功取得证据将包括约翰·高迪（John Gotti，Sr）在内的一些黑手党的老大，以谋杀、诈骗和其他罪名判处终身监禁并送进监狱。1998 年 1 月，纽约市检察官指控约翰·高迪以及另外 39 名甘比诺（Gambino）犯罪集团成员犯有敲诈勒索、电信（电话卡）和建筑诈骗、工会诈骗、洗钱等罪名。1999 年 3 月，约翰·高迪承认其犯有敲诈勒索和赌博罪，由于同政府达成协议，他被判处 6 年监禁和 1 000 000 美元罚款，并取回了之前政府没收的住所以及其他财产。甘比诺犯罪集团中其余遭受指控的成员也都大部分认罪，并被判处有期徒刑。集团中的一名律师迈克尔·布奇（Michael Blutrich）被取消律师从业资格，并因在纽约脱衣舞俱乐部"Scores"从事洗钱活动被判处 25 年监禁（G. B. Smith，1998）。

联邦政府积极的奖励检举制度使得曾是全美最有影响力的黑手党组织甘比诺集团丧失了绝大部分骨干，其领导者约翰·高迪和他的儿子双双被投进了监狱。尽管集团犯罪的权力中

---

〔1〕 意大利语，中文译为"我们的事业"，简称 LCN。——译者注

心和集团性质在不断改变，但它在我们的生活中始终如影随形，无论怎样，很多人都相信它将会长期存在。一些黑社会观察家相信，余下的黑手党成员将参与到"更隐秘"、"更温和"的活动中去，例如，操纵股票市场和诈骗销售预付费电话卡等（Augenstein，1998）。

对抗集团犯罪也将会因更多非意大利裔族群掌控的犯罪集团的出现而变得更加困难。其中，被称为"Odessa Malina"和"Prganizatsiya"的俄罗斯黑手党在20世纪70年代的美国拥有大量成员。他们从事贩卖毒品、枪支、盗窃车辆并涉及敲诈勒索、伪造证件、发放高利贷等违法活动。此外还有"堂帮"、"三合会"等，像"Wo"、"14K"这样的组织可以被追溯到17世纪的中国。这些犯罪集团主要在纽约和加利福尼亚等地从事赌博、敲诈勒索、走私毒品、抢劫、组织卖淫、谋杀和军火交易活动。而像"杀戮成性"这样的越南帮派组织也在许多大城市参与敲诈勒索、组织卖淫、盗窃车辆、纵火、赌博和持械抢劫活动。同华裔集团犯罪极为相似的是，他们都被视为最残忍的亚洲犯罪集团之一。和越南人的犯罪集团一样，牙买加人的"武装团"在牙买加首都金斯顿组成，20世纪70年代中期，名为"阵雨团（Shower Posse）"、"斯潘格勒团（Spangler Posse）"的犯罪集团带着浓厚的暴力色彩来到了美国。同前面几个犯罪集团相似，他们的活动区域在美国主要城市，他们的22 000名成员控制着全美国30%～40%的毒品交易，同时从事枪支走私、洗钱、诈骗、抢劫、绑架、谋杀、汽车盗窃活动。日本"山口组"主要盘踞在加利福尼亚和夏威夷地区。这个组织在日本的起源可以追溯到公元7世纪，彼时其被叫做"山口组"。"山口组"专门从事武器和麻黄碱的非法交易，以及赌博、谋杀和敲诈勒索等活动。与此同时，他们也涉足合法的商业活动，例如银行业、房地产业。哥伦比亚人的犯罪集团称为"麦德林（Medellin）"、"卡利（Cali）"，从事毒品走私活动。他们组织结构复杂，拥有至少24 000名雇员，主要分布在纽约、迈阿密、洛杉矶和休斯敦（Kenney & Finckenauer，1995）。最后，联邦执法机构还披露出整个集团犯罪的生态圈：这些犯罪集团最初主要从中国和拉丁美洲以每人30 000美元的价格偷渡人员到美国；接着，以揭发这些偷渡人员使其被驱逐出境相威胁，强迫他们参与到毒品交易、卖淫活动中，成为这些犯罪集团老大及其家属的免费劳动力。这些偷渡人员中的很多人都会在其后的犯罪活动中被逮捕，但是他们大都因为害怕遭到报复，因此不愿指认真正操纵走私和敲诈勒索活动而使他们受害的人（Albanese & Finckenauer，1997）。

然而，现在已经无法以国别来定义集团犯罪了，他们超越国界操纵世界范围内的非法以及合法生意，像毒品交易、走私违禁品、电信业务、石油和天然气业务、洗钱活动、网络犯罪和恐怖活动等。据估算，每年犯罪集团的收入达数十亿美元。美国检察机关对于黑手党成功的起诉已经大大削弱了其在美国境内的势力。如今黑社会势力的发展主要出现在俄罗斯、中国、巴基斯坦、阿富汗等国家和地区，仅俄罗斯一国境内就有超过6000个犯罪组织。与其将之称为跨国公司，犯罪学家们更愿意称之为"有组织的跨国犯罪集团"（Broome，2000）。

联邦执法官员们担心，在犯罪集团掌握了包括核武器在内的高科技武器后，将对国家安全构成威胁，尤其是同时活跃在美国和俄罗斯两国的俄罗斯黑社会组织。此外，由于先进电脑技术使得洗钱更加难以识别，他们还担心国际银行系统是否还能够健康运转（Albanese & Finckenauer，1997）。同时值得警惕的，还有数量不断增长的地下毒品实验室中生产的像麻黄碱和五氯酚迷幻剂（日本犯罪集团的主要活动）一类的合成药物。联邦药品管理机构相信，这些实验室有足够的能力生产出足以满足全美国消费者需求的毒品。

魔高一尺道高一丈，愈加复杂的集团犯罪活动就需要更加缜密的侦查手段与之相抗衡。如果美国政府想要在管控国际集团犯罪上有所作为，那么它就必然需要外国政府在监视、逮捕、没收非法所得财产上予以配合。从全球的角度来看，这也是一个异常艰巨的任务。美国政府已经设立了国际麻醉品和执法事务局，实质上就是为了对付日益猖獗的跨国犯罪和洗钱活动。政府间合作交流以期在世界范围内铲除犯罪集团。许多专家将国际集团犯罪比作"邪恶帝国"（Broome，2002）。犯罪学家们强调，想要消除集团犯罪需要先消除一些社会问题，例如贫困、歧视、教育资源匮乏等，这些既是犯罪集团滋长的土壤，也是其所提供的货物和服务之所以有市场的原因（Albanese & Finckenauer，1997）。

六、总结

虽然财产和经济犯罪占了全部犯罪案件总数的90%，但公众却没有像对待暴力犯罪一样对其表现出足够担忧。但是，经济和财产犯罪造成每年数千亿美元的经济损失，公众对于政府、企业以及其他社会机构的信心和信任正在逐渐丧失。美国监狱里最多的不是暴力犯，而是那些因财产和毒品犯罪而被监禁的人。许多经济和财产犯罪的犯罪人从来没有被逮捕，他们之中有很多人就在我们身边。民众总是想从税务部门、保险公司、信用卡公司的管理漏洞中得到一些小便宜，却没想到自己和身边的亲友却反而也成为受害者——犯罪导致更高的商品和服务价格成本，每个人都要为此付出代价。

纵火这一故意焚毁财产的行为非常特殊，大多数纵火犯都是未成年人。只有少数纵火犯被诊断出患有纵火癖，具有冲动控制障碍，他们纵火是为了体验愉悦感、满足感，释放压力缓解紧张。大部分纵火犯放火是为了报复、恐吓他人或者通过保险诈骗获得经济利益。

偷窃（Thfet）、盗窃、侵占，构成了绝大部分财产犯罪。一些盗窃犯将犯罪作为职业，但大部分盗窃犯是为了获得钱财来购买毒品。机动车盗窃和商店盗窃是盗窃罪的特殊形式。商店盗窃犯和纵火犯一样具有强迫行为，具有强烈的偷盗意愿以缓解紧张感，这就是我们所说的盗窃癖。一些商店盗窃犯患有此类疾病。

诈骗有很多形式，最常见的是欺骗政府，损害纳税人权益的行为。企业和个人通过多种手段欺骗政府——少缴所得税税款、虚开发票、骗取福利金——给纳税人造成每年数十亿的损失。

职业犯罪和集团犯罪给消费者和企业带来巨大损失。一些人利用职权挪用资金、窃取财物。一些企业本身也或多或少从事诈骗业务。虽然此类犯罪后果严重，但公众和检察官似乎并没有表现出足够的担忧和重视。不知为何，它们并不像暴力犯罪那样吸引眼球。

犯罪集团已经从以家庭或族群为中心的犯罪企业演变成遍布世界各地的全球化企业。如今，犯罪集团从事毒品和武器运输、洗钱、支持恐怖主义等多项活动，并形成犯罪网络。俄罗斯和中国是跨国恐怖活动的热点地区。美国十分重视跨国犯罪集团带来的威胁，正试图加强与其他国家的合作，保护世界和平不受"邪恶帝国"侵害。

关键术语

纵火罪　纵火癖　盗窃　盗窃罪　盗窃癖　诈骗　职业犯罪　侵占罪　犯因性　犯罪集团

复习问题

1. 比较纵火的五种类型，并分析纵火和纵火癖有何不同？

2. 盗窃癖的形成原因有哪些？

3. 白领犯罪和街头犯罪有什么共同点？

4. 有组织的职业犯罪和集团犯罪有哪些不同？

5. 什么是犯因性企业？

相关链接

犯罪行为网：www. cassel2e. com.

美国联邦调查局统一犯罪报告：www. FBI. gov/ucr/cius __03/pdf/03sec1. pdf.

消防员纵火：www. facts-1. com/usfa __tr-141. pdf.

医疗诈骗案件：http：//mathiasconsulting. com/taxonomy/view/or/71.

安然公司的故事：www. aflcio. org/corporateamerica/enron/.

俄罗斯黑手党：http：//news. bbc. co. uk/1/hi/special __report/1998/03/98/russian __mafi-a/70485. stm.

21 世纪跨国犯罪：www. wjin. net/Pubs/2381. pdf.

第十二章　犯罪的被害人

被害人的概念　　　　　　　　　　　　被害人学

被害人的法律地位　　　　　　　　　　犯罪对社会的影响

被害人在刑事司法系统中的角色

235　　　　我们生活在一个"被害危机的时代"。虽然在许多事情上我们都希望与众不同，但是，在成为被害人的可能性这方面，人与人之间并没有什么区别。在过去的 30 年里，被害人开始逐渐在刑事司法活动中提出自己的诉求（Wallace，1998）。在本章中，我们将介绍犯罪给被害人造成的痛苦，并且探讨被害人在刑事诉讼过程中所扮演的角色。

一、被害人的概念

通俗地讲，被害人就是因他人的行为而受到伤害的人。虽然人们通常认为在谋杀、抢劫和其他犯罪案件中受到直接伤害的才是被害人，但是受到了间接伤害的被害人家属、朋友，也可以被看作是被害人。一个颇具代表性的州法令将被害人定义为：

　　　　一个被重罪伤害或者因殴打、跟踪、性虐待、致残、醉驾等行为直接导致身体、精神或者经济损失的个体；该被害人的配偶或者孩子；未成年被害人的家长或者法定监护人；无行为能力被害人；凶杀案被害人的配偶、家长或法定监护人（弗吉尼亚州法典 19.2－11.01）。

这样的法规聚焦于在刑事诉讼过程中谁享有法律权利，但是被害人的概念远远不是用特定案件的直接或间接被害人就能涵盖的，它还包括像社区这样饱受犯罪困扰的机构和团体、发生凶杀案的学校里的孩子和教师、因为他人入店盗窃或者欺诈而必须支付更多价款的消费者、受到他国非法袭击的国家、有针对性的种族屠杀，甚至还有被污染的自然环境。

236　　　　间接被害人指的是什么呢？举个例子，如果在你的社区、学校有盗窃、枪击等暴力犯罪发生，你很可能会特别留意锁好门窗以及汽车，避免自己成为下一个潜在的被害人，你甚至可能足不出户。如果你有孩子，你可能会在家里给孩子上课，以免孩子遭遇校园枪击事件。也许你喜欢骑自行车出行，但是如果在你上班必经之路发生了强奸或谋杀案，你可能会选择绕道而行。

例如，2005 年的某一天，万里无云。16 时 30 分左右，在弗吉尼亚州最著名的自行车道上骑车，小径蜿蜒至一个美丽的划艇圣地，一个自行车手就在这风景如画的地方被人勒死。听到这一消息，其他自行车手和慢跑者们目瞪口呆，他们谁也不敢相信光天化日之下竟然会发生如此可怕的事情。读者们可能还会记起其他的例子，想到他们是如何成为被害人的——即使他们从来没有被抢劫或袭击过。

（一）犯罪的成本

在美国，犯罪成本现在已经超过了 1 000 000 000 000 美元。其中包括监禁罪犯、囚犯劳动力损失以及其他直接和间接损失，例如，被害人的医疗费用、误工费、被害人援助计划开支、赔偿金以及其他财产损失、被害人身体疼痛和精神痛苦等（D. A. Anderson，1999）。暴力犯罪的幸存者还可能会产生各种心理问题，包括抑郁症和其他创伤后应激障碍症状，表现为焦虑、社会功能受损、做噩梦和其他睡眠障碍、妄想、幻想以及对创伤事件的反复"闪回"（Mawby & Walklate，1994）。性虐待的被害人通常伴有长期的创伤后应激障碍（Groth，1979，1984）。莱诺·沃克（Lenore Walker，2000）指出，许多家庭暴力的被害人都患有创伤后应激障碍，而这只是"受虐妇女综合征"[1] 表现之一。总之，我们无法用定量的方法来描述犯罪给个体心理带来了哪些影响，或者给社会造成了怎样的损失。对于被害人而言，这种痛苦会持续终生。

（二）被害人统计

关于被害人的数据主要有三个来源：①统一犯罪报告（UCR）；②全国犯罪受害调查（NCVS）；③罪犯的自我报告。

正如我们在第一章所言，统一犯罪报告基于执法机构提交的数据编写而成。虽然也包含了一些和被害人相关的数据，但它主要的关注点还是罪犯。由美国司法部司法统计局编写的全国犯罪受害调查则更加关注被害人。每 6 个月，美国人口统计局会对全国 12 岁以上的代表性样本进行电话访问或面谈。2003 年，美国人口统计局在全国范围内抽取了 83 660 个住户（149 040 人）进行访谈，调查对象是家庭中 12 周岁以上的成员。被抽中的住户在连续 3 年中都会被作为样本。参与者被问及家庭成员中是否有特定案件（强奸、性骚扰、抢劫、机动车盗窃和其他财产犯罪）的被害人，以及他们是否报案。如果答案是肯定的，被害人将要回答该案件给他们心理及生活上带来了哪些影响，以及他们对刑事司法系统持有怎样的态度。这些数据很有价值，但是全国犯罪受害调查的信效度究竟如何仍然值得怀疑。举个例子，有人报案称失窃，但真实情况可能是他只是不小心弄丢了财物；也可能有人失窃了却没有选择报案，因为他以为是自己不小心遗失的。此外，被调查者可能会忽略一些无关紧要的轻罪，或者有意无意地歪曲事实。家庭暴力的被害人或者目睹孩子受到虐待的人更可能会选择沉默（Skogan，1986）。

在罪犯自我报告中，罪犯会被问到案件被害人的相关信息，以及自己的行为给被害人带来了哪些影响。同全国犯罪受害调查一样，这些调查最可靠之处在于它们是由美国司法统计局主持的。调查主要集中在州监狱罪犯群体，罪犯同样可能会隐藏真相或歪曲事实。他们这样做可能是由于确实不知情，也可能是为了避免受到责备。

换言之，所有被害人信息来源在某种程度上都有缺陷，但是将三者加以整合，就可以较为客观、全面地了解美国社会被害人现状（见表 12.1）。

---

〔1〕　受虐妇女综合征，在法律上被用来指长期受丈夫或男友暴力虐待的妇女表现出的一种特殊的行为模式。它由暴力周期（Cycle Of Violence）和后天无助感（Learned Helplessness）两个概念组成。——译者注

表 12.1　暴力犯罪被害人描述

根据司法部和联邦调查局 2003 年统计，年轻人、黑色人种、男性最易受到暴力侵害：
（1）男性的被害率更高，强奸/性侵案件除外
（2）77% 的谋杀案件的被害人是男性
（3）黑色人种比其他族裔更容易成为被害人
（4）12～19 岁的人群比 25 岁以上人群的被害率更高

低收入家庭里的成员更可能成为被害人：
（1）家庭年收入在 7500 美元以下的家庭成员，通常是抢劫案件和暴力案件被害人
（2）年收入在 15 000 美元以下的个体，遭受人身侵害的可能性最大

未婚和离异群体被害人更多：
（1）2003 年，未婚或离异、分居的个体更容易遭遇抢劫和其他人身暴力伤害案件
（2）未婚群体比已婚、丧偶、离异/分居群体遭受暴力犯罪的可能性更大

1993～1996 年，最容易在工作环境中遭遇暴力的职业是：
（1）执法人员
（2）精神护理
（3）零售行业
（4）运输行业

Catalano, S. M., *Criminal Victimization—2003*, Washington, DC: U. S. Department of Justice, Office of Justice Programs, Bureau of Justice Statistics, 2004; Federal Bureau of Investigations, *Crime in the United States—2003*, Washington, DC: Government Printing Office, 2004; Duhart, D. T., *Violence in the Workplace, 1993～1999*, Washington, DC: U. S. Department of Justice, Office of Justice Programs, Bureau of Justice Statistics.

二、被害人的法律地位

237　　汉谟拉比法典是现存最古老的法典，其中关于被害人的描写占据了重要篇幅。汉谟拉比法典在乌尔纳姆法典[1]的基础上发展而来，由巴比伦第六任国王汉谟拉比（1792～1750 B. C.）颁布实施。汉谟拉比法典中明确规定了被害人的权利范围，公民人身安全不可侵犯。如果个体遭遇人身侵害，须由国家进行处理，被害人不可私自实施报复行为（Wallace，1998）。盎格鲁-萨克斯法则要求杀人犯给予被害人家庭一定的经济赔偿，即赎罪金（Wergild）。具体赎罪金额取决于被害人的社会地位。如果凶手无法在一年内支付赎罪金，任何人都可以合法地杀死他而不会受到任何处罚。如今沙特阿拉伯采用的赎罪金制度正是基于此。如果凶手的家人可以满足被害人家属提出的金钱赔付要求，凶手就可以免于死刑（Schnieder，1999）。凶手同时必须向国王缴纳罚金。在罪犯全部财产不足以支付赎罪金和罚金时，罪犯应当优先向国王缴纳罚金。早在 1000 年以前，西方社会就已经废弃了这一制度。在该制度下，犯罪是指妨碍国王统治或危害国家安全的行为。被害人的权利受到了忽视。

　　在早期美国殖民时代，提起诉讼的主体不是政府，而是被害人或其亲属、朋友。他们有权逮捕嫌疑人，可以雇佣律师提起诉讼。法庭在定罪量刑时，会把被害人所受伤害

---

　　[1]《乌尔纳姆法典》是乌尔第三王朝开国君主乌尔纳姆制定的，原件大约由 30～35 块泥板组成，其中大多数都未能保存下来。

的性质、程度列入考量范畴。然而，被害人权利在美国宪法或权利法案中并没有明文规
定。或许是因为美国人经历过英国统治时期法律的打压，他们注重保护被告人的权益胜
过考虑犯罪行为给被害人造成的影响。到了 19 世纪，随着人口剧增以及司法工作人员在
现代刑事司法系统中话语权的增加，警察、检察官和法官成了法律唯一认可的执法者。
公诉人取代了被害人在提起刑事诉讼中的地位。诉讼的主要目的也不再是向被害人负责，
而是让罪犯向政府负责。

（一）被害人团体组织

上述情形一直延续至 20 世纪 80 年代，直到被害人团体组织敦促联邦政府和州政府重
视他们的利益。"被害人运动"在美国的兴起在很大程度上要归功于被害人团体组织。最早
的相关组织是 1978 年罗伯特（Robert）和夏洛特·胡灵格（Charlotte Hullinger）成立的
"被害儿童家长互助会"。然而最著名的被害人团体组织是"抗议司机酒后驾驶母亲协会"
（MADD）。抗议司机酒后驾驶母亲协会由坎迪·莱特（Candy Lighte）于 1980 年成立，她在
一次酒驾事故中失去了自己的孩子。尽管酒驾是刑事犯罪行为，但如果肇事者是初犯并且
无人受伤，那么此时酒后驾驶只是轻罪。抗议司机酒后驾驶母亲协会在提高针对交通肇事
致人死亡和酒驾致人死亡的起诉率方面起到积极作用。抗议司机酒后驾驶母亲协会也一直
呼吁以更低（0.08%）的血液酒精含量作为推定酒精中毒的依据。

20 世纪 80 年代，被害人团体组织的曝光率越来越高，公众也愈发意识到被害人权利的
重要性。他们指出，被害人在刑事司法活动中受到忽视，政府对罪犯过分宽容，牺牲了公
众利益（特别是被害人权利）。这一观点赢得了许多选民的共鸣。换句话说，是否重视被害
人权利开始成为政客能否赢得选票的重要因素。

随着被害人权利运动兴起、刑事处罚趋于严厉，刑事司法制度出现了变化。被害人和
大部分公民都主张"以眼还眼"、"以牙还牙"。美国社会开始加大处罚力度，罪犯矫治工
作陷入低潮。随着服刑人员和刑期的增加，监狱资源越来越紧张，学校设施等基础公共设
施建设资金不足。同其他发达国家相比，美国服刑人员比例最高。美国也是唯一仍然存在
死刑制度的发达国家。被害人团体组织提倡对犯罪人予以更严厉的惩罚，并且在推动旨在
保护、协助、赔偿被害人的州和联邦立法工作方面起到了积极作用。

（二）适用于一般被害人的法律

1982 年，美国国会通过了被害人和证人保护法。该法案旨在保护被害人和证人不受罪
犯恐吓威胁，并规定被害人有权参与罪犯的假释听证程序[1]。同年，里根总统任命成立了
一个旨在保护犯罪被害人的工作组[2] 1984 年，国会通过了犯罪被害人法案，在司法部建
立了犯罪被害人办公室。犯罪被害人办公室通过使用联邦犯罪罚金、罚款和没收保证金，
为美国被害人协助项目提供资金支持。20 世纪 90 年代，被害人权利运动在全美蓬勃发展。
1995 年，美国司法部资助了美国首个国家被害人协助科学院，该科学院为参与被害人援助

---

〔1〕 大部分人熟知 VMPA 是通过电影、电视剧，在剧中检察官或司法部会给予证人新的身份和新的住所并予
以保护。然而在现实中，VWPA 主要保护的还是污点证人，罪犯通过认罪并检举同伙，以争取宽大处理。

〔2〕 里根成立的调查犯罪被害人的特别委员会（Presidential Task Force）于 1982 年形成最终报告。该报告提
交了超过 100 条以被害人为导向的改革建议，并建议修改宪法第六修正案增加被害人权利的条款，措辞如下："在
任一刑事诉讼的重要阶段被害人都应当被告知出席并听取其意见。"

项目的人员提供系统培训。联邦政府也开始着手建立保护潜在被害人的法律制度，当被定罪的娈童犯因刑满、假释等原因将要回归社区时，执法机构必须通知该社区居民。性侵犯者也被强制要求接受艾滋病检查。最终，越来越多的州通过了被害人有权获得赔偿的法律，赔偿金来源主要是联邦政府和州政府收取的罚金。被害人有权向法院陈述犯罪给他们带来了哪些影响，法官和陪审团在量刑时会将其考虑在内。美国联邦政府和一些州，同时给予被害人在量刑听证期间的口头训谕权（Right of allocution）。

1. 被害人补偿基金

VOCA 成立了被害人补偿基金，资金主要来源于罚金和其他费用，以及销售与罪犯故事相关的书籍、电影版权或其他产品所得的特许权使用费和其他收益[1]。存入基金的资金金额每年都不同，但自 1985 年该基金成立至今，共有超过 6 000 000 000 美元的资金入账（Office for Victims of Crime，2002）。其中，大部分资金用于维持州被害人补偿基金和被害人援助项目（Victim impact statements）的运转，从被害人援助项目中获得的钱也将注入被害人基金中。所有 50 个州和哥伦比亚特区都有被害人补偿项目。

补偿金直接赔付给被害人，以帮助他们支付医疗开支、心理咨询费用、丧葬费、误工费、死亡抚恤金等相关花销。补偿金的最高金额从 1000 美元到 25 000 美元不等。1996 年联邦政府反恐怖主义与有效死刑法[2]规定，美国政府还必须对全球各地因恐怖主义活动而受到伤害的美国公民予以补偿。在被害人参与刑事司法程序时，由州和地方政府管理的被害人协助项目会为他们提供咨询、宣传和帮助。此外，在美国还有约 10 000 个组织为被害人提供服务，大部分得到州政府和联邦政府的支持。这些组织包括反家暴庇护中心、强奸危机中心、预防虐待儿童项目，以及执法机关、司法机关、医院和社会服务机构的被害人援助项目。各个州必须致力于预防家庭暴力、性虐待和儿童虐待，同时必须设立专项资金来援助被害人，才能获得被害人援助项目的资金支持。

2. 赔偿法

罪犯的行为给被害人带来了身体伤害或精神创伤，赔偿法规定被害人有权向犯罪人请求赔偿。20 世纪 30 年代，美国联邦和一些州就已经制定了赔偿法。被害人权利运动兴起之前，赔偿金主要作用在于惩罚罪犯，或者犯罪人积极赔偿以获得减刑。如今，赔偿目标之一是让罪犯对他们的犯罪行为负责。法官同缓刑监督官协商后，决定赔偿金额及赔付时间（如果罪犯没有被关押）。有些州的法律强制规定即使犯罪人已经被关押，仍需定期将他们狱中所获工资交给被害人。

从被害人视角来看，主要问题在于赔偿金由法庭统一管理，被害人没有权利去直接向

---

〔1〕 在"山姆之子"案件中，犯罪人伯考维兹入狱后，纽约的媒体和出版人都纷纷找到他，想用大量金钱从他口中套到谋杀的细节，并出书赚钱。这不得不让政府紧急推出了"山姆之子法案"，规定版商不得为罪犯提供大量金钱以获得犯罪相关出版物，除非这一类的出版物在出版之后 5 年的所得将会用于补偿犯罪中的被害人。"山姆之子"真名叫做大卫·柏克威兹，他专门狙杀约会中的情侣，往往隐藏在小暗巷中趁情侣们缠绵时从车窗口向女方射击。在一次作案后，柏克威兹在现场给警方留下一封信，称自己是个怪物，是"山姆之子"。许多州也有类似的法律。——译者注

〔2〕 为了避免人身保护令程序在实践中被当事人滥用，国会在 1996 年《反恐怖主义和有效死刑法》中对联邦人身保护令法作出了重要修改，对申请时限、批准理由进行了限制，杜绝了连续申请，这些举措有助于实现联邦与各州之间司法权的平衡。

罪犯索要赔偿。此外，如果罪犯出庭前没有缴纳赔偿金，意味着他违反了缓刑条件，犯罪人将会被关押入狱。但是被害人的处境也好不到哪儿去，因为此时罪犯更不可能缴纳赔偿金了。

3. 刑事和解程序（Victim-offender reconciliation programs）

刑事和解旨在帮助缓解这一问题。通过该项目，被害人和罪犯由代表刑事司法系统的调解员召集在一起，商定可行的赔尝金额和赔付时间。在某些司法管辖区，支付的履行由刑事和解程序成员操作并监督。被害人团体组织倾向于这种和解的模式，因为它允许被害人在赔偿过程中直接参与。刑事司法专家也支持这种模式，在该项目模式下，罪犯需要直接面对被害人，对自己的所作所为负责。

（三）适用于特定被害人的法律

240

20 世纪 90 年代，针对包括家庭暴力、性犯罪、仇恨犯罪、暴力犯罪的女性被害人等特定被害人，出现了许多新的联邦法律和州法律。

1. 家庭暴力犯罪

随着越来越多的家庭暴力被害人起诉执法机构未能有效保护他们，许多州颁布法令，要求警方收到家庭暴力投诉后必须对嫌疑人采取强制逮捕措施。法律规定，调查人员必须逮捕造成人身伤害的加害人。此类法律目的在于让罪犯在看守所中冷静下来。许多法律还规定法院必须下达不许罪犯接触被害人的禁止令（包括回家），直到第一次案件开庭审理阶段——通常在 72 小时以内。这些法规是比较特殊的，除此之外再没有其他刑事法要求调查人员必须作出逮捕决定。

2. 性犯罪被害人

最早的关于强奸和性侵害的法律又被称作"强奸盾牌条款（Rape shield laws）"[1]。在犯罪人的庭审过程中，性侵害案件被害人被询问的话题是受到限制的。美国国会于 1978 年制定了强奸盾牌条款（Rape shield laws，即对强奸案被害人的隐私保护法），在联邦范围内试行。许多州都推出了类似的法律，规定了被害人没有义务报告之前的性史，除非该证词同被告人的定罪有直接关系。因此，强奸案的被害人可以就她与被告人的关系作证，例如，是否同意同被告人交媾或性接触，但是不能询问被害人之前有过多少个性伙伴或者过往性史。

在很多州，女性被害人的权利主张促成了"婚内强奸"立法的通过，即分居后男方强迫女方发生性行为也将会被起诉。即使他们尚未分居，但是如果男方在发生性行为的过程中造成了对方受伤或者违背妇女意愿，检方也会以强奸罪名起诉男方。

20 世纪 90 年代，美国大多数州都制定了旨在保护性侵害案件被害人的法律。例如，倘若性侵害案件犯罪人有实质性交行为或者其他暴露体液的行为，他将会被强制要求接受艾滋病毒检验。不同州法律之间的区别在于这一检验是在定罪之前还是之后进行。检测结果出来后，检方需要及时告知被害人。如果被害人是未成年人，则将结果告知其家长或监护人。一些州法律还规定，被害人知悉检测结果之前需要接受系统的心理咨询。

美国所有 50 个州法律都规定，暴力性侵害罪犯和儿童性骚扰罪犯因刑满或假释而从监

---

〔1〕 "强奸庇护条款"，是限制被告人在与强奸相关的指控中使用有关被害人过往性史证据的一项证据规则。

狱释放后，执法机关必须通知他们所在的社区，犯罪人必须按期到当地警察局汇报行踪。在美国，社区工作人员通过发放传单、张贴通报等手段，将犯罪人的行踪信息告知给居民，居民也有权随时查阅本社区内的性犯罪者的信息。1994 年的暴力犯罪控制和执法法案[1]（"梅根法案"）通过后，一个全国性的性犯罪者名册系统就此建立，并向全体公众开放。"梅根法案"是为了纪念 7 岁的梅根·康卡（Megan Kanka）。1994 年 7 月，梅根·康卡被心怀不轨的邻居强奸并杀害。后来查明，该邻居系患有恋童癖的性暴力侵害犯罪的惯犯，已经有两次性侵害犯罪记录。梅根法案的制定是为了让全美所有公民和执法机构都能查询罪犯名册，而不仅仅是犯罪人所在州的居民和执法人员。全国性犯罪者名册系统将美国所有州的罪犯数据整合成为一个统一的、所有公民都可以访问的系统。

3. 仇恨犯罪被害人

正如我们在第十章提到的，许多州出台了仇恨犯罪法，以加强针对因被害人种族、宗教和其他个人特征而被害的犯罪主体的惩罚力度。例如，在建筑物上涂绘含有种族侮辱的涂鸦会比其他污损行为遭受更严厉的惩罚。对特定人群基于偏见和仇恨而产生的攻击行为也适用这一原则。1994 年，克林顿总统签署了仇恨犯罪量刑修改法案，延长了因偏见而实施犯罪的行为人的刑期。联邦仇恨犯罪法案自 1969 年就已出台，但它只涵盖了那些同肤色、种族、国籍和宗教偏见相关的犯罪。多年来，包括 2005 年，国会参众两院议员都主张继续加强仇恨犯罪立法工作，增加性取向和变性者保护条款。并不是所有的州都实现了仇恨犯罪立法，即使有相关立法的州，也很少考虑到性别、性取向和是否残疾等因素。

仇恨犯罪相关法规已经受到了广泛的批评。其一，犯罪学家表示，相关法规并没能有效阻止仇恨犯罪的发生。其二，一些人认为，与加大针对特定群体的罪犯的处罚力度相比，社会更加看重这些群体的安全和福利。其三，有些人认为这些法律违反了宪法第一修正案中的言论自由原则。确实，在 1992 年的一个案例中，被告人因焚烧基督十字架、使用 3K 党十字架和仇恨言论，违反了明尼苏达州法律而受到起诉。美国最高法院推翻了这一判决，因为它违反了宪法第一修正案规定的言论自由（R. A. V. v. City of St. Paul, 1992）。然而在 1993 年，最高法院却维持了威斯康星州的类似判决。在这一案件中，一个 19 岁的黑人男性，在观看了《热血大风暴》这部电影里白人殴打黑人的场景后，袭击了一个 14 岁的白人男孩，导致该男孩昏迷了数日（Wisconsin v. Mitchell, 1993）。威斯康星州仇恨法规定，仇恨犯罪被告人的刑期为 2～4 年，是同类普通犯罪（不因仇恨而犯罪）的 2 倍（最高法院为这两个看似矛盾的判决的解释是，人不能因为自己的信念受到处罚，除非他的行为威胁或者伤害到了他人的人身安全和财产法益）。其四，检察官发现很难去举证被告人是因为特定的偏见才犯罪，而不是单纯的违法犯罪行为，即主观上很难定性。例如，1998 年在华盛顿郊区，一群非洲裔美国人残忍地杀害了一个中年亚裔商人。在这一地区，有许多非洲裔美国人针对亚裔人的犯罪，两个种族的青少年间也经常斗殴。这究竟是仇恨犯罪还是单纯的谋杀呢？没有人听到凶手仇视亚裔的言论，所以即使他们真的是因仇恨而犯罪，检察官也没有理由主张加重处罚。其五，司法专家在推动联邦仇恨立法工作上存在问题，他们主张

---

[1] 1994 年，美国出台了联邦法律"暴力犯罪控制和执法法案"，要求司法部每年就警察"过度使用武力"发布报告。然而，这项法律从一开始就未被严格执行过，仅仅过了一年，司法部便叫停了有关调查工作。在司法判决中，因难以界定"过度使用武力"，使得很少有警察因此遭到指控，也极少有开枪杀人的警察承担刑事责任。

联邦法可以取代州法，因而对联邦法的制定提出了更高的要求。

仇恨犯罪立法工作在某些州停滞不前，是因为目前对仇恨犯罪被害人的类型还存在分歧。比如在德克萨斯州，关于杀害同性恋、黑人和其他少数族裔是否应该归入仇恨犯罪仍存在争论，该州的仇恨犯罪法案未能通过。

三、被害人在刑事司法体系中的角色

直到现在，被害人在刑事司法体系的参与仅限于对犯罪事实作证，这使得许多被害人抱怨这使得他们遭受到二次伤害。在这样的司法审判程序中，被害人的陈述对被告人的定罪有一定影响。在证人陈述环节，一些被害人援助项目（Victim impact statements）也专门提供相关服务。这些程序由检察官主持进行。如果被害人陈述没有切中争议本质（包括与辩护律师之间的诘问），他们用于反驳辩护的证据效力就会降低。玛西娅·克拉克就是一个很好的例子，她是辛普森案件审判中的首席检察官，在审判中扮演了一个特殊的角色，在保护被害人家属方面做出了突出的贡献[1]。尽管检察官对目击证人的支持，主要目的在于最大程度上提高被告人的定罪概率，但是也有一些检察官越发公正而有力地站在保护被害人的立场上。

如今的审判哲学已经发生了转变，但是被害人能做的仍然仅限于在审判过程中作证。他们可向法院提交书面声明、作出被害人陈述，并拥有了训示被告人的权利，由此能够在量刑听证会中发表自己的意见。

（一）被害人影响陈述（Right of allocution）

在被害人影响陈述制度中[2]，被害人常常借助被害人援助项目的帮助，在罪犯被判有罪之前，有权就犯罪对自己身体、精神等方面受到的影响做作全面陈述。这些陈述旨在描述犯罪案件对于他们身体上、精神上及经济方面的影响，比如财产的损失、伤残情况、误工费，以及其他经济损失。被害人还可以在希望得到的赔偿金数额方面提出自己的主张，这些钱主要来源于罪犯赔偿或被害人赔偿项目。

出人意料的是，研究表明，被害人影响陈述制度并没有使被害人感觉到他们在司法程序中的作用有多少提升（R. C. Davis & Smith，1994）。更令人惊讶的是，该制度对法官和陪审团的影响效果也很有限（Erez & Roeger，1995；Fisher，1991）。没有迹象表明，被害人陈述能够增加被告人被定罪的概率，或使被害人获得更多赔偿。

（二）被害人训谕[3]

在刑事审判的量刑阶段，公诉人和辩护律师各自都有传唤证人作证的权利。证人证言可能对定罪和量刑产生很大影响。通常情况下，熟知被告人性格的亲朋、确定被告人是否有犯罪倾向以及是否接受过康复及治疗项目的专家都可以作为证人。

242

---

〔1〕 检方的女律师玛西亚·克拉克虽然没能打赢这场官司，但是由于大多数美国民众都相信，辛普森就是杀人凶手，本案辛普森之所以疑罪从无的原因既是警方侦查不力以及对方钻法律漏洞，因此玛西亚·克拉克收获了更多的尊重。

〔2〕 "被害人影响陈述"（victim impact statements）是英美法系国家量刑程序中的一项重要制度，它是指被害人就犯罪对其身体、精神、经济等方面造成的影响作出全面陈述，从而为法庭量刑提供参考。

〔3〕 在量刑阶段，陪审团或法官会收到一份判决前的报告，其中包括被害人影响陈述（Victim Impact Statements），该陈述涵盖了被害人在资金、人身以及感情等方面所受到的影响，一些州允许被害人或者其代表人出席量刑听证会并直接发表意见，即"被害人告谕"（Victim Allocation）。

在美国的某些州，被害人在宣判阶段也有话语权。和证人证言不同，被害人训谕不需要回答辩护律师提出的问题。在训谕程序下，被害人呈交一份书面声明，并不需要经过交叉盘问。在死刑案件中，所有的州都允许被害人训谕，这也显示出了检察机关在追求程序公正上所付出的努力，而这种努力可能会使死刑判决增多。1994 年颁布的联邦暴力犯罪控制法案赋予被害人在美国联邦法院审判中训谕的权利，但案件范围限于性虐待或暴力犯罪。如果被害人因谋杀罪身亡，法庭会允许被害人家属陈述他们的损失和感受，重点介绍被害人的社会角色及社会贡献。当然，法官也可能会在被害人陈述方面作出一定程度的限制。在俄克拉何马城爆炸案中，蒂莫西·麦克维（Timothy McVeigh）和特里·尼科尔斯（Terry Nichols）是本案被告人。法官理查德·马茨（Richard Matsch）试图寻求这样一种自身角色的平衡：一方面他肩负着保护被害人及其家属话语权的义务，另一方面他还需要将被害人情感诉求限制在一定范围内。因为审判必须遵循这样一条准则：所有证据的使用必须服务于法律，而不是煽动陪审团的情绪。因此，法官拒绝了播放被害人婚礼录像带的请求，并且要求一个 9 岁的男孩不能为失去母亲作过多个人情感陈述。即便如此，被害人家属陈述仍然蕴含着丰沛的情感，经常使陪审团泪洒庭审现场（Collins，1997）。这样的证词毫无疑问会促使法官接受陪审团将麦克维判处死刑的建议。尼科尔斯最终被判处终身监禁，但研究证实了辩护律师们始终坚信的事情：死刑案件中的被害人家属陈词，的确增加了被告人被判死刑的可能性（Luginbuhl & Burkhead，1994）。

（三）未来的被害人权利

最近颁布的被害人权利保护的实体法和程序法，在保护和赔偿被害人方面取得了长足进步，但是被害人援助团体认为，目前法律仍然不够完善。通过被害人权利修正案来修改宪法的尝试已经宣告失败。确实，美国公众及议员一直对增加宪法条款持谨慎态度，即使是面对特殊利益集团。因此，被害人保护和赔偿条款继续以州和联邦法的形式而存在，并没有上升到宪法层面。

虽然被害人维权团体在刑事司法活动中继续争取更多的权利和话语权，法官、检察官、法律学者也都加入了辩护律师的队伍，反对完全站在被害人一边的权利条款。为什么呢？首先，检察官和法官认为目前的被害人权利法案给被害人导向的刑事诉讼程序机制带来巨大负担——比如赔偿程序——这限制了他们的案例研究能力和改革精神，对专业技能的提升也并无帮助。同时，法律学者和辩护律师担心扩大被害人权利可能会导致被告人最终不能得到公正判决。一个可行的妥协方案是被害人的权利得到充分尊重，同时不践踏被告人权利，让其受到公正审判、无视公众舆论，从而让检察制度为我们所有人的利益而服务。

四、被害人学

被害人学（Victimology）是对被害人群体以及他们与罪犯、罪行之间关系的研究，作为犯罪学研究的一个新的分支，它的出现与不断增长的被害人权利保护运动密切相关（Wallace，1998）。该领域研究的先驱们包括汉斯·冯·亨悌（Hans Von Hentig）和本杰明·门德尔松（Benjamin Mendelsohn）等。亨悌基于心理学、社会学和生物学等因素创立了针对被害人的分类法，并预见到了被害人学的兴起（Hans Von Hentig，1948）。作为一名全职律师，同时也是"被害人学之父"的门德尔松，提出在几种特定的犯罪案件中，被害人与罪犯之间往往已经存在某种联系（Benjamin Mendelsohn，1974）。例如，在 2003 年发生的暴力犯罪中，一半以上的案件都是由与被害人相识的人实施的。其中，比例最高的是强奸和性侵害案件，其次是谋杀和抢劫案（Catalano，2004）。

当前，被害人学旨在研究：①被害人的个体特征；②被害人与罪犯之间的关系；③被害人与罪犯发生互动时的情境和环境；④被害人在诱发犯罪方面的作用。已有的研究发现被害人与罪犯一样复杂多样，且很多被害人与罪犯具有某些共同的特征。

（一）被害人的特征

在研究被害人的第一本教科书《犯罪人与被害人》（1948）中，亨悌对被害人的特征展开了探究。他注意到犯罪被害人往往是年轻人、老年人、女性或那些患有包括智力障碍等精神疾病的群体。

1. 年轻人

总体上看，年轻人更可能成为暴力犯罪的被害人。2003 年，美国年龄在 12～24 岁的年轻人的暴力犯罪受害率高于其他任何年龄段的人。其中，从 20 岁至 24 岁开始，随着年龄的增长，受害率便呈现显著下降的态势（Catalano，2004；FBI，2004）。25 岁以下人群成为暴力犯罪被害人的风险是 65 岁以上人群的 11 倍：25 岁以下人群每 1000 人中有 56 名被害人，65 岁以上人群中每 1000 人中有 5 名被害人。25 岁以下人群被抢劫的概率是 65 岁及以上人群的 6 倍（R. Bachman，1994；司法统计局，2000；Perkins & Klaus，1996）。正如第十章中所描述的，年轻人同样容易受到来自于他们监护人的身体虐待和性虐待。

2. 老年人

65 岁以上的老人似乎特别容易成为盗窃、入室行窃、机动车盗窃等由经济利益驱使的犯罪的被害人，但相较于年轻人，他们不太可能被谋杀、殴打或抢劫（司法统计局，2000）。与年轻人相似的是，老年人遭遇虐待和冷暴力的风险也在上升。对老年人身体上的虐待通常包括殴打、强迫用药、人身拘禁、强制进食和体罚。对老年人的性虐待也时有发生，包括任何形式的未经同意的性接触。对老年人情感和心理上的虐待则包括言语攻击、侮辱、威胁、恐吓、羞辱和骚扰。虐待老人也会采取经济上剥削的方式，包括通过伪造支票未经授权使用养老金、未经授权兑现支票，以及任何被认为是盗窃的行径（美国老龄管理局，2005）。

据估计，美国国内有近 500 000 名老年人遭遇过虐待或冷暴力（美国老龄管理局，2005）。这一数据也许并不确切，但实际上问题可能还要更加严重。一些老年人问题的研究者表示，在 1996 年每一例被报道并经成年人保护服务机构证实的虐待老人的案件背后，都至少有 5 例未被报道（美国老龄管理局，2005）。80 岁以上的老人尤其可能遭遇虐待和冷暴力，此外，相较于黑色人种和其他少数种族，老年白人更经常被虐待。不过，在少数种族中，黑色人种比其他种族更可能受到虐待（美国老龄管理局，1998）。

244

总之，暴力犯罪的被害风险随年龄的变化各有不同，在青少年时期不断增长，于 20 岁左右达到峰值，随后受害率呈现稳步下降的态势（Perkins，1997）。

3. 女性

在 2003 年，男性比女性更可能成为谋杀（77% 的谋杀案件被害人都是男性）、抢劫、殴打等犯罪的被害人，而女性比男性更可能成为性侵犯案件的被害人，且更易被现任或前任的亲密伴侣谋杀或殴打（Catalano，2004）。女性也更容易成为虐待老人案件的被害人，尽管她们仅占老年人口的58%，但却占受虐待和忽视的老年人总数的60%～76%。在遭遇情感或心理虐待案件的老年人中，75%的被害人都是女性。

4. 种族

现实中黑色人种成为犯罪被害人的比例要远远高于其人口比例。黑色人种仅占美国人口总数的12%左右（美国人口普查局，2001），但他们在犯罪中沦为被害人的比例却高于白人。总的说来，与白色人种和其他种族的人相比，黑色人种的暴力犯罪被害率最高。拉美裔占美国人口的13%，而在2003年全部的暴力犯罪中，有14%的案件的被害人是拉美裔（Catalano，2004）。

5. 穷人

2003年，相较于家庭年收入超过7500美元的人，家庭年收入不足7500美元的人遭到的抢劫和殴打明显更多。而家庭年收入少于35 000美元的人也比家庭年收入高于35 000美元的人更易成为盗窃案的被害人。同样地，来自低收入家庭的城市租房者也比高收入的郊区和农村的房主更可能成为小偷的光顾对象（Catalano，2004）。

6. 精神疾病患者

患有智力障碍等精神疾病的人，往往特别容易因他们的生活方式和居住地点（其中很多人无家可归）沦为犯罪被害人。那些智力水平较低且不具备基本生活自理能力的人，特别容易被诈骗和欺骗。孤独、抑郁的人也可能成为某些犯罪的被害人，在这些案件中罪犯会为了财产有预谋地追求一些寡妇、鳏夫等内心孤独的人并与其结婚，但最终可能会虐待甚至杀害他们。出于获得关心和感情的期待，那些富有但孤独的被害人有时会进入如小酒吧、网络聊天室等环境中，其中一些人被慢慢诱入犯罪的陷阱中。1998年末，一名男子到弗吉尼亚州见一名最初通过电子邮件联系的女性网友时，就被她及她的男朋友抢劫了；无独有偶，一名西弗吉尼亚州的女子就被一名她在网上遇到的男性杀害。抑郁的人常常遭遇的低自尊的心理状态会导致他们不太可能采取措施保护他们自己的安全，他们比其他人更可能被危险吓到甚至被击倒。

（二）犯罪中被害人的角色

因为保护被害人的人权组织认为被害人是无辜的，所以他们往往不认同被害人在诱发刑事犯罪方面有什么作用（Karmen，2000；Kennedy & Sacco，1998）。然而，如果不从犯罪涉及的所有方面（包括被害人的特征和行为）去理解犯罪，就像玩拼图游戏的时候却没有拿到所有的碎片一样，最终难以成立。目前有许多特定类型犯罪中被害人角色的研究，我们对其收集整合。门德尔松创立了一套被害人分类体系，明确了被害人在被害过程中负有多大程度上的责任，以及罪犯与被害人之间的关系。它的分类包括：①完全没有责任的被害人，如儿童和无行为能力被害人；②承担较小责任的被害人，如在犯罪率高的地区的被害人；③与犯罪人承担同等责任的被害人，如帮助他人犯罪时，因背叛对方而遭到报复甚至被杀。其他犯罪学家主要关心的是被害人在为犯罪提供便利条件或诱发犯罪时的角色。其中为犯罪提供便利是指由于被害人的过失或疏忽，如忘记锁门或将钥匙落在车内等原因，间接导致了犯罪；诱发犯罪则是指被害人的行为直接引发了犯罪，如与他人发生肢体冲突最终被对方杀害（Miethe & McCorkle，1998）。

许多被害人学研究对被害人环境因素展开调查，通过语境分析法，从被害人同犯罪人之间的互动（Von Hentig，1948）、被害人在诱发犯罪中的角色（如门德尔松所述）以及他们的生活方式的角度研究犯罪。对被害人生活方式的分析，有助于阐明某些生活方式对被害风险的影响，例如，经常出入酒吧和其他普遍存在非法毒品交易、斗殴以及警察干预的地方，就越可能成为犯罪的被害人。最近，一项针对 1975～1995 年医学检查报告的研究发现，谋杀案中 1/3 的被害人在遇害时都处于醉酒状态（Okie，1999）。

当前的犯罪数据统计支持了这一日常活动理论。年轻的黑人男性被害率最高，因为他们与同族群的其他同龄人交往频繁（这一群体的犯罪率高于平均水平），并且他们经常在一些刑事案件多发的地方混迹（Kennedy & Sacco，1998）。日常活动理论也获得了一些其他统计数据的支持，这些数据表明参与犯罪行为的人——尤其是参与犯罪团伙活动的——比其他人更可能成为犯罪的被害人，在一定程度上是因为和他们联系密切的人本身就是罪犯。

在总结了一些主要的被害人学分析模型后，我们将探讨如何将它们运用到对特定犯罪的被害人的分析中。

1. 谋杀案

2003 年，在所有已知被害人和罪犯间关系的谋杀案中（占到全部谋杀案的 55%），77% 的被害人认识袭击他们的人，这一比例比其他任何犯罪类型都要高（FBI，2004）。杀人凶手和被害人有很多共同的特征，包括种族、年龄和性别（Miethe & Meier，1994）。例如在 2004 年，谋杀案中 92% 的黑人被害人都是被黑人杀死的，而 85% 的白人被害人则是被白人杀死的（FBI，2004）。日常活动理论至少在某种程度上解释了谋杀案中被害人和罪犯之间的相似性（L. E. Cohen & Felson，1979；Hindelang，Gottfredson & Garofalo，1978）。罪犯和被害人可能生活在同一个高犯罪率的街区，并都从事一些诸如赌博和毒品交易等高风险的活动。2003 年，超过 20% 的谋杀案都发生在酒后争执、黑帮火拼、街头枪战的环境中，且全年 29% 的谋杀案发生在因纠纷产生争执的环境中（FBI，2004）。

为了探究被害人在某些谋杀案中所扮演角色的重要性，我们将考量大卫·卢肯比尔（David Luckenbill，1984）对某种特定的"杀人事件"的研究，在研究中他展现了案件演变的五个阶段：

（1）被害人对罪犯做了些什么，即使这可能是些微不足道的事情；

（2）罪犯认为被害人的言语或行为具有挑衅性、侮辱性；

（3）罪犯通过口头或肢体上的反击试图挽回声誉；

（4）被害人带有攻击性的回应，向罪犯发出信号，意指这样的互动最终会导致且只能由暴力来解决，旁观者也可能会煽动其他人参与这样的暴力冲突；

（5）持续的暴力导致被害人的死亡。

卢肯比尔（1984）认为，谋杀往往产生于一些相当平淡无奇的互动。在互动的任何阶段，任何一方本都可以避免冲突的发生。例如，在致命的恶性交通事故中，被害人的行为起到很重要的作用，要么是自己先做出了愤怒的手势或攻击性的危险驾驶行为，要么是以不理智的方式回应了上述行为。1993 年 1 月，华盛顿地区某条早高峰拥挤的高速路上，两个司机鲁莽地飞驰并因其中一人的挑衅性手势发生争执，结果发生追尾事故，导致冲突中的一方和其他车里的 3 个无辜的人在随后发生的连环追尾中遇难。在佛罗里达州，一名性格暴躁的司机在高速公路收费站枪杀了另一名司机，起因是对方在交过路费时用了太长时间。目击者称，在枪杀之前，两人都用敌对的侮辱性手势及言语攻击过对方。这起案件中被害人应该为自己的遇害负部分的责任吗？这很难回答，但随着这样的恶性交通事件越来越多，很多州的执法机关都建议司机不要在意其他司机的攻击性的手势和驾驶行为。

2. 强奸案

贝让阿米尔（Menachim Amir，1971）在一项基于 600 多件强奸案的研究中探究了"被害人诱发"的概念，在这些案件中被害人最初同意发生性关系，但随后改变了想法（被害人和罪犯要么已经相互认识，要么刚刚在酒吧相遇并已经在某个地方发生了性关系）。阿米尔认为正是这种最初同意而后反悔的情况诱发了强奸。尽管这一观点现在受到了诸多批评，但这样的案件恰恰说明如果被害人在一开始没有同意发生性关系，随后可能也就不会出现这样的惨剧。对约会强奸的研究表明，在这些犯罪中酒精或其他毒品起到重要作用，被害人和罪犯通常处在醉酒的状态中失去了判断力，进而发泄平日被压抑的欲望（美国卫生和人类服务部，1992）。对于女性来说，喝酒太多，特别是在像联谊聚会这样人们期盼艳遇的环境中喝得过多，增加了她们遭遇性侵犯的风险。事实上，在被害人醉酒且没有反抗的性侵犯案件中，公众会转而认为被害人有错，并将案件的发生归咎到她/他身上（Pollard，1992）。

当前，犯罪学家中的主流观点认为，女性应该采取预防措施，以降低被强奸的风险。大学校园和其他地方组织通过各种活动指导女性如何使自己免受伤害，并引导男性尊重女性在性生活中的意愿。然而，旨在帮助女性避免诱发式强奸以及因此产生的家庭暴力的努力受到了一些人的质疑，他们认为这样的行为是在暗示被害人应当在预防犯罪方面负有比罪犯更多的责任，这会强化当前社会中男性对女性的统治地位（Karmen，2000；Scully，1995）。女权主义者们认为，女性有权在准备发生性行为后又改变想法，而不被性侵。他们还指出，无论是男性还是女性，都可以在白天或夜晚的任何时间去任何地方，而不必担心被强奸、抢劫或杀害。然而，在当今的美国，有关这些理想是否能实现还需要结合现实，审慎处理。

3. 抢劫案

抢劫案的被害人和罪犯主要都是 25 岁以下的黑人男性。Curtis（1974）指出，被害人在携带金钱及其他财产时的粗心大意或者无意"露富"（10% 的抢劫案都有该原因）、生活在高犯罪率地区以及从事毒品交易等高风险的活动，都是诱发抢劫的主要因素。在便利店、烟酒店、赌场或其他赌博场所、酒吧以及小型汽车旅馆工作，会大幅增加人们成为抢劫案被害人的风险。

4. 诈骗案

太过贪婪的人尤其容易吸引罪犯的注意，贪婪会阻碍人们的理性思考，使他们容易被骗或者听信快速致富的谎言。人们对这样幻想"一夜暴富"的人成为被害人早已司空见惯。被害人通常并不是生活贫困的老人，而是生活条件优越却还不满足的人。

5. 家庭暴力案件

正如我们在第十章中指出的，家庭暴力是由一个成年人的现任或前任配偶、男/女朋友对其做出的，如谋杀、强奸、性侵犯或日益严重的殴打等暴行。根据疾病预防与控制中心（Centers for Disease Control and Prevention）提供的数据，截止到 2003 年，在全美 18 岁以上

的亲密伴侣中，每年有近 5 300 000 个家庭暴力的被害人，导致近 2 000 000 人受伤，1300
人死亡。亲密关系间的暴力发生在所有的人群中，无论处于什么样的社会、经济、宗教群
体或文化团体。低收入的人受到的影响尤其突出（Heise & Garcia Moreno，2002）。

　　被害人在家庭暴力中的言行很重要，因为家庭暴力涉及的是在持续的亲密关系中生活
在一起的双方。例如，大部分发生在家庭成员内部的谋杀都不是源于某一次事情，而是发
生在冲突日益激烈后突然爆发。莱诺·沃克（2002）通过研究这些不断升级的"暴力周
期"，指出"耗损型关系"发展过程有三个不同阶段。在第一阶段，或称出现不安情绪的
阶段中，男方开始心烦意乱，女方则试图安抚他。在第二阶段，或称关系破碎的阶段中，
男方失去控制并殴打女方。在第三阶段，或称缓释阶段中，男方有了悔意并通过一系列示
爱的行为，得到了女方的原谅。这一类型所涉及的暴力的强度会随每个周期的出现而增长，
有时可能会导致谋杀。

　　沃克（2000）的模型并没有考虑到这一情况——这恰恰比大多数人意识到的更为常见，
即男性是家庭暴力的被害人，甚至可能因此丧生（详见第十章）。一个颇具代表性的例子发
生在 1998 年 5 月，《周六夜现场》中的喜剧演员菲儿·哈特曼（Phil Hartmann）被他的妻
子在睡梦中枪杀。大多数他们的朋友都不知道的是，哈特曼的妻子对他的虐待愈发严重，
在喝酒后尤其。谋杀发生后，她报了警并开枪自杀。

　　致命或非致命的家庭暴力的被害人往往是一些复杂动态关系的参与者，他（她）们面
临着激烈的社会和经济压力、权力斗争，体验到绝望和孤独，没有谁可以依赖。女权主义
者提出男性主导的执法机构严重忽视了受害女性的遭遇。针对这一申诉，现在的警察在抵
达家庭暴力现场后，通常会选择逮捕实施暴力的男性。然而，在很多地方，如果有证据表
明女方在冲突中推搡、抓挠或殴打了男方，无论男女都会被逮捕——不管先动手的是不是
男方。

　　事实上，虽然很多家庭暴力案件中的罪犯都是男性，暴力关系中的女性也有可能被控
谋杀或伤害而成为被告人。其中有些女性以"被虐待时的正当防卫"为借口，作为采取有
害或致命方式攻击施暴者的理由。数个州已经颁布法律允许在审讯中搜集与长期虐待有关
的证据，并允许陪审团在定罪判刑时考虑这些证据。例如，弗吉尼亚州的法律规定：

　　　　任何指控人身伤害及谋杀、伤害未遂、谋杀未遂的刑事诉讼中，在一般证据规则
　　的规范下，允许使用与被害人受到持续性生理及心理虐待相关的证据。

　　作为被虐待者的男性及女性被告以此为证据为自己辩护，一些州也允许在涉及同性伴
侣的案件中使用该规则。

　　6. 虐待和忽视儿童的案件

　　虐童涉及不同形式的身体伤害，例如导致瘀肿、擦伤、撕裂伤、刀伤、烧伤及骨折。
针对儿童的性虐待犯罪包括"为满足性欲殴打儿童"、"淫秽地抚摸和接触儿童性器官"、
鸡奸以及近亲性交。对儿童使用冷暴力则包括了监护人没有为儿童提供足够的食物、衣物、
居住环境和医疗保障。

　　据报告，6～11 岁的儿童受到虐待的情况最多，尽管男孩受到身体虐待的比例比女孩高

出 24%，但女孩被性虐待的比例却是男孩的 3 倍。与和双亲生活在一起的孩子相比，单亲家庭的孩子受到身体虐待的风险高达 77%，80% 的儿童受的是重伤，且大多是由他们母亲的男友施暴造成。受到虐待的风险与家中孩子的数量呈正相关。与家庭年收入超过 30 000 美元的孩子相比，那些家庭年收入低于 15 000 美元的家庭的孩子受到性虐待的比例是前者的 18 倍，在身体虐待中受重伤的比例是前者的 22 倍，死于虐待的比例是前者的 60 倍（美国卫生与公共服务部，1998）。

儿童福利机构和法院未能防止监护人虐待和忽视他们的孩子，这一点加剧了虐童的悲剧。1998 年，在弗吉尼亚州西南部的一个农村小镇上，虽然一位母亲经常虐待她的孩子，法官还是维持了她的监护权。3 个月后，这名女性将她的孩子杀死。2000 年，一名弗吉尼亚州的法官下令要求一个收养家庭将一名小女孩送还她的生母，但不到一周，这个孩子就被她生母的男友杀害了。1999 年，一名哥伦比亚地区的法官下令要求一对养父母将他们的孩子送去她的生母家里过圣诞节，尽管孩子的生母曾经一再虐待和忽视她。过节期间，小女孩被她的生母杀害，但那名法官、相关的社会工作者和那位母亲的律师则相互推卸责任。

（三）犯罪中被害场所研究

显然，与有暴力倾向的人同居时，住所也可以成为危险的地方。尤其是如果对方酗酒、持枪或拥有其他危险武器，问题会更加严重，而工作场所和学校等地点的犯罪风险也在不断提高。

1. 工作场所

1993 ~ 1996 年，每年有约 1 700 000 人成为工作场所暴力犯罪的被害人。每年会发生约 900 件与工作相关的凶杀案，而过去 7 年里工作场所的暴力犯罪占全部暴力犯罪的 18%（Duhart，2001）。通常，可以通过人们的工作性质来预测谁会在工作中成为犯罪的被害人，而非他们的年龄、种族、性别或其他特征。

风险最高的工作有以下特征：①长时间与人接触；②工作同金钱相关；③需要经常出差；④客运或货运行业（Collins，Cox & Langan，1987）。因此，风险较高的工作包括执法部门、美国邮政服务部门、军事部门（Harlow，1991）、警察部门（Mayhew，Elliott & Dowds，1989）、休闲娱乐场所、便利店、快餐店以及出租车行业（R. Block，Felson & Block，1984；Rennison，1999）。执法岗位包括警察、矫正官、私人保安，这些职位的工作场所犯罪率最高，为 11%（Duhart，2001）。

许多工作场所的被害源于员工与顾客/客户之间的争吵——例如，调酒师拒绝继续为醉酒的顾客服务时，老师教训不守规矩的学生时，或者警察干预家庭纠纷时（Sacco & Kennedy，1996）。急诊室的医护人员和航空公司空乘人员受到病人或航空旅客的攻击率格外高，这些病人或旅客往往对服务不满意（Salinger，Jesilow，Pontell & Geis，1993）。有些工作场所的被害人是特定的，如最近受到训斥或被解雇的员工回到公司杀死负责的主管。在其他情况下，被害人可能仅仅是在错误的时间来到了错误的地点，例如，一名被激怒且精神错乱的员工在攻击其憎恨的主管时，另一名无辜的同事被乱枪扫射致死。

换句话说，有些工作本质上就是危险的，因为这些工作会使从业者面对高危地点、环境和人群，而那些从业者成为犯罪被害人的风险就会比一般人更高。例如 1997 年，华盛顿特区的一名出租车司机拒绝搭载一名乘客去黑帮控制的街区，不幸的是，这名乘客正是黑帮的成员，他被司机的沉默激怒并开枪打死了这名司机。这一致命的事件包含了高风险的罪犯与被害人互动的所有要素——在犯罪猖獗的地区从事危险工作的工人以及携带武器、可能吸毒过量且怒火中烧的暴力罪犯。

2. 校园

大约 10 年前，谋杀、斗殴以及其他严重的犯罪在校园还相对少见（从统计学的角度来说，现在也依然罕见），主要发生在黑帮活动或毒品交易猖獗的城市中心区。那时，学校通过安装金属探测器、雇佣更多的保安往往就能提高安全性。然而，近年来发生在校园的暴力事件的数量和严重性已达到前所未见的程度。在美国，2001～2002 学年，17 名学生的死亡与学校相关（包括事故和自杀），而 1999～2000 学年里，有 32 名学生因在学校发生的暴力事件而丧生（CDCP，2004）。

20 世纪 80 年代人们开始认识到校园存在着巨大的被害风险，当时一项由国家教育研究院（National Institute of Education）开展的调查（国家教育研究院，1986）发现，针对青少年的 40% 的抢劫以及 36% 的人身伤害都发生在校园，而初中生被其他学生伤害的比例要高于高中生（Rapp，Carrington & Nicholson，1986）。调查还指出校园暴力存在显著的情感、经济及社会成本。大城市中 1/3 的初中生表示他们会避免去校园中的某些地方，如卫生间，因为他们害怕在那儿会被同学欺负。还有很多学生承认因为担心自身的安全，他们宁愿待在家里也不去学校。超过 100 000 名教师表示，他们一直受到来自学生的人身伤害的威胁。报告还指出每年因校园犯罪和校园暴力造成的经济损失已达 2 亿美元，例如，校园中发生盗窃案的频率是企业的 5 倍，每起案件造成的平均损失约为 150 美元。在接受调查的 25% 的学校中，平均每月就会发生一起故意破坏等恶性事件。

调查的结果多少有点出乎意料，使人们越来越担心校园犯罪，关注犯罪给学生和教师带来的伤害以及经济、社会影响。政府开始采取各种措施，加大打击校园犯罪的力度，也让一年一度的全美犯罪受害调查开始关注校园犯罪被害人，并最终制定了一份校园犯罪附录。其他的调查也有助于我们了解校园犯罪的全貌，例如，全美青少年学生健康调查（American School Health Association，1989）调查了 11 000 多名 8～10 年级的学生，发现在 1988 年有近 40% 的学生在校园或校车上打斗过，34% 的学生曾在校园受到过人身伤害的威胁，13% 的学生在校园被殴打过。对 1993 年全美家庭教育调查的分析与上述数据展现的情况是一致的，分析表明 6～12 年级的学生中半数目睹过校园中某种类型的犯罪，而其中 1/8 的学生自己就是被害人。正如先前的调查所展现的那样，对于被害的恐惧相当显著：在过去的一年，22% 的学生为了自卫，会带小刀、枪或其他武器去学校（Nolin，Davies & Chandler，1996）。事实上，调查一致表明学生带武器去学校的主要原因是出于防卫（Sheley & Wright，1993）。每个月平均有 5000 名老师会受到人身伤害，受到的伤害也比学生更加严重（Hanke，1996）。

最近，疾病预防与控制中心（Centers for Disease Control and Prevention）开展的青年危险行为调查也符合先前数项调查结果。这项基于对 13 000 名学生的问卷调查发现（疾病预防与控制中心，2004）：

（1）6% 的学生在调查开始前的 30 天内曾经带武器去学校；

（2）9% 的学生在调查开始前的 12 个月内受到过威胁或被武器伤害过；

（3）近13%的学生在调查开始前的12个月内参与过校园内发生的打斗。

尽管从统计学的角度来看，校园比街头和儿童的住所（因为虐童案件频发，住所是最危险的地方）更安全，但校园犯罪和校园暴力依然普遍存在。与通常看法相反，校园暴力并非是大城市的特有问题，这在过去的几年里已得到了证明。近年来，在远离市中心的地方，有60多名学生和老师被同校的学生杀害，这些地方包括：阿拉斯加州的贝特尔（Bethel）、密西西比州的玻尔（Pearl）、肯塔基州的西帕迪尤卡（West Paducah）、阿肯色州的琼斯博罗（Jonesboro）、宾夕法尼亚州的埃丁波勒（Edinboro）、俄勒冈州的斯普林菲尔德（Springfield）、科罗拉多州的立托顿（Littleton）、明尼苏达州的红湖（Red Lake）。

因此，当今几乎所有的学生都对在校园犯罪中受伤甚至丧生充满恐惧。学校本应构建一个安全、有序的环境，孩子们在这里就像是在天堂，他们在这里学习、锻炼、与伙伴建立友谊。在学校里存在毒品交易、性侵犯和谋杀，这仿佛不可想象。然而现实就是这样，不得不说是一个悲剧。

五、犯罪对社会的影响

犯罪在态度、情感和整个行为方面都给社区带来负面影响。对企业、学校、学生、教师、政治家、教育家、全世界的守法公民都是如此。犯罪也造成了一定程度上的恐惧和恐慌。是什么导致了这种现象呢？原因之一就是媒体的报道。在新闻界存在一个规律，充满暴力、鲜血的新闻通常能够赢得更多关注，让记者和电视台声名鹊起。铺天盖地的凶杀案报道，造成了仿佛人人可能成为被害人的假象（Johnstone，Hawkins & Michener，1994）。谋杀案，特别是大规模的谋杀，是媒体记者的"宠儿"。记者重点报道那些最能引起公众不良情绪的案件和被害人：①幼儿被害人、老年被害人、不特定被害人；②恩将仇报的凶手；③诡异离奇的案件（Chermak，1995）。华盛顿特区的某个当地电视台的新闻报道基本都是暴力事件。而当本地未发生重大案件时，新闻编辑则从其他州寻找类似素材（Kurtz，1998），或者提出如何避免成为被害人的建议。

所有媒体的关注重点都在暴力犯罪，虽然它的数量只占了全部案件的10%（FBI，2004），当然实际数量可能不止于此（Riger，Gordon & LeBailley，1982）。媒体编辑也可能会炒作犯罪案件，创造出一个"穷凶极恶"的杀手［比如至今仍未被起诉的理查德·朱厄尔（Richard Jewell），后来证实他并不是1994年亚特兰大奥运会爆炸案的犯罪人］。此外，媒体还会过度美化执法人员的形象。最后，媒体对于暴力犯罪率的夸大，导致了社会上很多极端应对方案的出现（Brownstein，1991；Elias，1993；Ericson，1989）。

同时，媒体（对财产犯罪）缺乏必要的关注，使得许多人对诈骗、证券违规、侵占罪以及违反环境保护法的行为漠不关心，而实际上此类经济犯罪和财产犯罪造成的损失远超暴力犯罪。例如，正如我们在第十一章中提到的，这些犯罪通过破坏空气水源质量、提高保险费、提升信贷利率、上涨物价、侵犯个人隐私等方式损害了所有人的利益。

六、总结

被害人，指的是因他人行为而受到利益损害的人。人们通常认为被害人就是因罪犯而受伤、死亡或者财产受损的人，但实际上人们可以在犯罪案件中受到间接伤害。虽然犯罪造成的被害成本是难以精确测量的，有专家估计其每年造成的损失高达100 000 000 000美元。其中包括了起诉和监禁罪犯的费用、给企业和被害人造成的直接、间接损失，以及被害人在心理痛苦、误工费、企业生产力丧失等方面造成的间接损失。

美国犯罪被害人数据的主要来源有统一犯罪报告、全国犯罪受害调查，以及罪犯自我报告。全国犯罪受害调查在美国范围内选取大量家庭作为样本，进行纵向研究，观察其在犯罪及犯罪报告方面的变化。

如今，被害人在刑事司法体系中起到举足轻重的作用。多亏了被害人援助组织，州法律和联邦法开始给予被害人一些特殊地位，加大了针对儿童性骚扰、家庭暴力、酒驾、仇恨性犯罪等犯罪类型的处罚力度。犯罪的直接被害人在刑事诉讼和量刑中开始发挥更为重要的作用。被害人可以就精神和经济方面受到的损失作出陈述以影响量刑。被害人援助项目要求犯罪人必须对被害人进行赔偿。

犯罪学家，研究犯罪的行为科学家，同样也研究被害人，这门学科被称为被害人学。被害人学不应当被看作是"责备被害人"的学科，相反，它关心的是：①被害人的特点；②被害人和犯罪人之间的关系；③受害行为产生的条件和环境因素；④被害人在诱发犯罪方面的作用。一些被害人在年龄、性别、种族等方面同犯罪人具有共同特征，因为他们在生活方式等方面与犯罪人十分相似，或者他们居住在同一地方。年轻人、老年人、妇女、穷人、精神病患者、少数族裔被害人受到特别关注，有专门针对他们的数据收集程序。在研究被害人和犯罪人的关系时，发现在谋杀案和强奸案中，被害人和加害人通常互相认识，抢劫案的被害人最不可能认识犯罪人，诈骗案的被害人通常要为自己的贪婪付出代价，幼儿最有可能是家庭虐待的被害人。

被害人学学者研究了最有可能发生犯罪的工作类型。毫无疑问，执法人员排在首位。需要长期与人接触的工作，以及那些与金钱相关的工作、客运货运承运人、出租车司机，都更有可能成为犯罪的被害人。虽然校园暴力十分罕见，但是考虑到学校和孩子们的数量众多，校园暴力同样不可忽视。人们通常在校园枪击案后才意识到，那些看起来像天堂的地方却并不安全。过去10年的新闻头条中几乎都会出现校园凶杀案，且犯罪全部发生在农村或郊区学校。

在研究时，我们应当关注所有刑事司法活动的要素，包括被害人人格和行为在犯罪中的作用，而不能够将被害人看作是一个完全没有责任的人。这样做可能会帮助人们更好地了解和预防犯罪。

关键术语

赎罪金　被害人援助计划　刑事和解程序　被害人影响陈述　训谕权　强奸盾牌条款
被害人学

复习问题

1. 测量美国犯罪案件的3个主要方法是什么？

2. 如今，被害人在美国刑事司法体系中的地位如何？

3. 什么是仇恨犯罪？仇恨犯罪法律在美国如今处于什么地位？

4. 被害人与犯罪人在关系和特征方面存在哪些共同点？

5. 哪些工作环境最危险、最可能出现潜在犯罪案件的被害人？

相关链接

犯罪行为网：www. cassel2e. com.

刑事受害人办公室：www. ojp. usdoj. gov/ovc/.

犯罪与受害人司法统计局：www. ojp. usdoj. gov/bjs/cvict. htm.

校园枪击案威胁评估：www. fbi. gov/publications/school/school2. pdf.

青年人风险行为监测调查：www. cdc. gov/mmwr/PDF/SS/SS5302. pdf.

如果你是一名刑事案件的受害人，你能做些什么？www. ojp. usdoj. gov/ovc/publications/factshts/whatyoucando/welcome. html.

第十三章　罪之罚与罚之罪

"无论如何，这一刻都是宣判的时候了！"当这句话响起时，庭上的犯罪人就得抱着最
好的希望，做着最坏的打算了。法官会像鲍西娅央求她父亲那样[1]恩威并施吗？还是说会
给出严厉的判决、漫长的刑期？法官会被辩护律师"再给一次机会"的请求打动吗？还是
说会最终听从控方的意见——尽量久地把他们（犯罪人）关起来？

不论最后的结果如何，判决环节都是此书中所有议题的高潮部分。生物的、心理的、
社会的影响，让犯罪人终于走上了审判台；警察、检察官、陪审团，终于在这场与辩方律
师的斗争中获得了胜利。现在，刑事司法系统的刑罚阶段开始了。在这一章中，我们不只
是把刑罚当作犯罪的结果之一，也把其视为引起和保持犯罪的原因之一。

美国早期的法律制裁是公开进行的，包括示众（带上枷锁游街，被众人嘲笑）、鞭打或
是在狂欢节一般的气氛中被刑决。随着现代刑事司法体系的建立，刑罚愈加变成一件私事，
并且通常只涉及监禁。但是为了达到控制和规训犯罪人的目的，现代刑罚仍然常以制造身
体上的痛苦、带来耻辱为特征（D. A. Ward，1994）。到了 20 世纪 60 年代，由于法律开始
允许监狱犯人针对自己受到残酷的、非常规的对待而对州政府官员提出控告，大量相关诉
讼潮水般涌现出来。直到这时，许多州和联邦监狱犯下的骇人行径才被公之于众。联邦法
院公开发表声明称，许多监狱所实施的行为已经违宪。例如　阿肯色州和亚拉巴马州的监
狱系统分别于 1970（霍尔特诉萨维尔，1970）年和 1976（佩什诉洛克，1976）年被全部拆
除。很快，对犯罪人进行任何形式的体罚都变成了违法的。但讽刺的是，正是由于监狱管
理者再无权使用暴力体罚控制服刑人员，监狱帮派和其他高攻击性的在押犯才有机会攫取
了这种控制权。法律限制了监狱管理者惩戒犯罪人的权利，而监狱管理人员深深感到被这
种限制刺痛。作为回应，他们漠视对监狱内虐待行为[2]的投诉。事实上他们说："你们不
是不想让我们管吗？那我们就不管了——你们自求多福吧（R. Johnson，1996）。"

电、毒气或注射是执行死刑的新技术，目的是消除火刑、枪决和绞刑带来的身体痛苦

---

[1]　鲍西娅是莎士比亚的戏剧《威尼斯商人》中的主要人物。——译者注
[2]　通常由监狱内帮派或所谓的牢头狱霸向其他犯人实施。——译者注

以及减少公众展示效果（Foucault，1977）[1]。但即使减少了身体上的折磨，这些新技术也仍然保持着心理上的痛苦。本章将要探讨的现代死刑的仪式，包括尽一切努力（甚至是提供毒品和心理治疗）使犯罪人活到执行死刑的那一刻。事实上，在一些案件里，正是在对某个犯罪人准备死刑的过程中，政府才初次表现出对人身体和心理健康的特别关注。

一、刑罚的目的

可以用以下四个被广泛接受的目的来概括美国的刑罚哲学：

（1）用监禁的方式隔离犯罪人与公众。

（2）在监狱和社区中向犯罪人提供训练和心理治疗，以此矫正犯罪人。

（3）通过对犯罪人的特殊预防和社会范围内的一般预防威慑可能发生的犯罪。

（4）让犯罪人为自己所做的付出代价，遭到报应。

陪审团和法官在提出和通过一项判决时通常都是以"报应"为主要目的，但除此之外至少还会抱有一个其他目的。这个目的在一定程度上是由他们对罪行、被告人的看法决定的。伯纳德·韦纳（Bernard Weiner）与同事分析了判决结果与陪审员对犯罪原因的态度之间的关系（Weiner，Graham，& Reyna，1997），他们把犯罪原因根据因素、可控性和稳定性作出了分类。因素是指犯罪行为是由犯罪人的人格特征（内部因素）引起的还是由犯罪人不可控的因素（外部因素）引起的。稳定性是指犯罪原因是慢性的、持续的还是急性的、暂时的。可控性是指犯罪人原本可以在多大程度上制止犯罪行为的发生。因此，如果陪审团认为一起谋杀案的犯罪动机仅仅是想要得到被害人的财物，并且这个被告有暴力行为史，那么此案的犯罪原因很可能被视为是内部的、可控的、稳定的。但是，如果这个被告人有长期的偏执型妄想，那么，即使有相同的犯罪行为和暴力行为史，犯罪原因也很可能被认为是内部的、稳定的，但不可控的。维纳（Weiner）发现，陪审团的刑罚目的会随着对犯罪的因果归因变化：内部的、可控的归因会使陪审团把处罚目的聚焦于报应、威慑和隔离；不稳定的（暂时的）归因会使陪审团倾向于矫治犯罪人。情绪反应也会影响目的的选择：对被告的同情会使矫正的目的更加突出；而愤怒会使报应变成主要目的（McFatter，1978）。

在过去的20年里，对犯罪矫治的强调逐渐减少，甚至一些州完全取消了矫治项目。产生这种变化一部分是因为人们越来越相信矫治是无效的，一部分是因为大家已经对犯罪人失去耐心了。正如我们在第十二章中了解到的，越来越多有影响力的被害人权利运动让陪审员越来越不关心对犯罪人行为的改造，而是愈加希望犯罪人为自己的所作所为付出代价。255 这种变化尽管是可以理解的，却也是误入歧途的。因为矫治项目带给社会的益处远远大于单纯的监禁。下面，让我们从法官和陪审团的量刑建议和决策开始，考察刑罚过程吧。

二、量刑过程与选择

在大部分州，陪审团在作出裁决的同时也会向法官提出关于刑期长短和/或罚金多少的建议。（但是他们不能建议"替代制裁"，如附条件释放、缓刑、社区监禁、社区服务或赔偿，因为这些选择只能由法官决定。）在陪审团作出量刑建议以后，它的任务就结束了，并且不再参与之后的诉讼。法官可以直接采纳陪审团的建议，但是通常情况下都会要求缓刑

---

〔1〕 犹他州仍然存在专门执行死刑的射击队（但是犯罪人也可以选择注射死刑），还有四个州——特拉华州、蒙大拿州、新罕布什尔州和华盛顿州——仍然保留绞刑，尽管绞刑不再是公开进行的了。

官做出量刑前调查并出具报告。在大部分州，被告人也有权要求进行这样的调查。

（一）两分式审判

直到最近，陪审团都是在决定被告人是否有罪的同时给出量刑建议的。因此，他们无权获知被告人的犯罪历史，因为这些信息与被告人在当前案件中是否有罪无关，并且此类信息会对陪审团在"定罪"阶段的思考产生不利影响。20 世纪 90 年代初期，联邦法律和许多州法律对量刑程序进行了修订，把量刑从审判程序中分离出来。所以，在采用两分式审判的司法辖区，陪审员首先要决定被告人是有罪还是无辜。如果作出的是有罪裁决，陪审员们将出席一个量刑听证会，在会上出示能够帮助他们作出处罚建议的证据。在这个听证会上，控方可以告诉陪审团被告人的犯罪记录，也可以传唤目击证人。辩方律师通常会找来能够维护被告人利益的证人，以此缓和控方证据的冲击。被告人也可以发言——通常是表达懊悔之情和祈求宽恕——而不是被反复盘问。如果法律允许，被害人有权当面告诉陪审团他们受到了怎样的影响；如果法律不允许的话，陪审团则可以阅读被害人受到影响的书面陈述。

在两分式审判中，法官很少会推翻陪审团的建议，除非这个建议是不合法的。一个十分流行的，也是颇得控方和被害人欢心的观点是：作为社区及其价值观的代表，陪审团处于决定刑罚的最佳位置。为了帮助陪审团在法律框架内作出决定，法院会对处罚的上限及下限给予指导。

（二）量刑的多样性

因为量刑幅度有较大的浮动空间，所以相同的罪行在不同的州可能会得到截然不同的判决，就算在同一个州内，判决结果也可能会不同。一些人把这些不一致看作是量刑的不公平，这种观点引起了对美国司法系统强烈的批评。

量刑不一致、不公平是由很多因素引起的，包括社区价值观、陪审团人口学特征、犯罪细节、被害人的作用以及犯罪人和被害人的种族和社会经济地位，而种族和社会经济地位也许是最重要的影响因素。数年前弗吉尼亚州的一个备受瞩目的案件很能说明这一点。一个富有的白人女性被控一级谋杀，死者是这名女性的男友——一个南美的马球明星。之前被害人与这名白人女性一起住在女方价值数百万的马场里。在对这名女性的审判中，她选择自行辩护，称在射杀男友的那一刻是陷入了对自己生活的极度恐惧——她趁受害人背对自己吃早饭时在数尺之外向他连开数枪。陪审团并不接受她的辩解，但是大概因为被告人提出了曾受到被害人虐待和威胁的证据，陪审团相信这一谋杀是在激情状态下发生的，事先没有预谋。因此，陪审团的量刑建议是 60 天监禁并处罚金 2500 美元（Masters & O- donez，1998）。因为郡监狱每天都有与之相应的"服务时间"，所以她在监禁 30 天后就被释放了。羁押期间，她享受到单人牢房、电话和无限制的探视权，并且可以从监狱外面购买一日三餐。很多富有的社区成员都赞同这个判决，因为被告人毕竟是一个富有的土地所有者，而被害人不过是一个有色人种的"小白脸"。

对这个"特殊"被告人的判决以及她用社区服务充抵刑期的做法，无疑是刑事司法系统向潜在的犯罪人传达的强有力的信息："如果你是一个有钱有势的人，并且恰好你犯了罪，那么你可以只是略受处罚或者干脆不受处罚；但如果你不是，你就摊上大事了。"有的女性犯罪人十分贫穷、受教育水平低，并且得不到法官或是陪审团的同情，她们可能因为开空头支票或者因为男友向卧底探员出售毒品时在场，而被判处20年监禁，伊莱恩·卡塞尔（Elaine Cassel）就是这类女性的典型代表。

简而言之，刑事司法系统在审判过程中对某些犯罪人的歧视是显而易见的。例如，尽管黑人与白人吸食毒品的比率是大致相同的，但黑人因毒品入狱的比例是白人的14倍（Harrison & Beck，2005）。不止如此，在1985～1995年间，黑人因毒品犯罪的社会服务时间增长了707%，而白人增长了306%（U. S. Sentencing Project，1998）。最后，正如我们之后将会详细讨论的，黑人被判处死刑的数量与本身的人口数是非常不成比例的。

黑人和西班牙裔人口的入狱率分别是白人的8.2倍和1.4倍，这主要是因为毒品犯罪方面的种族不平等，但也有一部分原因是黑人在任何犯罪中都比白人更容易被判入狱。2001年，调查显示有16.6%的成年黑人男性正在坐牢或者曾经入狱，这个数字是西班牙裔男性的2倍（7.7%），是白人男性的6倍（2.6%；Bonczar，2003）。根据当前的监禁率，政府方面的统计预测，32.2%的黑人男性和17.2%的西班牙裔男性终有一天会锒铛入狱，但相比之下只有5.9%的白种人有这个可能。对于女性来说这个差异也是十分明显的。黑人女性入狱的概率（5.6%）几乎与白人男性（5.9%）相当，但西班牙裔女性（2.2%）和白人女性（0.9%）入狱的可能性就小得多（Bonczar，2003）。[1]

（三）量刑指南（Sentencing guidelines）

为了减少量刑不公的消极影响，一些州（和一些联邦法律条款）设定了强制性判刑标准或明确的量刑指南（Sentencing guidelines）。量刑指南（Sentencing guidelines）是一份关于特定犯罪的量刑建议，是由被称为量刑委员会的刑事司法事务委员会专家提供给法官的，而不是供陪审员参考的。量刑指南（Sentencing guidelines）会考虑很多与案件有关的因素，并把这些因素量化。比如，犯罪人先前的犯罪记录、侵犯行为的严重性、以前涉及相似的犯罪人和犯罪行为的案件的平均刑期等。

对量刑指南（Sentencing guidelines）的参考是自愿的，所以有的法官并不在意这份指南。大部分法律只要求法官申明考虑了指南的意见即可，这也成为许多法官并不遵循指南建议的原因。因此，法官在判决时没有留意量刑指南（Sentencing guidelines）的意见并不会影响判决结果的权威性。但是，不按照量刑指南（Sentencing guidelines）判决的州法官在法官身份重新任命时可能会遇到一些政治问题。不过联邦法官完全不用担心这一点，因为他们都是终身制的。

（四）强制性判刑标准（Mandatory sentences）

257　　强制性判刑标准（Mandatory sentences）是要求法官对特定案件只能判处特定的刑期，不论这个案件的具体情况如何。尽管很少有哪个州会设立强制性最低刑期，但这在联邦刑事法规中却是很常见的。国会较少通过制定联邦法律来纠正量刑的不公平（因为这不是大多数选民关心的问题），但却制定了这个标准来预防法官过于仁慈。然而，基本上所有法官都不喜欢这个强制性标准，因为他们觉得这些法规剥夺了他们的自由裁量权，也阻碍了他们个人智慧的发挥。

---

〔1〕　拘留所（jail）和监狱（prison）两个词虽然经常交替使用，但它们其实是有很大差别的。拘留所是由地方政府设立的，关押的主要是12个月以下的非暴力轻刑犯；监狱是联邦的和州的机构，关押的是犯了重罪的犯罪人。联邦系统是没有拘留所的。关于重罪和轻罪的差别可以参看第一章。

强制性判刑标准（Mandatory sentences）常常要求法官选择那些在他们看来过于严厉的刑罚，这一点在某些州通过的"三振出局法"中尤其明显。正如我们后文将要详细提到的，这些法规的目的就是把那些重复犯下严重罪行的人永远扔进牢里并且不得假释[1]。

（五）监禁的替代选择

我们之前提到，法官在判刑时可以有很多选择，包括：①监禁；②部分地或完全地用附条件释放代替监禁；③缓刑；④社区监管或监禁；⑤矫治方案；⑥军训式矫正中心；⑦赔偿；⑧罚金。我们之后会讨论监禁的影响，现在先对预防和控制犯罪的其他选择稍作分析。

1. 矫治项目

法庭判决罪犯参加矫治项目的目的是想要改变他们的行为，从而降低他们今后再次犯罪的可能性。这些项目大多是运用心理学关于人类学习和认知的理论，帮助犯罪人改变他们的思维方式和行为（e.g.，Andrews & Bonta，1994）。这些行为治疗项目虽然在非犯罪人群中已经获得了成功，但当其应用于真正的犯罪人时，却被刑事司法专家和公众批评为"一无是处"（Martinson，1974）。

然而，很多研究者（Palmer，1975，1983 & Van Voorhis，1987）和相关研究的元分析对这种悲观主义提出了质疑。这些研究指出，众多矫治项目其实是有效的（e.g.，Andrews & Bonta，1994；Cullen & Gendreau，1989），但是的确存在一部分项目优于其他项目的情况。最有效的矫治项目通常遵循基本的学习规律（Gendreau & Ross，1987），聚焦于犯罪人最可变的性格特征和与犯罪行为有关的动态因素。看起来，一个优秀的矫治项目最好具备以下特点：①改变产生犯罪行为的态度和思维方式；②弥补教育和工作技能方面的缺陷；③改善家庭关系；④提升自尊；⑤反对物质滥用和与不良同伴的交往（Sherman et al.，1997）。

毒品和酒精治疗项目，特别是在监狱系统中开展的此类项目，也可以有效地降低再犯率（Eisenberg & Fabelo，1996；S. S. Martin，Butzin，& Inciardi，1995；Wexler，Graham，Koronowski，& Lowe，1995）。这些认知—行为项目不只可以改善犯罪人物质滥用和物质依赖方面的问题，还可以改变他们的价值观。这样的项目不是强制性的，但仍然有90%的犯罪人选择参加此类项目，这在一定程度上是因为如果他们不参加矫治治疗，他们很可能因无法被假释而不得不服满刑期。考虑到很多犯罪人都是勉强参加的，这些项目的效果已经相当不错了：凡是参加过矫治治疗的犯罪人，假释失败率（因为吸毒、酗酒或其他违反侵释条例的行为被重新逮捕）比其他犯罪人（包括没有药物滥用记录的犯罪人）低20%（O'Reilly，1997）。

2. 附条件释放与社区监管

一些被判有罪的犯罪人可以用附条件的释放代替一部分甚至全部的刑期，当然，他们必须处于监狱系统监视官的监视之下。附条件释放的具体要求和条款是可以变化的，但是 **258** 通常都包括以下几点：定期会见监视官、保持工作、通过不定期尿检以证明自己没有滥用毒品和酒精。

不幸的是，这样处于监视下的附条件释放似乎并没有对预防犯罪起到多么大的作用。

---

[1] 三振出局法规的终身监禁是在犯罪人第三次被判有罪并入狱之后独立开始的程序。

这大部分是因为监视执行得越严格，罪犯就越难隐瞒自己的违规行为——并不是因为监视导致了罪犯继续犯罪，而是因为严格的监视发现了本来就存在的众多违规行为。比如，在严格的监控下，罪犯如果偷偷吸毒，将会因为严格频繁的尿检而被发现。这时犯罪人通常就要参加撤销附条件释放的听证会了。在这个听证会上，法官将会决定是否取消之前的附条件释放，把犯罪人送回监狱里去，并补上之前释放阶段没有执行的刑期。

3. 罚金

针对罚金的研究非常有限，大多是与对附条件释放的研究结合在一起。这些研究显示，罚金对再犯的抑制作用也许很小。

4. 军训式矫正中心

军训式矫正以军事基础训练为模式，为期 3 个月，通常提供给非暴力犯罪的犯罪人作为监禁的替代选择。对参与此类矫正项目的成人的再犯率进行分析发现，结果十分复杂：有人认为略有效果（纽约州惩教服务部门，1993），有人认为完全没有效果（佛罗里达州惩教部，1990），也有人发现了完全相反的作用，即参加了军训式矫正的犯罪人比没有参加的更容易再次犯罪（德克萨斯州刑事司法部，1991）。最有效的军训式矫正是那些每天至少拿出 3 小时做心理治疗、咨询、毒品戒断以及接受教育的矫正项目，这些项目在结束之后也仍然会对参加者保持一段时间的监察（McKenzie，1995）。

一般来讲，军训式矫正对青少年无法起到矫正作用。相反地，从军训训练营"退伍"的青少年比那些接受其他惩罚的青少年犯罪者表现出了更高的再犯可能（Blair，2000；Bottcher，Isorena，& Belnas，1996；Peters，1996）。一些犯罪学家认为青少年军事训练营是十分拙劣的项目，它丝毫未考虑青少年对这些粗暴、无礼的控制会产生怎样的反应（Blair，2000）。2000 年时，在被曝出存在大量的身体虐待之后，马里兰州随即取消了青少年军训式矫正。

5. 赔偿

正如我们在第十二章讨论过的，大多数州都要求犯罪人给予被害人一定数额的赔偿。同样地，没有任何证据显示赔偿可以威慑犯罪。

6. 家庭监禁与电子监视

一些州引入了家庭监禁（也叫软禁或自宅监禁）作为监禁的替代选择，适用于某些较轻的犯罪。有些法庭把家庭监禁与其他类型的刑罚，如有期徒刑相结合。玛莎·斯图尔特（Martha Stewart），一个家装业和时尚圈的超级巨星，2004 年因在股票买卖时涉嫌违法抛售并谎报买卖信息被判 5 个月监狱服刑，之后是 5 个月的家庭监禁。（另有 30 000 美元的罚金和 2 年的附条件释放。）被判家庭监禁的犯罪人必须长期待在家里，除非他们要出去工作。有工作的犯罪人也必须在晚上和周末待在家中。为了保证犯罪人遵守服刑条例，他们的手腕（或脚踝）可能会被戴上电子手铐。其他形式的电子监控设备还有电脑生成的电话呼叫，这些电话会在随机的时间打到犯罪人家里去，而犯罪人必须在规定时间内接听电话。

与监狱服刑相比，家庭监禁与电子监控经济有效，还可以减轻监狱人满为患的状况。但是，家庭监禁和电子监控可以威慑犯罪吗？目前可以收集到的数据显示：那些被判家庭监禁的低风险犯罪人，如酒后驾驶（Lilly，Ball，Curry，& McMullen，1993）、初次犯罪的青少年（Baumer & Mendelsohn，1992；Baumer，Maxfield，& Mendelsohn，1993）和一些假释人员（J. Austin & Hardyman，1991；Cullen，1993），再犯率的确较低。但这些数据并不能确切证明家庭监禁是否真的对犯罪具有威慑价值（Sherman et al.，1997）。

三、监禁

以隔离和报应为目的，反映了"严厉打击犯罪"的社会和政治政策，这致使监禁变成 259 惩罚犯罪备受偏爱的方式。

看守所是地方（郡、市或县）设立的矫正机构。关押刑期在 1 年及其以下的犯罪人，或者关押因为其他一些原因暂时待在这里的犯罪人。这些人包括：①等待开庭审判或尚未宣判的被告人；②因违反缓刑、假释、保释规定而被捕的犯罪人；③等待由心理卫生机构重新安置的有精神障碍的犯罪人；④等待转交未成年人管教所的未成年犯罪人；⑤因为过度拥挤而被从联邦、州监狱或其他监禁机构转移出来的服刑人员。看守所由地方当局，通常是由城市警察或郡司法长官管理。

监狱是由州惩教部门管理的，而州惩教部门通常由州政府指挥[1]。另外，联邦监狱局设立有 30 所安全等级最低或者中等的监狱，专门收容联邦法院宣判的联邦犯罪人员。两所最高戒备的监狱——伊利诺伊州的马里昂监狱和堪萨斯州的莱文沃斯监狱——是专门用来关押最具危险性、攻击性的暴力犯的。但即使这样也不够：另有散布在 40 个州的 60 所"超级戒备"监狱，同时，至少有 15 所同类监狱正在建设中（人权监察站，1997）。事实上，联邦监狱系统已经把未来所有的建设升级为了超级戒备模式（Perkinson，1994）。为了把暴力罪犯与其他的犯罪人隔离开，并且保护监狱看守人员，超级戒备监狱中的犯人每天单独关押的时间超过 23 小时。就算是走出牢房做运动时（单独运动），也是戴着镣铐的。他们没有任何工作、接受教育和矫治项目的权利。

尽管这些监狱正在按计划正常运行，但是这些新设立的机构还是在犯罪学家和心理学家中引起了广泛思考。一方面，这种极端的隔离导致在押犯人更容易受到看守的虐待；更重要的是，多至一半的超级戒备监狱的在押者都表现出了严重的心理疾病，尤其是抑郁或是其他形式的精神错乱（人权监察站，1997）。尽管如此，这些"超级机构"的现状仍然没有出现改变的迹象。虽然一个里程碑式的联邦法院案件对加利福尼亚州超级戒备监狱的关押条件提出了挑战，法院也作出让步，承认此类监狱"可能会触及人类心理承受能力的底线"（马格里诉戈麦斯，1995，p. 1267），但是这些"超级机构"仍然毫发未损。这样的结果反映了一种以严刑对抗严重犯罪的社会决策，也反映了社会在无形中忽视了对犯罪原因的转变和对犯罪人的矫治与教育（Haney，1998；Haney & Lynch，1997）。2005 年 6 月，美国联邦最高法院的一个判决表达了对超级监狱造成的心理威胁的一些忧虑。联邦最高法院指出，监狱剥夺了在押人员全部的虚拟感官刺激和与人类接触的机会。但是如同加利福尼亚州联邦法院的那个案件一样，每当犯人有机会对这些监狱的存在提出质疑时，大家就会发现超级戒备监狱本身并没有违反第八修正案对严酷的、违规的刑罚的保护。

（一）美国的监狱化

从 2004 年 6 月 30 日起，共有 2 131 180 人次在州的或联邦的监狱服过刑：每 100 000 人

---

〔1〕 一些州和联邦政府会与私人公司签订合同来运营监狱。截至 2003 年底，大概有 95 000 名罪犯关押于私人运营的监狱中。私营监狱经常成为诉讼和辩论的对象。对其的指责主要在于，私营监狱缺乏监管（他们的运营费用比公共机构更加昂贵）和可问责性（他们更难以对监狱中的虐待行为负责）。

中有 1348 名是美国男性，123 名美国女性（Harrison & Beck，2005）。黑人男性与西班牙裔的男性比白人男性更容易入狱。到 2004 年 6 月左右时，每 100 000 名黑人男性中有 4919 人、每 100 000 名西班牙裔男性中有 1717 人入狱或者被看守所羁押，相比之下，这个人数在白人男性中只有 717 人。

美国的人口总数监禁比例是世界平均水平的 6 倍，是欧洲的 7 倍、日本的 14 倍、印度的 23 倍。单单加利福尼亚州的在押罪犯就比其他任何一个国家（除了中国和俄罗斯）全国的还多（Currie，1998）。而且，监禁率还在不断上升。尽管美国的暴力犯罪率从 1992 年就开始下降了（美国联邦调查局，2004a），但监狱和看守所目前的总人口却是 10 年前的 2 倍，是 1980 年的 3 倍。平均来讲，美国每周都会新建一个监狱或看守所。因此，这个世界上最庞大的刑罚系统仍然在继续扩张（Egan，1999a）。这种现象被称为美国的监狱化。

为什么在暴力犯罪率下降的同时监狱人口数却上升了呢？答案就是现在大部分在押犯人都不是暴力犯罪人。只有 1/5 的州监狱的在押人员是因为暴力犯罪；大部分都是因为财产犯罪、毒品犯罪或其他犯罪行为（Harrison & Beck，2005）。另外，包括毒品犯罪在内的所有类型的犯罪刑期都因为强制性判刑标准（Mandatory sentences）而延长了。最后，在很多州，以前能够被假释的人现在很难被假释；我们之前提到的三振出局法也使很多原本可以获得假释的犯罪人只能在监狱里终老一生。

1. 因毒品犯罪入狱

美国监狱人口增多的主要因素是越来越多的毒品犯罪人被投入监狱。在 1995～2003 年间，美国联邦监狱的押犯人数上升了 81%，超过一半仅仅是因为毒品犯罪而入狱的（Harrison & Beck，2005）。毒品犯罪人占到了州和联邦监狱人数的 1/4（Mauer，2003）。但是，毒品犯罪在刑期方面存在种族不平等现象。黑人和西班牙裔人因毒品入狱的概率分别比白人高 20% 和 40%（美国司法统计局，2003b）。但是不论他们是什么种族，只有不到 15% 的毒品犯罪人能够在监狱里接受矫治项目，这意味着大部分毒品犯罪者在出狱以后会继续吸毒或者从事与毒品有关的犯罪。

现今对毒品犯罪的监禁政策存在着显而易见的漏洞，这促使很多政要联合犯罪学家希望可以反思这些政策。甚至是埃德温·米斯（Edwin Meese），这位里根总统麾下的美国检察总长、惩罚性联邦法律的制定者之一，最近也站出来支持类似的观点（Egan，1999a）。然而，只要美国选民偏爱对毒品犯罪施以刑罚，我们就有极有可能会继续看到对毒品犯罪的惩罚继续倚赖监禁、监狱人口继续膨胀、大量公款继续挥霍在更多的监禁机构中。

2. 诚实判决和强制判决法

导致监狱人口增多的另一个因素就是诚实判决和强制判决法，包括三振出局条款。诚实判决法通常禁止假释以保证犯罪人必须服满刑期。强制判决也一样导致了更多的犯罪人长期待在监狱里面，而不考虑他们面临的风险和关押他们所要花费的社会成本（Abramsky，2002）。直至 2004 年 3 月，超过 7300 名罪犯在加利福尼亚州的三振出局法规之下被判 25 年徒刑。第一条三振出局法规——旨在处理习惯性的、顽固的暴力犯罪人——是在 1993 年华盛顿州首次通过的。现在，超过一半的州都接受这些法规。三振出局法有的意义深远，也有的目光狭隘，但是大多数都要求对第三次被判重罪的犯罪人施以 25 年徒刑。在一些州，所有的重罪都必然是暴力犯罪。但在加利福尼亚州（第一个颁布三振出局法的州），第二和第三重罪可以是非暴力性的。到了 2004 年 5 月，也就是加利福尼亚州实施三振出局法 10 年以后，超过 7300 人被适用此严苛法规——一半以上是非暴力犯罪者，比如小偷小摸、造假、藏毒等（"Editorial：Why A3"，2004）。无一例外，三振出局法让法官不能偏离法定的刑期，失去了自由裁量权。

犯罪学家和监狱管理学家（那些研究监禁的学者）开始呼吁重新检视三振出局法规。他们首先指出，三振出局法也像其他强制判刑法律一样，会篡夺法官在建构适当刑罚时的传统角色，并且花费大量纳税人的钱去关押众多非暴力犯罪者（每年每个犯罪人大致要花费 31 000 美元，随着年龄的增长，健康问题逐渐增多，花费也逐渐增多）。2005 年，桑托斯·雷耶斯（Santos Reyes）因为协助弟弟进行驾照资格考试作弊而被判 26 年徒刑。雷耶斯的犯罪记录是青少年盗窃（从一栋房子里偷了一个录音机）和无人员受伤的抢劫。第三次犯罪距离他上次的抢劫已经过去了 13 年的时间（Egelko，2005）。

2003 年，在加利福尼亚州，一个人因为他的第三次重罪——偷窃价值 153 美元的录像带被判 50 年监禁（洛克耶尔诉安德雷德），另一个人因为偷了 3 根高尔夫球杆被判 25 年监禁（尤因诉加利福尼亚州）。三振出局法的改革派据此质疑加利福尼亚州法律过于残酷并且在这两个案件中处罚不当，但是美国联邦最高法院给予这些改革派强力一击。并且，在第二年，加利福尼亚州选民在是否要柔化该州严厉律法的公投中投了反对票。

（二）监禁的影响

对大多数狱中犯人来说，高墙内的生活更多的是沉闷而冗长，但实际上常常是危险的、看不到矫治成功的希望的。这些都增加了服刑人员出狱后再次犯罪的可能性。我们先来想象一下大墙内的生活会是怎样的一副光景，然后再来看看这样的生活是如何以及为何增加了犯罪的。

汉斯·托克（Hans Toch）曾经广泛地讨论了监狱生活对押犯身体和心理的双重威胁（1977，1990），包括：①缺乏身体和心理活动；②噪音和拥挤；③缺乏情感支持；④缺乏自我提升的条件；⑤被看守肆意处罚、不公平对待；⑥吃饭和睡觉等基本活动的时间不自主。人们可以通过了解 1997 年加利福尼亚州管教部对监狱下达的一些强制规定来想象这些危害的程度。这些新的规定包括对仪容仪表的要求，禁止蓄须、留长发、梳马尾、戴耳环。头发必须短于 3 英寸，后来减少到 2 英寸。监狱制服原先是蓝色牛仔衬衣和牛仔裤，后来全部变成了白色，上面印着黑色的"加利福尼亚管教部囚犯（CDC Prisoner）"。犯人的家属不能再往监狱里送包裹，如果想给犯人送一些礼物、食品或私人用品的话，就必须向州指定的供货商购买并由这些供货商送进监狱里去。为了防止犯人"变壮"，健身器材是被禁止使用的（Claiborne，1997）。一个加利福尼亚州监狱法律顾问处的律师说，囚犯们认为这些新规定剥夺了他们最后的可以表达个人身份的权利。"监狱里生活的每一分钟都被各种规定束缚着，所以他们能够对自己的身体所做的就变得至关重要。基本上，头发是他们唯一剩下的东西了（Millard Murphy，as cited in The Washington Post，December 21，1997，p. A3）。"

1975 年联邦囚犯权利法案曾经赋予了囚犯一些跟其他公民同等的权利，但是在加利福尼亚州法律认定上文中的规章制度合法的那一刻，就相当于给这个囚犯权利法案敲响了丧钟。在过去的 20 年里，联邦法院受理的案件和美国联邦最高法院的判决废除了很多关于囚犯权利的法规，人性化监狱的概念事实上已经化为泡影了。监狱现在可以因为合法的刑罚利益而剥夺囚犯的任何权利。"合法的刑罚利益"定义十分宽泛，以至于可以被用来支持任何剥夺犯人权利的行为。事实上，美国联邦最高法院已经抛弃了沃伦法院的遗产——保护无权者的宪法权利，转而认为对监狱的严厉管理是不违宪的。在记录罗兹（Rhodes）诉查普曼（Chapman）一案时（1981），鲍威尔大法官说："宪法没有规定监狱的舒适性，而监狱……这个关押严重犯罪人的地方，也不能随意地让人觉得不适。"现在有一些案件是起诉监狱看守没有尽到责任控制狱内暴力，或者是没有提供必要的身体和心理治疗的，但是这仍然没有动摇联邦最高法院的立场。

1994 年，在一个关于狱内强奸的案件中，法院裁定，除非监狱看守是故意想要伤害囚犯，否则任何可能导致犯人受伤的行为或者疏漏都不违背第八修正案（法莫诉布伦南，1994，p.1980）。2002 年，在亚拉巴马州监狱的一个训练项目中，囚犯被绑在木桩上暴晒于夏季烈日之下整整 7 个小时，并且没有水喝。联邦最高法院认为亚拉巴马州做得有点过火了。监狱的看守把水放在囚犯的附近，让他们看着一群狗在那里喝水，这明显过于残忍，而且是宪法不能接受的（霍普诉皮尔斯，2002）。监狱里严苛的生活条件会让人失去人性（Sykes，1966），导致囚犯们丧失了所有想要守法的欲望，并在心中积累起相当深的愤怒和怨恨。当他们可以出去时，就会用继续犯罪来报复社会。监狱生活的另一个影响是，不论是在监狱内还是出狱后，犯罪人都更可能从事犯罪活动。这些犯罪活动包括吸毒、帮派、暴力侵害和性侵犯。

1. 毒品

在 1997 年的 6 个月里，哥伦比亚特区看守所里 9% 的在押人员尿检都呈阳性（"Jails Without Walls"，1997）。在大部分的州和联邦监狱，毒品都是比较容易获得的。至于原因，就像美国司法部 1997 年承认的那样：很多监狱看守收受了贿赂之后允许毒品流入监狱（Suro，1997）。例如，2003 年，南加利福尼亚州监狱系统的一个官员被控向监狱走私大麻。监狱中的毒品非法交易其实是监狱看守与大毒枭们合作完成的。一个联邦监狱的官员把监狱看守收受贿赂称为"职业危害"，因为看守们整日接触的人都是一些有钱的瘾君子们（Suro，1997）。有人说，大麻已经代替了香烟成为监狱里最抢手的东西。

1996 年哥伦比亚洛顿监狱有一个看守被控谋杀。他与一个囚犯合谋杀害了另一个囚犯，然后与凶手一起接手了被害人在监狱内的毒品生意。还有一个类似的涉及毒枭的案件是雷福·埃德蒙（Rayful Edmond，III）。他从 1989 年起就在宾夕法尼亚州路易斯堡的联邦监狱服刑，期间直接与哥伦比亚的可卡因垄断组织联系。到了 1994 年，管理者发现埃德蒙以自己的牢房为据点，在华盛顿特区从事了上千万美元的毒品交易（Miller，1998）。他告诉当局，他在监狱里赚的钱远远多于他在外面贩毒所得。1999 年，马里兰管教机构从最高戒备监狱转移出 19 名犯人，为的就是终止他们的毒品买卖，遏制监狱里愈加繁荣的毒品和烈酒交易。监狱里的这些交易要依赖看守和工作人员才能完成（Valentine，1999）[1]。

2. 监狱帮派

监狱通常都会给犯人一个"罪犯规则"，要求囚犯们做好自己的事情，不要多管闲事

---

[1] 监狱里基本各种生意都有——并不只限于毒品交易。Ira Monas 原本是一个长岛的投资顾问，因为欺诈在纽约州的监狱服刑，但在监狱里却继续着他的诈骗行为。他用监狱的公共电话每天与客户联系，并握有 200 名投资人的 850 万美元资产。

（Johnson，1996）。但监狱帮派的成员会在监狱中相互维护、排挤他人、在犯罪活动中赚钱，这在事实上"松动"了这个规则（Johnson，1996）。根据司法部的报告（J. Moore，1997），不管是成人监狱还是青少年管教所，监狱帮派就是狱内暴力、贪污、毒品滥用的主要来源。我们在第八章中提到，监狱帮派通常是街头帮派的衍生，并且像街头帮派一样能够让成员感受到身份认同感、归属感，能够向其成员提供资金、特权、力量和保护（Jacobs，1977）。监狱帮派的首领通常是在街头帮派中也颇具地位的人，或是仍然在外面有影响力的人。

20 世纪 70 年代时，很多帮派头目被关在伊利诺伊州监狱，监狱官方担心自己会失去对监狱的实际控制权，所以他们决定给予这些头目一些特权和地位，作为交换，这些帮派成员要帮助监狱官方管理其他的因犯。在这个初衷还算不错的计划之下，监狱帮派获得了控制监狱生活某些方面的权利。但不幸的是，帮派权力的增加也加剧了帮派内部竞争导致的暴力事件的发生（Johnson，1996）。

监狱帮派的犯罪活动往往比街头帮派更有组织性。监狱内的帮派头目用牢房内的电话协调和组织监狱内外的犯罪活动。监狱内的电脑方便了帮派成员获得他人的工作日程表、信用卡号和机动车驾驶证号码。犯人还可以通过电脑得知大墙外处方药、武器以及其他能在监狱里卖个好价钱的物资的库存（犯罪与司法国际组织，1997）。通过收买监狱看守得到一些特别安排的工作，帮派成员发现在监狱里进行各种各样的犯罪活动是非常方便的，包括勒索、恐吓、毒品买卖、赌博、暴力抢劫、同性卖淫（R. Johnson，1996）。

拉里·胡佛（Larry Hoover）是最臭名昭彰的例子之一。他是芝加哥街头帮派——黑帮门徒——的头目人物，于 1997 年 3 月被控谋杀，刑期 150～200 年。从他进入伊利诺伊州最高戒备监狱服刑的那一天起，监狱执法人员耗时 8 年遏制狱内帮派的努力便注定付诸东流。"胡佛毕竟再也出不去了而且必须断绝同外界的一切往来。"这么想就太低估他了。"黑帮门徒"拥有至少 30 000 名成员，年收入达到一亿美元。胡佛用这些资源在监狱里控制了芝加哥最有利可图的毒品交易地区。事实上，胡佛的帝国控制了伊利诺伊州的全部监狱系统，他在监狱召开会议，并用手机向门徒发布命令。他穿戴奢华而不用穿因服，每顿饭都是专人精心烹饪的，他还聘请狱警做他的私人保镖，握有监狱内每一扇门的钥匙（除了最外面那扇）。每当有新的因犯进来，胡佛的手下就会给一个表格让他们填写，如果合格的话就会成为帮派成员，并向他们分派工作，并且训练他们在出狱之后继续参与帮派事务。他还建立了监狱"董事会"用来维持狱内帮派成员的秩序；并指派专门人员管理街头以青少年成员为主力的毒品交易。胡佛要求这些人每周上缴一天的收入作为"税金"，他因此一周能够收入 200 000～300 000 美元。东窗事发之后，拉里·胡佛被判处在目前的 150 年监禁基础上再加一个终身监禁，不得假释（Fedarko，1997）。

3. 狱内暴力

如今，大概一半的狱内暴力与帮派有关（J. Moore，1997）。这些暴力常常不受狱警的控制，而是狱内帮派在教训成员、争夺地盘（R. Johnson，1996）。例如在 1992 年时，莱文沃斯联邦监狱就发生了一场暴乱，起因于监狱内最大的两个帮派"DC 黑人"与"洛杉矶"之间的冲突（Earley，1992；Hanna，1992）。

那么另外一半暴力的原因是什么呢？俗话说，在监狱里你要么是行凶者，要么是被害者。这意味着监狱内的因犯要时刻准备着杀人或是被杀。这句格言反映了"罪犯"和"因犯"的对立态度（Wooden & Parker, 1982）。"囚犯"是指那些心怀极大恐惧的在押人员，他们希望这次入狱经历是这辈子的最后一次，他们再也不想进来了。所以他们期望能自己待着，做好自己的事情，远离麻烦。一些有经验的囚犯会告诉其他囚犯，粗鲁一点、不道德一点，他们自己的利益反而更有保障——意思是对身边发生的一切视而不见就好（R. Johnson & Toch, 1988）。相反地，"罪犯"是那些把监狱当作一种生活方式的人。他们对外界没多少依恋，把"罪犯法典"作为生活准则。这意味着他们会为了达到某些目的或者仅仅因为朋友赞同就杀死那些在他们看来面目可憎的告密者（M. Silberman, 1995）。"罪犯"通常会对被害人施加足够的打击以保证将来他们不会找自己的麻烦。因此，一击致命就成为一个好方法。换句话说，"罪犯"在这个最为暴力的世界（监狱）中生存的方法就是精通使用暴力的技术。

帮派势力和罪犯心态的盛行可以解释为什么监狱中存在如此多的暴力，但是这些暴力如果与之前的州立惩教设施相比就相形见绌了。这些州立惩教设施后来因为要节省开支的关系，都转交给了私人公司运营。比如，位于俄亥俄州扬斯顿的东北俄亥俄惩教中心（NOCC），后来交给了美国惩教公司（CCA），CCA 是仅排在联邦政府和四个州之后的全美第六大监狱。在 1998 年的一个月里，CCA 发生的犯人袭击事件就比俄亥俄州其他所有监狱一年发生的还多（C. W. Thompson, 1998a）。CCA 的官员指责说这是因为东北俄亥俄惩教中心的暴力事件太多，因为 CCA 从中接收了那些危险程度比较高的犯人。CCA 是全美最大的私营监狱。实际上，第一个在东北俄亥俄惩教中心死亡的犯人是因为违反假释条例从哥伦比亚特区的管教机构中转移来的，他被一个来自最高戒备监狱的犯人刺了 15 刀后不幸死亡。几个在东北俄亥俄惩教中心服刑的哥伦比亚特区的犯人状告 CCA，声称他们每天都被狱警暴打、被喷催泪瓦斯。还有一些诉讼是针对密西西比州的私营监狱的，在这些案件中，监控录像拍到了看守殴打犯人的画面（Flinn, 1998）。

通常来说，很难获得监狱暴力的可靠数据。这很好理解，因为政府和公司都不希望外界知道高墙背后的真实情况。最近，来自惩教机构、警察机构、法律机构和民权组织的一些人组成了一个独立委员会，旨在研究监狱暴力。美国监狱安全与虐待委员会在 2005 年开始举行公众听证会。在 2005 年 4 月的第一次听证会上，监狱的管教和看守描述了目前监狱中普遍存在的暴力文化。在现在的监狱中，犯人和狱警都不可避免地会卷入强奸、谋杀、袭击，或者是虐待犯人事件。《纽约时报》的记者泰德·康诺弗（Ted Conover）曾经伪装成监狱看守潜入了纽约臭名昭著的新新监狱，然后把他一年来有关囚犯虐待的见闻写在了《新杰克：守卫新新》（Newjack：Guarding Sing Sing）这本书中（2001）。

4. 性暴力

在监狱里，同性强奸的确是事实。像监狱外的异性强奸一样，狱内强奸也是展示力量、表达愤怒和实现控制的方式，而不是单纯的性行为。事实上，监狱内的强奸行为是确立主导地位、贬低对方的特殊方式。强奸犯象征性地阉割了被害人，"剥夺了他们的男性气概"（Groth, 1979, 1984）。因此，监狱内双方自愿的性行为通常是种族内的，而强奸行为则是跨种族的，一般黑人是攻击者而白人是受害者（Bowker, 1980；Carroll, 1974；Lockwood, 1980；Wooden & Parker, 1982）。

有被强奸的危险是最让新入狱的犯人感到焦虑的事情，并且，强奸是狱内自杀的主要原因（Groth，1979，1984）。身材纤细的犯人和因为猥亵儿童而坐牢的人常常面临着被帮派成员强奸的危险（Earley，1992）。强奸那些猥亵儿童犯罪人和同性恋者更具有贬低他们的人格和生活态度的符号意义（Groth，1979，1984）。

大部分监狱会为害怕被强奸的犯人提供保护性监禁。但是上报强奸行为是违反"罪犯法典"的，会让上报的人变成告密者。正如我们之前提到的，就算处于保护性监禁，告密都是一个可能招致杀身之祸的错误。但是接受强奸行为也会带来严重的问题：一旦被别人知道容忍过一次侵犯，这个人就会变成之后强奸行为的"合法猎物"。只有成功拒绝了性侵犯或者在事后能够报复回来才能让其他犯人明白，他们是不会容忍性侵犯的（Silberman，1995）。

我们在前面的章节提到，男性的性犯罪受害者不只会感觉痛苦、羞耻、堕落，他们在出狱以后还比其他人更容易变成强奸犯。因此，监狱内的性暴力是所有对犯罪预防感兴趣的人都应该考虑的问题。事实上，监狱内各类暴力的影响都不只限于被害者感受到的痛苦。在大部分案件中，那些曾经遭到暴打、强奸、虐待的犯人最终都会报复社会，他们在监狱里曾经遭受过的、参与过的暴力行为会让他们对其他接触到的人也产生暴力式的表达。但是监狱管教、法官、行政官员以及一般公众看起来都不在意监狱内的暴力现象。社会上普遍的态度是：不管是暴力犯罪、藏毒还是开空头支票，只要进了监狱，一切都是"活该"。

5. 监狱化的囚犯

犯人入狱后要做的第一件事情就是学会如何在这个"禁忌林立的人类仓库"中生存（Toch，1988）。那些道德感低下、缺乏同情心以及带有其他与犯罪有关的心理特质的罪犯很难在监狱中改掉这些毛病。良好特质的培养的确需要一个规训性的环境，但是这个环境同时也必须是支持性和鼓励性的，这与监狱提供的环境完全相反（Hoffman，1982；Nettler，1984）。在监狱中，不要同情别人或者不管闲事是可以被奖励和标榜的行为，不论是狱警还是狱友，都鼓励犯人漠视甚至轻视他人。

坐牢的心理痛苦实际上会导致犯人出狱时的心理状态比进来时还糟。入狱的经历会让犯罪人感到无望和无助，并患上一些在监狱外不会产生的心理疾病。在监狱中，囚犯的一言一行都是规定好的，不需要自我控制，不需要自己作任何决定。简而言之，他们变得越来越难以独立生活（R. Johnson，1996）。进一步说，他们在监狱中没有培养起任何能够向着亲社会方向重获新生的技能，这无疑使他们不断地被其他犯罪人影响，继续自己的犯罪生涯。

那些在监狱中能够保持良好心理状态和适应功能的人是那些不可能被假释的罪犯。这乍听起来可能令人吃惊，但转念一想就会明白：监狱是这些人拥有的一切。那些要在监狱中住一辈子的人把监狱当作家来看待，也会更加在意周围发生的事。在可允许的范围内，他们会把自己的牢房收拾得非常好，也比其他人更注意个人卫生。另外，他们会尽量多参加各种活动，并且努力与狱警搞好关系（Flanagan，1988；Johnson，1996）。一个为期7年的纵向研究可以帮助我们大致了解一下加拿大的无期徒刑犯们是怎样适应监狱生活的。首先，他们不太过问监狱里的非结构生活，而是尽量待在自己的牢房里以便更好地安排自己的日常活动。他们很少与其他无期徒刑犯接触，但是会尽量多地与外面的人保持联系。这些无期徒刑犯的适应技能会不断发展，心理成熟度也会不断增加。与其他囚犯相比，他们会刻意提高自己的行为技能，从而能够更有效地解决问题。因此，他们的心理压力会更小一些，更少地表现出抑郁和焦虑症状。尽管他们也会感受到不少消极情绪，如愤怒和孤独，但他们能比其他犯人调节得更好（Zamble，1992）。换句话说，随着时间的推移，这些人对监狱里的束缚越加适应和妥协，每天都会有新的进步（Toch & Adams，1989）。然而讽刺的是，恰好是这些从监狱中获得了最正能量影响的人，却又是最不可能重新回归社会的人。

那些在监狱里接受改造的有期徒刑犯一般来说都是自省的、自我批评的——他们是最渴望改变的一群人（Zamble，Porporino，& Kalotay，1984）。然而不幸的是，改变通常难以实现。我们已经说过，监狱里的环境不只会给人带来极大的心理负担，还无形中教育和鼓励犯人使用犯罪技能。因此一些犯罪人发展成惯犯，而原来的惯犯则变成了恶魔。当这些犯人出狱以后，会以继续犯罪的方式向社会"索要赔偿"。比如，那些与年长的更加暴力的犯罪人关在一起的年轻犯罪人，目前已经越来越被社会所关注。我们来看约翰·威廉·金（John William King）的案子。1998年，24岁的约翰·威廉·金因为袭击和拖行詹姆斯·博德（James Byrd）致对方死亡而被判处死刑。约翰·威廉·金第一次因为盗窃而进入德克萨斯州监狱时只有20岁。他当时的室友是劳伦斯·布鲁尔（Lawrence Brewer），一个28岁的惯犯。布鲁尔把金当作朋友看待，并把他介绍给了3K党下属的一个犯人圈子。布鲁尔出狱以后到了金的家乡，与金合谋残忍地杀害詹姆斯·博德（博德是个黑人）。这个案件显示，不管是其暴力手段还是其犯罪的种族主义性质，金的行为都是源于与布鲁尔以及其他种族主义者的交往（Duggan，1999；see chapter 10）。

6. 老龄化

越来越长的刑期、强制性判刑标准（Mandatory sentences），以及三振出局法都加剧了监狱人口的老龄化。50岁以上的囚犯数量从1986年的9000人急剧上升至2002年的125 000人（King & Mauer，2002）。老龄化的监狱人口包括无期徒刑的犯人、刚刚步入老年的犯人和频繁入狱的惯犯［参看第十章对弗雷斯特·塔克（Forrest Tucker）的讨论］。这些老年人应对监狱压力的心理和身体健康成本都比较高，营养不良、医疗条件差、缺乏运动和休息、缺乏娱乐和社会活动，甚至被暴力伤害，都会引起身体和心理问题。因此，粗略估算政府每年花费在一个55岁以上囚犯身上需要70 000美元，是年轻犯人的3倍之多（Pfeiffer，2002）。路易斯安那州的安哥拉州立监狱是全美刑期最长的监狱，这个地方有国内最大的监狱公墓。当那些无亲无故的（所以没有人能在监狱外面埋葬他们）犯人临终时，大多希望能埋在监狱公墓中——跟他们的"朋友"葬在一起。安哥拉监狱最近建起了第一座监狱救济院，给即将去世的犯人提供临终护理。

犯罪学家认为，就算不考虑人权问题，关押这些年老的犯人不论在政治上还是经济上也都是不明智的。大部分暴力犯罪都发生在青少年晚期或是20岁之前。随着年龄越来越大，这些犯人越来越容易患上肾病、糖尿病、心脏病和癌症。无可否认，基本上没有谁可以得到良好的治疗，一部分是因为花钱给犯人治病在政治上是不合适的，一部分是因为没有钱可花——经费都被用来建造新的监狱了。但是，犯人也不可以拒绝治疗——政府必须让他们活着继续服刑，这是政府的职责所在。

（三）女犯

截至2004年，州和联邦监狱共关押着103 000名女犯，近1/3在德克萨斯州、加利福尼亚州和联邦监狱（Harrison & Beck，2005）。这个数字比 1995 年增加了 50%，比 1980 年的 12 300 人增加了 8 倍（The Sentencing Project，2005）。美国的女押犯数量远少于男性押犯（每 1 000 000 名女性中有 123 名入狱；但每 100 000 名男性中有 1348 人入狱，Harrison & Beck，2005），但增长速度却比男犯快。从 1990 年起，女犯的平均增长速度是 10%，而男犯是 6%（Harrison & Beck，2005）。虽然女性暴力犯罪的数量也在上升，但是日益增多的女性犯人中最主要的还是毒品犯罪，2/3 的女性暴力犯罪的对象是亲戚、伴侣或者其他认识的人（这个数字是男性的 2 倍）。

女犯在年龄和种族上的特点与男犯非常相似。大部分在 30 岁以上，有色人种比例很大：38% 的黑人和 17% 的西班牙裔人（Harrison & Beck，2005）。换句话说，量刑时种族间的不平等在两个性别中都是存在的：有色人种女性通常比白人女性刑期更长。1997 年，西班牙裔女性（44%）和黑人女性（39%）比白人女性（23%）更容易因毒品犯罪而入狱。

女性犯人数目的增多反映了一个司法趋势：在量刑方面，男女正变得越来越平等。过去，同样是毒品犯罪或是财产犯罪，女性会比男性更容易获得附条件的释放。仅仅因为她们是女性，所以很多法官不愿意让她们坐牢。但是现在，女性和男性的非暴力犯罪人在量刑上的差距正在逐渐减少（比如，2001 年女性与男性因为毒品犯罪入狱的比例分别是 20% 和 32%；因为财产犯罪入狱的比例分别是 19% 和 25%）。但是女性因为暴力犯罪获刑的比率仍然低于男性（31% 和 50%）。女性更不容易被判死刑，这是我们之后要讨论的话题。

女权主义者坚持性别平等的原则，但明显例外的是，他们反对女性与男性同罪同刑。他们认为，对女性的监禁是男性控制女性的另一种方式。因此，一些女权主义的犯罪学家呼吁对女性犯罪人进行去机构化（Chesney-Lind，1995），主张女性根本不应该被监禁。

总的来说，女性犯罪人在监狱中的日子比男性好过很多。部分是因为大部分女犯都不是暴力犯罪者，她们通常都被关押在低度警戒的监狱中。低度警戒的这些监狱机构更像是大学宿舍而不是监狱。很多女犯都可以用照片或其他工艺品装饰自己的私人地方。虽然女犯也与男犯一样需要艰难地适应监狱生活，但是她们不用面对那么多的暴力威胁。性强迫在女监中也很普遍，但是没有暴力色彩。[1] 女性犯罪人倾向于组成"家庭"，不同的人扮演不同的角色，有的人扮演母亲，有的扮演父亲（可能是性行为中主动索取的那个），有的扮演孩子和兄弟姐妹。她们还会自己创造"婚姻"（Giallombardo，1966）。

但是，女犯比男犯更多地感觉到了自尊的丧失。并且，她们倾向于把攻击性指向自己而不是他人。女监中的自残和自杀行为比男监中多，但是她们通常能够得到身体和心理治疗。然而，同样的自伤行为如果出现在男监的话，结果往往是严厉的惩戒（Sommers & Baskin，1990）。虽然女犯很少会威胁到监狱的秩序和权威，但是她们能得到更多的处方药来控制情绪（Morash，Bynum，& Koons，1998）。

和男犯相比，女犯能得到一些很少的教育和职业培训。这意味着女性犯人在出狱以后也很少会具备必要的职业技能。

女犯的特殊问题

2/3 的在押女性至少有一个未成年子女，这意味着美国大约有 150 000 个孩子的母亲正

---

[1] 女犯可能还会遭到男性看守的性骚扰，但是跟男监相比，女监性侵犯的总体风险还是小很多的。

关在监狱里面（Thompson，1998a）。大部分忧虑就是女性被捕时都是与孩子一起生活的，并且打算在出狱后与孩子团聚。这些女性表示她们在监狱中最大的痛楚就是担心自己的孩子，而且得依靠有限的探视、书信、电话维持跟孩子之间的关系。监狱内人数越来越多，所以有时不得不把过度拥挤的犯人转移到距离当地数英里的其他监狱，这导致面对面的探视更加难以实现了。比如在 1998 年，上百女犯被从华盛顿特区的监狱转移到了康涅狄格州、德克萨斯州、佛罗里达州和西弗吉尼亚州。这些犯人只得到了简短的通知，大部分人在走之前都没能见孩子一面。对很多女性犯人来说，定期会见孩子是她们唯一的盼望。

监狱妇科服务——诸如巴氏抹片检查、乳房检查和对性传播疾病的治疗——都是十分欠缺和不足的［国家惩教保健委员会（NCCHC），1998］。在一些司法辖区中，大量的女犯在 HIV 检查中呈阳性。患艾滋病的女犯比例从纽约州的 18% 到哥伦比亚特区的 41% 不等（美国司法统计局，2003a）。在监狱中分娩是另一个母亲与孩子都要面临的特殊问题。首先，怀孕的犯人在监狱里只能得到最低限度的照顾，这通常导致难产、新生儿体重过低和其他困难。分娩时犯人会被送到地方医院[1]，但是 3 天后就得把孩子交给家属或者地方福利院抚养。过早的母婴分离带来的心理创伤是巨大的，最明显的影响就是孩子无法与母亲形成安全的情感依恋关系（参见第七章）。事实上，这样的母子再见时已经形同路人。除非后来的监护人能够与孩子建立亲密的依恋，不然这些孩子将会出现抑郁症状、攻击行为，学校表现也较差（Moses，1995）。他们将会步母亲的后尘——仅仅因为母亲步了外婆的后尘。

1992 年，美国女童子军与司法研究所共同开展了一个项目，希望可以建立服刑的母亲与女儿之间的联结。这个项目被称为"跨越监狱的女童子军"，开展地区包括马里兰州、佛罗里达州、南加利福尼亚州、德克萨斯州和俄亥俄州。女童子军的领导带着女孩儿去监狱会见她们的母亲，在每一次会见期间举办活动，并且在母亲将要获释时帮助她们为重聚做准备（Moses，1995）。

女犯的心理需求和心理问题与男犯不同。例如，与男犯（12%）相比，女犯们更有可能在童年时遭受过身体上的和性方面的虐待（43%），并且对孩子负有更多的抚育责任（Morash et al.，1998）。另外，女犯比男犯更重视人际关系和情绪的表达。因此，有证据显示如果监狱当局愿意接受一种独裁、适应女性的管理风格的话，监狱化的问题将会减轻很多（Morash et al.，1998）。进一步来讲，女性比男性更需要心理咨询，一是帮助她们解决根源于童年受虐经历的心理问题，二是帮助她们处理与孩子分离造成的抑郁和焦虑（NC-CHC，1998）。

最近对惩教机构的调查发现，专门针对女性设计的项目和管理方式非常少，尽管大多数管理者认为这非常重要（Morash et al.，1998）。与男监情况一样，女性犯人也得不到足够的职业培训、心理治疗等，致使这些女性在获释之后很可能重新犯罪。

（四）患有精神疾病的犯人

6 个犯人中通常会有 1 个（这个比例是正常人的 3 倍）罹患严重的精神疾病，比如精神分裂、双向情感障碍或是抑郁症（人权监察，2004）。正如我们在第二章提到的，监狱环

---

［1］ 在一些案件中，犯人在分娩时也要戴着手铐，就算是剖腹产、外阴切开术和其他外科手术时也一样。

境会带给人巨大的压力，一些重要的药物无法保证持续供应。同时，有精神疾患的罪犯很可能因为无法很好地遵守监狱的规定而被惩罚，这一切都会使精神疾患者的状况更加恶化。如果想阻止病情的恶化，并且帮助他们以后能在社区正常生活的话，他们就必须在监狱中得到必要的心理治疗。

联邦最高法院的裁定强调，惩戒机构有义务为严重的心理疾患犯人提供治疗（迪沙尼诉温尼贝格社会服务部，1989；艾斯特尔诉甘布尔，1976），但是联邦法院将"严重"十分狭义地规定为"会导致进一步的重大伤害，而不是常规的不适"（麦克古金诉史密斯，1992，pp. 1059~1060）。同样的规则也适用于那些入狱时未被诊断为精神障碍，但是后来由于监禁而患上精神疾病的罪犯。最高法院已经裁定，虽然急性抑郁、偏执型精神分裂症、"神经崩溃"和自杀倾向可以被批准治疗，但是"单纯的抑郁"或行为和情绪问题并不能算是严重的精神疾病（扬伯格诉罗密欧，1982）。

简而言之，除了联邦法律规定的最低标准之外，监狱中的心理治疗并没有什么保证。对于要提供什么样的心理卫生服务，监狱管理人员有相当大的自由裁量权（A. C. Smith，1999）。一般来说，如果监狱警卫和管理人员认为某个犯人在要他们或者是想得到特殊照顾，则不会理会这个犯人的治疗要求（Cohen，1994）。此外，因为大多数州没有专门收容精神疾患罪犯的监狱设施，所以他们只能与其他正常犯人关在一起。因此，其他犯人很容易被他们残忍地、恶意地侵害。患有精神疾病的罪犯经常欠缺遵守监狱规章的能力，因此经常受到处分。他们会被其他犯人称作"臭虫"（人权监察站，2004）。一些州要求他们穿上特别的服装，表面上看，这样做有利于警卫和其他管理人员照顾他们。但实际上，这种做法让他们更容易因为自己的身体状况而成为性侵犯和身体暴力的目标。如果某个犯人有智力障碍，那么他特别容易为了换取糖果和香烟而被性侵害（人权监察站，2004）。

所以，即使法律规定监狱和拘留所必须提供最低标准的精神卫生保健服务，也很少有监狱真的能够做到。这意味着只有少数需要精神治疗的人能真正得到治疗（人权监察站，2004）。这并不全是刑事司法系统的错。关闭州立精神病院（始于20世纪60年代的去机构化运动）和削减社区精神卫生服务的预算意味着监狱成了国家最大的心理健康治疗机构。不论是对那些得不到治疗的精神疾病患者，还是对其他社会成员来说，这种状况都是一个悲剧。对患有精神疾病的因犯进行综合治疗，并结合地方社会服务组织、心理健康和物质滥用治疗机构，以及社区的其他资源提供的对犯人出狱后的安排，将会对犯人的矫治有很大帮助，也更有利于社区安全。由于惩戒机构未能向患有精神疾病的犯罪人提供治疗，很可能导致这些人在刑满出狱回到更加无序的社区环境之后，具有比监禁时更高的风险。

四、死刑

1998年2月3日，38岁的卡拉·法耶·塔克（Karla Faye Tucker）在德克萨斯州监狱被处决，因为她15年前曾帮助男友用斧头杀害了两个人。对这个案件提出抗议的远远不止通常的死刑反对者。当时的德克萨斯州州长（后来的总统）乔治·布什（George Bush）拒绝了来自数十个团体和全世界成千上万人希望宽大处理的强烈恳求。为什么塔克得到了这么多支持，而在同一年被处决的佛罗里达州女性沃诺思·乌尔诺（Aileen Wuornos）却得不到一点同情呢？答案是乌尔诺是一个经验丰富的连环杀手，她的作案手法是诱骗老年人，得到他们的财产之后杀掉他们。人们也很少注意到1998年4月，约瑟夫·约翰·坎农（Joseph John Cannon）因为杀害了一位8个孩子的母亲而被判死刑。他4岁时头部在一场车祸中严重受伤，童年时经历了继父和祖父频繁的殴打和性虐待。他还是一个青少年时，就曾因为精神错乱和自杀试图入院治疗。同样地，2001年，当向俄克拉何马市联邦大楼投放炸弹的提摩西·麦克维（Timothy McVeigh）被执行注射死刑时，举国欢庆。

简而言之，像大多数被处决的人一样，无论是乌尔诺、坎农还是麦克维，都具有令人生厌的特征。但是卡拉·塔克不一样，她是白人，年轻、漂亮、言语温柔、口齿伶俐，是一个已经在监狱中成为基督徒的模范囚犯。那些请求放过她的人主张把她的死刑判决改为终身监禁，这样她就可以成为监狱系统的财富，为之后的年轻犯人树立榜样。

塔克案件之后的民意调查显示，德克萨斯州居民对死刑的支持率由85%下降到68%，主要就是由于她的死亡（Hentoff，2000）。

（一）美国死刑简史

美国对死刑的热情让所有废除死刑的西方国家感到非常困惑。这种状况非常具有讽刺性，因为限制死刑是那些来自英国的开国者们改革原有英国司法体系的重中之重。在18世纪末，大部分美国殖民地都只规定了十几个罪名可以执行死刑，包括谋杀、强奸、通奸、绑架和亵渎神灵。这远远少于英国刑事司法体系规定的200个死刑罪名。但是这些殖民地沿用了自己原先的恐怖的处决方式：绑在火刑柱上烧死或是绞刑（绞刑发展起来之前是把囚犯放在一个被称为"桅杆笼"的铁笼子里，直至腐烂后被鸟吃掉）。然而，我们可以发现殖民地其实并不情愿执行死刑——与英国不同——在殖民地有一半被判死刑的人可以得到赦免或者减刑（D. Greenberg，1974；Hindus，& Mackey，1982）。宾夕法尼亚州的贵格派教徒认为在这个时代应该取消死刑。

对死刑是否合乎宪法的第一次挑战发生在20世纪60年代，正如我们前面提到的，囚犯们开始起诉国家惩教系统的条件，他们声称那是一种异常残酷的刑罚方式。尤其地，全国有色人种促进协会（NAACP）法律辩护基金的律师开始就死刑的不平等适用向宪法提出挑战。他们指出，在1930~1967年之间被处决的犯罪人中，有53%是黑人男性。几乎所有这些被处决的人都是生活在南方的，在那里，90%的囚犯都是被控强奸的黑人男性。1967年，美国联邦最高法院在得到了麦斯威尔（Maxwell）诉毕夏普（Bishop）一案的证据之后，下令暂停执行死刑，并重新审查死刑的判决过程是否合理。这个命令反映了时代的声音。在整个20世纪60年代，公众对死刑的支持率下降了，死刑变得不再常见——1967年全国只有7例死刑案件（Mackey，1982）。1964年，俄勒冈州成为第一个由公众投票废除死刑的州。然后，在1972年福尔曼（Furman）诉格鲁吉亚（Georgia）的案件中，美国联邦最高法院裁定死刑违反了第八和第十四宪法修正案，因为死刑的应用显得过于任意和反复无常。然而，法庭没有裁定死刑本身是残忍和不寻常的，这就打开了各州修改他们自己的死刑法律的大门，以便于他们更公平地进行社会管理。总共有33个州颁布了新的法律，每一部法律都是对最高法院裁定的挑战；共有38个州和联邦政府保留了死刑[1]。1976年，在暂停死刑近10年之后，法院重新引入了死刑并制定了特殊的应用指南（格雷格诉格鲁吉

---

[1] 阿拉斯加州、哥伦比亚特区、夏威夷州、爱达荷州、缅因州、马萨诸塞州、密歇根州、明尼苏达州、北达科他州、罗得岛州、佛蒙特州、西弗吉尼亚州和威斯康星州没有死刑。纽约州和塔萨斯州法庭在2004年推翻了死刑，这两个州分别在1994和1995年刚刚恢复死刑。虽然看似是不可能的，但他们的立法机构可以制定新的法律。

亚，1976）。1977 年 1 月，犹他州行刑队对加里·吉尔摩（Gary Gilmore）执行死刑，这标志着死刑在美国的复兴。2003 年有 65 例死刑（均为男性），2004 年有 59 例（Harrison & Beck，2005）。数据显示，死刑的数目从 1999 年的峰值之后有了显著的下降。事实上，从很多方面都能看出国家对死刑的需求有缓解的迹象。截至 2005 年 4 月，共有 2005 名死囚少于 2002 年同期。从 2000 年开始，死刑的数目保持着持续稳步下降（全国有色人种协进会法律辩护和教育基金，2005）。一些州，包括俄亥俄州，从 1973 年暂停死刑之后，因为新的 DNA 证据的出现，发现 117 名（截至本文撰写时）死囚原本是无辜的（死刑信息中心，2005）。[1] 联邦最高法院对阿特金斯诉弗吉尼亚州（2002）和罗博诉西蒙斯（2005）两案的判决禁止了对智障人士和未成年犯适用死刑，这也慢慢减少了死刑犯的数量。[2] 对那些面临死刑的案件，1995 年通过了一项联邦法律为快速执行创造了条件。这项法律允许向州法院和联邦法院同时上诉。以前，犯人要先向州法院上诉，然后再逐级向联邦法院上诉。不过，死刑并不轻易适用，也不会不分青红皂白地进行。除了德克萨斯州、弗吉尼亚州和佛罗里达州，大多数州执行死刑都是十分慎重的。现在的上诉过程虽然精简，但仍认真对待，并且有时候真的会成功。联邦最高法院仅在 1997 年一年就推翻了 38 个死刑（Snell，1998），德克萨斯州在 2005 年的一天就推翻了 2 个。进一步说，死刑是允许的，但它只能被用于严重谋杀案件中——这意味着犯罪人还犯下了其他重罪，比如绑架、持械抢劫、强奸、雇凶谋杀、谋杀执法人员、多重谋杀、药物滥用引起的谋杀。同样，只有有限的一些联邦罪行可以适用死刑，包括叛国罪和间谍罪，谋杀总统、副总统、联邦法官、执法人员、国会成员或大法官，银行抢劫或车祸中的谋杀行为，使用大规模杀伤性武器（如炸弹），贩毒中使用枪械谋杀，邮寄炸弹或其他意图制造谋杀的物品。

即使在这种情况下，实施死刑也必须经过充分的考虑。所有的州（9 个州除外）[3]，陪审团在对被告人裁定有罪时，如果这个被告人所犯下的罪行可适用死刑，陪审团则必须在审判阶段决定是否推荐死刑。并且，按照最高法院的裁决，陪审团必须在获得被告人各方面的背景、记录、人格特点以及其他也许能够阻止死刑的相关证据之后，才能作出决定（洛克特诉俄亥俄州，1978）。这些证据通常是由被告人自己和对被告人进行过检查的心理专家提供的，包括被告的懊悔之情、目前的精神状态、童年期被虐待的经历、矫治的潜在可能和较低的再犯风险。

（二）关于死刑的争论

作为最终的、无法逆转的刑罚方式，死刑是最受争议的制裁犯罪的方法。死刑的主要支持者认为死刑在威慑犯罪方面比监禁便宜得多。例如，美国人就认为终身监禁比死刑更加昂贵（Ellsworth & Gross，1994）。然而，事实是，尝试并最终处决一个被告人的平均成本是 1 300 000 ~ 2 000 000 美元，而不得假释的终身监禁成本大概在 750 000 ~ 1 100 000 美元

271

---

〔1〕 仅 1999 年一年，就有 8 名囚犯因为 DNA 证据得以证明无罪。在他们被判有罪的那个时代，DNA 技术还未发展。

〔2〕 判断犯罪人在犯罪时是否属于未成年，只需要看看犯人的出生日期和犯罪的日期。然而，像 Atkins v. Virginiarequires 一案中那样证明犯罪人在犯罪时具有智力障碍，则必须证明犯罪人符合 DSM-IV-TR 的诊断标准（美国精神病学协会，2000）。

〔3〕 这 9 个州中，有 2 个（科罗拉多州和内布拉斯加州）是由 3 位审判法官组成的专家组决定的（包括 1 名审判法院的法官）；剩下 7 个是由审判法官独立作出决定的。

之间（Dieter，2005）。那些需要在死刑上花费十年或更长时间的州，每个死囚的执行成本可以达到 20 000 000～30 000 000 美元。根据最近的一项盖洛普民意测验显示，62% 的美国人同意 80 位犯罪学家的意见：死刑不能阻止谋杀（D. Moore，2004；Radelet & Akers，1996）；而当让民众在不得假释的无期徒刑与死刑之间作选择时，有一半会选择终身监禁。如果没有终身监禁这个选项，则有 7/10 的人会对暴力犯罪首选死刑（D. Moore，2004）。然而，十分明显的是，对死刑的支持率自 2000 年以来就一直在稳步下降。

死刑的反对者不只认为死刑成本昂贵、无法威慑犯罪，还指出其违反了宗教和道德标准，并且存在很多与之关联的不公正。例如，他们担心人们会因自己没有犯过的罪而被处死。我们之前提到的案子让这种担心显得很有必要。在这些案子中，本来被判死刑的犯罪人后来因为新的证据被判无罪。事实证明，他们大多是因为间接证据和错误的目击者证言被误判的。其中一个案件是关于安东尼·波特（Anthony Porter）的，他在西北大学新闻学院学生的帮助下获释（并且得到了真正的凶手的供词）。而此前他已经在伊利诺伊州的死囚牢房待了 16 年，并在 48 小时内就要被处决。Porter 是 1976 年以来被释放的第 75 名死刑犯，是伊利诺伊州的第 10 例，通过西北大学学生的努力而获释的第 3 例（误判中心，2003）。围绕波特一案进行的报道引起了对俄亥俄州死刑程序的调查。结果显示，程序非常缺乏正当性和公平性。因为无权让立法机关修订法律，为争取死刑获得更严格的保护，俄亥俄州州长乔治·赖安（George Ryan）在 2003 年 1 月 11 日，也就是他卸任前 3 天时，宣布暂停执行死刑，所有死刑犯改为不得假释的无期徒刑。这一大胆的举动引起了立法机构和新州长的强烈共鸣。在撰写本文时，尽管俄亥俄州已经通过了一项新的法律，但这个死刑禁令仍在执行。

因被告人身份的不同造成的不公平也是死刑反对者关注的问题。他们说，尽管种族歧视已经促使联邦最高法院在 1967 年宣布搁置死刑，但数据显示种族歧视仍然存在，并且与之前一样严重。如果一个黑人杀死了一个白人，而陪审团又全部由白人组成，那么死刑仍然是他最有可能得到的结果（Ryan，2003），但很少有杀死黑人的黑人被判死刑。另外，一个白人因为杀害黑人而被处死的可能性几乎是零。事实上，很少有检察官在这种情况下要求判被告人死刑。

有研究表明，死刑会产生"酷刑"效应，向社会传递的信息是：杀戮是可以接受的，因此死刑可以导致暴力犯罪的增加（Thomson，1999）。这项研究结果是有争议的，虽然它指出死刑在威慑犯罪和经济后果方面都不够理想，但缺乏数据支持。然而，不管是死刑的支持者还是反对者似乎都没有因此而动摇。事实上，双方争论的焦点更多地在于宗教信仰、道德观念和政治信念，而不是在理性地分析怎样最好地应对最糟的罪犯（Nietzel，Hasemann，& McCarthy，1997）。

五、无形的处罚

服刑期满、顺利通过缓刑期、付清罚金也不一定意味着刑罚的结束。越来越多的法律使之前被判过刑的犯罪人在之后的生活中要继续承受处罚，我们称之为"无形的处罚"。之所以说是"无形"，有以下几个原因：被告人，甚至是他们的律师都可能意识不到这些隐性的处罚；这些处罚以微妙的方式剥夺被告人的权利和机会；这些处罚是自动开始的；被告人对此类处罚没有追索权。无形的处罚不仅影响罪犯自己，还影响着他们的家庭、社区，以及整个社会。

（一）性犯罪人

正如我们在第十章中讨论过的，服过刑的性犯罪人更容易从他出狱那天起变成一个惯
犯，出狱的罪犯可能需要承诺参与法院提供的进一步治疗。在某些州，包括非暴力侵犯在
内的（比如，让人讨厌的触碰）所有类型的性犯罪人的姓名、住址、社会安全号码都可能
被列在州性侵犯者名单里，并公布在网上，在罪犯生活的整个社区传播开来。列表中的性
犯罪人通常禁止从事任何工作，尤其是与孩子打交道的工作。有报道称，一些性犯罪人因
为这些列表的影响而找不到住处。

（二）剥夺公民选举权（Disenfranchisement）

在 48 个州，那些被判处重罪的人将失去在所有地方、州或联邦公共选举中投票的权
利。这被称为剥夺公民选举权（Disenfranchisement）。有的州提供了一种可以让有前科的人
重新参与投票的方式，但其他州没有。现在反对剥夺公民选举权的运动越来越多，主要是
因为失去参与民主政治的权利除了让人变成次等公民之外别无用处。它割断了个人与国家
的联结，但罪犯矫治所需要的恰恰相反——个人需要向国家和社会承诺做一个守法公民。
另外，重罪犯罪人的名单也远不够准确。有报道称，在 2000 年的总统选举中，数百名佛罗
里达选区的合法选民被错误地列在重罪犯罪人名单里。后来的调查显示，不出所料，名单
上的错误名字几乎全是黑人。因为种族不平等，黑人更有可能被判犯有重罪。因此黑人男
性被剥夺公民选举权的情况比较严重，据估算，大约有 13% 的黑人男性无权投票。

（三）联邦政府补贴的学生贷款与政府津贴福利

联邦和州法律禁止任何与毒品有关的犯罪人（无论毒品的类型是什么、数量有多少）
获得联邦政府补贴的学生贷款、申请公共住房、探访任何在公共住房中居住的人，也禁止
他们获得医疗保险、医疗补助、食品券和其他福利。只要这个人活着，这些限制就会继续。
有时候这些限制不只会影响到犯罪人自己，还会以一种严苛的方式影响到他们的家人。
2002 年，美国联邦最高法院裁定，允许公共住房的房东驱逐任何访客或合租人是毒品犯罪
人的租户。在法院审理的一些案件中，重病的老人因为他们曾经涉毒的孩子来看望他们而
被赶出公寓（美国住房和城市发展部诉洛克等，2002）。

（四）刑罚的社会影响

为了达到社会应对犯罪的主要目标——隔离和报应——美国的监狱化趋势已经出现了，
但似乎很少有人关心这种方式是否是减少犯罪的长久之计。作为一个社会整体，我们应该
意识到：从长远来看，监禁实际上可能会增加犯罪。以兰德集团所做的研究为例，与其把
1 000 000美元用在强制性刑期上，还不如用来治疗毒品犯罪者能更有效地减少犯罪
（U. S. Sentencing Project, 1998）。

我们也经常忽视这样一个事实：延长刑期并不能有效减少再犯。出狱后，大约 2/3 的
犯人会在 3 年内再次因重罪被逮捕（美国司法部，1997）。大约45% 的人将重新受审，40%
的人将回到监狱。考虑到监狱中的生活经历以及缺乏必要的矫治、教育和职业培训项目，
这个结果不足为奇。事实上，刑事司法专家认为缺乏足够的就业机会是累犯率居高不下的
主要原因。因为缺乏有用的职业技能，大多数坐过牢的人很难找到一份能维持生活的体面
工作。由于没有合法的收入，其中许多人只能回到犯罪的老路上去（美国司法部，1997）。

政策制定者们直到最近才开始解决犯罪人回归社区面临的问题。

然而，罪犯重新犯罪不仅仅是因为缺乏职业培训和心理治疗，大多数犯罪人出狱后没有地方可去，因此，他们只能回到犯罪猖獗的社区和功能失调的家庭中去（这是他们原来生活的地方）。不管犯罪人在监狱里有多好的愿景，他们出狱后都很可能再次犯罪。因为在巨大的社会压力下，他们几乎别无选择。换句话说，人们可以认为当前的刑事司法政策增加了他们想要减少的犯罪，因为他们没有形成能够改变犯罪人行为的机制。

从充斥着各种风险因素的童年走向犯罪是一个缓慢的过程，而监狱是这条漫长道路的终点站。所以，很少有罪犯具有足够的心理韧性和心理资源能够在没有帮助的情况下自行恢复健康的生活方式——出狱后就变成一个"对社会有用的人"。然而，当前的刑事司法政策显示，这正是人们所希望的。所以，虽然监禁能暂时将罪犯从社会中隔离，但大多数情况下，这些人重返社会后会比监禁时变得更糟。可以肯定的是，犯罪人为他们的所作所为付出了代价，但是社会同样也支付高昂的成本：不仅是花费在囚犯和监狱上面的资源，还要应对持续不断的犯罪问题。

刑罚政策对家庭和社会有巨大的负面影响。目前，大约有 150 万儿童的父母正在服刑。这 150 万儿童中，每 14 个就有 1 个是黑人孩子（Mumola，2000）。这些孩子不仅会在耻辱感中长大，还缺少能够使他们获得成功的情感和财政支持。社区，尤其是大部分黑人社区，可能会因为刑罚政策而失去平衡。一项研究发现，在 10% 的华盛顿居民区中，男女比例大约是 62:100（Mauer，2003）。

社会也因为监禁支付了巨额的成本。几十年的监狱建设（用来关押日渐膨胀和老龄化的监狱人口）耗费了本应为所有公民完善医疗和教育的经费。在大多数州，监狱直接与学校争夺资金，并且通常能够获胜（Egan，1999a）。因此，致力于大规模监禁是在用所有公民的未来替少数人过去的错误买单。

最后，每个人都为犯罪及其刑罚付出了代价。政策制定者需要审视大量的社会成本，全面考虑刑罚政策，让法律不仅可以惩处犯罪，还可以促进社会的健康发展（Mauer，2003）。

六、总结

生物、心理、社会的多重影响让犯罪人最终站在了法官面前。回顾美国 225 年的历史，刑罚的目标从惩处到矫治，再回到惩处。把矫治作为刑罚首要目的的时代一去不回了。报应以及把犯罪人从社会中隔离是当代刑罚的主要目标。然而，这并不是个对社会最有益的政策。

今天适用的处罚方式包括：监禁、死刑、附条件释放、罚金、家庭监禁和电子监视。大多数州和联邦法院都是由陪审团给出量刑建议，但法官可以稍作更改。然而，量刑指南（Sentencing guidelines）和强制性判刑标准（Mandatory sentences）限制了法官的自由裁量权。

监禁是如今美国最主要的刑罚形式。美国的人均入狱率超过世界上任何一个国家：是欧洲的 8 倍，日本的 14 倍。尽管暴力犯罪自 1997 年以来一直在减少，但美国的监狱人口还是比 1980 年增加了 2 倍之多。新增的监狱人口也许可以归因于较长的刑期、关押更多包括私藏毒品在内的犯罪人、因为违反缓刑和假释回到监狱的人和因为缺乏矫治项目而重新犯罪的人。

在美国服刑意味着要熬过一段"艰难"的时光。美国的监狱里充斥着毒品、帮派和性侵犯。缺乏矫治项目、教育活动和工作任务，使囚犯除了看电视和尽量避开麻烦之外无所事事。监狱中有大量的精神病患者，更多的是老年囚犯。监狱向来缺乏处理这两个群体独特的纪律和健康问题的能力。女囚犯的生活条件可能比男犯稍微好一些，但她们的情感和身体健康则需要更多的照顾。

美国仍然保留死刑，这在西方文明国家中是特立独行的。因为发现一些州有时会误用死刑，违反了必要的程序，并且违背了宪法避免严苛刑罚的精神，美国联邦最高法院有一段时间暂时取消了死刑。但现今联邦法院和 38 个州法院重新恢复了死刑，主要用于各种类型的谋杀。然而，公众对于死刑的接受率却正在下降。太多无辜被判死刑的人后来通过DNA证据得以证明清白，这反倒让死刑的支持者继续声称：无辜的人永远不会冤枉。联邦最高法院禁止对犯罪时还是青少年或者有智力障碍的犯罪人适用死刑。

对很多犯人来说，出狱并不是刑罚的结束，将会有各种形式的"无形的处罚"在他们出狱很久之后仍然影响着他们的生活。性犯罪者可能需要入院治疗、被监视，甚至被周围排斥。毒品犯罪人将会永远失去教育贷款、公共住房和某些福利。几乎所有的罪犯将会永久地或暂时地失去参与本国的民主投票的权利。

一个国家的刑罚政策有着长远而广泛的社会影响。这些政策会影响到罪犯的孩子、所在的社区以及整个社会。监狱常常与学校争夺纳税人的钱，并且胜利的总是监狱。我们的法律需要体现的惩教政策是：不仅可以惩罚犯罪，而且能够促进社会的整体利益。

关键术语

量刑指南 强制性判刑标准 剥夺公民选举权

复习问题

1. 在美国刑事司法系统中有哪些刑罚可以选择？
2. 讨论什么是美国的监狱化以及它对刑事司法政策、犯罪人和整个社会的影响。
3. 是什么因素导致了公众对死刑支持率的下降和死刑实际适用数量的减少？
4. 讨论精神障碍犯人所面临的特殊挑战。
5. 举 5 个"无形的处罚"的例子，并讨论这些处罚是如何影响家庭、社区和整个社会的。

相关链接

犯罪行为网：www. cassel2e. com.

美国司法统计局的犯罪矫正数据：www. ojp. usdoj. gov/bjs/correct. htm.

死刑信息中心：www. deathpenaltyinfo. org/.

美国监狱安全与虐待防治委员会：prisoncommission. org/press__release__041905. asp.

人权监察报告：美国监狱对罪犯心理疾病的治疗缺乏必要条件和设备：www. hrw. org/reports/2003/usa1003/.

量刑项目：www. sentencingproject. org/.

美国人口的监禁率正在上升：www. ojp. usdoj. gov/bjs/pub/ascii/piusp01. txt.

第十四章 犯罪研究的未来

犯罪行为的风险因素回顾　　　　　　　　　　犯罪预防的障碍
犯罪预防　　　　　　　　　　　　　　　　　　展望

　　在之前的章节，我们已经定义了犯罪，并追溯其根源。我们讨论了社会机构（包括刑事审判系统自身）是如何影响犯罪的。我们回顾了大量犯罪类型并检验某些犯罪类型画像，探索了精神疾病在犯罪中的作用，同时也发现犯罪是一个社会构造的事件，是个体自身背景与社会力量长期交互作用发展而来的。我们的研究使事实愈发清晰：尽管我们还不能得知犯罪个体与社会根源如何相互影响，但已经发现足够多的犯罪风险因素，以及一些控制犯罪行为的社会和心理项目，这些项目对犯罪预防很有现实作用，它降低了犯罪的扩散性和暴力性，并削弱了犯罪后果的影响。在最后一章里，我们将首先回顾犯罪的主要风险因素，然后分析现有的项目和政策，争取为与犯罪斗争做最大的努力。

一、犯罪行为的风险因素回顾

　　罗伯特（Robert Sandifer）10 岁那年，在其家乡芝加哥（Chicago）被控 8 项重罪，其中包括持有毒品和持械抢夺罪。因其未成年，被获准缓刑，这已是刑法允许的最大限度的惩罚。罗伯特在他 2 岁那年已被伊利诺伊州（Illinois）当局所知晓，他和他 3 岁、5 岁的兄弟被儿童和家庭服务部从虐待他们的母亲身边带走，送去与他的祖母、3 个姑姑和叔叔，以及其他 20 个孩子共同生活。在缺少家庭监管又犯罪频发的社区环境下，罗伯特还没到 3 岁，就已经长时间和帮伙成员待在一起了。当他到了能骑自行车的年龄后，他持械盗窃店铺、纵火和贩卖毒品。1994 年，罗伯特 11 岁，他手枪里的一颗子弹走火，杀死了一名 14 岁的女孩。数日后，他脑后被射击 2 次致死，这是一种社团成员希望以此让人闭嘴，不向警方吐露社团活动的惩罚方式（Gibbs, 1994）。

　　类似这样的故事在当今美国社会很常见，然而，尤其当这些故事涉及贫困黑人时，这些事件只能引起短暂的、小范围内的关注。大部分的美国人对"那种生活"只是耸耸肩，认为这种事情只会发生在"贫民区的黑人孩子"身上。然而，1994 年 4 月发生的事件引起了整个国家的关注，迪伦（Dylan Klebold）和埃里克（Eric Harris），两个来自郊区富足家
庭的青年，在科罗拉多州（Colorado）立托顿镇（Littleton）杀死了他们高中的 12 名同学和 1 名教师，随后他们自杀了。在接下来的几周，立托顿镇大屠杀案成为全国新闻头条，电视、电台、网络、餐桌讨论的主题。是什么让这些聪明的，显然拥有一切的年轻人变得如此凶残暴力？这甚至促使国会专门拨款研究青少年暴力的成因和预防。

犯罪行为研究有时显得毫无意义，但我们希望阅读此书使你接受一种理念：犯罪是从童年期、少年期、成年期一步步发展而来的，是个人、家庭和社会风险因素的综合产物。首先，我们来回顾犯罪原因和犯罪相关因素。

（一）个体和同辈群体风险因素

犯罪的个体和同辈群本风险因素包括儿童的个性、同辈群体的叛逆性、暴露性以及将同辈群体中的异常者视为榜样。

1. 叛逆性

与普通人相比，那些感到与社会和法律联系松散的、缺少雄心和责任感的，或者积极反社会的年轻人在药物滥用、违法和逃学上有更高的风险（Kandel，1982）。越早辍学、吸毒、犯罪、经常有性行为的年轻人，越可能在他们今后的人生中长期存在此类问题（Elliott，Huizinga，& Morse，1986）。15 岁以前吸毒的年轻人，长期存在药物滥用问题的可能性是 19 岁开始吸毒的年轻人的 2 倍（L. N. Robins & Przybeek，1985）。13 岁以前酗酒的年轻人变为酒鬼的概率是 15 岁以后酗酒的 2 倍（NIAAA，1998）。

2. 同辈榜样

如果年轻人所接触的同辈群体中存在问题行为：暴力、违法、物质滥用、经常性行为、逃学，那么他们自己也更容易出现这些问题行为（Farrington，1991）。

（二）家庭风险因素

显著影响犯罪的家庭相关因素包括功能失调或家庭犯罪史、家庭管理问题、家庭冲突以及家长对犯罪的容忍态度。

1. 功能失调或犯罪行为

如果家庭成员有酒精或其他药物成瘾，成长在其中的儿童，出现酒精或药物问题的风险更高（Kilpatrick et al.，2000；美国国家酒精滥用与毒品研究所，NIAAA，1998）。儿童出生或成长在有犯罪史的家庭中，他们违法的风险更高（Farrington，1991）。少年母亲的孩子更可能成长为少年父母，辍学者的孩子更可能辍学（Slavin，1990）。

2. 家庭管理问题

失败的家庭管理包括没能给孩子制定清晰的行为期望、没能监督或引导孩子、使用过度严厉或不一致的惩罚。在这种教养方式下成长的孩子，更容易发展出我们在第七章中讨论过的问题行为，如扔石头以表达攻击、暴力倾向，最终发展为犯罪行为（Farrington，1991；P. L. Peterson et al.，1994；Thornberry，1994）。

3. 家庭冲突

离异家庭孩子的违法率和物质滥用率比其他孩子高。但是，家庭冲突却不离婚，其产生的违法行为更多（Rutter & Giller，1983）。比如，家庭暴力会增加孩子暴力行为的可能性，尤其是对人的暴力犯罪（Loeber & Dishion，1984；Loeber & Stouthaumer-Loeber，1998）。

4. 家长态度

相比明确反对犯罪行为的家长，那些为孩子破坏法律找借口的家长，更容易促使孩子行为不良（Brook et al.，1990；Hawkins & Weis，1985）。 279

（三）学校风险因素

最重要的学校风险因素是反社会行为的早期表现、对学校缺乏责任感以及学业失败。

1. 反社会行为的早期表现

三年级之前持续有攻击行为或在教室里不能控制自己冲动的男孩，在物质滥用、违法和暴力行为上高于普通男孩（美国心理学会，1993；Loeber，1988）。如果男孩的攻击行为伴随孤立、退行或过度活跃，那么他在青春期出现问题行为的风险更高（Barkley，1998；Kellam & Brown，1982）。

2. 缺乏责任感

对学校没有责任感或没有学业成就动机的孩子，在与犯罪相关的问题行为上有更大风险（B. D. Gottfredson，1988；Johnston，1991）。

3. 学业失败

小学期间学业不成功的孩子，在药物滥用、违法、暴力、少年期怀孕和辍学上有更高的风险。孩子在学业上的失败是由于智力欠缺、缺少动机或其他原因，这说明问题行为的风险可能源于失败经验本身，包括它对自尊的影响（Farrington，1991）。

（四）社区风险因素

犯罪主要的社区风险因素包括药物和酒精、枪支、媒体暴力、社区解组以及经济和社会剥夺。

1. 药物和酒精

在当地社区获取药物和酒精越容易，物质滥用的风险越高（Gorsuch & Butler，1976）。校园获取药品的可能性与儿童物质滥用的风险相关（Gottfredson，1988）。

2. 枪支

在社区获取枪支的难易度与暴力犯罪的频率相关（G. R. Alexander，Massey，Gibbs，& Altekruse，1985）。人们普遍携带枪支很可能会使言语冲突和斗殴上升为致命的枪战。

3. 媒体暴力

电视、电影、游戏和网络上频繁的暴力会提高公众将暴力和攻击作为问题解决方案的接受程度，并且会降低目击者对暴力行为严重后果的敏感度（Eron & Huesmann，1987；National Research Council，1993）。

4. 社区瓦解

物质滥用与犯罪多发于那些居民与社区缺乏联系、缺乏公共场合法律强制力和监督的地区（C. A. Murray，1983；J. Wilson & Hernstein，1985）。

5. 经济和社会剥夺

那些极度贫困、失业率高地区的孩子更容易成为违法者、辍学者、少年父母，并且在青春期和成年期更容易使用暴力（Farrington et al.，1990）。

（五）风险因素和犯罪预防

280 不同的风险因素对预防犯罪的启发

（1）风险因素对犯罪的影响是乘积式的，不是加和式的。当孩子暴露在多种风险因素中，犯罪行为发生的可能性则呈几何式增长，而非算数增长。换句话说，三种风险因素下犯罪行为发生的可能性比一种风险因素下的可能性高出3倍。因此，犯罪预防最需要关注暴露于多种风险因素中的孩子。

（2）风险因素出现在许多地方。很多地方存在风险因素，如家庭、学校、社区、同辈交往、自身遗传以及社会不境塑造的性格。所以，最有效的犯罪预防项目需要涵盖足够多的方面。

（3）尽管风险因素在特定群体中的数量和强度不同，但在少年群体中起作用的方式与其他群体并无差别。所以，尽管预防项目应对不同文化、价值观、少数群体的文化传统区别对待，但他们所依据的原则和希望达到的发展目标是一致的。

（六）保护性因素

理解犯罪原因和形成有效的犯罪预防项目不仅需要我们认识到犯罪行为风险因素的重要性，还需要我们明确哪些因素会降低儿童犯罪的可能性。重要的保护性因素包括：①女性；②高智商；③与父母、其他家庭成员、老师、教练、年轻领导有很强的社会联结和对其作出明确的承诺，没有违法的朋友；④具有弹性气质，用以帮助个体在接触到不利环境后"回弹"。

与他人积极、紧密的关系有利于强化儿童对群体或社会目标和价值的承诺。与同辈群体和社区组织亲近的年轻人不容易吸毒、犯罪、辍学，或者进行其他可能会威胁与群体关系的行为。当孩子从亲密的成人或司辈群体那里习得诚实、无私、公平和非暴力时，他们会内化这些品德，并选择没有犯罪的生活方式。简言之，从家庭成员、老师和其他成人榜样身上习得的亲社会态度和高标准的个人行为会保护孩子，避免发展出反社会行为。

二、犯罪预防

犯罪预防的概念常常被误解。政治家为预防和惩罚犯罪而争论，将二者视为相互排斥。实际并非如此。合适的处罚对罪犯而言，是预防再犯的手段。但预防学认为刑罚是二级预防（Secondary prevention）。一级预防（Primary prevention）的目的是从源头上杜绝犯罪发生，这样就不需要刑罚。一级预防项目关注两个方面：①减少社区、学校、家庭及个体犯罪风险因素；②推进保护性因素，如紧密亲子联系、对学校积极的态度、拒绝毒品和酒精。一级预防项目的对象是可能犯罪的儿童和青少年。

（一）一级预防与二级预防

尽管一级预防比二级预防最终来说更有效，但有史以来，一级预防就很难"出售"给美国政客和民众。它难以"出售"的部分原因在于，每个人都希望对罪犯做点什么，并且刑罚的方法（体现为更多、更长的监禁）让人有事可做。这是有目共睹的，且可以满足希望对罪犯予以惩罚的公众期望。相反，一级预防，类似于开辟一个花园并种上种子，它需要做大量的工作，花费大量的时间和金钱，给予持续的关注，很长时间后才看得到成果。此外，一级预防的结果相比二级预防更微妙。我们很容易从增长的监狱数量看到刑罚（二级预防）的后果，却很难直观看到一级预防的成果。犯罪率的下降既可以归因于一级预防，也可以归因于刑罚（二级预防）。简言之，让人们为不容易看到的结果买单是很困难的，这也就是迄今为止，刑罚预防和预防项目得到相对较少支持的原因。然而，逐渐增长的监狱人口，长期因禁犯人的花费，让大部分州的财政预算翻翻。尽管人们对预防的兴趣在升温，但对财政问题关心更多。

要使其有作用，一级预防项目必须解决几个领域的风险因素。例如，仅仅实行"从零开始"项目，对必须生活在帮派、枪支出没环境中的孩子来说，其预防作用几乎为零。同样，逮捕殴打妻子的人可以预防重复侵犯，但这只能在低失业率和婚姻（非同居）保持平

281

稳的环境下施行，同样的项目在贫困边缘地区收效甚微。同样，离开家庭支持的学校犯罪预防项目无法发挥作用，离开社区支持的家庭项目也不可能有最佳效果，个体没有社区和家庭的帮助无法战胜高风险。简言之，只专注某一风险因素的犯罪预防项目很难取得大的成效。不幸的是，全面的风险预防项目花费太多。

1997 年，一群杰出的犯罪学家向国会提交了一份名为《犯罪预防：什么起作用，什么不起作用，什么有前景?》的报告（Sherman et al.，1997），谢尔曼（Sherman）的报告之所以出名，是因为它涵盖了对每一个犯罪预防项目结果的评估，这些项目分析具有量化的数据，包括以惩罚为导向的二级预防和较为全面的一级预防项目。我们将评估结果作为各种预防项目的框架，它考虑到刑罚、革新政策、社区行为、学校依托项目以及对风险家庭儿童进行早期干预等因素。

（二）通过刑罚进行预防

美国拥有世界上最庞大的刑罚制度。它是唯一保留死刑的西方国家，同时也是拥有最高暴力犯罪率的国家。显然，刑罚不可能阻止犯罪。事实上，如我们在第十三章所述，我们有理由相信，监禁实际上会促使犯罪的持续发生。

这并不是说刑罚在刑事司法中再无作用。监禁并且持续监禁那些威胁公共安全和公共利益的罪犯十分必要。因此，法律规定可以判决第三次暴力犯罪的罪犯不能假释，这一自动无期徒刑的举措具有重要价值。当一些罪犯极度暴力、不可救药时，社会不能冒风险给予他们自由，他们永远不应该获得自由。然而，对那些不那么暴力的罪犯实施长时间的监禁，如盗窃犯和吸毒犯，是对公权力和纳税人钱财的浪费。这些罪犯不太可能接受戒毒治疗，或职业和压力应对技能训练，所以他们中的大多数迟早还会因为相同的犯罪被逮捕或监禁。

从累犯入监的证据来看，将监禁作为犯罪预防的工具，只对以恢复为目的的刑罚有效，而对以报复为目的的刑罚无效。这一观点与许多监狱官的观点不同，如前任弗吉尼亚州（Virginia）惩治局主管罗纳德（Ronald Angelone），在回应其所在州监狱的艰苦环境报道时说"这的确不是一个好地方，但我本来也不打算把它建成个好地方"（Timberg，1999，p. C4）。让犯人尽可能长时间地承受尽可能多的痛苦，可能会满足我们的报复欲望，以惩罚暴力破坏社会秩序的人，然而为了这一目的，在资源和再犯率上所付出的代价是什么呢？殴打犯人，对犯人之间的强奸行为坐视不管，将监狱管理权交给犯人帮派，不给予犯人药物和精神治疗——这其中的任何一种情况，最终都不利于减少犯罪（Stern，1999）。

根据谢尔曼的报告，一些以惩罚为导向的监狱项目展示出犯罪预防的一些希望。例如，矫治的结构化；集中化；采用多种治疗相结合；集中提高押犯的社会、学业和就业技能；采用行为、行为—认知疗法来强化、明确亲社会行为，对减少再犯、减少以监狱为依托的毒品行为、酒精治疗有效（Sherman et al.，1997；L. M. J. Simon，1998）。

另有一些以惩罚为导向的项目，作为监狱的替代选择，包括：①在规定的时间内支付罚款；②监狱外的毒品和酒精疗治，尤其是由"毒品法庭"审判，旨在将矫治与刑事司法控制相结合的项目（Finkelstein，2000）。在毒品法庭，法官对罪犯实施严格监控下的缓刑，让他们参加毒品和酒精治疗项目，并要求（有时不宣布）他们经常报告尿检结果，用以检测是否使用过毒品。如果参与者没有通过尿检，或错过其中一次治疗，他们将受到更加严格的监控和治疗。除非在极端案件中，这些犯人不允许退出治疗项目。那些成功通过法庭项目的"毕业生"通常会被授予奖章或证书，并可能为新进参与者提供引导和监管（Sherman et al.，1997）。

精神病罪犯的特殊项目

1999 年，安德鲁（Andrew Goldstein），一名 29 岁长期精神分裂的男子，杀死了一个对他来说完全陌生的女人坎德拉（Kendra Webdale）。安德鲁将她从纽约市地铁推下。在他的供词中写道："我有一种感觉，仿佛什么东西进入了我的身体，我感到必须去推、去摇、去踢。当地铁来时，……我将那个金发女人推了下去（Winerip，1999，p.45）。"安德鲁被判谋杀罪，成为到州和联邦监狱的"居民"，加入到成千上万的患有精神疾病的犯人大军中（Ditton，1999）。事实上，在监狱或拘留所的精神病人比精神卫生机构的还要多（Winerip，1999）。他们中的一些人是危险的，但正如我们在第十三章口描述的那样，几乎没有人可以得到他们需要的治疗，用以改善其心理状态，降低危险性。在出狱释放时，他们的精神疾病比他被捕时更为严重，再犯的风险很高。

为了帮助预防精神病犯罪，国家精神卫生协会（2004）给出以下建议：

（1）改变刑法典，并创设"精神卫生法庭"，这样法官就可以不将患有严重精神疾病的非暴力罪犯关进监狱，而是接受合适的治疗。

（2）训练执法人员识别严重精神疾病的标志和症状，以及如何有效、合适地应对正表现出精神疾病症状的人们。

（3）为精神病患者创立负责协调和提供管理服务的缓刑和假释部门。目前许多州已经有为缓刑和假释人员提供结构化、导向化和精神卫生的项目。

（三）通过治安监控进行犯罪预防

尽管被寄予厚望，但以下以治安监控为导向的努力在预防犯罪上并不成功：①逮捕犯极小错误的青年，而不是等到犯严重罪行时；②逮捕失业的家庭施暴者；③逮捕在街上购买毒品的人；④加强警察上街巡逻，而不是集中警力于特定的犯罪高风险地区（Sherman et al.，1997）。

有效的以治安监控为导向的项目包括：①增加对特定街角的巡逻，这些地方是犯罪的"热点"。②逮捕严重、反复的攻击者和醉驾司机。③抓捕有工作的家庭施暴者（Sherman et al.，1997）。也有证据表明，当执法人员与所在地区关系良好时，犯罪预防的目的更易达到（Sherman et al.，1997）。越来越多的研究（Tyler，1990）发现，居民对警察权威合法性的看法和他们愿意遵守法律的意愿呈很强的正相关。这种对合法性的看法，受到警察对待他们方式的影响。所以一些警察局正在进行一些培训项目，旨在教会警官如何将权威式的交流策略转化为使用更为尊重的语言，而不是炫耀警察的权力。例如，不是教训那些愤怒而言辞激烈的司机，而是让这些司机熄火，认识到并接受愤怒，然后处理罚单，或其他在这种情境中应该处理的事宜（P. Davis，1998b）。这种方法增加了公民对法律权威的尊重，改善了警民关系，从而有效预防犯罪。促进警民关系最大的障碍在于消除民众的成见，尤其是一小部分民众，他们认为警察是野蛮并有偏见的。正如我们在第二章和第六章中讨论的那样，警察虐待被逮捕人员和犯罪嫌疑人、制造或伪造证据、让特定人群停车并盘问的现象仍然很常见。依照法律应平等对待每一位公民，会让所有人都更安全。

（四）通过社区行为进行犯罪预防

容易获得的毒品、枪支以及脆弱的受害者，是导致持续严重暴力犯罪最直接、最贴近社区的因素（Cook & Moore，1995）。一些社区试图通过回购枪支方案，以解决犯罪高发地区枪支的可用性问题。这些方案都未能有效地预防犯罪，因为他们吸引的枪支主要来自犯罪不严重的地区，或那些犯罪人用回购项目所得来购买更好的枪支（Sherman et al.，1997）。

总的来说，社区计划在减少帮派暴力方面的效果一直不佳。例如，有执法人员与青年帮派成员参与夜间篮球比赛等体育活动，结果只是通过加强该帮派的"我们对他们"的目标感，增加了帮派凝聚力。然而，对青年帮派成员的早期干预，如个体化治疗、训练、沟通、问题解决和传授争端解决技巧，以及多样化的社区服务，确实带来一些希望。以托尼（Tony Pipkin）和蒂龙（Tyrone Curtis）的案件为例，托尼和蒂龙7岁的时候，他们住在华盛顿特区的街道，那时候可卡因横行贫民区。他们成长在令人震惊的城市暴力中；130件与帮派有关的凶杀案发生在以他们家为中心半英里半径的地方。托尼有时和他的母亲生活在一起，有时和他的外婆生活在一起，当任何一方都不能照顾他时，他就住在废弃的住宅设施里。蒂龙生活在一个相对稳定的单亲家庭，但这两个男孩都面临加入帮派的风险。然而，他们谁也没有那样做。他们避开团伙成员，避免被征去加入帮派，他们晚上留在家里，这样就不会被走火的流弹打死。这些决定被一家非营利机构（邻里社区中心）的工作人员鼓励和支持，孩子们放学后就去那里。在那里，他们寻找到具有正能量的男性榜样，这些男性带他们去休闲，辅导他们的学业，看着他们毕业，为他们填写上大学的入学申请，并帮助他们获得上大学的费用。在1997年的秋天，这两个年轻人都进入了大学（Escobar，1997a）。

以社区为基础旨在减少犯罪的努力，也包括那些旨在减少受害者易感性的项目。例如，在低收入社区的机构发起活动，以促进社会福利和社会保障支票直接存入账户。在10年左右的时间，因为这些项目的建立，抢劫和盗窃在该社区的发案率已经降低。如果自动取款机被移除（或不放置在偏僻的地方），抢劫和谋杀也可能减少，但至今还没有这种系统的努力。

总之，谢尔曼的报告发现，仅有一些以社区为基础的项目可以有效预防犯罪（Sherman et al.，1997）。此外，美国国家科学院1998年的报告得出结论，过去50年的联邦和地方的交通和住房政策，使少数贫民集中居住在远离主流城市的生活环境中，促成了某些社区的严重犯罪。如果没有足够的公共交通和零售商场，这些社区就可能成为非法企业和黑帮生存的完美环境。

（五）以学校为基础进行犯罪预防

能有效预防犯罪的以学校为基础的项目，有针对性地教授学生如何远离麻烦的行为技能。这些项目包括：①设置规则和目标有关的可接受的行为，并积极加强；②用足够全面和足够长的时间来构建人际交往、自我控制能力、压力管理、决策、社会问题的解决和其他认知活动，并使其持续有效；③教会孩子们特定技能，以避免酒精和其他药物滥用（Sherman et al.，1997）。抵制帮派的教育和训练（GREAT）是以学校为基础的生活技能项目，是由穿制服的警察传授给小学生的（侧重于第三和第四年级）。它培养学生4个领域的技能：个人技能（目标设定、决策和愤怒管理），弹性（信息分析和解决问题），抵制（拒绝、承认同侪压力、反对帮派和暴力规范），以及社交技巧（通信、冲突解决、承担社会责任、同情和观点采择）。该项目的组成部分包括 13 个教室，一个夏天的课外项目，以及一个家庭。法律与决策项目（L. E. A. D.）针对五年级的学生，刑事检察官教给学生有关的法律，并帮助他们认识到犯罪行为的社会和法律后果。课程包括介绍刑事司法系统；角色扮演如何拒绝吸毒、帮派参与、逃学和酒后驾车；教授冲突化解的技能。学生去实地考察少年法庭和拘留中心，让他们接触到犯罪行为的实际后果。

下列以学校为基础的项目还未被证明能有效地预防犯罪：①在物质滥用和犯罪上，对学生提供辅导和咨询，特别是在同辈群体环境下；②提供前面没有提到的更加全面的技能培训项目、娱乐和其他活动；③教育项目，用以传播犯罪的危险和罪恶，包括那些使用恐吓战术和基于道德诉求的犯罪活动。例如，抵制药物滥用教育（DARE）项目是最常见的学校项目，旨在减少学生滥用药物（在80%的美国学校以及56个国家使用），但它几乎是完全无效的。美国国家科学院、美国政府问责局、美国卫生总署和美国教育部门都裁决该项目不仅无效，而且适得其反（Kanof，2003）。究其原因，研究人员说，这些项目依托讲座，而讲座是由穿制服的警察讲授拒绝毒品的策略，或如何远离毒品的交流和行为技能，而D. A. R. E. 的目标受众是小学生，他们的年龄太小了，很难从讲授中受益（Sherman et al.，1997）。研究人员说，生活技能项目，如 G. R. E. A. T，在教学生抵御毒品和酒精滥用技能方面是有效的（Henson，2003）。

（六）个人及家庭干预进行犯罪预防

正如我们在第七章和第八章中看出的，那些严重犯罪的人往往来自这样的家庭：父母有反社会行为、冲突不断、拒绝或不充分监督孩子，并采用不一致的行为要求（Loeber & Stouthaumer-Loeber，1998；Tremblay & Craig，1995）。这些发现让发展心理学、社会工作、犯罪学和政策分析的研究人员认为，预防犯罪最有潜力的项目是基于家庭的干预，这些干预针对高风险家庭，并且应在孩子的婴儿期就开始（Crowell & Burgess，1996；Hawkins, Arthur, & Catalano，1995；Kumpfer, Molgaard, & Spoth，1996；Tremblay & Craig，1995；Wasserman & Miller，1998；Yoshikawa，1994）。

这种观点得到"家族风险因素会对儿童参与犯罪具有强大效果"的数据支持。家庭风险因素越早地被处理，越多地被处理，结果就越好。一旦家庭风险因素有机会长时间影响孩子，它们导致的犯罪相关问题就很难改变（Wilson & Howell，1993）。因此，尽管针对婴幼儿的方案在短期内可能是花费最昂贵的，但从长远来看它们也可能是最具成本效益的，当考虑到减少吸毒和酗酒、青少年怀孕、特殊教育的需求等制度化所节约的成本时，尤为如此（Greenwood，1999）。正如我们在第七章和第八章中描述的那样，这些项目使用家庭干预方法，指导父母和孩子，为家长和儿童提供娱乐服务，并对那些需要加强监督的家长（如行为和药物问题）"暂缓"关爱。

最成功的早期童年项目是：①注意与犯罪有关的一个或两个以上因素，并着眼于多个问题行为；②针对特定年龄的儿童以及在发育的特定阶段开展；③持续几个月以上，通常是数年。特别是，由当时的美国司法部长珍妮特·雷诺（国家司法研究所，1997c）推荐的项目：①家访计划：以高风险的被虐待、忽视或不能为孩子提供足够保障的母亲为对象；②教育日托计划：以家访的方式来帮助处于危险的婴幼儿和儿童，协助家长，教导为人父母的技巧，并提供婚姻和家庭治疗；③重点满足婴幼儿的基本需求，并积极招募和维持年龄较大的儿童参与项目。

雷诺（Reno Task Force）的报告还强调（国家司法研究所，1997c），需要对父母是罪犯的家庭进行干预，并建议下列项目为这些家庭的孩子提供机会，中断在熟悉的环境下成长进而模仿父母的行为：

（1）对怀孕的罪犯进行产前咨询，围产期保健（包括物质滥用治疗），对有婴儿或小孩子的罪犯父母要求其参加动手亲子班。

（2）设计项目旨在帮助近期释放，或将要释放的监狱押犯改善与子女和配偶的互动。

（3）推荐和倡导健康、营养以及其他相关服务，以帮助在刑事司法系统监管下或者有条件释放的家长犯人（有未成年子女）。

（4）招募无犯罪人的家庭成员来照顾罪犯子女，特别是家庭历来在养育孩子方面发挥了关键作用的文化群体的家庭。

三、犯罪预防的阻力

既然人们已经知道与犯罪相关的风险和保护因素，数据也表明哪些预防犯罪的项目是有效的、有希望的，那么为什么我们并没有做到更好的犯罪预防呢？我们认为有以下原因：

（1）被害人复仇。社会强调惩罚和打击犯罪。这种呼声反映在受害者运动、民意调查，以及刑罚的理念上，而对罪犯任意、严厉的惩罚非但不能阻止再犯，甚至可能促使其向反方向发展。

（2）社会解体和不断扩大的社会底层。不平等的逮捕、起诉和惩罚，持续把不成比例的有色人种，特别是男性，置于非暴力犯罪群体。这些模式促使某些群体被社会边缘化，富者愈富（多为白人），而穷者愈穷（主要是少数民族），并进监狱。

（3）美国社会的枪支偏好。美国是持枪者的国家。枪是美国的传统、神话和权利。宪法特别保护携带武器的权利，而不顾这些武器会落入坏人之手，这一传统起到使美国成为在世界上最暴力的"文明"社会的风险。

（4）媒体中的犯罪。新媒体延续了关于犯罪的神话，这将导致更多的犯罪。

（一）被害人复仇

正如我们在第十三章中所述，刑事司法系统现在为受害者参与起诉和惩罚罪犯提供了许多途径。然而，受害者的权利在具体的案例中被过度扩大了。新的法律在公众中流行，它保护某些特定的受害者，甚至冒着侵犯被告人权利的风险。

值得注意的是，受害人的权利运动并没有出现在市内贫民区，这些地区杀害或伤害黑人和西班牙裔儿童的暴力犯罪几乎每天发生。事实上，虽然大多数犯罪被害人是成年人，不是孩子，并且黑人是受害人中的绝大多数，但是大部分受害人权利的法律的产生都与年轻白人女孩的悲惨死亡有关，新泽西州梅根法案（Megan's Law in New Jersey），堪萨斯州的斯蒂芬妮法案（Stephanie's Law in Kansas），法罗得岛的吉列法案（Jillian's Law in Rhode Island），新泽西的琼斯法案（Joan's Law in New Jersey）以及纽约的珍娜法案（Jenna's Law in New York）。白领女性受害事件还不间断地出现在有线电视上。谁也不会忘记拉齐彼得森（Lacy Peterson），一名加利福尼亚州（California）的孕妇，她的丈夫于2004年被判谋杀罪，这一案件成为当时有线电视的固定节目。人们不由地发现，"遇险少女"总是白人（Robinson，2005）。由于悲伤的白人父母成为更严厉的刑事处罚的最强大的游说者，处罚的立法态度不断受到受害者团体的影响。这些团体经常决定犯罪人的死刑、是否长期监禁，以及对犯罪人的释放等。

当政客告诉选民他们要对犯罪做一些事情时，这便如同点燃了干草，这些干草便是被害人提出的主张。然而，他们所做的事情主要是创立更严厉的法律，建立更多的监狱，监禁犯人更长的刑期，尽管大多数罪犯都不是暴力犯罪并且不会因为监禁得到矫治。正如我们在第十三章中的讨论，今天的美国比世界上任何其他国家囚禁的犯人都多，并判有更长的刑期。这当然是受害者维权人士所希望的，但复仇和报复这一政策确实很少能够预防犯罪，正如我们在第十三章所指出的。它还可能会导致犯罪。

（二）社会解体和不断扩大的社会底层

1968 年，总统林登·约翰逊（Lyndon B. Johnson）任命前伊利诺伊州（Illinois）州长奥·克纳（Otto Kerner）为领导，组成专家小组，探讨继马丁·路德·金（Dr. Martin Luther King）和肯尼迪（Senator Robert F. Kennedy）被暗杀后，1976 年席卷美国城市骚乱的原因。克纳委员会（现在逐渐被人熟知）警告说，美国正在走向一个分裂的社会，将会有两个独立的，并且不等的社会，黑人社会和白人社会。

由 S. 米尔顿艾森豪威尔基金会（Milton S. Eisenhower Foundation）发行于 1999 年的后续报告中警告说，尽管证据表明，暴力犯罪率在下降，但美国的犯罪率仍高于其他任何工业化国家。该报告还指出，犯罪的原因仍深深植根于社会和政治问题，其中最主要的问题是贫穷。尽管失业率、通货膨胀率到历史新低，国民经济蓬勃发展，但大多数贫民区的少数民族成人工资还是不能维持最低生活。美国 90% 人的财富不及最富有的 1%——在所有工业化国家中贫富不均现象最突出。后续报告列出长期来看促使犯罪的其他问题：①容易获得枪支；②白人和非白人在成年、少年司法制度的待遇不公平；③执法政策导致监禁的非暴力犯罪人和毒品犯罪人的急剧增加（Milton S. Eisenhower Foundation，1999）。

社会学家和犯罪学家都强调社会不平等因素，在艾森豪威尔基金会的报告中也认为其刺激犯罪（Bursik，1988；Reiman，1995）。暴力犯罪率，包括帮伙所引起的犯罪活动，都与社会收入差距、贫穷和失业有很高的相关性（Curry & Spergel，1988；Menard & Elliott，1990；Rosenfeld，1985）。

经济机会、贫穷、犯罪、逮捕和起诉中的种族差异，可以解释现实情况，1/3 的黑人男子在监狱，或在假释或缓刑，主要罪名多与毒品有关（Beck，2000；Human Rights Watch，2000）。在大城市，如华盛顿特区，巴尔的摩（Baltimore）和洛杉矶，监狱里黑人成年男性的人数超过一半（D. Simon & Burns，1997）。西班牙裔押犯在监狱的人数不断增加，其原因与黑人社区的许多原因一样（Beck，2000）。对少数民族男性大规模的监禁进一步加深其社区的社会分层。例如，在贫民区和保障房居住的黑人，大部分的男性居民是青少年和帮派成员。积极的成年男性榜样在贫困街区的孩子身边几乎是不存在的。由母亲、祖母或其他女性家庭成员抚养的孩子，几乎没有梦想的理由，他们的命运不会与他们的男性长辈有太大的不同。因此，社会不平等和社会分层不仅是犯罪的重要原因和结果，也是预防犯罪的主要障碍（Chaiken，2000）。这些导致犯罪的社会弊病很难快速发生改变，如果这些政策和实践上的障碍不清除，则针对个人和家庭预防的效果有限。

287

（三）美国的枪支偏好

在美国超过一半的家庭拥有至少一支枪。尽管很多枪支持有者说，他们把枪放在家里的原因是出于自我保护，但是过去十年的研究表明，这样做的风险大于潜在的好处。首先，没有证据表明陌生人盗窃案或其他犯罪侵入时，家庭拥有枪支能提供实质性的保护，以减少人身伤害或死亡。枪支在自卫中不经常使用，主要是因为犯罪分子常常是随机出现，偷偷实现其目标，被害人很少有时间能拿到以及有效地使用他们的武器，尤其是枪支被安全地锁起来的情况下。其次，在家庭拥有枪支对住户本身比入侵者威胁更大。两项大样本的研究发现，即使是在统计上控制了很多风险因素（抑郁症、酗酒、非法使用毒品和家庭暴力传统）后，生活在有枪支的家庭里暴力死亡的风险仍更大。具体来说，相比没有枪支的家庭，有枪支的家庭成为自杀现场的可能性高出 5 倍，成为凶案现场的可能性高出 3 倍（国家司法研究所，1996）。通常，枪支持有者以过失或故意杀害他人而结束。枪支暴力在公共住房社区中尤其普遍，那里帮派和毒品交易也同样猖獗（美国住房与城市发展部门，2000）。

在美国与枪支有关的暴力和犯罪已经达到了流行病的程度。想想看：在过去 140 年的全国所有战争中，枪支夺去了 567 000 名美军士兵的生命，但自 1920 年以来，超过 1 000 000 美国民众死于枪支，仅 1997 年就有 32 436 人（疾病控制与预防中心，1999）。在所有死亡的 15 ~ 19 岁的青少年中，25% 是死于枪支，并且该年龄段的凶杀案受害人中有 85% 是死于枪支（美国司法部，1996）。相比于其他所有自然原因的总和，十几岁的男孩死于枪支的可能性更大（Hoyert, Kochanek, & Murphy, 1999）。

民意调查表明，增加对枪支购买的限制获得更多支持。让枪支远离罪犯的起诉策略在某些地区流行，但由于全国步枪协会（NRA）的游说努力，联邦和各州的立法者仍然没有通过严格管制枪支的法律。全国步枪协会说的这话是正确的："枪不杀人，人杀人"，但是面对如今美国这么多的人用枪支杀人的事实，还盲目反对一切形式的枪支管制，已成为预防犯罪的一大障碍。在障碍消除之前，疾病控制和预防中心将枪支问题作为一个公共卫生问题来对待。因为它和其他疾病一样，重在教育和预防，而不是治疗（Thompson, 1998）。

（四）媒体中的犯罪

暴力犯罪率在 90 年代达到顶峰后，显著下降，但是人们永远不会从晚间新闻中知晓这一信息。对新闻报道的一项研究（从 1996 年 10 月到 12 月涵盖超过 17 000 份当地新闻）发现，新闻报道最常见的主题是犯罪（20%）、天气（11%）、事故和灾害（9%）、人的利益和健康故事（各占 7%；Carmody, 1998）。为什么广播公司如此多地关注犯罪，而它实际上相较于其他有新闻事件是罕见的？答案是犯罪的故事吸引观众，拥有更多的观众意味着更多的广告费。

288 电视新闻主管说，他们给市民他们想要的东西，小报报道犯罪和"现实生活"电视节目秀如"硬拷贝"、"美国头号通缉犯"、"警察"、"美国最可怕的警察追逐"和"犯罪现场调查"的普及，证明他们可能是对的。然而，正如我们在第十二章所指出的，这种片面的报道给人的印象是犯罪现象较为普遍，比实际更严重。例如，虽然暴力犯罪只占所有犯罪的 10%，但电视上涉及的犯罪故事和影视几乎是 100%。

媒体对犯罪的描绘扭曲了公众对其性质和犯罪频率的印象。最多的暴力犯罪是亲戚、朋友或受害人的熟人所为，对陌生人的暴力犯罪是比较少见的。但电视上的犯罪故事、新闻和犯罪影视往往聚焦那些罪犯和受害者并不认识的案件。此外，几乎没有新闻广播或犯罪影视尝试教导公众寻找犯罪的社会、经济和心理根源，如此做法如何消除犯罪率以及了解被害人与犯罪人的规律性关系？换言之，大众媒体所呈现的犯罪让人们认为，大多数的犯罪是随机的，因此除了尽可能长时间地关押犯人，我们对预防犯罪无能为力。

四、展望

目前，打击和防止犯罪的努力往往侧重于简单的、政治正确的解决方案，但在我们看来，简单的解决方案对犯罪问题无能为力。只要人们认为解决它可以单纯依靠惩罚，它就永远是个问题。虽然近期犯罪率下降的趋势是好的，但是它们并不是犯罪终结的标志。如果社会将惩罚作为唯一办法，而不整合其他方法，认真努力地预防下一代犯罪，对缓刑和假释的犯罪人的犯罪生涯进行介入，那么犯罪将不会消失。对付犯罪最重要的问题并不在于是否要强调严格执法或以社区为基础的预防犯罪项目，而是如何做到创造足够的监狱空间来关押真正的暴力罪犯，以及提供相关支持项目，以减少由生物、心理、社会和环境风险因素造成的犯罪大潮（这些因素我们在整本书中讨论过）。

（一）今后研究的建议

当下，我们还需要了解有关犯罪的哪些内容呢？答案是复杂多样。我们认为，理论上的最大难点在于风险因素究竟如何导致各种犯罪，以及它们之间的交互作用。1997 年，美国心理协会出版的一份报告，列出有关侵略和暴力的一系列问题，如果回答了这些问题，可能会产生更好的犯罪预防方案（S. Martin，1997）。

该报告建议，未来研究暴力和攻击的生物根源应包括：①激素如睾酮（其涉及攻击性）和神经递质系统，尤其是血清素和多巴胺的作用（涉及滥用毒品，犯罪的主要危险因素）；②神经系统性唤醒机制及其与对惩罚的敏感性和冲动倾向；③攻击等行为危险因素的遗传倾向。正如我们在本书前几个章节中讨论的（例如，第四、七、八、九、十章），目前犯罪根源的研究，主要是着眼于其生物学根源。

暴力和攻击的心理根源应该关注：①父母、同事、社区、文化塑造的信念和态度如何影响成长中的儿童出现暴力行为；②信念和态度如何与现状产生交互作用引发暴力，尤其是如何作用于那些反应过度，误将一般信息视为威胁的孩子；③认知能力、个人风格化的思维方式和遗传气质之间的关系。研究这些因素的相关性，以及我们在之前讨论的以认知为基础的预防项目，目前取得了很大进展。

研究攻击和暴力的社会和环境因素应关注：①养育和管教不足以及贫困的具体作用；②保护性因素应教会孩子如何避免进入犯罪和暴力的生活环境；③同辈群体之间的相互影响；④媒体促进的社会暴力；⑤互联网在传播暴力中的作用（e. g, Kraut et al.，1998）。该领域已有大量的研究，并正在继续推进，我们在第六章中已作过讨论。

（二）前方的道路

我们描绘的未来犯罪研究的蓝图，似乎相当悲观，但未来的前景并非完全黯淡。犯罪现有的研究，以及更有价值的未来研究趋势，提供给我们对理解和预防犯罪前景的谨慎乐观的态度。事实上，我们相信读完这本书会使你对减少犯罪更抱有希望而不是愤世嫉俗。理想情况下，你会用你所学到的知识，解决部分犯罪问题。毕竟，犯罪与我们的社会结构共生，而且，不管我们喜欢与否，我们每个人都力所能及。我们民主选举官员，间接决定什么是犯罪，以及应该如何处理犯罪。我们支持或反对某些社会政策时，你的信仰和偏见都会影响犯罪。我们的态度，从是否允许持有枪支到少数群体的权利再到儿童抚养都会促进或减少犯罪。我们对待邻居的态度同样会影响犯罪，一份来自芝加哥市的 9000 名居民的调查发现，社区的暴力水平受到居民凝聚力的影响，而不是其民族构成和社会经济水平（Kong，1997）。看似很小的举动，如替邻居照顾孩子，帮走失者找回家的路和找寻丢失的财物，或者看到孩子行为不当时及时干预，将会产生研究人员所说的"集体效能"（Bandura，2000）。

总之，即使你不从事犯罪研究或进入法律或执法领域，你的所作所为都可能影响犯罪。通过选择你的生活和思考方式，通过抚养或影响孩子的行为方式，通过积极参与所在社区的活动，以及通过回应那些可能性犯罪人的需要，生活中的一点一滴都可以影响犯罪。

五、总结

犯罪行为，通常看起来是毫无意义的，但我们已经指出，犯罪是一个综合产物，儿童期、青春期、成年期阶段，个人、家庭和社会风险因素的产物。在本章中，我们回顾了犯罪的主要危险因素，检验了应对犯罪的最有希望的方案和政策。我们基于它起作用的领域将风险因素分为个人与同辈群体、家庭、学校、社会。

与社会联系不紧密以及反社会的人有更高的风险去吸毒、犯罪、性行为频繁和辍学。那些与同辈群体联系紧密的年轻人，如果他们的同伴群体参与这些行为，他们也更有可能这样做，并招致法律上的麻烦。

犯罪的家庭危险因素包括：家庭成员有药物或酒精成瘾和刑事犯罪的历史，具有高频率的家庭冲突与较低水平的抚养技能。那些为自己孩子触犯法律找借口的父母是在促使其犯罪行为的发展。

年轻人教育环境中的危险因素包括：对学校缺乏承诺、攻击性和多动行为、缺乏动力。这些行为导致学业失败，进而成为犯罪的主要原因之一。

犯罪的社会风险因素包括：可以十分容易地获得毒品、酒精和枪支，无孔不入的媒体暴力，缺乏足够的执法和公共场所的监控以及经济上的不平等和社会剥夺。

犯罪的危险因素是在做乘法，而不是加法。即当某人的生活环境中具有三个以上风险因素的时候，其犯罪可能性比只有一个风险因素要高 3 倍以上。风险因素出现在多个领域。因此，有效的预防项目需要注意所有的领域：成长环境、教育和社会化。

作为一个国家，美国更侧重于刑罚而不是预防。这有很多原因，一些是财政上的，一些是政治上的。部分原因是观念问题，纳税人无法"看到"预防的效果，但他们可以通过不断增加的监狱数字看到处罚的作用。很难说服人们把钱投入到对整个社会更有利的犯罪预防领域，而不应该不计成本只专注犯罪的矫治。一个备受推崇的政府资助研究证实，我们政府花费在预防上的许多财力实际上在浪费。将惩罚与预防融合，对一些违法者来说是有效的策略，如毒品和精神健康法庭的做法。目前，对高犯罪率的地区加强监管，社区介入孩子的生活，以学校为基础的预防方案，如 GREAT 和 L. E. A. D. 等已经展现出价值，这让我们看到希望。教导儿童、缓刑犯、假释犯生活技能，为预防犯罪和再次犯罪提供可期待的愿景。对于高风险的家庭来说，当孩子还小时，以家庭为基础的项目是劳动密集型的和昂贵的，但有研究表明，长期来看这种方案回报可观。研究犯罪及其预防最有希望的前景，在于研究导致犯罪的生物、认知、社会和环境因素。

某些社会和政治因素（其中一些是美国的特色）阻碍了犯罪预防工作。其中，来自受害者群体越来越大的压力导致犯罪人被监禁时间越来越长，越来越多的底层人群已经被边缘化，他们往往是非暴力犯罪和毒品犯罪的对象；美国社会对枪支的偏好；媒体对犯罪的普遍关注，使暴力犯罪愈加频繁，同时也让公众对暴力犯罪越来越不敏感。

我们都用一种或多种方式参与了与犯罪有关的活动。我们选出制定刑法的立法会议员，我们支付了罪犯监禁的税款。然而，我们也通过我们的言行阻止了身边的人发展为罪犯。

关键术语

一级预防 二级预防

复习问题

1. 犯罪的风险因素有哪四个方面？
2. 讨论预防与惩罚相结合的项目。
3. 解释为什么以家庭为基础的干预可能是一种有效的预防犯罪的策略。
4. 什么是当今美国犯罪预防的主要障碍？
5. 你能做些什么来预防犯罪？

相关链接

犯罪行为相关网站：www. cassel2e. com.

犯罪预防：什么起作用，什么不起作用，什么有前景？www. ncjrs. org/works/.

毒品法庭：ww. ncjrs. org/spotlight/drug __courts/summary. html.

精神卫生法庭在制度改革中的作用：www. bazelon. org/issues/criminalization/publications/mentalhealthcourts/.

基于学校的犯罪预防项目：www. ncjrs. org/works/chapter 5. htm.

预防枪支暴力的布雷迪（Brady）中心：www. bradycenter. org/.

术语表

收养研究 Adoption studies　一种研究方法：通过研究双胞胎中的被收养者与非双胞胎被收养者，确定哪些性格特征是遗传自生物家庭以及哪些性格特征是受收养家庭的影响。

故意伤害（蓄意伤害）Aggravated assault（malicious wounding）　个体向他人实施的非法攻击，旨在造成严重的身体伤害。

艾伦指示 Allen charge　法官向陷入僵持的陪审团发出的谕示，敦促陪审员尽力达成一致裁决（持不同意见的少数陪审员服从多数陪审员）。

杏仁核 Amygdala　一个对情绪起重要作用的脑区。

反社会人格障碍 Antisocial personality disorder　有此人格障碍者长期冷酷无情且习惯于操纵他人，无视别人的权利、感受，也罔顾法律与社会风俗。他们总是表现出不诚实的、冲动的行为，很难从惩罚中汲取教训，犯罪或伤害他人之后也没有懊悔感和罪责感。

唤醒 Arousal　对一系列生理指标的测量，包括心率、血压、呼吸速率、表皮温度、皮肤电、与汗腺有关的指标、排尿、脑电活动、物理活化和肌肉紧张程度。

纵火 Arson　蓄意对公共建筑、机动车辆、飞机、私人住所或其他个人财产放火（或意图放火），可能伴有欺诈行为。

袭击 Assault　意图对他人进行不必要的触碰，或者使他人认为会发生这样的触碰。

注意力缺陷多动症 Attention－deficit/hyperactivity disorder　是在对儿童进行诊断时发现的一类障碍。以粗心、冲动、无法坚持完成任务、注意力分散、无耐心、混乱、烦躁以及与其他儿童相处困难为特征。

殴打 Battery　用推、打、刺、踢或其他身体接触为手段，对他人进行不必要的触碰。

行为主义 Behaviorism　此理论认为人类的行为不是由本能或者潜意识控制的，而是几乎完全由环境（特别是学习）所决定。

精神疾病的生物心理社会模型 Bipsychosocial model of mental illness　此模型认为基因的影响、脑结构和功能的异常、习得的思维方式、行为方式、感受方式以及家庭和其他个体生存成长所处的环境，都对个体是否罹患精神疾病产生影响。

作保（保释金）Bond（bail）　被告取保候审需要支付的钱款、抵押的财产、和/或条件。

入室盗窃 Burglary　非法进入某座建筑物并犯下重罪（通常是盗窃）。

死罪 Capital felony　可能会被判处死刑的罪行。

中枢神经系统 Central nervous system　由大脑和脊髓组成的神经系统。

大脑皮层 Cerebral cortex　涉及思考、计划和决策的大脑部分。

起始于童年期—青少年期的犯罪人 Childhood – adolescent – onset offender　从童年就开始出现问题行为的犯罪人。

经典条件反射 Classical conditioning　是指当一个非条件刺激与一个条件刺激配对出现时，导致一个条件反射的学习过程。

受审能力 Competent to stand trial　刑事案件的被告人能够明白指控、以一种有意义的方式参与有关审判的法定程序、并且能帮助律师准备辩护的能力。

品行障碍 Conduct disorder　一种由严重的反社会行为组成的童年混乱模式，包括大幅侵犯他人权利、对他人（儿童或是成人）或财产的潜在危险性，并且可能触犯刑法。

犯罪 Crime　不是正当防御、缺乏违法阻却事由、触犯刑法的故意作为或不作为，并且应被判以重罪或轻罪。

犯罪画像 Criminal profiling　调查人员通过对已知案情进行研究推测犯罪人可能具有的特点。

犯因性 Criminogenic　引起犯罪的环境或形势。

批判性犯罪学家 Critical criminologists　把刑法作为一种社会控制机制来研究的行为科学家。

约会强奸 Date rape　是在恋爱关系中违反对方意愿的性交行为，也称为熟人强奸。但在法律上与其他类型的暴力强奸无异。

被告人 Defendant　作为法律诉讼对象的当事人。

防御机制 Defense mechanisms　西格蒙德·弗洛伊德提出的一种心理过程，即阻止威胁性的记忆、想法、和冲动进入意识层面。

去个性化 De individuation　个人身份并入群体的心理过程，此状态下的个人不再感到要为自己的行为负责。

去机构化 Deinstitutionalization　20 世纪 60 年代的一场运动，释放了数千原本在精神医疗机构住院的病人。

脱氧核糖核酸 Deoxyribonucleic acid（DNA）　人体每一个细胞发展和运作的基因序列。

心理疾病的素质—应激模型 Diathesis – stress model of mental illness　此模型主张精神病理学的基因或生物倾向（素质）与环境因素存在交互影响。只有在创伤性的、剥夺性的事件或其他应激源足够强烈地触发下，精神障碍才会产生。

剥夺公民选举权 Disenfranchisement　被判处丧失在州或联邦选举中投票的权利。

一事不再理原则 Double jeopardy　美国宪法第五修正案规定：禁止对已宣判无罪的同一案件再次做出有罪指控。

生态学 Ecology　关于生物体与其环境之间关系的科学。

自我 Ego　源自弗洛伊德的理论，是指当父母、老师以及其他他人对个体本我冲动的表达加以限制的时候个体发展出来的人格部分。

侵占 Embezzlement　通过使别人相信或树立权威的方式得到有价值的东西的所有权。

内分泌系统 Endocrine system　由脑垂体控制，向全身输送荷尔蒙的系统。

环境心理学 Environmental psychology 研究人类行为、自然环境和人造环境相互影响的科学（如：气候、建筑空间和照明）。

家庭研究 Family studies 一种研究方法，将血缘关系更加紧密的家庭成员的性格相似度与其他家庭成员的性格相似度相比较，以确定遗传和环境的影响。

重罪 Felony 会被州或联邦的监狱关押至少一年的犯罪。

暴力强奸 Forcible rape 违反女性意愿强行与其发生性交行为。

诈骗 Fraud 故意歪曲事实以非法谋取他人的财产。

群体 Groups 社会互动的基本单元，由两个或两个以上具有共同目标的人组成。

无害错误 Harmless error 法官在审判中犯的错误，但这个错误不会影响案件的结果因此不能成为上诉的理由。

仇恨性犯罪 Hate crimes 由于对受害人的种族、宗教、性向、疾患（身心俱可）或国籍的憎恶而产生的犯罪行为。

海马体 Hippocampus 对记忆起重要作用的脑区。

荷尔蒙 Hormones 由内分泌系统的腺体分泌的作用于全身器官的分泌物。

陪审团僵持 Hung jury 无法达成一致裁决的陪审团。

下丘脑 Hypothalamus 涉及饥饿、口渴、性驱力和其他动机行为的规律的脑区。

本我 Id 由西格蒙德·弗洛伊德提出的，性和攻击本能所处的人格部分，是人格的潜意识部分。

陪审团否决权 Jury nullification 陪审团不赞同诉讼涉及的法律条文或针对被告的指控，产生了想要漠视或对抗法律的意愿，导致陪审员故意忽略某些犯罪事实，对被告做出无罪裁决。

盗窃癖 Kleptomania 一种冲动控制障碍，系列表现包括：紧张的、难以控制的偷窃冲动，偷窃行为带来的愉悦以及偷窃结束后心里紧张的消除。

盗窃罪 Larceny theft 非法的从所有者处获取、搬运或移走财物。

晚发性犯罪人模式 Late – onset pathway to crime 犯罪行为从青少年晚期或青年早期才开始的犯罪人。

学习 Learning 由经验导致的先存行为或心理过程的变化。

边缘系统 Limbic system 包括对情绪和记忆起重要作用的海马回和杏仁核的一组脑结构。

强制性判决标准 Mandatory sentences 不论罪行的具体情节如何，法官对特定的犯罪都要给予特定的判决。

马克思主义女权理论 Marxist feminism theory 该理论的支持者认为女性犯罪人是那些以她们为剥削对象的系统的受害者，很多女性的犯罪行为直接源于她们受到了男性的伤害，尤其是身体虐待、性虐待和性骚扰。

故意 Mens rea 罪犯必须有明确的或者暗含的违反法律行事的意图，这是可责性的心理要素。

心理障碍 Mental disorders 诸如思维、感觉、其他心理过程等人类行为是混乱的、偏离社会期望标准的，并且达到了影响工作、人际以及其他重要日常功能的程度。

轻罪 Misdemeanor 被判一年监禁，或者至少被拘留并处数千元以上罚金的犯罪活动。

单胺氧化酶 Monoamine oxidase（MAO） 一种代谢5－羟色胺、多巴胺、去甲肾上腺素的大脑酶。

谋杀罪 Murder 在不是正当防卫也没有其他正当化事由的情况下，有意地、有预谋地杀害他人。

神经递质 Neurotransmitters 神经元释放的传感其他脑细胞的化学物质。

因精神错乱而无罪 Not guilty by reason of insanity（NGRI） 陪审团认为被告在犯罪时患有严重的精神障碍以至于他不能理解和领会行为的结果，不能控制自己的行为。

客体关系 Object relations 一个人与他"爱恋的客体"（依恋对象或者寻求亲密的对象）的关系。

职业犯罪（白领犯罪）Occupational crime（White collar crime） 工作环境中的犯罪行为。

操作性条件作用 Operant conditioning 当某一行为（通常是偶然的）带来了所期待的反馈，个体因此习得这一行为的过程。

对立违抗性障碍 Oppositional defiant disorder 一种儿童障碍，主要特征是：欠缺情绪控制能力，喜好与父母和老师争辩并违抗他们的命令、一再与同龄人发生冲突并总是责怪他人。

国家亲权 Parens patriae 对陷入危险境地的青少年（通常因为父母没有适当履行其义务），国家代替其父母完成监护的权力。

恋童癖 Pedophilia 通常是男性具有的一种障碍，表现为对至少小自己5岁的儿童反复的、强烈的性幻想，以及与他们发生性接触的冲动。

外周神经系统 Peripheral nervous system 是神经系统的一部分，包括躯体神经系统与自主神经系统，分别作用于肌肉的随意控制和动机、情绪以及其他身体反应。

人格 Personality 某一个体思考、感觉以及行为的独特模式，终其一生相对稳定，并能够据此将个体与他人区别开来。

人格障碍 Personality disorders 一种一致的、持续一生的思考和行为模式。这种模式最初会在童年晚期或者青春期早期显现出来，是严重偏离文化期待的。人格障碍者的一些行为会给自己带来困扰，并/或让他人感到不适，并/或引起人际关系方面的问题。

原告人 Plaintiff 发起法律诉讼的当事人。

一级预防 Primary prevention 从犯罪的发生伊始抑制犯罪，从而减少事后惩罚的必要性。

精神药物 Psychoactive drugs 作用于大脑并产生心理影响的药物。

犯罪的心理动力论 Psychodynamic theory of crime 主张犯罪大多是由心理和情绪的潜意识活动造成的。

精神病态 Psychopathy 在某些犯罪人中发现的一系列行为。包括：花言巧语，表面化的吸引力，浮夸的自我价值感，寻求刺激并且容易厌倦，病理性说谎，为人狡猾/善于操纵别人，缺乏懊悔心、罪责感和同理心，缺乏行为控制能力，存在多种犯罪行为。

性心理发展阶段 Psychosexual stages 是由弗洛伊德提出的心理发展五阶段（口唇期、

肛门期、性器期、潜伏期、生殖期），每个阶段都对应了那个时期愉悦和潜意识冲突集中存在的身体部位。

心理社会发展 Psychosocial development 根据埃里克森提出的理论，自我的发展分为八个阶段，每个阶段涉及的都是与他人的个体间相互作用，而不是源于内部本能的冲突。

纵火癖 Pyromania 一种以持续的为寻求愉悦、满足和紧张释放而持续放火的冲动控制障碍。

强奸盾牌条款 Rape shield laws 法律规定，关于强奸案受害人过去性行为的证词是不予采纳的，除非这些证词与被告能否定罪有关。

反应性依恋障碍 Reactive attachment disorder 一种童年障碍。此类儿童无法与照料者结成紧密关系，自我感知受损，发展适当的社会互动技能的能力也被削弱。

恢复性司法 Restorative justice 致力于通过调节、仲裁、受害人充权或赔偿来修复受害人以及社区受到的伤害的司法模式。

训谕权 Right of allocution 在判决听证会上被害人有进行陈述的权利。

抢劫罪 Robbery 通过或意图通过暴力、威胁或恐吓受害人，从受害人的照看、监管或控制下获取财物。

二级预防 Secondary prevention 认为惩罚可以对潜在的犯罪起到威慑作用，并以此思想为指导实施惩罚的犯罪预防方式。

量刑指南 Sentencing guidelines 由被称为量刑委员会的刑事司法事务委员会专家向法官提供的关于特定犯罪的量刑建议。

一般伤害 Simple assault 没有严重的身体伤害意图的殴打罪。

社会认知 Social cognition 人们感知、记忆和思考其他人的方式。

社会冲突理论 Social conflict theory 此理论相信，资本主义制度利用主要服务于"权利精英"之利益的法律、司法系统，确保在各个希望控制政府和经济的社会、政治组织之间始终存在一定程度的竞争。

社会学习 Social learning 通过观察被称为榜样的对象替代体验他们的行为结果，以习得行为的过程。

社会心理学 Social psychology 研究人和团体如何影响他人行为的心理学分支。

社会学 Sociology 对不同组织进行研究的学科。作为研究对象的组织可以是核心家庭，也可以是社会、政治和宗教体系，研究内容主要是这些组织中个人行为与成员身份之间的关系。

跟踪 Stalking 针对一个特定对象的行为过程，包括反复的身体或视觉上的侵近[1]，非双方自愿的交流，口头的、书面的或暗示性的足以造成伤害的威胁。

身份犯罪 Status offenses 同样的行为只有具备一定身份的人（本书中主要是指青少年）实施才是非法的。

超我 Superego 以意识形式存在的人格部分。当个体接受了规则、压抑和父母的以及文化环境的价值观之后，超我便发展起来。

---

〔1〕 侵犯性的、令人不适的接近。——译者注

集团犯罪 Syndicated crime 个人或公司组成一个网络，有组织的从事多种犯罪活动。包括贩毒，赌博，敲诈，卖淫，放高利贷，和诈骗。

气质 Temperament 以一些特殊的、独有的方式对外界做出反应的生物倾向。

致畸因子 Teratogens 妨害胎儿发展的环境因素或物质，包括产前接触毒品和酒精。

恐怖主义 Terrorism 为了政治目的而把无辜的平民百姓作为暴力攻击的目标。

恐怖活动 Terrorism 为了政治目的把无辜的平民百姓作为目标非法使用武力。

重审 Trial de novo 上一级法院对于轻罪指控进行重新审理。

双胞胎研究 Twin studies 以成长于同一家庭的和分开抚养的双胞胎为研究对象的研究方法，旨在把基因的作用从环境的影响中区分出来。

陪审团召集令 Venire 从一群符合条件的候选人中选出陪审员。

被害人援助项目 Victim assistance programs 由联邦或地方政府主持，向受害人提供心理咨询、辩护以及为他们参加刑事司法程序提供帮助和支持。

被害人影响陈述 Victim impact statements 被害人在罪犯被判有罪之前，有权就犯罪对自己身体、精神等方面受到的影响做出全面陈述。这些陈述旨在描述犯罪案件对于他们身体上、精神上及经济方面的影响，比如财产的损失、伤残情况、误工费，以及其他经济损失。

刑事和解 Victim – offender reconciliation programs 被害人和犯罪人在一个可以代表刑事司法系统的调解人之组织下，商定一个现实的（可以实现的）赔偿数额以及切实可行的付款日程。

被害人学 Victimology 研究被害人以及他们与犯罪人和犯罪行为的关系的学科。

陪审员资格审查 Voir dire 对陪审员召集令中的成员进行质询，以便可以选出一个公平公正的陪审团。

赎罪金 Wergild 在盎格鲁 – 撒克逊法中，谋杀案的凶手必须向受害者的家属支付金钱赔偿。

参考文献

Abadinsky, H. , *Organized crime*, Boston: Allyn & Bacon, 1985.

Abraham, H. J. , *The judicial process*, 4th ed. , New York: Oxford University Press, 1994.

Abrahamsen, D. , *Crime and the human mind*, New York: Columbia University Press, 1944.

Abrahamsen, D. , *The psychology of crime*, New York: Columbia University Press, 1960.

Abrahamsen, D. , *The murdering mind*, New York: Harper & Row, 1973.

Abram, K. M. & Teplin, L. A. , "Co-occurring disorders among mentally ill jail detainees: Implications for public policy", *American Psychologist*, 46 (1991), pp. 1036 ~ 1045.

Abramsky, S. , *Hard time blues: How politics built a prison nation*, New York: St. Martin's Press, 2002.

Achenbach, J. & Kovaleski, S. F. , "The profile of a loner", *The Washington Post*, 1996, April 7, p. A1.

Adams, D. , *The Seville statement on violence: Preparing the ground for the construction of peace*, Paris: United Nations Educational, Scientific, and Cultural Oranization (UNESCO), 1991.

Adamski, A. , *Prevalence of computerrelated abuse in Poland: Preliminary findings of victimization survey*, Paper presented at the Internet Conference, University of Arkansas at Little Rock.

Addington v. Texas, 1995, January, 441 U. S. 418 (1979).

Adler, A. , *Social interest*, New York: Putnam, 1939.

Adler, C. , "Violence, gender and social change", *International Social Science Journal*, 44 (1992), pp. 267 ~ 276.

Adler, F. , "Socioeconomic factors influencing jury verdicts", *New York University Review of Law and Social Change*, 3 (1973), pp. 1 ~ 10.

Adler, F. , *Sisters in crime*, New York: McGraw-Hill, 1975.

Adler, S. J. , *The Jury: Trial and error in the American courtroom*, New York: Times Books, 1994.

af Klinteberg, B. , "The psychopathic personality in a longitudinal perspective", *European Child & Adolescent Psychiatry*, 5 (1996), pp. 57 ~ 63.

Agnew, R. , "The contribution of social-psychological strain theory to the explanation of crime and delinquency", *Advances in Criminological Theory*, 6 (1994).

Ahmed, S. W. , Bush, P. J. , Davidson, F. R. & Iannotti, R. J. , *Predicting children's use and intention to use abusable substances*, Paper presented at the annual meeting of the American Public Health Association, Anaheim, CA, 1984, November.

Aichorn, A., *Wayward youth*, New York: Viking, 1935.

Aiello, J. R. & Thompson, D. E., "Personal space, crowding, and spatial behavior in a cultural context", in I. Altman, J. F. Wohlwill & A. Rapaport (Eds.), *Human behavior and environment*, New York: Plenum, 1980, pp. 107 ~ 178.

Ainsworth, M. D. S., "The development of infantmother attachment", in B. M. Caldwell & H. N. Ricciuti (Eds.), *Review of child development research* (Vol. 3), Chicago: University of Chicago Press, 1973.

Ake v. Oklahoma, 470 U. S. 68, 1985.

Akers, R. L., *Deviant behavior: A social learning approach*, Belmont, CA: Wadsworth, 1985.

Albanese, J. S., *White-collar crime in America*, Englewood Cliffs, NJ: Prentice Hall, 1995.

Albanese, J. S. & Finckenauer, J. O., "Domestic and international organized crime", in *Critical criminal justice issues: Task force reports from the American society of criminology*, Washington, DC: U. S. Department of Justice, National Institute of Justice, 1997.

Alexander, F., *Roots of crime*, New York: Knopf, 1935.

Alexander, G. R., Massey, R. M., Gibbs, T. & Altekruse, J. M., "Firearm-related fatalities: An epidemiologic assessment of violent death", *American Journal of Public Health*, 75 (1985), pp. 165 ~ 168.

Alexander, J. (Ed.), *A brief narration of the case and trial of John Peter Zenger*, Boston: Little, Brown, 1963.

Allan, J., Middleton, D. & Browne, K., "Different clients, different needs? Practical issues in communitybased treatment for sex offenders", *Criminal Behavior & Mental Health*, 7 (1997), pp. 69 ~ 84.

Allen v. United States, 164 U. S. 492, 501 (1896).

Allen-Hagen, B., *Crowding pervasive in juvenile facilities*, Washington, DC: U. S. Department of Justice, Office of Juvenile Justice and Delinquency Prevention, 1993.

Allison, J. & Wrightsman, L., *Rape: The misunderstood crime*, Newbury Park, CA: Sage, 1993

Allnutt, S. H., Bradford, J. M. W., Greenberg, D. M. & Curry, S., "Co-morbidity of alcoholism and the paraphilias", *Journal of Forensic Sciences*, 41 (1996), pp. 234 ~ 239.

Alm, P., af Klinteberg, B., Humble, K. & Leppert, J., "Psychopathy, platelet MAO activity and criminality among former juvenile delinquents", *Acta Psychiatrica Scandinavica*, 94 (1996), pp. 105 ~ 111.

Altgeld, J. P., *Live questions: Including our penal machinery and its victims*, Chicago: Donahue and Henneberry, American Automobile Association Foundation for Traffic, 1890.

Safety, *Summary of aggressive driving sudy*, Washington, DC: Author. Anderson, C. A. (1987). "Temperature and aggression: Effects on quarterly, yearly, and city rates of violent and nonviolent crime", *Journal of Personality and Social Psychology*, 52 (1999, August), pp. 1161 ~ 1173.

American Bar Association, *ABA criminal justice mental health standards*, Washington, DC: Author, 1989.

American Civil Liberties Union, *Drug policy litigation project*, Washington, DC: Author, 2002.

American Civil Liberties Union (2004, March 3), "ACLU Applauds Governors of South Dakota and Wyoming For Signing Bans on the Death Penalty for Juveniles", Retrieved January 15, 2005, from http: //www. aclu. org/ DeathPenalty/DeathPenalty. cfm? ID = 15166&c = 66.

American Psychiatric Association, *Diagnostic and statistical manual of mental disorders*, Washington, DC: Author, 1952.

American Psychiatric Association, *Diagnostic and statistical manual of mental disorders*, 2nd ed., Washington, DC: Author, 1968.

American Psychiatric Association, "APA statement on the insanity defense", *American Journal of Psychiatry*, 140 (1982), pp. 681 ~ 688.

American Psychiatric Association, *Statement on prediction of dangerousness*, Washington, DC: Author, 1983.

American Psychiatric Association, *Diagnostic and statistical manual of mental disorders*, 4th ed., Washington, DC: Author, 1994.

American Psychiatric Association (1999, March 19), "APA backs bill to help juvenile offenders", *Psychiatric News*, Retrieved June 21, 1999, from http: //www. psych. org/ pnews/index. html.

American Psychiatric Association, *Diagnostic and statistical manual of mental disorders*, Vol. 4, text revision, Washington, DC: Author, 2000a.

American Psychiatric Association, *Psychiatric services in jails and prisons*, 2nd ed., Washington DC: Author, 2000b.

American Psychological Association, *Violence and youth: Psychology's response*, Washington, DC: Author, 1993.

American School Health Association, *The national adolescent student health survey: A report on the health of America's youth*, Oakland, CA: Society for Public Health Education, 1989.

Amir, M., *Patterns of forcible rape*, Chicago: University of Chicago Press, 1971.

Anderson, C. A., Anderson, K. B. & Deuser, W. W., "Examining an affective aggression framework: Weapon and temperature effects on aggressive thoughts, affect, and attitudes", *Personality and Social Psychology Bulletin*, 2 (1996), pp. 366 ~ 376.

Anderson, C. A., Berkowitz, L., Donnerstein, E., Huesmann, L. R., Johnson, J. D., Linz, D., et al., "The influence of media violence on youth", *Psychological Science in the Public Interest*, 4 (2003), pp. 81 ~ 110.

Anderson, C. A. & Bushman, B. J., "Effects of violent video games on aggressive behavior, aggressive cognition, aggressive affect, physiological arousal, and prosocial behavior: A meta-analytic review of the scientific literature", *Psychological Science*, 12 (2001), pp. 353 ~ 359.

Anderson, C. A., Carnagey, N. L. & Eubanks, J., "Exposure to violent media: The effects of songs with violent lyrics on aggressive thoughts and feelings", *Journal of Personality and Social Psychology*, 84 (2003), 5, pp. 960~971.

Anderson, C. A. & Dill, K. E. , "Video games and aggressive thoughts, feelings, and behavior in the laboratory and in life", *Journal of Personality and Social Psychology*, 78 (2000), pp. 722~790.

Anderson, D. A. , "The aggregate burden of crime", *Journal of Law & Economics*, 42 (1999), pp. 611~642.

Anderson, P. , "Two life terms for Loukaitis", *The Seattle Times*, 1997, October 12, p. 1.

Andrews, D. A. & Bonta, J. , *The psychology of criminal conduct*, Cincinnati, OH: Anderson Publishing Co, 1994.

Andrews, D. A. , Zinger, I. , Hoge, R. D. , Bonta, J. , Gendreau, P. & Cullen, F. T. , "Does correctional treatment work? A clinically-relevant and psychologically-informed meta-analysis", *Criminology*, 28 (1990), pp. 369~404.

"Angry 5-year-old took gun to school", *Washington Post*, 1998, May 11, p. A5.

Anno, B. J. , "The cost of correctional health care: Results of a national survey", *Journal of Prison and Jail Health*, 9 (2) (1990), pp. 105~134.

Apodaca, Cooper, and Madden v. Oregon, 406 U. S. 404 (1972).

Applebaum, P. S. , "Competence to be executed: Another conundrum for mental health professionals", *Hospital and Community Psychiatry*, 37 (1986), pp. 682~684.

Arbuthnot, J. , Gordon, D. A. & Jurkovic, G. J. , "Personality", in H. C. Quay (Ed.), *Handbook of juvenile delinquency*, New York: Wiley, 1987, pp. 139~183.

Archer, J. , "Testosterone and aggression", in M. Hillbrand & N. Pilone (Eds.), *The psychobiology of aggression: Engines, measurement, and control*, 1995, pp. 3~26.

Aristotle, *Rhetorica*, New York: Random House.

Arms, R. , Russell, G. , Sandlands, M. (1979), "Effects on the hostility of spectators of viewing aggressive sports", *Social Psychology Quarterly*, 42 (1941), pp. 275~279.

Arnett, J. J. , *Adolescence and emerging adulthood: A cultural approach*, 2nd ed. , Englewood Cliffs, NJ: Prentice Hall, 2004.

Aronow, R. , "A therapeutic approach to the acutely overdosed patient", *Journal of Psychedelic Drugs*, 12 (1980), pp. 259~268.

Aronson, E. , *The social animal*, New York: Freeman, 1995.

Aronson, E. , *The social animal*, 9th ed. , New York: Freeman, 2004.

Arseneault, L. Tremblay, R. E. , Boulerice, B. , Séguin, J. R. & Saucier, J. F. , "Minor physical anomalies and family adversity as risk factors for violent delinquency in adolescence", *American Journal of Psychiatry*, 157 (2000), pp. 917~923. Retrieved January 8, 2005, from http://ajp. psychiatryonline. org/cgi/content/ full/157/6/917.

Asmussen, K. J. (1992, Fall), "Weapon possession in public high schools", *School Safety*.

Assad, G. , *Hallucinations in clinical psychiatry*, New York: Brunner/Mazel, 1990.

Association of Certified Fraud Examiners, "Report to the nation: Occupational fraud and abuse", *Austin*, TX: Author, 1999.

Association of Certified Fraud Examiners (1995), "Report to the nation: Occupational fraud and abuse", *Austin*, TX: Author.

Atkins v. Virginia, 536 U.S.304 (2003).

Augenstein, N. (1998, June 18), "Organized crime going hitech", *New York Daily News*, Retrieved May 17, 1999, from http: //www. infowar. com/class.

Austin, J. & Hardyman, P. , *The use of early parole with electronic monitoring to control prison crowding*: *Evaluation of the Oklahoma Department of Corrections pre-parole supervised release with electronic monitoring*, Unpublished manuscript, National Institute of Justice, 1991.

Austin, R. , "Women's liberation and increase in minor, major, and occupational offenses", *Criminology*, 20 (1982), pp.407~430.

Averill, J. , *Anger and aggression*: *An essay on emotion*, New York: Springer-Verlag, 1982.

Aytch, D. M. , "Adult attachment status and propensity toward criminal behavior", *Dissertation Abstracts*, 55 (1994), p.610.

Azar, B. (1997, April), "Environment is key to serotonin levels", *American Psychological Association Monitor*, retrieved April 19, 1999, from http: //www. apa. org/ monitor/apr97/seroton. html.

Babington, C. , "Clinton proposes handgun limits", *Washington Post*, 1999, April 28, p. A11.

Babor, T. F. , Hoffman, M. , DelBoca, F. K. , Hesselbrock, V. , Meyer, R. E. , Dolinsky, Z. S. , et al. , "Types of alcoholics I: Evidence for an empirically-derived typology based on indicators of vulnerability and severity", *Archives of General Psychiatry*, 8 (1992), pp.599~608.

Bachman, J. G. , Lloyd, D. J. & O'Malley, P. M. , "Smoking, drinking and drug use among American high school students: Correlates and trends, 1975~1979", *American Journal of Public Health*, 71 (1981), pp.59~69.

Bachman, R. , *Violence against women*: *A national crime victimization survey report*, Washington, DC: Bureau of Justice Statistics, 1994.

Bach-y-Rita, G. , Lion, J. , Climent, C. & Ervin, F. , "Episodic dyscontrol: A Study of 130 violent patients", *American Journal of Psychiatry*, 127 (1971), pp.1473~1478.

Bagley, C. , Wood, M. & Young, L. , "Victim to abuser: Mental health and behavioral sequels of child sexual abuse in a community survey of young adult males", *Child Abuse & Neglect*, 18 (1994), pp.683~697.

Bailey, S. , "Adolescents who murder", *Journal of Adolescence*, 19 (1996), pp.19~39.

Bailis, D. S. , Darley, J. M. , Waxman, T. L. & Robinson, P. H. , "Community standards of criminal liability and the insanity defense", *Law and Human Behavior*, 19 (1995), pp.425~446.

Baillargeon, R. , "The object concept revisited: New directions in the investigation of infants' physical knowledge", in C. Granrud (Ed.), *Visual perception and cognition in infancy*, Carnegie Mellon symposia on cognition, Hillsdale, NJ: Lawrence Erlbaum Associates, Inc, 1993.

Baillargeon, R. , "Physical reasoning in infancy", in M. S. Gazzaniga (Ed.), *The cognitive neurosciences*, Cambridge, MA: MIT Press, 1995, pp. 181~204.

Baker, D. P., "In aftermath of deadly day, Mississippi town faces fear", *The Washington Post*, 1997, October 11, p. A8.

Baker, D., "17-year-old sentenced to die in Florida: Penalty for young 'vampire' murderer part of national trend", *The Washington Post*, 1998b, February 28, p. A3.

Baker, D. P., "Blast at Alabama abortion clinic kills a policeman, injures a nurse", *The Washington Post*, 1998a, January 30, pp. A1~A6.

Baker, D. P., "As execution nears, man's mental illness at issue", *The Washington Post*, 1999a, April 30, pp. B1, B8.

Baker, D. P., "Virginia Governor Gilmore stops execution for first time", *The Washington Post*, 1999b, May 13, pp. A1, A15.

Baker, D. P., "Stalker's walk", *American Bar Association Journal*, 1999, December, pp. 51~52.

Baker, G. & Adams, W., "Comparison of the delinquencies of boys and girls", *Journal of Criminal Law, Criminology, and Police Science*, 53 (1962), pp. 470~475.

Balderian, N. J., *Abuse causes disabilities: Disabilities and the family*, Culver City, CA: Spectrum, 1991.

Baldus, D., Woodworth, G. & Pulaski, C. (1990), *Equal justice and the death penalty: A legal and empirical analysis*, Boston, MA: Northeastern University Press.

Ballew v. Georgia, 435 U. S. 223 (1978).

Bandura, A., *Principles of behavior modification*, New York: Holt, Rinehart & Winston, 1969.

Bandura, A., *Aggression*, Englewood Cliffs, NJ: Prentice-Hall, 1973.

Bandura, A., "Behavior theory and the models of man", *American Psychologist*, 29 (1974) pp. 861~862.

Bandura. A. "Self-efficacy: Toward a unifying theory of behavioral change", *Psychological Review*, 84 (1977), pp. 191~215.

Bandura, A. "Self-efficacy mechanism in human agency", *American Psychologist*, 3 (1982), pp. 344~358.

Bandura, A., *Social foundations of thought and action: A social cognitive theory*, Englewood Cliffs, NJ: Prentice-Hall, 1986.

Bandura, A., "Exercise of human agency through collective efficacy", *Current Directions in Psychological Science*, 9 (2000), pp. 75~78.

Bandura, A., Ross, D. & Ross, S. A., "Imitation of film-mediated aggressive models", *Journal of Abnormal and Social Psychology*, 66 (1963), pp. 3~11.

Barak, A., Fisher, W. A., "Effects of interactive computer erotica on men's attitudes and behavior toward women: An experimental study", *Computers in Human Behavior*, 13 (1997), pp. 353~369.

Barak, G. (1998), *Integrating criminologies*, Boston: Allyn & Bacon.

Barefoot v. Estelle, 463 U. S. 80 (1983).

Barkley, R. A., *Attention deficit hyperactivity disorder: A handbook for diagnosis and treatment*,

2nd ed. , New York: Guilford, 1998.

Barkley, R. A. , Fischer, M. , Edelbrock, C. S. & Smallish, L. "The adolescent outcome of hyperactive children diagnosed by research criteria: An 8-year prospective follow-up study", *American Academy of Child & Adolescent Psychiatry*, 29 (1990), pp. 546 ~ 557.

Barnes, G. M. , Farrell, M. P. & Cairns, A. L. , "Parental socialization factors and adolescent drinking behaviors", *Journal of Marriage and the Family*, 48 (1986), pp. 27 ~ 36.

Barnett, W. & Spitzer, M. , "Pathological fire-setting 1951 ~ 1991: A review", *Medicine and the Law*, 34 (1994), pp. 4 ~ 20.

Baron, L. & Straus, M. A. , "Four theories of rape: A macrosociological analysis", *Social Problems*, 34 (1987), pp. 467 ~ 489.

Baron, R. A. & Richardson, D. C. (1994), *Human aggression*, 2nd ed. .

Barrett, S. (2005, February 15), "Insurance fraud and abuse: A very serious problem", *Quackwatch*, Retrieved June 2, 2005, from http: //www. quackwatch. org/02Consumer Protection/insfraud. html.

Barry, K. L. , Fleming, M. F. & Maxwell, L. B. , "Conduct disorder and antisocial personality in adult primary care patients", *Journal of Family Practice*, 45 (1997), pp. 151 ~ 158.

Basketball debate leads to two deaths (1997, November 12), *Washington Post*, p. D2.

Bastian, L. (1993), *Criminal Victimization*, Washington, DC: Bureau of Justice Statistics, 1992.

Bastian, L. D. & Taylor, B. M. , *School crime: A national crime victimization survey report*, Washington, DC: Bureau of Justice Statistics, 1991.

Bateson v. Kentucky, 476 U. S. 79 (1986).

Baumeister, R. , "Self and identity: an introduction", in A. Tesser (Ed.), *Advanced social psychology*, New York: McGraw-Hill, 1995, pp. 51 ~ 98.

Baumer, T. L. , Maxfield, M. G. & Mendelsohn, R. I. , "A comparative analysis of three electronically monitored home detention programs", *Justice Quarterly*, 10 (1993), pp. 121 ~ 142.

Baumer, T. L. & Mendelsohn, R. I. , "Electronically monitored home confinement: Does it work?", in J. M. Byrne, A. J. Lurigio, and J. Petersilia (Eds.), *Smart sentencing: The emergence of intermediate sanctions*, Newbury Park, CA: Sage, 1992.

Baumrind, D. , "The development of instrumental competence through socialization", in A. D. Pick (Ed.), *Minnesota symposia on child psychology* (Vol. 7), Minneapolis: University of Minnesota Press, 1973, pp. 3 ~ 46.

Bauserman, R. , "Sexual aggression and pornography: A review of correlational research", *Basic & Applied Social Psychology*, 18 (1996), pp. 405 ~ 427.

Beck, A. J. , *Prisoners in 1999*, Washington, DC: U. S. Department of Justice, Office of Justice Programs, Bureau of Justice Statistics, 2000.

Becker, B. C. , "Jury nullification: Can a jury be trusted? ", *Trial*, 37 (1980, December), pp. 58 ~ 59.

Beirne, P. & Messesrschmidt, J. , *Criminology*, San Diego: Harcourt Brace, 1991.

Bell, P. A., "In defense of the negative affect escape model of heat and aggression", *Psychological Bulletin*, 111 (1992), pp. 342~346.

Bell, P. A., Fisher, J. D., Baum, A. & Greene, T., *Environmental psychology*, 4th ed., Fort Worth, TX: Holt, Rinehart & Winston, 1996.

Bell, P. A., Greene, T. C., Fisher, J. D. & Baum, A., *Environmental psychology*, 5th ed., LOCATION: PUBLISHER, 2001.

Bender, L., "Children and adolescents who have killed", *American Journal of Psychiatry*, 116 (1959), pp. 510~516.

Benignus, V. A., "Effect of age and body lead burden on CN function in young children: II. EEG Spectra", *Electroencephalography and Clinical Neurophysiology*, 52 (1981), pp. 240~248.

Bennett, L. A. & Wolin, S. J., "Family culture and alcoholism transmission", in R. L. Collins, K. E. Leonard & J. S. Seales (Eds.), *Alcohol and the family: Research and clinical perspectives*, New York: Guilford, 1990, pp. 194~219.

Benson, M. & Moore, E., "Are white-collar and common offenders the same? An empirical and theoretical critique of a recently proposed general theory of crime", *Journal of Research in Crime and Delinquency*, 29 (1992), pp. 251~272.

Benton, D., "Hypoglycemia and aggression: A review", *International Journal of Neuroscience*, 41, pp. 163~198.

Berkowitz, L., *Aggression: A social-psychological analysis*, New York: McGraw-Hill, 1962.

Berkowitz, L., "The contagion of violence: A S-R mediational analysis of some effects of observed aggression", in W. J. Arnold & M. M Page (Eds.), *Nebraska Symposium on Motivation* (Vol. 18) Lincoln, NE: University of Nebraska Press, 1970, pp. 95~135.

Berkowitz, L., "Control of aggression", in B. M. Caldwell & Ricciuti (Eds.), *Review of child development research* (Vol. 3), Chicago: University of Chicago Press, 1973, pp. 95~140.

Berkowitz, L., *Aggression: Its causes, consequences, and control*, Philadelphia: Temple University Press, 1993.

Berkowitz, L., "Some observations prompted by the Cognitive-neoassociationist view of anger and emotional aggression", in L. R. Huesmann (Ed.), *Human aggression: Current perspectives*, New York: Plenum, 1994, pp. 35~60.

Berlin, F. & Kraut, E., "Pedophilia: Diagnostic Concepts – Treatment and Ethical Considerations", *American Journal of Forensic Psychiatry*, VII (I), 1986, pp. 13~29.

Berndt, T., "The features and effects of friendships in early adolescence", *Child Development*, 53 (1982), pp. 1447~1469.

Berndt, T. & Perry, T. B., "Children's perceptions of friendships as supportive relationships", *Developmental psychology*, 22 (1986), pp. 640~648.

Bernstein, D. A., Clarke-Stewart, A., Roy, E. J. & Wickens, C. D., *Psychology*, 4th ed, Boston: Houghton Mifflin, 1997.

Bernstein, D. A., Clarke-Stewart, A., Roy, E. J. & Wickens, C. D., *Psychology*, 5th ed.,

Boston: Houghton Mifflin, 2000.

Bernstein, R. & Seltzer, T., *The role of mental health courts in system reform*, Washington, DC: The Judge David L. Bazelon Center for Mental Health Law, 2004, Retrieved from http: // www. bazelon. org/issues/criminalization/publications/ mentalhealthcourts/.

Biederman, J., "A family study of patients with attention deficit disorder and normal controls", *Journal of Psychiatric Research*, 20 (1986), pp. 263 ~ 274.

Biederman, J. Faraone, S. V. & Mick, E., "Clinical correlates of attention deficit hyperactivity disorder in females: Findings from a large group of pediatrically and psychiatrically referred girls", *Journal of American Academy of Child and Adolescent Psychiatry*, 38 (1999), pp. 966 ~ 975.

Biederman, J., Faraone, S., Milberger, S. Guite, J., Mick, E. & Chen, L., "A prospective 4-year followup study of attention deficit hyperactivity and related disorders", *Archives of General Psychiatry*, 53 (1996), pp. 437 ~ 446.

Biederman, J., Faraone, S., Milberger, S. & Jetton, J., "Is childhood oppositional defiant disorder a precursor to adolescent conduct disorder? Findings from a four-year follow-up study of children with ADHD", *Journal of the American Academy of Child & Adolescent Psychiatry*, 35 (1996), pp. 1193 ~ 1204.

Biederman, J., Rosenbaum, J. F., Hirshfeld, D. R., Farone, S. V., Bolduc, E. A., Gersten, M., et al., "Psychiatric correlates of behavioral inhibition in young children of parents with and without psychiatric disorders", *Archives of General Psychiatry*, 47 (1990), pp. 21 ~ 26.

Binstein, M. & Bowden, C., *Trust me: Charles Keating and the missing billions*, New York: Random House, 1993.

Birnbaum, K., *Die Psychopathischen Verbrecker*, 2nd ed., Leipzig, Germany: Thieme, 1914.

Biron, L., Brochu, S. & Desjardins, L., "The issue of drugs and crime among a sample of incarcerated women", *Deviant Behavior*, 16 (1995), pp. 25 ~ 43.

Bishop, D. M., Frazier, C. E., Lanza-Kaduce, L. & Winner, L., "The transfer of juveniles to criminal court: Does it make a difference?", *Crime and Delinquency*, 42 (1996), pp. 171 ~ 191.

Bishop, E. & Slowikowski, J., *Hate crime* (Fact Sheet No. 29), Washington, DC: U. S. Department of Justice, Office of Juvenile Justice and Delinquency Prevention, 1995, August.

Bishop, S. M. & Ingersoll, G. M., "Effects of marital conflict and family structure on the self-concepts of pre-and early adolescents", *Journal of Youth and Adolescence*, 18 (1989), pp. 25 ~ 38.

Biskupic, J., "Court upholds hate crime penalties", *The Washington Post*, 1998a, June 12, p. A1.

Biskupic, J., "Insanity hearing allowed for inmate on death row", *The Washington Post*, 1998b, May 19, p. A2.

Biskupic, J., "Court declines shoplifter's '3 strikes' appeal", *The Washington Post*, 1999a, p. A6.

Biskupic, J., "Increasingly, Jurors turn duty into a powerful protest", *The Washington Post*, 1999b, February 8, pp. A1, A6, A7.

Biskupic, J., "Justice O'Connor calls for 'concrete action' to fight bias", *The Washington Post*, 1999c, May 16, p. A5.

Bjorkly, S., "Clinical assessment of dangerousness in psychotic patients: Some risk indicators and pitfalls", *Aggression and violent behavior*, 2 (1997), pp. 167 ~ 178.

"BJS Compendium (2002)", *Correctional populations*, 2001.

Black, D. A. (1999), "Partner, child abuse risk factor literature review: National Network of Family Resiliency, National Network for Health", Retrieved August XX, 2004 from http: //www. nnh. org/risk.

Black, D. W. , *Bad boys, bad men: Confronting anti-social personality disorder*, New York: Oxford University Press, 1999.

Black, R. (1999, Nov 4), "McKinney convicted in Shepard murder", *Daily Camera*, Retrieved May 30, 2006 from http: //www. thedailycamera. com/extra/shepard/04agay. html.

Blackburn, R. , "Personality in relation to extreme aggression in psychiatric offenders", *British Journal of Psychiatry*, 114 (1968), pp. 821 ~ 828.

Blackburn, R. , "Personality types among abnormal homicides", *British Journal of Criminology*, 11 (1971), pp. 14 ~ 31.

Blackburn, R. , *The psychology of criminal conduct*, Chichester, England: Wiley, 1993.

Blackstone, Sir William, *Commentaries on the laws of England*, 1679.

Blair, J. , "Boot camps: An idea whose time came and went", *New York Times Week in Review*, 2000, January 2, p. 3.

Blair, R. J. R. , "Moral reasoning and the child with psychopathic tendencies", *Personality and Individual Differences*, 22 (1997), pp. 731 ~ 739.

Blair, R. J. R. , Jones, L. , Clark, F. & Smith, M. , "The psychopathic individual: A lack of responsiveness to distress cues?", *Psychophysiology*, 34 (1997), pp. 192 ~ 198.

Blaszczynski, A. & McConaghy, N , "Criminal offenses in Gamblers Anonymous and hospital treated pathological gamblers", *Journal of Gambling Studies*, 10 (2) (1994), pp. 99 ~ 127.

Blatt, S. & Lerner, H. , "The psychological assessment of object representation", *Journal of Personality Assessment*, 47 (1983), pp. 7 ~ 27.

Bleichfeld, B. & Moely, B. , "Psychophysiological responses to an infant cry: Comparison of groups of women in different phases of the maternal cycle", *Developmental Psychology*, 20 (1984), pp. 1082 ~ 1091.

Block, A. A. & Scarpitti, F. , *Poisoning for profit: The Mafia and toxic waste in America*, New York: Morrow, 1985.

Block, R. , Felson, M. & Block, C. R. , "Crime victimization rates for incumbents of 246 occupations", *Sociology and Social Research*, 69 (1984), pp. 442 ~ 451.

Blum, J. , "Drowsy driver gets five-year sentence", *The Washington Post*, 1998, April 15, pp. A1, A14.

Blumstein, A. , "Violence by young people: Why the deadly nexus?", *National Institute of Justice Journal*, 1995, August, pp. 2 ~ 9.

Blumstein, A. , Cohen, J. & Hsieh, P. , "The duration of adult criminal careers", *Final report to the national institute of justice*, Washington, DC: National Institute of Justice, 1982.

Boehnert, C. , "Characteristics of successful and unsuccessful insanity pleas", *Law and Human Behavior*, 13 (1989), pp. 31～40.

Bohman, M. , "Some genetic aspects of alcoholism and criminality", *Archives of General Psychiatry*, 35 (1978), pp. 269～276.

Bonczar, T. P. (2003), *Prevalence of imprisonment in the U. S. population, 1974～2001*, Washington, DC: U. S. Department of Justice, Office of Justice Programs, Bureau of Justice Statistics. Retrieved June 9, 2005, from http://www. ojp. usdoj. gov/bjs/pub/ascii/piusp01. txt.

Bonnie, R. , "Psychiatry and the death penalty: Emerging problems in Virginia", *Virginia Law Review*, 66 (1980), pp. 167～198.

Booth, A. , Shelley, G. , Mazur, A. , Tharp, G. & Kittok, R. , "Testosterone, and willing and losing in human competition", *Hormones and Behavior*, 23 (1989), pp. 556～571.

Booth, W. , "Courts death row quandary: How crazy is too crazy to die?", *The Washington Post*, 1998a, May 5, p. A3.

Booth, W. , "Girl's murder focuses light on hidden specter of sibling abuse", *The Washington Post*, 1998b, August 14, p. A3.

Borum, R. & Applebaum, K. , "Epilepsy, aggression, and criminal responsibility", *Psychiatric Services*, 47 (1996), pp. 762～763.

Boston Globe, Hollywood is blamed in token booth attack, 1995, November 28.

Boston Globe, L. I. man turns in son: Says he admitted killing for thrill, 1997, August 15.

Boswell, A. A. & Spade, J. Z. , "Fraternities and collegiate rape culture: Why are some fraternities more dangerous places for women?", *Gender & Society*, 10 (1996), pp. 133～147.

Bosworth, K. , Espelage, D. L. & Simon, T. R. , "Factors associated with bullying behavior in middle school students", *The Journal of Early Adolescence*, 19 (1999), pp. 341～362.

Bottcher, J. , Isorena, T. & Belnas, M. , *Lead: A boot camp and intensive parole program: An impact evaluation: second year findings*, CITY: State of California, Department of Youth Authority, Research Division, 1996.

Bouchard, T. J. , Jr. & McGue, M. , "Familial studies of intelligence: A review", *Science*, 212 (1981), pp. 1055～1059.

Boudouris, J. & Turnbull, B. W. , "Shock probation in Iowa", *Journal of Offender Counseling Services and Rehabilitation*, 9 (1985), pp. 53～67.

Boudreau, J. , Kwan, Q. , Faragher, W. & Denault, G. , *Arson and arson investigation*, Washington, DC: U. S. Government Printing Office, 1977.

Boukydis, D. F. Z. & Burgess, R. L. , "Adult physiological response to infant cries: Effects of temperament of infant, parental status, and gender", *Child Development*, 53 (1982), pp. 1291～1298.

Bourgois, P. , "In search of masculinity: Violence, respect and sexuality among Puerto Rican crack dealers in East Harlem", *British Journal of Criminology*, 36 (1996), pp. 412～427.

Bowers, L. , Jefferson, D. , Strand, J. & Grohmann, J. , *Sexual assaults in Wisconsin*, 1990. Madison: Wisconsin Statistical Analysis Center, 1991.

Bowers v. Hardwick, 478 U. S. 186 (1986).

Bowker, Arbitell & McFerron. , "On the relationship between wife beating and child abuse", in K. Yllo & M. Bogard (Eds.), *Perspectives on wife abuse*, Thousand Oaks, CA: Sage, 1988.

Bowker, L. H. , *Prison victimization*, New York: Elsevier, 1980.

Bowlby, J. , *Attachment and loss: Vol. 1, Attachment*, New York: Basic Books, 1969.

"Boy's murder confession tossed". *Washington Post*, 1998, May 8, p. A25.

Bradford, J. M. W. , "Arson: A clinical study", *Canadian Journal of Psychiatry*, 27 (1982), pp. 188 ~ 193.

Bradley, P. (2004, December 16), "Northern Virginia pair doctor guilty: Jury convicts him on 50 counts", *Richmond Times-Dispatch* Retrieved January 8, 2005, from http://www. timesdispatch com/servlet/Satellite? pagename = RTD/MGArticle/RTD __ BasicArticle&c = MGArticle&cid = 1031779707618.

Brady, J. , "Arson, urban economy, and organized crime: The case of Boston", *Social Problems*, 31 (1983), pp. 1 ~ 27.

Braithwaite, J. , "Criminological theory and organizational crime", *Justice Quarterly*, 6 (1989a) pp. 333 ~ 358.

Braithwaite, J. , *Crime, shame and reintegration*, Cambridge, England: Cambridge University Press, 1989b.

Brannon, L. , *Gender: Psychological perspectives*, 4th ed. , Boston: Allyn & Bacon, 2005.

Brantingham, P. L. & Brantingham, P. J. , "Notes on the geometry of crime", in P. J. Brantingham & P. L. Brantingham (Eds.), *Environmental criminology*, Beverly Hills, CA, 1981.

Bray, R. M. & Noble, A. M. , "Authoritarianism and decisions of mock juries: Evidence of jury bias and group polarization", *Journal of Personality and Social Psychology*, 36 (1978), pp. 1424 ~ 1430.

Breeke, N. J. , Enko, P. J. , Claret, G. & Seesaw, E. , "Of juries and court-appointed experts: The impact of nonadversarial versus adversarial expert testimony", *Law and Human Behavior*, 15 (1991), pp. 451 ~ 475.

Brehm, J. W. , *A theory of psychological reactance*, New York: Academic Press, 1966.

Brehm, S. S. & Kassin, S. M. , *Social psychology*, 6th ed. , Boston: Houghton-Mifflin, 2005.

Bremer, J. , *Asexualization*, New York: Macmillan, 1959.

Bridges, L. J. & Grolnick, W. S. , "The development of emotional self-regulation in infancy and early childhood", in N. Eisenberg (Ed.), *Social development: Review of personality and social psychology*, Thousand Oaks, CA: Sage, 1995.

Brier, N. , "The relationship between learning disability and delinquency: A review and reappraisal", *Journal of Learning Disabilities*, 22 (1989), pp. 546 ~ 553.

Brockman, E. S. , "A prisoner of fame and the state of Louisiana", *The New York Times Week in Review*, 1999, March 21, p. 5.

Brody, J. E. (1999, March 15), "Study says early social interaction averts risky teenage behavior", *The New York Times*, Retrieved March 22, 1999, from http://www. nytimes. com/library/national/031599early __ intervention. html.

Brody, N. & Ehrlichmann, H. , *Personality psychology: The science of individuality*, Upper Saddle River, NJ: Prentice-Hall, 1998.

Broidy, L. , "Direct supervision and delinquency: Assessing the adequacy of structural proxies", *Journal of Criminal Justice*, 23 (1995), pp. 541 ~ 554.

Bronfenbrenner, U. , *The ecology of human development*, Cambridge, MA: Harvard University Press, 1979.

Bronson, W. C. , "Development of behavior with agemates using the second year of life", in M. Lewis & L. A. Rosenblum (Eds.), *The origins of behavior: Friendship and peer relations*, New York: Wiley, 1975.

Brook, J. S. , Whiteman, M. , Cohen, P. & Tanaka, J. S. , "Childhood precursors of adolescent drug use: A longitudinal analysis", *Genetic, Social, and General Psychology Monographs*, 118 (1991), pp. 195 ~ 213.

Brook, J. S. , Whiteman, M. , Gordon, A. S. & Brook, D. W. , "The psychosocial etiology of adolescent drug use: A family interactional approach", *Genetic, Social, and General Psychology Monographs*, 116 (1990), pp. 113 ~ 267.

Brooke, J. S. , Whiteman, M. , Hamburg, B. A. & Balka, E. B. , "African-American and Puerto Rican drug use: Personality, familial, and other environmental risk factors", *Genetic, Social, and General Psychology Monographs*, 118 (1992), pp. 417 ~ 438.

Brooks, A. D. , *Law, psychiatry and the mental health system*, Boston: Little, Brown, 1974.

Broome, J. (2000, March 9 ~ 10), "Transnational crime in the 21st century", Paper presented at the Transnational Crime Conference, Canberra, Australia. Retrieved June 2, 2005, from http: // www. wjin. net/Pubs/2381. pdf.

Brown, B. B. , "Territoriality and residential burglary", Paper presented at the meeting of the American Psychological Association, New York, NY, 1979, August.

Brown, D. , *Bury my heart at Wounded Knee: An Indian history of the American west*, New York: Holt, 1988.

Brown, M. P. , "Juvenile offenders: Should they be tried in adult courts?", *USA Today Magazine*, 1998, January, pp. 52 ~ 54.

Brown, S. E. , Esbensen, F. A. & Geis, G. , *Criminology: Explaining crime and its context*, 2nd ed. , Cincinnati, OH: Anderson, 1995.

Brownmiller, S. , *Against our will: Men, women, and rape*, New York: Simon & Schuster, 1975.

Brownstein, H. H. , "The media and the construction of random drug violence", *Social Justice*, 18 (1991), pp. 85 ~ 103.

Bruni, F. , Behind the jokes, a life of pain and delusion", *The New York Times*, 1998, November 22, pp. 41 ~ 42.

Bruni, F. , "Behind police brutality: Public assent", *The New York Times Week in Review*, 1999, February 21, p. 1, 6.

Bruni, F. (1999, November 22), "Behind the jokes, a life of pain and delusion", *New York Times*, Retrieved May 30, 2006 from http: //query. nytimes. com/gst/fullpage. html? res =9E0CE7DC 1130F931A15752C1A96E958260&s ec = health&pagewanted = print.

Brussel, J. A., *Casebook of a crime psychiatrist*, New York: Bernard Geis Associates, 1978.

Buckner, J. C. & Chesney-Lind, M., "Dramatic cures for juvenile crime: An evaluation of a prison-run delinquency prevention program", *Criminal Justice and Behavior*, 10 (1983), 227~247.

Buikhuisen, W., "Aggressive behavior and cognitive disorders", *International Journal of Law and Psychiatry*, 5 (1982), pp. 205~217.

Buikhuisen, W., "Cerebral dysfunctions and persistent juvenile delinquency", *Drug Abuse and Alcoholism Newsletter*, 9 (2) (1987), pp. 1~4.

Bukatko, D. & Daehler, M., *Child development: A thematic approach*, 5th ed., Boston: Houghton Mifflin, 2004.

Bumbry, K. M. & Hansen, D. J., "Intimacy deficits, fear of intimacy, and loneliness among sexual offenders", *Criminal Justice & Behavior*, 24 (1997), pp. 315~331.

Bureau of Justice Statistics, *Prisons and prisoners*, Washington, DC: U. S. Government Printing Office, 1993a.

Bureau of Justice Statistics, *Survey of state prison inmates, 1991*, Washington, DC: National Institute of Justice, 1993b.

Bureau of Justice Statistics, *A policymaker's guide to hate crimes* (Series: BJA Monograph) Washington, DC: Bureau of Justice Statistics, Redo, 1997.

Bureau of Justice Statistics, *Criminal victimization—1997*, Washington, DC: U. S. Department of Justice, Office of Justice Programs, 1998a.

Bureau of Justice Statistics, *Four in ten criminal offenders report alcohol as a factor in violence*, Washington, DC: U. S. Department of Justice, 1998b.

Bureau of Justice Statistics, *Correctional populations in the United States 1996*, Washington, DC: Author, 1999.

Bureau of Justice Statistics, *Criminal victimization in the United States 1999*, Washington, DC: U. S. Department of Justice, Office of Justice Programs, 2000.

Bureau of Justice Statistics (2002a), *Drug use and crime*, Washington, DC: Office of Justice Programs, U. S. Department of Justice. Retrieved August 3, 2003, from http: //www. ojp. usdoj. gov/bjs/ dcf/duc. htm.

Bureau of Justice Statistics (2002b), *Recidivism of prisoners released in 1994*, Washington, DC. U. S. Department of Justice, Office of Justice Programs. Retrieved from http: //www. cor. state. pa. us/ stats/lib/stats/BJS%20Recidivism%20 Study. pdf.

Bureau of Justice Statistics, *Compendium of Federal Justice Statistics, 2002*, Washington, DC: Bureau of Justice Statistics, Office of Justice Programs, U. S. Department of Justice, 2003a.

Bureau of Justice Statistics (2003b), *Criminal offender statistics: Lifetime likelihood of going to state or federal prison*, Retrieved May 26, 2003, from http: // www. ojp. usdoj. gov/bjs/crimoff. htm.

Bursik, R., "Social disorganization and theories of crime and delinquency: Problems and prospects", *Criminology*, 26 (1988), pp.531~539.

Bursik, R. J. & Webb, J., "Community change and patterns of delinquency", *American Journal of Sociology*, 99 (1982), pp.24~42.

Burton, V., Cullen, F., Evans, T. D., Dunaway, R. G., Kethineni, S. & Payne, G., "The impact of parental controls on delinquency", *Journal of Criminal Justice*, 23 (1995), pp.111~126.

Bushman, B. J., Baumeister, R. & Stack, A. D., "Catharsis, aggression and persuasive influence: Selffulfilling or self-defeating prophecies?", *Journal of Personality and Social Psychology*, 76 (3) (1999), pp.367~377.

Buss, A. H., *Psychopathology*, New York: Wiley, 1966.

Buss, D. M., "Evolutionary psychology: A new paradigm for psychological science", *Psychological Inquiry*, 6 (1995a), pp.1~30.

Buss, D. M., "The future of evolutionary psychology", *Psychological Inquiry*, 6 (1995b), pp.81~87.

Butcher, S. H., *Aristotle's theory of poetry and fine art*, New York: Dover, 1951.

Butcher, J. N., Dahlstrom, W. G., Graham, J. R., Tellegen, A. & Kaemmer, B., *MMPI - 2: Minnesota Multiphasic Personality Inventory - 2: Manual for administration and scoring*, Minneapolis: University of Minnesota Press, 1989.

Butler, D. R., Ray, A. & Gregory, L., *America's dumbest criminals from the hit TV show*, New York: Gramercy, 2000.

Butcher, J. N., William, C. L., Graham, J. R., Archer, R. P., Tellegen, A., Ben-Porath, Y. S., and Kaemmer, B., *Minnesota Multiphasis Personality Inventory-Adolescent* (*MMPI-A*), Eagan, MN: Pearson Assessments, 1996/2006.

Butterfield, F., "Crime continues to decline, but experts warn of coming storm of juvenile violence", *New York Times*, 1995, November 19, p.A1.

Butterfield, F. (1998, March 5), "By default, jails become mental institutions", *The New York Times*, Retrieved May 6, 1999, from http://www.nami.org/update/980305.html.

Butterfield, J., "Study links violence rate to cohesion in community", *The New York Times*, 1997, August 17, p.A21.

Butterfield, F. (2000, May 18), "Study shows racial divide in domestic violence cases", *New York Times*, Retrieved May 18, 2000 from www.nytimes.com.

Butts, J. A., *Delinquency cases waived to criminal court, 1985~1994*, Washington, DC: Office of Juvenile Justice & Delinquency Prevention, 1997.

Cacciolla, J. S., Rutherford, M. J., Alterman, A. I. & Snider, E. C., "An examination of the diagnostic criteria for antisocial personality disorder in substance abusers", *Journal of Nervous & Mental Disease*, 182 (1994), pp.517~523.

Cadoret, R. J., "Alcoholism and antisocial personality: Interrelationships, genetic and environmental factors", *Archives of General Psychiatry*, 42 (1985), pp.161~167.

Cadoret, R. J., "Genetics of alcoholism", in R. I. Collins, K. E. Leonard & J. S. Searles (Eds.), *Alcohol and the family: Research and clinical perspectives*, 1990, pp. 39～78.

Cairns, R., Cairns, E., Neckerman, J., Ferguson, L. & Gariepy, J., "Growth and aggression: Childhood to early adolescence", *Developmental Psychology*, 25 (1989), pp. 320～330.

Calhoun, J. B., "Population density and social pathology" *Scientific American*, 206 (1962), pp. 139～148.

Calhoun, G., Jurgens, J. & Chen, F., "The neophyte female delinquent: A review of the literature", *Adolescence*, 28 (1993), pp. 461～471.

Callahan, C. & Rivara, F., "Urban high school youth and handguns", *Journal of the American Medical Association*, 267 (1992), pp. 3038～3042.

Cambor, R. & Millman, R. B., "Alcohol and drug abuse in adolescents", in M. Lewis (Ed.) *Child and adolescent psychiatry: A comprehensive textbook*, 1991, pp. 736～754.

Camp, G. M. & Camp, C. G., *Prison gangs: Their extent, nature, and impact on prisons*, Washington, DC: U. S. Government Printing Office, 1985.

Campbell, A., *Men, women, and aggression*, New York: Basic Books, 1993.

Campbell, A., *The girls in the gang*, Oxford, England: Basil Blackwell, 1994.

Campbell, C. & Robinson, J., "Family and employment status associated with women's criminal behavior", *Psychological Reports*, 80 (1977), pp. 307～314.

Campbell, H., "The violent sex offender: A consideration of emasculation in treatment", *Rocky Mountain Medical Journal*, 64 (1967), pp. 40～43.

Campbell, S. B., "The socialization and social development of hyperactive children", in M. Lewis & S. M. Miller (Eds.), *Handbook of developmental psychopathology*, New York: Plenum, 1990.

Camus, A., *The fall*, New York: Vintage Press, 1956.

Cantelon, S., *Family strengthening or high-risk youth*, Fact Sheet No. 8, Washington, DC: Office of Juvenile Justice and Delinquency Prevention, 1994.

Cantwell, D. P., "Minimal brain dysfunction in adults: Evidence from studies of psychiatric illness in the families of hyperactive children", in L. Bellak (Ed.), *Psychiatric aspects of minimal brain dysfunction in adults*, New York: Grune & Stratton, 1979, pp. 37～44.

Cappella, J. N. & Greene, J. O., "A discrepancyarousal explanation of mutual influence in expressive behavior in adult and infant-adult interactions", *Communication Monographs*, 49 (1982), pp. 89～114.

Capra, F., *The web of life: A new scientific understanding of living systems*, New York: Anchor Books, 1996.

Carlson, V., Cicchetti, D., Barrett, D. & Braunwald, K., "Disorganized/disoriented attachment relationships in maltreated infants", *Developmental Psychology*, 25 (1989), pp. 525～531.

Carmody, J., "Sounds very familiar", *The Washington Post*, 1998, March 12, p. C5.

Carroll, L., *Hacks, blacks, and cons: Race relations in a maximum security prison*, Prospect Heights, IL: Waveland Press, 1974.

Carroll, L., "Race, ethnicity, and the social order of prison", in R. Johnson & H. Toch (Eds.), *The pains of imprisonment Prospect Heights*, IL: Waveland Press, 1988, pp. 181~203.

Carter, N., "Increased theft as a side effect of sales promotion activities: An exploratory study", *Journal of Business & Psychology*, 10 (1995), pp. 57~64.

Casanova, G. M., Domanic, J., McCanne, T. & Milner, J., "Physiological response to non-child-related stressors in mothers at risk for child abuse", *Child Abuse and Neglect*, 16 (1992), pp. 31~44.

Caspi, A., Lyman, D., Moffitt, T. & Silvla, P., "Unraveling girls' delinquency: Biological, dispositional, and contextual contributions to adolescent misbehavior", *Developmental Psychology*, 29 (1993), pp. 283~289.

Caspi, A., Moffitt, T. E., Silva. P. A., Loeber-Stouthamer, M., Krueger, R. F. & Schmutte, P. S, "Are some people crime-prone?", *Criminology*, 32 (1994), pp. 163~195.

Cass, S. A. & Kovera, M. B., "Research on the effects of child pornography needed", *Monitor on Psychology*, 32 (4) (2001), Retrieved May 25, 2003, from http://www.apa.org/monitor/apr01/in.html.

Cassel, E. (2002a, March 18), "The Andrea Yates verdict and sentence: Did the jury do the right thing?", *FindLaw's Writ*. Retrieved June 23, 2004, from http://writ.news.findlaw.com/commentary/20020318 __ cassel.html.

Cassel, E. (2002b, April 5), "The prisonization of America as a shameful social problem", *Findlaw's Writ*. Retrieved from http:// writ.news.findlaw.com/books/reviews/20020405 __ cassel.html.

Cassel, E. (2002c, February 21), "Why the Supreme Court may reverse itself this term, to hold, in a new case, and rule that execution of the mentally retarded is unconstitutional", *Findlaw's Writ*. Retrieved from http://writ.news.findlaw.com/cassel/ 20020221.html.

Cassel, E. (2004, February 12), "Prosecutor misconduct in two recent high-profile cases: Why it happens and how we can better prevent it", *FindLaw's Writ*. Retrieved June 23, 2004, from http:// writ.news.findlaw.com/cassel/ 20040212.html.

Cassel, E. (2005, February 3), "Did Zoloft make him do it?", *Findlaw's Writ*. Retrieved from http://writ.news.findlaw.com/cassel/20050203.html.

Castillo, D. N. & Jenkins, E. L., "Industries and occupations at high risk for work-related homicide", *Journal of Occupational Medicine*, 36 (1994), pp. 128~129.

Catalano, S. M. (2004), *Criminal victimization, 2003*, Washington, DC: U. S. Department of Justice, Office of Justice Programs, Bureau of Justice Statistics, National Crime Victimization Survey. Retrieved June 3, 2005, from http://www.ojp.usdoj.gov/bjs/pub/ascii/cv03.txt.

Cattell, R. B., *The inheritance of personality and ability: Research methods and findings*, New York: Academic, 1982.

Cavior, H. & Howard, L. R., "Facial attractiveness and juvenile delinquency among black offenders and white offenders", *Journal of Abnormal Child Psychology*, 1 (1973), pp. 202~213.

Cavior, H. & Schmidt, "Test of the effectiveness of a differential treatment strategy at the Robert F. Kennedy Center", *Criminal Justice and Behavior*, 5 (1978), pp. 131~139.

Cazalas, M. (1998, December 12), "Faison not guilty by reason of insanity", *The News Herald*, Retrieved April 16, 1999, from http://www.newsherald.com/archive/local/ ld121298.htm.

Center for Wrongful Convictions (2003), "The Illinois Exonerated: Anthony Porter", Retrieved June 1, 2006 from http://www.law.northwestern.edu/depts/clinic/ wrongful/exonerations/porter.htm.

Center on Crime, Communities and Culture, *Mental illness in U.S. jails: Diverting the nonviolent, low-level offender* (Research brief), New York: Author, 1996.

Centers for Disease Control, "Firearm mortality", *National Vital Statistics Reports*, 47 (19). Retrieved December 7, 1999, from http://www.cdc.gov.nchs/fastats/firearms.htm.

Centers for Disease Control and Prevention, "CDC surveillance summaries", *Mortality and Morbidity Weekly Report*, 44 (1995, March), SS-1.

Centers for Disease Control and Prevention, *Youth Risk Behavior Surveillance—United States 1995*, Atlanta, GA: Author, 1996.

Centers for Disease Control and Prevention, "Rates of homicide, suicide, and firearm-related deaths among children: 26 industrialized countries", *MMWR Morbidity and Mortality Weekly Report*, 46 (1997), pp. 101~105.

Centers for Disease Control and Prevention, "Youth risk behavior surveillance—United States, 1997", *Mortality and Morbidity Weekly Report*, 47 (1998), SS-3

Centers for Disease Control and Prevention, *National Vital Statistics Report*, 49 (12) (2001), p. 16.

Centers for Disease Control and Prevention, "Youth Risk Behavior Surveillance—United States, 2001", *MMWR Surveillance Summaries*, 51 (SSO4), 2002, June 28, pp. 1~64.

Centers for Disease Control and Prevention, *Costs of intimate partner violence against women in the United States*, Atlanta, GA: U.S. Department of Health and Human Services, 2003.

Centers for Disease Control and Prevention (2004), "Youth risk behavior surveillance—United States, 2003", *Morbidity & Mortality Weekly Report*, 53 (SS-2): 1B29. Retrieved June 3, 2005, from http://www.cdc.gov/ mmwr/PDF/SS/SS5302.pdf.

Centerwall, B., "Exposure to television as a risk factor for violence", *American Journal of Epidemiology*, 129 (1989), pp. 643~652.

Chaiken, J.M. (2000, January), "Crunching numbers: Crime and incarceration at the end of the millennium", *National Institute of Justice Journal*, Retrieved March 2, 2000 from, www.ncjrs.org.

Chambliss, W., "A sociological analysis of the law of vagrancy", *Social Problems*, 12 (1964), pp. 67~77.

Chartered Institute of Building (2004, September 29), *World bank finds corruption is costing billions in lost development power*, Retrieved June 2, 2005, from http://www.odiousdebts.org/odiousdebts/index.cfm? DSP'content&ContentID'11519.

Chassin, L., Pillow, D., Curran, P., Mollina, B. & Barrera, M., "Relation of parental alcoholism to early adolescent substance use: A test of three mediating mechanisms", *Journal of Abnormal Psychology*, 102 (1993), pp. 3~19.

Chatz, T., "Management of male adolescent sex offenders", *International Journal of Offender Therapy*, 2 (1972), p. 109.

Chermak, S., *Victims in the news*, Boulder, CO: Westview, 1995.

Chernicky, D., "Street claim life of exgang member", *Winchester Star*, 1997, October 30, p. A13.

Chesney-Lind, M., *Girls' crime and womens' place: Toward a feminist model of female delinquency.* Paper presented at the American Society of Criminology meeting, Montreal, Quebec, Canada, 1987, November.

Chesney-Lind, M., "Rethinking women's imprisonment: A critical examination of trends in female incarceration", in B. Price and N. Sokoloff (Eds.), *The criminal justice system and women: Offenders, victims, and workers*, New York: McGraw-Hill, 1995, pp. 105~117.

Childhelp USA (2003), *National child abuse statistics.* Retrieved February 13, 2005, from http://www.childhelpusa.org/abuseinfo__stats.htm.

Child poverty surges in area (1997, May 8), *Washington Post*, p. A1.

Childrens Defense Fund (2004, August), *Moments in America for children*, Retrieved February 13, 2005, from http://www.childrensdefense.org/data/moments.asp.

Christiansen, K. O., "A preliminary study of criminality among twins", in S. Mednick & K. O. Christiansen (Eds.), *Biosocial bases of criminal behavior*, 1977, pp. 45~88.

Christianson, S. (2003, February 8), "Bad seed or bad science: The story of the Notorious Jukes Family", *New York Times*, Retrieved February 8, 2003, from http://www.nytimes.com (archive no longer available).

Christie, N. (1994), *Crime control as industry: Toward gulags, western style?*, 2nd ed., London: Routledge.

Chubb Corporation (2004, September 13), *Three in five companies anticipate an employee will steal company funds or equipment this year, Chubb survey finds*, Retrieved June 2, 2005, from http://www.chubb.com/marketing/chubb1802.html.

Claiborne, W., "New look for California inmates", *The Washington Post*, 1997, December 21, p. A3.

Claiborne, W., "A life in chaos shaped young shooter", *The Washington Post*, 2000, March 2, pp. A1, A12.

Clarke-Stewart, K. A., "The father's contribution to child development", in E. A. Pedersen (Ed.), *The fatherinfant relationship: Observational studies in a family context*, New York: Praeger Special Studies, 1980.

Clarke-Stewart, K. A., "Parents' effects on children's development: A decade of progress?", *Journal of Applied Developmental Psychology*, 9 (1988), pp. 41~84.

Cleary, S. & Luxenburg, J., *Serial murderers: Common background characteristics and their contribution to causation*, Paper presented at the annual meeting of the American Society of Criminology,

Miami, FL, 1993, October.

Cleckley, H. (1976), *The mask of sanity*, St. Louis, MO: Mosby, Original work published 1941.

Clinard, M. & Quinney, R., *Criminal behavior systems: A typology*, New York: Holt, Rinehart & Winston, 1973.

Clinard, M., Quinney, R. & Wildeman, *Criminal behavior systems: A typology*, 3rd ed., 1994.

Clinard, M. & Yeager, P., *Corporate crime*, New York: Free Press, 1980.

Cline, V. (Privately published monograph), Department of Psychology, University of Utah, Salt Lake City, 1990.

Cloninger, C. R., "Neurogenetic adaptive mechanisms in alcoholism", *Science*, 236 (1987), pp. 410~416.

Cloninger, C. R., Bohman, M., & Sigvardsson, S. "Inheritance of alcohol abuse: Cross-fostering analysis of adopted men", *Archives of General Psychiatry*, 38 (1981), pp. 861~868.

Cloninger, C. R., Christiansen, K. O., Reich, T., & Gottesman, I., "Implications of sex differences in the prevalence of antisocial personality, alcoholism, and criminality for familial transmission", *Archives of General Psychiatry*, 35 (1978), pp. 941~951.

Cocozza, J. J., *Responding to youth with mental disorders in the juvenile justice system*, Seattle, WA: The National Coalition for the Mentally Ill in the Criminal Justice System, 1992.

Coe, C. L., & Levin, S., "Biology of aggression", *Bulletin of the American Academy of Psychiatry Law*, 11 (1983), pp. 131~148.

Cohen, A., "Innocent, after proven guilty", *Time*, 1999, September 13, pp. 26~28.

Cohen, D., "Law, social policy, and violence: The impact of regional cultures", *Journal of Personality and Social Psychology*, 70 (1996), 961~978.

Cohen, D. & Nisbett, R., "Self-protection and the culture of honor: Explaining Southern Violence", *Personality and Social Psychology Bulletin*, 20 (1994), pp. 551~567.

Cohen, D., Nisbett, R. E., Bowdle, B. F., & Schwartz, N., "Insult, aggression, and the southern culture of honor: An 'experimental ethnography'", *Journal of Personality and Social Psychology*, 70 (1996), pp. 945~960.

Cohen, F., "Offenders with mental disorders in the criminal justice—Correctional process", in B. D. Sales & D. W. Shuman (Eds.), *Law, mental health, and mental disorder*, Pacific Grove, CA: Brooks/Cole, 1994, pp. 397~413.

Cohen, L. E., & Felson, M., "Social change and crime rate trends: A routine activity approach", *American Sociological Review*, 44 (1979), pp. 588~608.

Cohen, M., "The monetary value of saving a highrisk youth", *Journal of Quantitative Criminology* 14 (1998), pp. 5~33.

Cohen, R., "Capital flaws", *The Washington Post*, 2000, February 22, p. A19.

Cohen, S., "Angel dust", *Journal of the American Medical Association*, 238 (1977), pp. 515~516.

Cohen, S., "Alcoholic hypoglycemia", *Drug Abuse and Alcoholism Newsletter*, 9 (1980), pp. 1~4.

Cohn, E. G. , "The prediction of police calls for service: The influence of weather and temporal variables on rape and domestic violence", *Journal of Environmental Psychology*, 13 (1993), pp. 71~83.

Cohen, S. , & Spacapan, S. , "The social psychology of noise", in D. M. Jones & A. J. Chapman (Eds.), *Noise and society*, 1984, pp. 221~245.

Cohn, L. , "Risk-perception: Differences between adolescents and adults", *Health Psychology*, 14 (1995), p. 217.

Coid, B. , Lewis, S. W. , & Reveley, A. M. , "A twin study of psychosis and criminality", *British Journal of Psychiatry*, 162 (1993), pp. 87~92.

Coid, J. , "Mania a portu: A critical review of pathological intoxication", *Psychological Medicine*, 9 (1979), pp. 709~719.

Coie, J. D. , & Jacobs, M. R. , "The role of social context in the prevention of conduct disorder", *Development and Psychopathology*, 5 (1993), pp. 263~275.

Colb, S. F. (2002), "Two Florida murder trials for the killing of Terry King: When prosecutors have doubt", Findlaw. com. Retrieved May 25, 2006 at http: //writ. news. findlaw. com/colb/20020910. html#continue.

Colburn, D. , "Bizarre case of man who borrowed cars", *The Washington Post/Health*, 1999, January 19, p. 5.

Cole, D. , *No equal justice: Race and class in the American criminal justice system*, New York: The New Press, 1999.

Cole, G. F. , *The American system of criminal justice*, 6th ed. , Pacific Grove, CA: Brooks/Cole, 1992.

Cole, M. , & Cole, S. , *The development of children*, 3rd ed. , New York: Freeman, 1996.

Coleman, J. W. , *The criminal elite*, 3rd ed. , New York: St. Martin's Press, 1994.

Coleman, J. W. , "Respectable crimes", in J. F. Sheley (Ed.), *Criminology*, Belmont, CA: Wadsworth, 1995, pp. 249~269.

Collins, J. , "Day of reckoning", *Time*, 1997, June 16, pp. 26~29.

Collins, J. & Schlenger, W. , "Acute and chronic effects of alcohol use on violence", *Journal of Studies on Alcohol*, 4 (1988), pp. 516~521.

Collins, J. J. , Cox, B. G. , & Langan, P. A. , "Job activities and personal crime victimization: Implications for theory", *Social Science Research*, 16 (1987), pp. 345~360.

Comer, J. P. , "Black violence and public policy", in L. Curtis (Ed.), *American violence and public policy*, New Haven, CT: Yale University Press, 1985, pp. 63~86.

Comings, D. E. , "Genetic aspects of childhoodbehavioral disorders", *Child Psychiatry & Human Development*, 27 (1997), pp. 139~150.

Comstock, G. , & Paik, H. J. , *Television and the American child*, New York: Academic, 1991.

Conduit, E. , "Angry violence and the influence of films", *Criminal Behavior & Mental Health*, 5 (1995), pp. 124~126.

Conger, J. J. , "Alcoholism: Theory, problem and challenge: II Reinforcement theory and the dynamics of alcoholism", *Quarterly Journal of Studies on Alcohol*, 101 (1956), pp. 139~152.

Conly, C., *Coordinating community services for mentally ill offenders: Maryland's community criminal justice treatment program*. Washington, DC: National Institute of Justice, United States Department of Justice, Office of Justice programs, 1999.

Connor, D., *Aggressive and antisocial behavior in the broad sense is a huge problem, and we don't know how to talk about it*, Speech presented at the New York Academy of Sciences, New York City, 1996, January.

Connors, E., Lundregan, T., Miller, N., & McEwen, T., *Convicted by juries, exonerated by science: Case studies in the use of DNA evidence to establish innocence after trial*, Washington, DC: U.S. Department of Justice, National Institute of Justice, 1996.

Conover, T., *Newjack: Guarding Sing Sing*, New York: Vintage, 2001.

Cook, P. J., & Moore, M. H., "Gun control", in J. Q. Wilson & J. Petersilia (Eds.), *Crime*, San Francisco: ICS Press, 1995.

Cooper, J., Bennett, E. A., & Sukel, H. L., "Complex scientific testimony: How do jurors make decisions?", *Law and Human Behavior*, 20 (1996), pp. 379~394.

Cooper, R. P., & Werner, P. D., "Predicting violence in newly admitted inmates: A lens model analysis of staff decisions", *Criminal Justice and Behavior*, 17 (1990), pp. 431~447.

Cooper v. Oklahoma, 517 U. S. 348 (1966).

Cornell, D., "Prior adjustment of violent juvenile offenders", *Law and Human Behavior*, 14 (1990), pp. 569~578.

Cornell, D. G., "Juvenile homicide: A growing national problem", *Behavioral Sciences and the Law*, 11 (1993), pp. 389~396.

Cornell, D., *Psychology of the school shootings*, 1999 (Testimony presented at the House Judiciary Committee Oversight Hearing to Examine Youth Culture and Violence, March 13, 1999). Retrieved February 27, 2005, from http://www.apa.org/ppo/issues/pcornell.html.

Cornell, D. G., Roberts, M., & Oran, G., "The Rey – Osterrieth Complex Figure Test as a neuropsycholgical measure in criminal offenders", *Archives of Clinical Neuropsychology*, 12 (1997), pp. 47~56.

Cortes, J., & Gatti, F., *Delinquency and crime: A biopsychosocial approach*, New York: Semina Press, 1972.

Cosmides, L., & Tooby, J., "Beyond intuition and instinct blindness: Toward an evolutionarily rigorous cognitive science", *Cognition*, 50 (1994), pp. 41~77.

Cowan, A. L., "Onetime fugitive gets 17 years for looting insurers", *New York Times*, 2004, December 11, p. C3.

Cowles, E. L., "Is the boardroom immune? An assessment of drug use on employmentrelated financial crime", Paper presented at the Annual Meeting of the American Society of Criminology, New Orleans, LA, 1992, November.

Cox, A. D., Cox, D., Anderson, R. D., & Moschis, G. P., "Social influences on adolescent shoplifting: Theory, evidence, and implications for the retail industry", *Journal of Rehabilitation*, 69 (1993), pp. 234~246.

Cox, R. P., "An exploration of the demographic and social correlates of criminal behavior among adolescent males", *Journal of Adolescent Health*, 19 (1996), pp. 17~24.

Coxell, A., & King, M. B., "Male victims of rape and sexual abuse", *Sexual & Marital Therapy*, 11 (1996), pp. 297~308.

Creesey, D., *Other people's money: A study of the social psychology of embezzlement*, Glencoe, IL: Free Press, 1973.

Creesy, D. R., *Theft of the nation*, New York: Harper& Row, 1969.

Crick, N. R., & Dodge, K. A., "A review and reformulation of social-information-processing mechanisms in children's social adjustment", *Psychological Bulletin*, 115 (1994), pp. 74~101.

Crick, N. R., & Grotpeter, N., "A review and reformulation of social information-processing mechanisms in children's social adjustment", *Child Development*, 66 (1995), pp. 710~722.

Crime and Justice International, *Emerging gangs: An international threat?*, Retrieved May 10, 1999, from http://oicj. ascp. uic. edu/spearmint/public/pubs/cji/13/09/130918. cfm.

Cromwell, P., Olson, J., & Avary, D. W., *Breaking and entering: An ethnographic analysis of burglary*, Newbury Park, CA: Sage, 1991.

Crovitz, L. G., "Milken's tragedy: Oh, how the mighty fall before RICO", *Wall Street Journal*, 1990, May 2, pp. A17.

Crow, W. J., & Bull, J. L., *Robbery deterrence: An applied behavioral science demonstration, Final report*, La Jolla, CA: Western Behavior Sciences Institute, 1975.

Crowell, N. A. & Burgess, A. W., *Understanding violence against women*, Washington, DC: National Academy of Sciences, 1996.

Cullen, F. T., "Control in the community: The limits of reform", Paper presented at the annual meeting of the International Association of Residential and Community Alternatives, Philadelphia, 1993.

Cullen, F. T., & Gendreau, P., "The effectiveness of correctional rehabilitation: Reconsidering the 'nothing works' debate", in L. Goodstein & D. Mackenzie (Eds.), *The American prison: Issues in research and policy*, New York: Plenum, 1989.

Cummings, S., & Monti, D., *Gangs: The origin and impact of contemporary youth gangs in the United States*, Albany: State University of New York Press, 1993.

Currie, E., *Crime and punishment in America*, New York: Holt/Metropolitan, 1998.

Currie, E., & Sternbach, D., *Confronting crime: An American challenge*, New York: Pantheon Books, 1987.

Curry, G., & Spergel, I., "Gang homicide, delinquency and the community", *Criminology*, 26 (1988), pp. 381~407.

Curtis, L., "Victim-precipitation and violent crimes", *Social Problems*, 21 (1974), pp. 594~605.

Dabbs, J., & Morris, R., "Testosterone, social class, and antisocial behavior in a sample of 4462 men", *Psychological Science*, 1 (1990), pp. 209~211.

Dabbs, J. M. , Carr, T. S. , Frady, R. L. , & Riad, J. K. , "Testosterone, crime, and misbehavior among 692 male prison inmates", *Personality and Individual Differences*, 18 (1995), 627~633.

Dahl, A. A. , "The personality disorders: A critical review of family, twin, and adoption studies", *Journal of Personality Disorders*, 7 (1993), pp. 86~99.

Dalton, J. , *The premenstrual syndrome*, Springfield, IL: Thomas, 1971.

Daley, K. , "Gender and varieties of white-collar crime", *Criminology*, 27 (1989), pp. 769~793.

Daly, K. , & Chesney-Lind, M. , "Feminism and criminology", *Justice Quarterly*, 5 (1988), pp. 497~538.

Daly, M. , & Wilson, M. I. , "Violence against stepchildren", *Current Directions in Psychological Science*, 5, 3 (1996), pp. 77~81.

Daly, M. , & Wilson, M. , "Crime and conflict: Homicide in evolutionary psychological perspective", *Crime & Justice*, 22 (1997), pp. 51~100. Retrieved January 8, 2005, from http://psych.mcmaster.ca/dalywilson/Crime&Conflict.pdf.

Damasio, A. R. , "A neural basis for sociopathy", *Archives of General Psychiatry*, 57 (2000) pp. 128~130.

Damon, W. , & Hart, D. , *Self-understanding in childhood and adolescence*, Cambridge, England: Cambridge University Press, 1988.

Davidson, R. T. , *Chicano prisoners: The key to San Quentin*, New York: Holt, Rinehart & Winston, 1974.

Davis, D. , & Beshears, E. , "Boy, 14, shoots himself in head", *The Washington Post*, 1998, June 19, pp. D1, D4.

Davis, G. E. , & Leitenberg, H. , "Adolescent sex offenders", *Psychological Bulletin*, 101 (1987), pp. 417~427.

Davis, J. H. , Au, W. T. , Hulbert, L. , Chen, X. , & Zarnoth, P. , "Effects of group size and procedural influence on consensual judgements of quantity: The example of damage awards and mock civil juries", *Journal of Personality and Social Psychology*, 73 (1997), pp. 703~718.

Davis, K. D. , Kirkpatrick, L. A. , Levy, M. B. , & OHearn, R. E. , "Stalking the elusive love style: Attachment styles, love styles, and relationship development", in R. Erber & R. Gilmore (Eds.), *Theoretical frameworks for personal relationships*, Hillsdale, NJ: Lawrence Erlbaum Associates, Inc. 1994, pp. 179~219.

Davis, P. , "If you came this way", *All Things Considered*, National Public Radio, 1995, October 12.

Davis, P. , "Arlington teen guilty of murder plot", *The Washington Post*, 1998a, May 27, p. D3.

Davis, P. , "For police, the ticket to better relations", *The Washington Post*, 1998b, June 14, pp. B1, B8.

Davis, R. C. , & Smith, B. E. , "Victim impact statements and victim satisfaction: An unfulfilled promise?", *Journal of Criminal Justice*, 22 (1994), pp. 1~12.

Dawes, R. M. , Faust, D. , & Meehl, P. E. , "Clinical versus actuarial judgment", *Science*,

243 (1989), pp. 1668 ~ 1674.

Dawson, J. M., & Langan, P. A., *Murder in families*, Washington, DC: U. S. Department of Justice, 1994.

Dawson, R., *Sentencing: The decision as to type, length, and conditions of sentence*, Boston: Little, Brown, 1969.

Dean, A. L., Nakuj, M. M., Richards, W., & Stringer, S. A., "Effects of parental maltreatment on children's conceptions of interpersonal relationships", *Developmental Psychology*, 22 (1986), pp. 617 ~ 626.

DeAngelis, T., "Trauma at an early age inhibits ability to bond", *American Psychological Association Monitor*, XX, 1997, june, p. 11.

Death Penalty Information Center, "Innocence and the death penalty", 2005. Retrieved June 1, 2006, from http://www.deathpenaltyinfo.org/article.php?did=412&scid=6.

Decker, S., Wright, R., Redfern, A., & Smith, D. "A woman's place is in the home: Females and residential burglary", *Justice Quarterly*, 10 (1993), pp. 143 ~ 163.

Dees, M., & Corcoran, J., *Gathering storm: The story of America's militia network*, New York: Harper Collins, 1996.

DeFrances, C. J., & Steadman, G. W., *Prosecutors in state courts*, Washington, DC: Bureau of Justice Statistics, 1998.

DeFries, J. C., & Gillis, J. J., "Genetics of reading disability", in R. Plomin & G. E. McClearn (Eds.), *Nature, nurture, & psychology*, Washington, DC: American Psychological Association, 1993.

DeFries, J. C., & Plomin, R., "Behavioral genetics", *Annual Reviews in Psychology*, 29 (1978), pp. 473 ~ 515.

DeFronzo, J., "Climate and crime: Tests of an FBI assumption", *Environment and Behavior*, 16 (1984), pp. 185 ~ 210.

DeHart, D. D., & Mahoney, J. M., "The serial murderers motivations: An interdisciplinary review", *Omega: Journal of Death & Dying*, 29, 1 (1994), pp. 29 ~ 45.

DeKlyen, M., "Disruptive behavior disorder and intergenerational attachment patterns: A Comparison of clinic-referred and normally functioning preschoolers and their mothers", *Journal of Consulting & Clinical Psychology*, 64 (1996), pp. 357 ~ 365.

Delville, Y., DeVries, G. J., Schwartz, W. J., & Ferris, C. F., "Flank-marking behavior and the neural distribution of vasopressin innervation in golden hamsters with suprachiasmatic lesions", *Behavioral Neuroscience*, 112 (1998), pp. 1486 ~ 1501.

Demo, D., & Acock, A., "The impact of divorce on children", in B. Slife (Ed.), *Taking Sides: Clashing views on controversial psychological issues*, Guilford, CT: Dushkin Publishing Co., 1988, pp. 120 ~ 128.

Denno, D., "Sociological and human developmental explanations of crime: Conflict or consensus?", *Criminology*, 23 (1985), pp. 711 ~ 741.

Denton, K., & Krebs, D., "From the scene to the crime: The effect of alcohol and social context on moral judgment", *Journal of Personality and Social Psychology*, 59 (1990), pp. 242~248.

DePanfilils, D., & Brooks, G., *Child maltreatment and woman abuse: A guide for child protective services intervention*, Washington, DC: National Woman Abuse Prevention Project, 1989.

Department of Housing and Urban Development v. Rucker, et al., 535 U.S.125, 2002.

Dershowitz, A.M., *The abuse excuse*, Boston: Little, Brown, 1994.

Dershowitz, A.M., *Reasonable doubts: The O. J. Simpson case and the criminal justice system*, New York: Simon & Schuster, 1996.

DeShaney v. Winnebago Department of Social Services, 489 U.S.189 (1989).

Devlin, A., "Criminal classes: Are there links between failure at school and future offending?", *Support for Learning*, 11, 1 (1996), pp. 13~16.

DeVoe, J., Peter, K., Ruddy, S., Miller, A., Planty, M., Snyder, T., et al., *Indicators of school crime and safety*, Washington, DC: National Center for Education Statistics, 2003. Retrieved October 5, 2004, from http://nces.ed.gov/pubsearch/pubsinfo.asp? pubid = 2004004.

Devor, E. J., "A developmental-genetic model of alcoholism Implications for genetic research" *Journal of Consulting and Clinical Psychology*, 62 (1994), pp. 1108~1115.

De Vries, R., "Constancy of genetic identity in the years three to six", *Monographs of the Society for Research in Child Development*, 34 (1969X, Serial No. 127).

Diamond, S., "Order in the court: Consistency in criminal court decisions", in J. Scheirer & B. Hammonds (Eds.), *Psychology and the law* (American Psychological Association Master Lecture Series, No. 2), Washington, DC: American Psychological Association, 1983.

DiAngelis, T., "New research reveals who may molest again", *American Psychological Association Monitor*, XX, 46, 1997, April.

Dieter, R.C., "Costs of the death penalty and related issues", *Testimony before New York State Assembly*, Albany, New York, 2005, January 25. Retrieved June 1, 2006 from http://www.deathpenaltyinfo.org/NY-RCDTest.pdf.

Dietrich, D., Berkowitz, L., Kadushin, A., & McGloin, J., "Some factors influencing abusers' justification of their child abuse", *Child Abuse and Neglect*, 14 (1990), pp. 337~345.

Dietz, P.E., "Threatening and otherwise inappropriate letters to Hollywood celebrities", *Journal of Forensic Science*, 31 (1991), p. 185.

DiLalla, D.L., & Gottesman, I.I., "Normal personality characteristics in identical twins discordant for schizophrenia", *Journal of Abnormal Psychology*, 104 (1995), pp. 490~499.

Dillehay, R.C., & Nietzel, M.T., "Juror experience and jury verdicts", *Law and Human Behavior*, 9 (1985), pp. 179~191.

Dillehay, R.C., & Nietzel, M.T, "Prior jury service", in W. Abbot & J. Batt (Eds.), 4 *handbook of jury research*, Philadelphia: American Law Institute-American Bar Association, 1999, pp. 11.1~11.7.

Ditton, P.M., *Mental health and treatment of inmates and probationers*, Special Report NJC 174463, Washington, DC: U.S. Department of Justice, Office of Justice Programs, Bureau of Justice

Statistics, 1999.

Ditton, P. M. , "Mental health and treatment of inmates and probationers", Special Report NCJ174463, Washington, DC: U. S. Department of Justice, Office of Justice Programs, Bureau of Justice Statistics, 1999.

Dobrin, A. , Wierseman, B. , Colin, L. , & McDowall, D. , *Statistical handbook on violence in America*, Phoenix, AZ: The Oryx Press, 1996.

Dodge, K. A. , "A social information processing model of social competence in children", in M. Perlmutter (Ed.), *Minnesota Symposium in Child Psychology*, Hillsdale, NJ: Lawrence Erlbaum Associates, Inc, 1986, Vol. 18, pp. 77~125.

Dodge, K. A. , Bates, J. E. , & Pettit, G. S. , "Mechanisms in the cycle of violence", *Science*, 250 (1990), pp. 1678~1683.

Dodge, K. A. , & Coie, J. D. , "Social informationprocessing factors in reactive and proactive aggression in children's peer groups", *Journal of Personality and Social Psychology*, 53 (1987), pp. 389~409.

Dodge, K. A. , Pettit, G. S. , McClaskey, C. L. , & Brown, J. , "Social competence in children", *Monographs of the Society for Research in Child Development*, 44 (1986), (2, Serial No. 213).

Doherty, W. J. , & Needle, R. H. , "Psychological adjustment and substance use among adolescents before and after parental divorce", *Child development*, 62 (1991), pp. 328~337.

Dollard, J. , Doob, L. , Miller, N. , Mowrer, O. , & Sears R. , *Frustration and aggression*, New Haven, CT: Yale University Press, 1939.

Domino, E. F. , "Neurobiology of phencyclidine—An update", in R. C. Peterson & R. C. Stillman (Eds.), *Phencyclidine (PCP) abuse: An appraisal* (NIDA Research Monograph 21), Rockville, MD: NationalInstitute on Drug Abuse, 1978.

Donnerstein, E. , Linz, D. , & Penrod, S. , *Question of pornography: Research findings and implications*, New York: Free Press, 1987.

Donnerstein, E. , & Wilson, D. W. , "Effects of noise and perceived control on ongoing and subsequent aggressive behavior", *Journal of Personality and Social psychology*, 34 (1976), pp. 774~781.

Douglas, J. E. , Burgess, A. W. , Burgess, A. G. , & Reseller, R. K. , *Crime classification manual*, New York: Lexington, 1992.

Douglas, J. E. , Ressler, R. K. , Burgess, A. W. , & Hartman, C. R. , "Criminal profiling from crime scene analysis", *Behavioral Sciences and the Law*, 4 (1986), pp. 401~421.

Doyle, J. A. , *The male experience*, 3rd ed. , Dubuque, IA: Brown, 1995.

Doyle, R. , "Deaths due to alcohol", *Scientific American*, 1996, December.

Drake, R. E. , Bartels, S. J. , Teague, G. B. , Moordsky, D. L. , & Clark, R. E. , "Treatment of substance abuse in severely mentally ill patients", *Journal of Nervous and Mental Disorders*, 181 (1993), pp. 606~611.

Duffy, B. , "The mad bomber?", *U. S. News & World Report*, 1996, April 15, pp. 29~35.

Dugdale, R. , *The jukes*, New York: Putnam, 1910.

Duggan, P., "From beloved son to murder suspect", *The Washington Post*, 1999a, February 15, p. A5.

Duggan, P., "Texas hate-crime bill dies in bitter legislative standoff", *The Washington Post*, 1999b, May 16, p. A2.

Duggan, P., "Massive drug sweep divides Texas town: ACLU sues as FBI probes black prosecutions", *The Washington Post*, 2001, January 22, p. A3.

Duhart, D. T., *Violence in the workplace, 1993 ~ 1999*, Washington, DC: U. S. Department of Justice, Office of Justice Programs, Bureau of JusticeStatistics, 2001.

Duke, L., "Jury acquits N. Y. officers", *The Washington Post*, 2000, February 26, pp. A1, A12.

Duke, S., "Economic crime: Tax offenses", in S. Radish (Ed.), *Encyclopedia of crime and justice*, New York: Macmillan and Free Press, 1983, pp. 683 ~ 688.

Duncan v. Louisiana, 391 U. S. 145, 1968.

Dunn, J. Annotation, "Sibling influences on childhood development", *Journal of Child Psychology andPsychiatry*, 29 (1988), pp. 119 ~ 127.

Durham v. United States, 214 F. 2d 862, 1954.

Durkheim, E., "The rules of sociological method", in P. Adler & P. Adler (Eds.), *Constructions of deviance: Social power, context, & interaction*, 2nd ed., Belmont, CA: Wadsworth, 1938/1997, pp. 15 ~ 19.

Dusky v. United States, 362 U. S. 401, 1960.

Dweck, C. S., & Licht, B. G., "Learned helplessness and intellectual achievement", in M. E P. Seligman & J. Garber (Eds.). *Human helplessness: Theory and application*, New York: Academic, 1980.

Eagly, A., & Steffan, V., "Gender and aggressive behavior: A meta-analytic review of the social psychological literature", *Psychological Bulletin*, 100 (1986), pp. 309 ~ 330.

Earley, P., *The hot house: Life inside Leavenworth penitentiary*, New York: Bantam, 1992.

Earls, F., "Oppositional-defiant and conduct disorders", in M. Rutter, E. Taylor, & L. Hersov (Eds.), *Child and adolescent psychiatry: Modern approaches*, 3rd ed., London: Blackwell, 1994.

Eck, J. E., *Drug markets and drug places: A casecontrol study of the spatial structure of illicit drug dealing*, Unpublished doctoral dissertation, University of Maryland, College Park, 1994.

Eck, J. E., "Preventing crime at places", in L. Sherman, D. Gottfredson, D. MacKenzie, J. Eck, P. Reuter, & S. Bushway (Eds.). *Preventing crime: What works, what doesn't, what's promising*, Washington, DC: U. S. Department of Justice, 1997, pp. 7-1 ~ 7-62.

Edelhertz, H., *The nature, impact and prosecution of white-collar crime*, Washington, DC: U. S. Government Printing Office, 1970.

Editorial: Why A3 strikes needs reform (September 19, 2004), *San Francisco Chronicle*, Retrieved June 14, 2005, from http: //www. sfgate. com/cgi-bin/article. cgi? file =/chronicle/archive/2004/09/19/EDGIJ7ORG11. DTL.

Eels, K., *Intelligence and cultural differences*, Chicago: University of Chicago Press, 1951.

Egan, T., "Less crime, more criminals", *The New York Times Week in Review*, 1999a, March 7, pp. 1, 16.

Egan, T., "War on crack retreats, still taking prisoners", *The New York Times*, 1999b, February 28, pp. 1, 20~21.

Egeland, B., Pianta, R., & Ogawa, J., "Early behavior problems: Pathways to mental disorders in adolescence", *Development & Psychopathology*, 8 (1996), 735~749.

Egelko, B. (2005, March 5), "Second chance in 3 strikes case", *San Francisco Chronicle*, Retrieved June 1, 2006, from http://www.sfgate.com/cgi-bin/article.cgi?file=/c/a/2005/03/05/BAG4QBKTSV1.DTL.

Egley, A., & Major, A., *Highlights of the 2002 National Youth Gang Survey*, Washington, DC: Office of Juvenile Justice and Delinquency Prevention, Office of Justice Programs, U.S. Department of Justice, 2004.

Ehlers, C.I., & Schuckit, M.A., "EEG fast frequency activity in son of alcoholics", *Biological Psychiatry*, 27 (1990), pp. 631~641.

Eichelman, B., Elliott, G., & Barchas, J., "Biochemical, pharmacological, and genetic aspects of aggression", in D. Hamburg & M.B. Trudeau (Eds.), *Biobehavioral aspects of aggression*, New York: Liss, 1981.

Eisenberg, M., & Fabelo, T., "Evaluation of the Texas correctional substance abuse treatment initiative: The impact of policy research", *Crime and Delinquency*, 42 (1996), pp. 296~308.

Eisenberg, N., *The caring child*, Cambridge, MA: Harvard University Press, 1992.

Elias, R., *Victims still: The political manipulation of crime victims*, Newbury Park, CA: Sage, 1993.

Elicker, J., & Sroufe, L.A., "Predicting peer competence and peer relationships in childhood from early parent-child relationships", in R. Parke & G. Ladd (Eds.), *Family-peer relationships: Modes of linkage*, Hillsdale, NJ: Lawrence Erlbaum Associates, Inc, 1993.

Ellickson, P.L., Hays, R D., & Bell, R.M., "Stepping through the drug use sequence: Longitudinal scalogram analysis of initiation and regular use", *Journal of Abnormal Psychology*, 101 (1992), pp. 441~451.

Elliott, D., Huizinga, D., & Ageton, S., *Explaining delinquency and drug abuse*, Beverly Hills, CA: Sage, 1985a.

Elliott, D., Huizinga, D., & Ageton, S.S., *Multiple problem youth: Delinquency, substance use, and mental health problems*, New York: Springer-Verlag, 1985b.

Elliott, D.S., Huizinga, D., & Morse, B., "Selfreported violent offending—A descriptive analysis of juvenile violent offenders and their offending careers", *Journal of Interpersonal Violence*, 1 (1986), pp. 472~514.

Elliott, R., "Social science data and the APA: The Lockhart brief as a case in point", *Law and HumanBehavior*, 15 (1991), pp. 59~76.

Ellis, L., "Arousal theory and the religiosity-criminality relationship", in P. Cordella & L. Siegel

(Eds.), *Readings in contemporary criminological theory*, Boston: Northeastern University Press, 1995, pp. 65 ~ 84.

Ellison, C., & Sherkat, D., "Conservative Protestants, and support for corporal punishment", *American Sociological Review*, 58 (1993), pp. 131 ~ 144.

Ellsworth, P. C., "To tell what we know or wait for Godot?", *Law and Human Behavior*, 15 (1991), pp. 77 ~ 90.

Ellsworth, P. C., & Gross, S., "Hardening of the attitudes: Americans' views on the death penalty", *Journal of Social Issues*, 50 (1994), pp. 19 ~ 52.

Ensminger, M. E., "Sexual activity and problem behaviors among Black, urban adolescents", *Child Development*, 61 (1990), pp. 2032 ~ 2046.

Ensminger, M. E., Brown, C. H., & Kellam, S. G., "Sex differences in antecedents of substance use among adolescents", *Journal of Social Issues*, 38, 2 (1982), pp. 25 ~ 42.

Epstein, E. E., & McCrady, B. S., "Introduction to the special section: Research on the nature and treatment of alcoholism—Does one inform the other?", *Journal of Consulting and Clinical Psychology*, 62 (1994), pp. 1091 ~ 1095.

Epstein, Y. M., Woolfolk, R. L., & Lehrer, P. M., "Physiological, cognitive, and nonverbal responses to repeated experiences of crowding", *Journal of Applied Social Psychology*, 11 (1981), pp. 1 ~ 13.

Erez, E., & Roeger, L., "The effect of victim impact statements on sentencing patterns and outcomes: The Australian experience", *Journal of Criminal Justice*, 23 (1995), pp. 363 ~ 375.

Ericson, R. V., "Mass media, crime, law and justice", *British Journal of Sociology*, 31 (1989), pp. 219 ~ 249.

Erikson, E., "Ego development and historical change", *The psychoanalytic study of the child*, New York: nternational Universities Press, 1946, pp. 359 ~ 396.

Erikson, E., "The confirmation of the delinquent", *Chicago Review*, 10 (1957), pp. 15 ~ 23.

Erikson, E. H., *Childhood and society*, New York: Norton, 1963.

Erikson, E. H., *Identity: Youth and crisis*, New York: Norton, 1968.

Eron, L. D., "Parent-child interaction, television violence, and aggression of children", *American Psychologist*, 37 (1982), pp. 197 ~ 211.

Eron, L., & Huesmann, L. R., "Television as a source of maltreatment of children", *School Psychology Review*, 16 (1987), pp. 195 ~ 202.

Eron, L., Huesmann, L., Brice, P., Fischer, P., & Mermelstein, R., "Age trends in the development of aggression, sex typing, and related television habits", *Developmental Psychology*, 19 (1983), pp. 71 ~ 77.

Escobar, G., "Graduating with honor from the streets of DC", *The Washington Post*, 1997a, August 24, p. A1, A16.

Escobar, G., "Petworths death watch: Northwest community asks, How many women?", *The Washington Post*, 1997b, December 4, pp. B1, B6.

Estabrook. A. , *The Jukes in 1915*, Washington, DC: Carnegie Institute of Washington, 1916.

Estelle v. Gamble, 429 U. S. 97 (1976).

Evans, G. W. , & Jacobs, S. V. , "Air pollution and human behavior", *Journal of Social Issues*, 37 (1981), pp. 95 ~125.

Evans, G. W. , & Howard, R. B. , "Personal space", *Psychological Bulletin*, 80 (1973), pp. 334 ~ 344.

Ewing, C. P. , *Battered women who kill*, Lexington, KY: DC Heath, 1987.

Exner J. , *The Rorschach: A Comprehensive System*, 2nd ed. , New York: Wiley, 1986.

Eysenck, H. J. , "Conditioning and personality", *British Journal of Psychology*, 53 (1962), pp. 299 ~305.

Eysenck, H. J. , *Crime and personality*, Boston: Houghton Mifflin, 1964.

Eysenck, H. J. , *The biological basis of personality*, Springfield, IL: Thomas, 1967.

Eysenck, H. J. , "Arousal and personality: The origins of a theory", in J. Strelau & H. J. Eysenck (Eds.), *Personality dimensions and arousal*, New York: Plenum, 1987, pp. 1 ~ 13.

Eysenck, H. , & Eysenck, S. , "On the dual nature of extroversion", *British Journal of Social and Clinical Psychology*, 2 (1963), pp. 46 ~ 55.

Fagan, J. , *The criminalization of domestic violence: Promises and limits* (Research Report), Washington, DC: National Institute of Justice, 1996.

Fagan, P. , "The live-in link with child abuse", *The Washington Post*, 1997, September 7, p. C4.

Fagot, B. I. , & Leinbach, M. D. , "Gender-role development in young children: From discrimination to labeling", *Developmental Review*, 13 (1993), pp. 205 ~ 224.

Farmer v. Brennan, 114 U. S. 1970 (1994).

Farrell, G. "Preventing repeat victimization", in M. Tonry & D. P. Farrington (Ed.), Building a safer society: Strategic approaches to crime prevention, *Crime Justice*, Vol. 19, Chicago, IL: University of Chicago Press, 1995.

Farrington, D. P. , "Age and crime", in M. Tonry & N. Morris (Eds.), *Crime and Justice Review of Research*, Chicago: The University of Chicago Press, 1986, pp. 189 ~250.

Farrington, D. P. , "Early precursors of frequent offending", in J. Q. Wilson & G. C. Loury (Eds.), *From children to citizens: Vol. III, Families, schools, and delinquency prevention*, New York: Springer-Verlag, 1987.

Farrington, D. , "Childhood aggression and adult violence: Early precursors and later-life outcomes", in D. J. Pepler & K. H. Rubin (Eds.), *The development of childhood aggression*, Hillsdale, NJ: Lawrence Erlbaum Associates, Inc, 1991, pp. 5 ~ 29.

Farrington, D. , *The development of offending and antisocial behavior from childhood to adulthood*, Paper presented at the Congress on Rethinking Delinquency, University of Minho, Braga, Portugal, 1992, July.

Farrington, D. P. , "Childhood, adolescent, and adult features of violent miles", in L. R. Huesmann (Ed.), *Aggressive behavior: Current perspectives*, 1994a, pp. 215 ~ 240.

Farrington, D. P. , *Psychological explanations of crime*, Aldershot, England: Dartmouth, 1994b.

Farrington, D. P. (in press), "The relationship between low resting heart rate and violence", in A. Raine, D. P. Farrington, P. Brennan, & S. A. Mednick (Eds.), *Biosocial bases of violence*, New York: Plenum.

Farver, J. M. , & Branstetter, W. H. , "Preschooler's prosocial responses to their peers' distress", *Developmental Psychology*, 30 (1994), pp. 334 ~ 341.

Fattah, E. A. , *Understanding criminal victimization*, Scarborough, Ontario, Canada: Prentice-Hall Canada, 1991.

Faust, D. , & Ziskin, J. , "The expert witness in psychology and psychiatry", *Science*, 242 (1988), pp. 31 ~ 35.

Fedarko, K. , "Long arm of the outlaw", *Time*, 1997, May 17, p. 42.

Feder, L. , "Psychiatric hospitalization history and parole decisions", *Law and Human Behavior*, 18 (1994), pp. 395 ~ 410.

Federal Bureau of Investigation, *Crime in the United States: 1996*, Washington, DC: U. S. Government Printing Office, 1997.

Federal Bureau of Investigation, *Crime in the United States: 1997*, Washington, DC: U. S. Government Printing Office, 1998.

Federal Bureau of Investigation, *Crime in the United States: 1998*, Washington, DC: U. S. Government Printing Office, 1999.

Federal Bureau of Investigation, *The School shooter: A threat assessment perspective*, 2000. Retrieved May 19, 2005, from http: //www. fbi. gov/publications/school/school2. pdf.

Federal Bureau of Investigation, *Crime in the United States: 2000*, *Uniform Crime Reports*, Washington, DC: Author, 2001.

Federal Bureau of Investigation, *Crime in the United States: 2001*, *Uniform Crime Reports*, Washington, DC: Author, 2002.

Federal Bureau of Investigation, *Crime in the United States: 2002*, Washington, DC: U. S. Government Printing Office, 2003.

Federal Bureau of Investigation, *Crime in America—2003*, Washington, DC: Government Printing Office, 2004a.

Federal Bureau of Investigation, *Supplementary homicide reports* (*1996 ~ 2002*), Washington, DC: Author, 2004b. Retrieved January 8, 2005, from http: //www. ojp. usdoj. gov/bjs/homicide/race. htm.

Feeney, F. , "Robbers as decision makers", in D. Cornish & R. Clarke (Eds.), *The reasoning criminal: Rational choice perspectives on offending*, New York: Springer-Verlag, 1986, pp. 53 ~ 71.

Feeney, F. , *German and American prosecutions: An approach to statistical comparison*, Washington, DC: Bureau of Justice Statistics, 1998.

Fehrenbach, P. A. , Smith, W. , Monastersky, C. , & Deisher, R. W. , "Adolescent sexual offenders: Offender and offense characteristics", *American Journal of Orthopsychiatry*, 56, 2 (1986), pp. 225 ~ 233.

Feld, B. , "Criminalizing the American juvenile court", in M. Tonry (Ed.), *Crime and justice: A Review of Research*, Chicago: University of Chicago Press, 1993, p. 232.

Feldman, D. H. , *Beyond universal in cognitive development*, 2nd ed. , Norwood, NJ: Albex, 1994.

Feldman, P. , *The psychology of crime: A social science textbook*, New York: Cambridge University Press, 1993.

Felson, M. , *Crime in everyday life*, Thousand Oaks, CA: Pine Forge Press, 1994.

Felson, R. , & Krohn, M. , "Motives for rape", *Journal of Research in Crime and Delinquency*, 27 (1990), pp. 222 ~ 242.

Fendrich, M. , Mackesy-Amiti, M. E. , Goldstein, P. , & Spunt, B. , "Substance involvement among juvenile murderers: Comparisons with older offenders based on interviews with prison inmates", *International Journal of the Addictions*, 30 (1995), pp. 1363 ~ 1382.

Fenton, W. , & McGlashan, T. , "Natural history of schizophrenia subtypes: I. Longitudinal study of paranoid, hebephrenic, and undifferentiated schizophrenia", *Archives of General Psychiatry*, 48 (1991), pp. 969 ~ 977.

Ferguson, H. B. , Stoddarat, C. , & Simeon, J. , "Double-blind challenge studies of behavioral and cognitive effects of sucrose-aspartame ingestion in normal children", *Nutrition Reviews Supplement*, 44 (1986), pp. 144 ~ 158.

Fergusson, D. M. , & Horwood, J. L. , "The role of adolescent peer affiliations in the continuity between childhood behavioral adjustment and juvenile offending", *Journal of Abnormal Child Psychology*, 24 (1996), pp. 202 ~ 215.

Fergusson, D. , Horwood, L. , & Lynskey, M. , "The stability of disruptive childhood behavior", *Journal of Abnormal Child Psychology*, 23 (1995), pp. 379 ~ 396.

Fergusson, D. M. , Lynsky, M. T. , & Horwood, J. L. , "Factors associated with continuity and changes in disruptive behavior patterns between childhood and adolescence", *Journal of Abnormal Child Psychology*, 24 (1996), pp. 533 ~ 545.

Fernandez, M. E. , "Northeast youth slain while walking dog", *The Washington Post*, 1998, June 19, pp. D1, D5.

Ferris, C. F. , "The rage of innocents", *The Sciences*, 1996, March/April, pp. 22 ~ 26.

Ferris, C. F. , & Grisso. T. , *Understanding aggressive behavior in children*, New York: New York Academy of Sciences, 1998.

Fessenden, F. , "They threaten, seethe and unhinge, then kill in quantity", *New York Times*, 1, 2000, April 9a, pp. 20 ~ 21.

Fessenden, F. , "How youngest killers differ: Peer support", *New York Times*, 2000, April 9b, , p. 21

Fineman, K. R. , "A model for the qualitative analysis of child and adult fire deviant behavior", *American Journal of Forensic Psychology*, 13, 1 (1995), pp. 31 ~ 60.

Fingerhut, L. A. , & Kleinman, J. C. , "Internationaland interstate comparisons of homicides a-mong young males", *Journal of the American Medical Association*, 263 (1990), pp. 3292 ~ 3295.

Finkelhor, D. , & Araji, S. , "Explanations of pedophilia: A four factor model", *The Journal of Sex Research*, 22 (1986), pp. 145 ~ 161.

Finkelstein, K. E. , "New York to offer most addicts treatment instead of jail terms", *New York Times*, 2000, June 23, p. 20.

Finkelhor, D. , Mitchell, K. , & Wolak, J. , *Online victimizations: A report on the nations youth*, Washington, DC: Crimes Against Children Research Center, 2000.

Finkelhor, D. , & Yllo, K. , *License to rape: Sexual abuse of wives*, New York: Holt, Rinehart & Winston, 1985.

Finn, P. , "Prison deal reached in Reston slaying", *The Washington Post*, 1997, September 9, p. B1.

Finn, P. , & Melillo, W. , "Kasi challenge may be valid, lawyers say", *The Washington Post*, 1998, January 28, p. B3.

Finn, P. R. , Zeitouni, N. C. , & Pihl, R. O. , "Effects of alcohol on psychophysiological hyper-activity to nonaversive and aversive stimuli in men at high risk for alcoholism", *Journal of Abnormal Psychology*, 99 (1990), pp. 79 ~ 85.

Finnegan, W. Doubt, *New Yorker*, 1994, January 31.

Fishbein, D. H. , "Biological perspectives in criminology", *Criminology*, 1990, pp. 27 ~ 72.

Fishbein, D. H. , "The psychobiology of female aggression", *Criminal Justice and Behavior*, 19 (1992), pp. 19 ~ 126.

Fishbein, D. H. , "The biology of antisocial behavior", in J. Conklin (Ed.), *New perspectives in criminology*, Boston: Allyn & Bacon, 1996a, pp. 26 ~ 38.

Fishbein, D. H. , "Selected studies on the biology of antisocial behavior", in J. Conklin (Ed.), *New perspectives in criminology*, Needham Heights, MA: Allyn & Bacon, 1996b, pp. 6 ~ 38.

Fishbein, D. H. , Lozovsky, D. , & Jaffe, J. H. , "Impulsivity, aggression, and neuroendocrine responses to serotonergic stimulation in substance abusers", *Biological Psychiatry*, 25 (1989), pp. 1049 ~ 1066.

Fisher, B. , "A neighborhood business area is hurting: Crime, fear of crime, and disorders take their toll", *Crime and Delinquency*, 37 (1991), pp. 363 ~ 373.

Flanagan, T. J. , "Lifers and long-termers: Doing big time", in R. Johnson & H. Toch (Eds.), *The pains of imprisonment*, Prospect Heights, IL: Waveland Press, 1988, pp. 115 ~ 145.

Flannery, D. J. , *School violence: Risk, preventive intervention, and policy*, Springfield, VA: ERIC Clearinghouse on Urban Education, 1997.

Fletcher, A. , Darling, N. , Steinberg, L. , & Dornbusch, S , "The company they keep: Relation of adolescents' adjustment and behavior to their friends; perceptions of authoritative parenting in the social network", *Developmental Psychology*, 31 (1995), pp. 300 ~ 310.

Fletcher, M. , "A. U. S. investigates suspicious fires at Southern black churches", *Washington Post*,

1996, February 8, A3.

Fletcher, M.A., "Study finds wide racial disparity in death penalty", *The Washington Post*, 1998, June 5, p. A24.

Fletcher, M.A., "Kerner prophecy on race relations came true, report says", *The Washington Post*, 1998, March 1, p. A6.

Flinn, P., "The world of privately run prisons", *The Washington Post*, 1998, January 18, p. B1.

Florida Department of Corrections, *Florida executive summary: Boot camp: A 25 month review*, Tallahassee: Florida Department of Corrections, 1990.

Flynn, E.E., "The graying of America's prison population", *The Prison Journal*, 721 & 2, (1992), pp. 77~98.

Flynn, E.E., *Managing elderly offenders* (Report to the National Institute of Justice), Washington, DC: National Institute of Justice, 1995.

Flynn, K., "Persevering woman helps free stranger in 90 murder case", *The New York Times*, 1998, October 23, pp. A1, A22.

Flynn, K., "After police killing, many details emerge, but mystery lingers", *The New York Times*, 1999, February 14, p. 33.

Foley, L.A., & Pigot, M.A., "The influence of forepersons and nonforepersons on mock jury decisions", *American Journal of Forensic Psychology*, 15 (1997), pp. 5~17.

Foote, J. (1997), *Expert panel issues report on serious and violent juvenile offenders* (Fact Sheet No. 68), Washington, DC: U.S. Department of Justice, Office of Juvenile Justice and Delinquency Prevention.

Ford v. Wainwright, 477 U.S. 399 (1986).

Forehand, R., Wierson, M., Frame, C.L., Kempton, T., &Armistead, L., "Juvenile firesetting: A unique syndrome or an advanced level of antisocial behavior?", *Behavior Research and Therapy*, 29 (1991), pp. 125~128.

Former guards indicted, *Washington Post*, 1998, March 24, p. B7.

Forrest, B., "Risky business", *New York Times Sunday Magazine*, 1999, December 12, p. 47.

Foucault, M., *Discipline and punish: The birth of the prison*, New York: Pantheon, 1977.

Fox, F., "Justice in Jasper", *Texas Observer*, 1999, September 17. Retrieved May 30, 2006 from http://www.texasobserver.org/show Article.asp? ArticleID=275.

Fox, J.A., "TITLE", Paper presented at the National Criminal Justice Association Meeting, Washington, DC, 1996, May 30.

Franklin, B., "Gender myths still play a role in jury selection", *National Law Journal*, 1994, August 22, pp. A1, A25.

Franklin, H.B., "Judgment on our jails", *The Washington Post Book World*, 1998, February 22, p. 9.

Freed, D., "Federal sentencing in the wake of guidelines: Unacceptable limits on the discretion of sentences", *Yale Law Journal*, 101 (1992), pp. 1681~1754.

Freedman, J. L. , *Media violence and its effect on aggression: Assessing the scientific evidence*, Toronto, Ontario, Canada: University of Toronto Press, 2002.

Freud, S. , *The psychopathology of everyday life*, New York: Macmillan, 1901.

Freud, S. , "The transformation of puberty", in J. Strachey (Ed. & Trans.), *The standard edition of the complete psychological works of Sigmund Freud* (Vol.7), London: Hogarth (Original work published 1905), 1953.

Freud, S. , *The ego and the id*, London: Hogarth, 1923.

Freud, S. , *The basic writings of Sigmund Freud*, New York: Modern Library (Original work published 1906), 1938.

Freud, S. , "The ego and the id", *Complete psychological works of Sigmund Freud* (Vol. 19), London: Hogarth, 1948.

Friedman, L. M. , *Crime and punishment in American history*, New York: Basic Books, 1993.

Friedrichs, D. O. , *Trusted criminals*, Belmont, CA: Wadsworth, 1996.

Frodi, A. M. , Lamb, M. E. , Leavitt, L. A. , & Donovan, W. L. , "Fathers' and mothers' responses to infant smiles and cries", *Infant Behavior and Development*, 1 (1978), pp.187~198.

Frodi, A. , Maccaulay, J. , & Thome, P. , "Are women always less aggressive than men? A review of the experimental literature", *Psychological Bulletin*, 84 (1977), pp.634~660.

Frost, L. E. , & Shepherd, R. E. , "Mental health issues in juvenile delinquency proceedings", *Criminal Justice*, 1996, p.11.

Fugure, R. , Delia, A. , & Philippe, R. , "Considerations on the dynamics of fraud and shoplifting in adult female offenders", *Canadian Journal of Psychiatry*, 40 (1995), pp.150~153.

Fulero, S. M. , & Finkel, N. J. , "Barring ultimate issue testimony: An insane rule?", *Law and Human Behavior*, 15 (1991) pp.495~508.

Fuligni, A. , & Eccles, J. , "Perceived parent-child relationships and early adolescent's orientation toward peers", *Developmental Psychology*, 29 (1993), pp.622~632.

Fullerton, D. T. , Wonderlich, S. A. , & Gosnell, B. A. , "Clinical characteristics of eating disorder patients who report sexual or physical abuse", *International Journal of Eating Disorders*, 17 (1995), pp.243~249.

Funder, D. C. , *The personality puzzle*, New York: Norton, 1997.

Furby, L. , & Weinrott, M. , "Sex offenders recidivism, A review", *Psychological Bulletin*, 105 (1980), pp.3~30.

Furman v. Georgia, 408 U. S.238 (1972).

Gabel, S. , & Shindledecker, R. , "Parental substance abuse and its relationship to severe aggression and antisocial behavior in youth", *American Journal on Addictions*, 2 (1993), pp.48~58.

Gabor, T. , Baril, M. , Cusson, M. , Elie, D. , Leblanc, M. , & Normandeau, A. , *Armed robbery: Cops, robbers, and victims*, Springfield, IL: Thomas, 1987.

Gabrielli, W. D. , Jr. , Mednick, S. A. , Volavka, J. , Pollock, V. E. , Schulsinger, F. , & Itil, T. M. , "Electroencephalograms in children of alcoholics", *Psychophysiology*, 19 (1982), pp.

404~407.

Gaes, G. , Wallace, S. , Gilman, E. , Klein-Saffran, J. , & Supa, S. , "The influence of prison gang affiliation on violence and other prison misconduct", *The Prison Journal*, 82 (2002), pp. 359~385.

Gaines, P. , "Making a promise to at-risk youths in Washington", *The Washington Post*, 1998, February 28, p. B3.

Galaway, B. , & Hudson, J. , *Criminal justice, restitution, and reconciliation*, Massey, NY: Criminal Justice Press, 1990.

Gallagher, J. , "Good old bad boy", *Time*, 1990, 25 June, pp. 42~43.

Gallagher, W. , "How we become what we are", *The Atlantic Monthly*, 1994, September, pp. 8~55.

Gamoran, A. , "The variable effects of high school tracking", *American Sociological Review*, 57 (1992), pp. 812~828.

Ganzer, V. , & Sarason, I. , "Variables associated with recidivism among juvenile delinquents", *Journal of Consulting and Clinical Psychology*, 40 (1973), pp. 1~5.

Garb, H. N. , "Clinical judgment, clinical training, and professional experience", *Psychological Bulletin*, 105 (1989), pp. 387~396.

Garbarino, J. , *Lost boys: Why our sons turn violent and how we can save them*, New York: Free Press, 1999.

Garkinkel, L. F. , *Unique challenges, hopeful responses: A handbook for professionals who work with youth with disabilities in the juvenile justice system*, New York: PACER Center, 1997.

Garnefski, N. , & Okma, S. , "Addiction-risk and aggressive/criminal behavior in adolescence: Influence of family, school and peers", *Journal of Adolescence*, 19 (1996), pp. 237~250.

Garrod, A. , *Approaches to moral development: New research and emerging themes*, New York: Teachers College Press, 1993.

Garry, E. M. , *Juvenile firesetting and arson*, Washington, DC: Office of Juvenile Justice and Delinquency Prevention, 1997.

Geen, R. G. , "The influence of the mass media", in R. G. Geen (Ed.), *Mapping Social Psychology Series: Human aggression*, Pacific Grove, CA: Brooks/Cole, 1990, pp. 83~112.

Geen, R. G. , & McCown, E. J. , "Effects of noise and attack on aggression and physiological arousal", *Motivation and Emotion*, 8 (1984), pp. 231~241.

Geen, R. G. , & Thomas, S. L. , "The immediate effects of media violence on behavior", *Journal of Social Issues*, 42 (1986), pp. 7~27.

Geen, R. G. , & O'Neal, E. C. , "Activation of cueelicited aggression by general arousal", *Journal of Personality and Social Psychology*, 11 (1969), pp. 289~292.

Gelberg, L. , Linn, L. S. , & Leake, B. D. , "Mental health, alcohol and drug use, and criminal history among homeless adults", *Hospital and Community Psychiatry*, 145 (1988), pp. 191~196.

Gelles, R. , & Straus, "M. Determinants of violence in the family: Toward a theoretical integration", in W. R. Burr, R. Hill, F. I. Nye, & I. L. Reiss (Eds.), *Contemporary theories about the family*

（Vol. 1）, New York: Free Press, 1979, pp. 549~581.

Gelles, R. J., & Cornell, C. P., *Intimate violence in families*, Newbury Park, CA: Sage, 1985.

Gelles, R. J., & Straus, M. A., *Intimate violence*, New York: Simon & Schuster, 1988.

Gelles, R. J., & Straus, M. A., *Physical violence in American families: Risk factors and adaptations to violence in 8145 families*, New Brunswick, NJ: Transaction Press, 1990.

Gendreau, P., & Ross, R. R., "Effective correctional treatment: Bibliotherapy for cynics", *Crime and Delinquency*, 25 (1979), pp. 463~489.

Gendreau, P., & Ross, R. R., "Revivification of rehabilitation: Evidence from the 1980's", *Justice Quarterly*, 4 (1987), pp. 349~407.

Gerbner, G., Gross, L., Morgan, M., & Signorielli, N., "The 'mainstreaming' of America: Violence profile no. 11", *Journal of Communication*, 1980, pp. 10~29.

Gerhart, A., & Groer, A., "A lover's lasting attachment", *The Washington Post*, 1997, December 15, p. B3.

Giallombardo, R., *Society of women: A study of women's prison*, New York: Wiley, 1966.

Gibbs, N. R., "Murder in miniature", *Time*, 1994, September 19, Retrieved June 1, 2006, from http://www.time.com/time/archive/preview/0, 10987, 981460, 00.html.

Gibbons, D., & Griswold, M., "Sex differences among juvenile court offenders", *Sociology and Social Research*, 42 (1957), pp. 106~110.

Gibbons, D. C., *Society, crime, and criminal behavior*, Englewood Cliffs, NJ: Prentice-Hall, 1992.

Gideon v. Wainwright, 372 U. S. 335 (1963).

Giever, D., "An empirical assessment of the core elements of Gottfredson and Hirschi's general theory of crime", Paper presented at the American Society of Criminology meeting, Boston, 1995, November.

Gilbert, D. T., & Malone, P. S., "The correspondence bias", *Psychological Bulletin*, 117 (1995), pp. 21~38.

Gilliard, D., *Prison and jail inmates at midyear 1998*, Washington, DC: Bureau of Justice Statistics, 1999.

Gilligan, C., *In a different voice: Psychological theory and women's development*, Cambridge, MA: Harvard University Press, 1993.

Gilmore v. Utah, 492 U. S. 1012 (1976).

Ginsburg, B. E., & Carter, B. F., *Premenstrual syndrome: Ethical and legal implications in a biomedical perspective*, New York: Bantam, 1987.

Glaberson, W., "Unabomber sought revenge, papers show", *The New York Times*, 1997, November 11, p. A14.

Gleick, E., "Death of a madman: The final victim", *People*, 1994, December 12, pp. 126~132.

Glod, M., "Loudoun judge bans juror background checks", *The Washington Post*, 1998, June 3, p. B5.

Glueck, S., & Glueck, E., *Five hundred delinquent women*, New York: Knopf, 1934.

Glueck, S. & Glueck, E. , *Unraveling juvenile delinquency*, Cambridge, MA: Harvard University Press, 1950.

Glueck, S. , & Glueck, E. , *Physique and delinquency*, New York: Harper Bros, 1956.

Glueck, S. & Glueck, E. , *Delinquents and nondelinquents in perspective*, Cambridge, MA: Harvard University Press, 1968.

Goddard, H. , *Efficiency and levels of intelligence*, Princeton, NJ: Princeton University Press, 1920.

Gold, M. , "School experiences, self-esteem, and delinquent behavior: A theory for alternative schools", *Crime and Delinquency*, 24 (1978), pp. 274 ~ 295.

Goldberg, J. , "The don is dead", *The New York Times Magazine*, 1999, January 31, pp. 25 ~ 31, 38, 62, 65 ~ 66, 71.

Goldberg, L. R. , "Simple models or simple processes? Some research on clinical judgments", *American Psychologist*, 23 (1968), pp. 483 ~ 496.

Golden, C. J. , Hammeke, T. A. , & Purisch, A. D. , *Luria-Nebraska Neuropsychological Battery*, Los Angeles, CA: Western Psychological Services, 1979.

Golden, R. , *Disposable children: America's welfare system*, Belmont, CA: Wadsworth, 1977.

Goldman, M. J. , "Kleptomania: Making sense of the nonsensical", *American Journal of Psychiatry*, 148 (1991), pp. 986 ~ 995.

Goldstein, A. , *Violence in America: Lessons in understanding the aggression in our lives*, Palo Alto, CA: Davis-Black Publishing, 1996.

Goleman, D. , "Sex roles reign powerful as ever in the emotions", *New York Times*, 1988, August 23, C1, C13.

Goodall, J. , "Unusual violence in the overthrow of an alpha male chimpanzee at Gombe", in T. Nishida et al. (Eds.), *Topics in primatology, vol. 1: Human origin*, Tokyo: University of Tokyo Press, 1991.

Goodman, J. , *Blackout*, New York: North Point Press, 2003.

Goodstein, L. , "Inmate adjustment to prison and the transition to community life", *Journal of Research in Crime and Delinquency*, 16 (1979), pp. 246 ~ 272.

Goodstein, L. , & Harden, B. , "Of birth, death and the prom", *The Washington Post*, 1997, June 10, p. A3.

Goodwin, D. W. , "Alcoholism and genetics: The sins of the fathers", *Archives of General Psychiatry*, 42 (1985), pp. 171 ~ 174.

Gordon, M. A. , & Glaser, D. , "The use and effects of financial penalties in municipal courts", *Criminology*, 29 (1991), pp. 651 ~ 676.

Goranson, R. E. & King, D. , *Rioting and daily temperature: Analysis of the U. S. riots in 1967*, Toronto: York University Press, 1970.

Goreta, M. , "A contribution to the theory of psychoanalytic victimology", *Journal of Psychiatry & Law*, 23 (1995), pp. 263 ~ 281.

Gorsuch, R. L. , & Butler, M. C. , "Initial drug abuse: A review of predisposing social psychological factors", *Psychological Bulletin*, 83 (1976), pp. 120~137.

Gottesman, I. I. , *Schizophrenia genesis: The origins of madness*, New York: Freeman, 1991.

Gottfredson, B. D. , *Issues in adolescent drug use*, Unpublished manuscript, U. S. Department of Justice, Johns Hopkins University, Center for Research on Elementary and Middle Schools, Baltimore, MD: Author, 1988.

Gottfredson, G. & Gottfredson, D. , *Victimization in schools*, New York: Plenum, 1985.

Gottfredson, M. R. , & Hirschi, T. , *A general theory of crime*, Stanford, CA: Stanford University Press, 1990a.

Gottfredson, M. R. & Hirschi, T. , "The nature of criminality: Low self-control", in M. R. Gottfredson & T. Hirschi (Eds.), *A general theory of crime*, Stanford, CA: Stanford University Press, 1990b, pp. 88~94.

Gottschalk, E. , "Churchgoers are the prey as scams rise", *Wall Street Journal*, 1989, 7 August, p. C1.

Gould, S. J. , *Dinosaur in a haystack*, New York: Harmony Books, 1995.

Gowen, A. , "Five Maryland teens held without bond after youth is sexually assaulted", *The Washington Post*, 1998, January 3, p. B2.

Grace, J. , "There are no children here: Chicago's young crime victims", *Time*, 1994, September 12, p. 44.

Granklin, K. , "Psychosocial motivations of hate crime perpetrators", Paper presented at a meeting of the American Psychological Association, San Francisco, CA, 1998, August 16.

Grann, D. , *The old man and the gun*, The New Yorker, XX, 2003, January 27, pp. 60~69.

Grant, C. A. , "Women who kill: The impact of abuse", *Issues in Mental Health Nursing*, 16 (1995b), pp. 315~326.

Gray, G. , "Diet, crime and delinquency: A critique", *Nutrition Reviews Supplement*, 44 (1986) pp. 89~94.

Greenberg, A. , & Coleman, M. "Depressed 5-hydroxyindole levels associated with hyperactive and aggressive behavior", *Archives of General Psychiatry*, 33 (1976), pp. 331~336.

Greenberg, D. , *Crime and law enforcement in the colony of New York*, Ithaca, NY: Cornell University Press, 1974, pp. 1691~1776.

Greenberg, M. T. , Speltz. J. L. , DeKlyen, M. , & Endriga, M. C. , "Attachment security in preschoolers with and without externalizing problems: A replication", *Developmental Psychopathology*, 3 (1991), pp. 413~430.

Greenberger, D. A. , & Allen, V. C. , "Destruction and complexity: An application of aesthetic theory", *Personality and Social Psychology Bulletin*, 6 (1980), pp. 479~483.

Greenfeld, L. A. , *Alcohol and crime: An analysis of national data on the prevalence of alcohol involvement in crime*, Washington, DC: U. S. Department of Justice, 1998.

Greenfeld, L. A. , Langan, P. A. , & Smith, S. K. , *Police use of force*, Washington, DC: Bureau of Justice Statistics and National Institute of Justice, 1997.

Greenfeld, L. A. , & Snell, T. L. , *Women offenders*, Washington, DC: U. S. Department of Justice, Office of Justice Programs, Bureau of Justice Statistics, 1999.

Greenfield, T. , & Weisner, C. , "Drinking problems and self-reported criminal behavior, arrests and convictions: 1990 US alcohol and 1989 county surveys", *Addiction*, 90 (1995), pp. 361~373.

Greenhouse, L. , "Death sentences against retarded and young upheld", *New York Times*, 1989, June 27, pp. 1, 10.

Greenwood, P. W. , *Costs and benefits of early childhood intervention*, Washington, DC: Office of Juvenile Justice & Delinquency Prevention, 1999.

Greenwood, P. W. , Rydell, C. P. , Abrahamse, A. F. , Calukins, J. P. , Chiesa, J. , Model, K. E. , et al. , *Three strikes and you're out: Estimated benefits and costs of California's new mandatory sentencing law*, Santa Monica, CA: RAND, 1994.

Gregg v. Georgia, 428 U. S. 153, 1976.

Gregg, V. , Gibbs, J. C. , & Basinger, K. S. , "Patterns of developmental delay in moral judgment by male and female delinquents", *Merrill-Palmer Quarterly*, 40 (1994), pp. 538~553.

Gresham, A. C. , "The insanity plea: A futile defense for serial killers", *Law & Psychology Review*, 17 (1993), pp. 193~208.

Gresswell, D. M. , & Holland, C. R. , "Multiple murder: A review", *British Journal of Criminology*, 34 (1) (1994), pp. 1~14.

Griffin, P. , Torbet, P. , & Szymanski, L. , *Trying juveniles as adults in criminal court: An analysis of state transfer provisions*, Washington, DC: U. S. Department of Justice, Office of Justice Programs, Office of Juvenile Justice and Delinquency Prevention, 1998.

Grilo, C. M. , Becker, D. F. , Walker, M. L. , & Levy, K. N. , "Psychiatric comorbidity in adolescent inpatients with substance use disorders", *Journal of the American Academy of Child & Adolescent Psychiatry*, 34 (1995), pp. 1085~1091.

Grisso, T. , "Juvenile's capacities to waive Miranda rights: An empirical analysis", *California Law Review*, 68 (1980), p. 134.

Grisso, T. , "Society's retributive response to juvenile violence: A developmental perspective", *Law & Human Behavior*, 20 (1996), p. 229.

Grisso, T. , "Juvenile competency to stand trial: Questions in an era of punitive reform", *Criminal Justice*, 1997, p. 12.

Grisso, T. , & Siegel, S. K. , "Assessment of competency to stand criminal trial. In W. J. Curran", A. L. McGarry, & S. A. Shah (Eds.), *Forensic psychiatry and psychology*, 1986, pp. 145~165.

Grisso, T. , Steinberg, L. , Wollard, J. , Cauffman, E. , Scott, E. , Graham, S. , et al. , "Juveniles' competence to stand trial: A comparison of adolescents' and adults'capacities as trial defendants", *Law and Human Behavior*, 27 (2003), pp. 333~363.

Grossman, K. E. , & Grossman, K. , "The wider concept of attachment in cross-cultural research", *Human Development*, 33 (1990), pp. 31~47.

Groth, A. N. , "Adolescent sexual offender and his prey", *International Journal of Offender Thera-*

py and Comparative Criminology, 21 (1977), pp. 249~254.

Groth, A. N., "Patterns of sexual assault against children and adolescents", in L. J. Burgess, N. Groth, L. L. Holmstrom, & S. M. Sgroi (Eds.), *Sexual assault of children and adolescents*, Lexington, MA: Heath, 1978.

Groth, A. N., *Men who rape: The psychology of the offender*, New York: Plenum Press (Original work published 1979), 1984.

Groth, A. N., & Loredo, C. M., "Juvenile sexual offenders: Guidelines for assessment", *International Journal of Offender Therapy and Comparative Criminology*, 25 (1981), pp. 31~39.

Grubin, D., "Sexual murder", *British Journal of Psychiatry*, 165 (1994), pp. 624~629.

Grunson, L., "A 25-year trial to 5 murder charges, sudden death of her 5 children were slayings, police say", *The New York Times*, 1994, March 28, pp. B1, B2.

Grunwald, M., "Coursework in N. Y.: Surviving the police", *The Washington Post*, 1999, March 16, p. A3.

Guns and jeers used by gang to buy silence (2005, January 16), Gainesville (Florida) Sun, Retrieved February 20, 2005, from http://www.gainesville.com/apps.

Gurr, T. R., *Why men rebel*, Princeton, NJ: Princeton University Press, 1970.

Guttman, A., *Sport spectators*, New York: Columbia University Press, 1986.

Guze, S. B., *Criminality and psychiatric disorders*, New York: Oxford University Press, 1976.

Haapasalo, J., & Trembley, R. E., "Physically aggressive boys from age 6 to 12: Family background, parenting behavior, and prediction of delinquency", *Journal of Consulting and Clinical Psychology*, 62 (1994), pp. 1044~1052.

Haddad, J., "Managing the special needs of mentally ill inmates", *American Jails*, 7 (1) (1993), pp. 62~65.

Hafner, H., & Boker, W., *Crimes of violence by mentally abnormal offenders* (Trans. H. Marshall), Cambridge, England: Cambridge University Press, 1973.

Hagan, F. E., *Political crime: Ideology and criminality*, Boston: Allyn & Bacon, 1997.

Hagan, J., *Structural criminology*, New Brunswick, NJ: Rutgers University Press, 1989.

Hagan, J., & Kay. F., "Gender and delinquency in white-collar families: A power-control perspective", *Crime and Delinquency*, 36 (1990), pp. 391~407.

Hagan, M. P., & Cho, M. E., "A comparison of treatment outcomes between adolescent rapists and child sexual offenders", *International Journal of Offender Therapy & Comparative Criminology*, 40 (1996), pp. 113~122.

Hale, R., "The role of humiliation and embarrassment in serial murder", *Psychology: A Journal of Human Behavior*, 31 (2) (1994), pp. 17~23.

Halikakas, J. A., Meller, J., Morse, C., & Lyttle, M. D., "Predicting substance abuse in juvenile offenders: Deficit disorder versus aggressivity", *Child Psychiatry & Human Development*, 21 (1990), pp. 49~55.

Hall, E. T., "A system for the notation of proxemics behavior", *American Anthropologist*, 65

(1963), pp. 1003~1026.

Hall, E. T., *The hidden dimension*, New York: Doubleday, 1966.

Hall, G. C., Shondrick, D. D., & Hirschman, R., "The role of sexual arousal in sexually aggressive behavior: A meta-analysis", *Journal of Consulting and Clinical Psychology*, 61 (1993), pp. 1091~1095.

Hall, G. S., *Adolescence: Its psychology and its relations to psychology, anthropology, sociology, sex, crime, religion, and education*, New York: Appleton-Century-Crofts, 1904.

Haller, E., "High school size and student in discipline: Another aspect of the school consolidation issue", *Educational Evaluation and Policy Analysis*, 14 (1992), pp. 145~156.

Hallman, J., Persson, M., & af Klinteberg, B., "Female alcoholism: Differences between female alcoholics with and without a history of additional substance abuse", *Alcohol and Alcoholism*, 36 (2001), pp. 564~571.

Halverson, C. F., & Victor, J. B., "Minor physical anomalies and problem behavior in elementary school children", *Child Development*, 47 (1976), pp. 281~285.

Hamalainen, M., & Pulkkinen, L., "Problem behavior as a precursor of male criminality", *Development & Psychopathology*, 8 (1996), pp. 443~455.

Hamm, M. S., *Terrorism, hate crime, and antigovernment violence: A preliminary review of the research* (Background paper for National Research Council, Commission on Behavioral and Social Sciences and Education, Committee on Law and Justice), 1996.

Haney, C., *Limits to prison pain: Modern psychological theory and rational crime control policy*, Washington, DC: American Psychological Association, 1998.

Haney, C., Banks, W., & Zimbardo, P., "Interpersonal dynamics in a stimulated prison", *International Journal of Criminology and Penology*, 1 (1973), pp. 69~97.

Haney, C., Hurtado, A., & Vega, L., " 'Modern'death qualification: New data on biasing effects", *Law and Human Behavior*, 18 (1994), pp. 619~634.

Haney, C., & Lynch, M., "Regulating prisons of the future: A psychological analysis of supermax and solitary confinement", *New York Review of Law and Social Change*, 23 (1997), pp. 101~195.

Haney, C., & Zimbardo, P., "The socialization into criminality: On becoming a prisoner and a guard", in J. Tapp & F. Levine (Eds.), *Law, justice, and the individual in society: Psychological and legal issues*, New York: Holt, Rinehart & Winston, 1977, pp. 198~223.

Haney, C., & Zimbardo, P., "The past and future of U. S. prison policy: Twenty-five years after the Stanford Prison Experiment", *American Psychologist*, 53 (1998), pp. 709~727.

Hanke, P. J., "Putting school crime into perspective: Self-reported school victimizations of high school seniors", *Journal of Criminal Justice*, 24 (1996), pp. 207~225.

Hannah, J., "Inmates restricted after riots in Kansas", *Boston Globe*, 1992, July 7, p. 3.

Hansen, W. B., Graham, J. W., Shelton, D. R., Flay, B. R., & Johnson, C. A., "The consistency of peer and parent influences on tobacco, alcohol, and marijuana use among young adult adolescents", *Journal of Behavioral Medicine*, 17 (1987), pp. 135~154.

Hanson, M., MacKay, S., Atkinson, L., Staley, S., "Firesetting during the preschool period: Assessment and intervention issues", *Canadian Journal of Psychiatry*, 40 (1995), pp. 299~303.

Hanson, M., MacKay, S., Staley, S., & Poulton, L., "Delinquent firesetters: A comparative study of delinquency and firesetting histories", *Canadian Journal of Psychiatry*, 39 (1994), pp. 230~232.

Hanson, R. K., "Will they do it again? Predicting sexoffense recidivism", *Current Directions in Psychological Science*, 9 (2000), pp. 106~109.

Haraway, M., & Oneil, J. M. (Eds.), *What causes men's violence against women*, Thousand Oaks, CA: Sage, 1999.

Harburg, E., Davis, D. R., & Caplan, R., "Parent and offspring alcohol use", *Journal of Studies on Alcohol*, 43 (1982), pp. 497~516.

Hard, R. D., "Diagnosis of antisocial personality disorder in two prison populations", *American Journal of Psychiatry*, 140 (1983), pp. 887~890.

Hardin, B., "Teen suspect in N. J. slaying engaged in Internet-inspired sex, prosecutor says" *The Washington Post*, 1997, October 3, p. A4.

Hardin, B., "A burglar who comes to dinner", *The Washington Post*, 1998a, March 1, p. A3.

Hardin, B., "John Gotti Jr., 39 others are indicted in New York", *The Washington Post*, 1998b, January 22, p. A3.

Hardin, B., "New Jersey 'prom mom' accepts plea agreement", *The Washington Post*, 1998c, August 21, p. A4.

Hardin, B., "Worker kills four at Connecticut lottery", *The Washington Post*, 1998d, March 8, pp. A1, A9.

Hardin, B., & Hedgpeth, D., "Minnesota killer chafed at life on reservation", *The Washington Post*, 2005, March 25, pp. A1, A6.

Hardwick, P. J., & Rowton-Lee, M. A., "Adolescent homicide: Towards assessment of risk", *Journal of Adolescence*, 19 (1996), pp. 263~276.

Hare, R. D., "Psychopathy and laterality of cerebral function", *Journal of Abnormal Psychology*, 88 (1979), pp. 887~890.

Hare, R. D., "A research scale for the assessment of psychopathy in criminal populations", *Personality and Individual Differences*, 1 (1980), pp. 111~119.

Hare, R. D., "Psychopathy and violence", in J. Hays, T. Roberts, & K. Solway (Eds.), *Violence and the violent individual*, New York: Jamaica, 1981.

Hare, R. D., *The Psychopathy Checklist*, Vancouver, British Columbia, Canada: University of British Columbia Press, 1985.

Hare, R. D., *The Hare Psychopathy Checklist - Revised*, Toronto, Ontario, Canada: Multi-Health Systems, 1991.

Hare, R. D., "Psychopathy: A clinical construct whose time has come", *Criminal Justice & Behavior*, 23 (1996), pp. 25~54.

Hare, R. D. , *Hare Psychopathy Checklist-Revised*, PCL-R, 2nd. ed. , Toronto, Ontario, Canada: Multi-Health Systems, 2003.

Hare, R. D. , & Connolly, J. F. , "Perceptual asymmetries and information processing in psychopaths", in S. Mednick, T. Moffitt, & S. Stack (Eds.), *The causes of crime: New biological approaches*, Cambridge, England: Cambridge University Press, 1987.

Hare, R. D. , Forth, A. E. , & Stachan, K. E. , "Psychopathy and crime across the life span", in R. D. Peters, R. J. McMahon, & V. L. Quinsey (Eds.), *Aggression and violence throughout the life span*, Newbury Park, CA: Sage, 1992.

Hare, R. D. , Hart, S. D. , & Harpur, T. J. , "Psychopathy and the DSM – IV criteria for antisocial personality disorder", *Journal of Abnormal Psychology*, 100 (1991), pp. 391 ~ 398.

Hare, R. D. , & Jutai, J. , "Criminal history of the male psychopath: Some preliminary data", in K. Van Dusen & S. Mednick (Eds.), *Prospective studies of crime and delinquency*, Boston: Kluwer-Nijhoff, 1983.

Hare, R. D. , & McPherson, L. M. , "Psychopathy and perceptual asymmetry during verbal dichotic listening", *Journal of Abnormal Psychology*, 93 (1984a), pp. 141 ~ 149.

Hare, R. D. , & McPherson, L. , "Violent and aggressive behavior by criminal psychopaths", *International Journal of Law and Psychiatry*, 7 (1984b), pp. 35 ~ 50.

Hare, R. D. , & Schalling, D. , *Psychopathic behavior: Approaches to research*, New York: Wiley, 1978.

Harkins, J. D. , Catalano, R. F. , Kosterman, R. , Abbott, R. , & Hill, K. G. , "Preventing adolescent health-risk behaviors by strengthening protection during childhood", *Archives of Pediatrics and Adolescent Medicine*, 153 (1999), pp. 226 ~ 234.

Harlow, C. W. , *Robbery victims*, Washington, DC: Bureau of Justice Statistics, 1987.

Harlow, C. W. , *Female victims of violent crime*, Washington, DC: Bureau of Justice Statistics, 1991.

Harlow, C. W. , *Profile of jail inmates 1996*, Washington, DC: U. S. Department of Justice, Bureau of Justice Statistics, 1998.

Harlowe, H. F. , "Love in infant monkeys", *Scientific American*, XX, 1959, June, pp. 68 ~ 74.

Harries, K. D. , & Stadler, S. J. , "Heat and violence: New findings from Dallas field data, 1980 ~ 1981", *Journal of Applied Social Psychology*, 18 (1988), pp. 129 ~ 138.

Harris, M. G. , *CHOLAS, Latino girls and gangs*, New York: AMS Press, 1988.

Harris, T. , *The silence of the lambs*, New York: St. Martins, 1998.

Harrison, P. M. , & Beck, A. J. , *Prison and jail inmates at midyear 2004*, Washington, DC: U. S. Department of Justice, Office of Justice Programs, Bureau of Justice Statistics, Retrieved June 9, 2005, from http: //www. ojp. usdoj. gov/bjs/pub/ascii/pjim04. txt.

Harry, B. , & Balcer, C. , "Menstruation and crime: A critical review of the literature from the clinical criminology perspective", *Behavioral Sciences and the Law*, 5 (1987), pp. 307 ~ 322.

Harter, S. , "The personal self in social context", in R. D. Ashmore & L. Jussim (Eds.), *Self and identity: Fundamental issues*, New York: Oxford University Press, 1996.

Hartup, W. W. , "Aggression in childhood: Developmental perspectives", *American Psychologist*, 29 (1974), pp. 336 ~ 341.

Haskett, R. F. , "Premenstrual dysphoric disorder: Evaluation, pathophysiology and treatment", *Progress in Neuro-Psychopharmacology and Biological Psychiatry*, 11 (1987), pp. 129 ~ 135.

Hastie, R. , Penrod, S. D. , & Pennington, N. , *Inside the jury*, Cambridge, MA: Harvard University Press, 1983.

Hawkins, J. D. , Catalano, R. F. Kosterman, R. , Abbott, R. , & Hill, K. G. , "Preventing adolescent health-risk behaviors by strengthening protection during childhood", *Archives of Pediatrics and Adolescent Medicine*, 53 (1999), pp. 226 ~ 234.

Hawkins, J. D. , Arthur, M. W. , & Catalano, R. F. , "Preventing substance abuse", in M. Tonry & D. P. Farrington (Eds.), *Building a safer society: Crime and justice* (Vol. 19), Chicago: University of Chicago Press, 1995.

Hawkins, J. D. , & Lam, T. , "Teacher practices, social development, and delinquency", in J. D. Burchard & S. N. Burchard (Eds.), *Prevention of delinquent behavior*, Newbury Park, CA: Sage, 1987.

Hawkins, J. D. , & Weis, J. G. , "The social developmental model: An integrated approach to delinquency prevention", *Journal of Primary Prevention*, 6 (1985), p. 20.

Hayes-Bautista, D. E. , Schink, W. O. , & Hayes-Bautista, M. , "Latinos and the 1992 Los Angeles riots: A behavioral science perspective", *Hispanic Journal of Behavioral Sciences*, 15 (1993), pp. 427 ~ 448.

Haywood, T. W. , & Grossman, L. S. , "Denial of deviant sexual arousal and psychopathology in child molesters", *Behavior Therapy*, 25 (1994), pp. 327 ~ 340.

Hazen, C. , & Shaver, P. , "Attachment as an organizational framework for research on close relationships", *Psychological Inquiry*, 5 (1994), pp. 1 ~ 22.

Healy, W. , & Bonner, A. , *New light on delinquency and its treatment*, New Haven, CT: Yale University Press, 1931.

Heath, T. , "Violent profession takes public beating", *Washington Post*, 2000, February 2, p. B3.

Heavey, C. L. , Adelman, H. S. , Nelson, P. , & Smith, D. C. , "Learning problems, anger, perceived control, and misbehavior", *Journal of Learning Disabilities*, 22 (1989), pp. 47 ~ 50.

Hebb, D. O. , *Textbook of psychology*, 3rd ed. , Philadelphia Saunders, 1972.

Heffernan, E. , *Making it in prison: The square, the cool and the life*, New York: Wiley, 1972.

Heide, K. M. , *Young killers: The challenge of juvenile homicide*. Thousand Oaks, CA: Sage, 1998.

Heilbrun, K. S. , "The assessment of competence for execution: An overview", *Behavioral Sciences and the Law*, 5 (1987), pp. 383 ~ 396.

Heilbrun, K. , & Collins, S. , "Evaluation of trial competency and mental state at the time of the offense: Report characteristics", *Professional Psychology: Research and Practice*, 26 (1995), pp. 61 ~ 67.

Heise, L. M. , & Garcia-Moreno, C. , "Violence by intimate partners", World Report on Violence and Health, Geneva, Switzerland: World Health Organization, 2002.

Helfgott, J. B. , "The relationship between unconscious defensive process and conscious cognitive style in psychopaths", *Criminal Justice & Behavior*, 24 (1997), pp. 278 ~ 293.

Heller, W. , Nitschke, J. B. , & Miller, G. A. , "Lateralization in emotion and emotional disorders", *Current Directions in Psychological Science*, 7 (1998), pp. 26 ~ 32.

Hellerstein, D. , Frosch, W. , & Koenigsberg, H. W. , "The clinical significance of command hallucinations", *American Journal of Psychiatry*, 144 (1987), pp. 219 ~ 221.

Hendin, H. , "Fall from power: Suicide of an executive", *Suicide & Life-Threatening Behavior*, 24 (1994), pp. 293 ~ 301.

Henggeler, S. , *Delinquency in adolescence*, Newbury Park, CA: Sage, 1989.

Henry, B. , Caspi, A. , Moffitt, T. , & Silva, P. , "Temperamental and familiar predictors of violent and nonviolent criminal convictions: Age 3 to age 18", *Developmental Psychology*, 32 (1996), pp. 614 ~ 623.

Henson, D. (2003), "Drug abuse resistance education: The effectiveness of DARE", Retrieved June 21, 2005, from at http://www. alcoholfacts. org/DARE. html.

Hentoff, N. , "Meting out justice", *Texas Lawyer*, 2000, May 15, p. 46.

Heritage Foundation, *The real root causes of violent crime: The breakdown of marriage, family, and community*, Washington, DC: Author, 1995.

Hern, W. M. , "Proxemics: The application of theory to conflict arising from antiabortion demonstrations", *Population and Environment: A Journal of Interdisciplinary Studies*, 12 (1991), pp. 379 ~ 388.

Hertzberg, H. (2003, October 27), "Rush in rehab", Talk of the town, *The New Yorker*, Retrieved January 8, 2005, from http://www. newyorker. com/talk/content/? 031027ta _ talk _ hertzberg.

Hesselbrock, V. , Meyer, R. , & Hesselbrock, M. , "Psychopathology and addictive disorders: The specific case of antisocial personality disorder", in C. P. O'Brien & J. H. Jaffe (Eds.), *Addictive states*, New York: Raven, 1992, pp. 179 ~ 191.

Hetherington, E. M. , Cox, M. , & Cox, R. , "Effects of divorce on parents and children", in M. Lamb (Ed.), *Nontraditional families*, Hillsdale, NJ: Lawrence Erlbaum Associates, Inc, 1982.

Hewitt, B. , & Longley, J. , "Sister of mercy", *People Magazine*, 2001, April 9.

Hiatt, F. , "Cats or kids?", *The Washington Post*, 1998, November 1, p. C7.

Hickey, E. W. , *Serial murderers and their victims*, 2nd ed. , Belmont, CA: Wadsworth, 1997.

Hill, S. Y. , "Absence of paternal sociopathy in the etiology of severe alcoholism: Is there a Type III alcoholism?", *Journal of Studies on Alcohol*, 53 (1992), pp. 161 ~ 169.

Hillard, J. (2004, July 14), "Living out loud: Death of a radiohead", *Cincinnati CityBeat*, Retrieved May 30, 2006 from http://www. citybeat. com/2004-07-14/livin-goutloud. shtml.

Hindelang, M. J. , Gottfredson, M. R. , & Garofalo, J. , *Victims of personal crime: An empirical foundation for a theory of personal crime*, Cambridge, MA: Ballinger, 1978.

Hindus, M. , *Prison and plantation: Crime, justice, and authority in Massachusetts and South Carolina*, Chapel Hill: University of North Carolina Press, 1980, pp. 1767 ~ 1878.

Hinshaw, S. P. , "On the distinction between attentional deficit/hyperactivity and conduct problems/aggression in child psychopathology", *Psychological Bulletin*, 101 (1987), pp. 443~463.

Hippchen, L. (Ed.), *Biologic-biochemical approaches to treatment of delinquents and criminals*, New York: Von Nostrant Reinhold, 1978.

Hiroto, D. S. , & Seligman, L. M. E. P. , "Generality of learned helplessness in man", *Journal of Personality and Social Psychology*, 31 (1975), pp. 311~327.

Hirschi, T. , *Causes of delinquency*, Berkeley: University of California Press, 1969.

Hirschi, T. , "The family", in J. Q. Wilson & J. Petersilia (Eds.), *Crime*, San Francisco: ICS Press, 1995.

Hirschi, T. , & Gottfredson, M. , "Causes of white-col-lar crime", *Criminology*, 25 (1987), pp. 949~974.

Hirschi, T. , & Hindelang, M. , "Intelligence and delinquency: A revisionist review", *American Sociological Review*, 42 (1977), pp. 471~586.

Hockstader, L. & Whitlock, W. , "Israeli court sentences Sheinbein to 24 years", *Washington Post*, California Penal Code, 186.22 (1999), p. B1.

Hoffman, M. L. , "Development of prosocial motivation: Empathy and guilt", in N. Eisenbert (Ed.), *The development of prosocial behavior*, New York: Academic, 1982, pp. 281~313.

Hoffman, M. , "Moral development", in M. H. Bornstein & M. E. Lamb (Eds.), *Developmental psychology: An advanced textbook*, 2nd ed. , Hillsdale, NJ: Lawrence Erlbaum Associates, Inc, 1988.

Hoge, S. K. , Bonnie, R. J. , Poythress, N. G. , & Monahan, J. , *Lutz*, FL: Psychological Assessment Resources, Inc, 2004.

Hollin, C. R. , *Psychology and crime*, London: Routledge, 1989.

Holmes, R. M. , "Stalking in America: Types and methods of criminal stalkers", *Contemporary Criminal Justice*, 9 (1993), p. 317.

Holmes, R. M. , & DeBurger, J. , *Serial murder*, Newbury Park, CA: Sage, 1988.

Holmes. S. A. , "Both a victim of racial profiling and a practitioner", *New York Times*, Week in Review, 1999, April 25, p. 7.

Holmes, S. T. , Hickey, E. , & Holmes, R. M. , "Female serial murderesses: Constructing differentiating typologies", *Journal of Contemporary Criminal Justice*, 7 (1991), pp. 245~256.

Holmes, W. C. , & Slap, G. B. , "Sexual abuse of boys: Definition, prevalence, correlates, sequelae, and management", *Journal of the American Medical Association*, 280 (1998), pp. 1855~1862.

Holt v. Sarver, 309 F. Supp. 362 (E. D. Ark. 1970).

Holtzworth-Monroe, A. , "A typology of men who are violent toward their female partners: Making sense of the heterogeneity in husband violence", *Current Directions in Psychological Science*, 9 (2000), pp. 140~143.

Hooton, E. A. , *The American criminal: An anthropological study*, Cambridge, MA: Harvard University Press, 1939.

Hope v. Pelzer, 536 U. S. 730, 2002.

Hops, H., Tildesley, E., Lichtenstein, E., Ary, D., & Sherman, L., "Parent-adolescent problem-solving interactions and drug use", *American Journal of Drug and Alcohol Abuse*, 16 (1990), pp. 239 ~ 258.

Horney, J., "Menstrual cycles and criminal responsibility", *Law and Human Nature*, 2 (1978), pp. 25 ~ 36.

Horney, J., Osgood, D. W., & Marshall, I. H., *Adult patterns of criminal behavior*, Washington, DC: National Institute of Justice, 1996.

Horning, D., "Employee theft", in S. Kadish (Ed.), *Encyclopedia of crime and justice*, New York: MacMillan and Free Press, 1983, pp. 698 ~ 704.

Horowitz, I. A., "Juror selection: A comparison of two methods in several criminal cases", *Journal of Applied Social Psychology*, 10 (1980), pp. 86 ~ 99.

Horowitz, R., & Schwartz, G., "Honor, normative ambiguity, and gang violence", *American Sociological Review*, 39 (1974), pp. 238 ~ 251.

"Hostages released, fired postal employee surrenders", *The Washington Post*, 1997, December 25, p. A13.

Hotaling, G. T., & Sugarman, D. B., "An analysis of risk markers in husband to wife violence: The current state of knowledge", *Violence and Victims*, 1 (1986), pp. 101 ~ 124.

Howard, R., Payamal, L. T., & Neo, L. H., "Response modulation deficits in psychopaths: a failure to confirm and a reconsideration of the Patterson-Newman model", *Personality & Individual Differences*, 22 (1997), pp. 707 ~ 717.

Howell, J. C., *Gangs*, Washington, DC: Office of Juvenile Justice and Delinquency Prevention, 1994, Fact Sheet No. 12.

Howell, J. C., &Decker, S. H., *The youth gang, drugs, and violence connection*, Washington, DC: U. S. Department of Justice, Office of Justice Programs, Office of Juvenile Justice and Delinquency Prevention, 1999.

Hoyert, D. L., Kochanek, K. D. &Murphy, S. L., "Deaths: Final data for 1997", *National Vital Statistics Reports*, 47 (19), 1999, pp. 1 ~ 115.

Hsu, S. S., "Victim's sister urges clemency", *The Washington Post*, 1998, June 17, p. B4.

Hsu, L., & Starzynski, J., "Adolescent rapists and adolescent child sexual assaulters", *International Journal of Offender Therapy and Comparative Criminology*, 34 (1990), pp. 23 ~ 30.

Huesmann, L. R., & Eron, L. D., *"Television and the aggressive child: A cross-national comparison*, Hillsdale, NJ: Lawrence Erlbaum Associates, Inc, 1986.

Huesmann, L. R., Lagerspetz, K., & Eron, L. D., "Intervening variables in the TV violence-aggression relation: Evidence from two countries", *Developmental Psychology*, 20 (1984), pp. 746 ~ 775.

Huesmann, L. R., Moise, J. F., & Podolski, C. L., "The effects of media violence on the development of antisocial behavior", in D. M. Stoff, J. Breiling & J. D., Maser (Eds.), *Handbook of antisocial behavior*, New York: Wiley, 1997, pp. 181 ~ 193.

Human Rights Watch, *Cold storage: Super-maximum security confinement in Indiana*, New York: Author, 1997.

Human Rights Watch, "Punishment and prejudice: Racial disparities in the war on drugs", *Human Rights Watch Report-United States*, 2000, May, 12 (2), G1202.

Humphreys, M. S., Johnstone, E. C., MacMillan, J. F., & Taylor, P. J., "Dangerous behavior preceding first admissions for schizophrenia", *British Journal of Psychiatry*, 161 (1992), pp.501~505.

Hunter, S., "Literary license to kill: The language of irony is open to misrepresentation", *Washington Post*, 1999, April 28, p. C1.11.

Icove, D. J. & Estepp, M. H., "Motive-based offender profiles of arson and fire-related crime", *FBI Law Enforcement Bulletin*, 1987, April, pp.17~23.

Inciardi, J. A., *Careers in crime*, Chicago: Rand McNally, 1975.

"In Colorado, 3 judges rule on penalty in murder case", *The New York Times*, 1999, April 18, p.26.

"Instructions to disregard and the jury: Curative and paradoxical effects", in J. M. Golding & C. M. MacLeod (Eds.), *Intentional forgetting: Interdisciplinary approaches*, Mahwah, NJ: Lawrence Erlbaum Irwin, *Prisons in turmoil*, Boston: Little, Brown, 1980, pp 413~434.

Isely, P. J., & Gehrenbeck-Shim, "Sexual assault of men in the community", *Journal of Community Psychology*, 25 (1997), pp.159~166.

Ito, T. A., Miller, N., & Pollock, V. E., "Alcohol and aggression: A meta-analysis on the moderating effects of inhibitory cues, triggering events, and self-focused attention", *Psychological Bulletin*, 120 (1996), pp.60~82.

Ivey, G., & Simpson, P., "The psychological life of pedophiles: A phenomenological study", *South African Journal of Psychology*, 1998, 28 (1), pp.15~20.

Jackman, T., "Escape 'The Matrix', go directly to jail: Some defendants in slaying cases make reference to hit movie", *The Washington Post*, 2003, May 18, pp. A1, A10.

Jackson, K. L., "Differences in the background and criminal justice characteristics of young Black, White and Hispanic male federal prison inmates", *Journal of Black Studies*, 27 (1997), pp.494~509.

Jackson, S., "The lottery", in D. Madden (Ed.), *A pocketful of prose: Vintage short fiction*, Vol. II, Ft. Worth, TX: Harcourt-Brace, 1948/1996.

Jacobs, J., "The prisoners' rights movement and its impacts", *Manual of standards for adult correctional institutions*, College Park, MD: American Correctional Association, 1977, pp.33~60.

Jacobs, J., *Stateville: The penitentiary in mass society*, Chicago: University of Chicago Press, 1977.

"Jails without walls", *The Washington Post*, 1997 September 4, p. A24.

James, R., "Status and competence of jurors", *American Journal of Sociology*, 64 (1959), pp.563~570.

Janik, J., "Dealing with mentally ill offenders", *Law Enforcement Bulletin*, 1992, 61 (7), pp.22~26.

Jankowski, M. S., *Islands in the street: Gangs and American urban society*, Berkeley: University of California Press, 1991.

Janoff-Bulman, R., Timko, C., & Carli, L. L., "Cognitive biases in blaming the victim", *Journal of Experimental Social Psychology*, 21 (1985), pp. 161~177.

Janssen, E., "Understanding the rapist's mind", *Perspectives in Psychiatric Care*, 1995, 31 (4), pp. 9~13.

Jaravik, L. F., Klodin, V., & Matsuyama, S. S., "Human aggression and the extra Y chromosome", *American Psychologist*, 28 (1973), pp. 674~682.

J. E. B. ex. Rel. T. B. 511 U. S., 127, 1994.

Jesilow, P., Pontell, H. N., & Geis, G., *Prescription for profit—How doctors defraud Medicaid*, Berkeley: University of California Press, 1993.

Jessor, R., & Jessor, S. L., *Problem behavior and psychosocial development: A longitudinal study of youth*, San Diego: Academic, 1977.

Johnson, A. B., *Out of bedlam: The truth about deinstitutionalization*, New York: Basic Books, 1990.

Johnson, C., Webster, B., & Connors, E., *Prosecuting gangs: A national assessment* Washington, DC: National Institute of Justice, 1995.

Johnson, R., *Death work: A study of the modern execution process*, Belmont, CA: Wadsworth, 1990.

Johnson, R., *Hard time: Understanding and reforming the prison*, 2nd ed., Belmont, CA: Wadsworth, 1996.

Johnson, R. & Toch, J., "Introduction", in R. Johnson & H. Toch (Eds.), *The pains of imprisonment*, Prospect Heights, IL: Waveland, 1988, pp. 13~21.

Johnson v. Louisiana, 1988, 406 U. S. 356 (1972).

Johnson v. Noot, 323 N. W. 2d 724 (Minn. 1982).

Johnston, L. D., "Toward a theory of drug epidemics", in L. Donohew, H. E. Sypher, & W. J. Bukoski (Eds.), *Persuasive communication and drug abuse prevention*, Hillsdale, NJ: Lawrence Erlbaum Associates, Inc, 1991.

Johnstone, J. W. C., Hawkins, D. F. Y., & Michener, A., "Homicide reporting in Chicago dailies", *Journalism Quarterly*, 71 (1994), pp. 860~872.

Jones, M. C., "A laboratory study of fear: The case of Peter", *Pedagogical Seminary*, 31 (1924), pp. 308~315.

Josephson, W., "Television violence and children's aggression: Testing the priming, social script, and disinhibition predictions", *Journal of Personality and Social Psychology*, 53 (1987), pp. 882~890.

Jurkovic, G., & Prentice, N., "Relations of moral and cognitive development to dimensions of juvenile delinquency", *Journal of Abnormal Psychology*, 86 (1977), pp. 414~415.

Kadushin, A., & Martin, J. A., *Child abuse: An interactional event*, New York: Columbia University Press, 1981.

Kagan, J., *The second year*, Cambridge, MA: Harvard University Press, 1981.

Kagan, J., *The nature of the child*, New York: Basic Books, 1984.

Kagan, J., *Unstable ideas: Temperament, cognition, and self*, Cambridge, MA: Harvard University Press, 1989.

Kagan, J., & Snidman, N., *The long shadow of temperament*, Cambridge, MA: Harvard University Press, 2004.

Kagan, J., Snidman, N., Arcus, D., & Reznick, J., *Galen's prophecy: Temperament in human nature*, NewYork: Basic Books, 1994.

Kahan, D., "Between economics and sociology: The new path of deterrence", *Michigan Law Review*, 1997a August.

Kahan, D., "Social influence, social meaning, and deterrence", *Virginia Law Review*, 83 (1997b), pp. 349~395.

Kalven, H., & Zeisel, H., *The American jury*, Boston: Little, Brown, 1966.

Kaminer, W., *It's all the rage: Crime and culture*, Reading, MA: Addison-Wesley, 1995.

Kandel, D. B., "Epidemiological and psychosocial perspectives on adolescent drug use", *Journal of American Academic Clinical Psychiatry*, 21 (1982), pp. 328~347.

Kandel, D. B., & Andrews, K., "Processes of adolescent socialization by parents and peers", *International Journal of Addiction*, 22 (1987), pp. 319~342.

Kandel, D., & Davies, M., "Friendship networks, intimacy and illicit drug use in young adulthood: A comparison of two competing theories", *Criminology*, 29 (1991), pp. 441~471.

Kandel, D. B., Kessler, R. C., & Marguiles, R. Z., "Antecedents of adolescent initiation into stages of drug use: A developmental analysis", in D. B. Kandel (Ed.), *Longitudinal research on drug use*, Washington, DC: Hemisphere, 1978, pp. 73~98.

Kanof, M., *Youth illicit drug use prevention: DARE long-term evaluations and federal efforts to identify effective programs*, Washington, DC: General Accounting Office, 2003.

Kantor, G. K., & Jasinski, J. L., "Dynamics and risk factors in partner violence", in J. L. Jasinski & L. M. Williams (Eds.), *Partner violence: A comprehensive review of 20 years of research*, Thousand Oaks, CA: Sage, 1998.

Kaplan, M. F., & Schersching, C., "Juror deliberation: An information integration analysis", in B. Sales (Ed.), *The trial process*, 1981, pp. 235~262.

Kappeler, V. E., Blumberg, M., & Potter, G. W., *The mythology of crime and criminal justice*, 2nd ed., Prospect Heights, IL: Waveland, 1996.

Katz, J., "The motivation of the persistent robber", in M. H. Tonry (Ed.), *Crime and justice: A review of the research*, Chicago: University of Chicago Press, 1991, pp. 277~305.

Karberg, J. C., & Beck, A. J., *National prisoner statistics 2003*, Washington, DC: Bureau of Justice Statistics, 2004.

Karmen, A., *Crime victims: An introduction to victimology*, 2nd ed., Pacific Grove, CA: Brooks/Cole, 1990.

Karmen, A., *Crime victims: An introduction to victimology*, 4th ed., Pacific Grove, CA: Brooks/Cole, 2000.

Karon, B. P., "Provision of psychotherapy under managed health care: A growing crisis and national nightmare", *Professional Psychology: Research and Practice*, 26 (1995), pp. 5 ~ 9.

Karr-Morse, R., & Wiley, M., *Ghosts from the nursery: Tracing the roots of violence*, Boston: Atlantic Monthly Press, 1997.

Kassin, S. M., & Studebaker, C. A., "Instructions to disregard and the jury: Curative and paradoxical effects", in J. M. Golding & C. M. MacLeod (Eds.), *Intentional forgetting: Interdisciplinary approaches*, Hillsdale, NJ: Lawrence Erlbaum Associates, Inc., 1998, pp. 413 ~ 434.

Johnson, J., "Witness for the prosecution", *The New Yorker*, Johnson, K. Hinckley allowed unsupervised visits, USA Today, 1994. Retrieved May 30, 2006 from http://www.usatoday.com/news/nation/2003-12-17-hinckley-visits __x.htm.

Human Rights Watch, *Ill-equipped: U. S. Prisons and offenders with mental illness*, New York: Author, 2004. Retrieved June 15, 2005, from http://www.hrw.org/reports/2003/usa1003/.

Jonsson, P., "How did Eric Rudolph survive?", *Christian Science Monitor*, 2003, June 4. Retrieved May 30, 2006 from http://www.csmonitor.com/2003/0604/p01s02-usju.html.

Kanapaux, W., "Guilty of mental illness", *Psychiatric Times*, XXI (1). Retrieved March 4, 2005, from http://www.psychiatrictimes.com/p040101a.html.

Kassin, S. M., & Wrightsman, L. S., "The construction and validation of a juror bias scale", *Journal of Research in Personality*, 17 (1983), pp. 423 ~ 441.

Katz, J., *Seductions of crime: Moral and sensual attractions for doing evil*, New York: Basic Books, 1988.

Katz, J., "Review of the book Burglars on the job: Street life and residential break-ins", *Contemporary Sociology*, 24 (1995), pp. 798 ~ 799.

Katz, R. C., & Marquette, J., "Psychosocial characteristics of young violent offenders: A comparative study", *Criminal Behavior & Mental Health*, 6 (1996), pp. 339 ~ 348.

Kazdin, A. E., & Kolko, D. J., "Parent psychopathology and family functioning among childhood firesetters", *Journal of Abnormal Child Psychology*, 14 (1986), pp. 315 ~ 329.

Keeney, B. T., & Heide, K. M., "Gender differences in serial murderers: A preliminary analysis", *Journal of Interpersonal Violence*, 9 (1994), pp. 383 ~ 398.

Kegley, C. W., Jr. (Ed.), *The new global terrorism: Characteristics, causes, controls*, Upper Saddle River, NJ: Prentice-Hall, 2003.

Kellam, S. G., & Brown, H., *Social adaptational and psychological antecedents of adolescent psychopathology ten years later*, Baltimore: Johns Hopkins University, 1982.

Kellerman, A., "Gun ownership as a risk factor for homicide in the home", *New England Journal of Medicine*, 1993, October 7, p. 329.

Kellermann, A., "Injuries and deaths due to firearms in the home", *Journal of Trauma*, 45 (1998), pp. 263 ~ 267.

Kelley, B., Loeber, R., Keenan, K., & DeLamatre, M., "Developmental pathways in boy's disruptive and delinquent behavior", *Juvenile Justice Bulletin*, Washington, DC: Office of Juvenile Justice and Delinquency Prevention, 1997, December.

Kelley, B. T., Thornberry, T. P., & Smith, C. A., *In the wake of childhood maltreatment*, Washington, DC: Office of Juvenile Justice & Delinquency Prevention, 1997.

Kelling, G., "Restore order and you reduce crime", *The Washington Post*, 1997, February 9, p. C3.

Kelly, D., *Creating school failure, youth crime, and deviance*, Los Angeles: Trident Shop, 1982.

Kelly, D., & Balch, R., "Social origins and school failure", *Pacific Sociological Review*, 14 (1971), pp. 413~430.

Kennedy, L. W., & Sacco, V. F., *Crime victims in Context*, Los Angeles, CA: Roxbury Publishing Co., 1998.

Kennedy, R., *Race, crime, and the law*, New York: Vintage Books, 1998.

Kenney, D. J., & Finckenauer, J. O., *Organized crime in America*, Belmont, CA: Wadsworth, 1995.

Keppel, R. D., "Signature murders: A report of several related cases", *Journal of Forensic Sciences*, 40 (1995), pp. 670~674.

Kernberg, O. F., *Borderline conditions and pathological narcissism*, New York: Aronson, 1975.

Kernberg, O. F., *Object relations, theory and clinical psychoanalysis*, New York: Aronson, 1976.

Kerr, N. L., "Effects of prior juror experience on juror behavior", *Basic and Applied Social Psychology*, 2 (1981), pp. 175~193.

Kerr, N. L., Hymes, R. W., Anderson, A. B., & Weathers, J. E., "Defendant-juror similarity and mock juror judgments", *Law and Human Behavior*, 19 (1995), pp. 545~568.

Kesey, K., *One flew over the cuckoo's nest*, New York: Viking, 1962.

Kilpatrick, D. G., Acierno, R., Saunders, B., Resnick, H., Best, C. L., & Schnurr, P., "Risk factors for adolescent substance abuse and dependence: Data from a national sample", *Journal of Consulting and Clinical Psychology*, 68 (2000), pp. 19~30.

Kindlon, D. J., Tremblay, R. E., Mezzcappa, E., Earls, F. L., Laruent, D., & Schal, B., "Longitudinal patterns of heart rate and fighting behavior in 9- through 12-year old-boys", *Journal of the American Academy of Child and Adolescent Psychiatry*, 34 (1995), pp. 371~377.

King, M. L., "Letter from Birmingham jail", *To lead or not to lead: Phi Beta Kappa Leadership Development Studies*, Jackson, MS: Phi Theta Kappa, 1963, pp. 8. 27~8. 29.

King, R. S., & Mauer, M., *State sentencing and corrections policies in an era of fiscal restraint*, Washington, DC: U. S. Sentencing Project, 2002.

Kinsley, C., & Svare, B., "Genotype modulates prenatal stress effects on aggression in male and female mice", *Behavioral Neural Biology*, 47 (1987), pp. 138~150.

Klahr, D., & Wallace, J. G., *Cognitive development: An information-processing view*, Hillsdale NJ: Lawrence Erlbaum Associates, Inc., 1976.

Klein, D. C., & Seligman, M. E. P., "Reversal of performance deficits and perceptual deficits in learned helplessness and depression", *Journal of Abnormal Psychology*, 85 (1976), pp. 11~26.

Klein, M., "Envy and gratitude", *Envy and gratitude and other works, 1946~1963*, 1975, pp. 176~238.

Klein, M., *Contributions to psychoanalysis: 1920 ~ 1945*, New York: McGraw-Hill, 1964.

Klein, M., *The writings of Melanie Klein*, London: Hogarth, 1975.

Klein, M., "Labeling theory and delinquency policy: An empirical test", *Criminal Justice and Behavior*, 13 (1986), pp. 47 ~ 49.

Klein, M., *The American street gang: Its nature, prevalence and control*, New York: Oxford University Press, 1995.

Klemke, L. W., *The sociology of shoplifting: Boosters and snitches today*, Westport, CT: Praeger, 1992.

Knight, R. A., & Prentky, R. A., "The developmental antecedents and adult adaptations of rapist subtypes", *Criminal Justice and Behavior*, 14 (1987), pp. 403 ~ 426.

Knox, G. W., *A national assessment of gangs and security threat groups (STGs) in adult corrections institutions: Results of the 1999 adult corrections survey*, Peotone, IL: National Gang Crime Research Center, 1999.

Koch, J. L., *Die Psychopathischen Minderwertig-Keiten*, Ravensburg: Maier, 1891.

Kohlberg, L., "The development of moral character", in M. D. Hoffman (Ed.), *Child development*, New York: Sage, 1964.

Kohlberg, L., "Moral stages and moralization: The cognitive-developmental approach to moral education", in T. Lickona (Ed.), *Moral development and behavior: Theory, research and social issues*, New York: Holt, Rinehart & Winston, 1976, pp. 31 ~ 53.

Kohlberg, L., *The psychology of moral development: Essays on moral development*, San Francisco: Harper & Row, 1984.

Kohlberg, L., Kufmann, P., Scharf, P., & Hickey, J., *The just community approach in corrections: A manual*, Niantic, CT: Connecticut Department of Corrections, 1973.

Kohut, H., *The restoration of the self*, New York: International Universities Press, 1977.

Kolko, D. J., "Fire setting and pyromania", in C. Last & M. Hersen (Eds.), *Handbook of child psychiatric diagnosis*, New York: Wiley, 1989.

Kolko, D. J., & Kazdin, A. E., "Children's descriptions of their firesetting incidents: Characteristics and relationship to recidivism", *Journal of the American Academy of Child & Adolescent Psychiatry*, 33 (1994), pp. 114 ~ 122.

Konecni, V. J., Libuser, L., Morton, H., & Ebbesen, E. B., "Effects of a violation of personal space on escape and helping responses", *Journal of Experimental Social Psychology*, 11 (1975), pp. 288 ~ 299.

Kong, D., "Study shows cohesiveness curbs neighborhood violence", *The Boston Globe*, 1997, August 15, p. A12.

Konopka, G., *The adolescent girl in conflict*, Englewood Cliffs, NJ: Prentice-Hall, 1966.

Koop, C., "Report of the Surgeon Generals workshop on pornography and public health", *American Psychologist*, 42 (1987), pp. 944 ~ 945.

Kotlowitz, A., *There are no children here*, New York: Anchor Doubleday, 1991.

Kovaleski, S. F. , "Officials probe Unabomber suspect's failed 1978 relationship", *The Washington Post*, (1996), p. A1.

Kovaleski, S. F. , & Adams, L. , "A stranger in the family picture", *The Washington Post*, 1996, June 16, p. A1.

Kozol, H. , Boucher, R. , & Garofalo, R. , "The diagnosis and treatment of dangerousness' , *Crime and Delinquency*, 18 (1972), pp. 371 ~ 392.

Kraepelin, E. , *Psychiatrie: Ein Lehrbuch*, 7th ed. , Leipzig, Germany: Barth, 1903 ~ 1904.

Kramer, R. , "Corporate crime: An organizational perspective", in P. Wickman & T. Dailey (Eds.), *White collar and economic crime: A multidisciplinary and crossnational perspective*, Lexington, MA: Lexington, 1982, pp. 75 ~ 94.

Kratzer, L. , & Hodgins, S. , "A typology of offenders: A test of Moffitt's theory among males and females from childhood to age 30" , Paper presented at the meeting of the Life History Research Society, London, 1996.

Kratzer, L. , & Hodgins, S. , "Adult outcomes of child conduct problems: A cohort study", *Journal of Abnormal Child Psychology*, 25 (1997), pp. 65 ~ 81.

Kraus, R. T. , "An enigmatic personality: Case report of a serial killer", *Journal of Orthomolecular medicine*, 10 (1995), pp. 11 ~ 24.

Kraut, R. , Patterson, M. , Lundmark, V. , Kiesler, S. , Mukopadhyay, T. Y. , & Scherlis W. , "Internet paradox: A social technology that reduces social involvement and psychological well-being?", *American Psychologist*, 53 (1998), pp. 1017 ~ 1031.

Krisberg, B. , & Onek, D. , *A manual for the comprehensive strategy for serious, violent, and chronic juvenile offenders*, Washington, DC: National Council on Crime and Delinquency, 1994.

Krisberg, B. , Currie, E. , & Onek, D. , *Graduated sanctions for serious, violent, and chronic juvenile offenders*, Washington, DC: National Council on Crime and Delinquency, 1994, November.

Krohn, M. , Thornberry, T. , Collins-Hall, L. , & Lizotte, A , "School dropout, delinquent behavior, and drug use", in H. Kaplan (Ed.), *Drugs, crime, and other deviant adaptations: Longitudinal studies*, New York: Plenum, 1995.

Kruesi, M. J. , Hibbs, E. D. , Zahn, T. P. , Keysor, C. S. , Hamburger, S. , Bartko, J. J. , et al. , "A 2-year prospective follow-up study of children and adolescents with disruptive behavior disorders", *Archives of General Psychiatry*, 49 (1992), pp. 429 ~ 435.

Krug, E. G. , & Powell, K. E. , "Firearm-related deaths in the United States and 35 other high- and upper-mid-dle-income countries", *International Journal of Epidemiology*, 27 (1998), pp. 5 ~ 12.

Kruttschnitt, C. , "A sociological, offender-based, study of rape", *Sociological Quarterly*, 30 (1980), pp. 305 ~ 329.

Kumpfer, K. , Molgaard, V. , & Spoth, R. , "The strengthening families program for the prevention of delinquency and drug use", in R. D. Peters & R. J. McMahon (Eds.), *Preventing childhood disorders, substance abuse and delinquency*, Thousand Oaks, CA: Sage, 1996.

Kurtz, H. , "The neighborly newscasts", *The Washington Post*, 1998, May 26, p. C1.

Kushner, Harvey, *Encyclopedia of Terrorism*, Thousand Oaks, CA: Sage Publications, 2003.

Kwitney, J. , *Vicious circles—The Mafia in the marketplace*, New York: Norton, 1979.

Lacayo, R. , "A tale of two brothers", *Time*, 1996, April 22, pp. 44~51.

Lacquer, W. , *The New Terrorism: Fanaticism and the Arms of Mass Destruction*, Oxford University Press, 1999.

LaFond, J. Q. , "The costs of enacting a sexual predator law", *Psychology, Public Policy, and Law*, 4 (1998), pp. 468~504.

LaFree, G. D. , *Rape and criminal justice: The social construction of sexual assault*, Belmont, CA: Wadsworth, 1989.

Lahey, B. B. , McBurnett, K. , Loeber, R. , & Hart, E. L. , "Psychobiology of conduct disorder", in G. P. Sholevar (Ed.), *Conduct disorders in children and adolescents: Assessments and interventions*, Washington, DC: American Psychiatric Press, 1995, pp. 27~44.

Lamb, H. R. , & Shaner, R. , "When there are almost no state hospital beds left. Special Section: Policy issues in mental health", *Hospital and Community Psychiatry*, 44 (1993), pp. 973~976.

Lamb, M. E. , "Parent-infant interaction in 8-month-olds", *Child Psychiatry and Human Development*, 7 (1976), pp. 56~63.

Lamb, M. E. , "Father-infant and mother-infant interaction in the first year of life", *Child Development*, 48 (1977), pp. 167~181.

Lamontagne, Y. , Carpentier, N. , Hetu, C. , & Lacerte Lamontage, C. , "Shoplifting and mental illness", *Canadian Journal of Psychiatry*, 39 (1994), pp. 300~302.

Lande, G. , "Military shoplifting", *Military Medicine*, 160 (1995), pp. 404~407.

Lane, R. , *Roots of violence in black Philadelphia, 1860~1900*, Boston, MA: Harvard University Press, 1989.

Langan, P. , & Brown, J. , *Felony sentences in state court*, Washington, DC: U. S. Department of Justice, Office of Justice Programs, Bureau of Justice Statistics, 1997.

Langan, P. A. , & Farrington, D. P. , *Crime and justice in the United States and in England and Wales, 1981~1996*, Washington, DC: Bureau of Justice Statistics, 1998.

Lange, J. , *Vebrechen als Schicksal (Crime and Destiny)*, Leipzig, Germany: Georg Thieme Verlag, 1929.

Lanyon, R. L. , "Theory and treatment in child molestation", *Journal of Consulting and Clinical Psychology*, 54 (1986), pp. 176~182.

Laschet, U. , "Antiandrogen in the treatment of sex offenders: Mode of action and therapeutic outcome", in J. Zulbin & J. Money (Eds.), *Contemporary sexual behavior*, Baltimore: Johns Hopkins University Press, 1973.

Laub, J. , & Sampson, R. , "Unraveling families and delinquency: A reanalysis of the Gluecks' Data", *Criminology*, 26 (1988), pp. 355~380.

Lawrence, R. , "Reexamining community corrections models", *Crime and Delinquency*, 37 (1991), pp. 436~449.

Lawrence v. Texas, 539 U.S. 1 (2003).

Lawson, G., Peterson, J.S., & Lawson, A., *Alcoholism and the family: A guide to treatment and prevention*, Rockville, MD: Aspen, 1983.

Lazarus, R. S., DeLongis, A., Folkman, S., & Gruen, R., "Stress and adaptational outcomes: The problem of confounded measures", *American Psychologist*, 40 (1985), pp. 770~779.

LeBeau, J., "Patterns of stranger and serial rape offending: Factors distinguishing apprehended and at large offenders", *Journal of Criminal Law and Criminology*, 78 (1987), pp. 309~326.

LeBlanc, M., Ouimet, M., & Tremblay, R., "An integrative control theory of delinquent behavior: A validation, 1976~1985", *Psychiatry*, 51 (1988), pp. 164~176.

Lee, M., Zimbardo, P. G., & Bertholf, M., "Shy murderers", *Psychology Today*, 68~70 (1977, November), p. 148.

Lefkowitz, B., *Our guys: The Glen Ridge rape and the secret life of the perfect suburb*, New York: Vintage, 1998.

Legault, F., & Strayer, F. F., "The emergence of sex-segregation in preschool peer groups", in F. F. Strayer (Ed.), *Social interaction and behavioral development during early childhood*, Montreal Quebec, Canada: La Maison D'Ethologie de Montreal, 1990.

Legras, A. M., *Psychose en Criminaliteit bij wellingen*, Utrecht, The Netherlands: Keminker ZOON N. V., 1932.

Leinwand, D. (2001, June 16), *Ecstasy drug trade turns violent*, USA Today. Retrieved January 8, 2005, from http://www.usatoday.com/news/nation/2001-05-16-ecstasy-usat.htm.

Lengel, A., "The price of urban violence", *The Washington Post*, 1997, December 28, pp. B1, B5.

Lengle, A., "Suit, tie and semiautomatic: FBI, DC Police look for careful part-time bank robber", *The Washington Post*, 2003, February 1, p. B3.

Leonard, E., "Theoretical criminology and gender", in B. Price & N. Sokoloff (Eds.), *The criminal justice system and women*, 2nd ed., New York: McGraw-Hill, 1995.

Leonard, K. E., "Marital functioning among episodic and steady alcoholics", in R. L. Collins, K. E. Leonard, & J. S. Searles (Eds.), *Alcohol and the family: Research and clinical perspectives*, New York: Guilford, 1990, pp. 220~243.

Leong, G. B., & Silva, J. A., "Psychiatric-legal analysis of criminal defendants charged with murder: A sample without major mental disorder", *Journal of Forensic Sciences*, 40 (1995), pp. 858~861.

Lerner, H., "An object representation approach to Rorschach assessment", in M. Kissen (Ed.), *Assessing object relations phenomena*, Madison, CT: International Universities Press, 1986, pp. 127~142.

Lerner, P., & Lerner, H., "Rorschach assessment of primitive defenses in borderline personality structure", in J. Kwawer, H. Lerner, P. Lerner, & A. Sugarman (Eds.), *Borderline phenomena and the Rorschach Test*, New York: International Universities Press, 1980, pp. 257~274.

Lesieur, H. R., & Welch, M., "Vice, public disorder, and social control", in J. Sheley (Ed.), *Criminology: A contemporary handbook*, Belmont, CA: Wadsworth, 1991, pp. 175~198.

Lester, M. L., & Fishbein, D. H., "Nutrition and neuropsychological development in children", in R. Tarter, D. H. Van Thile, & K. Edwards (Eds.), *Medical neuropsychology: The Impact of disease on behavior*, New York: Plenum, 1987.

Levi, M., *Regulating fraud—White-collar crime and the criminal process*, London: Tavistock, 1987.

Levin, B., "Bias crimes: A theoretical and practical overview", *Stanford Law and Policy Review*, 1993 ~ 1994, Winter.

Levin, J., & McDevitt, J., *Hate crimes: The rising tide of bigotry and bloodshed*, New York: Plenum, 1993.

Levine, S., "For parents of slaying suspects, an anguishing puzzle", *The Washington Post*, 1997, September 28, pp. B1, B5.

Lewin, K., *Field theory in social science: Selected theoretical papers*, New York: Harper, 1978.

Lewis, A., *Gideon's trumpet*, New York: Vantage Books, 1964.

Lewis, D. O., Moy, E., Jackson, L., Aaronson, R., Restifo, N., Serra, et al., "Biopychosocial characteristics of children who later murder", *American Journal of Psychiatry*, 142 (1985), pp. 1161 ~ 1167.

Lewis, D., Pinus, J., Feldan, M., Jackson, L., & Bard, B., "Psychiatric, neurological, and psychoeducational characteristics of 15 death row inmates in the United States", *American Journal of Psychiatry*, 143 (1986), pp. 838 ~ 845.

Lewis, M., Sullivan, M., & Vasen, M., "Making faces: Age and emotional difference in the posing of emotional expressions", *Developmental Psychology*, 23 (1987), pp. 690 ~ 697.

Lewontin, R., Rose, S., & Kamin, L., *Not in our genes: Biology, ideology, and human nature*, New York: Pantheon, 1984.

Leyens, J. P., Camino, L., Parke, R. D., & Berkowitz, L., "Effects of movie violence on aggression in a field setting as a function of group dominance and cohesion", *Journal of Personality and Social Psychology*, 32 (1975), pp. 346 ~ 360.

Lidz, C. W., Mulvey, E. P., & Gardiner, W., "The accuracy of predictions of violence to others", *Journal of the American Medical Association*, 269 (1993), pp. 1007 ~ 1011.

Lilly, J. R., Ball, R., Curry, G. D., & McMullen, J., "Electronic monitoring of the drunk driver: A seven-year study of the home confinement alternative", *Crime and Delinquency*, 39 (1993), pp. 462 ~ 484.

Lind, M., "Jury dismissed", *New Republic*, 1995, October 23, pp. 10 ~ 14.

Linder, R. L., Lerner, S. E., & Burn, R. S., "The experience and effects of PCP abuse", in R. L. Linder, S. E. Lerner, & R. S. Burns (Eds.), *The devils dust: Recognition, management, and prevention of phencyclidine abuse*, Belmont, CA: Wadsworth, 1981.

Lindner, C., & Kohler, R. J., "Probation officer victimization: An emerging concern", *Journal of Criminal Justice*, 20 (1992), pp. 52 ~ 62.

Lingle, J. H., & Ostrom, T. M., "Principles of memory and cognition in attitude formation", in R. E. Petty, T. M. Ostrom, & T. C. Brock (Eds.), *Cognitive responses to persuasion*, Hillsdale, NJ:

Lawrence Erlbaum Associates, Inc. , 1981, pp. 399 ~ 420.

Link, B. , & Stueve, C. , "Psychotic symptoms and the violent/illegal behavior of mental patients compared to community controls", in J. Monahan & H. Steadman (Eds.), *Violence and mental disorder: Developments in risk assessment*, Chicago: University of Chicago Press, 1994, pp. 137 ~ 159.

Linnoila, M. , Virkkunen, M. , Scheinin, M. , Nuutila, A. , Rimon, R. , & Goodwin, F. K. , "Low cerebrospinal fluid 5-hydroxindoleacetic acid concentration differentiates impulsive from non-impulsive violent behavior", *Life Sciences*, 33 (1983), pp. 2609 ~ 2614.

Linz, D. G. , Donnerstein, E. I. , & Penrod, S. , "Effects of long-term exposure to violent and sexually degrading depictions of women", *Journal of Personality &Social Psychology*, 55 (1988), pp. 758 ~ 768.

Lipsey, M. , "Juvenile delinquency treatment: A meta-analytic inquiry into the variability of effects", in T. Cook, et al. (Eds.), *Meta-analysis for explanation: A casebook*, New York: Russell Sage Foundation, 1992.

Lipsitt, P. , Lelos, D. & McGarry, A. , "Competency for trial: A screening instrument", *American Journal of Psychiatry*, 128 (1971), pp. 105 ~ 109.

Lipton, D. , McDonel, E. C. , & McFall, R. , "Heterosexual perception in rapists", *Journal of Consulting and Clinical Psychology*, 55 (1987), pp. 17 ~ 21.

Littleton, H. L. , & Axsom, D. (2003, November), "Rape and seduction scripts for university students: Implications for rape attributions and unacknowledged rape", *Sex Roles: A Journal of Research*, Retrieved January 16, 2005, from http: //www. findarticles. com/p/articles/mi __m2294/is __9-10 __49/ai __110813268.

Litwack, T. , & Schlesinger, B. , "Assessing and predicting violence: Research, law, and applications", in A. Hess & I. Weiner (Eds.), *Handbook of forensic psychology*, 2nd ed. , New York: Wiley, 1999, pp. 171 ~ 217.

Livesley, W. J. , Schroeder, M. , Jackson, D. , & Jang, K. , "Categorical distinctions in the study of personality disorder: Implications for classification", *Journal of Abnormal Psychology*, 103 (1994), pp. 6 ~ 17.

Lizotte, A. , & Sheppard, D. , "Gun use by male juveniles: Research and prevention", *Juvenile Justice Bulletin*, 2001, July.

Lo, L. , "Exploring teenage shoplifting behavior: A choice and constraint approach", *Environment & Behavior*, 26 (1994), pp. 613 ~ 639.

Lochman, J. E. , "Self and peer perceptions and attributional biases of aggressive and nonaggressive boys in dyadic interactions", *Journal of Counsulting and Clinical Psychology*, 55 (1987), pp. 404 ~ 410.

Lochman, J. E. , & Dodge, K. A. , "Social-cognitive processes of severely violent, moderately aggressive and nonaggressive boys", *Journal of Consulting and Clinical Psychology*, 62 (1994), pp. 366 ~ 374.

Lochman, J. E. , & Lenhart, L. A. , "Anger coping intervention for aggressive children: Conceptual models and outcomes effects: Disinhibition disorders in childhood", *Clinical Psychology Review*, 10 (1993), pp. 1~42.

Lockett v. Ohio, 438 U. S. 586 (1978).

Lockhart v. McCree, 106 S. Ct. 1758 (1986).

Lockwood, D., *Prison sexual violence*, New York: Elsevier, 1980.

Locy, A., "Punishing embezzlers is dilemma for judges", *The Washington Post*, 1998, October 1, pp. A1, A12~A13.

Loeber, R., "Natural histories of conduct problems, delinquency, and associated substance use: Evidence from developmental progressions", in B. B. Lahey & A. E. Kazdin (Eds.), *Advances in Clinical Psychology* (Vol. 11), New York: Plenum, 1988, pp. 73~124.

Loeber, R., "Development and risk factors of juvenile antisocial behavior and delinquency", *Clinical Psychology Review*, 10 (1990), pp. 1~42.

Loeber, R., "Antisocial behavior: More enduring than changeable?", *Journal of the American Academy of Child and Adolescent Psychiatry*, 31 (1991), pp. 393~397.

Loeber, R., Burke, J., Mutchka, J., & Lahey, B., "Gun carrying and conduct disorder: A highly combustible combination? Implications for juvenile justice and mental and public health", *Archives of Pediatrics & Adolescent Medicine*, 158 (2003), pp. 138~145.

Loeber, R., & Dishion, T., "Early predictors of male delinquency: A review", *Psychological Bulletin*, 94 (1983), pp. 68~99.

Loeber, R., & Dishion, T. J., "Boys who fight at home and school: Family conditions influencing cross-setting consistency", *Journal of Consulting and Clinical Psychology*, 52 (1984), pp. 759~768.

Loeber, R., Green, S. M., Keenan, K., & Lahey, B., "Which boys will fare worse? Early predictors of the onset of conduct disorder in a six-year longitudinal study", *Journal of the American Academy of Child & Adolescent Psychiatry*, 34 (1995), pp. 499~509.

Loeber, R., & Hay, D. F., "Key issues in the development of aggression and violence from childhood to early adulthood", *Annual Review of Psychology*, 48 (1997), pp. 371~410.

Loeber, R., Keenan, K., & Zhang, Q., "Boys' experimentation and persistence in developmental pathways toward serious delinquency", *Journal of Child and Family Studies*, 6 (1997), pp. 321~357.

Loeber, R., & Stouthamer-Loeber, M., "Family factors as correlates and predictors of juvenile conduct problems and delinquency", in M. Tony & N. Morris (Eds.), *Crime and justice: An annual review of research* (Vol. 7), Chicago: University of Chicago Press, 1986, pp. 29~149.

Loeber, R., & Stouthamer-Loeber, M., "Development of juvenile aggression and violence. Some common misconceptions and controversies", *American Psychologist*, 53 (1998), pp. 242~259.

Loeber, R., Tremblay, R. E., Gagnon, C., & Charlebois, P., "Continuity and desistance in disruptive boys' early fighting in school", *Development and Psychopathology*, 1 (1989), pp. 39~50.

Loehlin, J. C., "Partitioning environmental and genetic contributions to behavioral development", *American Psychologist*, 44 (1989), pp. 1285~1292.

Loftus, E., "The reality of repressed memories", *American Psychologist*, 48 (1993), pp. 518～537.

Lohr, S., "Indictment charges Clifford took bribes", *The New York Times*, 1992, July 30, p. A1.

Loving v. Virginia, 388 U. S. 1 (1967).

Lovinger, C., "Violence, even before the Internet", *The New York Times Week in Review*, 1999, April 25, p. 18.

Lowenstein, M., Binder, R. L. & McNiel, D. E., "The relationship between admission symptoms and hospital assaults", *Hospital and Community Psychiatry*, 41 (1990), pp. 311～313.

Luckenbill, D. F., "Murder and assault", in R. F. Meier (Ed.), *Major forms of crime*, Beverly Hills, CA: Sage, 1984.

Luginbuhl, J., & Burkead, M., "Sources of bias and arbitrariness in the capital trial", *Journal of Social Issues*, 50 (1994), pp. 103～124.

Lumet, S., *Twelve angry men*, Los Angeles, CA: MGM, 1957.

Lundberg-Love, P., & Geffner, R., "Date rape: Prevalence, risk factors, and a proposed model", in M. A. Pirog-Good & J. E. Stets (Eds.), *Violence in dating relationships*, New York: Praeger, 1989, pp. 169～184.

Lykken, D. T., "A study of anxiety in the sociopathic personality", *Journal of Abnormal and Social Psychology*, 55 (1957), pp. 6～10.

Lyman, R., "Hate laws don't matter, except when they do", *The New York Times Week in Review*, 1998, October 18, p. 6.

Lynam, D., Moffitt, T., & Stouthamer-Loeber, M., "Explaining the relation between IQ and delinquency: Class, race, test motivation, school failure or self-control", *Journal of Abnormal Psychology*, 102 (1993), pp. 187～196.

Maccoby, E. E., "Social groupings in childhood", in D. Olweus, J. Block, & M. Radeke-Yarrow (Eds.), *Development of antisocial and prosocial behavior: Research, theories, and issues*, New York: Academic, 1986.

MacDonald, J. M., *Armed robbery: Offenders and their victims*. Springfield, IL: Thomas, 1975.

MacDonald, J., & Gifford, R., "Territorial cues and defensible space theory: The burglar's point of view", *Journal of Environmental Psychology*, 9 (1989), pp. 193～205.

MacKenzie, D. L., Brame, R., MacDowell, D., & Souryal, C., "Boot camp prisons and recidivism in eight states", *Criminology*, 33 (1995), pp. 327～358.

Mackey, P. E., *Voices against death: American opposition to capital punishment*, New York: Burt Franklin, 1976, pp. 1787～1975.

Mackey, P. E., *Hanging in the balance: The anti-capital punishment movement in New York State*, New York: Garland, 1982, pp. 1776～1361.

Mackie, K., & Hille, B., "Cannabinoids inhibit N-type calcium channels in neuroblastomaglioma cells", *Proceedings of the National Academy of Sciences USA*, 89 (1992), pp. 3825～3829.

"The mad bomber?", *U. S. News & World Report*, XX, 1996, April 15, pp. 29～35.

Madrid v. Gomez, 889 F. Supp. 1146 (N. D. Cal. 1995).

Mahler, M. , *On human symbiosis and the vicissitudes of individuation*: *Vol I. Infantile psychosis*, New York: International Universities Pres, 1968.

Mahler, M. , *Selected papers of Margaret S. Mahler*, New York: Aronson, 1979.

Mahler, M. S. , Pine, F. , & Bergman, A. , *The psychological birth of the human infant*, New York: Basic Books, 1975.

Malamuth, N. & Check, J. , "The effects of media exposure on acceptance of violence against women. A field experiment", *Journal of Research in Personality*, 15 (1981), pp. 509~522.

Malatesta, C. Z. , Grigoryev, P. , Lamb, K. , Albin,, M. , & Culver, C. , "Emotion socialization and expressive development in preterm and full-term infants", *Child Development*, 57 (1986), pp. 316~330.

Mann, C. R. , "Women of color and the criminal justice system", in B. Price & N. Sokoloff (Eds.), *The criminal justice system and women*: *Offenders, victims, and workers*, New York: McGraw-Hill, 1995, pp. 118~135.

Mannuzza, S. , Klein, R. G. , Bessler, A. , Malloy, P. , & LaPadula, M. , "Adult outcome of hyperactive boys: Educational achievement, occupational rank, and psychiatric status", *Archives of General Psychiatry*, 50 (1993), pp. 565~576.

Mannuzza, S. , Klein, R. G. , Bessler, A. , Malloy, P. , & LaPadula, M. , "Adult psychiatric status of hyperactive boys grown up, *American Journal of Psychiatry*", 155 (1998), pp. 493~498.

"Manslaughter, not murder black and white, and gray", *Time*, June 4, 1998, Retrieved May 30, 2006 from http: //www. time. com/time/archive/preview/0, 10987, 966384, 00. html.

Marcia, J. E. , "Identity in adolescence", in J. Adelson (Ed.), *Handbook of adolescent psychology*, New York: Wiley, 1980.

Margolin, J. , "Psychological perspectives in terrorism", in Y. Alexander & S. M. Finger (Eds.), *Terrorism*: *Interdisciplinary perspectives*, New York: John Jay, 1977.

Marlatt, G. A. , "Alcohol, the magic elixir: Stress, expectancy, and the transformation of emotional states", in E. Gottheil, K. A. Druly, S. Pashko, & S. P. Weinstein (Eds.), *Stress and addiction*, New York: Bruner/Mazel, 1987, pp. 302~322.

Marrs-Simon, P. A. , "Analysis of sexual disparity of violent behavior in PCP intoxication", *Veterinary and Human Toxicology*, 30 (1) (1988), pp. 53~55.

Marshall, P. , "Allergy and depression: A neurochemical threshold model of the relation between the illnesses", *Psychological Bulletin*, 113 (1993), pp. 23~39.

Marshall, W. , & Barbaree, H. , "The long-term evaluation of a behavioral treatment program for child molesters", *Behavioral Research Therapy*, 26 (1988), pp. 499~511.

Marshall, W. , & Hambley, L. , "Intimacy and loneliness, and their relationship to rape myth acceptance and hostility toward women among rapists", *Journal of Interpersonal Violence*, 11 (1996), pp. 586~592.

Marshall, W. L. , Bryce, P. , & Hudson, S. M. , "The enhancement of intimacy and the reduction of loneliness among child molesters", *Journal of Family Violence*, 11 (1996), pp. 219~235.

Martell, D. A., "Homeless mentally disordered offenders and violent crimes: Preliminary research findings", *Law and Human Behavior*, 15 (1991), pp. 333~346.

Martin, G. B., & Clark, R. D., "Distress crying in neonates: Species and peer specificity', *Developmental Psychology*, 18 (1987), pp. 3~9.

Martin, S. E., "A cross-burning is not just an arson: Police social construction of hate crimes in Baltimore County", *Criminology*, 33 (1995), pp. 303~326.

Martin, S., "APA among those calling for more violence research", *American Psychological Association Monitor*, XX, 18, 1997, April.

Martin, S. E., & Sherman, L. W., "Selective apprehension: A police strategy for repeat offenders", *Criminology*, 24 (1986), pp. 155~173.

Martin, S. S., Butzin, C. A., & Inciardi, J., "Assessment of a multistage therapeutic community for drug involved offenders", *Journal of Psychoactive Drugs*, 27 (1995), pp. 109~116.

Martinez, R., "Latinos and lethal violence: The impact of poverty and inequality", *Social Problems*, 43 (1996), pp. 131~146.

Martinson, R., "What works? Questions and answers about prison reform", *The Public Interest*, 10 (1974), pp. 22~24.

Marwick, C., "Childhood aggression needs definition therapy", *Journal of the American Medical Association*, 275 (1996), p. 157.

Marx, G., "Violent teens fuel sentencing debate", *Chicago Tribune*, May 14, 1997, pp. 1, 5.

Masters, B. A., "Internet user gets 2 years for having sex with girl", *The Washington Post*, 1997, October 18, pp. B1, B5.

Masters, B. A., "11 accused of causing wrecks to defraud insurers", *The Washington Post*, 1998a, January 14, p. B8.

Masters, B. A., "Two plead guilty in credit scam", *The Washington Post*, 1998b, March 7, p. D7

Masters, B. A., "Welfare mother's success story has tragic end", *The Washington Post*, 1998c, May 28, pp. A1, A19.

Masters, B. A., & Melillo, W., "Emotional debate preceded Kasi death sentence, juror says", *The Washington Post*, 1997, October 16, p. A1.

Masters, B. A., & Ordonez, J., "Heiress gets 60 days in polo player's slaying", *The Washington Post*, 1998, May 14, pp. A1, A20.

Mattes, J. A., & Fink, M., "A family study of patients with temper outbursts", *Journal of Psychiatric Research*, 21 (1987), pp. 249~255.

Matthews, T., "Secrets of a serial killer", *Newsweek*, XX, 1992, February 3, pp. 45~48.

Matza, D., *Delinquency and drift*, New York: Wiley, 1964.

Mauer, M., "Americans behind bars: A comparison of international rates of incarceration", in W. Churchill & J. J. Vander Wall (Eds.), *Cages of steel: The politics of imprisonment in the United States*, Washington, DC: Maisonneuve Press, 1992, pp. 22~37.

Mauer, M., "The international use of incarceration", *Prison Journal*, 75 (1995), pp. 113~123.

Mauer, M. (2003), "Comparative international rates of incarceration: An examination of causes and trends", Paper presented to the U.S. Commission on Civil Rights, Retrieved June 15, 2005, from http://law.wustl.edu/Students/Courses/Schlanger/Fall2004/Prison Seminar/SectionA.pdf.

Maughan, B., & Yule, W., "Reading and other learning disabilities", in M. Rutter, E. Taylor, & L. Hersov (Eds.), *Child and adolescent psychiatry: Modern approaches*, Cambridge, MA: Blackwell Scientific, 1994.

Mauro, R., "Tipping the scales toward death: The biasing effects of death qualification", in P. Suedfeld & P. Tetlock (Eds.), *Psychology and social policy*, New York: Hemisphere, 1991.

Mawbray, R. I., & Walklate, S., *Critical victimology: International perspectives*, London: Sage, 1994.

Maxwell v. Bishop, 398 F2d. 138 (8th Cir. 1968), vacated and remanded 398 U.S. 262 (1970).

Mayhew, P., Elliott, D., & Dowds, L., *The 1988 British crime survey: A home office research and planning unit report*, London: HMSO Books, 1989.

McAnaney, K. G., Curliss, L. A., & Abeyta-Price, C. E., "From imprudence to crime: Anti-stalking laws", *Notre Dame Law Review*, 68 (1993), p. 819.

McBunett, K., Lahey, B. B., Capasso, K., & Loeber, R., "Aggressive symptoms and salivary cortisol in clinic-referred boys with conduct disorder", *Annals of the New York Academy of Sciences*, 794 (1996), pp. 169~179.

McCardle, L. & Fihbein, D. H., "The self-reported effects of PCP on human aggression", *Addictive Behaviors*, 4 (1989), pp. 465~472.

McClintick, D., *Indecent exposure*, New York: Del, 1982.

McCord, J., "Some child-rearing antecedents of criminal behavior in adult men", *Journal of Personality and Social Psychology*, 37 (1979), pp. 1477~1486.

McCord, W., & McCord, J., *The psychopath: An essay on the criminal mind*, New York: Van Nostrand Reinhold, 1964.

McDermott, P. A., "A nationwide study of developmental and gender prevalence for psychopathology in childhood and adolescence", *Journal of Abnormal Child Psychology*, 24 (1996), pp. 53~66.

McElroy, S. L., Pope, H. G., Hudson, J. I., Keck, P. E., & White, K. L., "Kleptomania: A report of 20 cases", *American Journal of Psychiatry*, 148 (1991), pp. 652~665.

McFadden, R. D., "Two are held in senseless killings of 2 pizza deliverers", *The Washington Post*, 1997, April 22, pp. A1, A3.

McFadden, R. D., "Long Island man accused of running investment fraud from prison", *New York Times*, 2001, February 27.

McFarland, B. H., & Blair, G., "Delivering comprehensive services to homeless mentally ill offenders", *Psychiatric Services*, 46 (1995), pp. 179~180.

McFatter, R., "Sentencing strategies and justice: Effect of punishment philosophy on sentencing decisions", *Journal of Personal & Social Psychology*, 36 (1978), pp. 1490~1500.

McGuckin v. Smith, 974 F2d. 1050 (9th Cir., 1992).

McGuffin, P. , Riley B. , & Plomin, R. (2001, February 16), "Genomics and behavior: Toward behavioral genomics", *Science*, 291, pp. 1232 ~ 1249. Retrieved January 8, 2005, from http://www. sciencemag. org/cgi/content/full/291/5507/1232.

McKay, M. , Chapman, J. , & Long, N. , "Causal attributions for criminal offending and sexual arousal: Comparison of child sex offenders with other offenders", *British Journal of Clinical Psychology*, 35 (1996), pp. 63 ~ 75.

McKelvey, B. , *American prisons: A history of good intentions*, Montclair, NJ: Patterson Smith, 1977.

McKenzie, C. , "A study of serial murder", *International Journal of Offender Therapy & Comparative Criminology*, 39 (1995), pp 3 ~ 10.

McKlesky v. Kemp, 107 S. Ct. 1756 (1987).

McMullan, J. L. , "Criminal organization in sixteenth and seventeenth century London", *Social Problems*, 29 (1982), pp. 311 ~ 323.

McNeil, D. E. , "Hallucinations and violence", in J. Monahan & H. J. Steadman (Eds.), *Violence and mental disorder: Developments in risk assessment*, Chicago: University of Chicago Press, 1994, pp. 183 ~ 202.

Mead, M. , "Adolescence in primitive and modern society", in Maccoby, Newcomb, & Hartley (Eds.), *Readings in social psychology*, New York: Norton, 1958.

Mednick, S. , Gabrielli, W. , & Hutchings, B. , "Genetic influences in criminal convictions: Evidence from an adoption cohort", *Science*, 224 (1984), pp. 891 ~ 894.

Mednick, S. A. , Gabriellli, W. F. , Jr. , & Hutchings, B. , "Genetic factors in the etiology of criminal behavior", in S. A. Mednick, T. E. Moffitt, & S. A. Stack (Eds.), *The causes of crime: New biological approaches*, New York: Cambridge University Press, 1987, pp. 74 ~ 91.

Mednick, S. , Moffit, T. , & Stack, S. , *The causes of crime: New biological approaches*, Cambridge, England: Cambridge University Press, 1987.

Mednick, S. , Pollock, V. , Volavka, J. , & Gabrielli, W. , "Biology and violence", in M. Wolfgang & N. Weiner (Eds.), *Criminal violence*, Beverly Hills, CA: Sage, 1982.

Mednick, S. , Volavka, J. , Gabrielli, W. , & Itil, T. , "EEG a predictor of antisocial behavior", *Criminology*, 19 (1981), pp. 219 ~ 231.

Meese, E. , *Final report of the attorney generals commission on pornography*, Washington, DC: U. S. Department of Justice, 1986.

Megargee, E. I. , "Undercontrolled and overcontrolled personality types in extreme antisocial aggression", *Psychological Monographs*, 80 (1966), No. 3.

Meierhoeffer, B. S. , *The general effect of mandatory minimum prison terms*, Washington, DC: Federal Judicial Center, 1992.

Melillo, W. , & Geshears, E. , "Man charged in mother's death", *The Washington Post*, 1998, August 1, p. B3.

Melillo, W. , & Smith, L. , "Man abused boy for weeks, court told", *The Washington Post*, 1997, October 9, p. D4.

Melloni, R. H., Delville, Y., & Ferris, C. E. (1995), Vaso suppression/serotonin interactions in the anterior hypothalamus control aggressive behavior in golden hamsters [Abstract], *Society for Neuroscience Abstracts*, 1695.

Meloy, J. R., *The psychopathic mind: Origins, dynamics, and treatment*, Northvale, NJ: Aronson, 1992.

Melton, G. B., Petrila, J., Poythress, N. G., & Slobogin, C., *Psychological evaluations for the courts*, New York: Guilford, 1987.

Menard, S., & Elliott, D., "Self-reported offending, maturational reform, and the Easterlin hypothesis", *Journal of Quantitative Criminology*, 6 (1990), pp. 237~268.

Mendelsohn, B., "The victimology", Cited in S. Shafer, *The victim and his criminal: A study of functional responsibility*, New York: Random House, 1956.

Mendelsohn, B., "The origin of the doctrine of victimology", in I. Drapkin & E. Viano (Eds.), *Victimology*, Lexington, MA: Lexington, 1974.

Menninger, K., *The crime of punishment*, New York: Viking, 1966.

Merikangas, K. R., "The genetic epidemiology of alcoholism", *Psychological Medicine*, 20 (1990), pp. 11~22.

Messerschmidt, J., *Capitalism, patriarchy and crime*, Totowa, NJ: Rowman and Littlefield, 1986.

Messerschmidt, J., *Masculinities and crime: Critique and reconceptualization of theory*, Lanham, MD: Rowand & Littlefield, 1993.

Messner, S., & Tardiff, K., "Economic inequality and levels of homicide: An analysis of urban neighborhoods", *Criminology*, 24 (1986), pp. 297~317.

Metzner, J. L., et al., "Treatment in jails and prisons", in R. M. Wittstein (Ed.), *Treatment of offenders with mental disorders*, New York: Guilford, 1998.

Mezey, G., "Rape in war", *Journal of Forensic Psychiatry*, 5 (1994), pp. 583~598.

Michaels, D., Zoloth, S. R., Alcabes, P., Braslow, C. A., & Safyer, S., "Homelessness and indicators of mental illness among inmates in New York City's correctional system", *Hospital and Community Psychiatry*, 43 (1992), pp. 150~155.

Michalson, L., & Lewis, M., "What do children know about emotions and when do they know it?", in M. Lewis & C. Saarhi (Eds.), *The socialization of emotions*, New York: Plenum, 1985.

Miethe, T. D., & McCorkle, R. C., *Crime profiles: The anatomy of dangerous personal, places, and situations*, Los Angeles: Roxbury Publishing Co, 1998.

Miethe, T. D., & Meier, R. F., *Crime and its social context: Toward an integrated theory of offenders, victims, and situations*, Albany: State University of New York Press, 1994.

Milavsky, J. R., Kessler, R., Sipp, H., Rubens, W. S., Pearl, D., Bouthilet, L., et al. (Eds.), *Television and behavior: Ten years of scientific progress and implications for the eighties* (Vol. 2, Technical Reviews, DHHS Publication No. ADM 81-1186), Washington, DC: U. S. Government Printing Office, 1982.

Miller, A., *For your own good*, New York: Farrar, Straus & Giroux, 1984.

Miller, B. , "Hinckley loses appeal on leave", *The Washington Post*, 1988, April 15, p. B3.

Miller, B. , "DC man pleads guilty to killing child in his care", *The Washington Post*, 1997a, December 13, pp. B1, B7.

Miller, B. , "Two families mourn as girls' killer is sentenced", *The Washington Post*, 1997b, December 19, p. C2.

Miller, B. , "Drug kingpin's mother freed", *The Washington Post*, 1998a, June 3, p. B1.

Miller, B. , "Hinckley loses appeal on leave", *The Washington Post*, 1998b, April 15, p. E3.

Miller, B. , "Man accused of killing DC officer ready to present cognac defense", *The Washington Post*, 1998c, January 18, p. B10.

Miller, B. , "Weston's mind-set details", *The Washington Post*, 1999, April 23, pp. A1, A14

Miller, J. G. , & Berscff, D. M. , "Culture and moral judgment: How are conflicts between justice and interpersonal responsibilities resolved?", *Journal of Personality and Social Psychology*, 62 (1992), pp. 541 ~ 554.

Miller, N. , *Judicial waiver and its alternatives: A legal fact sheet*, Washington, DC: Institute for Law and Justice, 1996, October 18.

Miller, T. R. , Cohen, M. A. , & Wiersema, B. , *Victim costs and consequences: A new look*, Washington, DC: National Institute of Justice, U. S. Department of Justice, 1996.

Miller, W. B. , *Violence by youth gangs and youth groups as a crime problem in major American cities*, Washington, DC: National Institute for Juvenile Justice and Delinquency Prevention, Office of Juvenile Justice and Delinquency Prevention, U. S. Department of Justice, U. S. Government Printing Office, 1975.

Miller, W. R. , & Brown, S. A. , "Why psychologists should treat alcohol and drug problems", *American Psychologist*, 52 (1997), pp. 1269 ~ 1279.

Millman, R. B. , & Sbriglio, R. , "Patterns of use and psychopathology in chronic marijuana users", *Psychiatric Clinics of North America*, 9 (1986), pp. 533 ~ 545.

Milloy, C. , "A future held in check by a past", *The Washington Post*, 1997, September 23 pp. B1, B7.

Milton S. Eisenhower Foundation, *To establish justice, to insure domestic tranquility: A thirty year update of the National Commission on the Causes and Prevention of Violence*, Washington, DC: Author, 1999.

Mitchell, A. , *Domestic/dating violence: An information and resource handbook*, Seattle, WA: Metropolitan King County Counsel, 1994.

MNSBC News (2003, May 21), *Three charged in Illinois hazing incident*, Retrieved May 22, 2003, from http: //www. msnbc. com/news.

Modestin, J. , & Ammann, R. , "Mental disorder and criminality: Male schizophrenia", *Schizophrenia Bulletin*, 22 (1996), pp. 69 ~ 82.

Modestin, J. , Berger, A. , & Amman, R. , "Mental disorder and criminality: Male alcoholism', *Journal of Nervous & Mental Disease*, 184 (1996), pp. 393 ~ 402.

Moffitt, T. E. , "Life-course-persistent and adolescent-limited antisocial behavior", *Psychological Review*, 100 (1993), pp. 674 ~ 701.

Moffitt, T. E. , *Sex differences in antisocial behaviour: Conduct disorder, delinquency, and violence in the Dunedin study*, Cambridge, England: Cambridge University Press, 2001.

Moffitt, T. E. , Caspi, A. , Dickson, N. , Silva, P. , & Stanton, W. , "Childhood-onset versus adolescent-onset antisocial conduct problems in males: Natural history from ages 3 to 18 years", *Development and Psychopathology*, 8 (1996), pp. 399 ~ 424.

Moffitt, T. E. , Caspi, A. , Harrington, H. , & Milne, B. , "Males on the life-course persistent and adolescence-limited antisocial pathways: Follow-up at 26 years", *Development & Psychopathology*, 14 (2002), pp. 179 ~ 206.

Moffiitt, T. , Gabrielli, W. , Mednick, S. , & Schulsinger, F. , "Socioeconomic status, IQ, and delinquency", *Journal of Abnormal Psychology*, 90 (1981), pp. 152 ~ 156.

Moffitt, T. E. , & Lynam, D. R. , "The neuropsychology of conduct disorder and delinquency, Implications for understanding antisocial behavior", in D. Fowles, P. Sutker, & S. Goodman (Eds.), *Psychopathy and anti-social personality: A developmental perspective*, New York: Springer, 1994, pp. 233 ~ 262.

Moffitt, T. , & Silva, P. , "Self-reported delinquency, neuropsychological deficit, and history of attention deficit disorder", *Journal of Abnormal Child Psychology*, 16 (1988), pp. 553 ~ 569.

Molden, S. O. , & Gottesman, I. I. , "At issue: Genes, experience, and chance in schizophrenia—positioning for the 21st century", *Schizophrenia Bulletin*, 23 (1997), pp. 547 ~ 561.

Molidor, C. , "Female gang members: A profile of aggression and victimization", *Social Work*, 41 (1996), pp. 251 ~ 257.

Monahan, J. , "Mental Illness and violent crime", *NIJ Research Preview*, Rockville, MD: National Institute of Justice, 1996.

Monahan, J. , "Clinical and actuarial predictions of violence", in D. Faigman, D. Kaye, M. Saks, & J. Sanders (Eds.), *Modern scientific evidence: The law and science of expert testimony* (Vol. I), St. Paul, MN: West, 1997, pp. 300 ~ 318.

Monahan, J. (1998), *Study funds substance abuse linked to violence in mentally ill*, Retrieved May DAY, YEAR, from http: //ness. sys. Virginia. edu/macarthur/Prmac598. html.

Monahan, J. , & Steadman, H. J. , "Violent storms and violent people: How meteorology can inform risk communication in mental health law", *American Psychologist*, 51 (1996), pp. 931 ~ 938.

Monahan, J. , & Walker, L. , *Social science and law: Cases and materials*, 2nd ed. , Westbury, NY: The Foundation Press, 1990.

Monroe, R. R. , *Brain dysfunction in aggressive criminals*, Lexington, MA: Heath, 1978.

Moore, D. (2004, June 2), *Public divided between death penalty and life in prison without parole*, Gallup News Service, Retrieved June 15, 2005, from http: //www. deathpenaltyinfo. org/article. php? scid'23&did'1029.

Moore, J. , *Going down to the barrio: Home boys and home girls in change*, Philadelphia: Temple

University Press, 1991.

Moore, J., *Highlights of the 1995 National Youth Gang Survey*, Washington, DC: Office of Juvenile Justice and Delinquency Prevention, 1997.

Moore, J., & Terrett, C. P., *Highlights of the 1997 National Youth Gang Survey* (Office of Juvenile Justice and Delinquency Prevention Fact Sheet No. 97), Washington, DC: Office of Juvenile Justice and Delinquency Prevention, 1999.

Moore, J. K., Jr., Thompson-Pope, S. K., & Whited, R. M., "MMPI-A profiles of adolescent boys with a history of firesetting", *Journal of Personality Assessment*, 67 (1996), pp. 116~126.

Moore, R. H., "Shoplifting in middle America: Patterns and motivational correlates", *International Journal of Offender Therapy and Comparative Criminology*, 28 (1984), pp. 53~64.

Moran, G., Cutler, B. L., & Loftus, E. F., "Jury selection in major controlled substance trials: The need for extended voir dire", *Forensic Reports*, 3 (1990), pp. 331~348.

Morash, M., Bynum, T. S., & Koons, B. A., *Women offenders: Programming needs and promising approaches*, Washington, DC: National Institute of Justice, 1998.

Moses, M. C., *Keeping incarcerated mothers and their daughters together: Girl Scouts beyond bars*, Washington, DC: National Institute of Justice, 1995.

Mosher, D., & Anderson, R., "Macho personality, sexual aggression and reactions to guided imagery of realistic rape", *Journal of Research in Personality*, 20 (1987), pp. 77~94.

Mrazek, F. J., "Sexual abuse of children", in B. Lahey & A. E. Kazdin (Eds.), *Advances in child clinical psychology*, New York: Plenum Press, 1984, pp. 199~215.

Muehlenhard, C. L., & Linton, M. A., "Date rape and sexual aggression in dating situations: Incidence and risk factors", *Journal of Counseling Psychology*, 34 (1987), pp. 186~196.

Mueller, C. W., Donnerstein, E., & Hallam, J., "Violent films and prosocial behavior", *Personality and Social Psychology Bulletin*, 9 (1983), pp. 83~89.

Mukherjee, S. (1997, September 26), "Corruption drives up trade costs", *Puget Sound Business Journal*, Retrieved June 2, 2005, from http://www.bizjournals.com/seattle/stories/1997/09/29/smallb8.html.

Mullen, B., "Atrocity as a function of lynch composition: A self-attention perspective", *Personality and Social Psychology Bulletin*, 12 (1986), pp. 187~197.

Mulvey, E. P., "Assessing the evidence of a link between mental illness and violence", *Hospital and Community Psychiatry*, 45 (1994), p. 663.

Mumola, C. J., *Substance abuse and treatment, state and federal prisoners, 1997*, Washington, DC: U. S. Department of Justice, Office of Justice Programs, Bureau of Justice Statistics, 1999.

Mumola, C. J., *Incarcerated parents and their children*, Washington, DC: Bureau of Justice Statistics, Office of Justice Programs, U. S. Department of Justice, 2000.

Mundy, L., "Zero tolerance", *The Washington Post Magazine*, 1997, October 26, pp. 20~26.

Murray, H. E., *Thematic Apperception Test manual*, Cambridge, MA: Harvard University Press, 1943.

Murray. C. A., "The physical environment and community control of crime", in J. Q. Wilson (Ed.),

Crime and public policy, San Francisco: Institute for Contemporary Studies, 1983, pp. 107~122.

Murray, C. B. , Kaiser, R. , & Taylor, S. , "The O. J. Simpson verdict: Predictors of beliefs about innocence or guilty", *Journal of Social Issues*, 53 (1997), pp. 455~475.

Musty, R. E. , & Kaback, L. , "Relationship between motivation and depression in chronic marijuana users", *Life Sciences*, 56 (1995), pp. 2151~2155.

Muuss, R. , *Theories of adolescence*, New York: Random House, 1988.

Myers, D. G. , *Social psychology*, 5th ed. , New York: McGraw-Hill, 1996.

Myers, M. G. , Stewart, D. G. , & Brown, S. A. , "Progression from conduct disorder to antisocial personality disorder following treatment for adolescent substance abuse", *American Journal of Psychiatry*, 155 (1998), pp. 479~485.

NAACP Legal Defense and Educational Fund, *Death row USA spring 2005*, New York: Author, Retrieved June 15, 2005, from http://www. naacpldf. org/content/pdf/pubs/drusa/DRUSA _ Spring _ 2005. pdf.

Nacci, P. L. , & Kane, T. R. , *Sexual aggression in prison*, Washington, DC: U. S. Federal Prison System, 1982.

Nachshon, I. , & Denno, D. , "Violent behavior and cerebral hemisphere function", in A. Mednick, T. Moffitt, & S. Stack (Eds.), *The causes of crime: New biological approaches*, Cambridge, England: Cambridge University Press, 1987.

Nagan, D. , & Land, K. , "Age, criminal careers, and population heterogeneity", *Criminology*, 31 (1993), pp. 327~362.

Nagin, D. S. , Farrington, D. P. , & Moffit, T. E. , "Life-course trajectories of different types of offenders", *Criminology*, 33 (1995), pp. 111~139.

National Alliance for the Mentally Ill (1999a, March 12), *NAMI applauds NBC news program "Back to Bedlam"*, Retrieved May 6, 1999, from http://www. nami. org/pressroom/990312. html.

National Alliance for the Mentally Ill (1999b, April 23), *New report highlights growing housing crisis for people with severe mental illness and other disabilities*, Retrieved May 6, 1999, from http://www. nami. org/update/990423. html.

National Association of Mental Health (2004), *Mind Rights Guide 5: Mental health and the courts*, Accessed June 1, 2006, from http://www. mind. org. uk/Information/Booklets/Rights + guide/Mind + rights + guide + 5. htm.

National Center for Justice, *1998 annual report on cocaine use among arrestees: Arrestees Drug Abuse Monitoring Program (ADAM)*, Washington, DC: Author, 1999.

National Coalition for Jail Reform, *Removing the chronically mentally ill from jail: Case studies of collaboration between local criminal justice and mental health systems*, Rockville, MD: U. S. Department of Health and Human Services, National Institute of Mental Health, 1984.

National Commission Against Drunk Driving (1999), *Youth and alcohol*, Retrieved June 1, 2003, from http://www. silcom. com/ ~ sbadp/prevention/teenalc. htm.

National Commission on Correctional Health Care, *Women's health care in correctional settings*,

Chicago, IL: Author, 1998.

National Commission on the Causes and Prevention of Violence, *The rule of law: An alternative to violence*, Nashville, TN: Aurora, 1970.

National Committee to Prevent Child Abuse (1999), *Current trends in child abuse reporting and fatalities: The results of the 1998 fifty state survey*, Chicago, IL: Author, Retrieved from http://www.childabuse.org/50data97.html.

National Conference on State Legislatures, *A legislator's guide to comprehensive juvenile justice interventions for youth at risk*, Washington, DC: Author, 1996.

National Drug Intelligence Center, *National drug threat assessment 1999*, Washington, DC: Author, 1999.

National Drug Intelligence Center, *National drug threat assessment 2001 (the domestic perspective)*, Washington, DC: U. S. Department of Justice, 2001.

National Education Goals Panel, *Data for the National Education Goals Report: Vol. 1, National data*, Washington, DC: National Education Goals Panel, 1989.

National Gang Crime Research Center (1997), *The facts about gang life in America today: A national study of over 4000 gang members*, Peotone, IL: Author, Retrieved February 27, 2005, from http://www.ngcrc.com/ngcrc/page9.htm.

National Human Genome Research Institute (2003, April 14), *International consortium completes human genome project*, Retrieved May 25, 2006 at http://www.genome.gov/11006929.

National Institute of Education, *Violent schools-safe schools: The Safe School Study report to Congress*, Washington, DC: U. S. Department of Health, Education and Welfare, 1986.

National Institute of Justice, *Understanding and preventing violence*, Washington, DC: Government Printing Office, 1991.

National Institute of Justice, *Breaking the cycle*, Washington, DC: Author, 1994.

National Institute of Justice, *Understanding and preventing violence: A public perspective*, Washington, DC: U. S. Department of Justice, Office of Justice Programs, 1996a.

National Institute of Justice, *Youth violence, guns, and illicit drug markets*, Rockville, MD: Aspen Systems, 1996b.

National Institute of Justice, *Critical criminal justice issues: Task force reports from the American society of criminology*, Washington, DC: U. S. Department of Justice, National Institute of Justice, 1997a.

National Institute of Justice, *Drug use forecasting: Annual report on adult and juvenile arrestees*, Washington, DC: Government Printing Office, 1997b.

National Institute of Justice, *Task force reports from the American society of criminology*, Washington, DC: U. S. Department of Justice, National Institute of Justice, 1997c.

National Institute on Alcohol Abuse and Alcoholism, *Alcohol and health: Eighth special report to Congress*, Rockville, MD: Author, 1998.

National Institute on Drug Abuse, *Methamphetamine abuse and addiction*, Washington, DC: National Institutes of Health, 1988.

National Institute on Drug Abuse, *Monitoring the future national results on adolescent drug use: Overview of key findings*, 2000, Washington, DC: Author, 2001.

National Institute on Drug Abuse, *Monitoring the future national results on adolescent drug use: Overview of key findings*, 2003, Washington, DC: Author, 2004.

National Mental Health Association, *All systems failure*, Alexandria, VA: Author, 1993.

National Mental Health Association, *Children with emotional disorders in the juvenile justice system*, Retrieved June 21, 1999, from http: //www. nmha. org/children/justjuv/factsheet. cfm.

National Research Council, *Losing generations: Adolescents in high-risk settings*, Washington, DC: Panel on High Risk Youth, Committee on Behavioral and Social Sciences and Education, National Research Council, National Academy Press, 1993a.

National Research Council, *Understanding child abuse and neglect*, Washington, DC: National Academy of Sciences, 1993b.

National Review Board for the Protection of Children and Young People (2004), *A report on the crisis in the Catholic Church in the United States*, New York: United States Conference of Catholic Bishops, Retrieved June 1, 2005, from http: //www. 4law. co. il/comer27204. htm.

National School Safety Center (1998), *Checklist of characteristics of youth who have caused school-associated violent deaths*, Retrieved May 6, 1999, from http: //www. corrections. com/news/Feature/sidebar. html.

Needleman, H., "Bone lead levels and delinquent behavior", *Journal of the American Medical Association*, 275 (1996), pp. 363 ~ 369.

Nelson, J. (Ed.), *Police brutality: An anthology*, New York: W. W. Norton, 2000.

Nelson, M. B., *The stronger women get, the more men love football: Sexism and the American culture of sports*, New York: Harcourt Brace, 1994.

Nemeth, C., & Sosis, R. M., "A simulated jury: Characteristics of the defendant and the jurors", *Journal of Social Psychology*, 90 (1973), pp. 221 ~ 229.

Nettler, G., *Explaining crime*, New York: McGrawHill, 1984.

Newcorn, J. H., McKay, K., Loeber, R., Bonafida, M., Sharma, V., & Halperin, J., "Emotionality and serotonergic function in aggressive and non-aggressive ADHD children", Paper presented at the meeting of the American Academy of Child and Adolescent Psychiatry, Philadelphia, 1996, October.

New York Department of Correctional Services, *The fifth annual report to the legislature on shock incarceration and shock parole supervision*, Albany, New York: Department of Correctional Services and Division of Parole, 1993.

New York State Organized Crime Task Force, *Corruption and racketeering in the New York City construction industry*, Ithaca, NY: ILR Press, 1988.

Nicholson, R. A., Norwood, S., & Enyart, C., "Characteristics and outcomes of insanity acquittees in Oklahoma", *Psychological Bulletin*, 109 (1991), pp. 355 ~ 370.

Nietzel, M. T., Bernstein, D. A., Kramer, G. P., & Milich, R., *Introduction to clinical psy-*

chology, 6th ed., Upper Saddle River, NJ: Prentice Hall, 2005.

Nietzel, M. T., & Dillehay, R. C., *Psychological consultation in the courtroom*, New York: Persimmon Press, 1986.

Nietzel, M., & Hartung, C., "Psychological research on the police", *Law and Human Behavior*, 17 (1993), pp. 151~155.

Nietzel, M. T., Hasemann, D. M., & Lynam, D. R., "Behavioral perspectives on violent behavior", in V. B. Van Hasselt & M. Hersen (Eds.), *Handbook of psychological approaches with violent criminal offenders: Contemporary strategies and issues*, New York: Plenum, 1997.

Nietzel, M. T., Hasemann, D., & McCarthy, D. M., *Psychology and capital litigation: Research contributions to courtroom consultation*, Unpublished manuscript, 1997.

Nietzel, M. T., McCarthy, D. M., & Harris, M., "Juries: The current state of the empirical literature", in R. Roesch & S. Hart (Eds.), *Psychology and law: The state of the discipline*, New York: Plenum, 1999, pp. 23~52.

Nietzel, M., Speltz, M., McCauley, E., & Bernstein, D. A., *Abnormal psychology*, Boston: Allyn & Bacon, 1998.

Nieves, E., "Heroin, an old nemesis, makes an encore", *The New York Times*, 2001, January 9, p. A9.

Nigg, J. T., & Goldsmith, H. H., "Genetics of personality disorders: Perspectives from personality and psychopathology research", *Psychological Bulletin*, 115 (1994), pp. 346~380.

Nolin, M. J., Davies, E., & Chandler, K., "Student victimization at school", *Journal of School Health*, 66 (6) (1996, August), pp. 216~221.

North American Securities Administration Association, *Report to Congress*, Subcommittee on Investment Fraud, 1990, July 13.

Nugent, P. M., & Kroner, D. G., "Denial, response styles, and admittance of offenses among child molesters and rapists", *Journal of Interpersonal Violence*, 11 (1996), pp. 475~486.

Nun-Dinis, M., & Weisner, C., *The American Journal of Drug and Alcohol Abuse*, 23 (1977), pp. 129~141.

Oakes, J., *Keeping track: How schools structure inequality*, New Haven, CT: Yale University Press, 1985.

O'Brien, M. J., *Characteristics of male adolescent sibling incest offenders: Preliminary findings*, Orwell, VT: Safer Society Press, 1989.

O'Connor v. Donaldson, 422 U. S. 563 (1975).

O'Donohue, W., McKay, J., & Schewe, P., "Rape: The roles of outcome expectancies and hypermasculinity", *Sexual Abuse: Journal of Research & Treatment*, 8 (1996), pp. 133~141.

Office for Victims of Crime (2002, January), *Victims of crime act crime victims' fund* (OVC Fact Sheet), Retrieved June 3, 2005, from http://www.ojp.usdoj.gov/ovc/publications/factshts/vocacvf/fs000281.pdf.

Office of Juvenile Justice & Delinquency Prevention, *Violent families and youth violence*, Washington, DC: U. S. Government Printing Office, 1994a, December.

Office of Juvenile Justice and Delinquency Prevention, *Violent families and youth violence fact sheet*, Washington, DC: Author, 1994b.

Office of Juvenile Justice & Delinquency Prevention, *Guide for implementing the comprehensive strategy for serious, violent, and chronic juvenile offenders*, Washington, DC: Author, 1995.

Office of Juvenile Justice & Delinquency Prevention, *Balanced and restorative justice*, *Program summary*, Washington, DC: U. S. Department of Justice, Office of Justice Programs, 1996.

Office of Juvenile Justice and Delinquency Prevention, *Female offenders in the juvenile justice system—Statistics summary*, Washington, DC: U. S. Government Printing Office, 1996a.

Office of Juvenile Justice & Delinquency Prevention, *In the wake of childhood maltreatment*, Washington, DC: U. S. Government Printing Office, 1996b.

Office of Juvenile Justice & Delinquency Prevention, *Report to Congress: Title V incentive grants for local delinquency prevention programs* (Appendix, p.3), Washington, DC: U. S. Department of Justice, 1996c.

Office of Juvenile Justice & Delinquency Prevention, "The violent juvenile offender", *Policy Perspective*, 5, 1996d, July.

Office of Juvenile Justice & Delinquency Prevention, *Adolescent motherhood: Implications for the juvenile justice system*, Washington, DC: U. S. Government Printing Office, 1997, January.

Office of Juvenile Justice & Delinquency Prevention, *Balanced and restorative justice: Program summary*, Washington, DC: U. S. Department of Justice, Office of Justice Programs, 1998a.

Office of Juvenile Justice & Delinquency Prevention, *Guide for implementing the comprehensive strategy for serious, violent, and chronic juvenile offenders*, Washington, DC: Author, 1998b.

Office of Juvenile Justice & Delinquency Prevention, *Juvenile and offenders and victims: 1999 national report*, Washington, DC: U. S. Department of Justice, Office of Justice Programs, 1999a.

Office of Juvenile Justice & Delinquency Prevention (1999b), Report to Congress on juvenile violence research, Washington, DC: Author. Retrieved February 27, 2005, from http://ojjdp. ncjrs. org/pubs/jvr/contents. html.

Office of National Drug Control Policy, *Drug facts—1994*, Rockville, MD: Bureau of Justice Statistics, 1995.

Office of National Drug Control Policy, *The President's national drug control strategy*, Washington, DC: Author, 2002.

O'Hanlon, A, "Time out for Alan", *The Washington Post Magazine*, 1998, June 21, pp. 9 ~ 23.

Okie, S. , "Alcohol linked to deaths from accidents, murders", *Washington Post Health*, 1999, June 1, p.5.

Okin, R. L. , "Testing the limits of deinstitutionalization", *Psychiatric Services*, 46 (1995), pp. 569 ~ 574.

Oliver, M. B. , "Portrayals of crime, rate, and aggression in 'reality-based'police shows: A contingent analysis", *Journal of Broadcasting & Electronic Media*, 38 (1994), pp. 179 ~ 192.

Oliver, W., *The violent social world of Black men*, New York: Lexington, 1994.

Oltman, J., & Friedman, S., "Parental deprivation in psychiatric conditions", *Diseases of the Nervous System*, 28 (1967), pp. 298 ~ 303.

Olweus, D., "Familial and temperamental determinants of aggressive behavior in adolescent boys: A causal analysis", *Developmental Psychology*, 16 (1980), pp. 644 ~ 660.

Olweus, D. A., "Circulating testosterone levels and aggression in adolescent males: A causal analysis", *Psychosomatic Medicine*, 50 (1988), pp. 261 ~ 272.

O'Reilly, B., "The best place to stop drug abuse", *Parade Magazine*, XX, 1997, August 24, pp. 22 ~ 23.

Orne, M. & Holland, C., "On the ecological validity of laboratory deceptions", *International Journal of Psychiatry*, 6 (1968), pp. 282 ~ 293.

Ouimet, M., & LeBlanc, M., 'The role of life experiences in the continuation of the adult criminal career", *Criminal Behavior and Mental Health*, 6 (1996), pp. 73 ~ 97.

Owen, R. O., Fischer, E. P., Booth, B. M., & Cuffel, B. J., "Medication noncompliance and substance abuse among patients with schizophrenia", *Psychiatric Services*, 47 (1996), pp. 853 ~ 858.

Pagonis, W., "Law students witness execution firsthand", *Northern Virginia Daily*, 1999, April 21, p. 2.

Paik, H., & Comstock, G., "The effects of television violence on antisocial behavior: A meta-analysis", *Communication Research*, 21 (1994), pp. 516 ~ 546.

Paikoff, R. L., & Brocks-Gunn, J., "Do parent-child relationships change during puberty? ", *Psychological Bulletin*, 110 (1991), pp. 47 ~ 66.

Pail, H., & Comstock, G., "The effects of television violence on antisocial behavior: A meta-analysis", *Communication Research*, 21 (1994), pp. 516 ~ 546.

Palmer, T., "Martinson revisited", *Journal of Research in Crime and Delinquency*, 12 (1975), pp. 133 ~ 152.

Palmer, T., "The 'effectiveness'issue today: An overview", *Federal Probation*, 46 (1983), pp. 3 ~ 10.

Palmero, G. B., "Murder-suicide: An extended suicide International", *Journal of Offender Therapy & Comparative Criminology*, 38 (1994), pp. 205 ~ 216.

Pan. P., "Freed man accused of killing wife", *The Washington Post*, 1997, October 21, pp. D1, D5.

Pan, P., "Tougher youth laws examined", *The Washington Post*, 1998, March 29, pp. B1, B10.

Pan, P., & Thomas-Lester, A., "Bicyclist guns down motorist: Man becomes enraged after she bumped him, Maryland witnesses say", *The Washington Post*, 1997, October 9, p. A1.

Pan, P., & Vogel, S. T., "Cyclist had history of outbursts: Court records show assault charges in District, Maryland", *The Washington Post*, 1997, October 10, pp. A1, A26.

Paradis, C. M., Horn, L., Lazar, R. M, & Schwartz, D. W., "Brain dysfunction and violent behavior in a man with a congenital subarachnoid cyst", *Hospital & Community Psychiatry*, 45 (1994), pp. 714 ~716.

Parke, R. D. , Berkowitz, L. , Leyens, J. P. , West, S. G. , & Sebastian, J. , "Some effects of violent and nonviolent movies on the behavior of juvenile delinquents", in L. Berkowitz (Ed.), *Advances in experimental social psychology*, Vol. 10, New York: Academic Press, 1977.

Parke, R. D. , & Slaby, R. G. , "The development of aggression", in P. H. Mussen (Series Ed.) & E. M. Heatherington (Vol. Ed.), *Handbook of child psychology: Vol. 4, Socialization, personality, and social development*, 4th ed. , New York: Wiley, 1983, pp. 547 ~641.

Parker, S. , "Ex-prisoner's dilemma: Questions for Susan McDougal", *The New York Times Sunday Magazine*, 1999, April 25, p. 16.

Parsons, O. A. , Butters, N. , & Nathan, P. E. (Eds), Paternoster, R. (1991), *Capital punishment in America*, New York: Lexington, 1987.

Paternoster, R. , & Brame, R. (2003), "An empirical analysis of Maryland's death sentencing system with respect to the influence of race and legal jurisdiction", Retrieved May 26, 2003, from http: //www. urhome. umd. edu/newsdesk/pdf/finalrep. pdf.

Patterson, G. R. , "The aggressive child: Victim and architect of a coercive system", in L. A. Hamerlynck, L. C. Handy, & E. J. Mash (Eds.), *Behavior modification and families*, New York: Brunner/Mazel, 1976.

Patterson, G. R. , "Performance models for antisocial boys", *American Psychologist*, 4 (1986) 1, pp. 432 ~444.

Patterson, G. R. , DeBaryshe, B. D. , & Ramsey, E. , "A developmental perspective on antisocial behavior", *American Psychologist*, 44 (1989), pp. 329 ~445.

Patterson, G. R. , & Dishion, T. J. , "Contributions of families and peers to delinquency", *Criminology*, 23 (1985), pp. 63 ~77.

Patterson, G. R. , Reid, J. B. , & Dishion, T. J. , *A social interactional approach: IV, Antisocial boys*, Eugene, OR: Castalia, 1992.

Paulhus, D. L. , & Martin, C. L. , "Predicting adult temperament from minor physical anomalies", *Journal of Personality and Social Psychology*, 50 (1986), pp. 1235 ~1239.

Paulozzi, L. J. , Saltzman, L. A. , Thompson, M. J. , & Holmgreen, P. , "Surveillance for homicide among intimate partners: United States, 1981 ~1988", *CDC Surveillance Summaries* 2001, 50 (SS-3) (2001), pp. 1 ~16.

Paulus, P. B. , *Prison crowding: A psychological perspective*, New York: Springer-Verlag, 1988.

Paveza, G. J. , "Risk factors in father-daughter child sexual abuse: A case-control study", *Journal of Interpersonal Violence*, 3 (1988), pp. 290 ~306.

Payne v. Tennessee, 498 U. S. 29 (1991).

Pearlstein, "Convictions drive home the point again", *Washington Post*, 2006, May 26, p. D1.

People v. Decina, 157 N. Y. S. 2d 558 (1956).

Perkins, C. A. , *Age patterns of victims of serious violent crime*, Washington, DC: U. S. Department of Justice, 1997.

Perkins, C., & Klaus, P., *Criminal victimization*, 1994, Washington, DC: Bureau of Justice Statistics, 1996.

Perkinson, R., "Shackled justice: Florence federal penitentiary and the new politics of punishment", *Social Justice*, 21 (1994), pp. 117 ~ 132.

Perlin, M., *The jurisprudence of the insanity defense*, Durham: Carolina Academic Press, 1994.

Perry, B., Pollard, R., Blakley, T., Baker, W., & Vigilante, D., "Childhood trauma, the neurobiology of adaptation and 'use-dependent' development of the brain: How 'states' become 'traits'", *Infant Mental Health Journal*, 16 (1995), pp. 271 ~ 289.

Perry, D. G., Perry, L. C., & Rasmussen, P., "Cognitive social learning mediators of aggression", *Child Development*, 57 (1986), pp. 700 ~ 711.

Peters, M., *Evaluation of the impact of boot camps for juvenile offenders: Mobile interim report*, Washington, DC: U. S. Department of Justice, Office of Juvenile Justice and Delinquency Prevention, 1996.

Peters, K. D., & Kochanek, K. D., "Deaths: Final data for 1996", *National Vital Statistics Reports*, 47 (1998, November 10), p. 9

Peterson, B. S., "Neuroimaging in child and adolescent neuropsychiatric disorders", *Journal of the American Academy of Child and Adolescent Psychiatry*, 34 (1995), pp. 1560 ~ 1576.

Peterson, P. L., Hawkins, J. D., Abbott, R. D., & Catalano, R. F., "Disentangling the effects of parental drinking, family management, and parental alcohol norms on current drinking by Black and White adolescents", *Journal of Research on Adolescents*, 4 (1994), pp. 203 ~ 227.

Peterson-Badali, M., & Abramovitch, R., "Grade related changes in young people's reasoning about plea bargains", *Law & Human Behavior*, 17 (1993), p. 537.

Petrill, S. A., Plomin, R., Berg, S., Johansson, B., Pederson, N. L., Ahern, F., et al. "The genetic and environmental relationship between general and specific cognitive abilities in twins age 80 and older", *Psychological Science*, 9 (1998), pp. 183 ~ 189.

Pettigrew, J., & Burcham, J., "Effects of childhood sexual abuse in adult female psychiatric patients", *Australian & New Zealand Journal of Psychiatry*, 31 (1997), pp. 208 ~ 213.

Pfeiffer, S., "One Strike Against the Elderly: Growing Old in Prison", *Medill News Service*, 2002, August.

Phillips, D., "National experiments on the effects of mass media violence on fatal aggression: Strengths and weaknesses of a new approach", in L. Berkowitz (Ed.), *Advances in experimental social psychology* (Vol. 19), Orlando, FL: Academic Press, 1986, pp. 207 ~ 250.

Piaget, J., *The moral judgment of the child*, London: Kegan Paul (Original work published 1932), 1965.

Piaget, J., *The origins of intelligence in children*, New York: International University Press, 1952.

Pianta, R. C., Egeland, B., & Erickson, M. F., "The antecedents of Maltreatment: Results of the mother-child interaction", in C. Cicchetti & V. Carlson (Eds.), *Child maltreatment: Theory and research on the causes and consequences of child abuse and neglect*, New York: Cambridge University Press, 1989, pp. 203 ~ 253.

Pierson, R., *The queen of mean: The unauthorized biography of Leona Helmsley*, New York: Bantam, 1989.

Pihl, R. O., "Hair element content of violent criminals", *Canadian Journal of Psychiatry*, 27 (1982), p. 533.

Pihl, R. O., & Peterson, J. B., "Attention-deficit hyperactivity disorders, childhood conduct disorder and alcoholism: Is there an association?", *Alcohol Health Research World*, 15 (1991), pp. 52~56.

Pillmann, F., Rohde, A., Ullrich, S., Draba, S., Sannemüüller, U., & Marneros, A., "Violence, criminal behavior, and the EEG: Significance of left hemispheric focal abnormalities", *Journal of Neuropsychiatry and Clinical Neurosciences*, Vol. 11 (1999), pp. 454~457.

Pinel, J. P. J., *Biopsychology*, 3rd ed., Boston: Allyn & Bacon, 1997.

Pinel, P., *Traite medico-philsophique sur lalilenation mentale*, Paris: Richard, Caille & Ravier, 1801.

Plomin, R., "Nature, nurture and social development", *Social Development*, 3 (1994), pp. 37~53.

Plomin, R., DeFries, J. C., & McClearn, G. E., *Behavior genetics: A primer*, New York: Freeman, 1990.

Plomin, R., Nitz, K., & Rowe, D. C., "Behavioral genetics and aggressive behavior in childhood", in M. Lewis & S. M. Miller (Eds.), *Handbook of developmental psychopathology*, New York: Plenum, 1990, pp. 119~133.

Polaschek, D. L., Ward, T., & Hudson, S. M., "Rape and rapists: Theory and treatment", *Clinical Psychology Review*, 17 (1997), pp. 117~144.

Pollard, P., "Judgments about victims and attackers in depicted rapes: A review", *British Journal of Social Psychology*, 31 (1992), pp. 307~326.

Pollock, P. H., "A case of spree serial murder with suggested diagnostic opinions", *International Journal of Offender Therapy & Comparative Criminology*, 39 (1995), pp. 258~268.

Polycarpou, L., "The Littleton I know isn't Anytown, it's Notown", *Washington Post*, 1999, May 2, pp. B1, e.

Porter, B., "Mind hunters", *Psychology Today*, 17 (1983), pp. 44~52.

Porter, J. E., & Rourke, P. B., "Socioemotional functioning of learning-disabled children: A subtype analysis of personality patterns", in P. B. Rourke (Ed.), *Neuropsychology of learning disabilities: Essentials of subtype analysis*, New York: Guilford, 1985.

Porterfield, E. (2000, April 17), "Sex predator law still stirs debate", *Seattle Post-Intelligencer*, Retrieved May 30, 2006 from http://seattlepi.nwsource.com/local/pred171.shtml.

"Postal clerk slays co-worker, wounds 2, then kills himself", *Washington Post*, 1997, December 20, p. A3.

"Postal worker surrenders after freeing hostages unharmed", *The New York Times*, 1995, December 25, p. A1.

Potter, K., "To fight hate, don't over-legislate", *The Washington Post*, 1998, October 18, p. C2.

Potter, W. J., Vaughan, M. W., Warren, R., Howley, K., Land, A., & Hagemeyer, J. C., "How real is the portrayal of aggression in television entertainment programming?", *Journal of*

Broadcasting and Electronic Media, 39 (1995), pp. 496~516.

Power, T. G., & Parke, R. D., "Patterns of mother and father play with their 8-month-old infant: A multiple analysis approach", *Infant Behavior and Development*, 6 (1983), pp. 453~459.

Pratt, T. C., Blevins, K. R., Daigle, L. E., Cullen, F. T., & Unnever, J. D., "The relationship of ADHD to crime and delinquency: A meta-analysis", *International Journal of Police Science and Management*, 4 (2002), pp. 344~360.

Prentice-Dunn, S., & Rogers, R., "Deindividuation and the self-regulation of behavior", in P. B. Paulus (Ed.), *Psychology of group influence*, 2nd ed., Mahwah, NJ: Lawrence Erlbaum Associates, 1989.

Prentky, R., & Knight, R., "Impulsivity in the lifestyles and criminal behavior of sexual offenders", *Criminal Justice and Behavior*, 13 (1986), pp. 141~164.

Prentky, R., & Quinsey, V. L., *Human sexual aggression: Current perspectives*, New York: New York Academy of Science, 1988.

President's Commission on Organized Crime, *The impact: Organized crime today*, Washington, DC: U. S. Government Printing Office, 1987.

Pressley, S. A., "The Big Easy makes serious effort to solve sobering crime problem", *The Washington Post*, 1997, July 5, P. A3.

Pressley, S. A., "Down a dark road to murder", *The Washington Post*, 1998, June 13, pp. A1, A9.

Prichard, J. C., *A treatise on insanity* (Trans. D. Davis), New York: Hafner, 1845.

Prinz, R. J., Roberts, W. A., & Hantman, E., "Dietary correlates of hyperactive behavior in children", *Journal of Consulting and Clinical Psychology*, 48 (1980), pp. 165~167.

"Probing the mind of a killer", *Newsweek*, 1996, April 15, pp. 30~40.

Proulx, J., McKibben, A., & Lusignan, R., "Relationships between affective components and sexual behaviors in sexual aggressors", *Sexual Abuse: Journal of Research & Treatment*, 8 (1996), pp. 279~289.

Proulx, J., Pellerin, B., Paradis, Y., & McKibben, A., "Static and dynamic predictors of recidivism in sexual aggressors", *Sexual Abuse: Journal of Research & Treatment*, 9 (1997), pp. 7~27.

Pugh v. Locke, 406 F. Supp. 318 (M. D. Alab. 1976).

Puri, B. K., Baxter, R., & Cordess, C. C., "Characteristics of fire-setters: A study and proposed multiaxial psychiatric classification", *British Journal of Psychiatry*, 166 (1995), pp. 393~396.

Putnam, F. W., "The switch process in multiple personality disorder and other state-change disorders", *Dissociation*, 1 (1988), pp. 24~32.

Puzzanchera, C., Stahl, A., Finnegan, T., Tierney, N., & Snyder, H. (2003), *Juvenile court statistics 2000*, Washington, DC: Office of Juvenile Justice and Delinquency Prevention. Retrieved October 5, 2004, from http://ojjdp. ncjrs. org/ojstatbb/court/qa06301. asp? qaDate =20030811.

Quay, H. C., "Psychopathic personality as pathological stimulus-seeking", *American Journal of Psychiatry*, 122 (1965), pp. 180~183.

Radalet, M., & Akers, R. (1996), "Deterrence and the death penalty: The views of the experts", Retrieved June 15, 2005, from http: //sun. soci. niu. edu/ ~ critcrim/dp/dppapers/mike. deterence.

Raine, A., "Interhemispheric transfer in schizophrenics, depresseds and normals with schizoid tendencies", *Journal of Abnormal Psychology*, 98 (1990), pp. 35 ~ 41.

Raine, A., *The psychopathology of crime: Criminal behavior as a clinical disorder*, San Diego, CA: Academic, 1993.

Raine, A. (2002), "Biosocial studies of antisocial and violent behavior in children and adults: A review", *Journal of Abnormal Child Psychology*, XX. Retrieved January 8, 2005, from http: //www. findarticles. com/p/articles/mi __m0902/is __4 __30/ai __89146368.

Raine, A., Brennan, P., & Mednick, S., "Birth complications combined with early maternal rejection at age 1 predispose to violent crime at age 18 years", *Archives of General Psychiatry*, 51 (1994), pp. 984 ~ 988.

Raine, A., & Jones, F., "Attention, autonomic arousal, and personality in behaviorally disordered children", *Journal of Abnormal Child Psychology*, 15 (1987), pp. 583 ~ 599.

Raine, A., Buchsbaum, M. S., & LaCasse, L., "Brain abnormalities in murderers indicated by positron emission tomography", *Biological Psychiatry*, 42 (1997), pp. 495 ~ 508.

Raine, A., Lencz, T., Bihrle, S., LaCasse, L., & Colletti, P., "Reduced prefrontal gray matter volume and reduced autonomic activity in antisocial personality disorder", *Archives of General Psychiatry*, 57 (2000), pp. 119 ~ 127.

Raine, A., Venables, P. H., & Mednick, S. A., "Low resting heart age at age 3 years predisposes to aggression at age 11: Findings from the Mauritius Joint Child Health Project", *Journal of the American Academy of Child and Adolescent Psychiatry*, 36 (1997), pp. 1457 ~ 1464.

Raine, A., Venebles, P. H., & Williams, M., "Relationships between central and autonomic measures of arousal at age 15 years and criminality at age 24 years", *Archives of General Psychiatry*, 47 (1990), pp. 1003 ~ 1007.

Rand, M., *Criminal victimization 1997, changes 1996 ~ 1997 with trends 1993 ~ 1997*, Washington, DC: U. S. Department of Justice, Bureau of Justice Statistics, 1998.

Rapp, J. A., Carrington, F., & Nicholson, G., *School crime and violence: Victim's rights*, Malibu, CA: Pepperdine University Press, 1986.

Rasanen, P., Hakko, H., & Vaisanen, E., "The mental state of arsonists as determined by forensic psychiatric evaluations", *Bulletin of the American Academy of Psychiatry & the Law*, 23 (1995), pp. 547 ~ 553.

Rasmussen, K., & Levander, S., "Crime and violence among psychiatric patients in a maximum-security psychiatric hospital", *Criminal Justice & Behavior*, 23 (1996), pp. 455 ~ 471.

Rassell, M. E., & Mitchell, L., *Shortchanging education: How the U. S. spends on grades K-12*, Washington, DC: Economic Policy Institute, 1990.

R. A. V. v. City of St. Paul, 112 S. Ct. 2538 (1992).

Ray, A., Harris, M., & Butler, D. R., *World's dumbest criminals*, New York: Rutledge Hill

Press, 1997.

Ray, D. W., Wandersman, A., Ellisor, J., & Huntington, D. E., "The effects of high density in a juvenile correctional institution", *Basic and Applied Social Psychology*, 3 (1982), pp. 95 ~ 108.

Reddick, A. J., *Issue paper: Youth gangs in Florida*, CITY: Committee on Youth, Florida House of Representatives, 1987.

Redding, R. E. (2000), *Recidivism rates in juvenile versus criminal court* (Juvenile Justice Fact Sheet), Charlottesville: Institute of Law, Psychiatry, & Public Policy, University of Virginia, Retrieved October 25, 2004, from http://www.ilppp.virginia.edu/Publications __ and __ Reports/RecidRates.html.

Redl, F., & Toch, H., "The psychoanalytic perspective", in H. Toch ed., *Psychology of crime and criminal justice*, New York: Holt, Rinehart & Winston, 1979, pp. 193 ~ 195.

Reid, R. T., & Kavanaugh, K. B., "Abusive parents' perceptions of child problem behaviors: An example of parental bias", *Journal of Abnormal Child Psychology*, 15 (1987), pp. 457 ~ 466.

Reifman, A. S., Larrick, R. P., & Fein, S., "Temper and temperature on the diamond: The heat-aggression relationship in major league baseball", *Personality and Social Psychology Bulletin*, 17 (1991), pp. 580 ~ 585.

Reiman, J., *The rich get richer and the poor get prison*, 4th ed., Boston: Allyn & Bacon, 1995.

Reisman, J. M., *A history of clinical psychology*, New York: Irvington, 1976.

Reiss, A., & Roth, J., *Understanding and preventing violence*, Washington, DC: National Academy Press, 1993.

Reitan, D., *Halstead-Reitan Neuropsychological Tests Battery* (HRNTB), Tucson, AR: Neuropsychology Press, 1993.

Rembar, C., *The law of the land*, New York: Simon & Schuster, 1980.

Rennison, C. M., *Criminal victimization 1998*, Washington, DC: Bureau of Justice Statistics, 1999.

Reno, J., Speech to National Press Club, Washington, DC, 1999, April 15, retrieved April 16, 1999, fromhttp://www.doj.gov.

Research Institute on Addictions, *Effect of parental drinking on adolescents*, Buffalo: New York State Office of Alcoholism and Substance Abuse Services, 1997.

Resnick, M. D., Bearman, P. S., Blum, R. W., Bauman, K. E., Harris, K. M., & Jones, J., "Protecting adolescents from harm: Findings from the National Longitudinal Study on Adolescent Health", *Journal of the American Medical Association*, 278 (1997), pp. 823 ~ 832.

Ressler, R. K., & Schachtman, T., *Whoever fights monsters*, New York: St. Martin's Press, 1992.

Ressler, R. K., Burgess, A. W., & Douglas, J. E., *Sexual homicide: Patterns and motives*, Lexington, MA: Lexington, 1988.

Reuter, P., "The cartage industry in New York", in M. Tonry & A. J. Reiss ed., *Beyond the law—Crime in complex organizations*, Chicago: University of Chicago Press, 1993, pp. 149 ~ 202.

Rey, J. M., Bashir, M. R., Schwarz, M., Richards, I. N., Plapp, J. M., & Stewart, G. W., "Oppositional disorder: Fact or fiction?", *Journal of the American Academy of Child and Adoles-

cent Psychiatry, 27 (1988), pp. 157 ~ 162.

Rhodes, R. P. , *Organized crime—Crime control vs. civil liberties*, New York: Random House, 1984.

Rhodes v. Chapman, 101 S. Ct. 2392, 1981.

Rice, M. E. , "Violent offender research and implications for the criminal justice system", *American Psychologist*, 52 (1997), pp. 414 ~ 423.

Rice, M. E. , & Harris, G. T. , "Predicting the recidivism of mentally disordered fire setters", *Journal of Interpersonal Violence*, 11 (1996), pp. 364 ~ 375.

Rice, M. E. , & Harris, G. T. , "Cross-validation and extension of the Violence Risk Appraisal Guide for child molesters and rapists", *Law & Human Behavior*, 21 (1997), pp. 231 ~ 241.

"A riddle wrapped in a mystery inside an enigma", *The New Yorker*, 1994, December 7, p. 45.

Rider, A. O. , "The firesetter: A psychological profile", *FBI Law Enforcement Bulletin*, 49 (1980), pp. 1 ~ 23.

Riger, S. , Gordon, M. Y. , & LeBailley, R. , "Coping with urban crime: Women's use of precautionary behaviors", *American Journal of Community Psychology*, 10 (1982), pp. 369 ~ 386.

Rimer, S. , "Expanded inquiry is ordered in death of killer", *New York Times*, 1996, December 4, retrieved May 30, 2006 from http: //query. nytimes. com/gst/fullpage. html sec = health&res = 9504EFDB1E3CF937A35751C1A960958260&n = Top% 2fReference% 2fTimes% 20Topics% 2fSubjects% 2fA%2fAbortion.

Rimland, B. , & Larson, G. E. , "Hair mineral analysis and behavior: An analysis of 51 studies", *Journal of Learning Disabilities*, 16 (1983), pp. 279 ~ 285.

Ritvo, E. , Shanok, S. S. , & Lewis, D. O. , "Firesetting and nonfiresetting delinquents", *Child Psychiatry and Human Development*, 13 (1983), pp. 259 ~ 267.

Roberts, C. F. , Sargent, E. L. , & Chan, A. S. , "Verdict selection processes in insanity cases: Juror construals and the effects of guilty but mentally ill instructions", *Law and Human Behavior*, 17 (1993), pp. 261 ~ 275.

Robey, A. , Rosenwal, R. , Small, J. , & Lee, R. , "The runaway girl: A reaction to family stress", *American Journal of Orthopsychiatry*, 34 (1964), pp. 763 ~ 767.

Robins, L. N. , *Deviant children grown up: A sociological and psychiatric study of sociopathic personality*, Baltimore: Williams & Wilkins, 1966.

Robins, L. N. , "Conduct disorder", *Journal of Child Psychology and Psychiatry*, 32 (1991) pp. 193 ~ 212.

Robins, L. N. , Helzer, J. E. , & Weissman, M. M. , "Lifetime prevalence of specific psychiatric disorders in three sites", *Archives of General Psychiatry*, 41 (1984), pp. 949 ~ 958.

Robins, L. N. , & Przybeck, T. , "Age of onset of drug use as a factor in drug and other disorders", in C. L. Jones & R. J. Battjes (Ed.), *Etiology of drug abuse: Implications for prevention* (NIDA Research Monograph No. 56, DHHS Publication No. ADM 85 – 1335, pp. 178 ~ 192), Washington, DC: U. S. Government Printing Office, 1985.

Robins, L. N. , Tipp, J. , & Przybeck, T. , "Antisocial personality", in L. N. Robins & D. A.

Regier (Ed.), *Psychiatric disorders in America*, NewYork: Free Press, 1991, pp. 258~290.

Robins, R. W., Gosling, S. D., & Craik, K. H., "An empirical analysis of trends in psychology", *American Psychologist*, 54 (1999), pp. 117~128.

Robinson, E., " (White) women we love", *The Washington Post*, 2005, June 10, p. A23, retrieved from http://www.washingtonpost.com/wp-dyn/content/article/2005/06/09/AR2005060901729.html.

Rochin v. California, 342 U. S., 1952. 165, 168.

Rodin, J., & Baum, A., "Crowding and helplessness: Potential consequences of density and loss of control", in A. Baum & Y. Epstein Ed., *Human response to crowding*, Mahwah, NJ: Erlbaum, 1978, pp. 389~401.

Roesch, R., & Golding, S. L., "Defining and assessing competence to stand trial", in I. Weiner & A. Hess (Ed.), *Handbook of forensic psychology*, New York: Wiley, 1987, pp. 378~394.

Rogers, A. G., *Gender differences in moral reasoning: A validity study of two moral orientations*. Unpublished doctoral dissertation, Washington University, St. Louis, MO, 1987.

Rogers, R., Gillis, J. R., Dickens, S. E., & Bagby, R. M., "Standardized assessment of malingering: Validation of the structured interview of reported symptoms", *Psychological Assessment: A Journal of Clinical and Consulting Psychology*, 3 (1991), pp. 89~96.

Rohde, D., "Jurors and courts assailed in subway killing mistrial", *The New York Times*, 1999, November 7, p. 32.

Roid, G., *Stanford-Binet Intelligence Scales, Fifth Edition* (SB5), Toronto, Ontario, Canada: Thomson-Nelson, 2003.

Romano, L., "Two Arkansas boys convicted of killings", *The Washington Post*, 1998a, August 12, p. A3.

Romano, L., "Year after guilty verdict, jurors visit bombsite", *The Washington Post*, 1998b, June 21, pp. A 1, A17.

Roper v. Simmons 543 U. S., NOTE: Page not yet assigned by Court, 2005.

Rosenberg, R., & Knight, R. A., "Determining male, sexual offender subtypes using cluster analysis", *Journal of Quantitative Criminology*, 4 (1988), pp. 383~410.

Rosenfeld, R., "Urban crime rates: Effects of inequality, welfare dependency, region and race", in J. Bryne & R. Sampson (Ed.), *The social ecology of crime*, New York: Springer-Verlag, 1985, pp. 975~991.

Rosenthal, R., & Jacobsen, L., *Pygmalion in the classroom*, New York: Holt, 1968.

Ross, E., "The Dworkin-MacKinnon cultural revolution", *Menswear. com*, 2005, July 21. Retrieved May 30, 2006 from http://www.mensnewsdaily.com/archive/r/ross-eric/2005/ross072105.htm.

Rossman, S. B., & Morley, E., "Introduction", *Education and Urban Society*, 28 (1996, August), pp. 395~411.

Rothbart, M. D., & Mauro, J. A., "Questionnaire measures of infant temperament", in J. W. Fagen & J. Colombo (Ed.), *Individual differences in infancy: Reliability, stability and prediction*,

Hillsdale, NJ: Lawrence Erlbaum Associates, Inc, 1990, p. 411 ~429.

Rothbart, M. K. , & Ahadi, S. A. , "Temperament and the development of personality", *Journal of Abnormal Psychology*, 103 (1994), pp. 55 ~66.

Rotter, J. , *Social learning and clinical psychology*, Englewood Cliffs, NJ: Prentice Hall, 1954.

Rotton, J. , "Individuals under stress", in C. E. Kimble (Ed.), *Social psychology: Living with people*, New York: W. C. Brown, 1990.

Rotton, J. , & Frey, J. , "Air pollution, weather, and violent crimes: Concomitant time-series analysis of archival data", *Journal of Personality and Social Psychology*, 49 (1985), pp. 1207 ~1220.

Rotton, J. , "Determinism redux: Climate and cultural correlates of violence", *Environment and Behavior*, 18 (1986), pp. 346 ~368.

Rourke, B. P. , "Socioemotional disturbances of learning disabled children", *Journal of Consulting and Clinical Psychology*, 56 (1988), pp. 801 ~810.

Rowe, D. , & Gulley, B. , "Sibling effects on substance use and delinquency", *Criminology*, 30 (1992), pp. 217 ~232.

Rowe, D. C. , Clapp, M. , & Wallis, J. , "Physical attractiveness and the personality resemblance of identical twins", *Behavioral Genetics*, 17 (1987), pp. 191 ~201.

Ruane, M. E. , & Levine, S. , "Surprise plea ends Aron's second trial", *The Washington Post*, 1988, July 31, pp. A1, A10.

Ruback, R. B. , & Carr, T. S. , "Crowding in a women's prison: Attitudinal and behavioral effects", *Journal of Applied Social Psychology*, 14 (1984), pp. 315 ~344.

Rubel, R. J. , *The unruly school*, Lexington, MA: Lexington, 1977.

Rubin, K. H. , LeMare, L. J. , & Lollis, S. , "Social withdrawal in children: Developmental pathways to peer rejection", in S. R. Asher & J. D. Coie (Ed.), *Peer rejection in childhood*, 1990, pp. 217 ~252.

Rudovskey, D. , "Police abuse: Can the violence becontained?", *Harvard Civil Rights-Civil Liberties Law Review*, 27 (1992), p. 465.

Rush, B. , *Medical inquiries and observations upon the diseases of the mind*, Philadelphia: Kimber and Richardson, 1982.

Rushton, J. P. , "Altruism and aggression: The heritability of individual differences", *Journal of Personality and Social Psychology*, 50 (1986), pp. 1192 ~1198.

Russakoff, D. , "Five New York police indicted for abusing Haitian man", *The Washington Post*, 1998a, February 7, p. A3.

Russakoff, D. , "From Megan's law to Jenna's, grief inspires legislation", *The Washington Post*, 1998b, June 15, pp. A1, A10.

Russakoff, D. , "A horrific initiation into a tragic club: As seen in inner cities, violence may harm brains of Columbine's children", *The Washington Post*, 1999, May 15, pp. A3, A8.

Russell, G. , "Psychological issues in sports aggression", in J. H. Goldstein (Ed.), *Sports violence*, New York: Springer-Verlag, 1983.

Rutter, M. , "Psychosocial resilience and protective mechanisms", in J. Rolf, A. S. Masten, D. Cicchetti, K. H. Neuchterlin, & S. Weintraub (Ed.), *Risk and protective factors in the development of psychopathology*, 1990, pp. 181~214.

Rutter, M. , "Nature-nurture integration: The example of antisocial behavior", *American Psychologist*, 52 (1997), pp. 390~398.

Rutter, M. , & Garmezy, N. , *Stress, coping & development in children*, New York: McGraw-Hill, 1983.

Rutter, M. , & Giller, H. , *Juvenile delinquency: Trends and perspectives*, New York: Penguin, 1983.

Rutter, M. , Giller, H. , & Hagell, A. , "Juvenile crime: A major new review", *Cambridge*, England: CambridgeUniversity Press, 1998.

Rutter, M. , Maughan, B. , Mortimore, P. , & Ouston, J. , *Fifteen thousand hours: Secondary schools and their effects on children*, Cambridge, MA: Harvard University Press, 1979.

Rutter, M. , Mayhood, L. , & Howlin, P. , "Language delay and social development", in P Fletcher & D. Hall (Ed.), *Specific speech and language disorders in children*, San Diego, CA: Singular Publishing Group, 1992.

Rutter, M. , Tizard, J. , & Whitmore, K. , *Education, health, and behavior*, London: Longman, 1970.

Ryan, G. , Speech at Northwestern University School of Law, 2003, January 11, retrieved June 15, 2003, from http: //www. deathpenaltyinfo. org/article. php? scid'13&did'551.

Rydelius, P. A. , "The development of antisocial behavior and sudden violent death", *Acta Psychiatrica Scandinavica*, 77 (1988), pp. 398~403.

Ryden, M. B. , Bossenmaier, M. , & McLachlan, C. , "Aggressive behavior in cognitively impaired nursing home residents", *Research in Nursing and Health*, 14 (1991), pp. 87~95.

Sacco, V. F. , & Kennedy, L. W. , *The criminal event Belmont*, CA: Wadsworth, 1996.

Sack, K. , "Fugitive in bombing of clinic may be charged with 3 more", *The New York Times*, 1998, October 4, p. 18.

Sacks, O. , "Murder", in O. Sacks, *The man who mistook his wife for a hat*, New York: Harper Perennial Books, 1990.

Sagon, C. , "Twinkies, 75 years and counting", *The Washington Post*, 2005, April 13. Accessed May 25 at http: //www. washingtonpost. com/wpdyn/articles/A46062-2005Apr12. html.

Sales, B. D. , & Shuman, D. W. , *Law, mental health, and mental disorder*, Pacific Grove, CA: Brooks/Cole, 1996.

Salinger, D. J. , *Catcher in the rye*, New York: Little Brown, 1951/1991.

Salinger, L. R. , Jesilow, P. , Pontell, H. N. , & Geis, G. , "Assaults against airline flight attendants: A victimization study", in H. N. Pontell (Ed.), *Social deviance Englewood Cliffs*, NJ: Prentice Hall, 1993.

Saltzman, L. E. , "Weapon involvement and injury outcomes in family and intimate assaults", *Journal of the American Medical Association*, 267 (1992, June 10), pp. 30~43.

Sampson, R., "Personal violence by strangers: An extension and test of the opportunity model of predatory victimization", *Journal of Criminal Law and Criminology*, 78 (1987), pp. 327~356.

Sampson, R., & Laub, J., *Crime in the making* Cambridge, MA: Harvard University Press, 1993.

Sanchez, R., "Educators struggle for solutions to crisis of school rampages", *The Washington Post*, 1998, May 23, p. A12.

Sanchez-Bender, M., "Gillick's slur violated the spirit of the game", *The Washington Post*, 1998, May 24, p. D7.

Sandys, M., & Dillehay, R. C., "First-ballot votes, predeliberation dispositions, and final verdicts in jurytrial", *Law and Human Behavior*, 19 (1995), pp. 175~195.

Sanford v. Kentucky, 109 S. Ct. 2969, 1989.

Satcher, D., *Youth violence: A report of the surgeon general*, Washington, DC: Department of Health and Human Services, 2001.

Satterfield, J. H., "Childhood diagnostic and neurophysiological predictors of teenage arrest rates: An eight-year prospective study", in S. Mednick, T. Moffit, & S. Stack (Ed.), *The causes of crime: New biological approaches*, Cambridge, England: Cambridge University Press, 1987.

Satterfield, J., Swanson, J., Schell, A., & Lee, F., "Prediction of antisocial behavior in attention-deficit hyperactivity disorder boys from aggression/defiance scores", *Journal of the American Academy of Child and Adolescent Psychiatry*, 33 (1994), pp. 185~190.

Saudino, K. J., "Moving beyond the heritability question: New directions in behavioral genetic studies of personality", *Current Directions in Psychological Science*, 6 (1998), pp. 86~89.

Saulny, S., "Two who helped doctor's killer are released after 29 months", *New York Times*, 2003, August 22. Retrieved May 30, 2006 from http://query.nytimes.com/gst/fullpage.html? sec = health&res = 9C03E4D91639F931A1575BC0A9659C8B63&n = Top% 2fReference% 2fTimes% 20Topics% 2fPeople%2fS%2fSlepian%2c%20Barnett%20A%2e.

Savage, D., "Court looks at race bias on juries", *The Los Angeles Times*, 2002, October 17. Retrieved May 26, 2003, from http://new.blackvoices.com/news/bv _ supremecourt021017, 0, 7178920. story? coll =bv _ news _ black _ headlines.

Savitz, L. D., "Introduction", in G. Lombroso-Ferrero (Ed.), *Criminal man. Montclair*, NJ: Patterson Smith, 1972.

Schachter, S., & Latane, B., "Crime, cognition and the autonomic nervous system", in M. R. Jones (Ed.), *Nebraska symposium on motivation*, Lincoln: University of Nebraska Press, 1964.

Schafer, S., *The victim and his criminal*, New York: Random House, 1968.

Schauss, A. G., & Simonsen, C. E., "A critical analysis of the diets of chronic juvenile offenders (Part I)", *Journal of Orthomolecular Psychiatry*, 8 (1979), pp. 149~157.

Scherer, K. R., Wallbott, H. G., & Summerfield, A. B. (Ed.), *Experiencing emotions: A cross-cultural study*, Cambridge, England: Cambridge University Press, 1986.

Schettino, A. P., & Borden, R. J., "Sex differences in response to naturalistic crowding: Affective reactions to group size and density", *Personality and Social Psychology Bulletin*, 2 (1976), pp. 67~70.

Schiraldi, V., Holman, B., & Beatty, P., *Poor prescription: The costs of imprisoning drug offenders in the United States*, Washington, DC: Justice Policy Institute, 2000.

Schlosser, E., "A grief like no other", *The Atlantic Monthly*, 1997, September.

Schneider, A., *Deterrence and juvenile crime: Results from a National policy experiment*, New York: Springer-Verlag, 1985.

Schneider, H., "Saudis raising blood money to stop killer's execution", *Washington Post*, 1999, December 6, p. A22.

Schoenthaler, S. J., "The effect of sugar on the treatment and control of antisocial behavior: A double-blind study of an incarcerated juvenile population", *International Journal for Biosocial Research*, 3 (1982), pp. 1~9.

Schott, R., & Quattrocchi, M. R., "Predicting the present: Expert testimony and civil commitment", Paper presented at the annual meeting of the American Association of Psychology and Law, Santa Fe, NM, 1994, March.

Schretlen, D., Wilkins, S. S., Van Gorp, W. G., & Bobholz, J. H., "Cross-validation of a psychological test battery to detect faked insanity", *Psychological Assessment*, 4 (1992), pp. 77~83.

Schuckit, M. A., Goodwin, D., W., & Winojur, G., "Biological vulnerability to alcoholism", *American Journal of Psychiatry*, 128 (1972), pp. 1132~1136.

Schuckit, M. A., & Morrissey, M. A., "Propoxyphene and phencyclidine (PCP) use in adolescents", *Journal of Clinical Psychiatry*, 39 (1978), pp. 7~13.

Schwartz, I., *Justice for juveniles: Rethinking the best interests of the child*, Lexington, MA: Lexington, 1989.

Schwartz, M., & DeKeseredy, W., "Left realist criminology: Strengths, weaknesses and the feminist critique", *Crime, Law and Social Change*, 15 (1991), pp. 51~72.

Schwendinger, J., & Schwendinger, H., *Rape and inequality*, Beverly Hills, CA: Sage, 1983.

Scriviner, E., "Police brutality", in M. Costanzo & S. Oscamp (Ed.), *Violence and the law*, Thousand Oaks, CA: Sage, 1994.

Scully, D., "Rape is the problem", in B. R. Price & N. J. Sokoloff (Ed.), *The criminal justice system and women*, 2nd ed., New York: McGraw-Hill, 1995, pp. 197~215.

Scully, D., & Marolla, J., "Convicted rapist's vocabulary of motive: Excuses and justifications", in P. Adler & P. Adler (Ed.), *Constructions of deviance: Social power, context, & interaction*, 2nd ed., Belmont, CA: Wadsworth, 1997, pp. 271~286.

Seguin, J., Pihl, R., Harden, P., Tremblay, R., & Boulerice, B., "Cognitive and neuropsychological characteristics of physically aggressive boys", *Journal of Abnormal Psychology*, 104 (1995), pp. 614~624.

Seifert, K. L., *Lifespan development*, Boston: Houghton Mifflin, 2000.

Seigel, R. K., "Phencyclidine, criminal behavior, and the defense of diminished capacity", in R. C. Peterson & R. C. Stillman (Ed.), *Phencyclidine (PCP) abuse: An appraisal* (NIDA Research Monograph 21), Rockville, MD: National Institute on Drug Abuse, 1978.

Seligman, M. E. P., *Helplessness: On depression, development, and death*, San Francisco: Freeman, 1975.

Seligman, M. E. P., *Learned optimism*, New York: Knopf, 1991.

Seligman, M. E. P., & Maier, S. F., "Failure to escape traumatic shock", *Journal of Experimental Psychology*, 74 (1967), pp. 1~9.

Seltzer, T., "Mental Health Courts: A misguided attempt to address the criminal justice system's unfair treatment of people with mental illness", *Journal of Psychology, Public Policy & Law*.

Seppa, N., *Children's TV remains steeped in violence*, American Psychological Association Monitor, June, 1997, p. 36.

Seltzer, T., "Mental Health Courts: A misguided attempt to address the criminal justice system's unfair treatment of people with mental illness", *Psychology, Public Policy & Law*, 11 (2005), pp. 570~586.

Serin, R. C., Malcolm, P. B., Khanna, A., & Barbaree, H. E., "Psychopathy and deviant sexual arousal in incarcerated sexual offenders", *Journal of Interpersonal Violence*, 9 (1994), pp. 3~11.

Shahinfar, A., Kupersmidt, J. B., & Matza L. S., "The relation between exposure to violence and social information processing among incarcerated adolescents", *Journal of Abnormal Psychology*, 110 (2001), pp. 136~141.

Shapira, I., "Bobbitt held after fight at Las Vegas home", *Washington Post*, 2004, August 28, p. A9.

Shaver, K., "Experts differ on the meaning of Aron's responses to ink blots", *The Washington Post*, 1998, March 20, p. C4.

Shaver, K., & Pan. P., "Father charged in Maryland infant's 1987 death", *The Washington Post*, 1998, May 14, pp. D1, D8.

Shaver, P. R., & Clark, C. L., "The psychodynamics of adult romantic attachment", in J. M. Masling & R. F. Bornstein (Ed.), *Empirical perspectives on object relations theory*, Washington, DC: American Psychological Association, 1994, pp. 105~156.

Shaver, P. R., & Hazen, C., "Attachment", in A. L. Weber & J. H. Harvey (Ed.), *Perspectives on close relationships*, Boston: Allyn & Bacon, 1994.

Sheffrin, S., & Triest, R., "Can brute deterrence backfire? Perceptions and attitudes in taxpayer compliance", *Tax Compliance and Enforcement*, 193 (1992), pp. 212~213.

Shelden, R., Horvath, J., & Tracy, S., "Do status offenders get worse? Some clarifications on escalation", *Crime and Delinquency*, 35 (1989), pp. 202~216.

Sheldon, W. H., *The varieties of temperament: A psychology of constitutional differences*, New York: Harper & Brothers, 1942.

Sheldon, W. H., *Varieties of delinquent youth*, New York: Harper & Brothers, 1949.

Sheley, J. F., *Understanding crime: Concepts, issues, decisions*, Belmont, CA: Wadsworth, 1979.

Sheley, J. F., McGee, Z. T., & Wright, J. D., "Gunrelated violence in and around inner city schools", *American Journal of the Disabled Child*, 146 (1992), pp. 667~682.

Sheley, J. F., & Wright, J. D., "Gun acquisition and possession in selected juvenile samples",

Office of Juvenile Justice & Delinquency Prevention research in brief. Washington, DC: U. S. Department of Justice, National Institute of Justice, 1993, December.

Shelley, M. , *Frankenstein*, New York: Dover (Original work published 1816), 1994.

Shen, F. , "Unlikely pair had little but trouble in common", *The Washington Post*, 1997, October 9, pp. A1, A18 ~ A19.

Shepherd, R. E. , & Zaremba, B. A. , "When a disabled juvenile confesses to a crime: Should it be admissible?", *Criminal Justice*, 9 (1995), p. 31.

Sher, K. J. , Walitzer, J. S. , Wood, P. K. , & Brent, E. F , "Characteristics of children of alcoholics: Putative risk factors, substance use and abuse, and psychopathology", *Journal of Abnormal Psychology*, 100 (1991), pp. 427 ~ 488.

Sherman, L. W. , "Defiance, deterrence, and irrelevance: A theory of the criminal sanction", *Journal of Research in Crime and Delinquency*, 30 (1993), pp. 445 ~ 473.

Sherman, L. , "Violence in America", *Online News Hour*, 1999, December 16, Retrieved August 29, 2004, from http: //www. pbs. org/newshour/bb/law/july-dec99/violence _ 12 – 16. html.

Sherman, L. W. , Gottfredson, D. , MacKenzie, D. , Eck, J. , Reuter, P. , & Bushway, S. , *Preventing crime: What works, what doesn't, what's promising*, Washington, DC: U. S. Department of Justice, Office of Justice Programs, National Institute of Justice, 1997.

Sherman, L. , & Rogan, D. P. , "Deterrent effects of police raids on crack houses: A randomized, controlled experiment", *Justice Quarterly*, 12 (1995), pp. 755 ~ 781.

Sherman, L. , Schmidt, J. D. , & Velke, R. J. , "High crime taverns: A RECAP project in problem-oriented policing", *Final report to the National Institute of Justice*, Washington, DC: Crime Control Institute, 1992.

Shields, J. , *Monozygotic twins*, Oxford, England: Oxford University Press, 1962.

"Shooting Suspect Was Dismissed by Xerox", *Honolulu Advertiser*, 1999, November 17, Retrieved May 30, 2006 from http: //the. honoluluadvertiser. com/1999/ Nov/17/localnews7. html.

Shore, S. , "Mother on trial in son's death: Injuries self-inflicted, she claims", *Richmond Times Dispatch*, 1997, July 6, p. A1.

Shotland, R. L. , "The theory of the causes of courtship rape: Part 2", *Journal of Social Issues*, 48 (1) (1992), pp. 127 ~ 143.

Shover, N. , "Structures and careers in burglary", *Journal of Criminal Law, Criminology and Police Science*, 63 (1972), pp. 540 ~ 549.

Shover, N. , & Bryant, K. M. , "Theoretical explanations of corporate crime", in M. B. Blankenship (Ed.), *Understanding corporate criminality*, New York: Carland Publishing Co, 1993, pp. 141 ~ 176.

Showers, J. , & Pickrell, E. , "Child firesetters: A study of three populations", *Hospital & Community Psychiatry*, 38 (1987), pp. 495 ~ 501.

Shweder, R. A. , & Bourne, E. J. , "Does the concept of person vary cross-culturally?", in R. A. Shweder & R. A. LeVine (Eds.), *Culture theory: Essays on mind, self, and emotion*, Cambridge: Cambridge University Press, 1984.

Sickmund, M., *Juveniles in corrections*, Washington, DC: Office of Juvenile Justice and Delinquency Prevention, 2002. Retrieved October 5, 2004, from http: //ojjdp. ncjrs. org/ojstatbb/corrections/qa08 201. asp? qaDate = 20021030.

Siegal, N., "Inmates are again shackled in childbirth, critics say", *The New York Times*, 1999, April 11, pp. 23 ~ 24.

Siegel, L. J., *Criminology*, 6th ed., Belmont, CA: Thompson/West Publishing Co, 1998.

Siegel, L. J., *Criminology*, 7th ed., St. Paul, MN: West, 2000.

Siegel, L. J., *Criminology*, 8th ed., Belmont, CA: Thomson/Wadsworth, 2003.

Siegel, L., & Senna J., *Juvenile delinquency: Theory, practice and law*, St Paul, MN: West, 1997.

Siegel, L., & Senna. J., *Juvenile delinquency: Theory, patterns, and typologies*, 7th ed., Belmont, CA: Wadsworth, 2000.

Siegel, L., & Welsh, B., *Juvenile delinquency: Theory, practice, and law*, 9th ed., Florence, KY: Thomson Wadsworth, 2006.

Siegler, R. S., *Emerging minds: The process of change in children's thinking*, New York: Oxford University Press, 1996.

Siever, L. J., & Davis, K. L., "A psychobiological perspective on the personality disorders", *American Journal of Psychiatry*, 148 (1991), pp. 1647 ~ 1658.

Signorielli, N., "Television's mean and dangerous world: A continuation of the cultural indicators perspective", in N. Signorielli & M. Morgan (Eds.), *Cultivation analysis: New directions in media effects research*, Newbury Park, CA: Sage, 1990, pp. 85 ~ 106.

Silberman, C., *Criminal violence, criminal justice*, New York: Random House, 1979.

Silberman, M., *A world of violence: Corrections in America*, Belmont, CA: Wadsworth, 1995.

Silver, E., Cirincione, C., & Steadman, H. J., "Demythologizing inaccurate perceptions of the insanity defense", *Law and Human Behavior*, 18 (1994), pp. 63 ~ 70.

Silver, L. B., "Psychological and family problems associated with learning disabilities: Assessment and intervention", *Journal of the American Academy of Child and Adolescent Psychiatry*, 28 (1992), pp. 319 ~ 325.

Simmons, R., & Taylor, J., "A psychosocial model of fan violence", *International Journal of Sport Psychology*, 23 (1992), pp. 207 ~ 226.

Simon, D., & Burns, E., "Too much is not enough", *The Washington Post*, 1997, September 7, pp. C1, C4.

Simon, D., & Burns, E., *The corner: A year in the life of an inner city neighborhood*, New York: Broadway Books, 1998.

Simon, L. M. J., "Does criminal offender treatment work?", *Applied and Preventive Psychology*, 7 (1998), pp. 137 ~ 159.

Simon, R. J., *The jury and the defense of insanity*, Boston: Little, Brown, 1967.

Simon, R., *The contemporary woman and crime*, New York: McGraw-Hill, 1975.

Simpson, S., "Feminist theory, crime and justice", *Criminology*, 27 (1989), pp. 605~632.

Singer, M., Anglin, T., Song, L., & Lunghofer, L., "Adolescents' exposure to violence and associated symptoms of psychological trauma", *Journal of the American Medical Association*, 273 (1995), pp. 477~482.

Singer, M., Miller, D., Slovak, K., & Frierson, R., *Mental health consequences of children's exposure to violence*, Cleveland, OH: Case Western Reserve University, Mandel School of Applied Social Sciences, 1997.

Singer, S., "Homogeneous victim-offender populations: A review and some research implications", *Journal of Criminal Law and Criminology*, 72 (1981), pp. 779~788.

Singer, J. L., & Singer, D. G., "Television viewing, family style and aggressive behavior in preschool children", in M. Green (Ed.), *Violence and the family: Psychiatric, sociological, and historical implications*, Boulder, CO: Westview Press, 1980.

Singer, J. L., & Singer, D. G., "Psychologists look at television: Cognitive, developmental, personality and social polity implications", *American Psychologist*, 38 (1983), pp. 826~834.

Sipress, A., "Road rage death wasn't all that surprising", *Milwaukee Journal Sentinel*, 1999, November 18, Retrieved May 26, 2006 from http://www.findarticles.com/p/articles/mi_qn4196/is_19991118/ai_n10552063.

Sivard, R., *World military and social expenditures*, Washington, DC: World Priorities, 1989.

Skinner, B. F., *The behavior of organisms*, New York: Appleton, 1938.

Skogan, W. G., "Methodological issues in the study of victimization", in E. A. Fattah (Ed.), *From crime policy to victim policy: Reorienting the justice system*, New York: St. Martin's Press, 1986, pp. 80~116.

Slavin, R. E., "Achievement effects of ability grouping in secondary schools: A best-evidence synthesis", *Review of Educational Research*, 60 (1990), pp. 471~499.

Slawson, J., *The delinquent boys*, Boston: Budget Press, 1925.

Sleek, S., "The basis for aggression may start in the womb", *American Psychological Association Monitor*, XX, 1998, August, Retrieved March 11, 1999, from http://www.apa.org/monitor/aug98/somb.html.

Slevin, P., "A new way to see the future: School with high-powered backers aims to help troubled DC teens", *The Washington Post*, 1998, March 23, pp. B1, B8.

Slobogin, C., "The guilty but mentally ill verdict: An idea whose time should not have come", *George Washington Law Review*, 53 (1985), pp. 494~527.

Smith, A. C., "Care of mentally ill prisoners questioned", *St. Petersburg Times*, 1999, September 28, pp. 1, 8.

Smith, A. M., Gacono, C. B., & Kaufman, L., "A Rorschach comparison of psychopathic and nonpsychopathic conduct disordered adolescents", *Journal of Clinical Psychology*, 53 (1997), pp 289~300.

Smith, C. A. & Ellsworth, P. C., "Patterns of appraisal and emotion related to taking an exam",

Journal of Personality and Social Psychology, 52 (1987), pp. 475~488.

Smith, D. A., *The Mafia mystique*, New York: Basic Books, 1975.

Smith, D. E., & Wesson, D. R., "PCP Abuse: Diagnostic and pharmacological treatment approaches", *Journal of Psychedelic Drugs*, 12 (1980), pp. 293~294.

Smith, G. B., "Plea deal for Jr. Gotti", *New York Daily News* (1998, December 3), Retrieved May 17, 1999, from http://www.mostnewyork.com.

Smith, G. T., Goldman, M., Greenbaum, P. E., & Christiansen, B. A., "Expectancy for social facilitation from drinking: The divergent paths of highexpectancy and low-expectancy adolescents", *Journal of Abnormal Psychology*, 104 (1995), pp. 32~40.

Smith, L., "Former Lorena Bobbitt is back in court", *The Washington Post*, 1997a, December 9, p. B3.

Smith, L., "Man convicted in attack using date-rape bill", *The Washington Post*, 1997b, October 24, p. B7.

Smith, P. Z., *Felony defendants in large urban counties*, *1990*, Washington, DC: Bureau of Justice Statistics, 1993.

Smith, V. L., & Kassin, S. M., "Effects of the dynamite charge on the deliberations of deadlocked juries", *Law and Human Behavior*, 17 (1993), pp. 625~644.

Smoking in pregnancy tied to disruptive behavior, The Washington Post, 1997, August 5, p. 5.

Snarey, J. R., "Cross-cultural universality of social moral development: A critical review of Kolhbergian research", *Psychological Bulletin*, 97 (1985), pp. 202~232.

Snell, T., *Women in prison*, Washington, DC: U. S. Department of Justice, Office of Justice Programs, Bureau of Justice Statistics, 1994a. Retrieved February 13, 2005, from http://www.ojp.usdoj.gov/bjs/pub/ascii/wopris.txt.

Snell, T., *Women in prison: Survey of state prison inmates*, 1991, Washington, DC: U. S. Department of Justice, Office of Justice Programs, Bureau of Justice Statistics, 1994b.

Snell, T. L., *Capital punishment 1997*, Washington, DC: Bureau of Justice Statistics, 1998.

Snowling, M. J., "Developmental reading disorders", *Journal of Child Psychology and Psychiatry*, 32 (1991), pp. 49~77.

Snyder, H., *Court careers of juvenile offenders*, Washington, DC: U. S. Department of Justice, Office of Juvenile Justice & Delinquency Prevention, 1988.

Snyder, H. N., *Juvenile arson*, *1997*, Washington, DC: U. S. Department of Justice, Office of Juvenile Justice & Delinquency Prevention, 1999.

Snyder, H., "Juvenile arrests 2002", *Juvenile Justice Bulletin*, 2004, September. Retrieved February 27, 2005, from http://www.ncjrs.org/html/ojjdp/204608/contents.html.

Snyder, H., & Sickmund, M., *Juvenile offenders and victims: A national report*, Washington, DC: National Center for Juvenile Justice, Office of Juvenile Justice & Delinquency Prevention, 1999.

Soderstrom, C. A., Dischinger, P. C., Kerns, T. J., & Trifilli, A. L., "Marijuana and other drug use among automobile and motorcycle drivers treated at a trauma center", *Accident Analysis and*

Prevention, 27 (1995), pp. 131~135.

Solomon, J., & King, P., "Waging war in the workplace", *Newsweek*, XX (1993, July 19), pp. 30~34.

Sommer, R., "Applying environmental psychology", in D. A. Bernstein & A. M. Stec (Eds.), *The psychology of everyday life*, Boston: Houghton Miflin, 1999.

Sommers, I., & Baskin, D., "The prescription of psychiatric medications in prison: Psychiatric versus labeling perspectives", *Justice Quarterly*, 7 (1990), pp. 739~755.

Sommers, I., & Baskin, D., "Factors related to female adolescent initiation into violent street crime", *Youth and Society*, 25 (1994), pp. 468~489.

Southwick, C. H., "An experimental study of intragroup agonistic Behavior in rhesus monkeys (Macaca mulatta)", *Behavior*, 28 (1967), pp. 182~209.

Span, P., & Kastor, E., "Schizophrenic lawyer's triumph turns into tragedy", *The Washington Post*, 1998, June 19, pp. A1, A18.

Spelman, W., "Criminal careers of public places", in J. E. Eck & D. Weisburd (Eds.), *Crime and place*, Monsey, NY: Criminal Justice Press and Police Executive Research Forum, 1995.

Spelman, W., & Eck, J. E., "Sitting ducks, ravenous wolves, and helping hands: New approaches to urban policing", *Public Affairs Comment*, 35 (2) (1989), pp. 1~9.

Speltz, M., DeKlyen, M., Greenberg, M., & Dryden, M., "Clinical referral for oppositional defiant disorder: Relative significance of attachment and behavioral variables", *Journal of Abnormal Child Psychology*, 23 (1995), pp. 487~507.

Spencer-Wendel, S., "Nathaniel Brazill would have graduated from high school this week. Instead, he is growing up in prison", *Palm Beach Post*, 2005, May 22. Retrieved May 25, 2006, at http://www.usatoday.com/news/nation/2006-05-18-tate-sentencing__x.htm? csp=34.

Spergel, I. A., *The youth gang problem: A community approach*, New York: Oxford University Press, 1995.

Spergel, I. A., & Curry, G. D., *Gangs, schools, and communities*, Chicago: University of Chicago, School of Social Service Administration, 1987.

Stahl, A., Finnegan, T., & Kang, W., *Easy access to juvenile court statistics: 1985~2000*, Washington, DC: Office of Juvenile Justice & Delinquency Prevention, 2002.

Stalenheim, E., von Knorring, L., & Oreland, L., "Platelet monoamine oxidase activity as a biological marker in a Swedish forensic psychiatric population", *Psychiatry Research*, 69 (1997), pp. 79~87.

Stanford v. Kentucky, 492 U. S. 316 (1989).

Stannard, D. E., *American holocaust: The conquest of the new world*, New York: Oxford University Press, 1993.

Stasser, G., Kerr, N. L., & Bray, R. M., "The social psychology of jury deliberations: Structure, process, and product", in N. Kerr & R. Bray (Eds.), *The psychology of the courtroom*, New York: Academic, 1982, pp. 221~256.

Stattin, H., & Klackenberg-Larsson, I., "Early language and intelligence development and their relationship to future criminal behavior", *Journal of Abnormal Psychology*, 102 (1993), pp. 369 ~ 378.

Steadman, H. J., *Beating a rap? Defendants found incompetent to stand trial*, Chicago: University of Chicago Press, 1979.

Steadman, H. J., *Reforming the insanity defense: An evaluation of pre- and post- Hinckley reforms*, New York: Guilford, 1993.

Steadman, H. J., Barisiak, S., Dvoskin, J., & Holohean, E. J., "A survey of mental disability among state prison inmates", *Hospital and Community Psychiatry*, 28 (1987), p. 1086.

Steadman, H. J., McCarty, D. W., & Morrissey, J. P., *The mentally ill in jail: Planning for essential services*, New York: Guilford, 1989.

Steadman, H. J., Monahan, J., Applebaum, P., Grisso, T., Mulvey, E., Roth, L., et al., "Designing a new generation of risk assessment research", in J. Monahan & H. Steadman (Eds.), *Violence and mental disorder: Developments in risk assessment*, Chicago: University of Chicago Press, 1994, pp. 297 ~ 318.

Steadman, H. J., Mulvey, E. P., Monahan, J., Robbins, P. C., Appelbaum, P. S., Grisso, T., et al., "Violence by people discharged from acute psychiatric inpatient facilities and by others in the same neighborhoods", *Archives of General Psychiatry*, 55 (1998), pp. 393 ~ 401.

Steadman, H. J., & Veysey, B. M., *Providing services for jail inmates with mental disorders: Research in Brief*, Washington, DC: U. S. Department of Justice, National Institute of Justice, 1997.

Steffensmeier, D., "Trends in female crime: Its still a man's world", in B. R. Price & N. J. Sokoloff (Eds.), *The criminal justice system and women: Offenders, victims and workers*, 2nd ed., New York: McGrawHill, 1995, pp. 9 ~ 104.

Steffensmeier, D., & Allan, E., "Gender and crime: Toward a gendered theory of female offending", *Annual Review of Sociology*, 22 (1996), pp. 459 ~ 487.

Steinberg, M., Bancroft, J., & Buchanan, J., "Multiple personality disorder in criminal law", *Bulletin of the American Academy of Psychiatry and the Law*, 21 (1993), pp. 345 ~ 356.

Steiner, P., *Delinquency prevention*, Washington, DC: Office of Juvenile Justice & Delinquency Prevention, 1994.

Steinglass, P., Bennett, L. A., Wolin, S. J., & Reiss, D., *The alcoholic family*, New York: Basic Books, 1987.

Stepp, L. S., "Why Johnny can't feel", *The Washington Post*, 1999, April 23, pp. C1, 8.

Stern, V., *A sin against the future: Imprisonment in the modern world*, Boston: Northeastern University Press, 1999.

Stevenson, R. L., *The strange case of Dr. Jekyll and Mr. Hyde*, New York: Dover (Original work published 1886), 1991.

Stewart, J. A., "Profile of female firesetters: Implications for treatment", *British Journal of Psychiatry*, 163 (1993), pp. 248 ~ 256.

Stewart, J. B., *Den of thieves*, New York: Simon & Schuster, 1991.

Stewart, M. A., & Culver, K. W., "Children who set fires: The clinical picture and a follow-up", *British Journal of Psychiatry*, 140 (1982), pp. 357 ~ 363.

Stewart, M. A., & de Blois, C. S., "Father-son resemblances in aggressive and antisocial behavior", *British Journal of Psychiatry*, 142 (1983), pp. 78 ~ 84.

Stewart, M. A., de Blois, C. S., & Cummings, C., "Psychiatric disorder in the parents of hyperactive boys and those with conduct disorder", *Journal of Child Psychology and Psychiatry*, 21 (1980), pp. 283 ~ 292.

Stewart v. Martinez-Villareal, 000 S. Ct. 0000, 1998.

Stinchcombe, A., *Rebellion in high school*, Chicago: Quadrangle Press, 1964.

Stinson, F. S., Dufour, M. C., Steffans, R. A., & DeBakey, S., "Alcohol-related mortality in the United States, 1979 ~ 1989", *Alcohol Health & Research World*, 17 (1993), pp. 251 ~ 260.

Stoff, D. M., Breiling, J., & Maser, J. D. (Eds.), *Handbook of antisocial behavior*, New York: Wiley, 1997.

Stokels, D., "A typology of crowding experiences", in A. Baum & Y. Epstein (Eds.), *Human response to crowding*, Mahwah, NJ: Elbaum, 1978, pp. 219 ~ 255.

Stone, W. L., & LaGreca, A. M., "The social status of children with learning disabilities: A re-examination", *Journal of Learning Disabilities*, 23 (1990), pp. 23 ~ 37.

Stormo, K. J., Lang, A. R., & Stritzke, W. G. K., "Attributions about acquaintance rape: The role of alcohol and individual differences", *Journal of Applied Social Psychology*, 27 (1997), pp 297 ~ 305.

Storr, A., *Human aggression and violence*, New York: Bantam, 1970.

Stott, D. H., *Delinquency and human nature*, Baltimore: University Park Press, 1980.

Strain, E., "Antisocial personality disorder, misbehavior and drug abuse", *Journal of Nervous and Mental Disease*, 163 (1995), pp. 162 ~ 165.

Straus, M., "Discipline and deviance: Physical punishment of children and violence and other crime in adulthood", *Social Problems*, 38 (1991), pp. 101 ~ 123.

Straus, M. A, & Baron, L., *Sexual stratification, pornography, and rape*, Durham, NH: Family Research Laboratory, University of New Hampshire, 1983.

Straus, M., & Gelles, R., *Intimate violence*, New York: Simon & Schuster, 1988.

Straus, M. A., & Gelles, R. J., *Physical violence in American families: Risk factors and adaptations to violence in 8145 families*, New Brunswick, NJ: Transaction, 1990.

Streib, V., "The juvenile death penalty today: Death sentences and executions for juvenile crimes January 1, 1973 to June 30, 2004", 2004. Retrieved October 5, 2004, from http://www.law.onu.edu/faculty/streib/documents/JuvDeathJune302004NewTables.pdf.

Strodtbeck, F. L., & Hook, L., "The social dimensions of a twelve-man jury table", *Sociometry*, 24 (1961), pp. 713 ~ 719.

Strodtbeck, F. L., James, R., & Hawkins, C., "Social status in jury deliberations", *American Sociological Review*, 22 (1957), pp. 713 ~ 719.

Struck, D. , "In DC's simple city, complex rules of life and death", *The Washington Post*, 1997, April 20, pp. A1, A16 ~ A17.

"Study: Boys sex abuse underreported", *The New York Times*, 1998, December 1, Retrieved December 1, 1998, from http: // www. nytimes. com/ aponline/ a/ AP-SexualAbuse. html.

"Study: Violence hits 10 percent of public schools", *The Washington Post*, 1998, March 20, p. A3.

Substance Abuse and Mental Health Services Administration, *Substance use, abuse, and dependence among youths who have been in jail or a detention center: The National Survey on Drug Use and Health*, Washington, DC: U. S. Department of Health and Human Services, Substance Abuse and Mental Health Services Administration, 2004. Retrieved February 20, 2005, from http: // oas. samhsa. gov/ 2k4/ DetainedYouth/ detainedYouth. pdf.

Sue, D. , Sue, D. W. , & Sue, S. , *Understanding abnormal behavior*, 8th ed. , 2006.

"Suicide is recalled as Maine revisits Megan's Law", *The Washington Post*, 1998, February 17, p. A2.

Sullivan, H. S. , *The interpersonal theory of psychiatry*, New York: Norton, 1953.

Sullivan, H. S. , *Personal psychopathology*, New York: Norton, 1965.

Suomi, S. , Higley, D. , & Linnoila, M. , "Alcohol, Clinical and Experimental Research", 20 (1997), pp. 643 ~ 649.

Superville, D. , "Youths cite rise in drugs", *The Boston Globe*, 1997, August 15, p. A1.

Surawicz, F. G. , "Alcoholic hallucinosis: A missed diagnosis", *Canadian Journal of Psychiatry*, 25 (1980), pp. 57 ~ 63.

Suro, R. , "Officials wonder if bribery arrests at federal prison are isolated or trend", *The Washington Post*, 1997, June 1, p. A8.

Susman, E. J. , Dorn, L. D. , Inoff-Germain, G. , Nottelmann, E. D. , & Chrousos, G. P. , "Cortisol reactivity, distress behavior, and behavioral and psychological problems in young adolescents: A longitudinal perspective", *Journal of Research on Adolescence*, 7 (1997), pp. 81 ~ 105.

Sutherland, E. H. , "White-collar criminality", *American Sociological Review*, 5 (1940), pp. 1 ~ 12.

Sutherland, E. H. , *White-collar crime: The uncut version*, New Haven, CT: Yale University Press, 1983.

Sutherland, E. H. , & Cressy. D. R. , *Principles of criminology*, 9th ed. , New York: Lippincott, 1974.

Swaffer, T. , & Hollin, C. R. , "Adolescent firesetting: Why do they say they do it?", *Journal of Adolescence*, 18 (1995), pp. 619 ~ 623.

Swaim, R. C. , Oetting, E. R. , Edwards, R. W. , & Beauvais, F. , "Links from emotional distress to adolescent drug use: A path model", *Journal of Consulting and Clinical Psychology*, 57 (1989), pp. 227 ~ 231.

Swan, N. , *Early childhood behavior and temperament predict later substance use*, Washington, DC: National Institute of Drug Abuse, 1995, January/February.

Swanson, H. L., "Operational definitions and learning disabilities: An overview", *Learning Disability Quarterly*, 14 (1991), pp. 242~254.

Swanson, J., Borum, R., Swartz, M., & Monahan, J., "Psychotic symptoms and disorders and the risk of violent behavior in the community", *Criminal Behavior and Mental Health*, 6 (1996), pp. 309~329.

Swanson, J. W., Estroff, S. E., Swartz, M. S., Borum, R., Lachicotte, W., Zimmer, C., et al., "Violence and severe mental disorder in clinical and community populations: The effects of psychotic symptoms, comorbidity, and lack of treatment", *Psychiatry*, 1997 (in press).

Swarns, R., "Lost in the shadows of history: Shabazz's family troubles", *New York Times*, 1997, July 8, p. 1.

Sykes, G., *The society of captives: A study of a maximum security prison*, New York: Atheneum, 1966.

Sykes, G., "The rise of critical criminology", *Journal of Criminal Law and Criminology*, 65 (1974), p. 211.

Sykes, G., & Matza, D., "Techniques of neutralization: A theory of delinquency", *American Sociological Review*, 22 (1957), pp. 664~770.

Szasz, A., "Corporations, organized crime, and the disposal of hazardous waste: An examination of the making of a criminogenic regulatory structure", *Criminology*, 24 (1986), pp. 1~28.

Szatmari, O., Offard, D., & Boyle, M. H., "Ontario health study: Prevalence of attention deficit disorders with hyperactivity", *Journal of the American Academy of Child and Adolescent Psychiatry*, 32 (1989), pp. 1264~1273.

Talbott, J. A., & Glick, I. D., "The inpatient care of the chronically mentally ill", *Schizophrenia Bulletin*, 12 (1986), pp. 129~140.

Tarter, R. E., Alterman, A. I., & Edwards, K. L., "Vulnerability to alcoholism in men: A behavior-genetic perspective", *Journal of Studies on Alcoholism*, 46 (1985), pp. 329~356.

Tarter, R., Blackson, T., Martin, C., Seilhamer, R., Pelham, W., & Loeber, R., "Mutual dissatisfaction between mother and son in substance abuse and normal families: Association with child behavior problems", *American Journal on Addiction*, 2 (1993), pp. 1~10.

Tarter, R. E., Kabene, M., Escallier, E. A., Laird, S. B., & Jacob, T., "Temperament deviation and risk for alcoholism", *Alcoholism in Clinical and Experimental Research*, 14 (1990), pp. 380~382.

Tarter, R. E., & Vanyukov, M., "Alcoholism: A developmental disorder", *Journal of Consulting and Clinical Psychology*, 62 (1994), pp. 1096~1107.

Taylor, M., & Nee, C., "The role of cues in simulated residential burglary: A preliminary investigation", *British Journal of Criminology*, 28 (1988), pp. 398~401.

Taylor, P. J, "Schizophrenia and crime: Distinctive patterns in association", in S. Hodgins (Ed.), *Crime and mental disorder*, 1993, pp. 63~85.

Taylor, P. J., Garety, P., Buchanan, A., Reed, A., Wessely, S., Ray, K., et al.,

"Delusions and violence", in J. Monahan & H. J. Steadman (Eds.), *Violence and mental disorder: Developments in risk assessment*, Chicago: University of Chicago Press, 1994, pp. 161 ~ 182.

"Teacher sex case sentence criticized as lenient, disparate", *The Washington Post* (1997, November 17), p. A16.

Tellegen, A., Lykken, D. T., Bouchard, T. J., Jr., Wilcox, K. J., Segal, N. L., & Rich, S., "Personality similarity in twins reared apart and reared together", *Journal of Personality and Social Psychology*, 54 (1988), pp. 1031 ~ 1039.

Teplin, L. A., "The criminalization of the mentally Ill: Speculation in search of data", in L. A. Teplin (Ed.), *Mental health and criminal justice*, Newbury Park, CA: Sage, 1984.

Teplin, L. A., "The prevalence of severe mental disorder among male urban jail detainees: comparison with the epidemiological catchment area program", *American Journal of Public Health*, 80 (1990), p. 663.

Teplin, L. A., "Psychiatric and substance abuse disorders among male urban jail detainees", *American Journal of Public Health*, 84 (1994), pp. 290 ~ 293.

Teplin, L. A., & Pruett, N. S., "Police as street corner psychiatrists: Managing the mentally ill", *International Journal of Law and Psychiatry*, 15 (1995), pp. 139 ~ 156.

Tessler, R. C., & Dennis, D. L., *A synthesis of NIMH-funded research concerning persons who are homeless and mentally ill*, Rockville, MD: National Institute of Mental Health, 1989.

Texas Department of Criminal Justice, *Shock incarceration in Texas: Special incarceration program*, Austin, TX: Author, 1991.

Thiele, T. E., Marsh, D. J., Ste. Marie, L., Bernstein, I. L., & Palmiter, R. D., "Ethanol consumption and resistance are inversely related to neuropeptide Y levels", *Nature*, 396 (1998), pp. 366 ~ 369.

Thomas, A., & Chess, S., *Temperament and development*, New York: Brunner/Mazel, 1977.

Thomas, E., "Blood brothers", *Newsweek*, XX (1996, April 22), pp. 28 ~ 39.

Thomas, P., "Gun control will decrease crime", in P. A. Winters (Ed.), *Crime and criminals*, San Diego, CA: Greenhaven Press, 1995, pp. 153 ~ 160.

Thomas, R., "Sit down taxpayers", *Newsweek*, 60 (1990, 4 June).

Thomas-Lester, "A. On 14th St., good deed was fatal", *The Washington Post* (1998, April 26).

Thombs, D. L., *Introduction to addictive behaviors*, New York: Guilford, 1994.

Thompson, B., "Trigger points", *The Washington Post magazine* (1998, March 29), pp. 12 ~ 30.

Thompson, "C. W. DC must stop sending inmates to Ohio Prison", *The Washington Post* (1998, February 26), p. A8.

Thompson, C. W., "A painful parting for Prisoners: DC 's female inmates confront separation from family as transfers begin", *The Washington Post* (1998, January 7), p. B1.

Thompson, R. J., & Kronenberger, W., "Behavior problems in children with learning problems", in H. L. Swanson & B. Keogh (Eds.), *Learning disabilities: Theoretical and research issues*, Hillsdale, NJ: Lawrence Erlbaum Associates, Inc, 1990.

Thomson, E., "Effects of an execution on homicides in California", *Homicide Studies*, 3 (1999), pp. 129~150.

Thornberry, T. P., *Violent families and youth violence* (Fact Sheet No. 21), Washington, DC: U. S. Department of Justice, Office of Juvenile Justice & Delinquency Prevention, 1994.

Thornberry, T., & Burch, J., *Gang members and delinquent behavior*, Washington, DC: Office of Juvenile Justice & Delinquency Prevention, 1997.

Thornberry, T., Farnworth, M., Krohn, M., & Lizotte, A., *Peer influence and the initiation to drug use*, Albany, NY: Hindelang Criminal Justice Research Center, n. d..

Thorndike, E. I., *The elements of psychology*, New York: Seiler, 1905.

Thurman, Q., St. John, C., & Riggs, L., "Neutralization and tax evasion: How effective would a moral appeal be in improving compliance to tax laws?", *Law & Policy*, 6 (1984), pp. 309~327.

Tibbits, S., "Low birth weight, disadvantaged environment and early onset: A test of Moffitt's interactional hypothesis", Paper presented at the American Society of Criminology Meeting, Boston, MA (1995, November).

Tiihonen, J., Hakola, P., & Eronen, M., "Homicidal behaviour and mental disorders", *British Journal of Psychiatry*, 167 (1995), p. 821.

Timberg, C., "The hardest time: At the toughest prison in Virginia, tight controls", *The Washington Post* (1999, April 18), pp. C1, C4.

Tjaden, P., *The crime of stalking: How big is the Problem?*, Washington, DC: U. S. Department of Justice, National Institute of Justice, 1997.

Tjaden, P., & Thoennes, N., *Extent, nature, and consequences of intimate partner violence: Findings from the National Violence Against Women Survey* (research report), Washington, DC: U. S Department of Justice, 2000a.

Tjaden, P., & Thoennes, N., *Full report of the prevalence, incidence, and consequences of violence against women: Findings from the National Violence Against Women Survey*, Washington, DC: U. S. Department of Justice, 2000b.

Toby, J., Smith, W. R., & Smith, D. R., *Comparative trends in crime victimization in school and in the community: 1974~1981*, Washington, DC: Bureau of Justice Statistics, 1985.

Toch, H., *Living in prison: The ecology of survival*, New York: Free Press, 1977.

Toch, H., "Studying and reducing stress", in R. Johnson & H. Toch (Eds.), *The pains of imprisonment*, Prospect Heights, IL: Waveland, 1988, pp. 25~44.

Toch, H. "An anthropologist in the prison", *Contemporary Psychology*, 35 (1990), p. 581.

Toch, H., & Adams, K., *Coping: Maladaptation in prisons*, New Brunswick, NJ: Transaction Publishers, 1989.

Tolan, P. H., & Thomas, P., "The implications of age of onset for delinquency risk: II. Longitudinal data", *Journal of Abnormal Child Psychology*, 23 (1995), pp. 157~181.

Tonry, M., *Malign neglect: Race, crime, and punishment in America*, New York: Oxford University Press, 1996.

Toobin, J. , "The Marcia Clark verdict", *New Yorker*, XX (1996, September 9), pp. 58 ~ 71.

Torestad, B. , & Magnusson, D. , "Basic skills, early problematic behavior and social maladjustment", *Educational Studies*, 22 (1996), pp. 165 ~ 176.

Torrey, E. F. , Stieber, J. , Ezekiel, J. , Wolf, S. M. , Charstein, J. , Noble, J. H. , et al. , *Criminalizing the seriously mentally ill: The abuse of jails as mental hospitals*, Washington, DC: Public Citizen's Health Research Group and the Alliance for the Mentally Ill, 1992.

"Tough talk on crime", *The Washington Post* (1997, September 28).

Transparency International (2005, March 16), *A worldbuilt on bribes*, Retrieved June 2, 2005, from http: //www. transparency. org/pressreleases __archive/2005/2005. 03. 16. gcr __relaunch. html.

Travis, A. (2003, January 10), "Summit over 35% gun crime rise", *The Guardian*, Retrieved February 3, 2005, from http: //www. guardian. co. uk/gun/Story/0, 2763, 872038, 00. html.

Trembley, R. E. , Boulerice, B. , Harden, P. W. , McDuff, P. , Perusse, D. , Pihl, R. O. , et al. , "Do children in Canada become more aggressive as they approach Adolescence?", in Human Resources Development Canada & Statistics Canada (Eds.), *Growing up in Canada: National longitudinal survey of children and Youth*, Ottawa, Ontario, Canada: Statistics Canada, 1996, pp. 127 ~ 137.

Trembley, R. , & Craig, W. , "Developmental crime Prevention", in M. Tonry & D. P. Farrington (Eds.), *Building a safer society: Crime and justice* (Vol. 19), Chicago: University of Chicago Press, 1995.

Trembley, R. E. , Loeber, R. , Gagnon, C. , Charlebois, P. , Larivee, S. , & LeBlanc, M. , "Disruptive boys with stable and unstable high fighting behavior patterns during junior elementary school", *Journal of Abnormal Child Psychology*, 19 (1991), pp. 285 ~ 300.

Trickett, P. K. , & Putnam, F. , "Patterns of symptoms in prepubertal and pubertal sexually abusedgirls", Paper presented at the Annual meeting of the American Psychological Association, San Francisco, CA (1991, August).

Trop v. Dulles, 356 U. S. 86 (1958).

Truell, P. , & Gurwin, L. , *False profits: The inside story of BCCI, the world's most corrupt financial empire*, New York: Houghton Mifflin, 1992.

Trunnel, E. P. & Turner, C. W. , "A comparison of the psychological and hormonal factors in women with and without premenstrual syndrome", *Journal of Abnormal Psychology*, 97 (1988), pp. 429 ~ 436.

Tucker, N. , "Killer of boxer, not guilty", *The Washington Post* (2000, February 25), pp. B1, B4.

Tupin, J. P. , Mahar, D. , & Smith, D. , "Two types of violent offenders with psychosocial descriptors", *Diseases of the Nervous System*, 34 (1973), pp. 356 ~ 363.

Turkheimer, E. , & Gottesman, I. I. , "Individual differences and the canalization of human behavior", *Developmental Psychology*, 27 (1991), pp. 18 ~ 22.

Twomey, S. , "For Virginia's must-see web site, the jury is still out", *The Washington Post* (1999, May 15), pp. A1, A12.

Tyler, T. , *Why people obey the law*, New Haven, CT: Yale University Press, 1990.

Umbreit, M. S. , "Restorative justice through victim-offender mediation: A multi-site assessment", *Western Criminology Review*, 1 (1998).

United States v. Brawner, 471 F. 2d 969 (1972).

United States v. Lyons, 731 F. 2d 243 (5th Cir. 1984).

United States v. Pollard, 171 F. Supp. 476 (E. D. Mich. 1950).

U. S. Administration on Aging, *The national elder abuse incidence study: Final report, September 1998*, Washington, DC: U. S. Department of Health and Human Services, The Administration on Aging, 1998.

U. S. Administration on Aging (2005), *Elder abuse prevalence and incidence*, Washington, DC: U. S. Department of Health and Human Services, U. S. Administration on aging. Retrieved June 3, 2005, from http: //www. elder-abusecenter. org/pdf/publication/FinalStatistics050331. pdf.

U. S. Air Force (2003), *The report of the working group concerning the deterrence of and response to incidents of sexual assault at the U. S. Air Force Academy*, Washington, DC: Headquarters, United States Air Forces. Retrieved August 3, 2003, from http: //www. af. mil/usafa __ report/usafa __ report. pdf.

USA Today (May 20, 2006), *Florida teen gets 30 years for gun possession*. Retrieved May 25, 2005 at http: //www. usatoday. com/news/nation/2006-05-18-tate-sentencing __x. htm? csp = 34.

U. S. Attorney General's Commission Report on Pornography, Final Report, Washington, D. C. : Government Printing Office, 1986.

U. S. Census Bureau (2001), *Census 2000*, Retrieved June 3, 2005, from http: //www. census gov/popest/datasets. html# mrd.

U. S. Department of Health and Human Services, *Youth and alcohol: Dangerous and deadly circumstances*, Washington, DC: Office of the Inspector General, 1992.

U. S. Department of Health and Human Services, *A nation's shame: Fatal child abuse and neglect in the United States: A report of the U. S. Advisory Board on Child Abuse and Neglect*, Washington, DC U. S. Advisory Board on Child Abuse and Neglect, 1995a.

U. S. Department of Health and Human Services, *Third national incidence study of child abuse and neglect: Final report*, Washington, DC: National Center on Child Abuse and Neglect, 1995b.

U. S. Department of Health & Human Services, *The 1995 U. S. public health survey on drug abuse*, Washington, DC: U. S. Government Printing Office, 1996.

U. S. Department of Health and Human Services, *National Household Survey on Drug Abuse—1997*, Washington, DC: U. S. Department of Health and Human Services, Substance Abuse and Mental Health Services Administration, 1997.

U. S. Department of Health and Human Services, *Child maltreatment 1996: Reports from the states to the national child abuse and neglect data system*, 1998.

Washington, DC: U. S. Government Printing Office, U. S. Department of Health and Human Services, Substance Abuse and Mental Health Services Administration, *National Household Survey on Drug Abuse, 1999: Volume I, Summary of National Findings*, Washington, D. C. : U. S. Government Printing Office, 2000.

U. S. Department of Health and Human Services, *Child maltreatment 2002*, Washington, DC: U. S. Department of Health and Human Services Children's Bureau, 2002.

U. S. Department of Health and Human Services (2003), "Risk and protective factors for child abuse and neglect", *Emerging practices in the prevention of child abuse and neglect*, Washington, DC: U. S. Department of Health and Human Services, Administration for Children and Families, Administration on Children, Youth and Families, Children's Bureau, Office on Child Abuse and Neglect. Retrieved February 13, 2005, from http://nccanch. acf. hhs. gov/topics/prevention/emerging/riskprotectivefactors. cfm.

U. S. Department of Health and Human Services, National Center on Child Abuse and Neglect, *Child maltreatment 1995: Reports from the states to the national child abuse and neglect data system*, Washington, DC: U. S. Government Printing Office, 1997.

U. S. Department of Health and Human Services, Substance Abuse and Mental Health Services Administration, *National household survey on drug abuse*, Washington, DC: Author, 1998.

U. S. Department of Health and Human Services, Substance Abuse and Mental Health Services Administration, *National Household Survey on Drug Abuse—1999: Volume I, Summary of national findings*, Washington, DC: U. S. Government Printing Office, 2000.

U. S. Department of Housing and Urban Development, *Gun-related violence in public housing communities (recent research reports)*, Washington, DC: Author, 2000, April.

U. S. Department of Justice, *White collar crime*, Washington, DC: Bureau of Justice Statistics, Office of Justice Programs Reports, 1987.

U. S. Department of Justice, *Performance measures for the criminal justice system*, Washington, DC: Bureau of Justice Statistics, 1993.

U. S. Department of Justice, *Women in prison*, Washington, DC: Bureau of Justice Statistics, 1994.

U. S. Department of Justice, *Childhood victimization and risk for alcohol and drug arrests*, Washington, DC: National Institute of Justice, 1995a.

U. S. Department of Justice, *Victims of childhood sexual abuse: Later criminal consequences*, Washington, DC: National Institute of Justice, 1995b.

U. S. Department of Justice, *Child victimizers: Violent offenders and their victims*, Washington, DC: Bureau of Justice Statistics, 1996a.

U. S. Department of Justice, *Reducing youth gun violence: An overview of programs and initiatives*, Washington, DC: Office of Juvenile Justice and Delinquency Prevention, 1996b.

U. S. Department of Justice, *Understanding and preventing violence: A public perspective*, Washington, DC: National Institute of Justice, 1996c.

U. S. Department of Justice (1997a). Felony sentences in state courts.

U. S. Department of Justice, *Lifetime likelihood of going to state or federal prison*, Washington, DC: Bureau of Justice Statistics, 1997b.

U. S. Department of Justice, *Juvenile offenders and victims: 1999 National Report*, Washington,

DC: U. S. Department of Justice, Office of Juvenile Justice & Delinquency Prevention, 2000.

U. S. Fire Administration (2003), *Firefighter arson: Special report*, Washington, DC: Federal Emergency Management Administration. Retrieved June 1, 2005, from http: //www. facts-1. com/usfa __ tr-141. pdf.

U. S. Internal Revenue Service (2005, March 29), *New IRS study provides preliminary tax gap estimate*, Washington, DC: Author. Retrieved June 2, 2005, from http: //www. irs. gov/newsroom/article/0,, id'137247, 00. html.

U. S. Riot Commission, *Report of the National Advisory Commission on Civil Disorders*, New York: Bantam Books, 1968.

U. S. Senate Committee on Finance (2004, August 18), "GAO finds insufficient Medicaid oversight", Retrieved June 2, 2005, from http: //finance. senate. gov/press/Gpress/2004/ prg081804a. pdf.

U. S. Sentencing Commission, *Special report to the Congress: Cocaine and federal sentencing policy*, Washington, DC: Author, 1995.

U. S. Sentencing Project (1997), "Losing the vote: The impact of felony disenfranchisement laws in the United States", Retrieved April 14, 1999, from http: //www. sentencingproject. org.

U. S. Sentencing Project (1998), "National inmate population of two million projected by 2000", Retrieved April 14, 1999, from http: //www. sentencingproject. org.

Ustad, K. L., Rogers, R., Sewell, K. W., & Guarnaccia, C. A., "Restoration of competency to stand trial: Assessment with the Georgia court competency test and the competency screening test", *Law and Human Behavior*, 20 (1996), pp. 131 ~ 146.

Valentine, P. W., "19 inmates moved in bid to bust drug ring", *The Washington Post* (1999, February 14), pp. C1, C4.

Valzelli, L., "Clinical pharmacology of serotonin", in W. B. Essman (Ed.), *Serotonin in health and disease: Vol. 4, Physiological regulation and pharmacological action*, New York: Spectrum, 1978, pp. 295 ~ 339.

Valzelli, L., *Psychobiology of aggression and violence*, New York: Raven, 1981.

Van den Boom, D. C., "Neonatal irritability and the development of attachment", in G. A. Kohnstam, J. E. Bates, & M. K. Rothbart (Eds.), *Temperament in childhood*, Chichester, England: Wiley, 1989, pp. 299 ~ 318.

Van der Molen, J. H. W., "Violence and suffering in television news: Toward a broader conception of harmful television content for children", *Pediatrics*, 113 (2004), pp. 1771 ~ 1775.

Van Slambrouck, P., "Execution and a convict's mental state", *The Christian Science Monitor* (1998, April 27), p. 3.

Van Voorhis, P., "Correctional effectiveness: The high cost of ignoring success", *Federal Probation*, 51 (1987), pp. 56 ~ 62.

Vedder, C., & Somerville, D., *The delinquent girl*, Springfield, IL: Thomas, 1970.

Verhulst, F. C., Eussen, M. L., Berden, G. F., Sanders-Woudstra, J., & Van Der Ende,

J. , "Pathways of problem behaviors from childhood to adolescence", *Journal of the American Academy of Child and Adolescent Psychiatry*, 32 (1993), pp. 388 ~ 396.

Viano, E. C. , "The news media and crime victims: The right to know versus the right to privacy", in E. C. Viano (Ed.), *Critical issues in victimology: International perspectives*, New York: Springier, 1970, pp. 24 ~ 34.

Vick, K. , "Aron released from mental hospital to home detention", *The Washington Post* (1997, October 30), p. B1.

Viemero, V. , "Factors in childhood that predict later criminal behavior", *Aggressive Behavior*, 22 (1996), pp. 87 ~ 97.

Villani, V. S. , "Impact of media on children and Adolescents: A 10-year review of the research", *Journal of the American Academy of Child and Adolescent Psychiatry*, 40 (2001), pp. 392 ~ 401.

Vingerhoets, G. , Berckmoes, C. , & Stroobant, N. , "Cerebral hemodynamics during discrimination of prosodic and semantic emotion in speech studied by transcranial Doppler ultrasonography", *Neuropsychology*, 17 (2003), pp. 93 ~ 99.

Violence Policy Center (1998), "Who dies: A look at firearm deaths and injury in America-Revised Edition", Retrieved April 28, 1999 from http: //www. vpc. org/studies/who. htm.

Virkkunen, M. , Eggert, M. , Rawlings, R. , & Linnoila, M. , "A prospective follow-up study of alcoholic violent offenders and fire setters", *Archives of General Psychiatry*, 53 (1996), pp. 534 ~ 529.

Virkkunen, M. , & Narvanen, S. , "Plasma insulin, tryptophan and serotonin levels during the glucose tolerance test among habitually violent and impulsive offender", *Neuropsychobiology*, 17 (1987), pp. 19 ~ 23.

Vise, D. A. , "One of the markets best and brightest is caught", *The Washington Post* (1987, March 2), pp. A6 ~ A7.

Visher, C. A. , "Juror decision making the importance of evidence", *Law and Human Behavior*, 11 (1987), pp. 1 ~ 17.

Vito, G. , "Developments in shock probation: A review of research findings and policy implications", *Federal Probation*, 48 (1984), pp. 22 ~ 27.

Voeller, K. , "Right-hemisphere deficit syndrome in Children", *American Journal of Psychiatry*, 143 (1986), pp. 1004 ~ 1009.

Vogel, S. , "Baltimore man charged in death of daughter, 7 months", *The Washington Post* (1997a, December 19), p. C4.

Vogel, S. , "Boy had to drink whiskey concoction", *The Washington Post* (1997b, November 6), p. B11.

Vogel, S. , "Mentally ill Montgomery man absolved in slaying of parents", *The Washington Post* (1997c, December 13), p. B7.

Vogel, S. , & Levine, S. , "Father of dead toddler described use of physical force, police say", *The Washington Post* (1997, July 11), pp. D1, D6.

Vold, G. , Bernard, T. , & Snipes, J. , *Theoretical criminology*, 4th ed. , New York: Oxford

University Press, 1998.

Von Drehele, D., Kenworthy, T., & Jeter, J., "A descent into fear and rage ended at the Capitol", *The Washington Post* (1998, July 26), pp. A1, A22 ~ A23.

Von Hinting, H., *The criminal and his victim*, New Haven, CT: Yale University Press, 1948.

Vreeland, R. G., & Levin, B. M., "Psychological aspects of firesetting", in D. Canter (Ed.), *Fires and human behavior*, Chichester, England: Wiley, 1980.

Vrij, A., van der Steen, J., & Koppelaar, L., "Aggression of police officers as a function of tempera-ture", *Journal of Community & Applied Social Psychology*, 4 (1994), pp. 365 ~ 370.

Waldner-Haugrud, L. K., & Magruder, B., "Male and female sexual victimization in dating relationships: Gender differences in coercion techniques and outcomes", *Violence & Victims*, 10 (1995), pp. 203 ~ 215.

Walker, L., *The battered woman syndrome*, 2nd ed., New York: Springer, 2000.

Walker, S., *Popular justice: A history of American criminal justice*, 2nd ed., New York: Oxford University Press, 1998.

Wallace, H., *Victimology: Legal, psychological, and social perspectives*, Boston: Allyn & Bacon, 1998.

Wallerstein, J. S., Corbin, S. B., & Lewis, J. M., "Children of divorce: A ten-year study", in E. M. Hetherington & J. Arasteh (Eds.), *Impact of divorce, single parenting, and stepparenting on children*, Hillsdale, NJ: Lawrence Erlbaum Associates, Inc., 1988.

Wallerstein J. S., & Kelly, J. B., *Surviving the Breakup: How children and parents cope with divorce*, New York: Basic Books, 1980

"Walsh, S. Milken to pay U. S. $47 million to settle charge of violating ban", *The Washington Post* (1998, February 27), p. G1.

Walter, J., "In Spokane, long, fearful hunt ends", *Washington Post* (2000, April 25), p. A3.

Walters, R., & Brown, M., "Studies of reinforcement of aggression: Transfer of responses to an interpersonal situation", *Child Development*, 34 (1963), pp. 563 ~ 571.

Ward, D. A., "Alcatraz and Marion: Confinement in super maximum security", in J. R. Roberts (Ed.), *Escaping prison myths: Selected topics in the history of federal corrections*, Washington, DC: The American University Press, 1994, pp. 81 ~ 93.

Ward, T., Hudson, S. M., & Marshall, W. L., "Attachment style in sex offenders: A preliminary study", *Journal of Sex Research*, 33 (1996), pp. 17 ~ 26.

Ward, T., Husdon, S. M., & McCormack, J., "The assessment of rapists", *Behavior Change*, 14 (1997), pp. 39 ~ 54.

Ward T., McCormack, J., & Hudson, S. M., "Sexual offenders perceptions of their intimate relationships", *Sexual Abuse: Journal of Research & Treatment*, 9 (1997), pp. 57 ~ 74.

Wartner, U., Grossman, K., Fremmer-Bombik, E., & Seuss, G., "Attachment patterns at age six in south Germany: Predictability from infancy and implications for preschool behavior", *Child Development*, 65 (1994), pp. 1014 ~ 1027.

"Truck driver blocking lane is slain at Florida tollbooth", *Washington Post* (1998, May 24), p. A23.

Wasserman, G. A., & Miller, L. S., "Antisocial Behavior", in R. Loeber & D. P. Farrington (Eds.), *Report of OJJDP study group on serious, chronic, and violent juvenile offenders*, Washington, DC: Office of Juvenile Justice & Delinquency Prevention, 1997.

Watson, J. B., *Behaviorism*, New York: Norton, 1925.

Watson, J. B., & Rayner, R., "Conditioned emotional reaction", *Journal of Experimental Psychology*, 3 (1920), pp. 1 ~ 14.

Waxman, S., "Sons of the father: While Saddam ran Iraq, Uday and Qusay ran amok", *Washington Post* (2003, July 23), p. C1.

Webster-Stratton, C., "Comparison of abusive and nonabusive families with conduct-disordered children", *American Journal of Orthopsychiatry*, 55 (1985), pp. 59 ~ 69.

Webster-Stratton, C., "Preventing conduct problems in head start children: Strengthening parenting competencies", *Journal of Consulting and Clinical Psychology*, 66 (1998), pp. 715 ~ 730.

Weeks, R., & Widom, C. S., *Early childhood victimization among incarcerated adult male felons*, Washington, DC: National Institute of Justice, 1998.

Weiler, B. L., & Widom, C. S., "Psychopathy and violent behavior in abused and neglected young adults", *Criminal Behaviour & Mental Health*, 6 (1996), pp. 253 ~ 271.

Weinberg, R. A., Scarr, S., & Waldman, I. D., "The Minnesota transracial adoption study: A follow-up of IQ test performance at adolescence", *Intelligence*, 16 (1992), pp. 117 ~ 135.

Weiner, B., Graham, S., & Reyna, C., "An attributional examination of retributive versus utilitarian philosophies of punishment", *Social Justice Research*, 10 (1997), pp. 431 ~ 452.

Weisburd, D., *Reorienting crime prevention research and policy: From the causes of criminality to the context of crime*, Rockville, MD: National Criminal Justice Reference Service, 1997.

Weisburd, D., Green, L., & Ross, D., "Crime in street level drug markets: A spatial analysis", *Criminologie*, 27 (1994), pp. 49 ~ 67.

Weisburd, D., Waring, E., Chayet, E., Dickman, D., Fischer, D., & Plant, R. M., *White collar crime and criminal careers*, Washington, D. C.: National Institute of Justice, 1993.

Weisburd, D., Wheeler, S., Waring, E., & Bode, N., *Crimes of the middle class: White collar offenders in federal courts*, New Haven, CT: Yale University Press, 1991.

Weisheit, R., & Mahan, S., *Women, crime and criminal justice*, Cincinnati, OH: Anderson Publishing, 1988.

Weisheit, R., & Wells, L. (Ed.), *Youth gangs in rural America*, Washington, DC: National Institute of Justice, U. S. Department of Justice, 1999.

Weiss, G., & Hechtman, L., *Hyperactive children grown up*, 2nd ed., New York: Guilford, 1993.

Weiss, J., Lamberti, J., & Blackburn, N., "The sudden murderers", *Archives of General Psychiatry*, 2 (1960), pp. 670 ~ 678.

Weiss, R., "On Ecstasy, consensus is Elusive", *The Washington Post* (2002, September 30),

p. A7.

Wechsler, D. , *Wechsler Adult Intelligence Scale-Third Edition* (*WAIS-III*), San Antonio, TX: Harcourt Assessment, Inc. , 1995.

Wener, R. , Frazier, F. W. , & Farbstein, J. , "Building better jails", *Psychology Today*, 21 (1987, June), pp. 40~44, 48~49.

Wessely, S. , "The epidemiology of crime, violence, and schizophrenia", *British Journal of Psychiatry*, 170 (1997), pp. 8~11.

Wessely, S. , Buchanan, A. , Reed, A. , Cutting, J. , Everitt, B. , Garety, P. , et al. , "Acting on delusions: I. Prevalence", *British Journal of Psychiatry*, 163 (1993), pp. 69~76.

West, D. J. , & Farrington, D. P. , "Who becomes Delinquent?", in D. J. West & E. P. Farrington (Eds.), *The delinquent way of life*, London: Heinemann, 1977.

Wetter, M. , Baer, R. , Berry, D. , Smith, G. , & Larsen, L. , "Sensitivity of MMPI-2 validity scales to random responding and malingering", *Psychological Assessment*, 4 (1992), pp. 369~374.

Wexler, B. E. , "Cerebral laterality and psychiatry: A review of the literature", *American Journal of Psychiatry*, 137 (1980), pp. 279~291.

Wexler, H. , "Attention deficit disorder, drugs and crime: The dangerous mixture", Paper presented at the American Society of Criminology meeting, Boston, MA, 1995, November.

Wexler, H. K. , Graham, W. F. , Koronowski, R. , & Lowe, L. , *Evaluation of amity in-prison and post-release substance abuse treatment programs*, Washington, DC: National Institute of Drug Abuse, 1995.

Wheeler, S. , "The problem of white-collar motivation", in K. Schlegel & D. Weisburd (Eds.), *White-collar crime reconsidered*, Boston: Northeastern University Press, 1992, pp. 108~123.

Wheeler, S. , Weisberg, D. , Waring, E. , & Bode, N. , "White collar crimes and criminals", *American Criminal Law Review*, 25 (1988), pp. 331~357.

White House Conference on Children, *Learning into the 21st century*, Washington, DC: Author, 1990.

White House Office of National Drug Control Policy, *The president's drug control strategy*, Washington, DC: Author, 1997.

White, H. R. , "Marijuana use and delinquency: A test of the independent cause hypothesis", *Journal of Drug Issues*, 21 (1991), pp. 231~256.

White, H. R. , Padina, R. , & LaGrange, R. , "Longitudinal predictors of serious substance use and delinquency", *Criminology*, 25 (1987), pp. 715~740.

White, J. , Moffitt, T. E. , Earls, F. , Robins, L. , & Silva, P. , "How early can we tell? Preschool predictors of conduct disorder", *Criminology*, 28 (1990), pp. 507~533.

White, M. , "All state accuses 45 of insurance fraud", *The Washington Post* (1998, February 24), p. D5.

Wicks-Nelson, R. , & Israel, A. C. , *Behavior disorders of childhood*, 3rd ed. , Upper Saddle River, NJ: Prentice Hall, 1997.

Widiger, T. , & Trull, T. , "Personality disorders and violence", in J. Monaham & H. Steadman (Eds.), *Violence and mental disorder: Developments in risk Assessment*, Chicago: University of Chicago Press, 1994, pp. 203 ~ 226.

Widom, C. S. , "The cycle of violence", *Science*, 244 (1989), pp. 160 ~ 166.

Widom, C. S. , "Childhood victimization: Early adversity, later psychopathology", *National Institute of Justice Journal*, 242 (2000, January), pp. 1 ~ 8. Retrieved May 4, 2000 at www. ncjrs. org.

Widom, C. S. , & Maxfield, M. G. (2001), *An update on the cycle of violence*, National Institute of Justice Research in Brief, Washington, DC: National Institute of Justice. Retreived February 13, 2005, from http: //www. chil-drensrights. org/PDF/policy/cycle __violence. pdf.

Wiehn, P. J. , "Mentally ill offenders: Prison's first casualties", in R. Johnson & H. Toch (Eds.), *The pains of imprisonment*, Prospect Heights, IL: Waveland, 1988, pp. 221 ~ 237.

Wiener, R. L. , Habert, K. , Shkodriani, G. , & Staebler, C. , "The social psychology of jury nullification: Predicting when jurors disobey the law", *Journal of Applied Social Psychology*, 21 (1991), pp. 1379 ~ 1401.

Wilens, T. E. , Biederman, J. , Spencer, T. J. , & Frances, R. J. , "Comorbidity of attention deficit hyperactivity and psychoactive substance use disorders", *Hospital and Community Psychiatry*, 45 (1994), pp. 421 ~ 435.

Wilgoren, D. , "Vandals deface Islamic symbol", *The Washington Post* (1997, December 29), p. C1.

Williams v. Florida, 399 U. S. 78 (1970).

Williamson, S. , Hare, R. D. , & Wong, S. , "Violence: Criminal psychopaths and their victims", *Canadian Journal of Behavioral Science*, 19 (1987), pp. 454 ~ 462.

Wills, T. A. , McNamara, G. , Vaccaro, D. , & Hirky, A. E. , "Escalated substance abuse: A longitudinal groping analysis from early to middle adolescence", *Journal of Consulting and Clinical Psychology*, 55 (1996), pp. 685 ~ 690.

Wilson, B. J. , Kunkel, D. , Linz, D. , Potter, J. , Donnerstein, E. , Smith, S. L. , et al. , "Violence in television programming overall: University of California, Santa Barbara study", in M. Seawall (Ed.), *National television violence study*, Thousand Oaks, CA: Sage, 1997, Vol. 1, pp. 3 ~ 184.

Wilson, D. J. , *Drug use, testing, and treatment in jails*, Washington, DC: Bureau of Justice Statistics, U. S. Department of Justice, 2000.

Wilson, E. O. , *Sociobiology*, Cambridge, MA: Harvard University Press, 1975.

Wilson, J. Q. , & Abrahamsen, A. , "Does crime pay?", *Justice Quarterly*, 9 (1992), pp. 359 ~ 377.

Wilson, J. , & Herrnstein, R. , *Crime and human nature*, New York: Simon & Schuster, 1985.

Wilson, J. J. , & Howell, J. C. , Washington, DC: U. S. Department of Justice, Office of Justice Programs, *Office of Juvenile Justice & Delinquency Prevention*, 1993.

Wilson, J. Q. , & Kelling, G. , "Broken windows", *Atlantic Monthly*, XX (1982, March), pp. 31 ~ 32.

Wilson, W. H. , Ellinwood, E. H. , Mathew, R. J. , & Johnson, K. , "Effects of marijuana on perfor-mance of a computerized cognitive-neuromotor test battery", *Psychiatry Research*, 51 (1994), pp. 115 ~ 125.

Windle, M., *Alcohol use among adolescents and young adults*, Washington, DC: National Institute on Alcohol Abuse and Addiction, 2004.

Windle, R. C., & Windel, M., "Longitudinal patterns of physical aggression: Associations with adult social, psychiatric, and personality functioning and testos-terone levels", *Development and Psychopathology*, 7 (1995), pp. 563 ~ 585.

Winerip, M., "Bedlam on the streets", *The New York Times Sunday Magazine* (1999, May 23), pp. 42 ~ 49, 56, 66, 70.

Winick, B. J., "Sex offender law in the 1990s: A therapeutic jurisprudence analysis", *Psychology, Public Policy, and Law*, 4 (1998), pp. 505 ~ 570.

Winters, C., "Learning disabilities, crime, delinquency, and special education placement", *Adolescence*, XX (1997, Summer). Retrieved January 30, 2005, from http://www.findarticles.com/p/articles/mi _m2248/is _n126 _v32/ai _19619412.

Wisconsin v. Mitchell, 113 S. Ct. 2194 (1993).

Wish, E., "U. S. drug policy in the 1990s: Insights from new data on arrestees", *International Journal of Addictions*, 25 (1990), pp. 1 ~ 15.

Wolf, J., "Lawyers say CIA defendant has brain lesions", *Reuters News Service*, 1997, November 3.

Wolfe, D. A., Jaffe, P., Wilson, S. K., & Zak, L., "Children of battered women: The relation of child behavior to family violence and maternal stress", *Journal of Consulting and Clinical Psychology*, 53 (1985), pp. 657 ~ 665.

Wolfgang, M., *Patterns in criminal homicide*, Philadelphia: University of Pennsylvania Press, 1958.

Wolfgang, M. E., "Cesare Lombroso", in H. Mannheim (Ed.), *Pioneer in Criminology*, 2nd ed., Montclair, NJ: Patterson Smith, 1972.

Wolfgang, M., "Transitions of crime in the aging process", *Current Perspectives on Aging and the Life Cycle*, 4 (1995), pp. 141 ~ 153.

Wolfgang, M., Figlio, R., & Sellin, T., *Delinquency in a birth cohort*, Chicago: University of Chicago Press, 1972.

Woodard, E. H., *Media in the home 2000: The fourth annual survey of parents and children* (Survey Series No. 7), Philadelphia: The Annenberg Public Policy Center of the University of Pennsylvania, 1998.

Woodard, E. H., IV, & Gridina, N., "Media in the home 2000: The fifth annual survey of parents and children", Retrieved May 19, 2003, from http://www.appcpenn.org/mediainhome/survey/survey7.pdf.

Wooden, W. S., & Parker, J., *Men behind bars: Sexual exploitation in prison*, New York: Plenum, 1982.

Woodlee, Y., "Treadwell is ordered to prison", *The Washington Post* (1998, January 31), p. B4.

Wrangham, R. , & Peterson, D. , *Demonic males: Apes and the origins of human violence*, Boston: Houghton Mifflin, 1996.

Wren, C. S. , "For heroin's new users, a long hard fall", *The New York Times* (1999, May 9), pp. 27 ~ 28.

Wright, R. , *The moral animal: Evolutionary psychology and everyday life*, New York: Vintage, 1994.

Wright, R. , "The biology of violence", *The New Yorker* (1995, March 13), pp. 68 ~ 77.

Wright, R. T. , & Decker, S. H. , *Armed robbers in action: Stickups and street culture*, Boston, MA: Northeastern University Press, 1997.

Wrightsman, L. S. , Nietzel, M. T. , & Fortune, W. H. , *Psychology and the legal system*, 4th ed. , Pacific Grove, CA: Brooks/Cole, 1998.

Wulf, S. , "A time bomb explodes: The serenity of a small, close-knit New Hampshire town isshattered when the local crank becomes the demon next door", *Time Magazine*, 1997, September 1.

Wunderlich, R. , "Neuroallergy as a contributing factor to social misfits: Diagnosis and treatment", in L. Hippchen (Ed.), *Ecologic-biochemical approaches to treatment of delinquents and criminals*, New York: Von Nostrant Reinhold, 1978, pp. 229 ~ 254.

Wynn, K. , "Addition and subtraction by human infants", *Nature*, 358 (1992), pp. 749 ~ 750.

Yablonsky, L. (1996). The violent gang. Baltimore: Penguin.

Yamagata, E. P. , & Jones, M. A. (2000), "And justice for some", Washington, DC: Building Blocks for Youth Initiative. Retrieved October 5, 2004, from http: //www. buildingblocksforyouth. org/justicefor-some/jfs. html.

Yardley, J. , & Herszenhorn. D. M. , "Before dying, daughter, 7, tells 911 of policeman's rampage", *The New York Times* (1998, September 27), p. 33.

Yarvis, R. M. , "Patterns of substance abuse and intoxication among murderers", *Bulletin of the American Academy of Psychiatry & the Law*, 22 (1994), pp. 133 ~ 144.

Yarvis, R. M. , "Diagnostic patterns among three violent offender types", *Bulletin of the American Academy of Psychiatry & The Law*, 23 (1995), pp. 411 ~ 419.

Yates, E. , "The influence of psychosocial factors on nonsensical shoplifting", *International Journal of Offender Therapy and Comparative Criminology*, 30 (1986), pp. 203 ~ 211.

Yeudall, L. T. , *The neuropsychology of aggression*, Clarence M. Hincks Memorial Lectures, Edmonton, Alberta, Canada, 1978.

Yeudall, L. , Fromm-Auch, D. , & Davies, P. , "Neuropsychological impairment of persistent delin-quency", *Journal of Nervous and Mental Diseases*, 170 (1982), pp. 257 ~ 265.

Yoshikawa, H. , "Prevention as cumulative protection: Effects of early family support and education on chronic delinquency and its risks", *Psychological Bulletin*, 115 (1994), pp. 28 ~ 54.

Young, A. S. , Forquer, S. L. , Tran, A. , Starzynski, M. , & Shatkin, J. , "Identifying clinical competencies that support rehabilitation and empowerment in individuals with severe mental illness", *Journal of Behavioral Health Services Research*, 27 (2000), pp. 321 ~ 333.

Youngberg v. Romeo, 457 U. S. 307 (1982).

Zahn-Wexler, C., & Radke-Yarrow, M., "The development of altruism: Alternative research strategies", in N. Eisenberg (Ed.), *The development of prosocial behavior*, New York: Academic, 1982.

Zaidi, L. Y., Knutson, J. F., & Mehm, J. G., "Transgenerational patterns of abusive parenting: Analog and clinical tests", *Aggressive Behavior*, 15 (1989), pp. 137~152.

Zamble, E., "Behavior and adaptation in long-term prison inmates: Descriptive longitudinal results", *Criminal Justice and Behavior*, 19 (1992), pp. 409~425.

Zamble, E., Porporino, F., & Kalotay, J., *An analysis of coping behavior in prison inmates (Programs branch user report)*, Ministry of the Solicitor General of Canada, 1984.

Zawitz, M. W., Klaus, P. A., Bachman, R., Bastian, L. D., DeBerry, M. M., Rand, M. R., et al., *Highlights from 20 years of surveying crime victims: The National crime victimization survey*, Washington, DC: Bureau of Justice Statistics, 1993, pp. 1973~1992.

Zebrowitz, L. A., & McDonald, S. M., "The impact of litigants' baby-facedness and attractiveness on adjudications in small claims courts", *Law and Human Behavior*, 15 (1991), pp. 603~624.

Zehr, H., *Changing lenses*, Scottsdale, PA: Herald Press, 1990.

Zika, S., & Chamberlain, K., "Relation of hassles and personality to subjective well-being", *Journal of Personality and Social Psychology*, 53 (1987), pp. 155~163.

Zillman, D., "Aggression and sex: Independent and joint operations", in H. L. Wagner & A. S. R. Manstead (Eds.), *Handbook of psychophysiology: Emotion and social behavior*, Chichester: Wiley, 1989.

Zillman, D., Baron, R. A., & Tamborini, R., "Social costs of smoking: Effects of tobacco smoke on hostile behavior", *Journal of Applied Social Psychology*, 11 (1981), pp. 548~561.

Zimbardo, P., "The human choice: Individuation, reason, and order versus deindividuation, impulse, and chaos", in W. Arnold & D. Levie (Eds.), *Nebraska symposium on motivation*, 1969 pp. 287~293.

Ziskin, J., & Faust, D., *Coping with psychiatric and psychological testimony*, 4th ed., Marina Del Rey, CA: Lay & Psychology Press, 1988.

Zlutnick, S., & Altman, I., "Crowding and human behavior", in J. Wohlwill & D. Carson (Eds.), *Environment and the social sciences: Perspectives andapplications*, Washington, DC: American Psychological Association, 1972, pp. 44~58.

Zucker, R. A., "The four alcoholisms: A developmental account of the etiologic process", in P. C. Rivers (Ed.), *Nebraska Symposium on Motivation, 1986: Vol. 34, Alcohol and addictive behaviors*, Lincoln: University of Nebraska Press, 1987.

Zucker, R. A., & Fitzgerald, H. E., "Early developmental factors and risk for alcohol problems", *Alcohol Health Research World*, 15 (1991), pp. 18~24.

Zuger, A., "A fistful of hostility is found in women", *The New York Times* (1998, July 28), Retrieved from http://www.nytimes.com/library/national/science/072898sci-aggression.html.

Zuniga, J., "Teenage cook shot by gunman Huberty in 1984 now a San Diego police officer", *San Diego Union-Tribune* (2004, July 18), Retrieved May 30, 2006 from http://www.signonsandiego.com/uniontrib/20040718/news __1m18massacre.html.

图书在版编目（ＣＩＰ）数据

犯罪行为与心理：第2版 /（美）卡塞尔，（美）伯恩斯坦著；马皑，户雅琦主译. —北京：中国政法大学出版社，2015.10（2021.6重印）
ISBN 978-7-5620-6375-9

Ⅰ. ①犯… Ⅱ. ①卡… ②伯… ③马… ④户… Ⅲ.①犯罪学－研究②犯罪心理学－研究
Ⅳ.①D914 ②D917.2

中国版本图书馆CIP数据核字(2015)第252993号

书　　名	犯罪行为与心理　FANZUI XINGWEI YU XINLI
出 版 者	中国政法大学出版社
地　　址	北京市海淀区西土城路 25 号
邮　　箱	fadapress@163.com
网　　址	http://www.cuplpress.com (网络实名：中国政法大学出版社)
电　　话	010-58908435(第一编辑部) 58908334(邮购部)
承　　印	固安华明印业有限公司
开　　本	787mm×1092mm　1/16
印　　张	26.25
字　　数	622 千字
版　　次	2015 年 10 月第 1 版
印　　次	2021 年 6 月第 2 次印刷
定　　价	66.00 元